Der Management Approach

Controlling & Business Accounting

Herausgegeben von Barbara E. Weißenberger

Band 1

PETER LANG

Frankfurt am Main · Berlin · Bern · Bruxelles · New York · Oxford · Wien

Michael Thomas Maier

Der Management Approach

Herausforderungen für Controller und Abschlußprüfer im Kontext der IFRS-Finanzberichterstattung

PETER LANG
Internationaler Verlag der Wissenschaften

Bibliografische Information der Deutschen Nationalbibliothek
Die Deutsche Nationalbibliothek verzeichnet diese Publikation in der Deutschen Nationalbibliografie; detaillierte bibliografische Daten sind im Internet über <http://www.d-nb.de> abrufbar.

Zugl.: Gießen, Univ., Diss., 2008

Umschlagfotografie:
Olaf Glöckler

D 26
ISSN 1867-304X
ISBN 978-3-631-59197-0

www.peterlang.de

Geleitwort

Mit der Entscheidung der EU-Kommission aus dem Jahre 2002, die Finanzberichterstattung in Europa ab 2005/2007 für die International Financial Reporting Standards (IFRS) zu öffnen, haben diese für die Rechnungslegung deutscher Unternehmen eine weitreichende und fundamentale Bedeutung erlangt. Ein zentrales Rechnungslegungsprinzip innerhalb der IFRS ist der Management Approach. Er wurde zunächst in den 1990er-Jahren in der Diskussion um den US-Standard SFAS 131 zur Segmentberichterstattung eingeführt. Demnach müssen die Segmentinformationen strikt auf Basis der internen Reportingstrukturen und Bewertungsmethoden berichtet werden, sofern die Unternehmensleitung diese Daten auch für Zwecke der laufenden Steuerung einsetzt. Heute wird der Begriff Management Approach allerdings in einem weiteren Verständnis verwendet, nämlich immer dann, wenn Controllinginformationen, die z.B. für Zwecke der Planung, des Reportings oder der Perfomance-Messung generiert wurden, einer Zweitverwendung in der (IFRS)Bilanzierung zugeführt werden.

Konzeptionell basiert der Management Approach auf der Überlegung, dass die Offenlegung des Controllings für außenstehende Adressaten sinnvoll sein kann. Ganz offensichtlich steht damit aus Sicht des Standardsetters die Zweckpluralität interner und externer Finanzinformationen nicht den Investoreninteressen entgegen – ein Aspekt, der in der Literatur zum Standardsetting bzw. bei der Überarbeitung des IFRS-Frameworks durch das IASB bisher nur wenig kritisch diskutiert wurde.

Innerhalb der IFRS unterliegt heute eine Vielzahl von Standards dem Management Approach, d.h. greift für die Lösung von Ansatz-, Bewertungs- und Ausweisfragen auf die Controllingsysteme zurück. Dies eröffnet umfassende Schnittstellen zum Controllerbereich, dessen Vertreter so Mitverantwortung für die IFRS-Finanzberichterstattung übernehmen. Empirische Untersuchungen bei Unternehmen im deutschsprachigen Raum, die bereits nach IFRS bilanzieren, zeigen, dass Controller der Bereitstellung von Informationen für Zwecke der IFRS-Finanzberichterstattung im Durchschnitt etwa 8 Stunden pro Woche widmen. Dadurch verändert sich auch die Arbeit des Abschlussprüfers, dessen Prüffeld sich unter dem Management Approach auch auf die Controllingsysteme erstreckt.

Die hier angesprochenen Aspekte des Management Approach werden von Michael Maier in der vorliegenden Dissertationsschrift aufgegriffen und erstmalig in der Literatur sowohl umfassend konzeptionell analysiert, als auch mittels einer empirischen Erhebung bei 286 Unternehmen des Prime Standards aus Sicht der Unternehmenspraxis heraus gespiegelt. Die Arbeit Maiers beantwortet damit zwei bedeutsame Forschungsfragen:

(1) Welche Management-Approach-Informationen müssen aus dem Controlling typischerweise im Rahmen der IFRS-Finanzberichterstattung bereitgestellt werden und welche Konsequenzen hat dies sowohl für die Ausgestaltung der Controllingsysteme als auch der darauf aufsetzenden Finanzberichte?

(2) Wie verändert sich dadurch das Aufgabenfeld des Abschlussprüfers und welche Auswirkungen besitzt dies auf den Berufsstand der Wirtschaftsprüfer?

Die vorliegende Dissertationsschrift richtet sich damit an einen breiten Leserkreis in Praxis und Theorie. Sowohl Rechnungsleger und Prüfer als auch Controller bei IFRS-Bilanzierern – und nach Inkrafttreten des BilMoG wohl auch bei Unternehmen, die weiterhin nach HGB bilanzieren – sind von den Anforderungen des Management Approach betroffen. Sie können aus der von Maier vorgelegten Analyse bedeutsame Erkenntnisse für ihre praktische Arbeit und die damit verbundene (Neu-)Gestaltung der Controllingsysteme ziehen. Insbesondere die von Maier erhobenen empirischen Ergebnisse zum Management Approach zeigen, dass in der Praxis hier noch erhebliches Verbesserungspotenzial besteht.

Nicht nur für Finanzanalysten, sondern auch für Standardsetter sind zudem die konzeptionellen Überlegungen Maiers zu Sinnhaftigkeit und Grenzen des Management Approach bedeutsam. Gerade vor dem Hintergrund der aktuellen Krise auf den Kapitalmärkten und dem Ruf nach zusätzlicher Regulierung der Finanzpublizität von Unternehmen zeigt die Analyse Maiers, dass ein Transportieren interner Steuerungsinformationen an externe Adressaten auch aufgrund des damit verbundenen Zirkularitätseffekts kein „naiver“ Lösungsweg für die Finanzberichterstattung sein kann.

Für Wissenschaftler und Studierende, die sich mit Fragen an der Schnittstelle zwischen externer Rechnungslegung und Controlling auseinandersetzen, enthält die Arbeit Maiers schließlich ein umfassendes Strukturierungsraster, das die aufgeworfenen Forschungsfragen nicht nur ausführlich beantwortet, sondern eine Vielzahl von Anregungen für weiterführende Forschungsprojekte liefert.

In diesem Sinne wünsche ich der vorliegenden Arbeit die wohlverdiente Aufnahme in Unternehmenspraxis wie Science Community und den damit verbundenen breiten Leserkreis.

Gießen, im Dezember 2008

Univ.-Prof. Dr. Barbara E. Weißenberger

Vorwort

Die vorliegende Arbeit stellt eine Fortsetzung der in der betriebswirtschaftlichen Literatur seit einigen Jahren geführten Diskussion um die Harmonisierung von internem und externem Rechnungswesen dar. Diese Diskussion war bislang vor allem durch Überlegungen geprägt, welche Anpassungsmöglichkeiten des Controlling an internationale Rechnungslegungsvorschriften untersuchten. Doch „um klar zu sehen, genügt oft ein Wechsel der Blickrichtung", wie bereits Antoine de Saint-Exupéry feststellte und so ändert auch diese Studie die Perspektive und erforscht die umgekehrte Richtung der Harmonisierung von internem und externem Rechnungswesen: nämlich die Verwendung von Controllinginformationen in der Finanzberichterstattung.

Eine zentrale Annahme dieser Arbeit ist, daß im Controlling aussagekräftige Informationen über die wirtschaftliche Situation des Unternehmens vorliegen und diese Informationen auch für die Adressaten der Finanzberichterstattung von Interesse sind. Hiervon ausgehend wird erörtert, welche Umsetzungsmöglichkeiten für die als Management Approach bezeichnete Verwendung von Controllinginformationen in der Finanzberichterstattung existieren. Weitergehend wird untersucht, welche Auswirkungen eine solche Umsetzung des Management Approach auf die Ausgestaltung des Controllings, auf wesentliche Qualitätsmerkmale der Finanzberichterstattung sowie auf das Verhältnis zwischen bilanzierenden Unternehmen und Abschlußprüfern haben kann.

Im wesentlichen wurde die vorliegende Schrift in den Jahren 2003 bis 2006 verfaßt. Sie bezieht sich daher auf den Stand der Gesetzgebung und des Standardsetting bis zu diesem Zeitpunkt. Später erfolgte Änderungen in den für die Finanzberichterstattung maßgeblichen Regelwerken hatten daher keinen Einfluß auf die hier gemachten Ausführungen.

Diese Abhandlung wäre in der vorliegenden Form nicht ohne die Mitwirkung meiner verehrten akademischen Lehrerin Prof. Dr. Barbara E. Weißenberger entstanden, von der die Anregung zu diesem Thema stammt und der ich für die zahlreichen Fachgespräche herzlich danke.

Da ich meine Dissertation berufsbegleitend verfaßt habe, war es mir möglich, die gewonnenen Erkenntnisse auch aus Sicht des Praktikers kritisch zu würdigen und zu kommentieren. An dieser Stelle danke ich daher meinem ehemaligen Arbeitgeber KPMG für die Flexibilität in der Ausgestaltung meines Arbeitszeitmodells.

Dank gebührt auch Prof. Dr. Martin Glaum für die Erstellung des Zweitgutachtens sowie Prof. Dr. Edgar Löw (KPMG), Dr. Markus Fuchs (KPMG), Mag. Helmut Kerschbaumer (KPMG), Dr. Andreas Barckow (Deloitte & Touche), Mag. Werner Fleischer (Verbund AG) und Dr. Claude Tomaszewski (Haniel & Cie.) für die inhaltliche Unterstützung bei der Erstellung des für die Erhebung des empirischen Zahlenmaterials verwendeten Fragebogens.

Für die oft schonungslose, aber äußerst konstruktive Kritik an den von mir im Rahmen von Doktorandenkolloquien vorgetragenen Zwischenergebnissen gilt mein Dank außerdem Dipl.-Kffr. Cornelia Haas, Dipl.-Kfm. Hendrik Angelkort, Dr. Christoph Gehrig, Dipl.-Kfm. Sebastian Wolf, Dipl.-Kfm. Benjamin Löhr, Dipl.-Kfm. Torsten Martini, Dr. Marcus Blome, Dipl.-Kffr. Anneke Behrendt, Dr. Michael Löbig, Dipl.-Kfm. Jochen Hönninger und Dipl.-Kfm. Andreas Porod.

Darüber hinaus danke ich meiner Tante Margit Riedmeier für die schnelle und sehr gewissenhafte Durchführung des Lektorats, Frau Brigitte Richter für ihre organisatorische Unterstützung sowie cand. rer. pol. Julia Blöcher für die Hilfe bei den abschließenden Formatierungsarbeiten.

Abschließend spreche ich meinen ganz besonderen, von tiefstem Herzen kommenden Dank meinen Eltern aus, die mir in den Jahren meines Studiums sowie während des Entstehens dieser Dissertation jederzeit mit ihrer vollen Unterstützung zur Seite gestanden haben.

Düsseldorf, im Dezember 2008

Michael Maier

Inhaltsverzeichnis

Abbildungsverzeichnis

Tabellenverzeichnis

Abkürzungsverzeichnis

AfA........................ Absetzung für Abnutzung

AG......................... Aktiengesellschaft

AICPA.................. American Institute of Certified Public Accountants

AktG..................... Aktiengesetz

al. .... alii

BB .... Der Betriebsberater (Zeitschrift)

BC .... Basis for Conclusion

BFuP .... Betriebswirtschaftliche Forschung und Praxis (Zeitschrift)

BilReG .... Bilanzrechtsreformgesetz

bspw. .... beispielsweise

BWL..................... Betriebswirtschaftslehre

bzgl. .... bezüglich

bzw. .... beziehungsweise

COSO .... Committee of Sponsoring Organizations of the Treadway Commission

c. p. .... ceteris paribus

DAX..................... Deutscher Aktienindex

DB .... Der Betrieb (Zeitschrift)

DCF...................... Discounted Cash Flow

d. h. .... das heißt

DRS...................... Deutscher Rechnungslegungsstandard

DStR..................... Deutsches Steuerrecht (Zeitschrift)

DSR...................... Deutscher Standardisierungsrat

ED .... Exposure Draft

EDV .... Elektronische Datenverarbeitung

ERS .... Entwurf Stellungnahme zur Rechnungslegung

EU .... Europäische Union

evtl. .... eventuell

F .... IFRS-Framework

f. .... folgende

ff. .... fortfolgende

FiBu .... Finanzbuchhaltung

F&E .... Forschung & Entwicklung

gem. .... gemäß

ggf. .... gegebenenfalls

GHS .... Gesamthochschule

GKV .... Gesamtkostenverfahren

GoA .... Grundsätze ordnungsgemäßer Abschlußprüfung

GoB .... Grundsätze ordnungsgemäßer Buchführung

GuV .... Gewinn- und Verlustrechnung

HB .... Handelsbilanz

HFA .... Hauptfachausschuß

HGB .... Handelsgesetzbuch

Hrsg. .... Herausgeber

IAS .... International Accounting Standard(s)

IAASB .... International Auditing and Assurance Standards Board

IASB .... International Accounting Standards Board

i.d.R. .... in der Regel

i.e.S. .... im engeren Sinne

IDW .... Institut der Wirtschaftsprüfer

IDW PS .... IDW Prüfungsstandard(s)

IFAC .... International Federation of Accountants

IFRS .... International Financial Reporting Standard(s)

IGC .... International Group of Controlling

IKS .... Internes Kontrollsystem

IN .... Introduction

incl. .... inclusive

INF .... Information über Steuer und Wirtschaft (Zeitschrift)

insbes. .... insbesondere

IOSCO.................. International Organization of Securities Commissions

ISA .... International Standard(s) on Auditing

i.S.d. .... im Sinne des

i.V.m. .... in Verbindung mit

Kap. .... Kapitel

KapAEG............... Kapitalaufnahmeerleichterungsgesetz

KonTraG .... Gesetz zur Kontrolle und Transparenz im Unternehmensbereich

KoR....................... Zeitschrift für internationale und kapitalmarktorientierte Rechnungslegung

M&A .... Mergers & Acquisitions

MDAX .... Mid Cap DAX

m.w.N. .... mit weiteren Nennungen

n.F. .... neue Fassung

n.h.M. .... nach herrschender Meinung

NYSE .... New York Stock Exchange

OECD................... Organisation für Economic Co-Operation and Development

o.g. .... oben genannt

Rn. .... Randnummer

RS......................... Stellungnahme zur Rechnungslegung

S. .... Seite

SDAX................... Small Cap DAX

SEC .... Securities and Exchange Commission

SFAS .... Statement of Financial Accounting Standard

s.o. .... siehe oben

sog. .... Sogenannte(n)

SOX...................... Sarbanes-Oxley Act

s.u. .... siehe unten

TecDAX .... Technologie-Werte DAX

tlw. .... teilweise

Tz. .... Textziffer

u.a. .... unter anderem

UKV .... Umsatzkostenverfahren

UM .... Unternehmensbewertung und Management (Zeitschrift)

USA .... Vereinigte Staaten von Amerika

US-GAAP .... United States generally accepted Accounting Standard(s)

u.U. .... unter Umständen

v.a. .... vor allem

vgl. .... vergleiche

vs. .... versus

WP .... Wirtschaftsprüfer

WPg .... Die Wirtschaftsprüfung (Zeitschrift)

WPK .... Wirtschaftsprüferkammer

z.B. .... zum Beispiel

ZfB .... Zeitschrift für Betriebswirtschaft

ZfbF .... Zeitschrift für betriebswirtschaftliche Forschung

ZfCM .... Zeitschrift für Controlling und Management

ZGE .... Zahlungsmittel generierende Einheit

ZP .... Zeitschrift für Planung

Symbolverzeichnis

α............................ Fehlerwahrscheinlichkeit für die Aussage, daß zwei Stichproben korreliert sind (Rangkorrelationskoeffizient nach Spearmant)

μ .... Arithmetisches Mittel

ρ............................ Rangkorrelationskoeffizient nach Spearman

σ .... Standardabweichung

n............................ Stichprobenumfang

p............................ Fehlerwahrscheinlichkeit für die Aussage, daß sich zwei Stichproben signifikant voneinander unterscheiden (Kolmogorov-Smirnov-Test)

A Einleitung

1 Problemstellung und Zielsetzung

Zur Finanzierung ihrer Wachstums- und Globalisierungsstrategien gingen zu Beginn der 1990er Jahre zunächst einige deutsche Großunternehmen dazu über, ausländische Kapitalmärkte – und hierbei vor allem die NYSE – in Anspruch zu nehmen. Diese Nutzung internationaler Kapitalmärkte erforderte auch eine Neuausrichtung der Finanzberichterstattung der Unternehmen auf international anerkannte Rechnungslegungsstandards, da die bis dato erfolgende Konzernrechnungslegung nach HGB als unzulänglich für die Kommunikation mit bzw. für die Rechenschaftslegung gegenüber internationalen Geldgebern galt (und auch weiterhin gilt).[1] Im Gegensatz zur gläubigerschutz-, ausschüttungsbemessungs- und steuerbemessungsorientierten Ausrichtung des HGB verfolgen internationale Rechnungslegungsstandards nämlich als primären Zweck, Investoren Informationen zur Verfügung zu stellen, die für deren Investitionsentscheidungen nützlich sind.[2] Diese Fokussierung auf die Informationsinteressen der Anleger drückt sich u.a. durch die Verpflichtung zu einer wirtschaftlichen Betrachtungsweise sowie einen im Vergleich zum HGB größeren Berichterstattungsumfang aus, so daß die internationalen Rechnungslegungsstandards den handelsrechtlichen Regelungen bezogen auf die Informationsfunktion der Rechnungslegung häufig als überlegen angesehen werden.[3] Als international anerkannte Rechnungslegungsstandards galten zunächst die US-GAAP und später auch die IAS/IFRS (im Folgenden wird vereinfachend nur von IFRS anstatt von IAS/IFRS gesprochen). Nachdem eine Finanzberichterstattung nach US-GAAP oder IFRS von einer stetig wachsenden Zahl an Unternehmen zusätzlich zum HGB-Konzernabschluß auf freiwilliger Basis erfolgte, wurde 1998 mit dem KapAEG erstmals die Möglichkeit geschaffen, einen solchen

---

1 Vgl. Ernst (Harmonisierung 2002), S. 182 f.; Förschle/Glaum/Mandler (Rechnungslegung 1995), S. 403 f.; Glaum (Internationalisierung 2001), S. 125-128; Marten et al. (Rechnungslegung 2002), S. 2008-2012; Weißenberger/Arbeitskreis „Controller und IFRS" der IGC (Controller 2006), S. 213 f.

2 Zwar nennen die IFRS keine spezifische Adressatengruppe, die im Vordergrund stehen soll, und dem IASB ist bewußt, daß Abschlüsse nicht gleichzeitig die Informationsbedürfnisse aller Adressatengruppen erfüllen können. Allerdings bestehen auch zahlreiche Gemeinsamkeiten zwischen den Informationsbedürfnissen der Adressatengruppen, die sich gem. F.10 am besten am Beispiel von Investoren feststellen lassen, so daß als die Hauptadressaten der IFRS-Rechnungslegung insbes. Eigenkapitalinvestoren gelten; vgl. Schönbrunn (IFRS 2005), S. 99 f.

3 Vgl. bspw. Weißenberger/Arbeitskreis „Controller und IFRS" der IGC (Controller 2006), S. 613 f.

nach internationalen Normen erstellten Konzernabschluß befreiend zu erstellen, d.h. daß fortan kein HGB-Konzernabschluß mehr veröffentlicht werden mußte. Den vorläufigen Höhepunkt dieser Entwicklung stellt auf europäischer Ebene die EU-Verordnung Nr. 1606/2002 dar, gemäß der kapitalmarktorientierte Gesellschaften, die dem Recht eines EU-Mitgliedsstaates unterliegen, – mit wenigen Ausnahmen[4] – für Geschäftsjahre, die seit dem 1. Januar 2005 begonnen haben, ihre Konzernabschlüsse verpflichtend nach IFRS aufstellen müssen.[5] In Deutschland erfolgte die Umsetzung dieser EU-Verordnung durch das BilReG, welches auch den Inhalt der Lageberichterstattung ausweitete und zahlreiche neue Vorschriften betreffend der Abschlußprüfung enthielt.[6]

Für die Entscheidungsnützlichkeit von Rechnungslegungsinformationen werden im Framework der IFRS zwei Basisannahmen (Erfüllung der Going-Concern-Prämisse

---

4 Für Unternehmen, die einen organisierten Kapitalmarkt nur über Fremdkapitaltitel in Anspruch nehmen oder nur an Börsen außerhalb der EU notiert sind und daher ein anderes Rechnungslegungssystem wie z.B. die US-GAAP verwenden, sieht die Verordnung vor, daß ihnen über Mitgliedstaatenwahlrechte ein Aufschub bis zum 1. Januar 2007 gewährt werden kann. Von diesem Wahlrecht hat die Bundesrepublik Deutschland im Rahmen der nationalen Umsetzung der Verordnung durch das BilReG Gebrauch gemacht.

5 Die IFRS setzen sich damit insbesondere in der EU als wichtigste Rechnungslegungskonzeption durch. Zur Konkurrenz zwischen den Rechnungslegungskonzeptionen IFRS, US-GAAP und HGB vgl. auch Ballwieser (Konzernrechnungslegung 2001), S. 640-654. Der Trend zur Umstellung der Rechnungslegung auf IFRS hat mittlerweile längst nicht nur global agierende Großunternehmen erfaßt, sondern auch kleinere, mitunter auch mittelständische, Unternehmen befassen sich zunehmend mit entsprechenden Umstellungsprojekten; vgl. hierzu bspw. Mandler (IFRS 2003), S. 143-149. Die IFRS sind ein Rechnungslegungssystem, das für kapitalmarktorientierte Unternehmen entwickelt wurde. Aufgrund der von kapitalmarktorientierten Unternehmen abweichenden Zusammensetzung der Abschlußadressaten sowie der i.d.R. geringeren finanziellen Ressourcenausstattung wird bereits seit einigen Jahren diskutiert, in welchem Umfang eine Rechnungslegung nach IFRS für nicht kapitalmarktorientierte Unternehmen sinnvoll ist. Das IASB arbeitet daher bereits seit 2001 an der Aufstellung von Rechnungslegungsstandards für nicht kapitalmarktorientierte Unternehmen auf Basis der IFRS mit Erleichterungen in Ansatz, Bewertung und Ausweis; vgl. Beiersdorf (IFRS 2006), S. 1898 ff.; Heintges (Rechnungslegung 2006), S. 1571 ff.; Hüttche (Mittelstand 2003), S. 1804 ff.

6 Darüber hinaus wurden mit dem BilReG u.a. weitere Wahlrechte eingeführt: Zum einen verfügen große Kapitalgesellschaften (unabhängig vom Vorliegen einer Kapitalmarktorientierung) gem. § 325 Abs. 2a HGB über das Wahlrecht, einen befreienden IFRS-Einzelabschluß im Bundesanzeiger offenzulegen. Die Erstellung eines HGB-Einzelabschlusses sowie dessen Einreichung beim Handelsregister bleibt jedoch weiterhin für alle Gesellschaften verpflichtend, da dieser für die Ausschüttungsbemessung und die Besteuerung notwendig ist. Zum anderen kommt gem. § 315a Abs. 3 HGB nicht kapitalmarktorientierten Unternehmen das Wahlrecht zu, einen befreienden Konzernabschluß nach IFRS erstellen und offenlegen zu können.

sowie periodengerechte Gewinnermittlung) und vier qualitative Anforderungen (Verständlichkeit, Relevanz, Reliabilität und Vergleichbarkeit) an die Informationen genannt. Hierbei wird als Restriktion für die Entscheidungsnützlichkeit von IFRS-Rechnungslegungsinformationen häufig angeführt, daß zwischen den zwei wesentlichen Kriterien, nämlich der Relevanz und der Reliabilität von Informationen, ein Spannungsfeld besteht. Das in F.46 und IAS 1.13-22 verankerte Postulat der Fair Presentation bzw. des True and Fair View läßt sich folglich als Kompromiß zwischen diesen beiden Anforderungen beschreiben, welcher im Rahmen des Standardsetting sowie der Bilanzierung zu lösen ist, wobei das IASB in diesem Kompromiß zunehmend verstärkt auf das Relevanzkriterium abstellt.[7]

Um den Investoren entscheidungsnützliche Informationen zur Verfügung zu stellen, ist es nicht nur das Ziel internationaler Rechnungslegungsnormen, einen True and Fair View bzw. eine Fair Presentation der wirtschaftlichen Situation und der Zukunftsaussichten des Unternehmens herbeizuführen. Vielmehr sollen die Investoren auch einen Einblick in die Tätigkeiten der Unternehmensleitung erhalten, um so die Leistungen des Managements beurteilen zu können. Dies wird auch als die Stewardship-Funktion der Rechnungslegung bezeichnet.[8] Im IFRS-Framework ist die Stewardship-Funktion explizit als Zielsetzung der Finanzberichterstattung verankert, indem in F.14 festgestellt wird: „Financial statements also show the results of the Stewardship of management, or the accountability of management for the resources entrusted to it. Those users who wish to assess the Stewardship or accountability of management do so in order that they may make economic decisions; these decisions may include, for example [..] to reappoint or replace the management“. Zwar scheint die explizite Nennung der Stewardship-Funktion der Rechnungslegung in derzeitigen IASB-Diskussionen an Bedeutung zu verlieren. Allerdings wird in dieser Arbeit u.a. gezeigt, daß der Management Approach nicht zuletzt zu einer unverzerrteren Sichtbarkeit der Aktivitäten des

---

7 Vgl. Heintges (Rechnungslegung 2006), S. 1571; Heuser/Theile (IFRS 2005), S. 42 f.; Heyd (Fair-Value 2004), S. 271; Pottgießer/Velte/Weber (Impairment 2005), S. 1748; Weißenberger (IFRS 2007), S. 56; Weißenberger/Arbeitskreis „Controller und IFRS“ der IGC (Controller 2006), S. 613. Zu den Kriterien der Entscheidungsnützlichkeit von Finanzberichterstattungsinformationen in der IFRS-Rechnungslegung vgl. auch Heidemann (Kaufpreisallokation 2005), S. 21-31.

8 Vgl. grundlegend Epstein/Pava (Annual Reports 1993), S. 140 f. und 145 f., die auch generell eine vollständige Ausrichtung der Jahresabschlußinhalte an den Informationsinteressen der Kapitaleigner fordern. Vgl. auch Streim (Entscheidungsnützlichkeit 2000), S. 114, sowie bzgl. der Segmentberichterstattung m.w.N. Alvarez (Segmentbericht 2004), S. 23.

Managements führen kann, was wiederum als implizite Aufwertung der Stewardship-Funktion in der IFRS-Rechnungslegung zu werten ist.

Die Internationalisierung der externen Rechnungslegung wirkt sich nicht nur auf die Kapitalmarktkommunikation aus, sondern auch auf die Ausgestaltung des internen Rechnungswesens der bilanzierenden Unternehmen:

So sollen idealtypischerweise alle Unternehmensaktivitäten – und damit auch das Controlling einschließlich des internen Rechnungswesens – dazu beitragen, den Unternehmenswert zu steigern. Welchen Wert einzelne Anteilseigner einem Unternehmen beimessen, hängt jedoch nicht zuletzt von deren individuellen Konsumnutzenfunktionen ab.

Da hierdurch die individuellen Erwartungen der Anteilseigner insbesondere an die Ausschüttungspolitik des Unternehmens divergieren können, ist es der Unternehmensführung i.d.R. nicht möglich, sämtlichen Individualpräferenzen gleichermaßen zu entsprechen. Um dieses Problem zu reduzieren, ist im Rahmen einer wertorientierten Unternehmensführung das Unternehmen als Wirtschaftssubjekt zu betrachten, das seinen Wert unter seinen Möglichkeiten maximieren soll, indem es eine möglichst große Vermehrung seiner monetären Mittel herbeiführt. Diese monetären Mittel stehen den Anteilseignern grundsätzlich für Entnahmen zur Erfüllung ihrer Konsumvorstellungen zur Verfügung. Die komplexe Realität wird somit dahingehend vereinfacht, als daß nicht auf die Eigentümer des Unternehmens, sondern auf das Unternehmen selbst als Bewertungsobjekt abgestellt wird. Maßgebend für die Bewertung sind dann nicht mehr die individuellen Zielsetzungen und Entscheidungsfelder (bzw. die Zeitpräferenzen bzgl. der Mittelzuflüsse) der Anteilseigner, sondern die Zielsetzung und das Entscheidungsfeld des Unternehmens. In diesem Zusammenhang ist es die Aufgabe des wertorientierten Controllings, geeignete Instrumente zu entwickeln, die es der Unternehmensführung ermöglichen, fundierte Entscheidungen zur Erreichung der Unternehmensziele zu treffen.[9]

Aufgabe der externen Rechnungslegung ist es, die wirtschaftliche Lage eines Unternehmens abzubilden, indem sie insbesondere externen Informationsadressaten aufzeigt, wie sich das Kapital des Unternehmens vermehrt und welche Risiken hierfür in Kauf genommen werden.[10] In diesem Zusammenhang kann in der investorenorientierten Informationsvermittlung als primärem Rechnungszweck internationaler Rech-

---

9 Vgl. m.w.N. Klingelhöfer (Wertorientierung 2006), S. 590 ff.; Olbrich (Controlling 2006), S. 686 f.

10 Vgl. Baetge/Kirsch/Thiele (Bilanzen 2001), S. 5 ff.

nungslegungsnormen eine grundsätzliche Übereinstimmung mit den Informationsinteressen der Unternehmensleitung, welche – wie oben aufgezeigt – auf die Steigerung des Unternehmenswerts ausgerichtet sein sollen, gesehen werden.[11] Denn die Zielträger, welche die Ausgestaltung sowohl des internen als auch des externen Rechnungswesens prägen, sind in einem wertorientierten internen Rechnungswesen und dem externen Rechnungswesen identisch, so daß das Informationsinteresse von Investoren und Unternehmensführung auf dieselbe Zielgröße Unternehmenswert gerichtet ist. Daher kann eine Harmonisierung von internem und externem Rechnungswesen insbesondere im Rahmen der wertorientierten Unternehmensführung dazu führen, daß potentielle Interessenkonflikte zwischen Investoren und Unternehmensführung reduziert werden. Zwar verfügen Manager grundsätzlich auch über eigene, von denen der Investoren abweichende Ziele. Jedoch führt insbesondere das zusätzliche Maß an Transparenz in einem harmonisierten Rechnungswesen dazu, daß die Investoren derartige Zielabweichungen der Unternehmensführung besser aufdecken und die Unternehmensführung bei einem Fehlverhalten abstrafen können. Hierdurch steigt der Druck auf die Unternehmensführung, ihre Zielen an diejenigen der Investoren anzupassen.[12]

Aus dieser Steigerung der Zielkongruenz wird auch abgeleitet, daß eine Harmonisierung von internem und externem Rechnungswesen eine einheitliche interne und externe Kommunikationsbasis herbeiführen kann. Somit würden die Erwartungen und Einschätzungen von Investoren im internen Rechnungswesen berücksichtigt, wodurch das Management die Auswirkungen potentieller Entscheidungen auf die extern berichteten Zahlenwerke besser abschätzen könne und somit ein Instrumentarium erhält, mit dem es sowohl auf Gesamtunternehmensebene als auch auf Ebene nachgelagerter Steuerungseinheiten Pläne entwickeln kann, um die nach außen kommunizierten finanziellen Ziele zu erreichen.[13]

In der Praxis sind daher umfangreiche Bestrebungen zur Harmonisierung von internem und externem Rechnungswesen zu beobachten. Eine Vorreiterrolle spielte hierbei der

---

11 Vgl. bspw. Weißenberger/Arbeitskreis „Controller und IFRS" der IGC (Controller 2006), S. 613 f.

12 Vgl. Burger/Buchhart (Integration 2001), S. 549; Haaker (Steuerung 2006), S. 690; Haller (Eignung 1997), S. 270 f.; Hirsch/Sorg (Controller 2006), S. 430; Horváth/Arnaout (Einheit 1997), S. 254-268; Kahle (Steuerung 2003), S. 773 f.; Kley (Konvergenz 2006), S. 151; Küpper (Integration 1999), S. 5 ff.

13 Vgl. bspw. Burger/Buchhart (Integration 2001), S. 549; Hirsch/Sorg (Controller 2006), S. 430; Weißenberger (IFRS 2007), S. 198; Weißenberger/Arbeitskreis „Controller und IFRS" der IGC (Controller 2006), S. 618 f.

Siemens-Konzern, indem er bereits Anfang der 90er Jahre seine interne Betriebsergebnisrechnung zugunsten einer gering modifizierten handelsrechtlichen Gewinn- und Verlustrechnung nach dem Umsatzkostenverfahren als zentralem Informations- und Steuerungsinstrument aufgab.[14]

In den Folgejahren bestand zunächst in weiten Teilen von Literatur und Praxis die Auffassung, daß aus der externen Rechnungslegung generierte Maßgrößen für die interne Steuerung, Kontrolle und Entscheidungsfindung herangezogen werden sollten.[15] Auch weiterhin wird häufig argumentiert, daß eine Umstellung der externen Rechnungslegung auf IFRS dazu führt, daß die Grundlage für eine Harmonisierung von internem und externem Rechnungswesen geschaffen wird und damit auch das gesamte Konzerncontrolling effektiver und effizienter gestaltet werden kann.[16] Allerdings kann auch gezeigt werden, daß die IFRS-Vorschriften für Zwecke der Unternehmenssteuerung häufig nur eingeschränkt geeignet sind, z.B. da sie keinen Ansatz kalkulatorischer Elemente und keine vollständige Anreizkompatibilität ermöglichen.[17] Als Lösungsweg wird daher unter anderem für eine partielle Harmonisierung des Rechnungswesens plädiert, bei der vor allem der jeweilige Rechnungszweck sowie die betrachtete Hierarchieebene im Unternehmen den Harmonisierungsgrad von internem und externem Rechnungswesen determinieren.[18]

Zwar bestehen bezüglich der Harmonisierung des Rechnungswesens grundsätzlich zwei potentielle Anpassungsrichtungen – nämlich die Anpassung des internen an das externe Rechnungswesen sowie die Anpassung des externen an das interne Rechnungswesen. Die im Vergleich zum HGB zumindest in Teilen bessere Eignung der IFRS-Rechnungslegung für Zwecke der Unternehmenssteuerung führte jedoch dazu, daß die Harmonisierungsdebatte lange Zeit vornehmlich unter Aspekten der Anpassung des internen Rechnungswesens an externe Vorschriften geführt wurde, so daß sich die internationale Rechnungslegung zu einem Impulsgeber für das Controlling entwickelte.[19] Erst seit kurzem wird auch erkannt, daß sich das IASB-Standardsetting

---

14 Vgl. Ziegler (Siemens 1994), S. 175-188.

15 Vgl. statt vieler Haller (Eignung 1997), S. 271; Horváth/Arnaout (Einheit 1997), S. 263 f.

16 Vgl. bspw. Kahle (Steuerung 2003), S. 780-783; Quadt/Tiskens/Vits (Konzeption 2005), S. 1082; Wagenhofer (Zusammenwirken 2006), S. 12 ff.

17 Vgl. bspw. Ewert (Fair Value 2006), S. 43 ff.; Küpper (Integration 1999), S. 7 f.; Weißenberger (Unternehmensrechnung 2003), S. 201.

18 Vgl. m.w.N. Burger/Buchhart (Integration 2001), S. 552; Weißenberger (Performance 2006), S. 70-77.

19 Vgl. Franz/Winkler (Steuerung 2006), S. 63; Hillmer (Controlling 2005), S. 572 f.; Wagenhofer (Zusammenwirken 2006), S. 18.

teilweise an die Informationsbedürfnisse des internen Rechnungswesens angepaßt hat, so daß bspw. bei einer Verwendung externer Werte als interne Steuerungsgrößen immer weniger Überleitungsmaßnahmen notwendig wurden.[20] Gleichzeitig wird festgestellt, daß die externe Rechnungslegung mittlerweile in manchen Fällen unmittelbar und in vielen Fällen mittelbar Informationen aus dem Controlling verwendet.[21]

Eine solche Zweitverwendung von im Rahmen des Controllings für Zwecke der Unternehmenssteuerung bereitgestellten Informationen in der externen Finanzberichterstattung wird als Management Approach bezeichnet. Umsetzungsmöglichkeiten für den Management Approach wurden bislang vor allem von *Geiger* und *Kind* in bezug auf die Segmentberichterstattung beschrieben.[22] *Benecke* erweiterte diese Betrachtung um die Bilanzierung von Finanzderivaten im Finanzsektor.[23]

Erst in jüngerer Zeit wurden von *Hachmeister*, *Kirsch*, *Kirsch/Steinhauer*, *Wagenhofer* oder *Weißenberger* kurze Zusammenfassungen jeweils einiger Umsetzungsfelder des Management Approach in der IFRS-Rechnungslegung vorgelegt.[24] Eine umfassende Bestandsaufnahme von Umsetzungsmöglichkeiten sowie eine dezidierte Auseinandersetzung mit potentiellen Auswirkungen des Management Approach auf Finanzberichterstattung und Unternehmenssteuerung erfolgten in diesen Arbeiten hingegen nicht.[25]

Aus den genannten Entwicklungen Internationalisierung der Rechnungslegung, Harmonisierung von internem und externem Rechnungswesen, Ausrichtung der Unternehmensführung auf Wertorientierung sowie auf Grundlage des Forschungsstandes ergeben sich somit für diese Arbeit zunächst die folgenden Forschungsfragen:

Forschungsfrage 1: Welche Möglichkeiten stehen deutschen bilanzierenden Unternehmen in der Finanzberichterstattung gegenwärtig für eine Umsetzung des Management Approach zur Verfügung?

---

20 Vgl. Velthuis/Wesner/Schabel (Fair-Value 2006), S. 875.

21 Vgl. Wagenhofer (Zusammenwirken 2006), S. 18.

22 Vgl. Geiger (Segmentberichterstattung 2001); Kind (Segmentrechnung 2000).

23 Vgl. Benecke (Management Approach 2000).

24 Vgl. Hachmeister (Controllingprüfung 2003), S. 446-451; Kirsch (Kostenrechnung 2002), S. 207-212; Kirsch (Controlling 2003), S. 11-17; Kirsch/Steinhauer (Controlling 2003), S. 427-432; Wagenhofer (Zusammenwirken 2006), S. 5 ff.; Weißenberger (IFRS 2007), S. 179-190.

25 Eine Ausnahme hiervon stellt die Arbeit von Weißenberger dar, in der auch kurz auf Teile der in dieser Arbeit erörterten potentiellen Auswirkungen des Management Approach auf Unternehmenssteuerung und Finanzberichterstattung eingegangen wird. Vgl. Weißenberger (IFRS 2007), S. 185-190.

Forschungsfrage 2: Welche internen Informationsgrundlagen müssen vorhanden sein, um dem Management Approach entsprechend Informationen einer Zweitverwendung im externen Rechnungswesen zuzuführen?

Forschungsfrage 3: Welche Auswirkungen können sich durch eine Umsetzung des Management Approach auf die Unternehmenssteuerung sowie auf die Entscheidungsnützlichkeit von Finanzberichterstattungsinformationen ergeben?

Auch ein IFRS-Konzernabschluß unterliegt aufgrund §§ 316 Abs. 3, 317 HGB der gesetzlich verpflichtend durchzuführenden Abschlußprüfung. Die „gesetzlichen Vorschriften" des § 317 Abs. 1 Satz 2 HGB stellen dann die von der EU übernommenen IFRS dar.[26] Da über den Management Approach ursprünglich unternehmensinterne Informationen in der Finanzberichterstattung zur Anwendung kommen, erstreckt sich auch die Abschlußprüfung vermehrt auf derartige unternehmensinterne Informationen. Hiervon sind umfangreiche Veränderungen an die Anforderungen und Kenntnisse der Abschlußprüfer sowie die Kommunikationsprozesse zwischen Abschlußprüfern und bilanzierenden Unternehmen zu erwarten, weshalb auch diese Aspekte im Rahmen der vorliegenden Arbeit zu untersuchen sind, so daß sich eine weitere Forschungsfrage stellt:

Forschungsfrage 4: Welche Auswirkungen hat der Management Approach auf die Abschlußprüfung?

Da das dieser Arbeit zugrundeliegende Thema nicht nur theoretische Relevanz hat, sondern auch einen hohen Praxisbezug aufweist, erscheinen ferner die praktische Umsetzung sowie die praktischen Auswirkungen einer Umsetzung des Management Approach als von Interesse, so daß die letzte Forschungsfrage lautet:

Forschungsfrage 5: In welchem Umfang wird der Management Approach in der Bilanzierungspraxis umgesetzt, und welche Auswirkungen beobachten die bilanzierenden Unternehmen?

---

26 Vgl. auch Luttermann (Bilanzierung 2006), S. 779.

2 Gang der Untersuchung

Um die im vorangehenden Abschnitt gestellten Forschungsfragen zu beantworten, soll in dieser Arbeit wie folgt vorgegangen werden:

In diesem einleitenden **Kapitel A** werden zunächst die Problemstellung dargelegt, die zu schließenden Forschungslücken identifiziert und der für die vorliegende Arbeit zentrale Begriff des Management Approach abgegrenzt.

Nach der Einleitung erfolgt im zweiten **Kapitel B** eine systematische Bestandsaufnahme von Rechnungslegungsvorschriften, die eine Umsetzung des Management Approach fordern oder ermöglichen. Für diese Bestandsaufnahme wurden sämtliche mit Stand 1. Dezember 2006 für deutsche IFRS-Bilanzierer geltenden Rechnungslegungsvorschriften analysiert und auf Umsetzungsmöglichkeiten für den Management Approach hin untersucht. Da auch im Rahmen der vorliegenden Arbeit nicht sämtliche Umsetzungsmöglichkeiten für den Management Approach abschließend und vollumfänglich aufgeführt werden können, konzentriert sich die Bestandsaufnahme in Kapitel B auf diejenigen Vorschriften, von welchen die weitreichendsten Umsetzungsmöglichkeiten und praktischen Auswirkungen des Management Approach zu erwarten sind. Hierbei erfolgt die Gliederung der Umsetzungsfelder des Management Approach in der Reihenfolge, wie diese Felder die umfangreichsten Umsetzungsmöglichkeiten erwarten lassen. Im Rahmen der Bestandsaufnahme von Umsetzungsmöglichkeiten für den Management Approach werden zum einen die relevanten Rechnungslegungsvorschriften erläutert, und zum anderen wird identifiziert, welche internen Informationen grundsätzlich für eine Zweitverwendung in der Bilanzierung herangezogen werden können.

Kapitel C baut auf der systematischen Bestandsaufnahme in Kapitel B auf. So werden zunächst die in Kapitel B identifizierten, für eine Umsetzung des Management Approach geeigneten Informationsquellen kategorisiert. Entsprechend dieser Kategorisierung werden die idealtypischen Ausgestaltungsformen der relevanten Unternehmenssteuerungssysteme dargelegt, und es wird analysiert, welche Controllinginformationen vorliegen und in welcher Form diese aufbereitet sein sollten, um für eine Zweitverwendung in der Finanzberichterstattung geeignet zu sein.

Kapitel D befaßt sich zum einen mit Auswirkungen der Umsetzung des Management Approach auf die Unternehmenssteuerung sowie die mit der Unternehmenssteuerung verbundenen Controllingsysteme. Hierbei wird insbesondere untersucht, welche Konsequenzen sich ergeben, wenn die für eine Umsetzung des Management Approach benötigten internen Informationen nicht, nur unvollständig oder in nicht geeigneter Form vorliegen. Zum anderen werden in Kapitel D die beiden zentralen Kriterien für die Entscheidungsnützlichkeit von Finanzberichterstattungsinformationen (Relevanz und Reliabilität) wieder aufgegriffen und untersucht, welche Auswirkungen die Umsetzung des Management Approach auf diese beiden Kriterien haben kann.

Da die Verwendung interner Unternehmenssteuerungsinformationen in der Finanzberichterstattung auch nach sich zieht, daß diese Informationen der Prüfung durch unabhängige Abschlußprüfer unterliegen, wird in **Kapitel E** analysiert, in welchem Ausmaß interne Unternehmenssteuerungsinformationen und -systeme in den Prüfungsumfang der Abschlußprüfung fallen. Hierbei folgt die Analyse der in Kapitel C aufgestellten Kategorisierung interner Steuerungsinstrumente, und es wird besonderes Augenmerk darauf gelegt, welche Auswirkungen die Prüfung interner Steuerungsinformationen und -instrumente auf die Abschlußprüfung selbst, die Abschlußprüfer sowie deren Verhältnis zu ihren Mandanten haben kann.

Die praktische Bedeutung des in dieser Arbeit erörterten Themas wird durch die empirische Untersuchung in **Kapitel F** unterstrichen. Für diese empirische Untersuchung wurden zunächst die wichtigsten der in Kapitel B identifizierten Umsetzungsmöglichkeiten für den Management Approach ausgewählt. Aufbauend auf den Ergebnissen der Kapitel C bis E wurden dann die im Prime Standard der Deutschen Börse AG notierten deutschen Industrie-, Handels- und Dienstleistungsunternehmen dazu befragt, in welchem Umfang der Management Approach in der Bilanzierungspraxis umgesetzt wird und welche Vor- und Nachteile die Unternehmen mit der Umsetzung des Management Approach verbinden bzw. welche Erfahrungen sie hiermit gemacht haben sowie welche Auswirkungen sich auf die Prüfung ihrer Abschlüsse ergeben haben.

Die Arbeit endet in **Kapitel G** mit einer Zusammenfassung sowie einer kritischen Würdigung der wesentlichen Ergebnisse. In einem Ausblick wird ferner auf weitere Forschungsnotwendigkeiten hingewiesen.

Einen Überblick über den Gang der Untersuchung gibt Abbildung A-1.

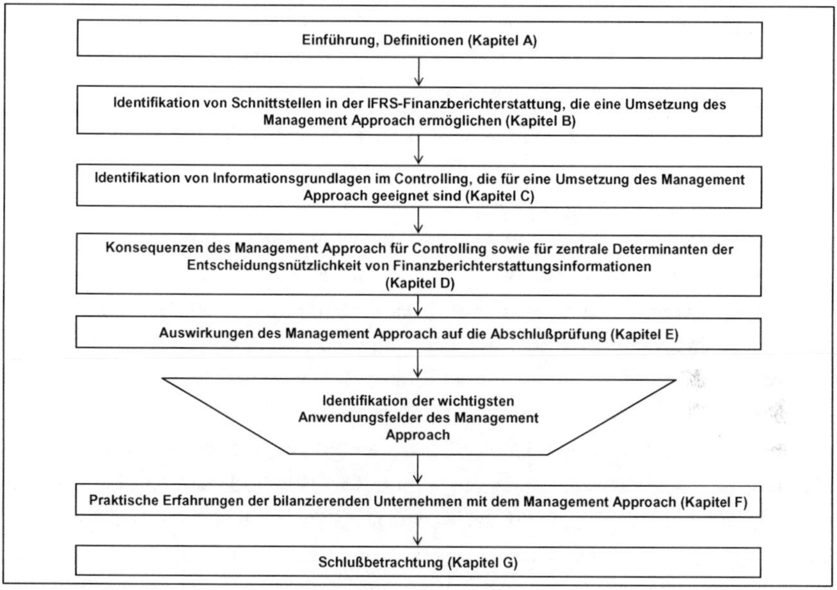

Abbildung A-1: Gang der Untersuchung

3 Abgrenzung des Begriffs Management Approach

Den begrifflichen Ursprung des Management Approach stellen die 1997 erlassenen US-amerikanischen Regelungen zur Segmentberichterstattung dar, und auch in bezug auf die IASB-Rechnungslegung wurde der Management Approach zunächst hauptsächlich mit der Segmentberichterstattung nach IAS 14 in Zusammenhang gebracht. Diesbezüglich ist es die Grundüberlegung des Management Approach, daß sich die Segmentabgrenzung in der Finanzberichterstattung unmittelbar an der internen Organisationsstruktur des bilanzierenden Unternehmens orientieren soll.[27] Auch in jüngerer Zeit erfolgte eine Erörterung des Management Approach vor allem im Rahmen der Diskussion um den am 30. November 2006 verabschiedeten IFRS 8 zur Segmentberichterstattung, da dieser sich deutlich stärker am Management Approach orientiert, als dies bei IAS 14 der Fall ist.[28] Obwohl die Diskussion des Management Approach bislang vornehmlich in bezug auf die Segmentberichterstattung erfolgte, stellt der Management Approach jedoch streng genommen keinen Ansatz zur Segmentabgrenzung

27 Vgl. Wagenhofer (Zusammenwirken 2006), S. 6; Benecke (Management Approach 2000), S. 165-225; Geiger (Segmentberichterstattung 2001), S. 104 f.; Pejic (Segmentberichterstattung 1998), S. 99.

28 Vgl. bspw. Kajüter/Barth (Segmentbericht 2007), S. 428-434.

oder Segmentberichterstattung dar, sondern ist vielmehr als eine grundlegende Rechnungslegungskonzeption zu verstehen, die eine weitgehende Harmonisierung von interner und externer Unternehmensberichterstattung fordert.[29]

Kernidee des Management Approach ist die Annahme, daß das Management eines Unternehmens Informations- und Berichtssysteme installiert, welche ihm für die Unternehmenssteuerung maßgeschneiderte Informationen zur Verfügung stellen, wodurch optimale – d.h. wertmaximierende – Entscheidungen getroffen werden.[30] Da die Maximierung des Unternehmenswerts auch das primäre Interesse der Investoren darstellt, wird davon ausgegangen, daß wertrelevante Informationen des Managements auch für die Investoren von Interesse sind.[31] In der Folge postuliert der Management Approach, daß externen Informationsadressaten diejenigen Informationen zur Verfügung gestellt werden sollten, die auch das Management des Unternehmens zur Entscheidungsfindung verwendet und nach denen die Performance des Managements gemessen wird.[32] Dies kommt implizit auch im IFRS-Framework zum Ausdruck, das in F.11 konstatiert: „ … published financial statements are based on the information used by management about the financial position, performance and changes in financial position of the enterprise." Ziel einer solchen Informationsermittlung für die Finanzberichterstattung „through the management's eyes"[33] ist eine realitätsgetreue Darstellung der Chancenpotentiale und Risiken des Unternehmens, wodurch den Investoren eine bessere Abschätzbarkeit der Zielrichtung der Aktivitäten des Managements ermöglicht werden soll.[34]

Um dies zu erreichen, verlangt der Management Approach, daß die Finanzberichterstattung auf Basis der Zahlen des internen Rechnungswesens erfolgen soll. Damit bil-

---

29 Vgl. Müller/Peskes (Segmentberichterstattung 2006), S. 821.

30 Vgl. Ewert/Wagenhofer (Unternehmensrechnung 2003), S. 3; Fey/Mujkanovic (Segmentbericht 1999), S. 263; Martin (Management Approach 1997), S. 29. Als Auslöser für die wertmaximierende Konzeption der Unternehmenssteuerung wird der mittlerweile auch in Deutschland weit verbreitete Shareholder-Value-Gedanke gesehen; vgl. hierzu statt vieler Pape (Wertorientierung 2000), S. 711-717, sowie zur Verbreitung wertorientierter Steuerungssysteme in Deutschland bspw. Horváth/Minning (Wertorientierung 2001), S. 274 ff.

31 Vgl. IGC/Weißenberger (IFRS 2006), S. 19 ff.; Naumann (Harmonisierung 2004), S. 192; vgl. auch die Ausführungen in Abschnitt A.1 oben.

32 Vgl. Benecke (Management Approach 2000), S. 3; Wagenhofer (Zusammenwirken 2006), S. 4.

33 Martin (Management Approach 1997), S. 29.

34 Vgl. Dawo/Heiden (Berichterstattung 2001), S. 1719; Haller/Park (Segmentberichterstattung 1999), S. 60; IDW (Stellungnahme ED 8 2006), S. 813; Weißenberger/Liekweg (Segmentberichterstattung 1999), S. 166.

den die Informationen, mit deren Hilfe das Unternehmen bzw. der Konzern gesteuert wird, auch die Grundlage für die externe Präsentation, wodurch insbesondere der Controllerbereich zum Informationslieferanten für die Finanzberichterstattung wird.[35] Ein wesentliches Element des Management Approach ist somit, daß das Management sein betriebsinternes Wissen in die Finanzberichterstattung einfließen läßt.[36] In der Folge können die Investoren ihre Anlageentscheidungen unter Rückgriff auf die zur innerbetrieblichen Nutzung aufbereiteten Informationen treffen.[37] Der Management Approach unterstützt damit die Stewardship-Funktion der Rechnungslegung, da die Investoren die Möglichkeit erhalten, die Aktivitäten des bilanzierenden Unternehmens aus dem Blickwinkel des Managements zu betrachten, so daß sich potentiell bestehende Informationsasymmetrien zwischen Investoren und Unternehmensführung reduzieren. Die Investoren können also die Tätigkeit des Managements besser kontrollieren.[38] Die Umsetzung des Management Approach kann hierbei zu einer offenen und ehrlichen Kommunikation mit den Investoren führen und sich somit positiv auf die Vertrauensbildung an den Kapitalmärkten auswirken.[39]

Aufgrund der Unterstützung der Stewardship-Funktion durch den Management Approach wird in der Literatur mitunter gefordert, daß das Standardsetting insgesamt vom Controlling befruchtet werden sollte, um die Entscheidungsnützlichkeit der Finanzberichterstattung für die Investoren zu erhöhen.[40] In Hinblick auf die innerbetriebliche Situation der bilanzierenden Unternehmen wird die Umsetzung des Management Approach insbesondere deshalb befürwortet, weil sie zu einer zeitnahen und kostengünstigen externen Berichterstattung führt, da die Zweitverwendung interner Informationen in der Finanzberichterstattung eine zusätzliche Datenerhebung oder Umstrukturierung von Informationen für die externe Berichterstattung überflüssig machen kann.[41]

---

35 Vgl. Franz/Winkler (Steuerung 2006), S. 64; zum Controllerbereich als Informationslieferanten für die Bilanzierung vgl. auch Hirsch/Sorg (Controller 2006), S. 429 f.; IGC/Weißenberger (IFRS 2006), S. 19 ff.

36 Vgl. Kühnberger (Firmenwerte 2005), S. 680.

37 Vgl. Fey/Mujkanovic (Segmentbericht 1999), S. 263.

38 Vgl. Kümpel (Gewinn 2002), S. 1016.

39 Vgl. Hirsch/Sorg (Controller 2006), S. 429 f.

40 Vgl. Haller (Eignung 1997), S. 275.

41 Vgl. Fey/Mujkanovic (Segmentbericht 1999), S. 264; Fleischer (Reporting 2005), S. 192 f.; Hahn (Segmentberichterstattung 2000), S. 689; Himmel (Konvergenz 2004), S. 137; Mansch (Auftragsfertigung 2006), S. 105 f.; Müller/Ordemann/Pampel (Controlling 2005), S. 2124.

Während der Management Approach in der Literatur regelmäßig mit der Ausübung von Ermessensspielräumen gleichgesetzt wird,[42] soll in dieser Arbeit eine schärfere begriffliche Abgrenzung getroffen werden: So stellen allein solche Informationen Management-Approach-Informationen dar, die zunächst intern auf formalem Wege für Zwecke der Unternehmenssteuerung generiert sowie genutzt werden und erst danach im externen Reporting eine Zweitverwendung erfahren. Nicht unter den Management Approach fallen damit Informationen, die unmittelbar für Zwecke der Finanzberichterstattung generiert werden, selbst wenn diese – z.B. bei der Bewertung von Rückstellungen gem. IAS 19 oder 37 – von internen Stellen zur Verfügung gestellt werden oder in einem zweiten Schritt anschließend auch in der Unternehmenssteuerung Verwendung finden.[43]

Im Rahmen der Umsetzung des Management Approach ist ferner zu unterscheiden zwischen dessen Umsetzung in seiner Reinform, d.h. der unmittelbaren Übernahme interner Controllinginformationen in die Finanzberichterstattung, und geringeren Umsetzungsgraden des Management Approach, bei denen nur eine mittelbare Verwendung von Controllinginformationen in der Finanzberichterstattung erfolgt. So führt eine Umsetzung des Management Approach in seiner Reinform dazu, daß die extern berichteten Informationen vollständig mit den intern verwendeten deckungsgleich sind und keine Abweichungen hinsichtlich Inhalt, Umfang oder Detaillierungsgrad bestehen, während bei einer abgeschwächten Umsetzung des Management Approach für die externe Berichterstattung eine Weiterverarbeitung der internen Controllinginformationen z.B. durch die Kombination mit weiteren Daten erfolgt.[44]

---

42 Vgl. statt vieler Küting/Reuter (Bilanzanalyse 2005), S. 710.

43 Diese Definition entspricht weitgehend auch derjenigen bei IGC/Weißenberger (IFRS 2006), S. 25 ff.

44 In der Literatur finden sich diesbezüglich unterschiedliche Auffassungen. So bezeichnen bspw. Fülbier/Hirsch/Meyer (Zusammenarbeit 2006), S. 234, allgemein den Rückgriff auf interne Daten bei der Abschlußerstellung als Management Approach, während z.B. Wagenhofer (Zusammenwirken 2006), S. 4, nur den Management Approach in seiner Reinform unter dem Begriff des Management Approach versteht.

B Bedeutsame Anwendungsfelder des Management Approach in der IFRS-Rechnungslegung

In diesem Kapitel erfolgt zunächst eine systematische Bestandsaufnahme von Vorschriften in der IFRS-Rechnungslegung, die eine Umsetzung des Management Approach grundsätzlich ermöglichen. Hierbei erfolgt die Gliederung der potentiellen Anwendungsfelder des Management Approach in der Reihenfolge, wie diese Felder die umfangreichsten Umsetzungsmöglichkeiten für den Management Approach eröffnen. Die in diesem Kapitel identifizierten Anwendungsfelder des Management Approach in der IFRS-Rechnungslegung stellen die Grundlage für die anschließenden Untersuchungsschritte in den Folgekapiteln dar. Hierbei ist es nicht das Ziel, eine ausführliche allgemeine Beschreibung der relevanten Rechnungslegungsvorschriften vorzunehmen, wie es sie in der Literatur in zahlreichen Werken gibt. Vielmehr sollen die Rechnungslegungsvorschriften konkret auf Anwendungsfelder des Management Approach hin untersucht werden, so daß ausschließlich die für solche Umsetzungsmöglichkeiten einschlägigen Teilbereiche beleuchtet werden.

An erster Stelle sind die Regelungen der IAS 14 und IFRS 8 zur Segmentberichterstattung zu nennen. Die Vorschriften zur Segmentberichterstattung stellen nicht nur den begrifflichen Ursprung des Management Approach dar, sondern verankern dessen Umsetzung auch in einem vollständigen Berichtsinstrument, welches darüber hinaus enge Verknüpfungen zur Abgrenzung von Bewertungsobjekten im Rahmen sog. Impairment Tests nach IAS 36 aufweist. Die Regelungen dieses Standards zu außerplanmäßigen Abschreibungen stellen auch das zweitwichtigste Anwendungsfeld des Management Approach dar. So kann nämlich nicht nur bei der Abgrenzung von Bewertungsobjekten, sondern auch bei der Durchführung von Bewertungsvorgängen in umfangreichem Maße auf für interne Zwecke vorgenommene Analysen zurückgegriffen werden. Wiederum in Zusammenhang mit den Vorschriften des IAS 36 sind die Regelungen des IFRS 3 zur Bilanzierung von Unternehmenszusammenschlüssen zu sehen. Dieser wirkt sich nicht nur auf die Abgrenzung sowie erstmalige Bewertung von Bewertungsobjekten im Sinne von IAS 36 aus, sondern schafft auch Umsetzungsmöglichkeiten für den Management Approach bei der Identifikation und Bewertung von im Rahmen von Unternehmensakquisitionen erworbenen Vermögenswerten und Schulden. Hierbei wirken sich – jedoch nur im Teilbereich der immateriellen Vermögenswerte – auch die Vorschriften des IAS 38 auf die Identifikation und Bewertung von Vermögenswerten aus. Ferner eröffnet IAS 38 Unternehmen, die Forschung und Entwicklung betreiben, Möglichkeiten zur Umsetzung des Management Approach bei der

Aktivierung von Entwicklungsaufwendungen. Ein weiteres wichtiges Anwendungsfeld für den Management Approach besteht in der Lageberichterstattung, die durch das deutsche HGB sowie auf Konzernebene durch die DRS 5 und 15 geregelt wird. Hier bestehen direkte Umsetzungsnotwendigkeiten für den Management Approach in der Darstellung der wirtschaftlichen Lage und Zukunft des Unternehmens inklusive der wesentlichen Chancen und Risiken aus Perspektive der Unternehmensführung. Sofern Unternehmen in umfangreichem Maß Finanzderivate nutzen oder im Bereich der Auftragsfertigung tätig sind, können darüber hinaus die Vorschriften der IAS 39 zur Bilanzierung von Finanzinstrumenten oder des IAS 11 zur Bilanzierung von Fertigungsaufträgen Umsetzungsmöglichkeiten für den Management Approach eröffnen. Abschließend sind die Regelungen der IAS 16 und 40 zu nennen, die bei der Bilanzierung von Vermögenswerten des Anlagevermögens Anwendungspotentiale für den Management Approach eröffnen, auch wenn von diesen im Vergleich zu den bisher genannten Vorschriften geringere Auswirkungen auf das Bilanzbild der Unternehmen ausgehen.

Geringfügige – und daher in dieser Arbeit nicht detailliert erörterte – Umsetzungsmöglichkeiten für den Management Approach bieten darüber hinaus die Vorschriften des IAS 2 zur Vorratsbewertung, des IAS 12 zur Bildung latenter Steuern, der IAS 19 und 37 zur Passivierung von Rückstellungen sowie des IFRS 5 zu Angaben über einzustellende Geschäftsbereiche. Die Abbildung B-1 führt die in dieser Arbeit untersuchten Anwendungsfelder des Management Approach einleitend auf.

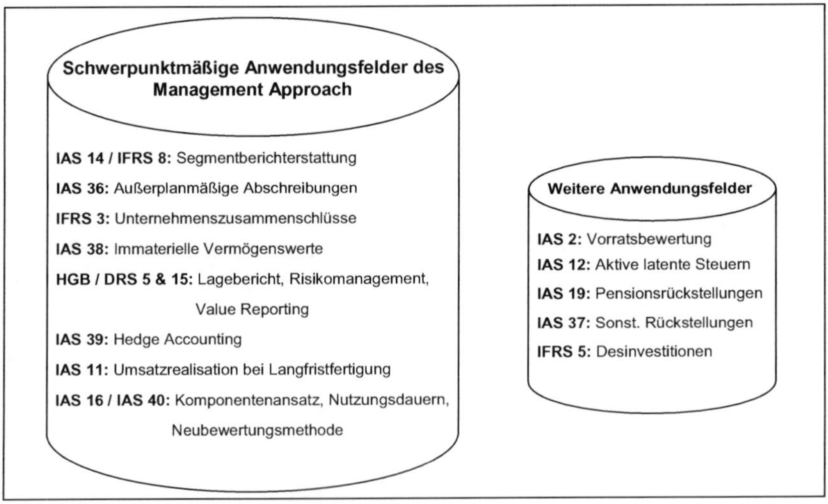

Abbildung B-1: Anwendungsfelder des Management Approach

1 IAS 14 – Segmentberichterstattung

Die Regelungen zur Segmentberichterstattung stellen nicht nur den begrifflichen Ursprung des Management Approach dar, sondern bieten auch das weitestreichende Umsetzungspotential für den Management Approach. Wie in den folgenden Abschnitten aufgezeigt wird, kann bzw. muß sich die Abgrenzung von Segmenten in der externen Segmentberichterstattung an der internen Führungs- und Berichtsstruktur orientieren. Auch die im Rahmen der Segmentberichterstattung zu vermittelnden Informationen können bzw. müssen weitgehend deckungsgleich mit den intern vom Management zur Entscheidungsfindung genutzten Informationen sein. Hierbei können verschiedene technische Vorgehensweisen bei der Erstellung der Segmentberichterstattung wesentlichen Einfluß auf die Möglichkeit einer direkten Übernahme interner Informationen in die externe Segmentberichterstattung haben.

1.1 Konzeption der Segmentberichterstattung

Wie bereits in der Definition des Management Approach erwähnt, stellen die US-amerikanischen Regelungen zur Segmentberichterstattung den begrifflichen Ursprung des Management Approach dar. Während die US-GAAP in den Vorschriften zur Segmentberichterstattung weitestgehend auf den Management Approach zurückgreifen, bezieht sich auch IAS 14 an mehreren Stellen auf den Management Approach als grundlegende Konzeption der Segmentberichterstattung.[45]

Allerdings kommt auch einem zweiten Ansatz, dem Risk and Reward Approach, ein hoher Stellenwert zu, so daß der Management Approach in seiner Bedeutung für die Segmentberichterstattung nach IAS 14 stark eingeschränkt wird.[46] Mit dem am 30.11.2006 verabschiedeten IFRS 8 übernahm das IASB die US-amerikanischen Regelungen jedoch beinahe vollständig, so daß IFRS-Segmentberichte künftig viel stärker durch den Management Approach geprägt sein werden.[47] IFRS 8 ist erst spätestens für Geschäftsjahre, die am oder nach dem 1.1.2009 beginnen, anzuwenden. Da es sich bei diesem Standard somit um einen relativ „jungen" Standard handelt, mit dem bislang noch keine praktischen Erfahrungen gesammelt werden konnten, konzentriert sich

---

45 Vgl. z.B. die Vorschriften in IAS 14.27, 31, 33.

46 Vgl. Geiger (Segmentberichterstattung 2001), S. 107. Der Einfluß des Risk and Reward Approach ist so stark, daß auch die Auffassung vertreten wird, er sei der dominierende Ansatz in der Konzeption der Segmentabgrenzung gem. IAS 14; vgl. hierzu bspw. Kirsch (Segmentberichterstattung 2001), S. 1513; Nardmann (Segmentberichterstattung 2003), S. 1947; Weißenberger et al. (Unternehmensrechnung 2003), S. 33.

47 Vgl. hierzu Kajüter/Barth (Segmentbericht 2007), S. 428; Weißenberger (IFRS 2007), S. 120.

diese Arbeit noch schwerpunktmäßig auf die alten Regelungen des IAS 14. Die Regelungen des neuen IFRS 8 werden in Abschnitt B.1.3 dargestellt und in den Kontext dieser Arbeit gestellt.

In bezug auf die Segmentberichterstattung verfolgt der Management Approach die Idee, daß sich die Segmentabgrenzung in der externen Berichterstattung grundsätzlich an der internen Organisations- und Berichtsstruktur des bilanzierenden Unternehmens orientieren soll.[48] Zwar bewirkt der Management Approach, daß die interne Segmentabgrenzung, die intern angewendeten Bewertungsgrundsätze und die internen Segmentinformationen in die externe Berichterstattung übernommen werden. Dies führt jedoch nicht zur vollständigen Übernahme der internen Berichterstattung, sondern bewirkt vielmehr eine relativ stark aggregierte Informationsbereitstellung auf Grundlage der internen Vorgehensweisen.[49] Kernidee des Risk and Reward Approach ist es hingegen, die Segmente anhand von Risiken- und Chancenaspekten abzugrenzen.[50] Demnach sind diejenigen Tätigkeiten eines Unternehmens zu einem Segment zusammenzufassen, die eine Risiken- bzw. Chancenklasse bilden und sich von anderen Klassen hinsichtlich der zukünftigen Risiken- und Chancenpotentiale unterscheiden.[51] Dies führt dazu, daß ausschließlich dann auf die interne Segmentabgrenzung zurückgegriffen werden kann, wenn diese die unternehmensspezifischen Risiken- und Chancenklassen abbildet.[52] Nur in diesem Fall führt die Segmentabgrenzung nach dem Risk and Reward Approach zu der Identifikation derselben Segmente wie nach dem Management Approach.[53]

Im folgenden werden die Einflüsse von Management Approach und Risk and Reward Approach auf die Segmentberichterstattung nach IAS 14 dargestellt und aufgezeigt, inwiefern der Management Approach in diesem Rahmen eine Übernahme von Controllinginformationen in die externe Rechnungslegung bewirken kann sowie an welchen Stellen eine solche Übernahme durch den Risk and Reward Approach eingeschränkt wird.

---

48 Vgl. Pejic (Segmentberichterstattung 1998), S. 99.
49 Vgl. Böcking/Benecke (Segmentbericht 1998), S. 97.
50 Vgl. Pejic (Segmentberichterstattung 1998), S. 100.
51 Vgl. Benecke (Management Approach 2000), S. 177.
52 Vgl. Böcking/Benecke (Segmentbericht 1998), S. 97.
53 Vgl. Böcking/Benecke (Segmentberichterstattung 1999), S. 840.

1.1.1 Segmentabgrenzung: Einfluß von Management Approach und Risk and Reward Approach

Gem. IAS 14.26 ist vorgeschrieben, daß die Segmentabgrenzung immer anhand von geographischen Regionen und Geschäftsbereichen vorzunehmen ist, wobei der Ursprung und die Art der vom bilanzierenden Unternehmen erwirtschafteten Erträge und damit verbundenen Risiken die Segmentierungshierarchie bestimmen. Da die erwirtschafteten Erträge von Segmenten für die Segmentierungshierarchie ausschlaggebend sind, haben Segmente zwingend einen Absatzmarktbezug aufzuweisen. Hierarchie bezeichnet hier die Unterteilung der Segmente in ein primäres sowie ein sekundäres Berichtsformat mit jeweils unterschiedlich umfangreichen Offenlegungspflichten.

Als Geschäftsbereiche gelten bei der Segmentabgrenzung gem. IAS 14.9 voneinander unterscheidbare Teilbereiche des Unternehmens, die ein Produkt bzw. eine Dienstleistung oder eine Gruppe von verwandten Produkten bzw. Dienstleistungen bereitstellen. Die Teilbereiche haben Risiken und Erträgen ausgesetzt zu sein, die sich von denen der anderen Geschäftsbereiche unterscheiden. Hierbei haben sich gem. IAS 14.11 die Risiken und Erträge innerhalb eines Geschäftsbereichs nicht signifikant zu unterscheiden. Es handelt sich also um eine weitgehend homogene Risiken- und Ertragsklasse. Analog zu der Definition von Geschäftsbereichen handelt es sich bei geographischen Segmenten gem. IAS 14.9 um regional abgrenzbare Teileinheiten eines Unternehmens, die sich mit der Bereitstellung von einzelnen Produkten bzw. Dienstleistungen oder einer Gruppe von Produkten bzw. Dienstleistungen innerhalb eines bestimmten wirtschaftlichen Umfeldes befassen, deren Risiken und Erträge sich von denen in anderen wirtschaftlichen Umfeldern tätigen Einheiten unterscheiden. Gem. IAS 14.12 stellen auch die Risiken und Erträge eines geographischen Segments eine homogene Klasse dar. Bei der Segmentabgrenzung sind gem. IAS 14.9 die in Abbildung B-2 aufgeführten Anhaltspunkte zu berücksichtigen.

Kriterien zur Abgrenzung produkt- oder geschäftsbereichsbezogener Segmente	**Kriterien zur Abgrenzung geographischer Segmente**
• Art der Produkte und Dienstleistungen • Art der Produktionsprozesse • Art oder Gruppe der Kunden für die Produkte und Dienstleistungen • angewandte Methoden des Vertriebs oder der Bereitstellung von Produkten und Dienstleistungen • falls anwendbar: Art des gewöhnlichen Umfeldes	• Gleichartigkeit der wirtschaftlichen und politischen Rahmenbedingungen innerhalb des Segments • Beziehungen zwischen Tätigkeiten in unterschiedlichen geographischen Regionen • (geographische) Nähe der Tätigkeiten • spezielle Risiken, die mit den Tätigkeiten in einem bestimmten Gebiet einhergehen • Devisenbestimmungen • zugrundeliegendes Wechselkursrisiko

Abbildung B-2: Anhaltspunkte für die Bestimmung von Segmenten

Die Abgrenzung nach geographischen Regionen darf gem. IAS 14.13 sowohl anhand der Orte, an denen sich die Aktiva befinden, als auch nach Absatzmärkten erfolgen. Ausschlaggebend für die Entscheidung, welches Kriterium hierfür angeführt wird, ist, ob der Ursprung der geographischen Risiken vorwiegend aus der Verschiedenheit der Produktionsstandorte oder der Absatzmärkte resultiert. Hierfür ist nach Ansicht des IASB dem Management Approach entsprechend auf die interne Organisations- und Berichtsstruktur des Unternehmens zurückzugreifen. Denn diese werde laut IAS 14.27 normalerweise anhand der wesentlichen Risikoquellen des Unternehmens vorgenommen, so daß eine Abgrenzung der geographischen Regionen anhand der internen Organisations- und Berichtsstruktur zu einer Abgrenzung anhand der Risiken- und Ertragsstruktur führe. Darüber hinaus verlangt IAS 14.31 entsprechend dem Management Approach, daß sowohl für die Geschäftsbereichs- als auch für die regionalen Segmente der Segmentberichterstattung eine Berichterstattung an den Vorstand sowie dessen Vorsitzenden erfolgt, die zur Performancemessung der Organisationseinheiten und zur Entscheidung über die zukünftige Allokation von Ressourcen genutzt wird.

Sofern in einem bilanzierenden Unternehmen die Annahme des IASB, die interne Organisations- und Berichtsstruktur orientiere sich an den unternehmerischen Chancen und Risiken des Unternehmens, zutrifft, kann davon ausgegangen werden, daß es bei der Erstellung der Segmentberichterstattung nicht zu einem Konflikt zwischen dem

Risk and Reward Approach sowie dem Management Approach kommt. Zu einem solchen Konflikt kommt es indes, wenn ein Unternehmen seine internen Berichtslinien nicht an den unternehmerischen Chancen und Risiken ausrichtet, sondern bspw. an seiner juristischen Organisation.[54] In diesem Fall ist gem. IAS 14.32 f. von der obersten internen Segmentberichtsebene angefangen sukzessive die jeweils nächstniedrigere Berichterstattungsebene darauf hin zu untersuchen, ob ihre Berichtseinheiten entweder Geschäftsbereiche oder geographische Segmente gemäß der Definitionen des IAS 14.9 darstellen. Sollten auch auf diese Weise nicht alle notwendigen Segmente ermittelbar sein, so ist gem. IAS 14.33 zwingend von der internen Berichtsstruktur abzuweichen, und es müssen ausschließlich für externe Berichtszwecke Segmente gebildet werden.

Die bislang geschilderten Regelungen des IAS 14 hinsichtlich der Abgrenzung von Segmenten stellen einen Kompromiß zwischen dem Management Approach und dem Risk and Reward Approach dar. Zum einen führt der Einfluß des Management Approach dazu, daß die Informationsadressaten einen Einblick in die Führung des Unternehmens erhalten. Gleichzeitig definiert das IASB über den Risk and Reward Approach einige Standardisierungskriterien, deren Funktion vor allem in der Herstellung einer Vergleichbarkeit zwischen unterschiedlichen Unternehmen gesehen wird.[55] Das Aufspannen eines solchen „safety net“[56] ist jedoch durchaus als kritisch zu betrachten. Denn die Segmentberichterstattung stellt aus Sicht der Kapitalgeber insbesondere ein Instrument dar, um die vom Management verfolgte strategische Zusammensetzung des Geschäftsfeldportfolios zu kontrollieren.[57] Eine Verfälschung der Intentionen und Sichtweisen des Management durch das safety net kann dazu führen, daß die vom Management getroffenen Entscheidungen hinsichtlich des Geschäftsfeldportfolios von den Informationsadressaten nur noch verzerrt wahrgenommen werden können. In der Praxis scheint dieses Problem jedoch eine untergeordnete Rolle zu spielen, da bei einer Vielzahl von Unternehmen die veröffentlichte Segmentierung der internen Berichterstattung entspricht.[58]

---

54 Vgl. Geiger (Segmentberichterstattung 2001), S. 108 f.

55 Vgl. Böcking/Benecke (Segmentbericht 1998), S. 105; m.w.N. Kirsch (IFRS 2004), S. 164.

56 Vgl. m.w.N. Haaker/Paarz (Segmentinformation 2005), S. 197; m.w.N. Haller/Park (Segmentberichterstattung 1999), S. 59; m.w.N. Fey/Mujkanovic (Segmentbericht 1999), S. 265.

57 Vgl. Alvarez (Segmentanalyse 2004), S. 650.

58 Vgl. Langguth/Engelmann (Segmentberichterstattung 2005), S. 626 f.

Unabhängig von dem zur Anwendung gelangenden Ansatz kann ein Segmentbericht generell nach einem Bottom-Up-Verfahren, also durch die Konsolidierung von in den Segmenten erfaßten Daten, oder nach einem Top-Down-Verfahren, also durch die Aufgliederung der konsolidierten Daten auf die identifizierten Segmente, erfolgen. Hierbei wird das Bottom-Up-Verfahren vor allem in Verbindung mit dem Management Approach befürwortet, da in diesem Fall davon ausgegangen wird, daß entsprechende Systeme zur Datenerfassung auf sämtlichen beteiligten Ebenen vorhanden sind und eine relativ exakte Zuordnung von Kostenstellen, in denen Geschäftsvorfälle originär erfaßt werden, zu Segmenten erfolgt, so daß eine den internen und externen Anforderungen an die Segmentberichterstattung gerecht werdende Konsolidierung vorgenommen werden kann. Im Gegensatz hierzu wird das Top-Down-Verfahren eher in die Nähe des Risk and Reward Approach gerückt.[59] Vor allem dann, wenn die interne Organisations- und Berichtsstruktur nicht unmittelbar für die externe Segmentabgrenzung herangezogen werden kann, bietet sich eine Top Down erfolgende Dekonsolidierung der im Konzernabschluß enthaltenen Daten auf die nach externen Vorgaben identifizierten Segmente an.[60] Dann werden die benötigten Daten nämlich in juristischen Einheiten erfaßt und nur die für die Segmentberichterstattung relevanten Informationen in zusätzlichen Verarbeitungsschritten für die Konsolidierung aufbereitet. Die beiden Ansätze sowie die maßgeblichen Einflußfaktoren auf die Verwendbarkeit der Ansätze veranschaulicht Abbildung B-3.

---

59 Vgl. Geiger (Segmentberichterstattung 2001), S. 145 f.

60 Zur Top-Down- und Bottom-Up-Erstellung der Segmentberichterstattung vgl. ausführlich Benecke (Management Approach 2000), S. 177 ff.; Geiger (Segmentberichterstattung 2001), S. 145 f.; Kirsch/Steinhauer (Controlling 2003), S. 427 f.

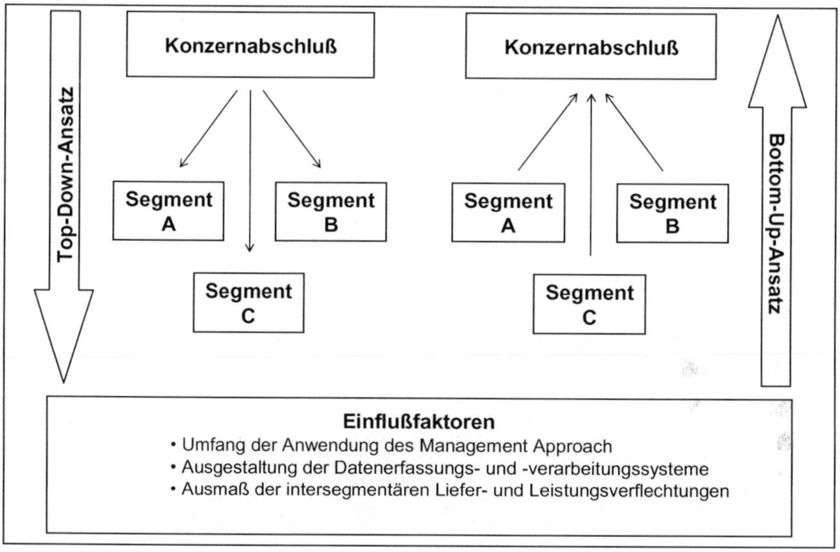

Abbildung B-3: Top-Down- und Bottom-Up-Erstellbarkeit der Segmentberichterstattung[61]

1.1.2 Segmentwesentlichkeit

Von den vorangehend dargestellten Bestimmungen wird erwartet, daß sie in der Praxis dazu führen, daß eine große Zahl an Segmenten identifiziert wird. Um eine Informationsüberfrachtung der Informationsadressaten zu vermeiden, können Segmente unter bestimmten Voraussetzungen zusammengefaßt werden.[62]

Zunächst werden nur solche Segmente als berichtspflichtig charakterisiert, die ihre Umsatzerlöse mehrheitlich aus Transaktionen mit externen Dritten erzielen. Vertikal integrierte Segmente[63] gelten gem. IAS 14.35 und 39 f. zwar auch dann nicht als berichtspflichtig, wenn sie einen Bestandteil des internen Berichtswesens darstellen. Das IASB erlaubt es in IAS 14.40 jedoch, diese Segmente unter Angabe des zugrundeliegenden Transferpreissystems zu veröffentlichen, sofern dies die Verständlichkeit des Abschlusses erhöht. Wird von dieser Umsetzungsmöglichkeit des Management Ap-

---

61 Quelle: In Anlehnung an Geiger (Segmentberichterstattung 2001), S. 146.

62 Vgl. Klein (Rechnungslegung 2000), S. 163; Pejic (Segmentberichterstattung 1998), S. 101; zur Anzahl der in Deutschland tatsächlich in Segmentberichterstattungen enthaltenen Segmente vgl. Alvarez/Fink (Qualität 2003), S. 278; Hacker/Dobler (Segmentpublizität 2000), S. 814 f.; Weißenberger/Liekweg (Segmentberichterstattung 1999), S. 171 f.

63 Die Produkte bzw. Dienstleistungen vertikal integrierter Segmente gehen als Vor- bzw. Zwischenprodukte in die Leistungserstellung anderer Segmente ein.

proach kein Gebrauch gemacht, so ist das vertikal integrierte Segment demjenigen Segment zuzurechnen, welchem es primär zuliefert, sofern sich dies vernünftig begründen läßt. Sollte eine solche vernünftige Begründung nicht möglich sein, so ist gem. IAS 14.41 das Segment als nicht verteilbarer Posten in eine Überleitungsrechnung aufzunehmen.

Darüber hinaus erlaubt IAS 14, zwei oder mehr identifizierte Segmente für Berichtszwecke zusammenzufassen, sofern sich diese Segmente hinsichtlich ihrer Chancen und Risiken im wesentlichen als gleich bzw. homogen beurteilen lassen. Um dies festzustellen, ist wiederum auf die Kriterien zurückzugreifen, die bereits für die originäre Segmentabgrenzung maßgeblich waren.[64] Ferner müssen die Segmente gem. IAS 14.34 i.V.m. IAS 14.9 eine ähnliche langfristige finanzielle Performance aufweisen, um zusammengefaßt werden zu dürfen. In einem weiteren Schritt definiert das IASB Wesentlichkeitsgrenzen, welche für die Bestimmung der Berichtspflicht von (ggf. zusammengefaßten) Segmenten heranzuziehen sind. Hierbei kommen der sogenannte 10%-Wesentlichkeitstest sowie der auf diesem aufbauende 75%-Test zur Anwendung.

Nach dem 10%-Test ist gemäß IAS 14 ein Geschäftsbereich bzw. ein geographisches Segment grundsätzlich nur dann berichtspflichtig, wenn mindestens eines der folgenden Größenmerkmale vorliegt:

- Die Segmentumsätze betragen mindestens 10% der Gesamtumsätze aller Segmente, wobei die Umsätze sowohl Umsätze mit externen Dritten als auch intersegmentäre Umsatzerlöse beinhalten.
- Das Ergebnis des Segments beträgt mindestens 10% der kumulierten Ergebnisse aller Segmente, die einen Gewinn, oder aller Segmente, die einen Verlust ausweisen, wobei der jeweils höchste absolute Gesamtbetrag als entscheidungsrelevante Vergleichsgröße heranzuziehen ist.
- Das Vermögen des Segments beträgt mindestens 10% des ermittelten Gesamtvermögens aller Segmente.

Um zu verhindern, daß der 10%-Test zu einer übermäßigen Befreiung von Segmenten von der Berichtspflicht führt, schreibt IAS 14.37 den sogenannten 75%-Test vor. Bei diesem erfolgt die Überprüfung, ob die kumulieren Umsätze mit externen Dritten sämtlicher separat ausgewiesener Segmente mindestens 75% der konsolidierten Umsatzerlöse des gesamten Konzerns betragen. Ist diese Bedingung nicht erfüllt, sind so

---

[64] Vgl. m.w.N. Geiger (Segmentberichterstattung 2001), S. 130.

lange weitere Segmente zu identifizieren, bis die 75%-Grenze erreicht wird, auch wenn diese zusätzlich ausgewiesenen Segmente aufgrund des 10%-Tests nicht berichtspflichtig wären.[65]

Zusammenfassend bleibt festzuhalten, daß Geschäftsbereiche, für die intern eine getrennte Finanzberichterstattung erfolgt, unter Wesentlichkeitsaspekten zusammengefaßt werden können. Dies läßt vermuten, daß die Anzahl der Segmente in der externen Segmentberichterstattung in der Regel geringer sein wird als die der intern vorhandenen Steuerungseinheiten.

1.1.3 Disaggregation Approach und Autonomous Entity Approach

Eines der zentralen Probleme der Segmentberichterstattung, welches sich an die Frage der Datenherkunft[66] anschließt, ist das des Autonomiegrades der Segmente in der Berichterstattung. Der Zusammenhang zwischen den traditionellen Kernbestandteilen des Konzernabschlusses Bilanz und GuV sowie der Segmentberichterstattung wird in der Theorie vor allem auf Grundlage des Dissagregation Approach sowie des Autonomous Entity Approach hergestellt. Der zentrale Unterschied zwischen diesen beiden Ansätzen ist die Frage, ob die einzelnen Segmente so dargestellt werden sollen, als seien sie vollständig unabhängig operierende Einheiten (autonomous entities), oder ob sie als Bestandteile des Gesamtkonzerns, d.h. unter Berücksichtigung von sich durch den Konzernverbund ergebenden Synergien etc., dargestellt werden sollen.[67]

Der Disaggregation Approach führt zu einer Aufteilung der im Konzernabschluß enthaltenen Vermögens-, Schuld-, Ertrags- und Cash-Flow-Größen auf die einzelnen Segmente. Der Autonomous Entity Approach hingegen berücksichtigt intersegmentäre Liefer- und Leistungsbeziehungen vollständig und bildet diese Beziehungen so ab, als

---

65 Wird ein Segment nach diesen Kriterien erstmalig berichtspflichtig, so müssen entsprechende Vergleichszahlen für die Vorperiode veröffentlicht werden. Dies kann nach IAS 14.43 lediglich dann unterlassen werden, wenn dies technisch nicht möglich ist, z.B. weil kein entsprechendes Datenmaterial beschaffbar ist oder dem wirtschaftliche Ursachen, d.h. eine unverhältnismäßig hohe Kostenbelastung gegenübersteht. Sofern ein in der vorangegangenen Periode berichtspflichtiges Segment die Voraussetzungen, welche eine Berichtspflichtigkeit begründen, nicht mehr erfüllt, kann dieses Segment gem. IAS 14.42 weiterhin eigenständig in der Segmentberichterstattung enthalten bleiben, wenn das Management diesem weiter eine bedeutende Stellung beimißt. Vgl. auch Geiger (Segmentberichterstattung 2001), S. 133.

66 Vgl. die Ausführungen zum Bottom-Up- und Top-Down-Ansatz bei der Erstellung der Segmentberichterstattung am Ende des Abschnitts B.1.1.1.

67 Vgl. Geiger (Segmentberichterstattung 2001), S. 145 ff.; auch die OECD erkennt, dass das Vorhandensein ökonomischer Interdependenzen zu Schwierigkeiten in der Segmentabgrenzung führen kann; vgl. OECD (Segmentinformation 1990), S. 16.

sei das jeweils andere Segment eine eigenständige Einheit, die sich in keinem Konzernverbund befindet. Darüber hinaus werden weitere Interdependenzen wie gemeinsam genutzte Vermögensgegenstände oder Schulden dahingehend in ihren Wertansätzen modifiziert, daß Konzernsynergien bzw. -belastungen komplett eliminiert werden.[68] Es werden also hypothetische Werte anstelle einer Aufteilung der Gemeinschaftspositionen angesetzt. In der Folge sind die in der Segmentberichterstattung enthaltenen Daten nicht mehr direkt aus der Konzernbilanz und -GuV ableitbar, so daß eine Überleitungsrechnung notwendig wird.[69] Da der Autonomous Entity Approach sämtliche durch die Integration eines Segmentes in den Konzernverbund entstehenden Effekte eliminiert, widerspricht er dem Management Approach. Denn für interne Zwecke sind Konzerneffekte zwingend zu berücksichtigen.

Die Vorschriften des IAS 14 folgen grundsätzlich dem Disaggregation Approach und stehen somit tendenziell im Einklang mit dem Management Approach. So stellt IAS 14.45 eindeutig klar, daß die Bilanzierungs- und Bewertungsmethoden gerade nicht in der Form auf die anzugebenden Segmente anzuwenden sind, als seien diese voneinander unabhängige und für sich alleine zu betrachtende Berichtseinheiten.

Die beiden Ansätze führen zu annähernd demselben Ergebnis, wenn zwischen den Segmenten keine bzw. nur wenige Interdependenzen bestehen. Existieren hingegen umfangreiche Liefer- und Leistungsbeziehungen, so würden deren buchhalterische Auswirkungen bei einer konsequenten und ausschließlichen Anwendung des Disaggregation Approach für Zwecke der Segmentberichterstattung eliminiert. Die segmentierten Daten enthielten in der Folge ausschließlich konsolidierte Daten.[70] Diese Vorgehensweise implizierte eine Top-Down-Vorgehensweise, so daß die im Konzernabschluß enthaltenen Bestands- und Stromgrößen auf Segmente aufgeschlüsselt werden könnten. Eine Umbewertung oder abweichende Klassifikation von Sachverhalten wäre nicht notwendig, denn die allgemein gültigen Ansatz- und Bewertungsvorschriften sind auch auf die Segmentberichterstattung anzuwenden.[71] Vor allem dann, wenn die interne Organisations- und Berichtsstruktur nicht unmittelbar für die externe Segmentabgrenzung herangezogen werden kann, bietet sich eine solche Dekonsolidierung der im Konzernabschluß enthaltenen Daten auf die nach externen Vorgaben identifizierten

---

68 Vgl. Benecke (Management Approach 2000), S. 179.

69 Vgl. Küting/Pilhofer (Segmentbericht 1999), S. 603.

70 Vgl. Geiger (Segmentberichterstattung 2001), S. 148; Küting/Pilhofer (Segmentbericht 1999), S. 603.

71 Vgl. Geiger (Segmentberichterstattung 2001), S. 148.

Segmente an.[72] Da intersegmentäre Transaktionen für Zwecke der Segmentberichterstattung allerdings vor Konsolidierung auszuweisen sind, bleibt es dennoch erforderlich, einige Informationen bottom up zu erheben, da sie im konsolidierten Konzernabschluß nicht mehr ersichtlich sind.[73] Es wird also noch einmal deutlich, daß eine Bottom-Up-Erstellung sich umso eher realisieren läßt, je weitreichender der Management Approach Inhalt und Struktur der Segmentberichterstattung des bilanzierenden Unternehmens determiniert.

1.2 In der Segmentberichterstattung auszuweisende Informationen

Die Vorschriften des IAS 14 verlangen nicht, daß die bilanzierenden Unternehmen sämtliche in Konzernbilanz und -GuV enthaltenen Positionen auch auf Segmentebene darstellen, sondern schreiben lediglich den Mindestausweis einiger Angaben vor.[74]

Die von IAS 14 geforderten berichtspflichtigen Angaben lassen sich der Abbildung B-4 entnehmen. Dort wird deutlich, daß IAS 14 nicht nur dem Management Approach folgend den Ausweis von im internen Rechnungswesen selbstverständlichen Erfolgskomponenten verlangt, sondern auch den Ausweis von Vermögenswerten und Schulden.[75] Darüber hinaus ist gem. IAS 14.67 eine Überleitung der Segmentdaten auf die aggregierten Daten in Konzernbilanz und -GuV für das primäre Berichtsformat notwendig.[76]

---

72 Vgl. Benecke (Management Approach 2000), S. 177 ff.; Geiger (Segmentberichterstattung 2001), S. 145 f.

73 Eine Top-Down-Schlüsselung der im Konzernabschluß enthaltenen Daten ist auch auf rudimentäre Art und Weise durch externe Analysten möglich. Sie führt aber i.d.R. zu sehr ungenauen Ergebnissen, so daß eine zuverlässige Zuordnung als nicht mehr gegeben angesehen werden muß. Dies kann durch zusätzliche unternehmensinterne Informationen relativiert werden, die eine sachgerechte Schlüsselung der Daten belegen. Vgl. hierzu Husmann (Management Approach 1998), S. 816 ff. Die Bottom-Up-Erstellung des Segmentberichts wird vor allem in Verbindung mit dem Management Approach befürwortet, da in diesem Fall davon ausgegangen werden kann, daß entsprechende Systeme zur Datenerfassung auf sämtlichen beteiligten Ebenen vorhanden sind.

74 Das IASB verfolgt damit den Ansatz einer selektiven Segmentierung. Zu verschiedenen Ansätzen zur Bestimmung des Segmentierungsgrades vgl. ausführlich Geiger (Segmentberichterstattung 2001), S. 154 ff.

75 Vgl. Oehler (IFRS 2004), S. 213.

76 In der Bilanzierungspraxis ist beobachtbar, daß IFRS-Bilanzierer häufig eine detailliertere Segmentberichterstattung veröffentlichen, als dies bei HGB-Bilanzierern, bei denen sich Segmentinformationen häufig im allgemeinen Teil des Geschäftsberichts finden, der Fall ist; vgl. hierzu Hacker/Dobler (Segmentpublizität 2000), S. 811 ff.

Berichtsgröße / Angabe	Primäres Berichtsformat	Sekundäres Berichtsformat
Umsatz mit Dritten	•	•
Umsatz mit anderen Segmenten	•	
Segmentergebnis	•	
Segmentvermögen	•	•
Segmentschulden	•	
Segmentinvestitionen	•	•
Equity-Beteiligungen	•	
Abschreibungen	•	
Ergebnis aus Equity-Beteiligungen	•	
Nicht liquiditätswirksame Aufwendungen	•	
Segmentbildung und -Zusammensetzung	•	•
Arten von Produkten bzw. Dienstleistungen	•	•
Erläuterungen zum Verrechnungspreissystem	•	
Erläuterungen bei Durchbrechungen der Stetigkeit	•	•
Überleitung auf konsolidierte Daten	•	
Vorjahresvergleichszahlen	•	
• = Angabepflicht für das entsprechende Berichtsformat		

Abbildung B-4: Angabepflichten im Rahmen der Segmentberichterstattung nach IAS 14[77]

1.2.1 Segmentumsatzerlöse und -ergebnis

Das Segmentergebnis ist gem. IAS 14.16 grundsätzlich durch die Differenz von Segmenterträgen und Segmentaufwendungen zu berechnen. Hierzu zählen alle Erträge und Aufwendungen, die sich dem Segment entweder direkt oder „auf einer vernünftigen Grundlage"[78] zurechnen lassen. Die Möglichkeit zur Berücksichtigung von Ertrags- und Aufwandsposten wird durch die explizite Aufzählung nicht in das Segmentergebnis einzurechnender Positionen eingegrenzt. Hierzu zählen nicht zuordenbare allgemeine Verwaltungskosten, Zinserträge sowie Zinsaufwendungen, Dividenden, Steuern vom Einkommen und Ertrag, außerordentliche Posten, Ergebnisse aus Equity-Beteiligungen, Gewinne und Verluste aus dem Verkauf von Wertpapieren oder der Begleichung von Schulden sowie Bereinigungen um Minderheitenanteile. Bereits die Forderung, den Segmenten Erträge und Aufwendungen gegebenenfalls auf einer vernünftigen Grundlage zuzurechnen, legt eine Anwendung des Management Approach nahe, sofern man davon ausgeht, daß das interne Rechnungswesen seine Unterneh-

77 Quelle: In Anlehnung an Geiger (Segmentberichterstattung 2001), S. 180.

78 IAS 14.16.

menssteuerungsfunktion adäquat erfüllt und somit als „vernünftig“ bezeichnet werden kann. Eine Voraussetzung für eine solche Umsetzung des Management Approach ist jedoch, daß er zuvor auch in bezug auf die Segmentabgrenzung umgesetzt werden muß, da ansonsten Erträge und Aufwendungen im internen Rechnungswesen auf andere Bezugsobjekte verteilt werden, als sie in der Segmentberichterstattung eine Rolle spielen.

Bestimmung des Segmentergebnisses durch den Management Approach

Über die Ermittlung eines aus Perspektive der Informationsadressaten am besten geeigneten Ergebnisses besteht in Literatur und Praxis keine Einigkeit, so daß verschiedene Konzeptionen zur praktischen Anwendung gelangen.[79] Zwar führt die Aufzählung zu berücksichtigender Komponenten in IAS 14.16 im Vergleich zu den US-GAAP und DRS eine stärkere Standardisierung des Segmentergebnisses herbei, allerdings gewährt auch IAS 14 dem Management Freiheitsgrade bei der Konzeption der veröffentlichten Segmentergebnisse.[80] So ist es grundsätzlich möglich, als Segmentergebnis eine Größe zu wählen, die auch in der internen Performancemessung und Steuerung der entsprechenden Geschäftsbereiche zur Anwendung kommt.[81] Der Vorteil einer solchen dem Management Approach folgenden Angleichung des externen Segmentergebnisses an eine interne Steuerungsgröße ist nicht nur in der Herstellung einer einheitlichen Kommunikation und ggf. in Kosteneinsparungen in der Datenverarbeitung und -bereitstellung zu sehen. Vielmehr ermöglicht die Verwendung einer internen Steuerungsgröße als Segmentergebnis auch die segmentspezifische lückenlose Überleitung vom Segmentergebnis auf (möglicherweise auch auf Gesamtkonzernebene) zur Unternehmenssteuerung verwendete wertorientierte Kennzahlen.[82]

---

79 Vgl. Alvarez/Fink (Qualität 2003), S. 279; Hacker/Dobler (Segmentpublizität 2000), S. 816 f.; auf internationaler Ebene Pejic (Segmentberichterstattung 1998), S. 186 f.; zu verschiedenen Ergebniskennzahlen in deutschen Konzerngeschäftsberichten auch Küting/Heiden (Kennzahlen 2003), S. 1544 ff., und in Segmentberichten von Energieversorgern Kriete/Werner (Segmentberichterstattung 2003), S. 255 ff.

80 Zu unterschiedlichen Segmentergebnissen in deutschen Konzernabschlüssen vgl. Alvarez/Fink (Qualität 2003), S. 279.

81 Voraussetzung hierfür ist allerdings, daß diese Größe nur Positionen beinhalten darf, die IFRS-konform sind. Somit ist bspw. der Ansatz von im internen Rechnungswesen verwendeten kalkulatorischen Größen ausgeschlossen, da IAS 14 zwingend die Anwendung der im Konzernabschluß verwendeten Ansatz- und Bewertungsmethoden auch in der Segmentberichterstattung vorsieht. Vgl. hierzu bspw. Fink/Ulbrich (Segmentbericht 2006), S. 237; Kajüter/Barth (Segmentbericht 2007), S. 429;

82 Die hierfür u.a. notwendige Publikation von Segmentkapitalkosten wird jedoch nur von wenigen Unternehmen vorgenommen. Vgl. Alvarez/Fink (Qualität 2003), S. 283.

Die Qualität der veröffentlichten Information hängt jedoch maßgeblich von der Ausgestaltung des internen Rechnungswesens ab: Je umfassender und trennschärfer dieses Aufwendungen und Erträge einzelnen Unternehmensbereichen zuzuordnen vermag, desto weniger Schwierigkeiten bestehen auch bei der Umsetzung des Management Approach in der externen Berichterstattung hinsichtlich der Allokation von Ergebniskomponenten auf die einzelnen Segmente.[83] Zwar erweist sich die Segmentberichterstattung nicht zuletzt aufgrund der hohen Transaktionskosten im Fall einer juristischen Restrukturierung in der Praxis bislang häufig als Treiber der Harmonisierung von internem und externem Rechnungswesen im Sinne einer Anpassung des internen an das externe Rechnungswesen.[84] Die durch IFRS 8 bewirkte stärkere Hinwendung zum Management Approach läßt jedoch erwarten, daß die Harmonisierung von internem und externem Rechnungswesen in bezug auf die Segmentberichterstattung künftig durch eine Anpassung des externen an das interne Rechnungswesen vonstatten gehen wird.

Intersegmentäre Verrechnungspreise – Auswirkung eines internen Steuerungsinstruments auf die externe Berichterstattung

Die normalerweise wesentlichste Komponente des Segmentergebnisses stellen die Segmentumsatzerlöse dar. Sie setzen sich i.d.R. aus mit externen Dritten getätigten sowie intersegmentären Umsätzen zusammen.[85] Da auszuweisende Segmentdaten grundsätzlich vor der Konsolidierung intersegmentärer Beziehungen zu ermitteln sind, implizieren intersegmentäre Lieferungen und Leistungen Gewinne und Verluste auf Segmentebene. Die Höhe dieser Zwischenergebnisse ist u.a. abhängig von den Verrechnungspreisen, die den Transaktionen zugeordnet werden. Das Problem der Verrechnungspreisbildung für konzerninterne Transaktionen im Rahmen der Konzernrechnungslegung kann hierbei analog auf die Segmentberichterstattung übertragen werden mit dem Unterschied, daß es sich nicht um Transaktionen zwischen Konzerngesellschaften, sondern Konzernsegmenten handelt. Im Vordergrund steht also der Verbundumsatz, d.h. die Umsatzerlöse zwischen den Tätigkeitsbereichen und -regionen des Unternehmens.[86]

---

83 Vgl. Naumann (Harmonisierung 2004), S. 198 f.

84 Vgl. Weißenberger (IFRS 2007), S. 118.

85 Hinsichtlich der mit anderen Segmenten getätigten Umsatzerlöse sind grundsätzlich zwei Ausweismöglichkeiten denkbar: Ein kumulierter Ausweis sowie der Ausweis für jedes einzelne andere Segment separat.

86 Vgl. Geiger (Segmentberichterstattung 2001), S. 157.

Gemäß IAS 14.75 sind bei der Bewertung intersegmentärer Transaktionen diejenigen Verrechnungspreise anzusetzen, die unterjährig tatsächlich verwendet wurden.

Somit werden auch hier entsprechend dem Management Approach in der Unternehmenssteuerung zur Anwendung kommende Informationen in das externe Rechnungswesen transportiert. Da die tatsächlich angewandten Verrechnungspreise auch diejenigen sind, welche im konsolidierten Konzernabschluß verwendet werden, steht deren Anwendung in der Segmentberichterstattung prinzipiell eher im Einklang mit dem Disaggregation Approach als die zwingende Abbildung auf Basis von Marktpreisen.[87] Denn anders als unter der Fiktion des vollständig eigenständig am Markt operierenden Segmentes wird der tatsächliche (intern gemessene) Beitrag des Segmentes ausgewiesen. Durch die Heranziehung tatsächlich angewandter Verrechnungspreise lassen sich die organisatorischen Gegebenheiten und strategischen Überlegungen des Konzerns sowie die Art der zugrundeliegenden Geschäftsbeziehung zwischen den Segmenten am besten widerspiegeln.[88] Zur Erhöhung der Transparenz der Segmentergebnisse ist gem. IAS 14.75 anzugeben, auf welcher Grundlage Konzernverrechnungspreise bestimmt werden. Die Informationsadressaten der Finanzberichterstattung erhalten somit durch diese Umsetzung des Management Approach einen weiteren Einblick in die Unternehmenssteuerung.[89]

1.2.2 Segmentvermögen und Segmentschulden

IAS 14 versteht unter dem Segmentvermögen grundsätzlich alle einem Segment zurechenbaren materiellen und immateriellen Vermögenswerte des Anlage- und Umlaufvermögens, soweit diese zur Erzielung des Segmentergebnisses eingesetzt werden. Gemäß dem Disaggregation Approach erfolgt die Zuteilung des Vermögens auf Grundlage der zum Stichtag in der Bilanz enthaltenen Vermögenswerte. Dementsprechend handelt es sich um das von einem Segment genutzte, zu Konzernbuchwerten bewertete Vermögen.[90] Bei der Verteilung ist u.a. auf eine zu den Segmentergebnissen symmetrische Segmentierung der Vermögenswerte zu achten. Daher sind analog zur Ermittlung des Segmentergebnisses Vermögenswerte des Zentralbereichs, steuerliche

---

87 Würde hingegen eine von den tatsächlichen Verrechnungspreisen abweichende Kalkulationsbasis verwendet, so würde dies zu einem Ausweis von Intersegmentumsätzen führen, als wären diese wirtschaftlich unabhängige Einheiten. Diese Vorgehensweise würde folglich dem Autonomous Entity Approach entsprechen. Vgl. Haller/Park (Segmentberichterstattung 1994), S. 517.

88 Vgl. Geiger (Segmentberichterstattung 2001), S. 161 ff.

89 Abweichender Auffassung Pejic (Segmentberichterstattung 1998), S. 123 f.

90 Vgl. m.w.N. Geiger (Segmentberichterstattung 2001), S. 203.

Ansprüche wie aktive latente Steuern explizit nicht zu den Vermögenswerten eines Segments zu zählen. Die Wahl der Ergebnisgröße durch das Management führt also gleichsam auch zu einer weitestgehenden Festlegung der zu berichtenden Vermögensgrößen.[91]

Eine Vielzahl an Vermögenswerten läßt sich einzelnen Segmenten i.d.R. direkt zuordnen, da sie ausschließlich vom entsprechenden Segment genutzt werden. Vermögenswerte, die hingegen von mehr als einem Segment für die operative Leistungserstellung genutzt werden, sind gem. IAS 14.16 „auf einer vernünftigen Grundlage" auf die Segmente aufzuteilen. Ist eine verursachungsgerechte Allokation nicht möglich, so ist entweder eine andere Schlüsselgröße zu wählen oder der Vermögenswert dem Zentralbereich zuzuordnen.[92] Analog zu der in Abschnitt B.1.2.1 beschriebenen Allokation von Erträgen und Aufwendungen auf Segmente liegt auch in bezug auf die Allokation von Vermögenswerten eine Umsetzung des Management Approach nahe, sofern im internen Rechnungswesen eine Zuordnung auf im internen Rechnungswesen und der externen Segmentberichterstattung gleichermaßen verwendete Bezugsobjekte erfolgt. Somit können Hinweise, welchen Segmenten einzelne Vermögenswerte zuzuordnen sind, grundsätzlich im internen Rechnungswesen des bilanzierenden Unternehmens gefunden werden.[93] So kann bspw. die Verteilung von planmäßigen Abschreibungen eines Vermögenswertes auf unterschiedliche Kostenstellen als Schlüssel für die Verteilung des Vermögenswertes auf Segmente dienen, falls die Kostenstellen unterschiedlichen Segmenten angehören.

Unter den angabepflichtigen Segmentschulden verstehen IAS 14.16 und IAS 14.56 nur operative Passivposten, d.h. diejenigen Passiva, die aus der operativen Tätigkeit des Segments resultieren und diesem direkt oder „on a reasonable basis" zurechenbar sind. Als Beispiele hierfür werden Verbindlichkeiten aus Lieferungen und Leistungen, Verbindlichkeiten gegenüber Mitarbeitern, passive Rechnungsabgrenzungsposten, erhaltene Anzahlungen von Kunden, Gewährleistungsrückstellungen sowie weitere operative Rückstellungen angeführt. Nicht den Segmentschulden zugerechnet werden dürfen Finanzverbindlichkeiten, Verbindlichkeiten aus dem Finanzierungsleasing, Steuerverbindlichkeiten und andere Verbindlichkeiten, die nicht als operativ anzusehen sind,

---

[91] Vgl. Geiger (Segmentberichterstattung 2001), S. 204.

[92] Vgl. ausführlich Kind (Segmentrechnung 2000), S. 120 ff.

[93] Vgl. Kirsch (IFRS 2005), S. 1158. Eine Sonderrolle kommt dem im Konzern vorhandenen Goodwill zu. Dieser ist auf sog. Zahlungsmittel generierende Einheiten zuzuteilen, welche nicht größer als ein Segment des primären Berichtsformates sein dürfen. Vgl. hierzu die Ausführungen in den Abschnitten B.2.3.1 und B.3.3.1.

sondern eher Finanzierungscharakter besitzen. Die Vorgaben bezüglich der Zuordnung von Schulden zu Segmenten folgen damit der Zuordnung von Vermögenswerten und Ergebniskomponenten zu Segmenten.

Denn auch hinsichtlich der Zuordnung von operativen Schulden zu Segmenten ist die originäre Erfassung des korrespondierenden Aufwands ausschlaggebend. Abhängig von der Zuordnung von Kostenstellen zu Segmenten können die operativen Schulden entsprechend ihrer wirtschaftlichen Verursachung erfaßt werden. So können bspw. Verbindlichkeiten gegenüber Mitarbeitern korrespondierend zu der Zuordnung der Mitarbeiter zu den Segmenten erfolgen. Rückstellungen für Gewährleistung, drohende Verluste aus Rechtsstreitigkeiten usw. stehen i.d.R. in direktem Zusammenhang mit Produkten und Regionen, so daß sie den entsprechenden Segmenten zuordenbar sind. In der Praxis zeigt sich jedoch, daß häufig nur ein geringer Teil der Schulden des gesamten Konzerns einzelnen Segmenten zugeordnet wird.[94]

1.3 Ausblick: Segmentberichterstattung gemäß IFRS 8

Am 30. November 2006 verabschiedete das IASB den IFRS 8, welcher den bislang gültigen IAS 14 ablöst und spätestens für Geschäftsjahre, die am oder nach dem 1. Januar 2009 beginnen, anzuwenden ist. IFRS 8 ist eines der Ergebnisse des gemeinsamen Short-term-Convergence-Projektes von IASB und FASB, welches außerhalb der großangelegten Joint-Projects eine kurzfristige Angleichung bestehender US-GAAP und IFRS-Standards bewirken soll.[95]

Mit dem neuen Standard wurde die Angleichung der beiden Normensysteme vorangetrieben, indem die US-amerikanischen Regelungen zur Segmentberichterstattung in SFAS 131 nahezu vollständig in die IFRS-Rechnungslegung übernommen wurden.[96] Der 1997 vom FASB verabschiedete SFAS 131 sah bereits damals eine konsequente Umsetzung des Management Approach bei der Segmentabgrenzung vor, welche die Herstellung einer konsistenten internen und externen Entscheidungsgrundlage beabsichtigte. Dies impliziert in der Praxis, daß die extern zu berichtenden Segmente gem. IAS 14 im Gegensatz zu SFAS 131 in solchen Fällen voneinander abweichen, in denen die intern vorgenommene Segmentierung nicht anhand von Geschäftsfeldern und/oder geographischen Regionen vorgenommen wird.[97]

---

94 Vgl. Hacker/Dobler (Segmentpublizität 2000), S. 816.
95 Vgl. Schween (Segmentberichterstattung 2006), S. 516.
96 Vgl. Kajüter/Barth (Segmentbericht 2007), S. 428.
97 Vgl. Küting/Pilhofer (Segmentbericht 1999), S. 562 f.

Die Übernahme der SFAS 131-Vorschriften führt dazu, daß ein operatives Segment gem. IFRS 8.5 als ein Teilbereich des Unternehmens definiert ist, der aus seiner Geschäftstätigkeit Erträge und Aufwendungen generiert, dessen operatives Ergebnis durch die Unternehmensleitung im Rahmen der Ressourcenallokation und Performancebeurteilung regelmäßig analysiert wird und für den eigenständige Finanzdaten verfügbar sind. Während unter diese Definition auch jene Teilbereiche des Unternehmens fallen, die nur intersegmentäre Umsätze erwirtschaften, gehören jedoch gem. IFRS 8.6 die Konzernzentrale oder Pensionsfonds des Unternehmens nicht zu den operativen Segmenten. Darüber hinaus wird die Unterteilung in primäres und sekundäres Segmentformat aufgegeben.[98] Die dem Management Approach folgende vorgenommene Fokussierung auf die Relevanz der Berichtseinheit für Ressourcenallokation und Performancebeurteilung durch die Unternehmensleitung führt dazu, daß die interne Reportingstruktur unverändert und ohne die bisher erzwungene Einteilung in Geschäftsfelder und Regionen Eingang in die externe Segmentberichterstattung findet.[99]

Während die in IAS 14.35 definierten Wesentlichkeitsgrenzen in IFRS 8.13 beibehalten werden, stellt IFRS 8 auch bei den zu veröffentlichenden Segmentinformationen stärker auf den Management Approach ab, als dies in IAS 14 der Fall ist.[100] So sind zum einen die interne Organisationsstruktur des Unternehmens und die vorgenommene Segmentabgrenzung sowie die Produkte und Dienstleistungen, mit denen die Segmentumsätze erwirtschaftet werden, zu erläutern. Zum anderen sind Informationen zur Vermögens- und Ertragslage zu machen, wobei Angaben bspw. zu externen und internen Umsatzerlösen, Abschreibungen sowie diversen anderen Aufwands- und Ertragspositionen gem. IFRS 8.23 ff. dann verpflichtend zu machen sind, wenn sie auch Bestandteil der berichteten Erfolgsgröße sind oder an die Unternehmensleitung berichtet werden. Angaben zu Segmentschulden brauchen dann nicht gemacht werden, wenn sie keinen Bestandteil der internen Berichterstattung darstellen.

Eine wichtige Neuerung besteht darin, daß die extern berichteten Segmentinformationen nicht mit den Bilanzierungs- und Bewertungsmethoden übereinstimmen müssen, die dem Konzernabschluß zugrundegelegt werden. Vielmehr sind dem Management Approach entsprechend die Ansatz- und Bewertungsgrundsätze, die im internen Rechnungswesen verwendet werden, auch dann maßgeblich, wenn sie kalkulatorische Komponenten enthalten. Wie bereits nach IAS 14 ist jedoch eine Überleitungsrech-

---

98 Vgl. Kajüter/Barth (Segmentbericht 2007), S. 431.

99 Vgl. Weißenberger (IFRS 2007), S. 120.

100 Vgl. Fink/Ulbrich (Segmentberichterstattung 2007), S. 982.

nung von den Segmentdaten auf die konsolidierten Daten aufzustellen, in welcher auch kalkulatorische Komponenten ausgewiesen werden sollten.[101]

Es ist davon auszugehen, daß die Übernahme des Management Approach in IFRS 8 einen weiteren Impuls zur Harmonisierung von internem und externem Rechnungswesen setzen wird, da die Unternehmen dann gezwungen sein werden, Segmentdaten unmittelbar aus dem internen Rechnungswesen in die Segmentberichterstattung zu übernehmen.[102]

1.4 Die Segmentberichterstattung als Bindeglied zwischen Konzernabschluß und Konzernlagebericht

Während die Unternehmensführung im Konzernlagebericht vor allem mit Hilfe verbaler Angaben die im Konzernabschluß enthaltenen Informationen aggregiert, ergänzt und erläutert,[103] kommt der Segmentberichterstattung eine ähnliche Aufgabe zu: Sie ermöglicht eine weitergehende Darstellung bzw. Analyse der im Konzernabschluß enthaltenen Informationen. Beide Instrumente können hierbei dazu verwendet werden, um durch eine Umsetzung des Management Approach unternehmerische Chancen und Risiken des bilanzierenden Unternehmens für die Berichtsadressaten transparenter darzustellen.

So ist zunächst festzustellen, daß Werte und Risiken eines diversifizierten Konzerns primär auf Segmentebene entstehen und dort normalerweise zielgerichteter gesteuert werden können, als dies auf Konzernebene der Fall ist. Eine den tatsächlichen Verhältnissen entsprechende Darstellung der wirtschaftlichen Lage eines Unternehmens bedarf daher der Aufbereitung von Informationen aus segmentierter Sichtweise.[104] So verdeutlicht nicht zuletzt die Konzeption der Segmentberichterstattung nach dem Risk and Reward Approach, daß das Portfolio der Segmente, ihre Beiträge zum Gesamterfolg sowie ihr Anteil am Vermögen und an den Finanzschulden des Unternehmens eine bestimmte Risikostruktur ausdrücken.[105]

Dadurch, daß die Unternehmensführung in der Segmentberichterstattung bisher im Konzernabschluß nicht abgebildete Chancen und Risiken offenlegt, kann die Seg-

---

[101] Vgl. ausführlich Kajüter/Barth (Segmentbericht 2007), S. 432 f.; Kajüter/Barth (Segmentberichterstattung 2007), S. 113 f.

[102] Vgl. auch Kajüter/Barth (Segmentbericht 2007), S. 433; Müller/Peskes (Segmentberichterstattung 2006), S. 822.

[103] Zu den Funktionen des Lageberichts vgl. ausführlich Baetge/Fischer/Paskert (Lagebericht 1989), S. 9 f. sowie Abschnitt B.5.1.

[104] Vgl. Alvarez (Segmentanalyse 2004), S. 663; Heumann (Value Reporting 2005), S. 69 f.

[105] Vgl. Scheffler (Risikomanagement 2000), S. 849.

mentberichterstattung als Bindeglied zwischen Konzernabschluß und Konzernlagebericht gesehen werden, auf dessen Basis sich eine sinnvolle, risikoorientierte Lageberichterstattung verwirklichen läßt.[106] Sofern ein Konzern nämlich zur Erstellung einer Segmentberichterstattung verpflichtet ist, sind die im Lagebericht für das Gesamtunternehmen veröffentlichten Informationen gem. DRS 15 entsprechend segmentiert anzugeben.[107] Darüber hinaus wird in der Literatur gefordert, die Chancen und Risiken, die zur Segmentabgrenzung im Rahmen des Risk and Reward Approach führen, darzulegen, um eine bessere Verständlichkeit seitens der Informationsadressaten zu erreichen.[108] Zusätzlich kann der Informationsnutzen für die Informationsadressaten dadurch erhöht werden, daß entsprechend dem Management Approach Angaben zur internen Wertgenerierung nicht nur auf Konzernebene, sondern auch auf Segmentebene heruntergebrochen dargestellt werden.[109] Dem Management Approach entsprechend liegt hierbei insbesondere die Veröffentlichung wertorientierter Kennzahlen, die intern für die Steuerung der betroffenen Segmente durch die Konzernführung genutzt werden, nahe.[110] Die Segmentberichterstattung bietet der Unternehmensführung somit die Möglichkeit, durch die segmentbezogene Vermittlung interner wertorientierter, strategischer und/oder prospektiver Informationen, wie sie auch im Lagebericht zu vermitteln sind, den Investoren einen besseren Einblick in die Chancen- und Risikenstruktur sowie die Wettbewerbsfähigkeit des Unternehmens zu gewähren. In Anbetracht der konsequenten Umsetzung des Management Approach in IFRS 8 ist davon auszugehen, daß diese Funktion der Segmentberichterstattung künftig noch einmal aufgewertet wird.

Allerdings treten Segment- und Lagebericht vor allem hinsichtlich der Darstellung zukunfts- und wertorientierter Informationen teilweise in Konkurrenz zueinander, wobei die Entscheidung, an welcher Stelle derartige Angaben erfolgen sollten, i.d.R. situations- und fallabhängig sein dürfte.[111] In der Bilanzierungspraxis zeigt sich, daß eine Vielzahl von Unternehmen innerhalb der Segmentberichte freiwillige Zusatzangaben mit Lageberichtcharakter macht. Hierzu zählen bspw. Segmentprognosen, bran-

---

106 Vgl. Böcking/Orth (KonTraG 1998), S. 362.

107 Vgl. Buchheim/Knorr (Lagebericht 2006), S. 416.

108 Vgl. Hacker (Segmentberichterstattung 2002), S. 193.

109 Vgl. Ruhwedel/Schultze (Value Reporting 2002), S. 620.

110 Zur segmentbezogenen Veröffentlichung von wertorientierten Kennzahlen vgl. Alvarez/Fink (Qualität 2003), S. 283 sowie Langguth/Engelmann (Segmentberichterstattung 2005), S. 627 und Langguth/Brunschön (Segmentberichterstattung 2006), S. 631.

111 Vgl. Geiger (Segmentberichterstattung 2001), S. 185.

chenspezifische Daten, Angaben zu Risiken oder auch wertorientierte Kennzahlen.[112] Es zeigt sich aber auch, daß solche Informationen nicht nur in den Segmentberichten, sondern häufig auch über verschiedene Stellen im gesamten Geschäftsbericht verstreut sind.[113] Einige Unternehmen stellen hierfür im ungeprüften Teil des Geschäftsberichts einen Zusatzbericht zu den Segmenten auf.[114]

2 IAS 36 – außerplanmäßige Abschreibungen

Nach den Regelungen zur Segmentberichterstattung lassen die Vorschriften zu außerplanmäßigen Abschreibungen (Impairments) das zweithöchste Umsetzungspotential für den Management Approach erwarten. So kann zum einen auf diverse interne Informationsquellen zurückgegriffen werden, um festzustellen, ob bezüglich bestimmter Vermögenswerte Abschreibungsbedarf besteht. Darüber hinaus ist bei der Abgrenzung von Bewertungsobjekten auf die interne Organisationsstruktur zurückzugreifen, und wichtige im Rahmen der Bewertung benötigte Informationen sind dem internen Rechnungswesen zu entnehmen.

2.1 Konzeption von Impairment Tests

Das wesentliche Abgrenzungsmerkmal von außerplanmäßigen zu planmäßigen Abschreibungen ist, daß, während planmäßige Abschreibungen einen gewollten Werteverzehr darstellen, außerplanmäßige Abschreibungen durch Risikoeintritt hervorgerufen werden.[115] IAS 36.1 erfordert eine außerplanmäßige Abschreibung, sofern der erzielbare Betrag eines Vermögenswerts dessen Buchwert unterschreitet.[116] Die Bestimmung von solch außerplanmäßigem Abwertungsbedarf blieb bislang weitestgehend auf Einzelfälle begrenzt. In der IFRS-Rechnungslegung werden jedoch zunehmend (z.B. immaterielle) Vermögenswerte aktiviert, deren bilanzielle Erfassung bisher aufgrund großer Schätzunsicherheiten nicht zulässig war.[117] Es ist davon auszugehen, daß hierdurch die Anzahl der durchzuführenden Bewertungsvorgänge deutlich ansteigen wird.[118] Sofern ein Anhaltspunkt für eine außerplanmäßige Wertminderung eines

---

[112] Vgl. Alvarez/Fink (Qualität 2003), S. 283 f.

[113] Vgl. Hacker/Dobler (Segmentpublizität 2000), S. 818; Langguth/Engelmann (Segmentberichterstattung 2005), S. 626.

[114] Vgl. Langguth/Engelmann (Segmentberichterstattung 2005), S. 626.

[115] Vgl. Tanski (Sachanlagen 2005), S. 148 f.

[116] In den Anwendungsbereich von IAS 36 fallen das Sachanlagevermögen gem. IAS 16, immaterielle Vermögenswerte gem. IAS 38, derivativer Goodwill gem. IFRS 3 sowie Beteiligungen gem. IAS 27, 28 und 31 im Einzelabschluß.

[117] Vgl. Frowein/Lüdenbach (Impairment 2003), S. 261.

[118] Vgl. Castadello/Klingbeil/Schröder (Bewertung 2006), S. 1028 f.

Vermögenswertes, ein sog. Triggering Event, vorliegt, ist gem. IAS 36.8 der sog. erzielbare Betrag des betroffenen Vermögenswertes zu schätzen. Der erzielbare Betrag entspricht gem. IAS 36.6 dem höheren Betrag von Nettoveräußerungspreis[119] und Nutzungswert[120] des Vermögenswertes.[121] Während sich der folgende Abschnitt B.2.2 mit der Identifikation von Triggering Events auseinandersetzt, haben die beiden Abschnitte B.2.3.2 und B.2.3.3 die Vorschriften zur Wertermittlung im Rahmen des Impairment Tests zum Gegenstand. Abbildung B-5 veranschaulicht einführend die Konzeption des Impairment Tests gem. IAS 36 und den Zusammenhang mit den beiden zur Verfügung stehenden Bewertungsmaßstäben.

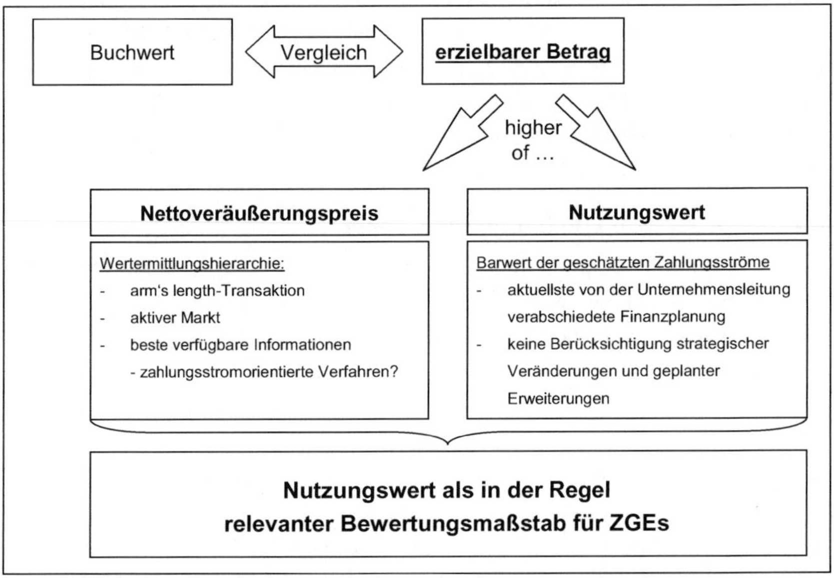

Abbildung B-5: Impairment Test gem. IAS 36

---

[119] Der Nettoveräußerungspreis entspricht gem. IAS 36.25 dem Preis nach Abzug der Veräußerungsnebenkosten in einem zwischen unabhängigen Partnern bindenden Verkaufsvertrag.

[120] Zur Ermittlung des Nutzungswertes erfolgt gem. IAS 36.30 ff. eine Prognose der mit dem Vermögenswert verbundenen Zahlungsströme, die mit einem Zinssatz, der die Anforderungen der IAS 36.55 ff. erfüllt, diskontiert werden.

[121] Einschränkend ist anzumerken, daß nicht zwingend beide Werte ermittelt werden müssen. Sofern einer der Werte über dem Buchwert des Vermögenswertes liegt, reicht dies aus, um Impairmentbedarf zu verneinen. Vgl. hierzu IAS 36.19.

2.2 Feststellung von Abschreibungsbedarf mittels unternehmensinterner und -externer Indikatoren

Triggering Events können gem. IAS 36.12 unternehmensexterner sowie -interner Natur sein. In IAS 36.12 sind auch beispielhaft einige Indikatoren genannt, die auf das Vorliegen eines Triggering Events hindeuten können. Diese Beispiele sind in Abbildung B-6 wiedergegeben. IAS 36.14 konkretisiert darüber hinaus den letzten internen Indikator (interne Berichte). Demnach stellen insbesondere negative Plan-Ist-Abweichungen der finanziellen Performance ein Triggering Event dar.

Der Management Approach wird hier also dadurch umgesetzt, daß interne Performance-Berichte ein Triggering Event für außerplanmäßige Abschreibungen auf in der externen Rechnungslegung bilanzierte Vermögenswerte herbeiführen können.

Unternehmensexterne Indikatoren	**Unternehmensinterne Indikatoren**
• Der Marktwert des Bewertungsobjektes ist in der vergangenen Periode deutlich stärker gesunken, als sich dies durch normalen zeitbedingten Verschleiß begründen läßt • Wesentliche negative Veränderungen der Umweltbedingungen • Deutliche Erhöhung des Zinssatzes, der zur Ermittlung des Nutzungswertes des Bewertungsobjekts verwendet wird, so daß von einem niedrigeren Nutzungswert ausgegangen werden muß • Der Buchwert des Unternehmens übersteigt seinen Marktwert	• Nachweisbare physische Beschädigung des Bewertungsobjektes • Wesentliche Änderung der beabsichtigten Nutzungsart oder –dauer des Bewertungsobjektes • Interne Berichte belegen, daß die wirtschaftliche Leistungsfähigkeit des Bewertungsobjektes schlechter als erwartet ist oder sein wird

Abbildung B-6: Indikatoren für das Vorliegen eines Triggering Events

Um einzuschätzen, inwiefern bezüglich bestimmter Vermögenswerte Impairmentbedarf besteht, hat das Management dafür Sorge zu tragen, daß geeignete Prozesse installiert sind.[122] Dies ermöglicht ein dem Management Approach entsprechendes for-

122 Vgl. Nailor (Write-Downs 1999), S. 80. Diese Prozesse sollten zur Sicherstellung der Ordnungsmäßigkeit der Prozesse außerdem bspw. in einer internen Richtlinie dokumentiert sein; vgl. hierzu Tanski (Sachanlagen 2005), S. 153.

males Anknüpfen an bereits bestehende Berichtssysteme wie bspw. das Risikomanagement, wertorientierte Steuerungssysteme oder ein M&A-Controlling.[123] Vergleicht man beispielsweise die in IAS 36.12 genannten Indikatoren mit den Risikokategorien, wie sie im Rahmen des Risikomanagements verwendet werden (z.B. Marktrisiken, Wettbewerbsrisiken oder politische Risiken), so fällt auf, daß es sich um eine sehr ähnliche Klassifikation handelt.[124]

Unabhängig vom Vorliegen eines Triggering Events ist gem. IAS 36.10 i.V.m. IAS 38.90 mindestens jährlich für die folgenden Arten von Vermögenswerten ein Impairment Test durchzuführen:[125]

- Goodwill
- Immaterielle Vermögenswerte mit einem „indefinite useful life"
- Immaterielle Vermögenswerte, die noch nicht „einsatzbereit" sind.

Der Zeitpunkt, zu dem einzelne Goodwill Impairment Tests durchgeführt werden, kann gem. IFRS 3.55 vom bilanzierenden Unternehmen zwar frei gewählt werden, ist gem. IAS 36.96 aber in Folgeperioden stetig beizubehalten. In der Praxis zeigt sich, daß Goodwill Impairment Tests größtenteils zum Bilanzstichtag, teilweise auch zum Planungszeitpunkt oder Halbjahresstichtag durchgeführt werden.[126] Da davon auszugehen ist, daß von Goodwill Impairment Tests die umfangreichsten Auswirkungen auf die Abschlüsse der bilanzierenden Unternehmen ausgehen, wird in der vorliegenden Arbeit die Betrachtung von Goodwill Impairment Tests bzw. der Zahlungsmittel generierenden Einheiten, auf die Goodwill zuzuteilen ist, in den Vordergrund der Betrachtung gestellt.

---

123 Hinsichtlich des Risikomanagements erkennt dies auch Budde (Impairment 2005), S. 2571.

124 Zu Risikokategorien in Risikomanagementsystemen vgl. bspw. Bitz (Risikomanagement 2000), S. 39 f.; Diederichs/Form/Reichmann (Risikomanagement 2004), S. 193 sowie die Ausführungen in Abschnitt C.3.2.2.1. Die in IAS 36.12 genannten Indikatoren ähneln darüber hinaus den Risikoarten, wie sie in Geschäfts- und Lageberichten an den Kapitalmarkt kommuniziert werden; vgl. zu in Risikoberichten genannten internen und externen Risikoarten Kajüter/Winkler (Risikoberichterstattung 2004), S. 254. Darüber hinaus wurden in einer explorativen empirischen Studie zu Triggering Events beim Goodwill Impairment Test nach US-GAAP sehr ähnliche Faktoren als Impairment auslösend genannt. Hierzu zählten z.B. die Markeinführung von Wettbewerbsprodukten, weitere nachteilige Veränderungen des Marktumfeldes, Änderungen der Unternehmensstrategie, Änderungen des juristischen Unternehmensumfeldes etc. Vgl. ausführlich Pfeil/Vater (Goodwill-Bilanzierung 2002), S. 72.

125 Andere Vermögenswerte wie z.B. Sachanlagevermögen sind hiervon nicht betroffen.

126 Vgl. Pellens et al. (Impairment 2005), S. 13.

2.3 Die Bewertung von Zahlungsmittel generierenden Einheiten: Loslösung vom Einzelbewertungsgrundsatz

2.3.1 Identifikation von ZGEs auf Grundlage der internen Organisations- und Berichtsstruktur

Da Vermögenswerte des Anlagevermögens im betrieblichen Leistungserstellungsprozeß ihrer Natur nach regelmäßig im Verbund mit anderen Vermögenswerten eingesetzt werden, ist die Bestimmung von Nutzungswerten in der Regel nicht auf Ebene einzelner Vermögenswerte, sondern nur auf einem höheren Aggregationsniveau möglich.[127] Sollte ein Vermögenswert nicht selbständig bewertbar sein, z. B. weil er Zahlungsströme erzeugt, die gleichzeitig abhängig von denen anderer Vermögenswerte sind, so ist gem. IAS 36.66 die Zahlungsmittel generierende Einheit (‚ZGE'), zu der der Vermögenswert gehört, einer Bewertung zu unterziehen.

Eine solche ZGE ist in IAS 36.6 als die kleinste identifizierbare Gruppe von Vermögenswerten definiert, die Mittelzuflüsse aus der fortgesetzten Nutzung erzeugen, welche wiederum weitgehend unabhängig von den Mittelzuflüssen anderer Vermögenswerte oder ZGEs sind. Mit dieser Zusammenfassung von Vermögenswerten zu Bewertungseinheiten löst sich das IASB vom Grundsatz der Einzelbewertung.[128]

Die wesentliche Grundlage der ZGE-Abgrenzung sind gem. IAS 36.69 dem Management Approach entsprechend die Strukturen der internen Steuerung. Die auf Werthaltigkeit zu überprüfenden Wertschöpfungsprozesse sollen nämlich denjenigen entsprechen, auf deren Grundlage das Management die operativen Bereiche des Unternehmens steuert. Aufgrund ihrer Eigenschaft, sowohl Erträge als auch Aufwendungen zu verursachen, bieten sich daher insbesondere Profit Centers der internen Steuerung als Grundlage für die abzugrenzenden ZGEs an.[129]

Die ZGE-Abgrenzung ist gem. IAS 36.72 stetig beizubehalten. Eine Modifikation der ZGE-Abgrenzungen wird nur bei Änderungen der Strukturen der internen Berichters-

---

[127] Vgl. Dyckerhoff/Lüdenbach/Schulz (Impairment 2003), S. 40; ähnlich Tanski (Sachanlagen 2005), S. 63.

[128] Vgl. Kümpel (Wertminderungen 2002), S. 988; Küting/Reuter (Bilanzanalyse 2005), S. 710; Streim/Bieker/Esser (Fair Value 2003), S. 464; im Ergebnis auch Haaker (Controlling 2005), S. 351.

[129] Vgl. Wirth (Firmenwert 2005), S. 17. Cost Centers (Revenue Centers) erfüllen hingegen nicht die Kriterien der ZGE-Definition, da sie keine Zahlungsmittelzuflüsse (Zahlungsmittelabflüsse) generieren. Vgl. hierzu die Ausführungen in Abschnitt C.2.2.2.

tattung durch Restrukturierungsmaßnahmen oder Akquisitionen für zulässig erachtet.[130]

Ähnlich wie bei der Abgrenzung von Segmenten hängt die Identifikation von ZGEs also wesentlich von der Integrationsform des Unternehmens ab und davon, für welche Unternehmensteileinheiten bereits eine Finanzberichterstattung an hierarchisch höhergelagerte Ebenen im Unternehmen besteht. Die Identifikation von ZGEs erhält dadurch ein subjektives Moment, welches in umfangreichem Maße die Einschätzung des Managements erfordert.[131] Im Mittelpunkt der Betrachtung steht damit nicht mehr der Wert einzelner Vermögenswerte, sondern die Frage, ob die vom ZGE-Management eingeschlagene Strategie den Wert der in der ZGE enthaltenen Vermögenswerte steigern konnte bzw. ob diese Strategie sich wertvernichtend ausgewirkt hat.[132] Sofern eine starke Ähnlichkeit zwischen der juristischen Konzernstruktur sowie der internen Organisations- und Berichtsstruktur besteht, liegt – analog zur Abgrenzung berichtspflichtiger Segmente – eine Identifikation von ZGEs auf Grundlage der rechtlichen Einheiten nahe. Eine solche Vorgehensweise wird zwar von vielen bilanzierenden Unternehmen gewählt, allerdings existiert auch eine große Zahl an Unternehmen, die die Rechtsstruktur des Konzerns bei der ZGE-Identifikation nicht explizit berücksichtigen.[133]

Insbesondere in vertikal integrierten Unternehmen wird die Identifikation von ZGEs durch die Organisationsform und somit die Umsetzung des Management Approach zusätzlich erschwert.[134] Denn während in der Segmentberichterstattung Segmente, die hauptsächlich mit der Zulieferung an andere Segmente beschäftigt sind, in das belieferte Segment integriert werden können, kommt eine solche Vorgehensweise für ZGEs nicht in Betracht. So kann gem. IAS 36.70 f. bei vertikal integrierter Produktion die Vorstufe separat betrachtet werden, wenn für ihre Produkte ein aktiver Markt existiert. Eine entsprechende Bewertung der ZGE hat dann auf Basis von Marktpreisen und nicht auf Basis von Verrechnungspreisen zu erfolgen.[135]

---

[130] Vgl. Beyhs (Impairment 2002), S. 99; Wirth (Firmenwert 2005), S. 18. Zu möglichen Auswirkungen von Umstrukturierungen und Reorganisationen auf die ZGE-Abgrenzung und der Allokation von Goodwill auf diese ZGEs vgl. auch Abschnitt B.3.3.2.

[131] Vgl. Dyckerhoff/Lüdenbach/Schulz (Impairment 2003), S. 51.

[132] Vgl. Küting/Wirth (Firmenwert 2005), S. 206.

[133] Vgl. hierzu die empirischen Befunde bei Pellens et al. (Impairment 2005), S. 12.

[134] Vgl. Nailor (Write-Downs 1999), S. 81.

[135] Vgl. Dyckerhoff/Lüdenbach/Schulz (Impairment 2003), S. 50 f.

2.3.2 Nettoveräußerungspreis

Für die Ableitung des Nettoveräußerungspreises eines Vermögenswertes hat das bilanzierende Unternehmen gem. IAS 36.25 ff. i.V.m. IAS 36.74 die folgende Hierarchie zu berücksichtigen: Die beste Möglichkeit, den Fair Value zu bestimmen, stellt ein bindender bzw. ein bereits abgeschlossener Verkaufsvertrag zwischen unabhängigen Geschäftspartnern (at arm's length) abzüglich relevanter Verkaufskosten dar. Sofern keine solche arm's-length-Transaktion vorhanden ist, aber für den Vermögenswert ein aktiver Markt existiert,[136] ist der Marktpreis als Fair Value anzusetzen und um Verkaufskosten zu korrigieren. Ein aktiver Markt liegt gem. IAS 36.6 vor, wenn auf dem Markt homogene Produkte gehandelt werden, verkaufs- und kaufwillige Marktpartner jederzeit anzutreffen sind und die zustande kommenden Preise öffentlich verfügbar sind.[137] Sollte der Fair Value auch auf diese Weise nicht ermittelbar sein, so muß ihn das Management mittels der besten verfügbaren Informationen schätzen. Hierbei ist gem. IAS 36.27 ein Rückgriff auf ähnliche Transaktionen der jüngeren Vergangenheit für vergleichbare Bewertungsobjekte in der gleichen Branche zulässig, sofern diese keine Zwangsverkäufe darstellen. Über die Frage, ob der Nettoveräußerungspreis mittels zahlungsstromorientierter Verfahren ermittelt werden darf, herrscht in der Literatur keine Einigkeit.[138] Wird die DCF-Methode jedoch zur Ermittlung eines Nettoveräußerungspreises verwendet, so erfolgt die Kalkulation unter der Annahme einer Nutzung des Objektes durch den potentiellen Käufer.[139] Da allerdings aufgrund der hohen Spezifität und funktionalen Einbettung einer ZGE in den Gesamtkonzern davon auszugehen ist, daß die Nutzung durch einen unabhängigen Dritten kaum simulierbar ist, wird i.d.R. nur der Nutzungswert ermittelbar sein, so daß dieser dann die alleinige Möglichkeit zur Bestimmung des erzielbaren Betrags darstellt.[140]

---

136 Dies kann bei einzelnen Vermögenswerten, aber auch bei ZGEs, wenn es sich bspw. um eine börsennotierte Tochtergesellschaft handelt, der Fall sein.

137 Das Vorhandensein eines aktiven Markts für einen Vermögenswert, für den ein Impairment Test durchgeführt wird, dürfte in der Praxis eine seltene Ausnahme sein. Vgl. Küting/Reuter (Bilanzanalyse 2005), S. 710. Dies erkennt auch das IASB in IAS 36.BCZ18.

138 Vgl. Wirth (Firmenwert 2005), S. 28 f.

139 Vgl. Castadello (Impairment 2006), S. 136 und 139 f.

140 Vgl. Beyhs (Impairment 2002), S. 97; Hitz (Fair Value 2005), S. 1015 f.; Wirth (Firmenwert 2005), S. 31. In der Bilanzierungspraxis kommt daher dem Nutzungswert auch die größere Bedeutung zu; vgl. hierzu die empirischen Ergebnisse bei Deloitte Consulting (Goodwill 2005), S. 8.

2.3.3 Nutzungswert: Bewertung auf Grundlage interner Planungsrechnungen

Der Nutzungswert ist gem. IAS 36.30 ff. als Barwert der geschätzten Mittelzu- und -abflüsse aus der fortgesetzten Nutzung und dem Abgang des Bewertungsobjektes zu seinem Nutzungsdauerende definiert. Artifizielle, nur für Bewertungszwecke zu erstellende Businesspläne erscheinen als problematisch, da die Prognosen der Cash Flows gemäß IAS 36.33 auf den aktuellsten Finanzplanungen, die von der Unternehmensleitung verabschiedet wurden, basieren sollen. Eine Erstellung separater Planungsrechnungen für externe Zwecke hingegen birgt die Gefahr von Inkonsistenzen, einer reduzierten Identifikation des Managements mit den Planungen, welche auch bewußte bilanzmanipulative Eingriffe fördern kann, sowie ein erneutes Auseinanderklaffen interner und externer Meßgrößen. Nach Ansicht des IASB kommt durch die Verwendung vorliegender, interner Prognosen management's best estimate[141] zum Ausdruck. Der Nutzungswert stellt somit keinen Fair Value im Sinne der IFRS dar, sondern einen subjektiven Entscheidungswert, in welchen das Managements sein Insiderwissen einfließen läßt.[142] Somit greift die externe Rechnungslegung dem Management Approach entsprechend auf das im internen Rechnungswesen zu Steuerungszwecken betriebswirtschaftlich abgebildete Geschäftsmodell zurück.[143] Die Prognose der künftigen Zahlungsströme hat gem. IAS 36.33a jedoch auf vernünftigen und nachvollziehbaren Annahmen zu basieren. Soweit in diesem Zusammenhang externe Informationen verfügbar sind, hat das Management diese bei der Vornahme von Schätzungen zu berücksichtigen. Trotz dieser Objektivierungsbedingung wird insbesondere hinsichtlich der Bewertung von ZGEs erneut deutlich, daß sich die ZGE-Abgrenzung zwingend in die internen Berichts- und Steuerungsstrukturen einfügen muß, da sonst keine Datengrundlage für die Nutzungswertermittlung vorhanden ist.[144]

Wird der erzielbare Betrag mittels des Nutzungswerts ermittelt, ist die Schätzung der Zahlungsmittelströme gem. IAS 36.33b in einen Detailplanungs- und einen Restzeitraum zu unterteilen, wobei der Detailplanungszeitraum normalerweise fünf Jahre beträgt. Als Grundlage für die Bestimmung dieser Zahlungsströme werden in IAS 36.33b explizit die gegenwärtigen Planungsrechnungen des Managements angeführt. Die für

141 IAS 36.33.

142 Vgl. Hitz (Fair Value 2005), S. 1014 f.; Kühnberger (Firmenwerte 2005), S. 680; Laas (Werthaltigkeit 2006), S. 460.

143 Vgl. Budde (Impairment 2005), S. 2570.

144 Vgl. Wirth (Firmenwert 2005), S. 35. Zur ZGE-Abgrenzung vgl. Abschnitt B.2.3.1.

die Bestimmung des Nutzungswertes verwendeten Planungsrechnungen dürfen hierbei unternehmensindividuelle Faktoren wie Verbundeffekte berücksichtigen.[145]

Da die Ermittlung des Nutzungswerts auf Grundlage einer Barwertermittlung unter Unsicherheit hinsichtlich der prognostizierten Cash Flows erfolgt, sind in der Kalkulation Risiken, die sich auf die erwarteten Cash Flows auswirken können, zu berücksichtigen. Für diese Berücksichtigung von Risiken stellt das IASB den bilanzierenden Unternehmen in IAS 36.32 zum einen den sog. Traditional Approach und zum anderen den Expected Cash Flow Approach zur Verfügung.

Beim Traditional Approach werden der Ertragswertermittlung die wahrscheinlichsten Schätzwerte zugrundegelegt und mögliche Risiken ausschließlich über den Diskontierungsfaktor abgebildet. Beim Expected Cash Flow Approach hingegen wird nicht eine Zahlungsstromprognose verwendet, sondern es werden mehrere Zahlungsstromszenarien erstellt, die mit ihren individuellen Eintrittswahrscheinlichkeiten gewichtet werden. Die möglichen Risiken fließen hierbei in die verschiedenen Szenarien ein, so daß der Diskontierungsfaktor nur noch Inflationserwartungen beinhaltet.[146] Das IASB gibt zwar keine klare Leitlinie vor, wann auf welchen der beiden Ansätze zurückzugreifen ist. Allerdings hält es in IAS 36.A5 den Traditional Approach vor allem dann für angemessen, wenn sich die erwarteten Cash Flows aus vertraglichen Beziehungen ableiten lassen, also mit einem verhältnismäßig geringen Risiko behaftet sind.

In IAS 36.44 ff. formuliert das IASB eine objektivierende Beschränkung hinsichtlich den der Bewertung zugrundezulegenden Cash-Flow-Prognosen: Es sind nur solche Zahlungsströme zu berücksichtigen, wie sie voraussichtlich aus dem gegenwärtigen Zustand der Bewertungseinheit resultieren werden. Effekte aus strategischen Veränderungen und geplanten Erweiterungen dürfen nicht Gegenstand der Betrachtung sein. Da derartige Parameter für interne Zwecke jedoch berücksichtigt werden müssen, dürfte dies die Umsetzungsmöglichkeiten des Management Approach einschränken. Ein weiterer Versuch, die Verläßlichkeit der Informationen zu erhöhen, kann in der Empfehlung des IAS 36.34 gesehen werden, gemäß welcher das Management bei der aktuellen Prognose von Cash Flows seine durch Soll-Ist-Vergleiche überprüfte historische Prognosegüte mitberücksichtigen soll.

---

[145] Vgl. Küting/Dawo/Wirth (Abschreibung 2003), S. 180.

[146] Zu einer ausführlichen Beschreibung der beiden Ansätze vgl. Wirth (Firmenwert 2005), S. 54 ff.

2.4 Impairment Test für Goodwill tragende ZGEs: Nutzung von Controllinginformationen

Zu den einer ZGE zugeordneten Vermögenswerten kann grundsätzlich auch ein aus einem Unternehmenserwerb resultierender derivativer Firmenwert (Goodwill) zählen.[147] In diesem Fall sind zusätzlich zu den in den vorangegangenen Abschnitten beschriebenen Regelungen einige weitere Vorschriften zu beachten.

Hinsichtlich der Überprüfung von Goodwill tragenden ZGEs auf außerplanmäßigen Wertminderungsbedarf besteht die wohl wichtigste Besonderheit darin, daß der derivative Goodwill seit der Überarbeitung des IAS 36 im Jahr 2004 keiner planmäßigen Abschreibung mehr unterliegt.[148] Statt dessen sehen IFRS 3.55 i.V.m. IAS 36 für Goodwill den sogenannten Impairment Only Approach vor. Demnach ist eine Überprüfung auf außerplanmäßigen Abschreibungsbedarf nicht nur bei Vorliegen von Triggering Events, sondern gem. IAS 36.90 grundsätzlich in jedem Berichtsjahr zu einem stetig beizubehaltenden Zeitpunkt vorgeschrieben.[149] Hierbei ist wie in Abschnitt B.2.3 beschrieben vorzugehen; die dort aufgeführten Umsetzungspotentiale für den Management Approach gelten entsprechend.

Ergibt der Impairment Test für eine Goodwill tragende ZGE einen Wertberichtigungsbedarf, so ist dieser gem. IAS 36.104 zunächst auf den in der ZGE enthaltenen Goodwill zu beziehen. Sollte der Wertberichtigungsbedarf die Höhe des Goodwills übersteigen, so ist der den Goodwill übersteigende Betrag buchwertproportional auf die in der ZGE enthaltenen langlebigen Vermögenswerte zu verteilen.[150] Der Buchwert einzelner Vermögenswerte (nach Allokation des Wertberichtungsbedarfs) darf hierbei gem. IAS 36.105 jedoch nicht unter den jeweiligen Nettoveräußerungspreis, Nutzungswert oder null sinken.

---

147 Vgl. Wirth (Firmenwert 2005), S. 182.

148 Diese Neuregelung sieht sich umfangreicher Kritik ausgesetzt. So wird in der Literatur vor allem kritisiert, daß die Umsetzung der Vorschrift mit hohem Aufwand verbunden sei, sich umfangreiche bilanzpolitische Möglichkeiten ergeben und daß im Zeitverlauf eine eigentlich nicht erlaubte Aktivierung von originärem Goodwill möglich sei. Vgl. statt vieler Protzek (Impairment 2003), S. 495 ff.

149 Faktisch kann dies jedoch zu einem ähnlichen Abschreibungsverlauf wie bei der Vornahme planmäßiger Abschreibungen führen. Dies ist dann der Fall, wenn die Erwartungen des Managements im Zeitverlauf genau erfüllt werden und gleichzeitig Investitionen zur Erhaltung des Goodwills unterbleiben. Vgl. Schultze (Goodwill 2005), S. 283 ff.

150 Im Standard werden langlebige Vermögenswerte zwar nicht explizit erwähnt. Für eine ausführliche Begründung der Zweckmäßigkeit, die Allokation von Wertberichtigungsbedarf nicht auf sämtliche verbleibenden Vermögenswerte zu beziehen, vgl. Wirth (Firmenwert 2005), S. 92.

Aus diesem Grund verbleibender Wertberichtigungsbedarf ist auf die restlichen Vermögenswerte der ZGE zu verteilen.

Von der Durchführung von Goodwill Impairment Tests wird erwartet, daß sie in der Praxis sehr kostenintensiv sein werden.[151] Daher räumt das IASB den bilanzierenden Unternehmen in IAS 36.99 dahingehend eine Erleichterung ein, daß der jährliche Impairment Test nicht durchgeführt werden muß, wenn die folgenden Bedingungen kumulativ erfüllt sind:

- Die Zusammensetzung der Vermögenswerte der betrachteten ZGE hat sich im Vergleich zum letzten vorangegangenen Impairment Test nicht wesentlich verändert,
- der im Rahmen des letzten vorangegangenen Impairment Tests ermittelte erzielbare Betrag der ZGE lag deutlich über ihrem Buchwert und
- auf Basis einer Analyse der seit des letzten vorangegangenen Impairment Tests eingetretenen Ereignisse und Umstände ist die Wahrscheinlichkeit, daß der erzielbare Betrag der ZGE zum aktuellen Stichtag unter ihrem Buchwert liegt, als sehr gering einzuschätzen.

Insbesondere die letzte Bedingung scheint einen Ansatzpunkt für die Umsetzung des Management durch die Verwendung von Controllinginformationen in der Bilanzierung zu eröffnen. Sofern das (wertorientierte) Steuerungssystem eines Unternehmens für eine Unternehmenseinheit einen deutlich positiven Wertbeitrag ausweist, deutet dies auf eine geringe Wertminderungswahrscheinlichkeit des Goodwills hin. Hinsichtlich des Fehlens impairmentbedarfbegründender Ereignisse kann darüber hinaus – analog zur Überwachung deren Existenz[152] – unter Umständen auf bereits existente Informationen des Risikomanagements zurückgegriffen werden.

Die Überprüfung Goodwill tragender ZGEs auf Wertminderungsbedarf eröffnet noch eine weitere Möglichkeit zur Nutzung von Controllinginformationen in der externen Rechnungslegung. So führten u.a. die Tatsache, daß eine hohe Zahl an Unternehmenserwerben scheitert, sowie das Voranschreiten des Shareholder-Value-Gedankens dazu, daß eine zunehmende Zahl an Unternehmen ein M&A-Controlling installiert hat. In

151 Vgl. Bieker/Esser (Business Combinations 2003), S. 78; Bruns/Zeimes/Thuy (Intangibles 2004), S. 265; Pejic/Buschhüter (Goodwill 2001), S. 111 f.; Watrin/Strohm/Struffert (Zusammenschlüsse 2004), S. 1457; IAS 36.BC 165 ff. Dies wird auch durch die Befragung von Unternehmen bestätigt, die Goodwill Impairment Tests durchführen, bestätigt. Vgl. hierzu Pellens et al. (Impairment 2005), S. 18.

152 Zur Identifikation von Triggering Events vgl. Abschnitt B.2.2.

einem solchen M&A-Controlling kann gewissermaßen eine Ausweitung der dem Unternehmenserwerb vorangehenden Due Diligence gesehen werden, in deren Rahmen regelmäßig umfangreiche Analysen und Bewertungen des zu erwerbenden Unternehmens durchgeführt werden. Aufgabe des M&A-Controlling ist häufig die Überwachung der Integration erworbener Unternehmen in die bestehende Organisationsstruktur sowie die finanzielle Erfolgskontrolle von Unternehmenserwerben.[153] Das methodische Spektrum dieser Erfolgskontrolle reicht von der Betrachtung ausgewählter Kennzahlen über Soll-Ist-Vergleiche von für den Unternehmenserfolg wichtigen Schlüsselgrößen bis hin zur vollständigen Bewertung erworbener Einheiten in einem bestimmten zeitlichen Abstand zu deren Erwerb.[154] Grundsätzlich ist davon auszugehen, daß das M&A-Controlling dem Management Approach entsprechend Informationen bereitstellen kann, die für Goodwill Impairment Tests nutzbar sind.[155]

Der von der Durchführung von Impairment Tests erwartete Mehraufwand erhöht den Druck auf die bilanzierenden Unternehmen, durch Vereinheitlichung der Bewertungsmethoden und -verfahren eine möglichst kosteneffiziente Durchführung von Impairment Tests herbeizuführen. Bei Bewertungsvorgängen im Zusammenhang mit immateriellen Vermögenswerten wird daher für eine Konzentration auf die Werttreiber des Unternehmens plädiert.[156] Derartiges Optimierungspotential scheint hierbei auch in Zusammenhang mit Goodwill Impairment Tests zu bestehen, da diese sich nicht auf einzelne Vermögenswerte, sondern auf ZGEs auf höherer Hierarchieebene beziehen.[157] Diese Zuordnung von Goodwill auf höherer Ebene ermöglicht (im Vergleich zu Impairment Tests für einzelne Vermögenswerte oder hierarchisch niedrig aufgehängte ZGEs) nach Ansicht des Verfassers eine Standardisierung der Berechnungsvorgänge sowie deren zentralisierte Durchführung durch eine Konzernabteilung. Hierbei kann ein hoher Integrationsgrad von Unternehmenssteuerung und Finanzberichterstattung aufwendige Doppelarbeiten obsolet werden lassen und somit Einsparpotential eröffnen.[158] Allerdings ist auch zu beachten, daß eine regelmäßige Bewertung von Unternehmensteileinheiten für interne Steuerungszwecke, die durch die Notwendigkeit der Durchführung von Goodwill Impairment Tests eingeführt wird, auch zu Konflikten zwischen den beteiligten Hierarchieebenen im Unternehmen führen kann, da die be-

---

153 Vgl. Alvarez/Biberacher (Goodwill 2002), S. 352.

154 Vgl. Pellens/Rockholtz/Stienemann (Konzerncontrolling 1997), S. 1933 ff.; Pellens/Tomaszewski/Weber (Unternehmensführung 2000), S. 1825 ff.

155 Vgl. Richter (Praxisprobleme 2005), S. 147.

156 Vgl. Schmidbauer (Immaterielle 2004), S. 1448.

157 Zur Allokation von Goodwill auf ZGEs vgl. Abschnitt B.3.3.

158 Vgl. Deloitte Consulting (Goodwill 2005), S. 20.

werteten Managementebenen sich dann erstmals mit einer umfassenden Bewertung ihrer Tätigkeit konfrontiert sehen. Als ein erstes Indiz dafür, daß Einsparungspotentiale durch die Anwendung des Management Approach bereits genutzt werden, können empirische Ergebnisse gesehen werden, denen zufolge bei der Durchführung von Goodwill Impairment Tests in der überwiegenden Zahl der Fälle Abteilungen wie Controlling oder Planung involviert sind.[159]

3 IFRS 3 – Unternehmenszusammenschlüsse

Die Regelungen zur Bilanzierung von Unternehmenszusammenschlüssen stellen teilweise eine Vorstufe für die beschriebenen Goodwill Impairment Tests dar. IFRS 3 regelt nämlich die Ermittlung und Verteilung von derivativem Goodwill, welcher in der Praxis eines der wichtigsten Objekte der beschriebenen Impairment Tests gem. IAS 36 darstellt. Wie weiter unten beschrieben wird, greifen die Regelungen zur Bestimmung und Allokation von Goodwill hierbei nicht nur auf IAS 36 zurück, sondern auch auf IAS 38 zur Bilanzierung von immateriellen Vermögenswerten.

Die Regelungen zur Abbildung von Unternehmenszusammenschlüssen beinhalten einige wichtige Anwendungspotentiale für den Management Approach. So kann zum einen bei der Identifikation und Bewertung der Vermögenswerte und Schulden eines akquirierten Unternehmens auf intern zur Entscheidungsfindung genutzte Informationen wie z.B. Due-Diligence-Analysen, strategische Analysen oder vorgenommene Bewertungen zurückgegriffen werden. Zum anderen ist davon auszugehen, daß die strategische Akquisitionsplanung wichtige Hinweise darauf liefern kann, in welchen Bereichen das Management in welcher Höhe Synergiepotentiale aus dem Unternehmenserwerb erwartet, so daß auf dieser Grundlage ZGEs abgegrenzt werden können und ihnen derivativer Goodwill zugeteilt werden kann.

3.1 Konzeption der Bilanzierung von Unternehmenszusammenschlüssen

Mit der Verabschiedung von IFRS 3 „Business Combinations“ und den daraus folgenden Änderungen für IAS 36 und IAS 38 übernahm das IASB im Rahmen der ersten Phase des Business-Combinations-Projekts weite Teile der im Sommer 2001 verabschiedeten SFAS 141 „Business Combinations“ und SFAS 142 „Goodwill and Other Intangible Assets“. Die in diesem Rahmen zentrale Neuerung stellte die Abschaffung der planmäßigen Abschreibung von derivativen Firmenwerten zugunsten des Impair-

---

[159] Vgl. hierzu u.a. die Abbildung bei Pellens et al. (Impairment 2005), S. 17.

ment Only Approach dar.[160] Die zweite zentrale Neuerung stellte die Nichtzulässigkeit der Pooling-of-Interests-Methode als Konsolidierungsmethode dar. Das IASB unterstellt nunmehr, daß sogenannte „mergers of equals“ nicht existieren, sondern es bei jedem Unternehmenszusammenschluß ein erwerbendes und ein erworbenes Unternehmen gibt.[161] In der Folge ist die Erwerbsmethode die einzige anzuwendende Konsolidierungsmethode.[162] Eine Konsolidierung hat gem. IFRS 3.39 grundsätzlich ab dem Zeitpunkt zu erfolgen, zu dem ein Control-Verhältnis im Sinne von IAS 27 vorliegt.

In der Einführung des IFRS 3 wird außerdem insofern eine Verbesserung der Bilanzierung von immateriellen Vermögenswerten gesehen, als daß ein erwerbendes Unternehmen dazu angehalten wird, sämtliche vom Goodwill trennbaren immateriellen Vermögenswerte separat in der Bilanz zu erfassen und ihren Wert in Folgeperioden entsprechend ihrer Nutzungsdauern fortzuschreiben.[163] Es ist also zu versuchen, möglichst viele Kosten eines Unternehmenserwerbs auf jeweils zu Fair Values bewertete Vermögenswerte und Schulden zurückzuführen. In der Folge sind zunächst alle erworbenen Vermögenswerte, Schulden sowie Eventualschulden zu ihren Fair Values anzusetzen. Eine anschließend verbleibende Differenz, um die der Kaufpreis den so ermittelten Nettoreinvermögenswert übersteigt, ist als derivativer Goodwill zu erfassen.[164] Übersteigt hingegen der ermittelte Nettoreinvermögenswert den Kaufpreis, so ist dieser passivische Unterschiedsbetrag gem. IFRS 3.56 sofort erfolgswirksam zu vereinnahmen.[165] Für aktivierten derivativen Goodwill ist sowohl jährlich als auch bei Vorliegen von Triggering Events ein Impairment Test durchzuführen.[166]

---

160 Vgl. hierzu auch die Ausführungen im Abschnitt B.2.4.

161 Vgl. Pellens/Sellhorn (Goodwill 2001), S. 1681.

162 Das Verbot der Pooling-of-Interests-Methode und die Vorschrift, nur die Erwerbsmethode anzuwenden, stellen aus bilanztheoretischer Perspektive einen Schritt hin zu einer einheitstheoretischen Konsolidierungsauffassung dar; vgl. hierzu ausführlich Pellens/Basche/Sellhorn (Goodwill 2003), S. 1 ff.

163 Vgl. Küting/Dawo/Wirth (Abschreibung 2003), S. 177; Pellens/Sellhorn (Goodwill 2001), S. 1681 f.

164 Vgl. Küting/Weber/Wirth (Goodwill 2001), S. 185.

165 Bevor der aus einem solchen lucky buy stammende Profit vereinnahmt werden darf, sind jedoch gem. IFRS 3.56 zunächst die Identifikation und Bewertung der identifizierbaren Vermögenswerte, Schulden und Eventualschulden des erworbenen Unternehmens sowie die Bemessung der Anschaffungskosten erneut zu beurteilen.

166 Zum Goodwill Impairment Test vgl. auch die Ausführungen in Abschnitt B.2.4.

3.2 Identifikation und Bewertung von Vermögen und Schulden des erworbenen Unternehmens im Erwerbszeitpunkt

3.2.1 Identifikation von Vermögenswerten, Schulden und Eventualschulden

Im Zuge der Purchase Price Allocation sind alle identifizierbaren[167] erworbenen Vermögenswerte, Schulden und Eventualschulden nicht zu den Buchwerten, zu denen sie bislang in der Bilanz des akquirierten Unternehmens enthalten sind, sondern zu ihren Zeitwerten anzusetzen.[168] Hierbei sind gem. IFRS 3.45 f. explizit auch immaterielle Vermögenswerte zu berücksichtigen, sofern ihr Fair Value zuverlässig ermittelt werden kann und sie ihren Ursprung in „contractual or other legal rights" haben oder vom derivativen Goodwill separiert werden können.[169]

Wenn das contractual-legal-Kriterium nicht gegeben ist, kann eine Separation gem. IAS 38.11 (muß aber nicht) durch Vermietung, Verkauf oder Tausch geschehen. Dies trifft auf eine Vielzahl von Vermögenswerten wie z.B. Verfahrenstechniken, Markenrechte usw. zu, da diese generell über Lizenzverträge, Know-how-Transferverträge usw. Gegenstand solcher Transaktionen sein können. Im Rahmen der Purchase Price Allocation sind darüber hinaus nicht nur einzelne Vermögenswerte zu berücksichtigen, sondern auch solche, die als Bewertungseinheit mit anderen Bilanzposten verkauft, vermietet oder auf andere Weise am Markt nutzbar gemacht werden können. Um den bilanzierenden Unternehmen eine Hilfestellung zu gewähren, beinhaltet IFRS 3 einen Beispielkatalog eigenständig zu erfassender immaterieller Vermögenswerte, in dem das IASB danach differenziert, ob der jeweilige Vermögenswert das contractual-legal-Kriterium erfüllt oder aufgrund seiner Separierbarkeit vom Goodwill zu erfassen ist.[170]

---

167 Als identifizierbar gilt ein Vermögenswert gem. IFRS 3.37, wenn mit ihm wahrscheinliche, dem Erwerber zufließende Vorteile verbunden sind und sein Fair Value zuverlässig ermittelt werden kann. Vgl. auch ausführlich Küting/Wirth (IFRS 3 2004), S. 170. Das Business Combinations Project Phase 2 sieht vor, daß das Kriterium der Wahrscheinlichkeit des künftigen Nutzenzuflusses stets zu bejahen ist, da es sich durch einen positiven Wert im Rahmen der Neubewertung ausdrückt.

168 Als ansatzpflichtig gelten dabei auch Vermögenswerte und Schulden, die vom zu erwerbenden Unternehmen bislang nicht bilanziert wurden. Vgl. ausführlich am Beispiel aktivischer latenter Steuern Heidemann (Kaufpreisallokation 2005), S. 46.

169 Zu den Ansatzkriterien für immaterielle Vermögenswerte vgl. auch ausführlich Abschnitt B.4.3.

170 Vgl. IFRS 3 „Illustrative Examples"; die dort enthaltenen Beispiele entsprechen weitestgehend denen des SFAS 14; vgl. hierzu auch Bieker/Esser (Business Combinations 2003), S. 75; Pfeil/Vater (Goodwill-Bilanzierung 2002), S. 69.

Da Unternehmensakquisitionen häufig strategisch motiviert sind, ist davon auszugehen, daß das Management des Erwerberunternehmens bereits vor dem Erwerb eines Unternehmens eine gewisse Vorstellung davon hat, welche zusätzlichen Wertpotentiale mit dem Unternehmenserwerb akquiriert werden sollen. Im Rahmen von Unternehmenserwerben greifen die beteiligten Parteien in der Regel außerdem auf ein umfangreiches Spektrum von Instrumenten zur Analyse der anstehenden Transaktion zurück. Hierzu gehört bspw. die Bewertung des Kaufobjektes oder die Durchführung einer Due Diligence.[171] Derartige umfangreiche Bewertungsvorgänge sind für Käufer wie Verkäufer im Rahmen der Preisverhandlungen eine wichtige Grundlage für die Ermittlung eines angemessenen Kaufpreises. Hierbei stellen sowohl die einzelnen Vermögenswerte des Akquisitionsobjektes als auch das zum Verkauf stehende Unternehmen selbst die Objekte der Bewertungsprozesse dar.[172] Die bezahlten Wertkomponenten sind dann nicht nur für das M&A-Controlling abgebildet, sondern können dem Management Approach entsprechend auch zur Aufteilung des Kaufpreises auf einzelne Vermögenswerte herangezogen werden.[173]

3.2.2 Bewertung der Vermögenswerte, Schulden und Eventualschulden

Mittels welcher Methoden das Erwerberunternehmen die Fair Values der erworbenen Vermögenswerte und Schulden zu bestimmen hat, regelt das IASB in IFRS 3 Appendix B16. Demnach sind als Fair Values vornehmlich Marktpreise heranzuziehen. Für einige Vermögensgegenstände und Schulden sieht das IASB auch die Ermittlung der beizulegenden Zeitwerte durch einkommensorientierte Ansätze vor.[174]

Somit führt die Konzeption der Erwerbsmethode unter anderem dazu, daß den identifizierbaren Vermögenswerten und Schulden jeweils der Wert zugerechnet wird, den der Erwerber ihnen beimißt. Denn „[..] by recognising at their fair values all of the assets acquired and liabilities and contingent liabilities assumed, the purchase method impounds information from the current transaction about the expected future cash flows associated with the assets acquired and liabilities and contingent liabilities as-

---

171 Vgl. Berens/Strauch (Due Diligence 2003), S. 156; Pellens/Tomaszewski/Weber (Unternehmensführung 2000), S. 1826 f.

172 Vgl. m.w.N. Haller (Vermögenswerte 1998), S. 581 ff.

173 Vgl. bzgl. der Konkretisierung von Wertkomponenten des Goodwill Alvarez/Biberacher (Goodwill 2002), S. 350 f.

174 Dies trifft bspw. auf Forderungen und Verbindlichkeiten aus Lieferungen und Leistungen zu. Für Gegenstände des Sachanlagevermögens wird explizit angeführt, daß ein einkommensorientierter Ansatz oder die Bestimmung von fortgeführten Wiederbeschaffungskosten zu verwenden ist, wenn für den Vermögensgegenstand kein Marktwert existiert.

sumed."[175] Da dieser Wert von der Zielsetzung abhängt, die der Erwerber mit den identifizierten Vermögenswerten und Schulden assoziiert, fließen in die Wertermittlung vorwiegend subjektive Zukunftserwartungen des erwerbenden Unternehmens ein.[176] Die Anwendung der Erwerbsmethode führt somit durch die Bewertung von Vermögenswerten und Schulden in der externen Rechnungslegung auf Grundlage von Controllinginformationen gleichsam zu einer Anwendung des Management Approach.

Hinsichtlich der Möglichkeit zur Bewertung mit dem Fair Value vermutet das IASB in IAS 38.35 widerlegbar, daß – mit Ausnahme der Belegschaft – in der Regel für identifizierbare immaterielle Vermögenswerte aus einem Unternehmenszusammenschluß ausreichende Informationen für die zuverlässige Fair-Value-Ermittlung vorhanden sind. Dabei entspricht die Vorgehensweise der Bewertung von einzelnen Vermögenswerten im Rahmen eines Unternehmenserwerbs derjenigen bei der Durchführung eines regulären Impairment Tests weitgehend.[177] Daher kann zur Analyse der Anforderungen an die einkommensorientierte Bewertung eines Vermögenswertes im Rahmen eines Unternehmenserwerbs auf die Vorschriften des IAS 36 bzgl. des Nutzungswertes, welche – wie in Abschnitt B.2.3.3 gesehen – die Umsetzung des Management Approach ermöglichen, zurückgegriffen werden.

Da die einkommensorientierte Bewertung von Vermögenswerten, Schulden und Eventualschulden in der Praxis regelmäßig hohen Aufwand verursachen wird, wird in der Literatur jedoch auch versucht, alternative Wege der Fair-Value-Ermittlung zu finden, die sich bei einer konstanten Güte der Wertermittlung c.p. als praktikabler erweisen. So kann insbesondere im Fall des Erwerbs eines Unternehmens, das nach IFRS bilanziert, erwogen werden, die bisherigen Buchwerte der Vermögenswerte und Schulden fortzuführen. Denn die IFRS erheben grundsätzlich den Anspruch, die Vermögensgegenstände und Schulden der bilanzierenden Unternehmen den tatsächlichen Verhältnissen entsprechend darzustellen. Insofern kann davon ausgegangen werden, daß der Buchwert eine Approximation des Fair Value liefert, sofern die bisherige Bewertung angemessen und wesentliche bewertungsrelevante Ereignisse oder drastische Preisänderungen berücksichtigt wurden bzw. nicht eingetreten sind.[178] Für den Fall, daß bestimmte Effekte noch nicht im Buchwert des akquirierten Vermögenswerts berücksichtigt sind, diese aber lokalisiert und quantifiziert werden können, kann der Fair Va-

---

175 IFRS 3.BC45; vgl. auch IFRS 3.BC127.

176 Vgl. Baetge/Siefke/Siefke (IAS 22 2002), Rn. 88; Hommel/Benkel/Wich (IFRS 3 2004), S. 1270.

177 Vgl. Lüdenbach/Frowein (Goodwill Impairment 2003), S. 217.

178 Vgl. Frowein/Lüdenbach (Impairmentpraxis 2003), S. 68.

lue mittels einer Anpassung des Buchwertes geschätzt werden.[179] Konkret sind folgende Untersuchungen vorstellbar, um festzustellen, ob der bisherige Buchwert angepaßt werden muß:[180] Es stellt sich die Frage,

- ob der bisherige Buchwert ordnungsgemäß zustande gekommen ist, also die vorgenommenen planmäßigen Abschreibungen angemessen waren, außerplanmäßige Abschreibungen notwendig waren und in der erforderlichen Höhe vorgenommen wurden, ob bei der Vorratsbewertung das Lower-of-Cost-or-Market-Prinzip angewendet wurde usw.
- ob es zu wesentlichen Änderungen der Wiederbeschaffungskosten gekommen ist, da Preiserhöhungen bei Vorräten i.d.R. nicht berücksichtigt werden können und im Anlagevermögen nicht berücksichtigt werden müssen (die Neubewertungsmethode stellt ein Wahlrecht dar),
- ob die erworbenen Vermögensgegenstände überhaupt in ihrer bisherigen Nutzung weiterverwendet werden sollen oder ob bspw. Produktlinien eingestellt werden sollen.181 Da derartige Szenarien für interne Entscheidungsfindungsprozesse bereits vor Durchführung des Unternehmenserwerbs abgebildet werden müssen, bietet sich insbesondere hier eine Umsetzungsmöglichkeit für den Management Approach.

Sollten die einzelnen identifizierten Vermögenswerte nicht bewertbar sein oder eine Bewertung aus anderen Gründen unterbleiben, so schlagen sich diese Werttreiber im Goodwill nieder, und das mit dem Erwerb der Vermögenswerte dem Erwerberunternehmen zugehende Nutzenpotential wird nicht mehr zutreffend im Abschluß abgebildet.[182]

Als Voraussetzung für die Bestimmung der Anschaffungskosten einzelner Vermögenswerte im Rahmen eines Unternehmenszusammenschlusses kann damit resümierend festgehalten werden, daß das Management des Erwerberunternehmens detailliert zu analysieren hat, für welche erworbenen Vermögenswerte der Kaufpreis entrichtet wird. Aus Perspektive des Akquisitionsmanagements und -controllings wird eine solche Vorgehensweise ohnehin für notwendig erachtet, so daß sich hier ein dem Ma-

---

179 Vgl. Frowein/Lüdenbach (Impairmentpraxis 2003), S. 68; Hinweise auf solchen Anpassungsbedarf der Buchwerte können bspw. bereits im Rahmen der Due-Diligence-Analyse identifiziert und dokumentiert werden; vgl. hierzu Weiser (Due Diligence 2003), S. 594.

180 Vgl. Frowein/Lüdenbach (Impairmentpraxis 2003), S. 68. In einigen Aspekten weitergehend auch Grote (Due Diligence 2003), S. 131 ff.

181 Vgl. Berens/Strauch (Due Diligence 2003), S. 172.

182 Vgl. Wirth (Firmenwert 2005), S. 142.

nagement entsprechender Anknüpfungspunkt für das externe Reporting ergeben kann.[183] Die externe Berichterstattung wird jedoch in IFRS 3.62 dahingehend erleichtert, daß aufgrund des häufig für eine Unternehmensübernahme nur kurzen zur Verfügung stehenden Zeitraums im Abschluß der Akquisitionsperiode bilanziell provisorische Werte angesetzt werden dürfen, die dann allerdings innerhalb von zwölf Monaten nach dem Erwerbszeitpunkt angepaßt werden müssen.

3.3 Allokation von Goodwill auf ZGEs entsprechend der Unternehmens- und Akquisitionsstrategie

3.3.1 Allokation im Erwerbszeitpunkt

Verbleibt nach der Neubewertung aller Vermögenswerte, Schulden und Eventualschulden des erworbenen Unternehmens eine positive Differenz zwischen dem Kaufpreis und dem ermittelten Nettoreinvermögen des Akquisitionsobjekts, so ist dieser derivative Goodwill unter Umsetzung des Management Approach auf ZGEs zuzuteilen.[184] Diese Zuteilung hat gem. IAS 36.80 auf diejenigen ZGEs zu erfolgen, die voraussichtlich von den aus dem zugrundeliegenden Unternehmenserwerb stammenden Synergien profitieren werden. Ferner soll jede ZGE (bzw. Verbund von ZGEs)[185], der Goodwill zugeordnet wird, die unterste Ebene darstellen, auf der das Management den Goodwill für interne Zwecke überwacht. Der Goodwill hat also dem Management Approach entsprechend auf einer Ebene zugeteilt zu werden, für die eine Finanzberichterstattung für interne Zwecke erfolgt.[186] In IAS 36.82 geht das IASB daher davon aus, daß entsprechende Berichtsinstrumente für die Durchführung von Goodwill Impairment Tests bereits vorhanden sind und normalerweise keine zusätzlichen Berichtssysteme notwendig werden. Da der Goodwill antizipiertes Nutzen- und Synergiepotential darstellt, ist grundsätzlich zu erwarten, daß sich Goodwill tragende ZGEs auf einer höheren Hierarchieebene befinden werden als die regulären materiellen und immateriellen Vermögenswerte eines Unternehmens.[187] Das Objekt des in späteren Perioden folgenden Goodwill Impairment Tests ist somit nicht mehr der bilanziell ausgewiesene Goodwill auf Ebene der Gesamtunternehmung, sondern nachgelagerte ZGEs mit den

---

183 Vgl. Alvarez/Biberacher (Goodwill 2002), S. 350 f. Gleicher Ansicht Pellens et al. (Impairment 2005), S. 16.

184 Vgl. Deloitte Consulting (Goodwill 2005), S. 4.

185 Da die im Goodwill enthaltenen Erfolgsfaktoren häufig an der Generation von Mittelzuflüssen für mehrere ZGEs beteiligt sind, ist es gem. IAS 36.80 f. möglich, mehrere ZGEs zu einem Verbund zusammenzufassen, welchem dann Goodwill zugewiesen wird.

186 Vgl. KPMG (IFRS aktuell 2004), S. 104 f.

187 Vgl. Küting/Wirth (Geschäftswerte 2005), S. 706.

auf diese allozierten Teilgoodwills.[188] Hierbei kann in Abhängigkeit von Geschäftstätigkeit sowie Organisationsstruktur der beteiligten Unternehmen auch der Ausweis neuer ZGEs, wie sie zuvor in den Abschlüssen der beteiligten Unternehmen nicht existierten, erfolgen.[189] Darüber hinaus kann Goodwill auch solchen ZGEs zugeordnet werden, die keinen unmittelbaren Bezug zu der betrachteten Akquisition haben, aber mittelbar durch Synergieeffekte von dieser profitieren sollen.[190]

Die Regelungen des IFRS 3 erfordern nicht nur eine dem Management Approach entsprechende Orientierung an den bestehenden internen Organisations- und Berichtssystemen, sondern knüpfen bei der Ermittlung von ZGEs auch an die – wie in Abschnitt B.1 gesehen – ebenfalls stark vom Management Approach beeinflußte Segmentberichterstattung an.[191] Denn eine zu starke Aggregation von ZGEs soll dadurch verhindert werden, daß gem. IAS 36.80 eine Goodwill tragende ZGE nicht größer sein darf als ein für Zwecke der Segmentberichterstattung nach IAS 14 gebildetes Segment des primären oder sekundären Berichtsformates. Diese größenmäßige Zuordnungsobergrenze dürfte insbesondere in dem Fall, daß die interne Steuerung eines Unternehmens schlecht ausgebaut ist, relevant sein.[192] Allgemein ist jedoch davon auszugehen, daß im konkreten Einzelfall nur eines der Berichtsformate eine tatsächliche Restriktion darstellen wird, da sich die Abgrenzungskriterien der ZGE nicht an beiden Formaten gleichzeitig orientieren werden.[193] Um die Verbindung von ZGE und Segmentberichterstattung sinnvoll herbeiführen zu können, muß die Unternehmensrechnung mit ihrem unterliegenden EDV-System gewährleisten, daß eine ZGE als eigenständige Segmentierungsstufe vorgesehen ist. Dies ist bei einer praktischen Umsetzung des Management Approach sowohl in der Segmentberichterstattung als auch beim Impairment Test gegeben. In der Praxis zeigt sich nämlich, daß bei der Mehrzahl der bilanzierenden Unternehmen die Abgrenzung von ZGEs auf Grundlage der Segmentierungskriterien der Segmentberichterstattung erfolgt.[194] Eine segmentübergreifende ZGE-Abgrenzung dürfte hierbei aufgrund der i.d.R. großen Unterschiede zwischen den ver-

---

188 Vgl. Bieker/Esser (Business Combinations 2003), S. 77. Die Goodwillallokation erfolgt damit grundlegend abweichend von der bisherigen bilanziellen Erfassung von Goodwill auf Ebene des erwerbenden Unternehmens im Sinne einer rechtlichen Einheit. Vgl. zu dieser bisherigen bilanziellen Behandlung von Goodwill Baetge/Kirsch/Thiele (Konzernbilanzen 2000), S. 248 ff.

189 Vgl. Hütten/Lorson (Goodwill 2002), S. 26.

190 Vgl. Heyd/Lutz-Ingold (Immaterielle 2005), S. 168.

191 Vgl. Kirsch (Impairment 2003), S. 1776.

192 Vgl. Küting/Wirth (IFRS 3 2004), S. 175.

193 Vgl. Haaker/Paarz (Segmentinformation 2005), S. 196.

194 Vgl. Pellens et al. (Impairment 2005), S. 12.

schiedenen Regionen bzw. Geschäftstätigkeiten von Segmenten den Ausnahmefall darstellen.[195] Da in IFRS 3 und IAS 36 für die Goodwillallokation keine Begrenzung des Detaillierungsgrades nach unten hin vorgesehen ist, kann derivativer Goodwill grundsätzlich auch auf relativ niedrigen Hierarchieebenen und somit auf verhältnismäßig kleine Unternehmensteileinheiten zugeteilt werden.[196] Dies eröffnet insofern weiteres Anwendungspotential für den Management Approach, als daß Hinweise darauf existieren, daß Goodwill im internen Rechnungswesen bereits auf relativ niedrigen Hierarchieebenen zugeteilt wird. So stößt beispielsweise der amerikanische Ansatz zur Goodwillallokation in SFAS 142, welcher die Goodwillallokation nach unten hin auf die erste Berichtsebene unterhalb der operativen Segmente, wie sie in der Segmentberichterstattung verwendet werden, begrenzt, durchaus auf Kritik. Die bilanzierenden Unternehmen dort sind nämlich der Ansicht, daß Impairment Tests auf Segmentebene zu ungenau seien und Goodwill ohnehin bereits für Controllingzwecke auf niedrigeren Hierarchieebenen verteilt werde.[197] Eine solche Situation dürfte auch in Europa zumindest in großen Konzernen gegeben sein. Denn bei diesen ist für Segmente eine starke Aggregation zu erwarten, während die ZGE-Erfordernisse eher auf niedrigeren Hierarchieebenen erfüllt sein dürften.[198] Ursache hierfür ist, daß sich die Abgrenzung von ZGEs vor allem auf die Produktionsverbundseigenschaft und die Unabhängigkeit der generierten Zahlungsmittelströme bezieht. Bei kleineren und wenig diversifizierte Unternehmen sowie Non-Profit-Organisationen wird hingegen erwartet, daß sie eine Allokation von Goodwill auf Ebene des primären Segmentformates vornehmen.[199]

Im Fall einer Wertminderung steigt die Wahrscheinlichkeit einer Kompensation dieser Wertminderung durch stille Reserven anderer Vermögenswerte mit zunehmender Größe des Goodwill-Zuordnungsobjektes. In der Folge ist die Wahrscheinlichkeit einer Identifikation von Wertminderungen und somit der Notwendigkeit von Goodwill Impairments nach IFRS höher, als es nach US-GAAP der Fall ist.[200]

---

195 Vgl. Beyhs (Impairment 2002), S. 112.

196 Vgl. Bieker/Esser (Business Combinations 2003), S. 79; Küting/Weber/Wirth (Goodwill 2001), S. 186.

197 Vgl. Pejic/Buschhüter (Goodwill 2001), S. 108.

198 Vgl. Beyhs (Impairment 2002), S. 111 f.

199 Vgl. m.w.N. Kümpel (Wertminderungen 2003), S. 1492.

200 Vgl. Brücks/Wiederhold (Business Combinations 2004), S. 183; Schultze/Hirsch (Wertorientierung 2005), S. 121 f.

3.3.2 Änderungen der ZGE-Abgrenzung infolge von Umstrukturierungen

Zwar ist bei der Abgrenzung von ZGEs gem. IAS 36.72 der Stetigkeitsgrundsatz zu beachten, so daß die Zusammensetzung und Abgrenzung von ZGEs im Zeitverlauf stetig beizubehalten ist. Ändern sich jedoch durch Akquisitionen, Verkaufsvorgänge oder Restrukturierungsmaßnahmen die Strukturen der internen Steuerung, so erfordert IAS 36.72 dem Management Approach folgend eine entsprechende Anpassung der ZGE-Abgrenzungen.[201] Wird im Rahmen einer Restrukturierung die Zusammensetzung einer oder mehrerer Goodwill tragender ZGEs verändert, so ist gem. IAS 36.87 der Goodwill neu auf die betroffenen ZGEs zu verteilen. Die Ermittlung des zu übertragenden Teilgoodwills wird proportional zum Wertanteil der veräußerten Teileinheit an der gesamten ZGE bestimmt, es sei denn, das bilanzierende Unternehmen kann nachweisen, daß ein anderes Ermittlungsverfahren den zu übertragenden Goodwill besser widerspiegelt. Diese wertproportionale Übertragung von Goodwill bewirkt, daß eine ZGE, von der aufgrund einer Restrukturierung Komponenten abgespalten und statt dessen einer anderen ZGE zugerechnet werden, zunächst vor Durchführung dieser Abspaltung zu bewerten ist. Darauf hin ist der Anteil der abgehenden Komponenten am Gesamtwert der aufzuspaltenden ZGE zu bestimmen. Bei der Zurechnung der Komponenten zu ihrer neuen Organisationseinheit wird dann der Goodwill in Höhe des ermittelten Wertverhältnisses mit übertragen.[202]

4 IAS 38 – Immaterielle Vermögenswerte

Auch die Regelungen des IAS 38 eröffnen an zwei wichtigen Stellen Anwendungsmöglichkeiten für den Management Approach. So sind Entwicklungsaufwendungen unter bestimmten Bedingungen zu aktivieren und anschließend über die Folgeperioden verteilt abzuschreiben. Hierbei können die für die Aktivierung notwendigen Informationen bzgl. Art, Höhe und Zeitpunkt der Aktivierung sowie bzgl. Höhe und Dauer der Abschreibungen in den Folgeperioden aus dem Controlling bezogen werden. Wie bereits in Abschnitt B.3 angeklungen, stehen darüber hinaus auch die Regelungen zur Bilanzierung immaterieller Vermögenswerte teilweise in Zusammenhang mit den Regelungen des IFRS 3. Hierbei ist davon auszugehen, daß die strategischen Analysen im Vorfeld einer Unternehmensakquisition auch in der Lage sind, dem Management Approach entsprechend Informationen für die Bilanzierung einzeln aktivierbarer immaterieller Vermögenswerte zur Verfügung zu stellen.

---

201 Vgl. hierzu auch Baetge/Krolak/Thiele (IAS 36 2002), Rn. 83.

202 Vgl. ausführlich das Zahlenbeispiel bei Wirth (Firmenwert 2005), S. 343.

4.1 Konzeption der Bilanzierung immaterieller Vermögenswerte

Der hohe Stellenwert des true and fair view nach IFRS führt zum Ausweis von Vermögenswerten, wie er bspw. nach HGB nicht oder nur unter sehr strengen Einschränkungen gestattet war.[203] Dies betrifft vor allem immaterielle Vermögenswerte in Form selbsterstellter Software sowie aktivierter Entwicklungskosten.[204]

Darüber hinaus verfolgt die IFRS-Rechnungslegung die Zielsetzung, möglichst alle – auch immateriellen – Vermögenswerte, die im Rahmen von Unternehmensakquisitionen erworben werden, einzeln zu identifizieren und auszuweisen.[205]

Gem. IAS 38.8 ist ein immaterieller Vermögenswert ein identifizierbares, nicht monetäres Asset ohne physische Form. Für den bilanziellen Ansatz eines solchen Vermögenswertes sind gem. IAS 38.9 ff. vier Bedingungen zu erfüllen:[206]

- Identifizierbarkeit – Dieses Merkmal dient der Abgrenzung gegenüber dem Goodwill. Ein immaterieller Vermögenswert ist dann identifizierbar, wenn er aus einem vertraglichen oder sonstigen gesetzlichen Recht resultiert oder separierbar ist. Separierbarkeit stellt dabei die Möglichkeit dar, den Vermögenswert allein oder gemeinsam mit anderen Vermögenswerten oder Schulden transferieren, vermieten, lizenzieren oder tauschen zu können.
- Wahrscheinlicher künftiger Nutzenzufluß – Dieser kann in Einnahmen oder Kostensenkungen bestehen, die durch die Vermarktung oder Nutzung des immateriellen Vermögenswertes erzielt werden. Die Einschätzung der Wahrscheinlichkeit muß auf vernünftigen und nachvollziehbaren Annahmen erfolgen, denen die bestmögliche Einschätzung des Managements zugrunde liegt.
- Verfügungsmacht – Das bilanzierende Unternehmen muß einerseits die Macht haben, über den zukünftigen Nutzenzufluß (s.o.) zu verfügen und andererseits Dritte von diesem ausschließen zu können.

---

[203] Vgl. Küting (Neuer Markt 2001), S. 142 f. und 154-173.

[204] Die zunehmende Relevanz selbsterstellter immaterieller Vermögenswerte in der Rechnungslegung nach IFRS wird in jüngerer Zeit durch empirische Studien belegt. Vgl. bspw. Hüttche (Bilanzanalyse 2005), S. 321 ff.; Keitz (IAS-Praxis 2003), S. 29 oder Leibfried/Pfanzelt (F&E-Kosten 2004), S. 493 ff.

[205] Vgl. zu dieser Vorgehensweise grundsätzlich kritisch Haller (Vermögenswerte 1998), S. 567 ff.

[206] Vgl. zu den Ansatzkriterien auch ausführlich Esser/Hackenberger (Vermögenswerte 2005), S. 708 ff.; Esser/Hackenberger (Immaterielle 2004), S. 403 ff. sowie Schmidbauer (Immaterielle 2004), S. 1443.

- Zuverlässige Meßbarkeit der Anschaffungs- oder Herstellungskosten – Wird ein immaterieller Vermögenswert erworben, so sind seine Anschaffungskosten i.d.R. feststellbar. Als schwierig wird die Meßbarkeit hingegen bei selbsterstellten immateriellen Vermögenswerten erachtet.

4.2 Selbsterstellte immaterielle Vermögenswerte

Wird ein immaterieller Vermögenswert selbst erstellt, so ist gem. IAS 38.57 der hierfür angefallene Entwicklungsaufwand aktivierbar, gem. IAS 38.54 nicht jedoch der angefallene Forschungsaufwand. In der Auffassung des IASB sind Entwicklungsausgaben aus prozeduraler Sicht Forschungsausgaben nachgelagert, weshalb ihnen in IAS 38.58 die Möglichkeit zugesprochen wird, einen zukünftigen ökonomischen Nutzen zu generieren. Entwicklungsaufwand ist dann zu aktivieren, wenn ein immaterieller Vermögenswert identifiziert wurde und zusätzlich zu den im vorangegangenen Abschnitt aufgeführten allgemeinen Kriterien für die Aktivierbarkeit immaterieller Vermögenswerte die folgenden Bedingungen des IAS 38.57 kumulativ erfüllt sind: Das Unternehmen

- ist technisch in der Lage, das Gut fertigzustellen und es marktbereit zu machen,
- beabsichtigt, das Gut zu produzieren und zu vermarkten oder es selbst zu nutzen,
- ist in der Lage, das Gut zu vermarkten oder zu nutzen,
- kann die Existenz zukünftiger wirtschaftlicher Nutzenzuflüsse beweisen, indem es die Existenz eines Marktes für das Gut oder dessen Output aufzeigt, oder, bei interner Nutzung, den Nutzen des Gutes belegt,
- verfügt zur Realisation des Projekts über ausreichende Ressourcen und
- kann die dem Gut zurechenbaren Ausgaben identifizieren und verläßlich bewerten.

Sind alle Kriterien für einen Ansatz erfüllt, so ist ein immaterieller Vermögensgegenstand gem. IAS 38.24 zu seinen Herstellungskosten zu bewerten. Das IASB schränkt diese Aktivierungspflicht jedoch ein. Weil nämlich gem. IAS 38.63 f. die zur Entwicklung bestimmter immaterieller Vermögenswerte aufzuwendenden Kosten nicht von den allgemeinen Aufwendungen auf Ebene der Gesamtunternehmung getrennt werden können, werden diese Vermögenswerte nicht als solche in der Bilanz erfaßt. Dies betrifft gem. IAS 38.63 und IAS 38.69 Marken, Kundenlisten, Drucktitel, Verlagsrechte,

Gründungs- und Anlaufkosten, Aus- und Weiterbildungskosten, Werbefeldzüge und Maßnahmen zur Verkaufsförderung sowie Verlagerungs- und Reorganisationskosten.

In der Literatur stößt die hier beschriebene Regelung zur Aktivierung selbsterstellter immaterieller Vermögenswerte mitunter auf Kritik. Die Entscheidung über die Erfüllung der genannten Kriterien liege nämlich letzten Endes in der subjektiven Einschätzung der Unternehmensführung, so daß es sich nicht um eine Aktivierungspflicht, sondern um ein de facto Wahlrecht handele.[207]

Für die Identifikation und Bewertung immaterieller Vermögenswerte existieren bislang weder im externen noch im internen Rechnungswesen ausgereifte Ansätze, die den an sie gestellten Anforderungen vollständig und vollumfänglich gerecht werden könnten.[208] Dennoch wird in der Literatur die Hoffnung geäußert, daß vor dem Hintergrund der jeweiligen unternehmensindividuellen Situation im internen Rechnungswesen ausreichende Erfahrungen hinsichtlich Erfassung und Bewertung immaterieller Vermögenswerte gemacht werden, die Hilfestellungen bei der Entwicklung künftiger Bilanzierungsstandards liefern können.[209] Da im Rahmen der Harmonisierung von internem und externem Rechnungswesen häufig eine Übernahme externer Bilanzierungsvorschriften in die internen Unternehmenssteuerungssysteme erfolgt, erscheint es jedoch auch als möglich, daß die in IAS 38 enthaltenen Aktivierungsvoraussetzungen ebenfalls Eingang in die intern zur Steuerung von F&E-Projekten genutzten Systeme finden könnten.

Das IASB erkennt grundsätzlich an, daß für die Unterscheidung von Forschungs- und Entwicklungsphase ein internes Informationssystem notwendig ist, um mögliche Interdependenzprobleme zumindest ansatzweise zu lösen.[210] Daher können die Aktivierungsvoraussetzungen dem Management Approach entsprechend nur durch ein umfangreiches Projektcontrolling, eine gut strukturierte Kostenrechnung sowie eine um-

---

207 Vgl. Heyd/Lutz-Ingold (Intangibles 2005), S. 98; Kirsch (Wahlrechte 2003), S. 1111 f.

208 Vgl. Weber (Intangibles 2002), S. 328; Daum (Intangibles 2005), S. 5; im Ergebnis auch Littkemann (Innovation 2005), S. 15 ff., sowie Müller (Intangibles 2004), S. 396 f. Für das relativ grobe Monitoring der gesamten im Unternehmen vorhandenen immateriellen Ressourcen existieren jedoch bereits Berichtsmodelle und Darstellungsmöglichkeiten. Darüber hinaus wurden auch Bewertungsmodelle für bestimmte immaterielle Vermögenswerte mit direktem Absatzmarktbezug wie z.B. Kunden oder Marken entwickelt. Vgl. hierzu Weber/Kaufmann/Schneider (Intangibles 2006), S. 21-49.

209 Vgl. Weber (Intangibles 2002), S. 335 f.; Müller/Ordemann/Pampel (Controlling 2005), S. 2119; im Ergebnis auch Becker/Steiner (Immaterielle 2005), S. 26 und Kahre/Schwetje (Immaterielle Ressourcen 2003), S. 133 f.

210 Vgl. m.w.N. Siebert/Suermann (Immaterielle 2003), S. 418.

fassende Dokumentation erfüllt werden.[211] Vor allem forschungsintensive Unternehmen verfügen über ein umfangreiches Instrumentarium zur Selektion, Planung, Kontrolle und Steuerung von erfolgversprechenden F&E-Projekten.[212] Es kann davon ausgegangen werden, daß diese Systeme zur Überwachung von Forschungs- und Entwicklungsprozessen zumindest teilweise auch in der Lage sein dürften, Informationen bereitzustellen, die die Aktivierungsfähigkeit immaterieller Vermögenswerte in der externen Rechnungslegung unterstützen. Dennoch kann es insbesondere bei zyklisch oder iterativ angelegten F&E-Projekten möglich sein, daß sich Forschungs- und Entwicklungsphasen nicht mehr zeitlich klar sequentiell trennen lassen, so daß in diesen Projekten Entwicklungskosten mangels Abgrenzbarkeit nicht mehr aktivert werden können.[213] Generell können sich aber insbesondere das Vorhandensein der technischen und wirtschaftlichen Ressourcen zur Fertigentwicklung, Herstellung und Vermarktung des Produktes sowie die Absicht zur Vermarktung oder anderweitigen Nutzung in der Unternehmensplanung widerspiegeln und somit der Management Approach bei der Überprüfung, ob Entwicklungsaufwendungen aktiviert werden können, umgesetzt werden.

4.3 Im Rahmen von Unternehmenszusammenschlüssen entgeltlich erworbene immaterielle Vermögenswerte

Immaterielle Vermögenswerte können nicht nur selbst erstellt, sondern sowohl einzeln als auch – z.B. im Rahmen eines Unternehmenszusammenschlusses – gemeinsam mit anderen Vermögenswerten und Schulden erworben werden.[214] Insbesondere der zweite Fall gewinnt durch die Einführung des IFRS 3 zunehmend an Relevanz. Denn dieser Standard hält die bilanzierenden Unternehmen im Rahmen von Unternehmenszusammenschlüssen dazu an, sämtliche vom Goodwill trennbaren immateriellen Vermögenswerte separat zu ihrem Fair Value in der Bilanz zu erfassen und ihren Wert in Folgeperioden entsprechend ihrer Nutzungsdauern fortzuschreiben.[215]

---

211 Vgl. Bruns/Zeimes/Thuy (Intangibles 2004), S. 258; Dawo (Immaterielle 2003), S. 205; Keitz (Immaterielle 1997), S. 209 ff.; Kirsch (IFRS 2005), S. 1156 f.; Müller/Ordemann/Pampel (Controlling 2005), S. 2123; Siebert/Suermann (Immaterielle 2003), S. 422 f.; Kirsch/Steinhauer (Controlling 2003), S. 429 f.

212 Vgl. Zimmermann (Siemens 1996), S. 1034 ff.

213 Vgl. Weißenberger (IFRS 2007), S. 145 f.

214 Da bei einem Einzelerwerb die Anschaffungskosten des Vermögenswertes unmittelbar beobachtbar sind, ist dieser Fall hinsichtlich Aktivierung und Zugangsbewertung unproblematisch. Daher wird diese Alternative im folgenden nicht weiter behandelt.

215 Vgl. Küting/Dawo/Wirth (Abschreibung 2003), S. 177; Pellens/Sellhorn (Goodwill 2001), S. 1681 f. sowie Abschnitt B.3.2.

Für immaterielle Vermögenswerte, die im Rahmen von Unternehmenszusammenschlüssen erworben werden, verzichtet IAS 38.33 f. ausdrücklich auf das Wahrscheinlichkeitskriterium als Aktivierungsvoraussetzung. Solche immateriellen Vermögenswerte sind bereits dann anzusetzen, wenn die Wahrscheinlichkeit des Nutzenzuflusses größer null ist und der Fair Value des Vermögenswertes verläßlich ermittelt werden kann. Die Wahrscheinlichkeit des Nutzenzuflusses stellt dann lediglich einen Bewertungsparameter für den Fair Value (im Sinne eines Erwartungwertes) dar, welcher den Anschaffungskosten des erworbenen immateriellen Vermögenswertes für das Erwerberunternehmen entspricht.

Ein im Rahmen eines Unternehmenserwerbs erworbener immaterieller Vermögenswert ist zu seinem Marktpreis zu bewerten, falls für ihn ein aktiver Markt vorhanden ist.[216] Bei Nichtvorhandensein eines aktiven Marktes ist gem. IAS 38.39 f. eine bestmögliche Schätzung des Fair Values vorzunehmen, indem eine arm's-length-Transaktion unter sachverständigen, vertragswilligen Geschäftspartnern simuliert wird, bzw. es ist das Ergebnis ähnlicher Geschäftsvorfälle der jüngsten Vergangenheit als Vergleichsmaßstab heranzuziehen.[217] Mit diesen Regelungen stellen die IFRS 3 und IAS 38 zwar vorrangig auf Marktwerte bzw. aus Marktwerten abgeleitete Fair Values ab. Allerdings kann ein solcher Marktwertansatz häufig nicht angewandt werden, da Marktpreise gleicher oder ähnlicher Güter nur selten zur Verfügung stehen. In manchen Fällen kann es daher notwendig sein, auf kostenorientierte oder einkommensorientierte Bewertungsansätze auszuweichen.[218] Unternehmen, die häufig mit spezifischen immateriellen Vermögenswerten handeln und für deren Bewertung eigene Bewertungsverfahren entwickelt haben, dürfen hierbei gem. IAS 38.40 den Management Approach umsetzen und diese intern bereits ermittelten Fair Values ansetzen. Als Beispiele für solche Bewertungsverfahren führt IAS 38.41 Multiplikatorverfahren auf Basis von Umsatzerlösen, Marktanteilen oder operativen Ergebnissen oder auch die diskontierten künftigen Zahlungsströme, welche der immaterielle Vermögenswert voraussichtlich generieren wird, an. Kann der Fair Value eines immateriellen Vermögenswertes auch mittels einkommens- oder kostenorientierter Bewertungsmethoden nicht zuverlässig ermittelt werden, so erfolgt kein separater Bilanzansatz, sondern der

---

216 Vom Vorhandensein eines aktiven Marktes ist allerdings in der Regel nicht auszugehen. Vgl. Küting/Reuter (Bilanzanalyse 2005), S. 710.

217 Vgl. auch Wendlandt/Vogler (Impairment 2003), S. 68. Nestler/Thuy (Goodwill 2002), S. 171 sind der Auffassung, daß dem Fair Value nach deutschem Verständnis der beizulegende Zeitwert am ehesten entspricht.

218 Vgl. Frowein/Lüdenbach (Impairmentpraxis 2003), S. 67.

Vermögenswert geht gem. IAS 38.34 und IFRS 3.37c im derivativen Goodwill auf.[219] Einen Überblick über die Bewertung im Rahmen von Unternehmenszusammenschlüssen erworbener immaterieller Vermögenswerte gibt Abbildung B-7.

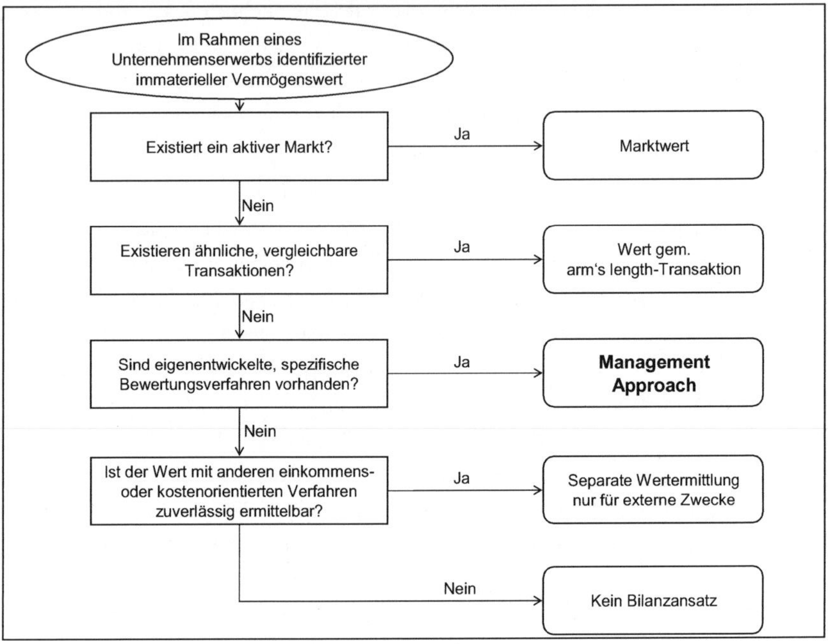

Abbildung B-7: Bewertung im Rahmen von Unternehmenszusammenschlüssen erworbener immaterieller Vermögenswerte

Im Rahmen eines Unternehmenszusammenschlusses separat zu aktivierende immaterielle Vermögenswerte können auch günstige schwebende Vertragsverhältnisse darstellen.[220] Hierbei ist allerdings eine allgemeine ökonomische Vorteilhaftigkeit derart, daß das Vertragsverhältnis einen positiven Beitrag zum Unternehmenswert bringt, nicht ausreichend. Vielmehr muß der Vertrag an sich im Vergleich gegenüber Marktkonditionen Vorteile aufweisen, um sich für die Aktivierbarkeit als immaterieller Vermögenswert zu qualifizieren. Bei der Identifikation und Bewertung solcher günsti-

219 Das IASB äußert allerdings in IAS 38.35, daß dieser Fall ausschließlich bei immateriellen Vermögenswerten mit undefinierbarer Nutzungsdauer eintreten kann. Zur Nutzungsdauer immaterieller Vermögenswerte vgl. auch den folgenden Abschnitt.

220 Anzumerken ist, daß diese Vermögenswerte nicht im Einzelabschluß zu aktivieren sind, sondern erst bei der Erstkonsolidierung im (Zwischen-)Konzernabschluß auszuweisen sind.

ger schwebender Vertragsverhältnisse bestehen in der Praxis umfangreiche Unklarheiten und Ermessensabhängigkeiten.[221] Im Idealfall kann die Ausübung solcher Ermessensspielräume in der externen Abbildung durch die Unternehmensführung dem Management Approach folgend durch Informationen aus der Due Diligence gestützt werden. Wahrscheinlicher scheint jedoch eine nachträgliche Aufarbeitung der Sachverhalte unter Ausübung der Ermessensspielräume des Managements zu sein.

Ebenfalls eine Sonderrolle kommt im Rahmen von Unternehmenszusammenschlüssen erworbenen laufenden Entwicklungsprojekten zu. Diese sind zum Erwerbszeitpunkt mit ihrem Fair Value zu bewerten, sofern sie die oben genannten generellen Ansatzkriterien der IAS 38.9 ff. erfüllen.[222] Im Gegensatz zu selbst durchgeführten Forschungsprojekten liegt somit die Ansatzschwelle geringer, da das Erreichen der Entwicklungsphase nicht nachgewiesen werden muß. Entstehen für ein erworbenes Entwicklungsprojekt im Rahmen von dessen Fortführung weitere Aufwendungen, so sind diese nur dann zu aktivieren, wenn die Entwicklungsphase erreicht ist. Es kommt somit zu einer Vermengung von markt- und kostenorientierter Bewertung.[223] Häufig wird es daher erforderlich sein, daß auch das F&E-Controlling des erworbenen Unternehmens in der Lage ist, dem Management Approach entsprechend den im Rahmen der Bilanzierung selbsterstellter immaterieller Vermögenswerte bestehenden Informationsbedarf zu decken.

4.4 (Folge-)Bewertung immaterieller Vermögenswerte

Gem. IAS 38.72 verfügen die bilanzierenden Unternehmen über die Option, immaterielle Vermögenswerte in den Perioden nach deren Erwerb oder Herstellung entweder zu fortgeführten Anschaffungs- und Herstellungskosten oder mittels der Neubewertungsmethode zu bewerten.

Die Neubewertungsmethode sieht eine regelmäßige Neubewertung von Vermögenswerten zu deren Zeitwert vor, ist gem. IAS 38.72 jedoch ausschließlich bei Vorliegen eines aktiven Marktes für die betroffenen Vermögenswerte zulässig.[224] Da diese Be-

---

221 Vgl. Lüdenbach/Freiberg (Schwebende Geschäfte 2005), S. 190 f.

222 Vgl. Wirth (Firmenwert 2005), S. 157. Zu möglichen Vorgehensweisen bei der Ermittlung des Fair Values für ein erworbenes Entwicklungsprojekt vgl. Lüdenbach/Prusaczyk (Development 2004), S. 417 ff.

223 Vgl. Wirth (Firmenwert 2005), S. 157.

224 Ein aktiver Mark liegt gem. IAS 38.8 vor, wenn auf dem Markt homogene Produkte gehandelt werden, verkaufs- und kaufwillige Marktpartner jederzeit anzutreffen sind und die zustande kommenden Preise öffentlich verfügbar sind.

dingung nur in einigen Ausnahmefällen erfüllt sein dürfte,[225] wird im folgenden ausschließlich auf die Folgebewertung immaterieller Vermögenswerte zu fortgeführten Anschaffungs- und Herstellungskosten eingegangen.

Die Folgebewertung immaterieller Vermögenswerte erfordert zunächst eine Bestimmung deren Nutzungsdauer. Unterliegt der aus einem Vermögenswert erwartete Nutzenzufluß keiner vorhersehbaren zeitlichen Beschränkung, so sind gem. IAS 38.88 ff. keine planmäßigen Abschreibungen vorzunehmen. Statt dessen ist jährlich zu untersuchen, ob eine außerplanmäßige Abschreibung in Einklang mit den Vorschriften des IAS 36 vorzunehmen ist.[226] Die Unterstellung, daß eine unbestimmbare Lebensdauer vorliegt, ist einmal pro Geschäftsjahr zu überprüfen und, wenn dies nicht mehr der Fall ist, eine außerplanmäßige Abschreibung durchzuführen oder künftig planmäßig unter Berücksichtigung der Angabepflichten des IAS 8 abzuschreiben.[227]

Zur Beurteilung, ob die Nutzungsdauer eines immateriellen Vermögenswertes beschränkt ist und welche Zeitspanne eine beschränkte Nutzungsdauer umfaßt, führt IAS 38.90 einige Faktoren an. Bei diesen zu berücksichtigenden Faktoren handelt es sich einerseits um öffentlich verfügbare Vergleichsinformationen für ähnliche Vermögenswerte. Es wird aber auch berücksichtigt, daß die Nutzungsdauer eines Vermögenswertes von seiner funktionalen Einbettung in die restlichen Vermögenswerte des Unternehmens mitbestimmt wird. Das Management kann daher auch hier dem Management Approach entsprechend Informationen aus der internen Absatz- und Investitionsplanung (z.B. Lebenszyklusanalysen etc.) für die Bilanzierung nutzen.

Da nach einer gewissen Zeit, nachdem eine Innovation errungen wurde, auch andere Unternehmen von der neu entwickelten Technologie profitieren, ist davon auszugehen, daß forschungsbezogene selbsterstellte immaterielle Vermögenswerte in der Regel eine bestimmbare Nutzungsdauer aufweisen. Wohl daher vermutet das IASB in IAS 38.92, daß die Nutzungsdauer solcher innovationsbezogener immaterieller Vermögenswerte relativ kurz sei. Somit ist das Management gefordert, im Rahmen seines F&E-Controllings auch entsprechende Szenarien bzgl. des zeitlichen Horizonts der mittels des immateriellen Vermögenswertes generierbaren Mittelzuflüsse zu integrieren.[228] Anschließend können diese internen Einschätzungen auch dem Management Approach entsprechend in das externe Rechnungswesen übernommen werden. In der

---

225 Vgl. Küting/Reuter (Bilanzanalyse 2005), S. 710.

226 Vgl. Bruns/Zeimes/Thuy (Intangibles 2004), S. 264. Zur Vorgehensweise bei diesem Impairment Test vgl. Abschnitt B.2.

227 Vgl. Wendlandt/Vogler (Impairment 2003), S. 70.

228 Vgl. Lüdenbach/Prusaczyk (Development 2004), S. 421 f.

Bilanzierungspraxis zeigt sich, daß eine Vielzahl unterschiedlicher Nutzungsdauern für immaterielle Vermögenswerte zur Anwendung kommt. Hierbei variieren die Nutzungsdauern auch zwischen verschiedenen Arten von Vermögenswerten.[229]

5 IAS 1 – Aufbau und Gliederung des Abschlusses sowie ergänzende Angaben

In diesem Abschnitt werden zwei weitere Anwendungsfelder für den Management Approach beschrieben: Zum einen läßt der Grundsatz substance over form bei der Gliederung von Bilanz und GuV gewisse Spielräume zu einer Anpassung der externen Berichtsinstrumente an die interne Berichterstattung zu. Zum anderen eröffnen sich in der Lageberichterstattung weitreichende Anwendungsmöglichkeiten für den Management Approach. Die Vorschriften zur Lageberichterstattung stellen zwar kein spezifisches Merkmal der IFRS-Finanzberichterstattung dar, sondern ergeben sich schon seit langem aus den deutschen handelsrechtlichen Rechnungslegungsvorschriften. Allerdings erfuhr die Lageberichterstattung in den vergangenen Jahren durch Gesetzesänderungen sowie auf Konzernebene durch die DRS 5 sowie 15 eine Aufwertung, und auch das IASB diskutiert immer wieder, ob Regelungen zur Lageberichterstattung in die IFRS aufgenommen werden sollen.

Die bereits geltenden Regelungen zur Lageberichterstattung beinhalten zahlreiche Anwendungsfelder des Management Approach: So sind der Geschäftsverlauf, die aktuelle Lage sowie die voraussichtliche Entwicklung des Unternehmens mit ihren wesentlichen Chancen und Risiken aus der Perspektive der Unternehmensleitung darzustellen und zu erörtern. Hierbei stellen bspw. strategische Informationen der Unternehmensführung sowie Informationen aus dem unternehmensintern verwendeten Steuerungssystem Berichtsobjekte dar. Darüber hinaus kommt dem unternehmensintern verwendeten Risikomanagementsystem hohe Bedeutung zu, da dieses erstens selbst als Berichtsobjekt vorgeschrieben ist und zum anderen die für die Berichterstattung über wesentliche Chancen und Risiken der zukünftigen Entwicklung notwendigen Informationen bereitstellt.

---

229 Vgl. Keitz (IAS-Praxis 2005), S. 44.

5.1 Der Lagebericht: Darstellung der wirtschaftlichen Chancen und Risikenpotentiale des Unternehmens aus Sicht der Unternehmensführung

Ein IFRS-Abschluß besteht gem. IAS 1.8 grundsätzlich mindestens aus Bilanz, GuV, Kapitalflußrechnung, Eigenkapitalveränderungsrechnung sowie einem Erläuterungsteil bzw. Anhang (notes). Die Segmentberichterstattung ist Teil des Anhangs.

Die Veröffentlichung eines Lageberichts ist in der IFRS-Finanzberichterstattung zwar nicht verpflichtend vorgeschrieben, allerdings enthalten einzelne IASB-Vorschriften Angabepflichten, die nach deutschem Verständnis Bestandteil des Lageberichts wären.[230] Ferner enthalten IAS 1.9 eine Empfehlung zur Veröffentlichung eines durch das Management erstellten Berichts über die Unternehmenslage (financial review by management) und IAS 1.10 eine Empfehlung zur Veröffentlichung eines Umweltberichts sowie einer Wertschöpfungsrechnung. Ob Regelungen bzgl. eines financial review by management erlassen werden sollen, diskutiert das IASB bereits seit geraumer Zeit immer wieder.[231] Dieses dem deutschen Lagebericht ähnliche Instrument könnte z.B. Auskunft geben über erfolgsbestimmende Faktoren, einschließlich Veränderungen der Unternehmensumwelt und deren mögliche Erfolgswirkungen sowie die Investitions- und Dividendenpolitik. Ferner könnten Finanzierungsquellen aufgezeigt, das Risikomanagement beschrieben und über bestehende Wettbewerbsvorteile berichtet werden. Auch eine Umweltberichterstattung könnte einen Bestandteil des financial review by management darstellen.[232] Die Frage, ob und wann ein financial review by management als verpflichtender Bestandteil eines IFRS-Abschlusses durch das IASB eingeführt wird, ist nicht abschließend zu beantworten. Zwar beabsichtigte das IASB durch das Projekt Management's Discussion and Analysis, mittelfristig einen Anforderungskatalog für weitere Erläuterungen der Unternehmensführung zu formulieren.[233] Allerdings wurde 2003 im Rahmen des Improvement Project auch erwogen, die in IAS 1.9 formulierte Empfehlung zur Erstellung eines Lageberichtes aus dem Standard zu eliminieren. Nicht zuletzt da die Lageberichterstattung durch die SEC, die IOSCO, die

---

230 Vgl. Hayn (IAS 1994), S. 718.

231 Vgl. m.w.N. Krawitz/Hartmann (Lagebericht 2003), S. 302 f.; Krawitz/Hartmann (Lagebericht 2006), S. 1270.

232 Vgl. Förschle/Holland/Kroner (Internationale Rechnungslegung 2003), S. 16. Die Berichtsinhalte eines solchen Lageberichts nach IFRS wären zwar hinsichtlich ihrer Zahl geringer, als es nach HGB der Fall ist, allerdings wird davon ausgegangen, daß die Tiefe der Berichterstattung über die nach HGB hinausgehen würde; vgl. hierzu Küting/Hütten (Konzernlagebericht 1999), S. 17.

233 Vgl. Kirsch/Scheele (Lagebericht 2003), S. 2733.

EU sowie nationale Gesetzgeber geregelt wird, erschien es zunächst als unwahrscheinlich, daß das IASB einem solchen Projekt in naher Zukunft hohe Priorität einräumen wird.[234] In letzter Zeit erfuhr die Lageberichterstattung mit der Ausarbeitung eines Diskussionspapiers unter dem Titel Management Commentary jedoch wieder erneute Aufmerksamkeit. Eine IASB-Arbeitsgruppe erarbeitete auf Grundlage verschiedener nationaler Vorschriften zur Lageberichterstattung Grundsätze sowie einen konkreten Standardentwurf zu einer potentiellen IFRS-Lageberichterstattung. Dieser Standardentwurf stimmt weitgehend mit den deutschen Vorschriften zur Lageberichterstattung überein, stellt aber bis auf weiteres nur die Meinung der Arbeitsgruppe und keine IASB-Position dar. Nach Auswertung eingehender Stellungnahmen will das IASB entscheiden, ob das Thema Lageberichterstattung erneut auf die Agenda gesetzt wird.[235]

Deutsche Kapitalgesellschaften sind gemäß § 290 HGB zur Erstellung eines Konzernlageberichts verpflichtet, sofern sie als Mutterunternehmen eines Konzerns i.S.d. § 290 HGB gelten und nicht als Tochterunternehmen gem. § 291 HGB oder aufgrund der geringen Größe des Konzerns gemäß § 293 HGB von dieser Verpflichtung befreit werden. Der Konzernlagebericht hat grundsätzlich die Angaben, die in § 315 HGB aufgeführt sind, zu enthalten.[236] Dies gilt gem. § 315a HGB ausdrücklich auch für Unternehmen, die einen Konzernabschluß nach IFRS erstellen. Neben anderen Vorschriften wurde auch § 315 HGB im Rahmen der Anpassung des HGB an die geänderten europäischen Vorgaben durch das BilReG überarbeitet.[237] Der § 315 HGB n.F. ist im Vergleich zu seiner alten Fassung wesentlich ausführlicher gestaltet und verlangt, daß der Konzernlagebericht u.a. die folgenden Informationen und Angaben enthält:[238]

- Darstellung des Geschäftsverlaufs einschließlich des Geschäftsergebnisses, so daß ein den tatsächlichen Verhältnissen entsprechendes Bild vermittelt wird

---

234 Vgl. m.w.N. Krawitz/Hartmann (Lagebericht 2003), S. 302 f.

235 Vgl. ausführlich Beiersdorf/Buchheim (Lagebericht 2006), S. 96 ff. In diesem Diskussionspapier kommt dem Management Approach eine hohe Bedeutung zu, indem der IFRS-Lagebericht im Vergleich zum deutschen Lagebericht stärker prinzipienorientiert aufgebaut wäre und dem bilanzierenden Unternehmen somit eine flexiblere Berichterstattung erlauben würde, so daß die Unternehmensleitung die wirtschaftliche Situation des Unternehmens noch stärker aus ihrer Sicht darstellen könnte; vgl. Kirsch/Scheele (Commentary 2006), S. 89-91; Krawitz/Hartmann (Lagebericht 2006), S. 1270.

236 Vgl. Küting/Hütten (Konzernlagebericht 1999), S. 13.

237 Vgl. Pfitzer/Oser/Orth (BilReG 2004), S. 2593; zu den vorangegangenen Änderungsvorschlägen der EU-Kommission auch Busse von Colbe (Bilanzrichtlinien 2002), S. 1530.

238 Vgl. neben dem originären Gesetzestext auch ausführlich Böcking/Müßig (Lagebericht 2003), S. 40, Dißars (Lagebericht 2005), S. 634, oder Kajüter (Lagebericht 2004), S. 200.

- Ausgewogene und umfassende, dem Umfang und der Komplexität der Geschäftstätigkeit entsprechende Analyse des Geschäftsverlaufs und der Lage des Konzerns einschließlich der bedeutsamsten finanziellen sowie nicht finanziellen Leistungsindikatoren und Bezugnahme auf die im Konzernabschluß ausgewiesenen Beträge und Angaben
- Wesentliche Ziele und Strategien des Unternehmens[239]
- Voraussichtliche Entwicklung mit wesentlichen Chancen und Risiken

Der Inhalt des § 315 HGB wird durch die Vorschriften und Empfehlungen des DRS 15 konkretisiert, der weitergehende Regelungen für den Konzernlagebericht enthält.[240] Mit den Regelungen des DRS 15 folgte der DSR einer sowohl in Deutschland als auch in anderen Ländern bereits seit längerem bestehenden Forderung nach der verpflichtenden Veröffentlichung von Informationen, die bislang nur auf freiwilliger Basis publiziert wurden.[241] So veröffentlichte das AICPA in den USA im Jahr 1994 den – nach dem Namen des Vorsitzenden des entsprechenden Komitees benannten – Jenkins Report. Diese Studie hatte die Identifikation von Anforderungen zum Inhalt, die Kapitalmarktakteure an die Informationsgewährung in Unternehmensberichten stellen. Resultat der Studie waren Empfehlungen zur verstärkten Ausrichtung der Berichterstat-

---

239 Die Angabe zu wesentlichen Zielen und Strategien des Unternehmens war Bestandteil des § 315 HGB a.F. und wurde vom Gesetzgeber mit der Begründung gestrichen, daß eine solche verpflichtende Angabe zu Wettbewerbsnachteilen für die publizierenden Unternehmen führen könne. Die Berichtspflicht ergibt sich faktisch jedoch auch weiterhin dadurch, daß ohne die Benennung von Zielen und Strategien eine Berichterstattung über die voraussichtliche zukünftige Entwicklung als nicht möglich erachtet wird. Vgl. hierzu Buchheim (Lagebericht 2005), S. 22; gleicher Auffassung Buchheim/Knorr (Lagebericht 2006), S. 422; ähnlich Kaiser (Lageberichterstattung 2005), S. 407 ff. Darüber hinaus ergab sich die Berichterstattungspflicht zu wesentlichen Zielen und Strategien des Unternehmens bis zu dessen Überarbeitung auch aus DRS 15, wurde jedoch im Rahmen dieser Überarbeitung gestrichen, obwohl sie der international üblichen Vorgehensweise entspricht und auch von den Kapitalmarktakteuren als sehr bedeutend eingestuft wird. Vgl. Baetge/Prigge (Lagebericht 2006), S. 404.

240 Vgl. Kajüter (Lagebericht 2004), S. 197; da die Risikoberichterstattung bereits in DRS 5 geregelt wurde, wird sie in DRS 15 als eigenständiger Teil des Lageberichtes anerkannt, und es wird in DRS 15.83 lediglich auf DRS 5 verwiesen. Eine Nichtbeachtung von Regelungen der DRS 15 und 5 kann – im Gegensatz zu den übrigen DRS – Konsequenzen auf den Bestätigungsvermerk des Abschlußprüfers haben. Vgl. hierzu IDW PS 201.12.

241 Zum Publizitätsverhalten US-amerikanischer Unternehmen vgl. die Zusammenfassung der Ergebnisse einer empirischen Studie des FASB bei Haller/Dietrich (Berichterstattung 2001), S. 206 ff. Zum tlw. sehr stark divergierenden Publizitätsverhalten bei deutschen bilanzierenden Unternehmen vgl. bspw. Baetge/Armeloh/Schulze (Anforderungen 1997), S. 176 ff.; Baetge/Armeloh/Schulze (Qualität 1997), S. 212 ff.; Glaum/Street (Rechnungslegung 2002), S. 122 ff.

tung an den Interessen der Informationsadressaten. Diese Empfehlungen gliedern sich in vier Gruppen: Die Verbesserung der Informationsformen in der Unternehmensberichterstattung, die Verbesserung des Jahresabschlusses und damit verbundener Offenlegungen, die Revision der Rolle des Abschlußprüfers in der Unternehmensberichterstattung sowie die Erleichterung von Änderungen in der Unternehmensberichterstattung.[242] Starkes Gewicht kommt hierbei der Offenlegung nichtfinanzieller Angaben in Form prospektiver, strategischer, wertbestimmender Informationen sowie einer dem Management Approach entsprechenden zunehmenden Ausrichtung der externen Rechnungslegung an den Inhalten des internen Rechnungswesens zu.[243]

Bei der Entwicklung des DRS 15 griff auch der DSR die Forderung nach der Publikation strategiebezogener Informationen[244] auf und integrierte solche Informationen in den Lagebericht, indem er die gesetzlichen Vorschriften „im Sinne einer wertorientierten Berichterstattung interpretiert“[245]. Hierfür ist gem. DRS 15.38 entsprechend dem Management Approach u.a. das unternehmensintern zur Anwendung kommende Steuerungssystem einschließlich der verwendeten Kennzahlen anhand seiner quantitativen Maßstäbe darzustellen und zu erläutern.[246] Aus der Kernvorstellung des Shareholder-Value-Gedanken,[247] das Management habe eine wertorientierte Unternehmensführung und -steuerung zu betreiben, erwächst auch die Forderung, daß die erzielten Wertbeiträge der abgelaufenen Berichtsperiode vom Unternehmen im Lagebericht angegeben werden.[248] Hierbei wird den extern kommunizierten Wertkonzepten insbe-

---

242 Vgl. hierzu ausführlich Berndlmaier/Klein (Comprehensive Report 1997), S. 1089 ff.

243 Vgl. Berndlmaier/Klein (Comprehensive Report 1997), S. 1091 f.

244 Zu dieser Forderung vgl. bspw. auch Fischer/Wenzel/Kühn (Value Reporting 2001), S. 1210 f.; Haller/Dietrich (Berichterstattung 2001), S. 208; Ruhwedel/Schultze (Value Reporting 2002), S. 605 ff.

245 E-DRS 20, Anhang C, C 24.

246 Eine solche Verpflichtung wird in der Literatur jedoch kritisch betrachtet, da sie einer Verpflichtung der Unternehmen zur Wertmaximierung gleichkommen und somit einen unzulässigen Eingriff in die unternehmerischen Grundfreiheiten darstellen würde. Sofern sich die Unternehmen jedoch von sich aus zur Wertmaximierung als Unternehmensziel bekennen, könnten auch die Regelungen des DRS 15 erst ihre Wirkung entfalten. Mit anderen Worten: Eine sinnvolle und zulässige Berichterstattung über die Wertschaffung der Berichtsperiode läßt sich nur über eine konsequente Umsetzung des Management Approach realisieren. Vgl. hierzu Freidank/Steinmeyer (Lagebericht 2005), S. 2512 f.

247 Zur Wertsteigerung als übergeordnetem Unternehmensziel vgl. die Ausführungen in Abschnitt C.4.2.3.

248 Vgl. Fischer/Rödl (Unternehmenspublizität 2003), S. 425 f.; im Ergebnis auch Ruhwedel/Schultze (Value Reporting 2002), S. 610 ff. Zu beachten ist allerdings, daß Angaben zu wertorientierten Kennzahlen auf freiwilliger Basis erfolgen. Darüber hinaus können sie auch im ungeprüften Teil des Geschäftsberichts gemacht werden. Eine Einbeziehung

sondere dann die Eignung zugesprochen, die zwischen Kapitalgebern und Unternehmensführung bestehenden Informationsasymmetrien und Interessedivergenzen reduzieren zu können, wenn diese Wertkonzepte dem Management Approach entsprechend zuvor auch primär intern in der Unternehmenssteuerung verwendet werden. Dies beinhaltet auch, daß sie sich auf die variablen Entlohnungskomponenten der Unternehmensführung auswirken.[249] DRS 15.94 ff. empfehlen daher eine Quantifizierung der verwendeten Kennzahlen und die Erläuterung deren Ausprägungen für die aktuelle und kommende Berichtsperiode. Hinsichtlich der Darstellung des Geschäftsverlaufs und der Lage des Konzerns verlangt DRS 15.28 gemäß dem Management Approach explizit, daß diese aus Sicht der Unternehmensleitung zu erfolgen habe. Die Steuerung und Performancemessung des Gesamtkonzerns sowie seiner Teileinheiten erfolgt darüber hinaus häufig nicht nur über quantitative, sondern auch über qualitative Faktoren. Diese können z.B. mit Balanced Scorecards oder anderen Instrumenten operationalisiert werden. Von einem solchen unternehmensinternen Performance Reporting wird angenommen, daß es dem Management Approach entsprechend unmittelbar veröffentlichbare Informationen zur Verfügung stellt.[250]

Ziel des Berichtsteils Geschäft und Strategie ist nach Auffassung des DSR unter anderem, einen Überblick darüber zu vermitteln, welche Ziele das Management in der Vergangenheit zu erreichen versuchte und welche es in der Zukunft erreichen will.[251] Nach Auffassung des DSR sind Zielsetzungen darüber hinaus normalerweise als monetäre Größen ausweisbar.[252] Daher hat eine Fortschreibung der Darstellung von Geschäftsverlauf und Lage des Unternehmens durch die im Lagebericht vorzunehmende Prognoseberichterstattung zu erfolgen.[253] Ausgangspunkt für diese Prognoseberichterstattung sollte dem Management Approach folgend die strategische Ausrichtung des Unternehmens sein. Diese umfaßt bspw. die Geschäftspolitik, gewählte Absatzmärkte, die Produktpalette und ähnliches.[254] Nach allgemeiner Auffassung müssen im Prognosebericht jedoch keine umfassenden zahlenmäßigen Prognosen oder Planbilanzen offengelegt werden, sondern die Ausführungen können sich auf Eckdaten wie z.B. Um-

in den Lagebericht erhöht jedoch den Informationswert für die Informationsadressaten, da sie dann einer Prüfung durch den Abschlußprüfer unterliegen.

249 Vgl. Fischer/Wenzel/Kühn (Value Reporting 2001), S. 1210. Zu Vorschlägen zur Gestaltung interner wertorientierter Entlohnungssystemen vgl. Günther/Plaschke (Management Incentives 2004), S. 1211 ff.

250 Vgl. Hebeler/Wurl (Performance Reporting 2002), S. 212 f.

251 Vgl. Kirsch/Scheele (Lagebericht 2003), S. 2736.

252 Vgl. Kajüter (Lagebericht 2004), S. 200.

253 Vgl. Böcking (Lagebericht 2005), S. 6.

254 Vgl. Fink/Keck (Lagebericht 2004), S. 1089.

satz, Ertrag, Investitionen etc. beschränken.[255] Eine verbale Darstellung der strategischen Ausrichtung des Konzerns fordert DRS 15.34 für i.d.R. mindestens die kommenden beiden Berichtsjahre. Der Grundsatz der Willkürfreiheit wird hierbei im allgemeinen als Übereinstimmung der Aussage und der inneren Überzeugung des Aussagenden aufgefaßt. Derjenige, der eine Prognose aufstellt, darf nur solche Prognosewerte angeben und in den Prognosebericht aufnehmen, die aus realitätsnahen und von ihm für zutreffend erachteten Prämissen und Hypothesen abgeleitet werden, so daß die Prognoseaussage mit der inneren Überzeugung des Prognoseberichterstatters übereinstimmt.[256] Dies bedeutet, daß die im externen Prognosebericht veröffentlichten Aussagen dem Management Approach folgend mit den internen Überzeugungen bzw. Beschlüssen des Vorstands identisch oder zumindest kompatibel sein müssen und folglich auf derselben Grundlage zustande gekommen sein müssen.[257] Insofern ist es für Zwecke der Prognoseberichterstattung sowohl zulässig als auch zweckmäßig, sich an der Art und Weise der internen Berichterstattung, die dem Vorstand zur Information und Entscheidungsfindung dient, anzulehnen. So können abhängig von den Berichtsformaten im Vorstand Prognoseintervalle, Szenariobetrachtungen, Erwartungswerte usw. angeführt werden.[258]

Im Kontext der prospektiven Informationsvermittlung ist auch die Berichterstattung über Chancen und Risiken zu sehen.[259] Diese zusätzliche Anforderung zur Erstellung eines Risikoberichts fügte der Gesetzgeber erstmals mit dem KonTraG in § 289 Abs. 1 HGB und § 315 Abs. 1 HGB ein. Der Lagebericht hat seitdem neben der Darstellung des Geschäftsverlaufs und der Lage der Gesellschaft bzw. des Konzerns auch auf die wesentlichen Risiken der künftigen Entwicklung einzugehen.[260] Diese Berichtspflicht wurde 2001 durch den DRS 5 inhaltlich und formal konkretisiert.[261] Dort wurde auch darauf hingewiesen, daß zur besseren Einschätzung von Risiken im Lagebericht ebenso die Chancen der zukünftigen Entwicklung dargestellt werden kön-

---

255 Vgl. mit zahlreichen Nennungen Kaiser (Lageberichterstattung 2005), S. 410.

256 Vgl. Dörner (Prognosebericht 1996), S. 233.

257 Vgl. Dörner (Prognosebericht 1996), S. 233; Rückle (Prognosen 1984), S. 66.

258 Vgl. Rückle (Prognosen 1984), S. 66.

259 Während DRS 15 neben den bereits genannten Berichtsteilen die Risikoberichterstattung als weiteren separaten Berichtsteil vorsieht, ist die Literatur mittlerweile der Auffassung, daß eine formale Trennung von Prognose- und Risikoberichterstattung nicht mehr zwingend notwendig ist; vgl. Kirsch/Scheele (Lagebericht 2005), S. 1153 f.

260 Vgl. Löw/Lorenz (Risikoberichterstattung 2001), S. 211.

261 Vgl. Kajüter (DRS 5 2001), S. 105 ff. Die Risikoberichterstattung wird in DRS 15 zwar als eigenständiger Teil des Lageberichts anerkannt. Da sie jedoch bereits in DRS 5 geregelt wurde, wird in DRS 15 lediglich auf DRS 5 verwiesen.

nen.[262] Die mit dem BilReG eingeführte Neufassung des § 315 Abs. 1 HGB bezieht die Chancen nunmehr in die Berichtspflichten mit ein. Dies ist insofern von Bedeutung, als daß empirische Befunde zeigen, daß Chancen im Risikobericht bislang nur vereinzelt und mit abnehmender Tendenz dargestellt wurden und auch in den anderen Teilen des Lageberichts hierzu nur vereinzelt konkrete Aussagen gemacht wurden.[263] Darüber hinaus war bis zur Einführung des BilReG im Rahmen des Risikoberichts auf wesentliche Risiken nur einzugehen. Der Wortlaut der §§ 289 und 315 HGB wurde durch das BilReG dahingehend ausgeweitet, daß sowohl für Risiken als auch für Chancen nunmehr eine Beurteilung und Erläuterung notwendig ist.[264] Somit ist eine reine Aufzählung von Risiken, wie sie bislang vielfach praktiziert wurde, nicht mehr ausreichend, sondern berichtete Chancen und Risiken sind zu bewerten und hinsichtlich ihrer möglichen Auswirkungen auf die Unternehmung zu beschreiben.[265]

Entsprechend der Gesetzeslage ist hierbei über bestandsgefährdende Risiken sowie solche, die einen wesentlichen Einfluß auf die Vermögens-, Finanz- und Ertragslage haben, zu berichten. Es stellen also nur wesentliche Risiken das Objekt der Berichterstattung dar.[266] Eine Schutzklausel, wie sie in § 286 HGB für den Anhang kodifiziert wurde, existiert für den Risikobericht nicht. Nur wenn detaillierte Angaben zu einem Risiko zu gravierenden Nachteilen für das berichtende Unternehmen führen würden, gilt eine verallgemeinernde Darstellung als akzeptabel. Ein Verzicht auf die Nennung und Darstellung des Risikos ist hingegen ausgeschlossen.[267]

DRS 5.16 schreibt gemäß dem Management Approach eine an der internen Risikokategorisierung orientierte Zusammenfassung wesentlicher Risiken vor. Da die Gesetzesänderung durch das BilReG nach der Veröffentlichung von DRS 5 erfolgte, sollten die entsprechenden Regelungen auch auf Chancen bezogen werden.[268] Ferner bestimmen DRS 5.28 f., daß das intern verwendete Risikomanagement in angemessenem Umfang zu beschreiben ist, indem auf Strategie, Prozeß und Organisation des Risikomanagements eingegangen wird.

---

262 Vgl. DRS 5.26 f.; Baetge/Schulze (Risikobericht 1998), S. 940 bezeichnen dies als „Wahlrecht".
263 Vgl. Kajüter (DRS 5 2001), S. 109; Kajüter/Winkler (Risikoberichterstattung 2003), S. 224.
264 Vgl. Kirsch/Scheele (Lagebericht 2005), S. 1151.
265 Vgl. Kajüter (DRS 5 2001), S. 109; Kajüter (Lagebericht 2004), S. 202.
266 Vgl. Hommelhoff/Mattheus (Risikomanagement 2000), S. 18.
267 Vgl. m.w.N. Kajüter (DRS 5 2001), S. 106.
268 DRS 5.27 sieht lediglich ein Wahlrecht für die Berichterstattung über Chancen vor.

Damit trägt DRS 5 der engen Verknüpfung von Risikofrüherkennungssystem und Risikoberichterstattung Rechnung.[269]

Nachdem Risikomanagementsysteme als Folge des KonTraG ursprünglich vielfach auf externen Druck hin eingeführt oder ausgebaut bzw. verbessert wurden und ihr ökonomischer Nutzen häufig nicht wahrgenommen wurde, ist diesbezüglich mittlerweile eine Trendumkehr zu beobachten.[270] So verstehen viele Unternehmen Risikomanagement heute primär als intern nützliches Führungsinstrument und nicht mehr nur als lästige Pflichtübung, die es möglichst schnell und kostengünstig durchzuführen gilt.[271] Auch von der Erweiterung der Risikoberichterstattung durch Chancen wird erwartet, daß – ähnlich wie nach Einführung der Risikoberichterstattung durch das KonTraG der Fall – dem Management Approach entsprechend Controllinginformationen für die externe Berichterstattung genutzt werden können, sich gleichzeitig aber auch Druck aufbauen wird, der die Unternehmen zu einer Fortentwicklung der Berichtssysteme bewegen wird.[272] Diese Erwartung wird auch durch empirische Befunde gestützt, denen zufolge zwar die Mehrheit der bilanzierenden Unternehmen der Ansicht ist, daß Chancen im Risikobericht berücksichtigt werden sollten, obwohl nur ein geringer Teil der Unternehmen eine solche Integration von Chancen im Risikomanagement und Risikobericht umsetzt.[273]

DRS 12 (Immaterielle Werte des Anlagevermögens) fordert außerdem in DRS 12.33 f. eine Berichterstattung über das intellektuelle Kapital des Konzerns. Der Arbeitskreis Immaterielle Werte der Schmalenbach Gesellschaft empfiehlt, eine solche Berichterstattung in Form eines Intellectual Capital Statement in den Lagebericht aufzunehmen. Hierbei sollte der Management Approach der Ausgangspunkt der Berichterstattung sein, indem gerade diejenigen Größen und Informationen in das Statement aufgenommen werden, die für die interne Unternehmenssteuerung relevant sind.[274]

---

269 Vgl. Böcking/Müßig (Lagebericht 2003), S. 42.

270 Vgl. Kajüter (DRS 5 2001), S. 109; KPMG (Risikomanagement 2000), S. 10; Schlüchtermann/Wolf (Risikomanagement 2004), S. 46.

271 Vgl. Bungartz (Risk Reporting 2003), S. 97.

272 Vgl. zur Fortentwicklung der Berichtssysteme nach Einführung des KonTraG Wittmann (Risikomanagement 2001), S. 259 f.; zu den Erwartungen an die Chancenberichterstattung Kaiser (Lagebericht 2005), S. 346.

273 Vgl. Bungartz (Risk Reporting 2003), S. 77 f.; PwC/Institut der Niedersächsischen Wirtschaft e.V. (Risikomanagement 2000), S. 14.

274 Vgl. Arbeitskreis „Immaterielle Werte im Rechnungswesen“ der Schmalenbach Gesellschaft für Betriebswirtschaft e.V. (Immaterielle 2004), S. 239 ff. In der Praxis der Geschäftsberichterstattung werden Informationen zu immateriellen Vermögenswerten zu großen Teilen im Lagebericht gemacht. Vgl. hierzu die empirischen Ergebnisse bei

5.2 Gliederung von Bilanz und GuV

Gemäß dem Grundsatz substance over form gibt IAS 1 hinsichtlich Bilanz und GuV keine vollständigen Gliederungsschemata, sondern lediglich einen Mindestausweis von Positionen vor. So führen die IAS 1.68 und 1.68A Bilanzposten an, die in einer IFRS-konformen Bilanz als Mindestbestandteile enthalten sein müssen.[275] Die Gliederung der Bilanz erfolgt dabei gem. IAS 1.51 grundsätzlich nach der Fristigkeit der enthaltenen Posten; eine Gliederung nach Liquidität wird lediglich als Ausnahmefall zugelassen. Die Bilanz nach IFRS kann wahlweise in Konto- oder Staffelform dargestellt werden, wobei in angelsächsischen Ländern traditionell die Staffelform und im kontinentaleuropäischen Raum eher die Kontoform dominiert.[276] Hinsichtlich der Überleitung von den Erlösen auf das Ergebnis aus betrieblicher Tätigkeit ist die GuV entweder nach dem Gesamtkostenverfahren oder dem Umsatzkostenverfahren aufzustellen. Darüber hinaus enthalten zahlreiche Standards Angabepflichten, die u.a. für die GuV von Relevanz sind. Hierbei handelt es sich weitestgehend um Informationen, die im Anhang gemacht werden können.[277]

Zwar wird eine Vereinheitlichung von interner und externer Ergebnisrechnung hauptsächlich unter dem Aspekt der Anpassung des internen an das externe Rechnungswesen diskutiert und auch in der Praxis umgesetzt.[278] Allerdings darf dies nicht darüber hinwegtäuschen, daß die IFRS-Regelungen zur GuV-Gliederung eine grundsätzliche Anpassung an interne Bedarfe erlauben. Hierdurch kann es den bilanzierenden Unternehmen erst ermöglicht werden, das externe Berichtsinstrument GuV auch in der Unternehmenssteuerung zu verwenden. Die Anwendung des Umsatzkostenverfahrens (‚UKV') ist zwar nicht zwingend vorgeschrieben. Allerdings entspricht nach allgemeiner Auffassung das absatzorientierte UKV eher den Controllingbedürfnissen als das produktionsorientierte Gesamtkostenverfahren, so daß eine Anwendung des UKV als eine Voraussetzung für die Vereinheitlichung von internem und externem Rechnungswesen gesehen und auch von einer Vielzahl an Unternehmen bereits durchgeführt

---

Speckbacher/Güldenberg/Ruthner (Immaterielle 2004), S. 442 f. Inwiefern hierbei eine Berichterstattung gemäß dem Management Approach erfolgt, geht leider nicht aus der Untersuchung hervor.

275 Vgl. zu einer Zusammenfassung dieser Bilanzpositionen Lüdenbach/Hoffmann (Mindestgliederung 2004), S. 91 ff.

276 Vgl. Lüdenbach/Hoffmann (Mindestgliederung 2004), S. 92 f.

277 Vgl. Kirsch (GuV 2003), S. 2449 sowie die zugehörige Abbildung auf S. 2450.

278 Vgl. bspw. Weißenberger (Integration 2005), S. 193 ff. Hierbei spielte der Siemens-Konzern 1994 eine vielbeachtete Vorreiterrolle; vgl. hierzu Ziegler (Siemens 1994), S. 177 ff.

wird.[279] Im allgemeinen erlaubt der Substance-over-Form-Grundsatz jedoch generell eine zumindest teilweise Anpassung der Abschlußbestandteile an interne Erfordernisse.[280] Kritik an einer solchen unternehmensindividuellen Gliederung von Bilanz und GuV wird z.B. von Seiten der Bilanzanalyse geäußert. Denn der geringe Standardisierungsgrad kann dazu führen, daß nicht zuletzt Bonitätsprüfungen von Unternehmen erschwert werden.[281]

6 IAS 39 – Hedge Accounting: Abbildung des finanzwirtschaftlichen Riskomanagements in der Bilanzierung

Auch die Regelungen des IAS 39 zur Bilanzierung von Finanzinstrumenten eröffnen Anwendungspotentiale für den Management Approach. So ist für die bilanzielle Behandlung von Finanzinstrumenten grundsätzlich primär die Absicht des Managements entscheidend, die dieses mit dem Erwerb der betroffenen Finanzinstrumente verfolgt. Darüber hinaus eröffnen in bezug auf die Bilanzierung von Finanzderivaten die Regelungen zum Hedge Accounting eingeschränkte und diejenigen zur Fair Value Option weitreichende Möglichkeiten zu einer Umsetzung des Management Approach. Einschränkend ist jedoch anzumerken, daß diese Umsetzungspotentiale des Management Approach nur dann ein hohes Ausmaß annehmen können, wenn von dem jeweiligen bilanzierenden Unternehmen auch in umfangreichem Maße Finanzderivate gehalten werden.

6.1 Entwicklung von IAS 39

Die Entwicklung des Marktumfelds in vielen Branchen (z.B. Globalisierung, Entwicklung innovativer Finanzprodukte, erhöhte Wettbewerbsdynamik, Volatilität an den Kapitalmärkten, spektakuläre Unternehmenszusammenbrüche) führte in den vergangenen Jahrzehnten dazu, daß eine steigende Zahl an Unternehmen derivative Finanzinstrumente zur Absicherung ihrer finanzwirtschaftlichen Risiken einsetzt.[282] Die zunehmende Relevanz solcher Geschäfte erforderte auch, daß die Gesetzgeber und Standardsetter entsprechende Vorschriften zur bilanziellen Abbildung finanzieller Absicherungsgeschäfte erarbeiteten. Das IASB-Standardsetting zur Bilanzierung von Finanzinstrumenten läßt sich bis 1988 zurückverfolgen und war seit seinem Beginn ständigen

---

279 Vgl. Littkemann (Controlling 2004), S. 193; Oehler (IFRS 2004), S. 211; Weißenberger (Performance 2006), S. 54.

280 Vgl. Müller/Ordemann/Pampel (Controlling 2005), S. 2123.

281 Vgl. Hüttche (Bilanzanalyse 2005), S. 320.

282 Vgl. m.w.N. Glaum/Förschle (Finanzinstrumente 2000), S. 1525.

Änderungen ausgesetzt.[283] Auch in jüngster Vergangenheit stellten die Regelungen des IAS 39 sowohl im Standardsetting als auch im Endorsement-Prozeß der EU einen der umstrittensten Diskussionspunkte dar.[284] Ende 2003 wurde der seit 1998 geltende IAS 39 in überarbeiteter Fassung vom IASB vorgelegt.

Im Zuge der Überarbeitung wurden die dem Standard zugrundeliegenden Konzepte nicht verändert, sondern hauptsächlich Vorschriften konkretisiert und präzisiert. In diesem Rahmen wurde unter anderem auch die Bilanzierung von Sicherungsgeschäften erleichtert.[285] Eine weitere Überarbeitung von IAS 39, in dessen Mittelpunkt die Zulässigkeit der sog. Fair Value Option stand, verabschiedete das IASB 2005.

6.2 Klassifikation und Bewertung von Finanzinstrumenten

Das IASB verfolgt bei der Bewertung von Finanzinstrumenten einen sog. „Mixed Model"-Ansatz, d.h. finanzielle Vermögenswerte sind je nach ihrem Verwendungszweck unterschiedlichen Kategorien zuzuordnen und in der Folge entsprechend ihrer Kategoriezugehörigkeit unterschiedlich zu bewerten.[286]

So ist in der IFRS-Rechnungslegung jedes originäre oder derivative Finanzinstrument in eine der Kategorien

- Loans and Receivables
- Held-to-Maturity Investments
- Available-for-sale Financial Assets
- Financial Assets und Financial Liabilities at Fair Value through Profit or Loss mit den Unterkategorien
    - Held-for-Trading und
    - At Fair Value through Profit or Loss

einzuordnen. Die Einordnung eines finanziellen Vermögenswertes in die o.g. Kategorien wirkt sich vor allem auf seine Bewertung aus. So bestehen Unterschiede darin, ob das betroffene Finanzinstrument zu fortgeführten Anschaffungskosten oder zu seinem

283 Zur chronologischen Entwicklung des Standardsettings bzgl. Finanzinstrumenten vgl. Jerzembek/Große (Fair Value Option 2005), S. 221 f.

284 Vgl. ausführlich zum partiellen Endorsement des IAS 39 durch die EU sowie den Gründen hierfür Thiele (Finanzinstrumente 2004), S. 2162 ff.

285 Vgl. Löw/Schildbach (Financial Instruments 2004), S. 882.

286 Vgl. Hommel/Hermann (Hedge Accounting 2003), S. 2501.

Fair Value bewertet wird und ob Wertänderungen erfolgswirksam oder -neutral erfaßt werden.[287]

Der Management Approach wirkt sich im Rahmen der Bilanzierung von Finanzinstrumenten bereits allgemein dadurch aus, daß – ausgenommen die vom Unternehmen ausgegebenen Kredite und Forderungen, deren Charakter ab Zugang zur Bilanz feststeht – für die bilanzielle Behandlung von Finanzinstrumenten primär die Absicht des Managements entscheidend ist, die dieses mit dem Erwerb der Finanzinstrumente verfolgt.[288] Hierbei ist es zwar nicht ausgeschlossen, daß das Management an der Klassifizierung einzelner Finanzinstrumente mitwirkt. Allerdings wird sich diese Mitwirkung häufig auf die Vorgabe von Richtlinien zum Einsatz von derivativen Finanzinstrumenten zu Sicherungs- oder Spekulationszwecken sowie die Vorgabe von Richtlinien zur bilanziellen Behandlung von Finanzinstrumenten begrenzen.[289] Wie im folgenden aufgezeigt wird, kommt dem Management Approach jedoch vor allem bei der Bilanzierung von finanziellen Sicherungsbeziehungen herausragende Bedeutung zu.

6.3 Hedge Accounting

Finanzderivate sind stets zu ihrem Fair Value zu bewerten.[290] Da es jedoch möglich ist, daß ein derivatives Finanzinstrument als Sicherungsgeschäft einem Grundgeschäft zugeordnet ist, welches nicht zum Fair Value bewertet wird, sondern zu fortgeführten Anschaffungskosten, besteht die Möglichkeit von Bewertungsinkongruenzen. Diese Inkongruenzen sollen durch die kompensatorische Bewertung von Sicherungsbeziehungen mittels der Regelungen zum Hedge Accounting beseitigt werden.[291] Die Notwendigkeit der Regeln des Hedge Accountings erwächst also aus dem oben skizzierten Mixed Model-Ansatz.

---

287 Zur Einordnung von Finanzinstrumenten in die genannten Kategorien sowie den einschlägigen Bewertungsvorschriften für diese Kategorien vgl. ausführlich Barckow/Glaum (Finanzinstrumente 2004), S. 188-192 sowie Löw (Risikocontrolling 2004), S. 33 ff.

288 Vgl. Brötzmann (Hedge Accounting 2004), S. 204; Kirsch (Wahlrechte 2003), S. 1113.

289 Vgl. Kirsch (Informationsmanagement 2005), S. 117; Bühler (Risikocontrolling 1998), S. 217; Krumnow (Risikosteuerung 1995), S. 348 ff. Zu verschiedenen Einsatzmöglichkeiten derivativer Finanzinstrumente in der Praxis vgl. auch Glaum/Förschle (Risikomanagement 2000), S. 582 ff.

290 Gem. IAS 39.122 kommen im Rahmen des Hedge Accountings nur derivative Finanzinstrumente als Sicherungsgeschäfte in Betracht, während originäre Finanzinstrumente nicht als Sicherungsgeschäfte deklariert werden dürfen. Eine Ausnahme stellen originäre Finanzinstrumente dar, wenn sie zur Absicherung von Wechselkursrisiken erworben werden. Dann dürfen auch diese originären Finanzinstrumente als Sicherungsgeschäfte deklariert werden; vgl. Barckow (Sicherungsbeziehungen 2004), S. 209 f.

291 Vgl. Scharpf (Hedge Accounting 2004), S. 3.

IAS 39 sieht drei Varianten des Hedge Accounting vor: Fair Value Hedges, Cash Flow Hedges und Hedges of a Net Investment in a Foreign Entity. Durch Fair Value Hedges werden bilanzierte Aktiva, Passiva oder nichtbilanzierte vertragliche Verpflichtungen (*firm commitments*), die keine Derivate sind, durch derivative Sicherungsgeschäfte gegen Wertänderungen gesichert. Durch Cash Flow Hedges wird eine aus Preisänderungen resultierende Variabilität künftiger Cash Flows abgesichert.[292] Durch Hedges of a Net Investment in a Foreign Entity hingegen wird der am Reinvermögen einer Auslandsgesellschaft gehaltene Anteil abgesichert.[293] Da Hedges of a Net Investment in a Foreign Entity den Vorschriften des Cash Flow Hedge Accountings folgen und konzeptionell eine Frage der Fremdwährungsumrechnung darstellen,[294] wird im folgenden ausschließlich auf Fair Value und Cash Flow Hedges eingegangen.

Ein Grund- und ein Sicherungsgeschäft dürfen gem. IAS 39.88 dann zu einer Bewertungseinheit zusammengefaßt werden, wenn die folgenden Voraussetzungen erfüllt sind:

- Die Hedgeposition und das Risikomanagement sind zu Beginn der Absicherung detailliert zu dokumentieren. Die Dokumentation schließt die Darlegung des Sicherungsinstruments und der abgesicherten Position, die Art des abgesicherten Risikos und die Methoden zur Bestimmung der Hedge-Effektivität ein. Die Dokumentation der Absicht des Managements, daß durch den Erwerb bzw. Verkauf eines bestimmten Instrumentes ein Absicherungsgeschäft vorgenommen wird, darf nicht nachträglich erfolgen, sondern die Absicht des Managements muß vor Abschluß des Sicherungsgeschäfts dokumentiert werden.[295]
- Die Absicherung muß höchst effektiv zur Ausgleichung des Fair-Value- oder des Cash-Flow Risikos des Grundgeschäftes sein und in Übereinstimmung mit der dokumentierten Risikomanagementstrategie stehen.
- Für Cash Flow Hedges muß die geplante Transaktion sehr wahrscheinlich sein und ein Risiko innehaben, das zur Beeinflussung des Gewinns führt.

---

[292] Vgl. Prahl (Financial Instruments 2004), S. 226 f.

[293] Vgl. Löw/Lorenz (Devisenbilanzierung 2002), S. 239.

[294] Vgl. Barckow (Sicherungsbeziehungen 2004), S. 217; Prahl (Financial Instruments 2004), S. 226.

[295] Vgl. hierzu auch Löw/Schildbach (Financial Instruments 2004), S. 881.

- Die Effektivität des Hedges muß zuverlässig bestimmbar sein, d.h. der Fair Value und der Cash Flow der abgesicherten und der sichernden Instrumente müssen zuverlässig ermittelbar sein.
- Die Wirksamkeit der Absicherung muß während der gesamten Rechnungslegungsperiode gegeben sein. Hierbei muß die Effektivität des Hedges zu Beginn des Hedges als nahezu vollständig (almost fully offset) ermittelt sein und sich während der gesamten Laufzeit in einer Bandbreite von 80-125% bewegen.[296]

Zu beachten ist, daß als Bewertungseinheit immer nur ein einzelnes Grund- mit einem einzelnen Sicherungsgeschäft zusammengefaßt werden darf (sog. Mikro-Hedge-Accounting). In diesem Fall besteht eine eindeutig nachvollziehbare Verbindung zwischen den beiden Geschäften, die sich insbesondere in der Dokumentation der Sicherungsabsicht und der direkten Abstimmung der Charakteristika des Sicherungsgeschäfts auf die Eigenschaften des zu sichernden Geschäfts ausdrückt.[297] Eine Zusammenfassung von mehreren Grundgeschäften zu einer Nettovermögens- oder Schuldenposition, welche durch ein oder mehrere Sicherungsgeschäfte abgesichert werden sollen (sog. Makro-Hedge-Accounting), ist mit Ausnahme von der Absicherung von Zinsrisiken nicht vorgesehen.[298] Das Makro-Hedge-Accounting für Zinsrisiken stellt einen aus neun Schritten bestehenden Prozeß dar und bietet die Möglichkeit, Portfolios von festverzinslichen Vermögensgegenständen und Verbindlichkeiten (in Laufzeitbänder unterteilt) abzusichern. Eine Übertragung dieser Vorgehensweise auf andere Risikoarten ist jedoch explizit unzulässig.[299]

Erfüllt ein Sicherungsgeschäft, mit dem ein bilanzierter Vermögenswert oder eine bilanzierte Schuld gesichert wird, die Hedge-Accounting-Voraussetzungen nach IAS 39, so ist nicht nur das Sicherungsgeschäft, sondern auch das ihm zugrundeliegende Geschäft hinsichtlich der abgesicherten Risikokomponente zu seinem beizulegenden Zeitwert anzusetzen, und alle Wertänderungen werden erfolgswirksam erfaßt. Solange das Sicherungsgeschäft zu genau 100% effektiv ist, ergibt sich per Saldo keine Auswirkung auf das Ergebnis. Sofern sich das Absicherungsgeschäft nur auf einen Para-

---

296 Vgl. auch Löw (Risikocontrolling 2004), S. 37.

297 Vgl. Prahl/Naumann (Bewertungseinheit 1994), S. 3.

298 Das Makro-Hedging von Zinsrisiken wurde erst mit der Überarbeitung des IAS 39 im März 2004 nach heftiger Kritik an der Nichtzulässigkeit von Makro-Hedges insbesondere aus Bankenkreisen erlaubt. Vgl. Barckow/Glaum (Finanzinstrumente 2004), S. 186 und 192 f.; Fröhlich (Beschaffungsgeschäfte 2004), S. 1381.

299 Vgl. ausführlich Barckow/Glaum (Finanzinstrumente 2004), S. 194 f.

meter des Grundgeschäftes bezieht, so sind beim Grundgeschäft auch nur Wertänderungen bzgl. dieses Parameters zu erfassen.[300]

Zur Frage, ob und inwiefern zur Bilanzierung von Sicherungsgeschäften dem Management Approach entsprechend auf das interne finanzwirtschaftliche Risikomanagement zurückgegriffen werden kann, herrscht in der Literatur keine Einigkeit. Zwar verlangt IAS 39 u.a., daß das Management seine Risikomanagementstrategie festlegt und daß sich zu bilanzierende Sicherungsbeziehungen in diese Strategie einfügen.[301] Ferner stellt es das IASB in den Verantwortungsbereich der Unternehmen, im Rahmen ihrer Risikomanagementstrategie eine geeignete Methode zur Messung der Hedge-Effektivität zu wählen.[302] Aus der Annahme, daß das interne Risikomanagement die vom Management tatsächlich intendierten Sicherungszusammenhänge herbeiführe, erwächst demnach die Forderung, eine realistische Abbildung der wirtschaftlichen Lage in der Finanzberichterstattung habe sich dem Management Approach folgend am internen Risikomanagement auszurichten.[303] Für die Bewertung von Finanzderivaten können hierbei insbesondere bei over-the-counter-Produkten wie z.B. langfristigen Caps oder Floors innerhalb des Risikomanagementsystems entsprechende Bewertungs- und Bepreisungsmodelle zur Anwendung kommen.[304] Eine auf dem Management Approach basierende Marktbewertung innerhalb einer risikomanagementbezogenen Bewertungseinheit erfordert jedoch ein dynamisches und funktionsfähiges Risikocontrolling und Risikomanagement auf Ebene der Bewertungseinheit sowie des Unternehmens als Ganzem.[305] Nicht zuletzt aufgrund der hohen Anforderungen, die an ein finanzwirtschafltiches Risikomanagement zu stellen sind, bleiben sowohl das IASB als auch Teile der Literatur skeptisch, ob eine Darstellung von Sicherungsbeziehungen auf

300 Vgl. Fröhlich (Beschaffungsgeschäfte 2004), S. 1381.

301 Vgl. Jamin/Krankowsky (Hedge Accounting 2003), S. 505.

302 Vgl. Benecke (Management Approach 2000), S. 141.

303 Vgl. Benecke (Management Approach 2000), S. 157; m.w.N. Gebhardt/Naumann (Financial Instruments 1999), S. 1462. Auch im Bankwesen wird z.B. bei Göttgens/Wolfgarten (Prüfung 2006), S. 1365, festgestellt, daß „der Übergang zwischen einem ausschließlich auf die Rechnungslegung bezogenen und dem auf bankspezifische Risiken ausgerichteten internen Kontrollsystem fließend und in der Praxis kaum auszumachen ist. Denn die sich aus der Geschäftstätigkeit der Kreditinstitute ergebenden Risiken – und damit auch deren Überwachung – haben nahezu immer direkten oder indirekten Einfluß auf die Rechnungslegung." Diese Erkenntnis kann auch auf das finanzwirtschaftliche Risikomanagement in Industrieunternehmen übertragen werden.

304 Vgl. Benecke (Management Approach 2000), S. 244.

305 Hinsichtlich der Ausgestaltung dieser Risikomanagementsysteme wird jedoch sowohl in Deutschland als auch im internationalen Rahmen noch Optimierungspotential gesehen. Vgl. Benecke (Management Approach 2000), S. 164.

Grundlage des internen Risikomanagements hinreichend objektivierbar sein kann. So wird auch angeführt, daß es eben gerade nicht die Absicht des IASB sei, eine Abbildung der tatsächlich verfolgten Risikomanagementstrategien herbeizuführen.[306] Vielmehr gehe es lediglich darum, den bilanzierenden Unternehmen ein technisches Hilfsmittel zur Verfügung zu stellen, um durch die Bilanzierung von Derivaten ausgelöste Schwankungen im Erfolgsausweis vermeiden zu können.[307] Eine solche Bilanzierung finanzieller Sicherungsbeziehungen ohne einen dem Management Approach folgenden Rückgriff auf das interne finanzwirtschaftliche Risikomanagement wird jedoch wiederum kritisiert, da ein Abweichen vom internen Risikomanagement zu erheblichem Mehraufwand führen kann.[308] U.a. birgt nämlich die Fokussierung des IAS 39 auf paarweise Verknüpfungen von Grund- und Sicherungsgeschäften in der Praxis die Gefahr einer teilweisen Umgehung der formalen Dokumentationskriterien, indem eine Sicherungsbeziehung nicht dokumentiert wird, bevor das Sicherungsgeschäft abgeschlossen wird, sondern erst im Nachhinein ausschließlich für Bilanzierungszwecke.[309] So ist in der Praxis das Eingehen von Sicherungsgeschäften, die die Kriterien des Mikro-Hedge-Accounting nach IAS 39 nicht erfüllen, durchaus zu beobachten.[310]

Nicht zuletzt auf Wunsch der bilanzierenden Unternehmen wurde bei der Überarbeitung von IAS 39 im Jahr 2003 die Abbildbarkeit des internen Risikomanagements tendenziell ausgeweitet, indem das Makro-Hedge-Accounting für Zinsrisiken zugelassen wurde.[311] Aufgrund der weiterhin hohen Skepsis des IASB hinsichtlich der Objektivierbarkeit einer Darstellung von Sicherungsbeziehungen auf Grundlage des internen Risikomanagements blieben diese Möglichkeiten zur Umsetzung des Management Approach jedoch weiter sehr restriktiv. Diese restriktive Grundhaltung des IASB stößt in der Praxis wiederum auf Kritik, denn für viele Unternehmen sei der Einsatz von Sicherungsgeschäften „elementare Voraussetzung zur Aufrechterhaltung der [..] Lebensfähigkeit und keine Variante eines Spieltriebs, dem per se mit Argwohn zu begegnen und der durch eine entsprechende Bilanzierung zu bestrafen ist.“[312]

---

306 Vgl. Löw (Bilanzrecht 2004), S. 260.

307 Vgl. Löw (Risikocontrolling 2004), S. 37.

308 Vgl. Benecke (Management Approach 2000), S. 86; Fröhlich (Beschaffungsgeschäfte 2004), S. 1381.

309 Vgl. Gebhardt/Naumann (Financial Instruments 1999), S. 1468; Kehm/Lauinger/Rave (Hedge Accounting 2003), S. 802 ff.; Löw (Risikocontrolling 2004), S. 37.

310 Vgl. Keitz (IAS-Praxis 2005), S. 169.

311 Vgl. Barckow/Glaum (Finanzinstrumente 2004), S. 192, 198.

312 Kley (IAS 2001), S. 2262.

Um sowohl diese Problematik als auch die Bewertungsprobleme, die das Mixed Model ohnehin aufwirft, zu lösen, wurde häufig gefordert, den bilanzierenden Unternehmen eine sog. Fair Value Option einzuräumen.[313] Diese Möglichkeit wurde mit dem Endorsement der 2005 verabschiedeten Änderungen zu IAS 39 zur Fair Value Option für Portfolios von Finanzinstrumenten, die gemäß einer dokumentierten Risikomanagementstrategie gesteuert werden, geschaffen.

6.4 Die Fair Value Option

Die Fair Value Option bezeichnet die Möglichkeit, jedes beliebige Finanzinstrument ab dessen erstmaliger Bilanzierung freiwillig und unwiderruflich zu seinem beizulegenden Zeitwert anzusetzen.[314] Eine willkürliche Einordnung von Finanzinstrumenten in die Bewertungskategorie at Fair Value through Profit or Loss ist demnach nicht mehr möglich. Allerdings können finanzielle Vermögenswerte und/oder Verbindlichkeiten nun in diese Bewertungskategorie eingeordnet werden, wenn die designierten Finanzinstrumente Bestandteil eines Portfolios sind, dessen Management und Performancemessung auf Fair-Value-Basis gemäß einer dokumentierten Risikomanagement- oder Anlagestrategie erfolgt und die damit verbundenen Informationen auf dieser Basis den Personen in Schlüsselpositionen intern zur Verfügung gestellt werden.[315] Die Fair Value Option ermöglicht somit dem Management Approach entsprechend die Abbildung von Portfolio Hedging-Strategien, wie sie im finanzwirtschaftlichen Risikomanagement vorkommen, auf Fair-Value-Basis ohne daß die Dokumentations- und Nachweispflichten des Hedge Accountings eingehalten werden müssen.[316]

Der Vorteil der Fair Value Option ist daher vor allem darin zu sehen, daß sie eine realistischere Abbildung von Sicherungsbeziehungen ermöglicht, wenn die Regelungen zum Hedge Accounting dies nicht erlauben.[317] Darüber hinaus entfallen die Dokumentations- und Nachweispflichten des Hedge Accounting, so daß eine Bilanzierung gem. der Fair Value Option kostensparender umgesetzt werden kann. Problematisch wird

---

[313] Vgl. Hommel/Hermann (Hedge Accounting 2003), S. 2506; Jerzembek/Große (Fair Value Option 2005), S. 222; zu grundsätzlichen Problemen im Zusammenhang mit der Fair-Value-Bewertung von Finanzinstrumenten vgl. grundlegend Breker/Gebhardt/Pape (Fair Value 2000), S. 735 ff; zur Problematik der Fair-Value-Ermittlung bei nicht marktgängigen Finanzinstrumenten vgl. auch Steiner/Wallmeier (Finanzinstrumente 1998), S. 322 ff.

[314] Vgl. Barckow/Glaum (Finanzinstrumente 2004), S. 196.

[315] Vgl. Kuhn (Finanzinstrumente 2005), S. 1345.

[316] Vgl. Schmidt (Fair Value Option 2005), S. 270 ff.

[317] Dies wird dadurch erreicht, daß sowohl Grund- als auch Sicherungsgeschäft zu ihrem Zeitwert angesetzt werden. Sofern das Sicherungsgeschäft eine 100%ige Sicherung herbeiführt, ergibt sich im Saldo keine Ergebnisauswirkung.

allerdings gesehen, daß die uneingeschränkte Fair-Value-Bewertung zu wesentlich stärkeren Ergebnisschwankungen in der GuV führen kann, da sämtliche wertbestimmenden Faktoren, also auch die ungesicherten Komponenten von Geschäften, bei der Wertermittlung zu berücksichtigen sind.[318]

7 IAS 11 – Umsatz- und Gewinnrealisation bei Fertigungsaufträgen

Weiteres Anwendungspotential für den Management Approach ergibt sich in Unternehmen bzw. Branchen, die langfristige Fertigungsaufträge durchführen, wie z.B. in der Bauindustrie, im Großanlagenbau, aber auch in der Softwareprojektentwicklung. Hier eröffnet die Vorschrift, langfristige Fertigungsaufträge entsprechend ihrem erzielten Fertigstellungsfortschritt zu bilanzieren, die Möglichkeit, die bilanzielle Abbildung auf Grundlage der im Rahmen von Projektmanagement und -controlling verwendeten Berichtsinstrumente vorzunehmen.

7.1 Grundlagen der Umsatz- und Gewinnrealisation

Die IFRS regeln die Umsatzrealisation auf genereller Ebene in IAS 18. Darüber hinaus wirkt sich IAS 11, der die Behandlung von Fertigungsaufträgen regelt, auf die Realisation von Umsätzen aus.[319] Das Realisationsprinzip stellt wie in der Rechnungslegung nach HGB auch nach IFRS den zentralen Abgrenzungsgrundsatz dar, der den für die Gewinnrealisation maßgeblichen Moment determiniert.[320] Allgemeine Voraussetzungen für eine erfolgswirksame Ertragsrealisation stellen die zuverlässige Bestimmbarkeit der Höhe des Ertrags sowie der wahrscheinliche, in Zusammenhang mit der Transaktion stehende, wirtschaftliche Nutzenzufluß dar.[321] Die hierdurch erzeugte Dominanz des true and fair view gegenüber dem Vorsichtsprinzip führt zu der Möglichkeit der Erfassung nicht nur bereits realisierter Erträge, sondern auch realisierbarer Erträge. Im Endeffekt werden Erträge nach IFRS damit frühzeitiger erfaßt, als dies z.B. nach HGB der Fall ist.[322]

Eine besondere Rolle kommt (insbes. langfristigen) Fertigungsaufträgen zu. Zur Realisation von Umsätzen und Erträgen, die aus Fertigungsaufträgen erzielt werden, stehen zum einen die Percentage-of-Completion-Methode und zum anderen die Completed-

---

318 Vgl. Jerzembek/Große (Fair Value Option 2005), S. 222.

319 Hier sei angemerkt, dass dies bei weitem eine deutlich geringere Regelungsdichte ist, als es bei den US-GAAP der Fall ist; vgl. Pilhofer (Gewinnrealisierung 2002), S. 64-73.

320 Vgl. m.w.N. Pilhofer (Gewinnrealisierung 2002), S. 141.

321 Vgl. IDW (IAS 1995), S. 41.

322 Vgl. Wöhe/Döring (Betriebswirtschaftslehre 2000), S. 1017.

Contract-Methode zur Verfügung. Während bei Anwendung der Percentage-of-Completion-Methode eine Umsatz- und Gewinnrealisation nach Maßgabe des erzielten Fertigstellungsfortschritts eines Fertigungsauftrages erfolgt, werden bei Anwendung der Completed-Contract-Methode Umsatz und Gewinn erst bei endgültiger Fertigstellung und Auslieferung des Auftrages buchhalterisch erfaßt. Die Percentage-of-Completion-Methode führt im Vergleich zur Completed-Contract-Methode, bei der bis zur Auslieferung nur die Selbstkosten aktiviert werden, also zu einem vorgezogenen Gewinnausweis.[323]

Grundsätzlich sind Fertigungsaufträge gem. IAS 11.22 zwingend nach der Percentage-of-Completion-Methode zu bilanzieren, sofern das Ergebnis eines Fertigungsauftrags verläßlich ermittelt werden kann.[324] Obwohl die Completed-Contract-Methode damit grundsätzlich nicht zulässig ist, besteht dennoch das faktische Wahlrecht, sie anzuwenden. Denn die Bedingung, daß die Auftragserlöse und die noch anfallenden Kosten verläßlich bestimmt werden müssen, kann vom Management sehr einfach unerfüllt gelassen werden. In diesem Fall wäre auf eine verlustfreie Bewertung auszuweichen, die im Grunde der handelsrechtlich vorherrschenden Completed-Contract-Methode gleichkommt.[325]

7.2 Percentage-of-Completion-Methode: Umsatz- und Gewinnrealisation entsprechend dem für interne Steuerungszwecke gemessenen Fertigstellungsgrad eines Fertigungsauftrages

Hinsichtlich der für die Anwendung der Percentage-of-Completion-Methode notwendigen Voraussetzungen differenziert das IASB zwischen Festpreis- und Cost-Plus-Verträgen. Festpreisverträge beinhalten feste Preisvereinbarungen während Cost-Plus-Verträge einen Preis auf Basis der Kosten zuzüglich einer festgelegten Marge ermitteln. Bei beiden Vertragstypen wird in IAS 11.23 f. vorausgesetzt, daß das bilanzierende Unternehmen wahrscheinlich in den Genuß der wirtschaftlichen Vorteile aus dem Vertrag kommt und daß es die auftragsbezogenen Kosten eindeutig und zuverlässig bestimmen sowie bewerten kann. Bei Festpreisverträgen muß das bilanzierende

[323] Vgl. Krawitz (Auftragsfertigung 1997), S. 893.

[324] Die Percentage-of-Completion-Methode, wie sie in den Vorschriften von IAS 11 geregelt wird, ist gem. IAS 18.21 auch die grundsätzlich vorgeschriebene Methode bei Dienstleistungsgeschäften. Die Regelungen des IAS 11 zur Percentage-of-Completion-Methode sind ausführlicher und beinhalten die Regelungen der IAS 18.20-28 in nahezu identischer Form. Vgl. hierzu ausführlich Plock (Ertragsrealisation 2004), S. 165 ff. Daher wird die bilanzielle Behandlung von Dienstleistungsgeschäften in dieser Arbeit nicht separat vertieft, sondern die Ausführungen zur Langfristfertigung gelten analog.

[325] Vgl. Kirsch (Bilanzierungswahlrechte 2003), S. 1113.

Unternehmen gem. IAS 11.23 darüber hinaus sowohl die erwarteten Gesamterlöse als auch den Fertigstellungsgrad des Fertigungsprojektes zuverlässig ermitteln können, um wie bei den Cost-Plus-Verträgen den Gesamterfolg bzw. den Erfolg an den einzelnen Stichtagen bestimmen zu können. Hierbei ergeben sich der auszuweisende Umsatz und Gewinn durch Multiplikation des Fertigstellungsgrades mit dem erwarteten Gesamtumsatz und -gewinn. Da die erwarteten Erlöse aus dem Fertigungsprojekt gem. IAS 11.12 zu ihrem Zeitwert angesetzt werden, führt eine frühere Fälligkeit des Zahlungspreises darüber hinaus zu einem höheren Ergebnisausweis.

Zur Messung des Fertigstellungsgrades eines Fertigungsauftrages hat das bilanzierende Unternehmen gem. IAS 11.30 die Methode zu wählen, die den Grad der Fertigstellung am verläßlichsten wiedergeben kann. Als solche Methoden zur Messung des Fertigstellungsgrades stehen einerseits inputorientierte und andererseits outputorientierte Methoden zur Verfügung. Inputorientierte Methoden zur Bestimmung des Fertigstellungsgrades orientieren sich am Verbrauch der zur Leistungserstellung notwendigen Produktionsfaktoren. Outputorientierte Methoden zur Bestimmung des Fertigstellungsgrades hingegen stellen auf den Anteil der erreichten Leistung an der zu erbringenden Gesamtleistung ab.[326]

Als inputorientiertes Verfahren ist zunächst die Cost-to-Cost-Methode zu nennen. Sie stellt zur Bestimmung des Fertigstellungsgrades auf das Wertverhältnis der bis zum Stichtag angefallenen kumulierten Istkosten zu den geschätzten Gesamtkosten des Projekts ab. Diese Schätzung der erwarteten Gesamtkosten des Auftrages ist gem. IAS 11.38 zu jedem Stichtag zu aktualisieren und der Fertigstellungsgrad abhängig von der aktuellsten Kostenschätzung zu ermitteln. Hierbei sind auch Kostensteigerungen zu berücksichtigen, die in vorangegangenen Schätzungen noch nicht bekannt gewesen waren und bspw. auf Schadensfälle, Verbrauchsabweichungen oder Preisänderungen der Inputfaktoren zurückzuführen sein können.

Da Schätzungsänderungen somit unmittelbar in der Periode ihres Bekanntwerdens erfolgswirksam erfaßt werden, folgt IAS 11 der sog. Cumulative-Catch-Up-Methode. In der Literatur werden neben dieser Methode noch weitere Verfahren zur Erfassung von Schätzungsänderungen diskutiert, insbes. die Reallocation-Methode, bei welcher die Effekte aus der Schätzungsänderung über die verbleibenden Restperioden des Ferti-

---

326 Vgl. Grau (Gewinnrealisierung 2002), S. 155 f.

gungsprojektes verteilt werden.[327] Der gem. IAS 11 anzuwendenden Cumulative-Catch-Up-Methode wird jedoch im Vergleich zu anderen Verfahren eine bessere Unterstützung der Anforderungen der Relevanz und der Anreizkompatibilität zugesprochen.[328]

Um Verzerrungen des Fertigstellungsgrades aufgrund von nicht leistungsbedingtem Wertverzehr zu unterbinden, dürfen nur solche Kosten in die Berechnung der kumulierten Istkosten einbezogen werden, die bis zum jeweiligen Stichtag auch tatsächlich zur Leistungserstellung verwendet wurden. Daher ist gem. IAS 11.31 bspw. eine Einbeziehung von gelieferten, aber noch nicht verwendeten Materialien oder an Lieferanten geleisteten Vorauszahlungen nicht erlaubt. Die Schätzung der erwarteten Gesamtkosten bis zur Auftragsfertigstellung kann umfangreichen Einfluß auf den in der Periode zu realisierenden Erfolg haben, da sie gem. IAS 11.38 nicht nur einmal zu Beginn des Auftrags durchzuführen, sondern zu jedem Stichtag zu aktualisieren ist. Die gesamten Auftragskosten umfassen gem. IAS 11.16 die dem Auftrag direkt zurechenbaren Kosten, allgemeine Kosten, die dem Auftrag anhand systematischer, rationaler Methoden indirekt zugeordnet werden können, sowie sonstige an den Auftraggeber weiterbelastbare Kosten.[329] Gem. IAS 11.18 ist auch dem Projekt zurechenbarer Zinsaufwand bei der Ermittlung des Projektergebnisses zu berücksichtigen.

Eine Vereinfachung gegenüber der Cost-to-Cost-Methode stellt das zweite nach IFRS zulässige inputorientierte Verfahren zur Bestimmung des Fertigstellungsgrades, die Efforts-Expended-Methode, dar. Im Rahmen dieser Methode werden nicht die Kosten, sondern lediglich unbewertete Mengeneinheiten der zur Leistungserstellung notwendigen Produktionsfaktoren zur Bestimmung des Fertigstellungsgrads betrachtet. Die Voraussetzung für die Anwendung dieser Methode ist somit, daß ein Auftrag in feste Inputeinheiten (z.B. Fertigungsstunden, Mengeneinheiten eines bestimmten Materials) unterteilt werden kann.[330]

Läßt sich ein Auftrag in mehrere separate Bestandteile zerlegen (z.B. Bauabschnitte, Teillieferungen), so kann der Fertigstellungsgrad auch nach der outputorientierten Units-of-Delivery-Methode bestimmt werden. Dieses Verfahren setzt die Zahl bzw.

---

[327] So existieren noch weitere Methoden wie z.B. die Limited-Cumulative-Catch-Up-Methode oder die Cost-Schedule-Methode; vgl. ausführlich Rudolf (Langfristfertigung 1996), S. 108 ff.

[328] Vgl. Kümpel (Fertigungsaufträge 2002), S. 909. Zu den Vor- und Nachteilen der beiden diskutierten Methoden bei Schätzungsänderungen vgl. auch Bischof (Percentage of Completion 1998), S. 12.

[329] Vgl. ausführlich Plock (Ertragsrealisation 2004), S. 131.

[330] Vgl. m.w.N. Pilhofer (Gewinnrealisierung 2002), S. 203 i.V.m. S. 197 f.

den Umfang der bereits fertiggestellten oder ausgelieferten Teilleistungen ins Verhältnis zur Zahl bzw. dem Umfang der insgesamt zu liefernden Teilleistungen. Das zweite outputorientierte Verfahren zur Bestimmung des Fertigstellungsgrades stellt die Earned-Value-Methode dar. Diese stellt auf die Vollendung eines physischen Teils des Gesamtwerkes ab. Hierbei kann sich der Value Added auf den Wert einer bis dato erbrachten Leistung oder auf realisierte Meilensteine beziehen.[331]

Da outputorientierte Methoden den Fertigstellungsgrad direkt messen, wird ihnen zwar eine höhere Genauigkeit bei der Bestimmung des Fertigstellungsgrades bescheinigt.[332] Allerdings bestehen insbesondere hinsichtlich der Verläßlichkeit der Messungen Bedenken, da die hohe Komplexität langfristiger Fertigungsprojekte einen hohen technischen Sachverstand erfordert, den insbesondere kaufmännisch geschultes Personal (Rechnungswesen, Wirtschaftsprüfer) nur selten aufbringen dürfte.[333] Darüber hinaus hat sich auch in der Praxis gezeigt, daß bei einer direkten Schätzung des Realisierungsgrades von Projekten durch die Projektveranwortlichen das „90%-Syndrom" auftrat, bei dem über weite Teile der Projektlaufzeit hinweg das Projekt als zu 90% fertiggestellt bezeichnet wurde.[334] In der Praxis wird daher vornehmlich auf inputorientierte Verfahren zur Messung des Fertigstellungsgrads zurückgegriffen, wobei der Cost-to-Cost-Methode die größte Bedeutung zukommt und geleistete Stundenvolumina oder der allgemeine Leistungsfortschritt sowie Meilensteine bzw. physischer Baufortschritt eine untergeordnete Rolle spielen.[335]

Allerdings wird die regelkonforme Anwendung der Percentage-of-Completion-Methode generell dadurch erschwert, daß in bezug auf einige von den für ihre Anwendung notwendigen Voraussetzungen nicht unerhebliche Schätzunsicherheiten bestehen.[336] So hängen u.a. die Wahrscheinlichkeit des Zuflusses ökonomischer Vorteile, die Schätzung des Fertigstellungsgrades und die Quantifizierung zurechenbarer Kosten von zahlreichen unsicheren Determinanten ab. Um diese Einflußfaktoren, welche auch für die interne Steuerung von Fertigungsprojekten maßgeblich sind, möglichst treffend

331 Vgl. m.w.N. Pilhofer (Gewinnrealisierung 2002), S. 203 i.V.m. S. 197 f.

332 Vgl. Bischof (Percentage of Completion 1998), S. 11; Weißenberger et al. (Unternehmensrechnung 2003), S. 32; ähnlich Grau (Gewinnrealisierung 2002), S. 156 f.

333 Vgl. Kümpel (Fertigungsaufträge 2002), S. 908.

334 Vgl. Coenenberg (Rechnung 2003), S. 425.

335 Vgl. Keitz (IAS-Praxis 2003), S. 154; Keitz (IAS-Praxis 2005), S. 197; zu ähnlichen empirischen Befunden für die USA vgl. Larson/Brown (Long-Term Contracts 2004), S. 213 f.

336 Vgl. hierzu und im folgenden Backhaus (Gewinnrealisierung 1996), S. 38 ff.; im Ergebnis ähnlich Mansch (Auftragsfertigung 2006), S. 108.

bestimmen zu können, ist das Vorhandensein eines Projektcontrollings erforderlich, welches dem Management Approach entsprechend gleichsam für interne Zwecke den Produktionsfortschritt überwacht und für externe Zwecke (sowohl bei Anwendung der input- als auch der outputorientierten Erfolgsmessungsmethoden) das erforderliche Datenmaterial zur Verfügung stellt.[337] Zur Installation eines solchen Projektcontrollings werden Unternehmen z.B. im Großanlagenbau darüber hinaus häufig auch von Fremdkapitalgebern mittels darlehensvertraglicher Vereinbarungen (Covenants) verpflichtet. Dies kann bspw. regelmäßige (ggf. von unabhängigen Gutachtern zu erstellende) Baufortschritts- bzw. Projektberichte oder Planzahlen für die kommenden Perioden beinhalten.[338] Dadurch, daß IAS 11 mehrere Methoden zur Messung des Leistungsfortschritts zuläßt, räumt das IASB den bilanzierenden Unternehmen ausreichenden Spielraum ein, um den Management Approach umzusetzen, indem sie bei der Umsatzrealisation an das unternehmensintern angewandte Projektcontrolling anknüpfen.

Abschließend ist anzumerken, daß, obwohl die Diskussion um die Percentage-of-Completion-Methode zwar häufig unter Bezugnahme auf langfristige Fertigungsaufträge geführt wird, diese Methode auch auf solche Fertigungsaufträge anwendbar ist, deren Zeithorizont deutlich unter einem Jahr liegt.[339] So kann auch bei relativ kurzen Aufträgen von nur einigen Monaten für Controllingzwecke eine kurzfristige, permanente Überwachung der Aufträge notwendig sein, um eine betriebswirtschaftlich sinnvolle Steuerung der Projekte zu gewährleisten. Diese Informationen können dem Management Approach folgend im externen Rechnungswesen bei der Erstellung von Quartals- oder Monatsabschlüssen wiederaufgenommen werden.[340]

8 IAS 16 – Sachanlagevermögen

Als letztes Anwendungsfeld des Management Approach sollen in diesem Abschnitt die Vorschriften des IAS 16 zur Bilanzierung von Sachanlagevermögen erörtert werden. Diese schaffen nämlich einige Umsetzungsmöglichkeiten für den Management Approach, auch wenn von diesen Regelungen – im Vergleich bspw. zu den Regelungen zur Segmentberichterstattung oder zu außerplanmäßigen Abschreibungen – geringere

---

337 Vgl. Grau (Gewinnrealisierung 2002), S. 153; Kirsch (Kostenrechnung 2002), S. 209; Kirsch (Controlling 2003), S. 15; Kirsch (IFRS 2005), S. 1157; Kümpel (Fertigungsaufträge 2002), S. 906 ff.; Müller/Ordemann/Pampel (Controlling 2005), S. 2123; Oehler (IFRS 2004), S. 210; Rudolf (Langfristfertigung 1996), S. 140; Weißenberger et al. (Unternehmensrechnung 2003), S. 32.

338 Vgl. Röver (Projektfinanzierung 2003), S. 80 f.

339 Vgl. m.w.N. Bischof (Gewinnrealisierung 1997), S. 114.

340 Vgl. Klein (Unternehmenssteuerung 1999), S. 165.

Auswirkungen auf die Bilanzen der Unternehmen ausgehen. Wie im folgenden gezeigt wird, bestehen in bezug auf die Bilanzierung von Sachanlagevermögen Umsetzungspotentiale für den Management Approach bei der Schätzung von Nutzungsdauern sowie der erwarteten Restwerte von Vermögenswerten. Darüber hinaus kann sich der Komponentenansatz auswirken, gemäß welchem Vermögenswerte in ihre Einzelteile aufzuteilen sind und deren Restwerte sowie Nutzungsdauern separat zu schätzen sind. Ferner eröffnet in Einzelfällen die Neubewertungsmethode, die unter bestimmten Voraussetzungen die Ermittlung von Zeitwerten erfordert, die Möglichkeit, im internen Rechnungswesen verwendete Bewertungsmodelle dem Management Approach folgend auch für die Bilanzierung zu verwenden.

8.1 Grundlagen der Bilanzierung von Sachanlagevermögen nach IAS 16

Das Sachanlagevermögen umfaßt gem. IAS 16.1 das Grundvermögen, die Gebäude und die maschinellen Anlagen. Ein Gegenstand des Sachanlagevermögens ist nach IAS 16.7 gemäß den allgemeinen Ansatzkriterien für Vermögensgegenstände dann zu aktivieren, wenn dem Unternehmen aus seiner Nutzung künftig wirtschaftliche Vorteile erwachsen und seine Anschaffungs- und Herstellungskosten zuverlässig ermittelt werden können. Sachanlagen sind demnach gem. IAS 16.6 Vermögenswerte, über die ein Unternehmen zur Herstellung oder Lieferung von Waren, Dienstleistungen etc. verfügt und welche voraussichtlich länger als ein Geschäftsjahr genutzt werden. Darüber hinaus gelten nur materielle Vermögenswerte als Bestandteile des Sachanlagevermögens.[341]

Im Zugangsjahr sind Sachanlagen gem. IAS 16.15 zu ihren Anschaffungs- oder Herstellungskosten anzusetzen. Bei der Bestimmung der Anschaffungskosten sind gem. IAS 16.16 auch Anschaffungspreisminderungen, Anschaffungsnebenkosten sowie nachträgliche Anschaffungskosten zu berücksichtigen. Bei der Behandlung von Fremdkapitalzinsen kommt dem Bilanzierenden nach IFRS ein Wahlrecht zu: Neben der grundsätzlichen sofortigen Verbuchung von Fremdkapitalkosten als Aufwand gem. IAS 23.7 können die Unternehmen diese Kosten gem. IAS 23.10 f. auch als Bestandteil der Anschaffungskosten aktivieren bzw. nachaktivieren. Sollen Fremdkapitalkos-

---

341 Vgl. Reinhart (Erfolgswirtschaftliche Abschlussanalyse 1998), S. 150. Die Definition des Sachanlagevermögens entspricht weitgehend der Definition nach HGB; dort zählen zum Sachanlagevermögen körperliche Gegenstände, die vom Betrieb dauernd genutzt werden; vgl. hierzu Winnefeld (Bilanzhandbuch 2002), Kap. F Tz. 160. Zum Sachanlagevermögen zählen nach HGB gem. § 266 Abs. 2 HGB z.B. Grundstücke, Gebäude, Anlagen, Maschinen, Betriebs- und Geschäftsausstattung.

ten als Herstellungskosten aktiviert werden, so wird hierfür eine akkurate Aufzeichnung durch das mit der Herstellung des Vermögensgegenstandes betraute Projektcontrolling für notwendig erachtet.[342]

8.2 Folgebewertung zu fortgeführten Anschaffungs- und Herstellungskosten entsprechend der Investitionsplanung

Wie auch in der handelsrechtlichen Rechnungslegung sind nach IFRS die Anschaffungs- oder Herstellungskosten eines Vermögensgegenstandes um planmäßige und ggf. außerplanmäßige Abschreibungen zu vermindern.[343] Die Grundlage für die planmäßigen Abschreibungen stellt die unternehmensspezifische wirtschaftliche Nutzungsdauer des jeweiligen Vermögensgegenstands dar, welche grundsätzlich auch von der allgemeinen wirtschaftlichen Nutzungsdauer (maximal mögliche Nutzungsdauer ohne Betrachtung unternehmensspezifischer Faktoren) abweichen kann.[344] Die nach HGB übliche Übernahme erheblich kürzerer oder längerer Nutzungsdauern auf Grundlage steuerlicher AfA-Tabellen ist n.h.M. grundsätzlich unzulässig.[345]

Der Management Approach wird dadurch umgesetzt, daß sich die vom Management festgelegte Investitionspolitik unmittelbar auf die anzusetzenden Nutzungsdauern von Vermögensgegenständen auswirkt.[346] Hierbei wird die Schätzung der Nutzungsdauer u.a. von der Erfahrung der Unternehmensleitung mit vergleichbaren Vermögensgegenständen abhängen.[347] Bei der Schätzung von Nutzungsdauern sollen gem. IAS 16.56 die folgenden Faktoren berücksichtigt werden:

- die erwartete Nutzung des Vermögenswertes durch das Unternehmen, die durch Berücksichtigung der Kapazität oder der Ausbringungsmenge ermittelt wird
- der erwartete physische Verschleiß in Abhängigkeit von Betriebsfaktoren wie der Anzahl der Schichten, in denen der Vermögenswert genutzt wird, und dem

---

342 Vgl. Kirsch (IFRS 2005), S. 1156 f.

343 Auch bzgl. der anwendbaren Abschreibungsmethoden besteht kein wesentlicher Unterschied zum HGB. So erlaubt IAS 16.62 die lineare, die degressive sowie die leistungsabhängige Abschreibung. Darüber hinaus ist auch nach IFRS der Stetigkeitsgrundsatz hinsichtlich der Anwendung von Abschreibungsmethoden zu beachten. Vgl. hierzu auch Grünberger/Grünberger (IAS und US-GAAP 2002), S. 28.

344 Vgl. Tanski (Sachanlagen 2005), S. 67 f.

345 Vgl. Weißenberger et al. (Unternehmensrechnung 2003), S. 35.

346 Vgl. Kirsch (IFRS 2005), S. 1159.

347 Vgl. Kümpel (Sachanlagen 2003), S. 383.

Reparatur- und Instandhaltungsprogramm sowie der Wartung und Pflege des Vermögenswertes während Stillstandszeiten.

- die technische Überholung auf Grund von Änderungen oder Verbesserungen in der Produktion oder von Änderungen in der Marktnachfrage nach Gütern oder Leistungen, die von diesem Vermögenswert erzeugt werden.
- rechtliche oder ähnliche Nutzungsbeschränkungen des Vermögenswertes wie das Ablaufen zugehöriger Leasingverträge.

Im Zusammenhang mit den planmäßigen Abschreibungen eines Vermögensgegenstandes hat die Unternehmensleitung eine weitere Schätzung vorzunehmen. Denn bei der Ermittlung des Abschreibungsvolumens ist auch auf den erwarteten Restwert des Vermögensgegenstandes abzustellen. Unabhängig von der zur Anwendung kommenden Folgebewertungsmethode ist dieser zu jedem Bilanzstichtag zu überprüfen. Allerdings führt das IASB an, daß der Restwert in den meisten Fällen unwesentlich sein dürfte, so daß er häufig vernachlässigbar sei. In der Folge mindert ein Restwert nur dann das Abschreibungsvolumen, wenn er wahrscheinlich wesentlich ist. Dies kann vor allem bei sehr großen Vermögensgegenständen wie Schiffen, Flugzeugen oder anderen Fahrzeugen der Fall sein.[348]

Besteht ein Vermögensgegenstand aus mehreren Teilen und weisen signifikante Teile des Vermögensgegenstands unterschiedliche Nutzungsdauern auf, so ist dieser Vermögensgegenstand gem. IAS 16.43 f. nicht in seiner Gesamtheit zu aktivieren. Vielmehr sind seine Komponenten unter Berücksichtigung des Wesentlichkeitsgrundsatzes gesondert zu aktivieren, wenn die einzelnen Bestandteile unterschiedliche Nutzungsdauern oder einen unterschiedlichen Wertminderungsverlauf aufweisen. Die Beachtung des Wesentlichkeitsgrundsatzes läßt eine Aufteilung von Vermögenswerten nur dann als geboten erscheinen, wenn es sich um Großanlagen oder sehr teure Anlagen handelt. In diesem Fall stellt i.d.R. weniger die Atomisierung des Gesamtvermögensgegenstandes ein Problem dar, sondern vielmehr die Aufteilung der Anschaffungs- und Herstellungskosten auf die Komponenten und die konkrete Schätzung der einzelnen Nutzungsdauern.[349] Die gem. IAS 16.45 erlaubte Gruppenbildung ermöglicht den Bilanzierenden eine den individuellen Verhältnissen entsprechende Anwendung. Auch wenn hierbei im Regelfall Schätzungen vorgenommen werden müssen, handelt es sich bei vielen Parametern um Informationen, wie sie intern bereits für die Instandhal-

---

[348] Vgl. Kümpel (Sachanlagen 2003), S. 383.

[349] Vgl. hierzu und im folgenden Hoffmann/Lüdenbach (Abschreibung 2004), S. 376 f.

tungsplanung oder Kapitalbedarfsplanung notwendig sind.[350] Insofern bietet sich dem Management Approach entsprechend eine Zweitverwendung dieser internen Planungsinformationen in der externen Rechnungslegung an.

8.3 Folgebewertung nach der Neubewertungsmethode – Notwendigkeit der Bestimmung von Zeitwerten

Prinzipiell kommt den bilanzierenden Unternehmen gem. IAS 16.30 das Wahlrecht zu, Vermögensgegenstände einer jährlichen Neubewertung zu unterziehen, anstatt diese Vermögenswerte zu ihren fortgeführten Anschaffungs- oder Herstellungskosten zu bewerten. Eine Neubewertung ist jedoch nicht für einzelne Vermögensgegenstände vorzunehmen, sondern darf gem. IAS 16.36 nur für komplette Klassen von Vermögensgegenständen erfolgen. Hierunter versteht IAS 16.37 mehrere Vermögensgegenstände ähnlicher Art oder Verwendung.

Der Neubewertungsbetrag entspricht gem. IAS 16.31 dem beizulegenden Zeitwert des Vermögensgegenstandes zum Neubewertungszeitpunkt abzüglich nachfolgender kumulierter planmäßiger Abschreibungen und eventueller außerplanmäßiger Abschreibungen gem. IAS 36. Führt die Neubewertung zu einem Buchwert über den fortgeführten Anschaffungs- oder Herstellungskosten, so ist die Differenz gem. IAS 16.39 nicht erfolgswirksam zu vereinnahmen, sondern in die Neubewertungsrücklage einzustellen. Der beizulegende Zeitwert wird in IAS 16.32 f. konkretisiert. Demnach handelt es sich beim beizulegenden Zeitwert im Regelfall um den geschätzten Marktwert der Sachanlagen. Da die Voraussetzungen für das Vorliegen eines aktiven Marktes[351] im Normalfall jedoch nicht erfüllt sein dürften, werden auch alternative Wertkonzepte zu dem Preis, der sich auf einem aktiven Markt bilden würde, zugelassen.[352] So wird für Gebäude und Grundstücke der Marktwert gem. IAS 16.32 normalerweise durch Sachverständigengutachten ermittelt. Für technische Anlagen sowie Betriebs- und Geschäftsausstattung sind gem. IAS 16.33 Schätzungen vorzunehmen. Läßt sich eine Schätzung nicht verläßlich vornehmen, so sind die fortgeführten Wiederbeschaffungskosten anzusetzen. Es kommt hier also die Ansicht des Managements zur Geltung. Im Rahmen einer Umsetzung des Management Approach hat das Management jedoch keine unmittelbaren Schätzungen vorzunehmen, sondern die Wertansätze der bilanziell

[350] Vgl. Andrejewski/Böckem (Komponentenansatz 2005), S. 79; Kley (Konvergenz 2006), S. 155 sowie veranschaulichend das Praxisbeispiel bei Focken/Schaefer (Sachanlagevermögen 2004), S. 2344 ff.

[351] Homogenität der gehandelten Güter, jederzeitige Verfügbarkeit williger Käufer und Verkäufer sowie öffentliche Verfügbarkeit von Preisen.

[352] Vgl. Tanski (Sachanlagen 2005), S. 95 ff.

neu bewerteten Vermögenswerte sind auf Grundlage systemgestützter Berechnungen zu ermitteln. Als solche können bspw. standardisierte Bewertungsmodelle für Immobilien gelten.

Die Neubewertungsmethode kommt in der Praxis bislang nur sehr spärlich zur Anwendung.[353] Wohl einen Grund für die in der Praxis geringe Anwendung der Neubewertungsmethode stellen die Probleme und verhältnismäßig hohen Kosten der Datenbeschaffung, die für die Durchführung von Neubewertungen notwendig sind, dar. So sind die neu zu bewertenden Vermögensgegenstände detailliert aufzuteilen und in vielen Fällen Sachverständigengutachten notwendig.[354]

Eine Sonderrolle kommt hinsichtlich der Neubewertung von Gegenständen des Sachanlagevermögens Immobilien zu, die zu Renditezwecken gehalten werden. Sofern das bilanzierende Unternehmen Immobilien als zu Renditezwecken gehalten klassifiziert, kommt für deren bilanzielle Behandlung IAS 40 zur Anwendung. Der wesentliche Unterschied besteht dann darin, daß Buchwertaufstockungen infolge einer Neubewertung nicht mehr erfolgsneutral in die Neubewertungsrücklage eingestellt werden, sondern erfolgswirksam zu vereinnahmen sind. Diese Vorgehensweise trägt der Vorstellung Rechnung, daß Performancemaßstäbe eines professionellen Immobilienmanagements nicht ausschließlich Erträge aus Vermietung und Verpachtung, sondern auch Marktwertsteigerungen darstellen.[355]

Bei der Bewertung von Renditeimmobilien verzichtet das IASB in IAS 40 auf externe Sachverständigengutachten, sondern gibt den bilanzierenden Unternehmen in IAS 40.33-52 detaillierte Regelungen zur Bestimmung der Fair Values derartiger Immobilien vor. Demnach hat der Fair Value die zum Abschlußstichtag vorherrschenden Markverhältnisse wiederzugeben. Sofern kein beobachtbarerer Marktwert für das zu bewertende Objekt vorliegt und das bilanzierende Unternehmen die Bewertung selbst vornimmt, hat es gem. IAS 40.46 Informationen verschiedenster Quellen zu berücksichtigen. Dies beinhaltet beobachtbare Marktwerte anderer Immobilien, die Preise vergleichbarer Verkaufsvorgänge der jüngeren Vergangenheit sowie die diskontierten

---

353 Vgl. Keitz (IAS-Praxis 2005), S. 59.

354 Vgl. Kümpel (Sachanlagen 2003), S. 386.

355 Vgl. Böckem/Schurbohm (Immobilienbilanzierung 2002), S. 38. Die erfolgswirksame Vereinnahmung solcher Wertsteigerungen gem. IAS 40 ist insofern von Bedeutung, als daß bei Anwendung von IAS 16 die gemäß der Neubewertungsmethode ermittelten Wertsteigerungen selbst bei Veräußerung des Vermögenswertes nicht erfolgswirksam vereinnahmt werden. Da kein sog. „recycling“, also die nachträgliche Erfolgswirksamkeit vormals erfolgsneutral erfaßter Wertsteigerungen, stattfindet, wird das Kongruenzprinzip (auch: clean surplus Prinzip) durchbrochen.

Cash-Flow-Prognosen, die aus der Immobilie erwartet werden. Bei der Prognose der Cash Flows sind bestehende Mietverhältnisse und andere Verträge, marktübliche Mieten in vergleichbarer Lage sowie die Unsicherheit von Zahlungsausfällen zu berücksichtigen. Als Schätzmethoden sind beispielsweise das Zukunftserfolgswertverfahren auf Basis abgezinster Mietzahlungsüberschüsse sowie das Sachwertverfahren, das den Fair Value aus Boden- und Bauwert ableitet, denkbar.[356]

In der Praxis kann davon ausgegangen werden, daß Unternehmen mit entsprechend spezialisierten Geschäftsmodellen (z.B. Wohnungsbaugesellschaften, Immobilien-AGs etc.) über standardisierte, im operativen Geschäft eingesetzte Bewertungsmodelle verfügen.[357] Diese für die interne Performancemessung und Entscheidungsfindung berechneten Wertansätze können im Sinne des Management Approach grundsätzlich auch in der externen Rechnungslegung verwendet werden. Hierbei kommt der Transparenz des Wertermittlungsprozesses besondere Bedeutung zu, um den Abschlußprüfern eine Untersuchung der Wertansätze zu ermöglichen.[358]

9 Fazit

In diesem Kapitel wurden zahlreiche Vorschriften in der IFRS-Finanzberichterstattung auf Umsetzungsmöglichkeiten für den Management Approach hin untersucht. Derartige Umsetzungspotentiale wurden beschrieben, und es wurde aufgezeigt, aus welchen Informationsquellen im Controlling entsprechende Management-Approach-Informationen grundsätzlich stammen können. Die potentiellen Anwendungsfelder des Management Approach sowie die beschriebenen möglichen Informationsquellen sind in Abbildung B-8 zusammengefaßt. Hierbei handelt es sich jedoch nicht um eine abschließende Aufzählung aller potentiellen Anwendungsfelder des Management Approach. So können neben den bisher dargestellten noch weitere Anwendungsfelder des Management Approach genannt werden, welche jedoch nur relativ geringe Umsetzungsmöglichkeiten für den Management Approach eröffnen.

Z.B. kann die Vorratsbewertung zum produktionsorientierten Vollkostenansatz gem. IAS 2 i.d.R. nur auf Grundlage der für interne Kalkulationszwecke genutzten Kostenrechnungssysteme erfolgen. Ferner erscheint es als notwendig, mit Planungsrechnungen die zukünftige Profitabilität des Unternehmens nachzuweisen, um die Werthal-

---

356 Vgl. Kümpel (Sachanlagen 2003), S. 386.

357 Zu verschiedenen international anerkannten Wertermittlungsmethoden in der Immobilienbranche vgl. Beck (Investment Properties 2004), S. 500 ff.; Böckem/Schurbohm (Immobilienbilanzierung 2002), S. 44 ff.

358 Vgl. Böckem/Schurbohm-Ebneth (Immobilien 2003), S. 342.

tigkeit gem. IAS 12 aktivierter latenter Steuern zu belegen. Abhängig von der unternehmensindividuellen Situation können sich grundsätzlich auch hinsichtlich der Rückstellungsbildung gem. IAS 37 und IAS 19 Anwendungsmöglichkeiten für den Management Approach ergeben. In der Regel ist allerdings davon auszugehen, daß hierbei keine umfangreiche Nutzung von Steuerungsinformationen erfolgen wird. Vielmehr wird die unmittelbare Ausnutzung von Ermessensspielräumen für Bilanzierungszwecke eine wesentliche Rolle spielen. Eine ähnliche Situation ergibt sich bzgl. der Vorschriften des IFRS 5 zu Angaben über einzustellende Geschäftsbereiche. Zwar ist davon auszugehen, daß Desinvestitionen auf Grundlage umfangreicher interner Analysen erfolgen. Die Vorschriften des IFRS 5 führen allerdings zu einer späten, mitunter kurz vor dem tatsächlichen Verkauf einer Unternehmensteileinheit erfolgenden, externen Berichterstattung. Es ist davon auszugehen, daß zu diesem Zeitpunkt bereits entsprechende Berichtsstrukturen für die Unternehmensteileinheit aufgebaut wurden, auf die direkt zurückgegriffen werden kann. Abschließend ist zu erwähnen, daß die Regelungen des IFRS 7 (Angabepflichten zu Finanzinstrumenten) in Zusammenhang mit den oben dargestellten Umsetzungsmöglichkeiten für den Management Approach, die IAS 39 eröffnet, zu sehen sind. Diese Regelungen sehen u.a. vor, daß Informationen über finanzwirtschaftliche Risiken so im Anhang offenzulegen sind, wie sie in den internen Managementinformationssystemen enthalten sind.[359]

Nach Ansicht des Verfassers stellen die Vorschriften, die in den Abschnitten B.1 bis B.8 dargestellt wurden, die derzeit wichtigsten und umfangreichsten Umsetzungsmöglichkeiten für den Management Approach dar. Nachdem in diesem Kapitel grundlegend dargestellt wurde, welche Controllinginformationen für derartige Umsetzungen des Management Approach Verwendung finden können, befaßt sich das folgende Kapitel C mit der Frage, welche Controllinginformationen überhaupt geeignet sind, um eine Verwendung in der externen Rechnungslegung finden zu können, und wie die Steuerungssysteme ausgestaltet sein sollten, um auch extern verwendbare Informationen zur Verfügung stellen zu können.

---

359 Zu den in diesem Standard enthaltenen Regelungen vgl. ausführlich Löw (Finanzinstrumente 2005), S. 2175-2184.

Vorschrift	Anwendungsfeld des Management Approach	Interne Informationsquellen
IAS 14	Segmentabgrenzung	Interne Organisations- und Berichtsstruktur
	Segmentinformationen	Interne Steuerungsgrößen Konzerntransferpreisrichtlinien Internes Management Reporting
IAS 36	Identifikation von Triggering Events	Interne Performance-Berichte Risikomanagement M&A-Controlling
	ZGE-Abgrenzung	Interne Organisations- und Berichtsstruktur
	Impairment Tests	Interne Planungs- und Kontrollrechnungen M&A-Controlling
IFRS 3	Identifikation und Bewertung von Vermögenswerten, Schulden und Eventualschulden	Due-Diligence-Unterlagen M&A-Controlling Interne Planungen
	Goodwillallokation	Due-Diligence-Unterlagen M&A-Controlling Interne Planungen
IAS 38	Bewertung von erworbenen immateriellen Vermögenswerten	Eigenentwickelte Bewertungsverfahren
	Aktivierung selbsterstellter immaterieller Vermögenswerte	F&E-Controlling
HGB DRS 5 DRS 15	Lageberichterstattung	Interne Planungen Interne Management-Berichte Risikomanagement
IAS 1	Gliederung von Bilanz und GuV	Aufbau interner Planungs- und Kontrollrechnungen
IAS 39	Bilanzierung von Sicherungsbeziehungen	Finanzwirtschaftliches Risikomanagement
IAS 11	Percentage-of-Completion-Methode	Projektcontrolling von Fertigungsaufträgen
IAS 16	Schätzung von Nutzungsdauern und Restwerten	Investitionsplanung
	Neubewertungsmethode	Eigenentwickelte Bewertungsverfahren

Abbildung B-8: Zusammenfassung wesentlicher Anwendungsfelder des Management Approach

C Informationsgrundlagen im Controlling für die Umsetzung des Management Approach

Im vorangehenden Kapitel B erfolgte eine Bestandsaufnahme der schwerpunktmäßigen Anwendungsfelder des Management Approach, und die jeweils für eine entsprechende Umsetzung des Management Approach notwendigen Controllinginformationen wurden identifiziert sowie teilweise grob skizziert. Dieses Kapitel baut auf der vorgenommenen Bestandsaufnahme auf, indem zunächst die Controllingfelder kategorisiert werden, die die für eine Umsetzung des Management Approach benötigten Informationen zur Verfügung stellen können. Entsprechend dieser Kategorisierung werden die idealtypischen Ausgestaltungsformen der relevanten Steuerungs- und Controllingsysteme dargelegt, und es wird analysiert, welche Informationen vorliegen und in welcher Form diese aufbereitet sein sollten, um eine möglichst effektive und effiziente Umsetzung des Management Approach zu ermöglichen.

1 Kategorisierung von zur Umsetzung des Management Approach benötigten Informationen aus dem Controlling

Die Umwelt, in der Unternehmen agieren, ist in der Regel von einer Dynamik und Komplexität geprägt, welche u.a. zu abrupten Änderungen der Umweltsituation führen kann. Die Aufgabe des Managements ist es in diesem Kontext, solche Änderungen frühzeitig zu erkennen und zukunftsweisende Handlungen zu initiieren, die den Bestand und den Erfolg des Unternehmens gewährleisten. Um Entscheidungsregeln für die Ableitung von Handlungsmöglichkeiten zu entwickeln, benötigen die Manager einen Referenzrahmen. Aus diesem Referenzrahmen heraus werden normative Modelle in Form von Instrumenten, Mechanismen und Vorgehensweisen entwickelt, welche die Manager darin unterstützen, die Komplexität der zu verarbeitenden Informationen zu reduzieren sowie den Einfluß subjektiver Faktoren zu vermindern, um so die zukünftige Ungewißheit zu reduzieren und optimale Entscheidungen herbeizuführen.[360]

Da auf allen Ebenen und in allen Bereichen eines Unternehmens Entscheidungen getroffen werden müssen, werden auch auf all diesen Entscheidungsfeldern geeignete Instrumente benötigt, die das Management zur Erhebung und Verarbeitung der zur Entscheidungsfindung notwendigen Informationen nutzen kann. Insbesondere in Ab-

---

[360] Vgl. Horváth (Controlling 2001), S. 3-10; Külpmann (Controlling 2005), S. 9 f.; Schoppek/Putz-Osterloh (Information 2004), S. 489 f.; Teichert/Wartburg (Management 2004), S. 800.

hängigkeit von Hierarchieebene und Funktionsbereich im Unternehmen sowie Art und Umfang der zu treffenden Entscheidungen können sich diese Instrumente erheblich unterscheiden. Hierbei ist es eine Kernaufgabe des Controllings, das Management sowohl methodisch als auch inhaltlich im Rahmen der Informationsgewinnung und -verarbeitung zu unterstützen.[361] Da die Finanzberichterstattung die Gesamtheit des unternehmerischen Geschehens und damit unterschiedlichste Sachverhalte abbildet, können bei einer Finanzberichterstattung gemäß dem Management Approach grundsätzlich auch Informationen aus verschiedenen Controllingfeldern zur Anwendung kommen. Diese Felder können in die vier Kategorien Organisations- und Berichtsstruktur, Risikomanagementsysteme, Planungs- und Kontrollrechnungen sowie Projektcontrolling eingeteilt werden. Abbildung C-1 veranschaulicht die Beziehungen zwischen diesen Kategorien und den in Kapitel B identifizierten wesentlichen Anwendungsfeldern des Management Approach.

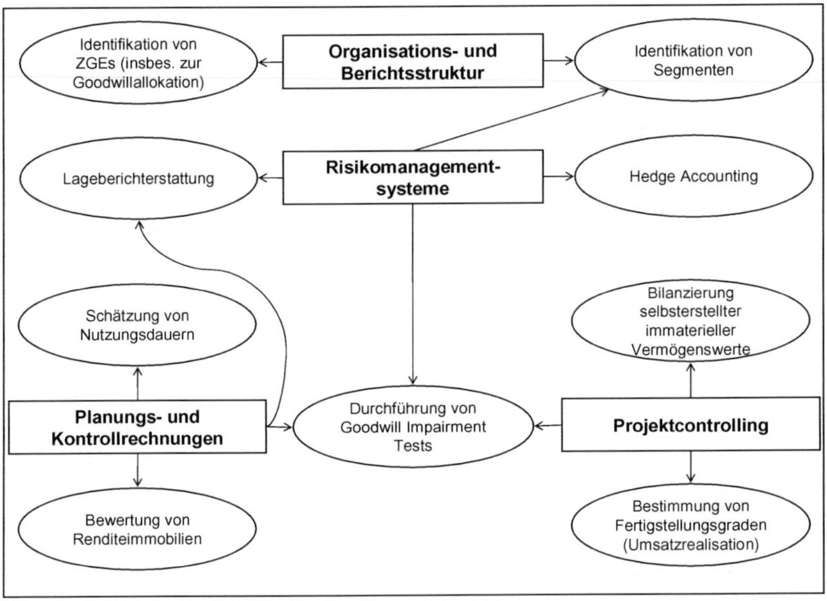

Abbildung C-1: Kategorisierung von zur Umsetzung des Management Approach geeigneten Controllingfeldern

[361] Vgl. bspw. Weißenberger (IFRS 2007), S. 30 ff.

2 Organisations- und Berichtsstruktur

Wie aus Abbildung C-1 ersichtlich, existieren in der externen Finanzberichterstattung zwei Bezugspunkte zur internen Organisations- und Berichtsstruktur, die eine Umsetzung des Management Approach ermöglichen. Dies sind die Abgrenzung von Segmenten in der Segmentberichterstattung sowie die Abgrenzung von ZGEs insbesondere zur Allokation von derivativem Goodwill. Die Einordnung dieser beiden Bezugspunkte in die vorgenommene Kategorisierung von zur Umsetzung des Management Approach geeigneten Controllingfeldern ist in Abbildung C-2 veranschaulicht.

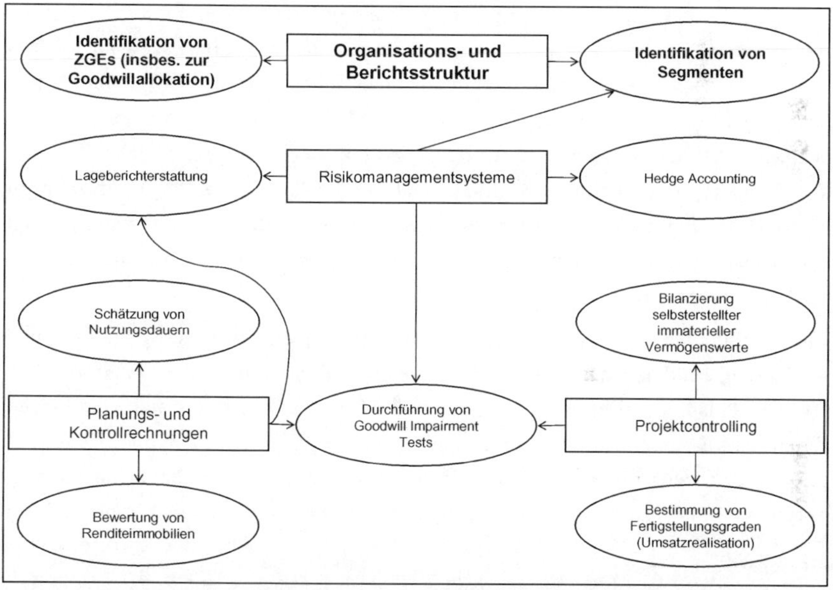

Abbildung C-2: Bezugspunkte der internen Organisations- und Berichtsstruktur zur externen Finanzberichterstattung

Da in der Praxis zahlreiche verschiedene Organisationsformen zu beobachten sind, werden in diesem Abschnitt die am häufigsten vorkommenden Organisationsformen aufgegriffen und hinsichtlich ihrer Eignung zur Segment- und ZGE-Abgrenzung entsprechend dem Management Approach untersucht.

2.1 Grundlagen der Organisation und Organisationsstruktur als Determinante des Berichtswesens

Die oberste Managementebene einer Gesellschaft (bei Aktiengesellschaften der Vorstand) erhält von den Kapitaleignern das Recht, Einfluß auf das von den Kapitaleignern bereitgestellte Vermögen zu nehmen, indem es Kombinationen der Elementarfaktoren vornimmt.[362] Daher wird als Hauptziel der Handlungen des Managements regelmäßig die Maximierung der Wertschöpfung durch das Unternehmen gesehen.[363] Da in Unternehmen die Vermehrung des von den Kapitaleignern bereitgestellten Vermögens durch die gemeinsame Arbeit einer Vielzahl von Individuen erfolgt und mit der Arbeitsteilung in Form der Spezialisierung signifikante Produktivitätsgewinne einhergehen,[364] ist es notwendig, daß sich Unternehmensteileinheiten auf bestimmte Aufgaben spezialisieren und in Kooperation mit auf andere Aufgaben spezialisierten Unternehmensteileinheiten treten.[365] Hierfür delegiert die oberste Managementebene ihr von den Kapitaleignern erhaltenes Recht zur Nutzung des bereitgestellten Vermögens an weitere Führungskräfte auf nachgelagerten Managementebenen im Rahmen von Über/Unterordnungsbeziehungen. Die Gesamtheit dieser Delegationsbeziehungen wird als Aufbauorganisation des Unternehmens bezeichnet.[366]

Die Aufbauorganisation schafft also den Rahmen, innerhalb dessen Führungs- und Ausführungshandlungen ablaufen können, und wird ergänzt durch die Ablauforganisation. Die Ablauforganisation legt fest, wie Aufgaben bzw. Aufträge konkret auf Stellen verteilt und in ihrer Zeitdimension festgelegt werden.[367] Im Konzern, d.h. bei Vorliegen von zwei oder mehr rechtlichen Einheiten, die unter einer einheitlichen Leitung stehen, wird das Ausfüllen der Delegationsbeziehungen zwischen der obersten und den

---

362 Vgl. Weißenberger (Erfolgsrechnung 2003), S. 30.

363 Vgl. bspw. Jost (Organisation 2000), S. 283. Zur Gewinnmaximierung als übergeordnete unternehmerische Zielsetzung im Zusammenhang mit weiteren unternehmerischen Zielen vgl. bspw. Korndörfer (Unternehmensführung 1995), S. 36 ff., sowie die Ausführungen in Abschnitt C.4.2.3.

364 Vgl. Alt (Unternehmensführung 2004), S. 188; Hungenberg/Wulf (Unternehmensführung 2004), S. 182.

365 Vgl. bspw. Laux/Liermann (Organisation 2003), S. 1. Hierbei führen sowohl eine zunehmende Unternehmensgröße als auch eine zunehmende Unternehmenskomplexität zu einer größeren Zahl spezialisierter Unternehmensteileinheiten sowie Hierarchieebenen. Vgl. Bernhardt/Witt (Unternehmensleitung 1999), S. 832.

366 Vgl. Küpper (Controlling 2001), S. 265 f.

367 Vgl. Weber (Controlling 1999), S. 254. Zu beachten ist hierbei, daß die Differenzierung in Aufbau- und Ablauforganisation fließend ist.

nachgelagerten Managementebenen als Konzernführung bzw. Konzernsteuerung bezeichnet.[368] Im Kontext der Führungsorganisation steht die Delegation von Entscheidungs- und Durchsetzungsaufgaben im Vordergrund.[369]

Bevor eine Managementebene eine an sie delegierte Entscheidung treffen kann, muß sie zu deren Fundierung Informationen gewinnen und verarbeiten.[370] Die Informationsflüsse der Aufbau- und Ablauforganisation haben daher das Ziel, Entscheidungsträger innerhalb des Unternehmens mit den Informationen zu versorgen, die sie in ihrer Entscheidungsfindung zur Lösung der ihnen zufallenden Teilprobleme benötigen. Hierbei muß der Umfang der Informationen, die den Entscheidungsträgern zur Verfügung gestellt werden, sowohl qualitativ als auch quantitativ verarbeitbar sein.[371]

Die Verteilung von Aufgaben auf organisatorische Einheiten wirkt sich also unmittelbar auf den Informationsbedarf dieser Einheiten aus, so daß die Organisation eine wesentliche Determinante des Berichtswesens bildet. Denn in Abhängigkeit von Umfang und Ausmaß der zu treffenden Entscheidungen sowie von Zahl und Art der an der Entscheidungsfindung beteiligten Stellen müssen Informationen unterschiedlich erhoben und aufbereitet werden. Hierbei führt die Zerlegung von Entscheidungen auf mehrere Stellen und Bereiche tendenziell zu einem Bedarf an detaillierteren und spezifischeren Informationen, als wenn Entscheidungen zentral getroffen werden.[372]

In Abhängigkeit vom Ausmaß der Koordinationsnotwendigkeit einzelner Organisationseinheiten, die auch durch den Dezentralisationsgrad der Organisation bestimmt wird, kommt der Hierarchie als Koordinationskonzept herausragende Bedeutung zu.[373] Um Informationen über die Zielerreichung getroffener Entscheidungen zu generieren, ist es notwendig, daß aus Perspektive der übergeordneten Stelle eine Abbildung der betrieblichen Prozesse auf allen untergelagerten sowie der eigenen Unternehmensebene im Rechnungswesen erfolgt. Hierfür muß sich auch das Rechnungswesen an den in

---

368 Vgl. Weißenberger (Erfolgsrechnung 2003), S. 30.

369 Vgl. Seidel/Redel (Organisation 1987), S. 35.

370 Vgl. Frese (Organisation 1995), S. 36.

371 Vgl. Egger/Winterheller (Unternehmensplanung 1996), S. 13; Jost (Organisation 2000), S. 66 f.

372 Vgl. Küpper (Controlling 2001), S. 269 f.

373 Vgl. Bühner (Organisation 1999), S. 123 f.; Laux/Liermann (Organisation 2003), S. 97 ff. Neben der Hierarchie werden in der Literatur bspw. auch die Koordination durch Programme oder durch Selbstabstimmung diskutiert; vgl. Weber (Controlling 1999), S. 139 f.

der Unternehmensorganisation vorhandenen Hierarchiestrukturen ausrichten.[374] Daher ist insbesondere die von der Organisation abhängige Aufteilung von Entscheidungsfeldern bestimmend für die Segmentierung der Rechnungssysteme und die in ihnen zu lösenden Probleme.[375]

Die Unternehmensleitung ist den Investoren gegenüber unmittelbar verantwortlich. Daher erfolgt die Berichterstattung im externen Rechnungswesen auch aus Perspektive der Unternehmensleitung. Da die Unternehmensleitung unabhängig von der organisatorischen Struktur des Unternehmens dessen oberste Instanz darstellt, sind die ihr zur Verfügung gestellten Informationen in der Regel durch den höchsten Aggregationsgrad im Unternehmen gekennzeichnet. Da die Weitergabe von Weisungen innerhalb der Hierarchie im Regelfall an die nächste unmittelbar untergeordnete Einheit erfolgt, werden darüber hinaus Informationen über die entsprechende Ebene benötigt.[376]

2.2 Grundtypen von Organisationsformen und deren Eignung für die Abgrenzung von Segmenten und Goodwill tragenden ZGEs

Wie in den Abschnitten B.1.1.1, B.2.3.1 und B.3.3 gesehen, greift die IFRS-Rechnungslegung durch den Management Approach bei der Abgrenzung berichtspflichtiger Segmente in der Segmentberichterstattung sowie bei der Identifikation von ZGEs insbes. zur Goodwillallokation auf die interne Organisationsstruktur der bilanzierenden Unternehmen zurück. Im folgenden sollen in der Praxis beobachtbare wichtige Organisationsformen näher betrachtet und ihre Eignung als Grundlage für eine Umsetzung des Management Approach auf die beiden genannten Schnittstellen untersucht werden. Um geeignete Beurteilungskriterien für diese Untersuchung zu erlangen, sollen hier zunächst die wesentlichen organisatorischen Eigenschaften, die Segmente sowie Goodwill tragende ZGEs[377] auszeichnen, zusammenfassend wiederholt werden.

---

374 Vgl. Richter (Rechnungswesen 2002), S. 81 f.

375 Vgl. Küpper (Controlling 2001), S. 269 f.

376 Vgl. Hahn/Hungenberg (PuK 2001), S. 51. Die Delegation von Aufgaben kann nicht nur an untergeordnete, sondern auch an nebengeordnete Stellen erfolgen. Da jedoch auf oberster Führungsebene keine nebengeordnete Stelle existieren kann, soll diese Alternative hier nicht weiter untersucht werden.

377 Wie in Abschnitt B.3.3.1 gesehen kann derivativer Goodwill auch auf Gruppen von ZGEs zugeteilt werden. Im folgenden werden jedoch aus Gründen der terminologischen Vereinfachung sowohl einzelne als auch Gruppen von ZGEs, denen Goodwill zugeteilt wird, einheitlich als Goodwill tragende ZGEs bezeichnet.

Anschließend werden die im folgenden dargestellten organisatorischen Gestaltungsalternativen von Unternehmen hinsichtlich dieser Eigenschaften beurteilt.

Interne Organisationseinheiten können dann für die Segmentabgrenzung herangezogen werden, wenn sie die gem. IAS 14 prinzipiell geltenden Segmentvoraussetzungen erfüllen. So müssen sie

1. entweder eine geographische Region oder einen Geschäftsbereich (Gruppe von Produkten / Dienstleistungen) darstellen,
2. Risiken und Erträgen (d.h. Umsatzerlöse am Absatzmarkt erzielen)[378] ausgesetzt sein,
3. sich innerhalb des Segmentes nicht wesentlich, jedoch von den Risiken und Erträgen anderer Segmente unterscheiden.

Wie in den Abschnitten B.2.3.1 und B.3.3 gesehen stellt eine Goodwill tragende ZGE die niedrigste organisatorische Hierarchieebene dar, auf der das Management den Goodwill überwacht.[379] Darüber hinaus bildet eine ZGE einen vollständigen Leistungserstellungsprozeß ab,[380] indem sie

1. Zahlungsmittelzuflüsse generieren kann,
2. dies durch die fortgesetzte Nutzung von Vermögenswerten erfolgt, und
3. die generierbaren Zahlungsmittelzuflüsse weitgehend unabhängig von den Zahlungsmittelzuflüssen, die von anderen ZGEs oder Vermögenswerten generiert werden können, sind.[381]

---

378 Vertikal integrierte Segmente, die ihre Umsatzerlöse nicht mehrheitlich aus Transaktionen mit externen Dritten erzielen, sind nicht berichtspflichtig (vgl. Abschnitt B.1.1.2). In der Bilanzierungspraxis dürfte eine Berichterstattung über vertikal integrierte Segmente außerdem den Ausnahmefall darstellen. Vgl. hierzu die empirischen Untersuchungen von Alvarez/Fink (Qualität 2003), S. 278 f. und Keitz (IAS-Praxis 2005), S. 250 f., denen zufolge für Segmente immer externe Umsatzerlöse veröffentlicht werden. Im folgenden wird daher ebenfalls davon ausgegangen, daß ein Segment den wesentlichen Teil seiner Erträge mit externen Dritten erzielt.

379 Für die in diesem Abschnitt stattfindende Untersuchung ist die Hierarchieebene jedoch irrelevant. Denn durch die Wahl einer Hierarchieebene, für die eine Finanzberichterstattung für interne Zwecke erfolgt, wählt das Management unmittelbar auch die Ebene, auf der Goodwill zugeteilt wird.

380 Vgl. auch m.w.N. Haaker (Controlling 2005), S. 352.

381 Das Vorhandensein eines aktiven Marktes für die Outputs der ZGE, also die Möglichkeit, Zahlungsmittelzuflüsse zu generieren, ist ausreichend für die Qualifikation als ZGE. Ein tatsächlicher Abverkauf am Markt muß nicht vollzogen werden. Vgl. Abschnitt B.3.2.1.

2.2.1 Grundtypen von Organisationsstrukturen

Während bei eindimensionalen Organisationsstrukturen die Zerlegung des Organisationssystems in Teilsysteme nach einem einzigen Kriterium erfolgt, werden bei mehrdimensionalen Organisationsstrukturen mehrere Kriterien zur Abgrenzung der organisatorischen Teilsysteme verwendet.[382] Zu den in der Praxis beobachtbaren eindimensionalen Organisationsformen zählen insbesondere die funktionale (Wertschöpfungskette bzw. Prozesse als Abgrenzungskriterium), divisionale (Abgrenzung nach Produkten oder Geschäftsbereichen) und die regionale (Abgrenzung nach Absatzmärkten) Organisationsform.[383] Divisionale und regionale Gliederungen lösen sich häufig auf den unteren Hierarchieebenen in einer funktionalen Struktur auf.[384] Als zweidimensionale Organisationsform spielt in der Praxis hauptsächlich die Matrixorganisation eine Rolle. Diese tritt in der Regel als Kombination von zwei der drei genannten eindimensionalen Abgrenzungskriterien auf und macht beide jeweils integrierten Zentralisationsmerkmale in gleichberechtigter Weise zum Gegenstand der Leitung.[385]

Eine **funktionale Organisation** ist gekennzeichnet durch eine Unterteilung des betrieblichen Wertschöpfungsprozesses in Funktionsbereiche wie Beschaffung, Produktion, Absatz etc.[386] Die Unterteilung des Gesamtunternehmens in Funktionsbereiche führt dazu, daß diese Teilbereiche nicht autonom handeln können, sondern aufgrund ihrer Verflechtungen innerhalb des betrieblichen Wertschöpfungsprozesses zahlreiche Interdependenzen zwischen den Funktionsbereichen bestehen. Der hieraus resultierende Koordinationsbedarf bewirkt eine Tendenz zur Zentralisation ressortübergreifender Entscheidungen durch die Unternehmensleitung.[387] Hierbei greift die Unternehmensleitung entweder selbst permanent in operative Geschäftsentscheidungen ein oder installiert Koordinationsausschüsse, die die Abstimmung der Tätigkeiten der einzelnen Funktionsbereiche vornehmen.[388] Da sich die einzelnen Funktionen auf die Verrichtung ihrer spezialisierten Tätigkeiten beschränken und diese darüber hinaus für sämtliche Produkte oder Dienstleistungen des Unternehmens auf sich konzentrieren, sind sie

---

382 Vgl. Frese (Organisation 1995), S. 188.

383 Vgl. Bühner (Organisation 1999), S. 178; Weber (Controlling 1999), S. 253 f.; m.w.N. Hungenberg/Wulf (Unternehmensführung 2004), S. 196.

384 Vgl. Weißenberger (Erfolgsrechnung 2003), S. 35.

385 Vgl. Bühner (Organisation 1999), S. 167.

386 Vgl. Macharzina (Unternehmensführung 2003), S. 421.

387 Vgl. Laux/Liermann (Organisation 2003), S. 289.

388 Vgl. Frese (Organisation 1995), S. 342 f.

u.a. in der Lage, steigende Skalenerträge und Synergiepotentiale zu nutzen.[389] In einer funktionalen Organisation ergeben sich i.d.R. keine größeren Probleme, solange das Gesamtgeschäft überschaubar und wenig verzweigt ist. Mit zunehmendem internationalem Unternehmenswachstum und dem Aufbau einer vielgliedrigen Unternehmensstruktur verkompliziert sich die einheitliche Geschäftsführung in der funktionalen Organisationsstruktur jedoch, da die Ressortleiter der Funktionsbereiche ihre Funktionsinteressen in den Vordergrund stellen, so daß in der Geschäftsführung nicht mehr das unternehmerische Gesaminteresse, sondern Ressortegoismen im Mittelpunkt der Auseinandersetzung stehen. In der Folge sind organisatorische Effizienzverluste wahrscheinlich.[390]

Hinsichtlich der Eignung einer funktionalen Organisationsform für die Segmentabgrenzung ist zunächst davon auszugehen, daß eine Segmentabgrenzung unter Rückgriff auf die funktionale Organisation nicht unmittelbar möglich ist. Denn die funktionale Organisation ist nach Tätigkeitsbereichen ausgerichtet, wobei regionale sowie produktbezogene Aspekte grundsätzlich eine untergeordnete Rolle spielen. Ferner erbringen die meisten Teilbereiche in einer funktionalen Organisationsstruktur ihre Leistungen intern, d.h. an andere funktionale Teilbereiche desselben Unternehmens. Damit ist eine unmittelbare Zurechnung von Umsatzerlösen auf die Funktionsbereiche mit Ausnahme des Vertriebs nicht möglich.[391] Sollten diese beiden Kriterien für die Segmentabgrenzung ausnahmsweise doch erfüllt sein, so ist die Chancen-/ Risikenhomogenität innerhalb des Segments und -unterschiedlichkeit von anderen Segmenten zu untersuchen. Ob dieses Kriterium erfüllt ist, muß in der Regel vor dem unternehmensindividuellen Hintergrund beurteilt werden, so daß an dieser Stelle keine allgemeingültige Aussage getroffen werden kann. Denn beispielsweise kann sich die Beschaffungsabteilung auf den Rohstoffmärkten mit Chancen und Risiken konfrontiert sehen (z.B. volatile Rohstoffmarktpreise, Beschaffungsengpässe), die sich wesentlich von jenen unterscheiden, denen der Vertrieb gegenübersteht (z.B. destruktiver Wettbewerb mit Konkurrenten, Abhängigkeit von zentralen Abnehmern). Gleichzeitig muß allerdings festgehalten werden, daß die umfangreichen Interdependenzen zwischen den Funktionsbereichen auch dazu führen, daß ihre Chancen und Risiken gegenseitigen Einflüssen unterliegen. So können bspw. Beschaffungsprobleme die Produktion

389 Vgl. Jost (Organisation 2000), S. 462.

390 Vgl. Bühner (Organisation 1999), S. 134; Hungenberg/Wulf (Unternehmensführung 2004), S. 199.

391 Vgl. Bühner (Organisation 2004), S. 128.

beeinträchtigen und in der Folge Absatzschwierigkeiten herbeiführen oder Absatzvolumina, die weit hinter den ursprünglichen Erwartungen bleiben, dazu führen, daß Lieferanten zugesagte Mindestabnahmemengen nicht mehr einhalten können.

Zusammenfassend ist daher zu konstatieren, daß sich eine Segmentabgrenzung unter Zugrundelegung einer funktionalen Organisationsstruktur als schwierig erweisen dürfte, wenngleich sie vor dem Hintergrund der individuellen Unternehmenssituation nicht vollständig ausgeschlossen werden sollte.

Auch hinsichtlich der Eignung einer funktionalen Organisationsform für die Abgrenzung von ZGEs ist festzustellen, daß die meisten Funktionsbereiche mit Ausnahme des Vertriebs keine Umsatzerlöse generieren und somit das Kriterium der Zahlungsmittelzuflußerzeugung als nicht erfüllt anzusehen ist. Darüber hinaus ist davon auszugehen, daß nur in Ausnahmefällen ein aktiver Markt für die Outputs der Funktionsbereiche existiert, so daß die Designation dieser Funktionsbereiche als ZGEs daher in der Regel abzulehnen sein wird. Auch der Vertriebsbereich dürfte in der Regel keine Abgrenzungsalternative für ZGEs darstellen können, da die Erzeugung von Outputs, d.h. die permanente Nutzung der für die Leistungserstellung wesentlichen Vermögenswerte, von anderen Funktionsbereichen erbracht wird. Darüber hinaus kann die Unabhängigkeit der generierten Zahlungsmittelzuströme beeinträchtigt werden, wenn der Vertriebsbereich die Produkte von zwei oder mehr Geschäftsbereichen vermarktet. In der Folge ist davon auszugehen, daß auch die Identifikation von ZGEs auf Grundlage einer funktionalen Organisationsstruktur i.d.R. nicht möglich sein dürfte.

In den vergangenen Jahrzehnten hat die Zahl der funktional organisierten Unternehmen deutlich abgenommen. Die Ursache hierfür wird insbesondere in der zunehmenden Größe und dem stärkerem Diversifikationsgrad vieler Unternehmen gesehen. Statt funktionaler Organisationsstrukturen bildeten sich zunehmend divisionale Unternehmensstrukturen.[392]

In einer **divisionalen Organisationsform** wird das Gesamtunternehmen nach dem Spartenprinzip in produkt- oder geschäftsfeldbezogene Teilbereiche gegliedert.[393] Die Koordination der Grundfunktionen, die in der funktionalen Organisationsform das we-

---

[392] Vgl. Jost (Organisation 2000), S. 451 ff.; Wolf (Struktur 2000), S. 209 und die zugehörigen Abbildungen sowie S. 223 ff. Der Übergang zur divisionalen Organisationsform erfolgt dabei teilweise auch über Zwischenformen; vgl. hierzu Wolf (Struktur 2000), S. 261 ff.

[393] Vgl. Frese (Organisation 1995), S. 355; Laux/Liermann (Organisation 2003), S. 182.

sentliche Kriterium für die Organisationsgestaltung auf oberster Ebene bildeten, findet in der divisionalen Organisationsform innerhalb der einzelnen Divisionen statt. Dies führt im allgemeinen zu einer Komplexitätsreduktion, da eine Koordination von Tätigkeiten nur innerhalb der jeweiligen Sparte zu erfolgen hat. Darüber hinaus wird die Angliederung bzw. Abspaltung von Geschäftsbereichen erleichtert, da in diesen Fällen keine weitreichenden Änderungen des gesamten Organisationssystems notwendig werden.[394] Ressourceninterdependenzen zwischen den Sparten lassen sich zwar grundsätzlich vermeiden – es stellt jedoch eine Frage der ökonomischen Effizienz dar, ob eine solche Gestaltungsmaßnahme sinnvoll ist.[395] Die Errichtung einer divisionalen Unternehmensstruktur wird vor allem dann als sinnvoll erachtet, wenn einheitliche, übersichtliche Instanzenwege und klare Zuständigkeiten gegeben sein sollen. In der divisionalen Organisation werden Entscheidungsfreiräume durch Delegation nutzbar.[396] Die oberste Unternehmensführung konzentriert sich daher vor allem darauf, langfristige Ziele und Strategien sowohl für das Gesamtunternehmen als auch die einzelnen Sparten zu entwickeln. Die Umsetzung der Strategien soll durch die Steuerung der Sparten mittels (v.a. finanzieller) Ressourcenallokation auf die Sparten sowie der Vorgabe von (v.a. finanziellen) Zielen erreicht werden. Hierzu bedient sich die Unternehmensleitung hauptsächlich verhältnismäßig globaler und aggregierter Informationen.[397]

Da in einer divisionalen Organisationsform die wesentlichen Teilbereiche, nach denen das Unternehmen gesteuert wird, aus Geschäftsbereichen bestehen, scheint eine Übernahme der Geschäftsbereiche als produktorientierte Segmente in der Regel unmittelbar möglich zu sein. Hierbei kann eine Zusammenfassung von Divisionen aus Wesentlichkeitsaspekten mit nur geringem Informationsverarbeitungsaufwand erfolgen. Darüber hinaus führt der Absatzmarktzugang der Geschäftsbereiche dazu, daß das Segment Erträge mit externen Dritten erzielt. Die innerdivisorische Chancen-/ Risikenhomogenität sowie -unterschiedlichkeit von anderen Divisionen ist vor dem unternehmensindividuellen Hintergrund zu beurteilen, da die Chancen und Risiken, die Produkten bzw. Dienstleistungen inhärent sind, von der Ähnlichkeit der Produkte bzw. Dienstleistungen sowie deren Verbundeigenschaften abhängen. Da eine divisionale Organisation gerade dann sinnvoll ist, wenn sich die der Divisionenbildung zugrunde-

---

394 Vgl. Laux/Liermann (Organisation 2003), S. 291 f.

395 Vgl. Frese (Organisation 1995), S. 357.

396 Vgl. Rahn (Unternehmensführung 2002), S. 364.

397 Vgl. Laux/Liermann (Organisation 2003), S. 291.

liegenden Produkte deutlich voneinander unterscheiden,[398] wird die Unterschiedlichkeit der Chancen und Risikenportfolios der Divisionen für die Segmentabgrenzung im Regelfall ausreichend sein. Gegebenenfalls kann eine Zusammenfassung von Divisionen für Segmentberichterstattungszwecke nicht nur aus Wesentlichkeitsgründen, sondern auch aufgrund ihrer ähnlichen Chancen- und Risikenpotentiale geboten sein.

Hinsichtlich der Eignung einer divisionalen Unternehmensstruktur für die Abgrenzung von ZGEs kann aufgrund des Marktzugangs der Divisionen davon ausgegangen werden, daß diese in der Regel Mittelzuflüsse generieren. Da eine Division darüber hinaus eine vollständige Wertschöpfungskette abbildet, ist auch das Kriterium der permanenten Nutzung von Vermögenswerten des Unternehmens als erfüllt anzusehen. Die Unabhängigkeit der erzeugten Mittelzuflüsse von denen, die durch andere Divisionen erzeugt werden, muß jedoch ebenfalls vor dem unternehmensindividuellen Hintergrund beurteilt werden. Denn wie schon hinsichtlich der Segmentabgrenzung angeführt, können Verbundeigenschaften zwischen den Produkten oder Dienstleistungen, nach denen die Divisionierung vorgenommen wurde, bestehen. In bezug auf die ZGE-Abgrenzung steht jedoch die Unabhängigkeit der Zahlungsmittelzuflüsse im Vordergrund, so daß hierbei hauptsächlich absatzmarktbezogene Verbundeigenschaften relevant sind.

Zusammenfassend bleibt festzuhalten, daß davon auszugehen ist, daß eine divisionale Organisationsform sowohl für die Segmentabgrenzung als auch für die Identifikation von ZGEs in der Regel eine vorteilhafte Ausgangsbasis darstellen dürfte.

In einer **regionalen Unternehmensstruktur** werden die Entscheidungen hinsichtlich aller Produkte, die in einer bestimmten Region vermarktet werden, für sämtliche Funktionen in einem organisatorischen Bereich zusammengefaßt.[399] Wie in der divisionalen Unternehmensstruktur beschränkt sich die Unternehmensleitung auf die Steuerung der Regionen durch die Vorgabe von Zielen und die Kontrolle deren Erreichung.[400] Für das Gesamtunternehmen bzw. für alle Regionen kritische Ressourcen wie z.B. technologisches Know-how in einer innovationsintensiven Branche bleiben jedoch häufig außerhalb der Regionen hierarchisch bei der den Regionen übergeordneten Instanz

---

398 Vgl. Hungenberg/Wulf (Unternehmensführung 2004), S. 200 f.

399 Vgl. Frese (Organisation 1995), S. 410.

400 Die regionale Organisation wird aufgrund ihrer Ähnlichkeit zur divisionalen Organisation in der Literatur auch als divisionale Organisation bezeichnet, bei der die Divisionen aus regionalen Absatzbereichen bestehen. Vgl. bspw. Jost (Organisation 2000), S. 475 f.

angesiedelt.[401] Die regionale Organisation bietet sich insbesondere an, wenn die Instanzenwege einheitlich gegliedert und regionale Aspekte genutzt werden sollen, indem die Unternehmensleitung flexibel auf regionale Einflußfaktoren reagieren kann.[402]

Ähnlich wie schon im Zusammenhang mit der divisionalen Unternehmensstruktur festgestellt, ist davon auszugehen, daß die Identifikation von geographischen Berichtssegmenten auf Grundlage einer regionalen Unternehmensstruktur unmittelbar möglich sein dürfte. Hinsichtlich der Chancen- und Risikenhomogenität innerhalb der Segmente sowie der Unterschiede, die zwischen den Chancen und Risikenportefeuilles der einzelnen Regionen bestehen sollen, um eine Segmentierung zu rechtfertigen, ist davon auszugehen, daß diese Bedingung in der Regel als erfüllt anzusehen sein dürfte. Dies ist insbesondere dann der Fall, wenn die regionale Segmentierung auf relativ hohem Aggregationsgrad, also bspw. nach Kontinenten erfolgt. Denn regionale bzw. kontinentale politische, monetäre sowie güterwirtschaftliche Liefer- und Leistungsbeziehungen führen heute in weiten Teilen der Welt zu einer Annäherung politischer, monetärer und konjunktureller Risiken in den betroffenen Regionen.

Sowohl hinsichtlich der Eignung für die Segmentabgrenzung als auch der Bestimmung von ZGEs ist bei regional abgegrenzten Unternehmensteileinheiten davon auszugehen, daß die Marktzugangsvoraussetzung (also die Erwirtschaftung von Zahlungsmittelzuflüssen) erfüllt ist. Sofern nicht wesentliche Teile der betrieblichen Leistungserstellung in einer anderen Region als derjenigen erfolgen, in der sie auch abgesetzt werden, ist auch die für die ZGE-Abgrenzung wichtige Voraussetzung, daß zur Erwirtschaftung der Cash Flows die Vermögenswerte des ZGE genutzt werden, erfüllt.[403] Auch von der Unabhängigkeit der Cash Flows von den Zahlungsmittelzuflüssen, die in anderen Regionen erwirtschaftet werden, ist grundsätzlich auszugehen. Denn der Fall, daß sich bspw. wesentliche Teile des Absatzes einer Region auf Großabnehmer konzentrieren,

---

401 Vgl. Frese (Organisation 1995), S. 415.

402 Vgl. Rahn (Unternehmensführung 2002), S. 365.

403 Vgl. ähnlich in bezug auf die Segmentabgrenzung auch Haaker/Paarz (Segmentinformation 2005), S. 198. Der Auffassung von Haaker/Paarz, daß eine geographische Segmentabgrenzung für eine gesamte Wertschöpfungskette nicht möglich sei, wenn Produktionsstrandort und Absatzmarkt in unterschiedlichen Regionen liegen, soll hier jedoch nicht gefolgt werden. Denn wie in Abschnitt B.1.1.1 erläutert, darf die geographische Segmentabgrenzung sowohl anhand der Produktionsstandorte als auch anhand der Absatzmärkte erfolgen. Ausschlaggebend ist lediglich das Ausmaß der Risiken, die in den entspr. Regionen vorherrschen. Die integrierte Betrachtung von Produktionsstandort und Absatzmarkt ist daher gemäß den hier angewandten Kriterien nur für die ZGE-Identifikation, nicht jedoch für die Segmentabgrenzung relevant.

die gleichzeitig wesentliche Kunden einer anderen Region sind, dürfte die Ausnahme darstellen.

Somit bleibt auch für die regionale Organisationsform festzuhalten, daß davon auszugehen ist, daß diese in der Regel sowohl für die Segmentabgrenzung als auch für die ZGE-Identifikation als Grundlage herangezogen werden kann.

Als zweidimensionale Organisationsform soll hier abschließend noch die **Matrix-Organisation** erwähnt werden. Eine Matrix-Organisation stellt häufig die Kombination von zwei der oben dargestellten eindimensionalen Organisationsformen dar, in welcher die beiden Organisationskriterien mehr oder weniger gleichberechtigt nebeneinander gestellt werden.[404] Im Gegensatz zu den eindimensionalen Organisationsformen führt dies bei der Matrixorganisation planmäßig Kompetenzüberschneidungen herbei, so daß Doppelverantwortlichkeiten entstehen.[405]

Ohne an dieser Stelle auf die in der Literatur diskutierten Vor- und Nachteile der Matrixorganisation einzugehen, soll hier lediglich ein Vorteil aus Perspektive der Segmentabgrenzung für externe Berichtszwecke dargestellt werden:[406] Im Vergleich zu eindimensionalen Organisationsformen führt die Strukturierung des Unternehmens als Matrixorganisation dazu, daß die im Controlling benötigten Informationen mindestens nach den beiden die Matrix bestimmenden Kriterien aufbereitet werden müssen. Nachdem sich, wie oben gesehen, insbesondere die divisionale und regionale Gliederung eher für die Segmentabgrenzung eignen als die funktionale Gliederung, kann davon ausgegangen werden, daß die Bestimmung zu berichtender Segmente erleichtert wird, wenn eines dieser beiden Kriterien die Matrix mitbestimmt. Die Abgrenzung von Segmenten beider Berichtsformate dürfte durch eine Matrixorganisation hierbei vor allem dann erleichtert werden, wenn es sich um eine Produkt-/Regional-Matrix handelt während die Integration von Funktionen in die Matrix eher hinderlich wirken dürfte bzw. dann nur das andere Matrixkriterium zur Segmentabgrenzung innerhalb des primären Berichtsformats herangezogen werden kann.

---

404 Vgl. Jost (Organisation 2000), S. 484 f.

405 Vgl. Korndörfer (Unternehmensführung 1995), S. 165.

406 Zu Vor- und Nachteilen der Matrix-Organisation vgl. bspw. Macharzina (Unternehmensführung 2003), S. 424 f. Zu verschiedenen Matrixformen vgl. auch Bühner (Organisation 2004), S. 163 ff.

2.2.2 Center-Strukturen

Insbesondere für die Delegation von Erfolgsverantwortung auf die zweite Hierarchieebene wurden mit der Entwicklung von Center-Strukturen organisatorische Gestaltungsmöglichkeiten geschaffen.[407] Hierbei wird in der Regel zwischen Cost Centers, Revenue Centers, Profit Centers sowie Investment Centers unterschieden. Zwar wurde bereits in Abschnitt B.2.3.1 angeführt, daß vor allem Profit Centers als ZGEs in Frage kommen. Da die weiteren Center-Typen in der Praxis jedoch ebenfalls häufig vorkommen, und da sie – wie in diesem Abschnitt aufgezeigt wird – in Zusammenfassung mit anderen Center-Typen grundsätzlich ebenfalls zur Abgrenzung von ZGEs und Segmenten herangezogen werden können, beschränkt sich die Untersuchung in diesem Abschnitt nicht ausschließlich auf Profit Centers, sondern bezieht auch die weiteren Center-Arten in die Betrachtung mit ein. Darüber hinaus ähnelt sich der Aufbau von Center-Strukturen zwar im Ansatz mit derjenigen der oben beschriebenen funktionalen Organisationsform. Allerdings sind Center-Strukturen feingliedriger als funktionale Organisationen, in denen die jeweiligen Funktionsbereiche ihre Funktion für das gesamte Unternehmen ausüben. Aus diesem Grund geht die Auseinandersetzung mit der Eignung von Center-Strukturen für die Segment- und ZGE-Abgrenzung an dieser Stelle inhaltlich noch einmal über die oben vorgenommene Auseinandersetzung mit der funktionalen Organisationsform hinaus. Das Management von Cost Centers ist ausschließlich für die im Cost Center anfallenden Kosten bei einem von übergeordneten Hierarchieebenen vorgegebenen Output verantwortlich, während das Management von Revenue Centers in der Regel bei einem von der übergeordneten Hierarchieebene vorgegebenen Kostenniveau die am Markt erzielten Umsatzerlöse zu maximieren hat. In einem Profit Center werden die Aufgaben von Cost und Revenue Centers zusammengeführt, so daß das Management sowohl für die Erträge als auch die Aufwendungen seines Centers Verantwortung trägt. Das Investment Center stellt eine Erweiterung des Profit Centers dar, indem das Center-Management nicht nur für die laufenden Erträge und Aufwendungen verantwortlich ist, sondern auch für Investitionen. Die Gesamtunternehmensleitung sorgt hier nur noch für die Kapitalbeschaffung und koordiniert die Investitionsentscheidungen.[408]

---

407 Vgl. Macharzina (Unternehmensführung 2003), S. 423.

408 Vgl. Rahn (Unternehmensführung 2002), S. 364; Seidel/Redel (Organisation 1987), S. 111; Siefke (Unternehmenssteuerung 1999), S. 28 ff.; Weißenberger (Erfolgsrechnung 2003), S. 36.

Als ein Vorteil von Center-Strukturen kann gesehen werden, daß der Erfolg der Center anhand von periodisierten Erfolgsgrößen gemessen werden kann.[409] Die Center-Strukturierung weist einen engen Zusammenhang mit der inhaltlichen Gestaltung der Organisations- und Ablaufgestaltung auf. In einer funktionalen Organisationsstruktur sind die einzelnen Stufen der Wertschöpfung auf mehrere Abteilungen verteilt, so daß sich vornehmlich die Einrichtung von Cost Centers und Revenue Centers anbietet.[410] In einer divisionalen oder regionalen Organisationsstruktur hingegen bildet typischerweise jede Division eine vollständige Wertkette ab, so daß eine konsequente Zurechnung von Überschüssen und damit die Bildung von Profit Centers und Investment Centers möglich ist.[411]

Wie bereits in bezug auf funktional organisierte Unternehmen ausgeführt, ist auch in bezug auf Cost Centers festzustellen, daß diese zwar in der Regel wesentliche Vermögenswerte des Unternehmens für die Erzeugung von Produkten oder Dienstleistungen nutzen, jedoch keinen Absatzmarktzugang aufweisen und somit nicht für die Abgrenzung von ZGEs verwendet werden können. Da auch das segmentspezifische Chancen-/ Risikenprofil absatzbezogen zu ermitteln ist, können Cost Centers folglich auch nicht zur Segmentabgrenzung herangezogen werden.[412]

Anders verhält sich dies bei Revenue Centers. Im Gegensatz zu Cost Centers verfügen sie über einen direkten Zugang zum Absatzmarkt, so daß sie auf jeden Fall Zahlungsmittelzuflüsse generieren. Die Produkte, die Revenue Centers vermarkten, sind i.d.R. klar definiert, und auch die regionalen Vermarktungsgebiete der Revenue Centers sind im Normalfall trennscharf abgegrenzt. Somit können die von einem Revenue Center generierten Umsatzerlöse auch unmittelbar einzelnen Segmenten zugerechnet werden. Da es vorkommen kann, daß bspw. in derselben Region mehrere Revenue Centers verschiedene Produkte vermarkten (bzw. dasselbe Produkt von unterschiedlichen Revenue Centers in verschiedenen Regionen vertrieben wird), kann eine Zusammenfassung mehrerer Revenue Centers zu einem Segment geboten sein (z.B. 2 Revenue Centers für 2 verschiedene Produkte in derselben Region als regionales Segment oder 2 Reve-

---

[409] Vgl. Küpper (Controlling 2001), S. 310. Eine Beschreibung möglicher Steuerungsgrößen für verschiedene Center-Typen siehe in diesem Abschnitt weiter unten sowie ausführlich Siefke (Unternehmenssteuerung 1999), S. 27 ff.

[410] Vgl. Weißenberger (Erfolgsrechnung 2003), S. 37.

[411] Vgl. Korndörfer (Unternehmensführung 1995), S. 163.

[412] Da Cost Centers somit nicht für die ZGE- oder Segmentabgrenzung genutzt werden können, wird auf die Überprüfung der weiteren zu Beginn von Abschnitt C.2.2 genannten Kriterien an dieser Stelle verzichtet.

nue Centers in zwei verschiedenen Regionen für dasselbe Produkt als Geschäftsbereichs-Segment). Die Chancen-/Risikenhomogenität innerhalb des Segments und die -unterscheidung von anderen Segmenten wird vor allem vom Umfang der Zusammenfassung und der Art der zusammengefaßten Revenue Centers beeinflußt. So sollten die Revenue Centers, die ähnliche Produkte vermarkten bzw. sich auf Regionen mit einem hohen Grad an wirtschaftlichen und politischen Abhängigkeiten beziehen, zusammengefaßt werden. Eine Zusammenfassung von Revenue Centers, die sich auf stark unterschiedliche Produkte oder Regionen beziehen, sollte jedoch vermieden werden, um die Risiken- und Chancenhomogenität des Segmentes zu wahren. Dies gilt auch in bezug auf die ZGE-Abgrenzung, für welche die Unabhängigkeit der Zahlungsmittelzuflüsse des Centers von den Zahlungsmittelzuflüssen anderer Einheiten relevant ist.

Problematisch erscheint allerdings, daß ausschließlich die Ertragssituation der Einheiten abgebildet würde. Zwar stellt das Vorhandensein von Vermögenswerten für die Erstellung von Outputs nur ein Kriterium für die ZGE-Abgrenzung und keines der o.g. Kriterien für die Segmentabgrenzung dar.[413] Allerdings wäre die Konsequenz, daß viele Vermögenswerte im Zentralbereich, welcher keinen Segmenten zugeordnet ist, verbleiben. Es ist davon auszugehen, daß die Unternehmen dies zu vermeiden versuchen, da sonst die Zentrale als umfangreicher Wertvernichter dargestellt würde (der Zentrale können i.d.R. nur Aufwendungen, jedoch keine Erträge zugeordnet werden). Insofern bietet sich für die Segment- und ZGE-Abgrenzung die Zusammenfassung von die Outputs erstellenden Cost Centers mit den betrachteten Revenue Centers an. Diese vertikale Zusammenfassung von Centers entspräche dann der fiktiven Bildung eines Profit Centers. Auf dessen Eignung für die Segmentabgrenzung und die ZGE-Identifikation wird im folgenden eingegangen.

Der Management Approach verfolgt bewußt eine Segmentierung in Anlehnung an bestehende Profit Centers und Investment Centers.[414] Denn Profit Centers sowie Investment Centers verfügen über einen Zugang zum Absatzmarkt, so daß sie Erträge erwirtschaften. Außerdem ermöglichen Profit Centers die Darstellung eines geschlossenen

---

413 Anderer Meinung Haaker/Paarz (Segmentinformation 2005), S. 198. Vgl. hierzu jedoch auch die Ausführungen in Fußnote 403 oben.

414 Vgl. Husmann (Management Approach 1998), S. 821; Niehus/Thyll (US-GAAP 2000), S. 458. Für kanadische Unternehmen wurde dies auch empirisch nachgewiesen. Vgl. Boersema/van Weelden (Segmentreporting 1992), S. 110. Technisch bietet bspw. SAP R/3 die Möglichkeit, eine bestehende Profit-Center-Struktur zusätzlich für die externe Segmentabgrenzung heranzuziehen; vgl. hierzu ausführlich Riedel/Rau/Tsanaclidis (Umstellung 2004), S. 518 f.

Wertflusses (also nicht nur Ergebnisstromgrößen, sondern auch Vermögens- und Schuldenbestandsgrößen), wie er auch für die Segmentberichterstattung notwendig ist.[415] Darüber hinaus kann davon ausgegangen werden, daß sich die Erträge (und somit die mit ihnen verbundenen Risiken) von denen anderer Centers unterscheiden. Denn die Verantwortlichkeit für die Performance des Centers durch das Management setzt voraus, daß dieses die Performance maßgeblich beeinflussen kann. Sofern dies z.B. aufgrund von Verbundeffekten mit den von anderen Organisationseinheiten erwirtschafteten Erträgen nicht mehr gegeben ist, ist die Abgrenzung des betrachteten Centers grundsätzlich zu überdenken. Grundsätzlich können für die Segmentabgrenzung aber auch mehrere Profit oder Investment Centers zu einem Segment zusammengefaßt werden, wenn sie eine ähnliche Chancen- und Risikenstruktur aufweisen.[416] Ob die in einem Unternehmen gebildeten Profit bzw. Investment Centers unmittelbar geographische Regionen bzw. Geschäftsbereiche repräsentieren und sich hinsichtlich dieses Kriteriums direkt für die Segmentabgrenzung eignen, dürfte maßgeblich davon abhängen, ob das bilanzierende Unternehmen auch regional bzw. divisional organisiert ist. Wie oben gesehen, stellen Profit Centers sowie Investment Centers jeweils eine Kombination von Cost und Revenue Centers mit einem zusätzlichen Grad an Autonomie dar. In der Folge kann davon ausgegangen werden, daß sowohl Profit als auch Investment Centers zwei der drei angeführten Kriterien für die Abgrenzung von ZGEs erfüllen: So werden innerhalb der Profit/Investment Centers durch die permanente Nutzung von Vermögenswerten Produkte oder Dienstleistungen hergestellt und diese auch vom selben Profit/Investment Center vermarktet, so daß hierdurch Zahlungsmittelzuflüsse generiert werden. Inwiefern diese Zahlungsmittelzuflüsse weitgehend unabhängig von den Zahlungsmittelzuflüssen anderer Unternehmensteileinheiten sind, hängt wiederum vom Umfang ggf. bestehender Verbundeigenschaften zwischen den Produkten und Dienstleistungen ab.[417]

Die im Grundsatz bessere Eignung von Profit- und Investment Centers als ZGE-Grundlage manifestiert sich darüber hinaus in den Steuerungsgrößen, die idealtypisch für die Steuerung der verschiedenen Centers zur Anwendung kommen. Während Cost Centers in der Regel anhand festgelegter Kosten- oder Ausgabenbudgets gesteuert werden, erfolgt die Steuerung von Revenue Centers regelmäßig über die von ihnen

---

415 Vgl. Oehler (IFRS 2004), S. 213.

416 Vgl. m.w.N. Weißenberger (Performance 2006), S. 59 f.

417 Vgl. hierzu auch die Ausführungen oben.

erzeugten Umsatzerlöse. Profit- und Investment Centers hingegen verfügen über Zugang sowohl zum Beschaffungs- als auch Absatzmarkt, so daß für sie Saldogrößen aus Aufwendungen und Erträgen, also Erfolgsgrößen, ermittelt werden können. Bei Investment Centers ermöglicht deren Entscheidungsautonomie hinsichtlich des Kapitaleinsatzes darüber hinaus die Ermittlung von Rentabilitätsgrößen.[418] Wie in Abschnitt B.3.3 gesehen, stellen ZGEs die Grundlage für die Goodwillallokation und somit auch Goodwill Impairment Tests dar. Die Möglichkeit, für Profit- und Investment-Centers Erfolgs- bzw. Rentabilitätsgrößen ermitteln zu können, läßt daher erwarten, daß in diesen Centerstrukturen bessere Datengrundlagen für eine den Management Approach umsetzende Identifikation von Triggering Events und Durchführung von Goodwill Impairment Tests vorliegt.[419]

2.2.3 Juristische Konzern-Strukturen

Die bisher untersuchten Unternehmensstrukturen stellen organisatorische Gestaltungsalternativen dar, die sowohl innerhalb einer rechtlichen Einheit (also einem Einzelunternehmen) als auch unternehmensübergreifend (in einer Unternehmensgruppe) zur Anwendung kommen können. Eine Alternative zur internen Organisation eines diversifizierten Einheitsunternehmens stellt die Entlassung von Teilbereichen in die rechtliche Selbständigkeit dar.[420] Rechtliche Selbständigkeit bedeutet jedoch nicht unmittelbar wirtschaftliche Autonomie von der Unternehmensleitung. Vielmehr kann die Unternehmensleitung den Tochtergesellschaften einen beliebigen Grad an Entscheidungsautonomie einräumen, der von der vollständigen Entscheidungszentralisation bis hin zur vollständigen Entscheidungsdezentralisation reicht.[421] Eine Gruppe von juristisch selbständigen Unternehmen, die unter einheitlicher Leitung stehen, stellt gem. § 18 AktG einen Konzern dar.

Die wirtschaftliche Organisationsform des Unternehmens kann durch seine rechtliche Konzernstruktur gestützt werden, indem die Stellen, denen intern Weisungs- und Entscheidungsbefugnisse eingeräumt werden, auch von rechtlicher Seite her zeichnungsberechtigt bzw. haftend sind (z.B. Vorstände, Geschäftsführer oder Prokuristen). Al-

---

418 Vgl. zu den verschiedenen Verantwortungsbereichen und aus diesen resultierenden Steuerungsgrößen auch die Übersicht bei Siefke (Unternehmenssteuerung 1999), S. 32.

419 Vgl. zur Verwendung von Performancemeßgrößen bei der Identifikation von Triggering Events auch Abschnitt C.4.3 und zu den für Goodwill Impairment Tests benötigten Datengrundlagen auch Abschnitt C.4.4.

420 Vgl. hierzu und im folgenden Bühner (Organisation 2004), S. 398 f.

421 Vgl. Jost (Organisation 2000), S. 492 f.

lerdings kann auf eine solche Übereinstimmung von interner und juristischer Struktur auch verzichtet werden, wenn die rechtliche Selbständigkeit von Unternehmensteilen nicht vornehmlich operative, sondern strategische, finanzpolitische oder steuerliche Ziele verfolgt. So kann die juristische Selbständigkeit eine potentielle Desinvestition erleichtern oder die Tochtergesellschaft über größere Kooperationsmöglichkeiten verfügen, als dies der Fall wäre, wenn sie einen Geschäftsbereich des Gesamtunternehmens darstellen würde.[422]

Die gesetzliche Pflicht zur Dokumentation von Geschäftsvorfällen und zur Buchführung führt dazu, daß alle abschlußrelevanten Informationen von der Finanzbuchhaltung erfaßt werden.[423] Da sich die gesetzlichen Vorgaben auf rechtliche Einheiten beziehen, stellen diese die Organisationskomponenten dar, für welche die Aufzeichnungen normalerweise zunächst erfolgen.[424] Die Dezentralisation der juristischen Organisation führt damit auch zu einer Segmentierung der Rechnungssysteme innerhalb der Organisation. Häufig stellen die für Zwecke des externen Rechnungswesens verarbeiteten Geschäftsvorfälle auch eine wesentliche Datenbasis für das interne Rechnungswesen dar.[425] Hierbei ist aus Perspektive des Gesamtunternehmens eine Wiedergabe und Analyse der Vorgänge innerhalb der einzelnen juristischen Einheiten nicht ausreichend. Vielmehr müssen Informationen, die für juristische Einheiten erfaßt wurden, aus der Sicht anderer interner Organisationseinheiten, die von der juristischen Konzernstruktur abweichen, aufbereitet werden. Denn die Konsolidierung der Rechnungen einzelner Bereiche stellt die Basis dar, um das Handeln der Bereiche im Hinblick auf die übergeordneten Ziele des Gesamtunternehmens zu beurteilen und aufeinander abzustimmen.[426]

Eine solche Zurechnung von Bestands- und Stromgrößen des Rechnungswesens auf organisatorische Einheiten, die von der juristischen Konzernstruktur abweichen, kann grundsätzlich durch die beiden folgenden Problematiken erschwert werden:[427]

---

422 Jost (Organisation 2000), S. 495; m.w.N. Weißenberger (Erfolgsrechnung 2003), S.40 f.

423 Vgl. Külpmann (Controlling 2005), S. 24; ähnlich Littkemann (Controllingsysteme 2002), S. 333.

424 Vgl. Hahn (Segmentberichterstattung 2000), S. 686; Müller/Ordemann/Pampel (Controlling 2005), S. 2119.

425 Vgl. Hoke (Konzernsteuerung 2001), S. 41; Külpmann (Controlling 2005), S. 24 f.; Riedel/Rau/Tsanaclidis (Umstellung 2004), S. 506; ähnlich Quadt/Tiskens/Vits 2005, S. 16.

426 Vgl. Küpper (Controlling 2001), S. 272; Layer (Software 2001), S. 537 f.; Siefke (Unternehmenssteuerung 1999), S. 148 f.

427 Vgl. für Segmente als organisatorische Einheiten Kind (Segmentrechnung 2000), S. 102.

- Datenproblematik – Die notwendigen Informationen liegen aus der Buchhaltung nicht vor, wären in einem optimalen Informationssystem jedoch generell generierbar. Als Restriktion stellt sich hier vor allem die Frage der Kosten-/ Nutzenabwägung, da die Generierung der erforderlichen Daten zwar möglich ist, aber mit großem Aufwand verbunden sein kann.
- Allokationsproblematik – Die Informationen liegen aus der Buchhaltung vor, eine eindeutige Zuordnung auf organisatorische Einheiten ist jedoch nicht möglich, da es sich z.B. um Verbundeffekte handelt oder aber auch weil die Verknüpfung der verschiedenen Rechnungssysteme eine entsprechende Allokation nicht ermöglicht (z.B. wegen Schnittstellenproblemen zwischen verschiedenen EDV-Systemen).[428]

Die in der Vergangenheit beobachtbare außerordentliche Leistungssteigerung der zur Informationsgewinnung und -aufbereitung eingesetzten EDV-Systeme wird sich aller Voraussicht nach auch in der Zukunft fortsetzen. In der Folge ist davon auszugehen, daß – wenn nicht schon heute, so doch in Zukunft – sämtliche internen und externen Informationen, die für die Geschäftstätigkeit eines Unternehmens relevant sind, in digitaler Form vorliegen.[429] Aus diesem Grund ist die Datenproblematik als relativ gering einzustufen, so daß die Allokationsproblematik das in der Bilanzierungspraxis wesentliche Problem darstellen dürfte.

Zwar können integrierte Datenverarbeitungssysteme die Allokationsproblematik durch konzernweit einheitliche Kontenrahmen, Auswertungswege etc. reduzieren.[430] Allerdings ist aufgrund des großen Umfangs, der hohen Komplexität und der für ein solches Projekt aufzubringenden hohen Kosten nicht davon auszugehen, daß eine konzernweite Vereinheitlichung der Datenverarbeitungssysteme gelingen kann.[431] Die Allokationsproblematik kann deshalb durch eine entsprechende Strukturierung der Informationserfassungs- und -verarbeitungssysteme nicht gelöst, sondern nur reduziert werden.

---

[428] Vgl. Steinle/Thiem/Krüger (Berichtssysteme 2001), S. 490. Zu Schwierigkeiten und technischen Lösungsmöglichkeiten bei der Zusammenführung dezentral generierter Informationen bei diversifizierten Unternehmen vgl. auch Kieninger/Mayer (Controlling 2002), S. 232 ff.

[429] ähnlich Kieninger/Mayer (Controlling 2002), S. 228.

[430] Zu einem Praxisbeispiel, in dem die Einführung eines integrierten Datenverarbeitungssystems die Anzahl der Schnittstellen reduzieren und die Berichtswege insgesamt einheitlicher, schneller und effizienter machen soll, vgl. Ernst (Controllingorganisation 2004), S. 340 ff.

[431] Vgl. Kieninger / Mayer (Controlling 2002), S. 227 und 231 f.

Da die Aufbereitungsart der vorhandenen Informationen maßgeblich von der juristischen Organisationsstruktur abhängt, ist jedoch davon auszugehen, daß die Allokationsproblematik umso geringer ausfallen wird, je ähnlicher die interne und die juristische Organisationsstruktur des Konzerns sind.[432]

Hinsichtlich der Abgrenzung von Segmenten und ZGEs sind die bilanzierenden Unternehmen also mit einer Allokationsproblematik konfrontiert, die maßgeblich von der Ausgestaltung der juristischen und internen Organisationsstruktur geprägt wird. Je ähnlicher sich interne und juristische Organisationsstruktur sind, desto eher kann letztere auch die Abgrenzung von Segmenten und ZGEs widerspiegeln und desto geringer ist dann die Allokationsproblematik, da die originär erfaßten Informationen in geringerem Umfang auf abweichende Organisationsobjekte bezogen werden müssen. Vor allem die Segmentberichterstattung ermöglicht hierbei aufgrund der Tatsache, daß Segmente auf oberster Hierarchieebene bestimmt werden, die Übernahme von Teilkonzernabschlüssen.[433]

Im folgenden sollen in der Unternehmenspraxis häufig vorkommende Konzernformen darauf hin untersucht werden, in welchem Umfang diese einen hohen Ähnlichkeitsgrad von juristischer und interner Organisation unterstützen. In der Unternehmenspraxis treten hinsichtlich des juristischen und wirtschaftlichen Autonomiegrades von Tochtergesellschaften vor allem die folgenden drei Konzerntypen in Erscheinung:[434]

- Der Stammhauskonzern,
- die Managementholding und
- die Finanzholding.

Im **Stammhauskonzern** bestehen neben rechtlich eigenständigen Tochtergesellschaften auch rechtlich unselbständige Einheiten, die in der Muttergesellschaft verbleiben.

---

432 Zum möglichen Umfang notwendiger Allokationsmaßnahmen von Bestands- und Stromgrößen auf von der juristischen Konzernstruktur abweichende Segmente vgl. veranschaulichend das Beispiel bei Benecke (Management Approach 2000), S. 169 f.

433 Vgl. zur Kompatibilität von Teilkonzernabschlüssen und der Steuerung von Geschäftsbereichen auch Busse von Colbe (Konzernabschlüsse 1998), S. 141 f.

434 Vgl. Weber et al. (Organisation 2001), S. 9 ff.; Empirische Belege deuten dabei darauf hin, daß sich Holdingmodelle in der Praxis bei weitem nicht so weit durchgesetzt haben, wie dies in der Literatur häufig behauptet wird. Darüber hinaus scheinen Holdingmodelle oftmals nur eine Übergangsform darzustellen, die von den Unternehmen nur für bestimmte Phasen (z.B. Diversifikationsphase) genutzt werden. Vgl. hierzu Wolf (Struktur 2000), S. 235 ff.

Die Konzernobergesellschaft dominiert die Aktivitäten des Konzerns, so daß die Aufgabendelegation verhältnismäßig gering ausgeprägt ist und i.d.R. Entscheidungen bzgl. F&E, Finanz- sowie Produkt-/Markenstrategie bei der Konzernleitung liegen.[435] Darüber hinaus verbleibt mindestens ein Geschäftsbereich in der Konzernmutter.[436] Die Konzernleitung übernimmt somit auch operative Aufgaben. Aufgrund des starken Einflusses der Muttergesellschaft und des zumeist relativ homogenen Produktportfolios sind im Stammhauskonzern funktionale Organisationsstrukturen möglich. Im Stammhauskonzern divergieren interne Führungsstruktur und juristische Konzernstruktur insbesondere deshalb häufig sehr stark, da einzelne Geschäftsfelder und gegebenenfalls auch wichtige Funktionsbereiche, die Leistungen an mehrere Geschäftsfelder erbringen, in der Muttergesellschaft verbleiben. Diese unscharfe Trennung von Tätigkeitsbereichen in juristische Einheiten führt auch dazu, daß die HB II im Stammhauskonzern deutlich schlechter als operatives Steuerungsinstrument eingesetzt werden kann, als dies in den beiden hier dargestellten Holdingformen der Fall ist.[437] Da der Ähnlichkeitsgrad von juristischer und interner Organisationsstrukur im Stammhauskonzern nur sehr gering ist, ist hinsichtlich der Abgrenzung von Segmenten und ZGEs auf Grundlage der juristischen Konzernstrukturen davon auszugehen, daß diese im Stammhauskonzern problematisch sein dürfte.

Im Unterschied zum Stammhauskonzern ist eine **Managementholding** überwiegend dezentral organisiert. Die Konzernzentrale gibt den Geschäftsbereichen strategische Ziele vor und koordiniert deren langfristige Geschäftsentwicklung sowie die Beziehungen zwischen den Teilkonzernen. An der operativen Umsetzung der Strategien ist die Zentrale nicht mehr beteiligt, so daß die Tochtergesellschaften nicht nur rechtlich, sondern hinsichtlich des operativen Geschäfts auch wirtschaftlich selbständig sind.[438] Die weitgehende Autonomie der Geschäftsbereiche führt dazu, daß diese sowohl Zugang zu Beschaffungs- als auch Absatzmärkten haben, so daß sie i.d.R. als Profit Centers organisiert werden können.[439] Diese wirtschaftliche Autonomie wird dadurch unterstrichen, daß in der Managementholding die juristische und die interne Organisationsstruktur übereinstimmen.[440]

---

435 Vgl. Jost (Organisation 2000), S. 493.
436 Vgl. Frese (Organisation 1995), S. 526.
437 Vgl. m.w.N. Littkemann (Beteiligungscontrolling 2004), S. 55 f.
438 Vgl. Jost (Organisation 2000), S. 494; Wurl/Mayer (Holding 1999), S. 13.
439 Vgl. Siefke (Unternehmenssteuerung 1999), S. 34 f.
440 Vgl. Bühner (Organisation 2004), S. 421.

Der hohe Ähnlichkeitsgrad von interner Führungsstruktur und juristischer Konzernstruktur in der Management Holding läßt erwarten, daß die Identifikation von Segmenten und ZGEs in relativ direkter Anlehnung an die juristische Konzernstruktur erfolgen kann und die Allokationsproblematik in der Management Holding auch nur gering ausgeprägt ist.

In einer **Finanzholding** ist der Einfluß der Konzernmuttergesellschaft auf die einzelnen Geschäftsbereiche noch weiter reduziert als in der Managementholding, da die Muttergesellschaft keine koordinierenden Aufgaben mehr wahrnimmt. Im Extremfall stellt die Obergesellschaft lediglich eine Verwaltungsgesellschaft dar, die ihre Kapitalbeteiligungen an den Tochtergesellschaften verwaltet.[441] Die im Regelfall als Investment-Center geführten Beteiligungen können u.a. mittels Rentabilitätskennziffern gesteuert werden, da sie auch die Verantwortung für die Kapitalausstattung tragen.[442]

Bei der Finanzholding entsprechen sich die interne Führungsstruktur und juristische Konzernstruktur, so daß von einem hohen Ähnlichkeitsgrad der beiden Strukturen ausgegangen werden kann. Somit ist auch hier davon auszugehen, daß eine Abgrenzung von Segmenten und ZGEs im Regelfall problemlos erfolgen kann.

Zu beachten bleibt jedoch der Spezialfall einer Finanzholding, welche in diversifizierte Unternehmen investiert. Falls sich Überschneidungen zwischen den Geschäftsfeldern der Beteiligungsgesellschaften ergeben, ist eine Segmentabgrenzung auf Grundlage des Management Approach nicht mehr möglich. Zwar entsprechen sich interne Führungsstruktur und juristische Konzernstruktur weitgehend, jedoch kann der Einfluß des Risk and Reward Approach erfordern, daß die Segmente aufgrund der Beschaffenheit der Geschäftsfelder der Beteiligungsgesellschaften gesellschaftsübergreifend abgegrenzt werden. Auf die ZGE-Abgrenzung wirkt sich dieses Problem jedoch kaum aus, da die vollständige Autonomie der einzelnen Beteiligungsgesellschaften i.d.R. nicht zu Interdependenzen zwischen den Zahlungsmittelströmen, die von den beteiligten Gesellschaften generiert werden, führen dürfte.

---

441 Vgl. Jost (Organisation 2000), S. 494.
442 Vgl. Siefke (Unternehmenssteuerung 1999), S. 35.

2.3 Planung und Durchführung von Reorganisationsmaßnahmen sowie deren Auswirkungen auf Segment- und ZGE-Abgrenzung

Organisationen, die in einer turbulenten Umwelt erfolgreich bestehen, sind von einer Struktur geprägt, die sich selbst in einem permanenten evolutionären Wandel befindet und nicht zuletzt hierdurch den Mitarbeitern ein dynamisches Umfeld bietet, in welchem diese sich kurzfristig an Umweltänderungen anpassen können.[443] Eine solche Evolution von Organisationsstrukturen erfolgt durch von der Unternehmensführung gesteuerte Reorganisations- bzw. Restrukturierungsmaßnahmen, die sich i.d.R. auf eine Vielzahl von Bereichen, insbesondere jedoch auf Strategie und Struktur des Unternehmens auswirken und generell dann anzustoßen sind, wenn die Unternehmensziele mit den bisherigen Unternehmensstrukturen nicht mehr erreicht werden können.[444]

In der Literatur wird diesbezüglich zwischen freiwilligen und unfreiwilligen Reorganisationen unterschieden. Unfreiwillige Reorganisationen sind nicht durch das Management des Unternehmens motiviert, sondern werden zumeist durch übergeordnete Instanzen (z.B. Kartellbehörde) erzwungen. Dem Management stehen dann nur Einflußmöglichkeiten auf die Art und Weise der Durchführung der Restrukturierung offen. Freiwillige Reorganisationen hingegen werden i.d.R. mit dem Ziel der Unternehmenswertsteigerung durchgeführt, wobei dem Management theoretisch sämtliche Wahlmöglichkeiten zur Gestaltung und Durchführung der Reorganisation offenstehen.[445]

Im Rahmen einer wertorientierten Unternehmensführung sind Reorganisationsmaßnahmen so zu planen und durchzuführen, daß sie zu einer möglichst großen Steigerung des Unternehmenswerts führen.[446] Hierfür sind im Vorfeld einer Reorganisationsentscheidung die Auswirkungen verschiedener denkbarer Reorganisationsszenarien auf den Unternehmenswert zu prognostizieren, um zu einer den Unternehmenswert am günstigsten beeinflussenden Entscheidung zu gelangen.[447] Da sich entsprechend dem Wertaddivitätstheorem der Wert des Eigenkapitals des Gesamtunternehmens aus der

---

443 Vgl. Siegler (Organisation 1999), S. 37-41 und 100 f.

444 Vgl. Harenberg/Wlecke (Management 2004), S. 347 f.; Weber/Königstein/Töpsch (Organisation 1999), S. 237 f.

445 Vgl. Achleitner/Wahl (Restrukturierung 2003), S. 48.

446 Zur wertorientierten Unternehmensführung vgl. die Ausführungen in Abschnitt A.1.

447 Eine detaillierte Analyse der Wertauswirkungen einer anstehenden Reorganisationsmaßnahme kann u.U. auch aus rechtlichen Gründen erforderlich sein.

Summe der Eigenkapitalwerte der einzelnen Unternehmensteileinheiten ergibt, sind zunächst die Auswirkungen der Reorganisationsszenarien auf die betroffenen Unternehmensteileinheiten zu bestimmen und hieraus der Effekt auf den Gesamtunternehmenswert abzuleiten.[448]

Neben der Bestimmung von Auswirkungen auf den Unternehmenswert hat das Management auf Grundlage von Unternehmens- und Marktanalysen auch die Zweckmäßigkeit und Realisierbarkeit der möglichen Reorganisationsszenarien zu überprüfen. Aus den bestehenden Szenarien wird dann in der Regel ein bestimmtes ausgewählt und von der Unternehmensführung formal beschlossen, indem ein Reorganisationsplan erstellt wird, der die zu ergreifenden Maßnahmen detailliert enthält und normalerweise kaum einen Zweifel an der Absicht der Unternehmensführung läßt. Der Reorganisationsplan sieht regelmäßig auch umfangreiche kommunikative Maßnahmen mit der Öffentlichkeit, der Belegschaft bzw. dem Betriebsrat etc. vor, die sich an die Verabschiedung des Planes anschließen.[449]

Bei Reorganisationen und Veräußerungen von Unternehmensteileinheiten werden in der Regel nicht nur die im Gesamtkonzern vorhandenen Ressourcen, d.h. Aktiva und / oder Passiva, erweitert oder reduziert, sondern auch zwischen den betroffenen Unternehmensteileinheiten umverteilt.[450]

Dies kann u.a. dazu führen, daß neue Unternehmensteileinheiten entstehen und andere eliminiert werden. Hiermit geht häufig auch eine Reallokation der im Konzern vorhandenen Delegationsbeziehungen und somit auch der Berichts- und Kommunikationswege einher.

In Zusammenhang mit der Umsetzung des Management Approach im externen Rechnungswesen wirken sich die durch Restrukturierungen herbeigeführten Änderungen der betrieblichen Organisations- und Berichtsstruktur auf die Zusammensetzung von

---

448 Vgl. Charifzadeh (Restructuring 2002), S. 40 ff., 186 f., 267 f.

449 Vgl. m.w.N. Schiller (Restrukturierung 2004), S. 5 f.; zur innerbetrieblichen Kommunikation mit der Belegschaft bzw. dem Betriebsrat zum Zweck der Vermeidung einer Blockade der anstehenden Reorganisation durch die Mitarbeiter vgl. auch Weber/Königstein/Töpsch (Organisation 1999), S. 253 ff.

450 Der Transfer von Aktiva und / oder Passiva zwischen Unternehmensteileinheiten kann sich wertschaffend für das Gesamtunternehmen auswirken, da dieser Transfer i.d.R. zu einer Veränderung der vertraglichen Beziehungen des Untenehmens mit anderen Anspruchsgruppen (z.B. Lieferanten, Kunden, Arbeitnehmer) führt, die sich positiv auf die Wertsituation der Eigenkapitalinvestoren auswirken kann; vgl. hierzu sowie weiteren Wirkungsweisen von Reorganisationen Charifzadeh (Restructuring 2002), S. 194-219.

Segmenten und ZGEs aus.[451] Hierbei ist zu beachten, daß die Neugestaltung von Berichtslinien dazu führen kann, daß neue Segmente angabepflichtig werden oder Segmente, für die bis dato eine Berichterstattung stattfand, nicht mehr berichtspflichtig sind. Darüber hinaus kann sich die Umverteilung von Ressourcen auf die Vermögens-, Finanz- und Etrtragsstruktur der Segmente auswirken. Im Rahmen der Abgrenzung von ZGEs ist ferner insbesondere die Auswirkung der vorgenommenen Ressourcentransfers auf die Höhe vorhandenen Goodwills zu beachten. Denn sofern Goodwill tragende ZGEs von der Reorganisation betroffen sind, muß auch der Goodwill entsprechend den in Abschnitt B.3.3.2 erläuterten Vorschriften neu verteilt werden.

Zur Abbildung der Auswirkungen von Reorganisationsmaßnahmen in der Finanzberichterstattung kann auf die unternehmensintern bereits vorhandenen Unterlagen, die im Rahmen der Entscheidungsfindung sowie -durchsetzung und Kommunikation genutzt wurden, zurückgegriffen werden. Denn in diesen ist nicht nur die exakte Absicht der Unternehmensführung dokumentiert, sondern insbesondere auch die Bewertungsergebnisse für die von der Reorganisationsmaßnahme erfaßten Unternehmensteileinheiten können im Rahmen der Reallokation von Goodwill Verwendung finden.

2.4 Steuerung von Unternehmensteileinheiten durch Verrechnungspreise

Da innerhalb eines Unternehmens zwischen verschiedenen Unternehmensteileinheiten gehandelte Produkte und Dienstleistungen keiner Bewertung an einem externen Markt unterliegen, werden vom internen Rechnungswesen Verrechnungspreise ermittelt. Die Ermittlung von Verrechnungspreisen steht hierbei immer im Zusammenhang mit der existierenden Organisationsform, da diese Umfang und Art der konzernintern ablaufenden Handelsbeziehungen maßgeblich determiniert.[452]

Verrechnungspreisen wird generell eine Koordinationsfunktion, eine Erfolgsermittlungsfunktion sowie eine Abrechnungs- und Planungsfunktion zugesprochen. Die Koordinationsfunktion bezieht sich u.a. darauf, daß Verrechnungspreise dazu beitragen, Teile des Unternehmens dazu zu veranlassen, mehr bzw. weniger eines intern angebotenen Gutes nachzufragen.[453] Die Erfolgsermittlungsfunktion besteht darin, daß sich

---

451 Ähnlich Gentz/Kauffmann (Impairment 2003), S. 81.

452 Vgl. Coenenberg (Rechnung 2003), S. 515.

453 In diesem Zusammenhang kann sich die Bestimmungsart von Verrechnungspreisen auch auf das Investitionsverhalten der innerbetrieblich kaufenden und verkaufenden Unter-

die für interne Transaktionen gezahlten bzw. erhaltenen Verrechnungspreise entsprechend erfolgserhöhend oder -mindernd auf das Ergebnis eines Teilbereiches auswirken können und somit dessen Leistungsbeurteilung beeinflussen. Die Abrechnungs- und Planungsfunktion steht in engem Zusammenhang mit der Erfolgsermittlungsfunktion. Sie beschäftigt sich damit, die zu erbringende Leistung einer Teileinheit zu planen sowie zu beurteilen.[454]

Zur Bildung von Verrechnungspreisen bestehen mehrere Möglichkeiten: Die Orientierung an Marktpreisen, die Ermittlung auf Grundlage von Kosten, durch Verhandlungen oder durch Vorgabe eines Dritten (i.d.R. der Konzernzentrale). Bei der Vorgabe von Verrechnungspreisen durch die Konzernzentrale ist auch die Anwendung dualer Verrechnungspreise möglich. Duale Verrechnungspreise sind dadurch gekennzeichnet, daß der liefernden und der belieferten Teileinheit unterschiedliche Preise berechnet werden und die Differenz durch die Zentrale ausgeglichen wird. In den Fällen, in denen die Konzernzentrale die Verrechnungspreise nicht vorgibt, erteilt sie den entsprechenden Teileinheiten in der Regel Weisungen hinsichtlich des zur Verrechnungspreisbestimmung anzuwendenden Verfahrens.[455]

Weite Teile der Literatur befassen sich mit der Koordinationsfunktion von Verrechnungspreisen und somit mit den Anreizwirkungen, die sich durch unterschiedliche Methoden zur Verrechnungspreisbestimmung entfalten lassen. In der Regel wird in diesem Zusammenhang untersucht, welche Eingriffe die Konzernführung in die innerbetrieblich berechneten Preise vornehmen sollte bzw. welche Vorschriften hinsichtlich der Bestimmung von Verrechnungspreisen die Konzernführung den dezentralen Organisationseinheiten machen sollte, um das gewünschte (i.d.R. unternehmenswertmaximierende) Verhalten der dezentralen Einheiten herbeizuführen.[456] Eine Umsetzung des Management Approach führt dazu, daß für externe Berichtszwecke keine von den in-

---

nehmensteileinheiten auswirken. Vgl. hierzu bspw. Lengsfeld (Verrechnungspreise 2006), S. 477-505.

454 Vgl. Theurl/Meyer (Verrechnungspreise 2004), S. 166 ff.; ähnlich Coenenberg (Rechnung 2003), S. 516 ff.

455 Vgl. Theurl/Meyer (Verrechnungspreise 2004), S. 165, 170 f.

456 Vgl. grundlegend Ewert/Wagenhofer (Unternehmensrechnung 2003), S. 593-663. Vgl. bspw. auch die Untersuchung verschiedener kostenbasierter Ansätze zur Bestimmung von Verrechnungspreisen und deren Auswirkungen auf das Investitionsverhalten dezentraler Einheiten bei Lengsfeld (Verrechnungspreise 2006), S. 477-505. Zur Beeinflussung von Unternehmensteileinheiten durch Verrechnungspreise vgl. auch m.w.N. Haller/Holzer (Verrechnungspreise 2003), S. 566 ff.

tern verwendeten Verrechnungspreisen abweichenden Wertansätze zum Tragen kommen. Eine potentiell denkbare parallele Ermittlung von verschiedenen Verrechnungspreisen für ein und dasselbe Produkt für interne sowie externe Zwecke wird somit überflüssig.[457] Dies kann zur Konsequenz haben, daß z.B. die Koordinationsaspekte der intern verwendeten Verrechnungspreise auf das externe Rechnungswesen durchschlagen.

Zwar wird in der Literatur aus Shareholderperspektive argumentiert, daß nur reine, d.h. von der Konzernzentrale unangepaßte Marktwerte einen umittelbaren Informationsnutzen bieten.[458] Allerdings kommt auch in Unternehmen, welche einen marktwertbasierten Ansatz zur Verrechnungspreisbestimmung verwenden, oft nicht der tatsächliche Marktpreis zur Anwendung, sondern dieser wird durch die Konzernzentrale modifiziert, um für das Gesamtunternehmen vorteilhafte Steuerungswirkungen herbeizuführen. Darüber hinaus spielen häufig steuerliche Aspekte eine maßgebliche Rolle bei der Bestimmung von Verrechnungspreisen.[459]

Unabhängig von der Bestimmungsmethode können Verrechnungspreise immer zu einer Umverteilung des Ergebnisses zwischen den Segmenten sowie ggf. auch der Konzernzentrale führen. Insbesondere duale Verrechnungspreise führen zu einer Beeinflussung der Teilerfolge von Segmenten sowie des Teilerfolgs, der auf das Gesamtunternehmen entfällt, da nicht nur das liefernde und belieferte Segment angesprochen werden, sondern auch die Konzernzentrale. Dies ist in der Theorie insofern gerechtfertigt, als daß die Zentrale durch ihre Koordinationsfunktion für Verbundeffekte verantwortlich ist. Da sich diese Verbundeffekte auf den Gesamtkonzern auswirken, läßt sich ihr Erfolg jedoch nur schwer in Ergebniskomponenten widerspiegeln.

Resümierend kann an dieser Stelle festgehalten werden, daß die Umsetzung des Management Approach dazu führen kann, daß die Informationsadressaten einen deutlich tieferen Einblick in die Steuerung des Konzerns durch die Unternehmensführung erhalten. In Abhängigkeit von der Funktion, die Verrechnungspreisen im jeweiligen Unternehmen zukommt, ist es jedoch möglich, daß durch eine Umsetzung des Manage-

---

[457] Zur parallelen Bestimmung unterschiedlicher Verrechnungspreise für interne und externe Berichtszwecke sowie dem hiermit verbundenen großen Abstimmungs- und Datenverarbeitungsaufwand vgl. bspw. Spitzenpfeil (Transferpreise 2005), S. 86 f.

[458] Vgl. Boersema/van Weelden (Segmentreporting 1992), S. 163 f.; Geiger (Segmentberichterstattung 2001), S. 161.

[459] Vgl. Baldenius/Bastian/Reichelstein (Transfer Pricing 2005), S. 114; Baldenius/Reichelstein (Pricing 2006), S. 1-28; Coenenberg (Rechnung 2003), S. 563.

ment Approach Informationen in die Finanzberichterstattung gelangen, die nicht an den Informationsbedürfnissen der Investoren ausgerichtet sind.

Ferner stellt insbesondere die Verwendung dualer Verrechnungspreise hohe Herausforderungen an die Datenverarbeitungssysteme. Denn bei sämtlichen innerbetrieblichen Transaktionen müssen die beteiligten Stellen entsprechend gekennzeichnet sein, wobei sich die Erfassung – in Abhängigkeit vom Ähnlichkeitsgrad der internen und externen Organisationsstruktur – ggf. nicht nur auf juristische, sondern auch auf interne Organisationsteileinheiten erstrecken muß. Hierbei müssen bei einer Umsetzung des Management Approach ggf. zusätzliche Schlüssel für Segmente eingeführt werden, die bislang nur für interne Zwecke nicht notwendig waren.

2.5 Zwischenfazit

Entsprechend der Vorgaben der IAS 14 und 36 haben die Abgrenzung von Segmenten sowie von ZGEs grundsätzlich auf Grundlage der internen Organisations- und Berichtsstruktur zu erfolgen. Ob bzw. in welchem Umfang der Management Approach in der Praxis tatsächlich umgesetzt werden kann, hängt jedoch vor allem davon ab, inwiefern die Organisations- und Berichtsstruktur des jeweiligen bilanzierenden Unternehmens eine Kompatibilität mit den Segment- bzw. ZGE-Abgrenzungskritieren der IAS 14 bzw. 36 aufweist. Die Eignung der in der Praxis am häufigsten vorkommenden Organisations- und Berichtsstrukturen zur Segment- und ZGE-Abgrenzung ist in Abbildung C-3zusammengefaßt.

Darüber hinaus bleibt festzuhalten, daß eine Umsetzung des Management Approach auch dazu führt, daß sich innerbetriebliche Reorganisationen und Restrukturierungen sowie Änderungen der internen Berichtslinien auf die Abgrenzung von Segmenten und ZGEs auswirken können. Ferner wirken sich Konzernverrechnungspreise auf die Ertragssituation der Segmente aus. Inwiefern die Abbildung intersegmentärer Transaktionen mittels der intern verwendeten Verrechnungspreise zu einer objektiven Darstellung der wirtschaftlichen Lage der Segmente führt, hängt hierbei vor allem davon ab, ob Verrechnungspreise primär zur Performancemessung eingesetzt werden oder ob auch verhaltenssteuernde Aspekte eine Rolle spielen.

Organisationsform		Eignung zur Abgrenzung von Segmenten und ZGEs
Grundformen	funktionale Organisation	schlecht
	divisionale Organisation	gut
	regionale Organisation	gut
	Matrix-Organisation	gut
Center-Strukturen	Cost Centers	schlecht, jedoch Kombinationsmöglichkeit mit Revenue Centers zu fiktiven Profit Centers
	Revenue Centers	schlecht, jedoch Kombinationsmöglichkeit mit Cost Centers zu fiktiven Profit Centers
	Profit / Investment Centers	gut
Konzerne	Stammhaus	schlecht
	Managementholding	gut
	Finanzholding	i.d.R. gut

Abbildung C-3: Eignung verschiedener Organisationsformen für die Segment- und ZGE-Abgrenzung

3 Risikomanagementsysteme

Wie in Kapitel B aufgezeigt, exisitieren in der Finanzberichterstattung deutscher Unternehmen mehrere Anwendungsfelder für den Management Approach, bei denen die in der Finanzberichterstattung benötigten Informationen aus den Risikomanagementsystemen der Unternehmen gewonnen werden können.

Hierunter fallen zum einen im Lagebericht die Berichterstattung über wesentliche zukünftige Chancen und Risiken des Unternehmens sowie die Berichterstattung über das Risikomnagementsystem selbst. Zum anderen sind die Segmentabgrenzung, die Identifikation von Triggering Events gem. IAS 36 sowie die Abbildung von Finanzinstrumenten im finanziellen Risikomanagement betroffen. Die Einbettung des Risikomanagements in die in Abschnitt C.1 vorgenommene Kategorisierung von zur Umsetzung des Management Approach geeigneter Controllingfelder ist in Abbildung C-4 wiedergegeben. In den folgenden Abschnitten wird die idealtypische Ausgestaltungsform von Riskomanagementsystemen vor dem Hintergrund einer Umsetzung des Management Approach in den angeführten Bestandteilen der externen Finanzberichterstattung untersucht.

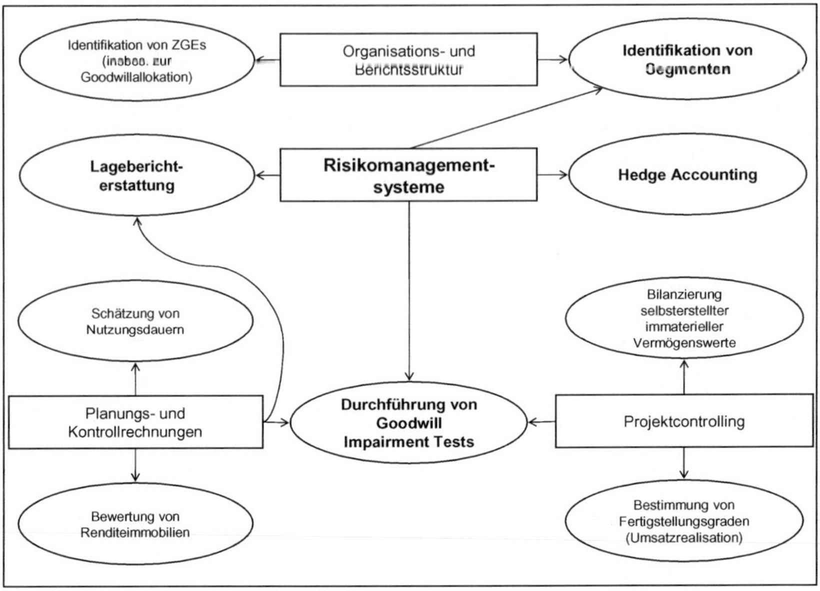

Abbildung C-4: Bezugspunkte von Risikomanagementsystemen zur externen Finanzberichterstattung

3.1 Grundlagen und Funktionen des Risikomanagements

„Unternehmen agieren seit jeher unter Unsicherheit. Chancen zu nutzen und dabei Risiken einzugehen, ist der Kern unternehmerischen Handelns überhaupt.“[460] Daher obliegt dem Führungsgremium der Muttergesellschaft einer Unternehmensgruppe die Ausarbeitung einer Chancen- und Risikenstrategie für den Gesamtkonzern.[461]

Es handelt sich somit um eine Aufgabe des strategischen Managements, welche insbesondere eine permanente Analyse des Unternehmensumfeldes erfordert, um Entwick-

460 Weber/Weißenberger/Liekweg (Risk Tracking 1999), S. 9; ähnlich Wall (Risikomanagement 2001), S. 207; Wittmann (Risikomanagement 2001), S. 259.

461 Bei der erstmaligen Ausarbeitung einer Chancen- und Risikenstrategie für die Unternehmen müssen zuvor die Prozeßschritte der Risikoidentifikation und -bewertung durchlaufen werden, so daß die Unternehmensführung Kenntnis von der Ausgangssituation erlangt. Vgl. zu diesen Prozeßschritten die folgenden Ausführungen.

lungen zu identifizieren, die u.a. auch organisatorische Umgestaltungen des Unternehmens erfordern können.[462]

Bei der Ausarbeitung der Chancen- und Risikenstrategie hat die Unternehmensleitung ein angestrebtes Chancen-/Risikenprofil festzulegen. Dieses spiegelt wider, in welchem Verhältnis Chancen und Risiken für das gesamte Unternehmen, aber auch für einzelne Teilbereiche eingegangen werden sollen und welche maximalen Risiken hierbei akzeptiert werden dürfen. Das Chancen-/Risikenprofil wird durch risikopolitische Ziele konkretisiert.[463] Die Ausarbeitung entsprechender Maßnahmen zur Erreichung dieser Ziele obliegt dann den nachgelagerten organisatorischen Hierarchieebenen, die durch ihre Marktnähe und ihren direkten Bezug zur Geschäftstätigkeit in der Lage sind, einzelne Chancen und Risiken konkret zu erfassen und zu steuern.[464] Auf Ebene der Konzernmuttergesellschaft sollten die einzelnen Vorstandsmitglieder nicht nur aufgrund der gesamtschuldnerischen Haftung des Vorstands, sondern auch aus Gründen der Selbstinformation dafür Sorge tragen, daß die Risiken-/Chancenberichterstattung bzw. das Thema Risikomanagement regelmäßig im Vorstand erörtert wird.[465] Darüber hinaus kann ein Risikomanagementsystem dazu beitragen, die Volatilität der vom Unternehmen erwirtschafteten Cash Flows zu reduzieren und somit den Unternehmenswert zu steigern.[466]

Nach herrschender Meinung besteht das Risikomanagementsystem eines Unternehmens aus den Komponenten Internes Überwachungssystem (welches sich aus dem Internen Kontrollsystem (‚IKS') sowie der internen Revision zusammensetzt), Risikofrüherkennungssystem sowie Risikocontrollingsystem.[467] Das IKS ist Bestandteil der generellen Kontrollstruktur des Unternehmens. Im Rahmen des IKS sind auf sämtlichen Hierarchieebenen und Prozeßabläufen Kontrollen zu implementieren, die die Genauigkeit und Zuverlässigkeit erfaßter Abrechnungsdaten sicherstellen und somit sowohl die betriebliche Effizienz erhöhen als auch gesetzeswidrige Handlungen einschränken bzw. aufdecken.[468] Die interne Revision hat im Zusammenhang mit dem Ri-

---

462 Vgl. KPMG (Chancenmanagement 2005), S. 13; Liebl (Risikomanagement 2001), S. 506 f.,gl. auch die Ausführungen in Abschnitt C.2.3.

463 Vgl. Weber/Weißenberger/Liekweg (Risk Tracking 1999), S. 16 f.

464 Vgl. Wolf (Risikomanagement 2003), S. 123.

465 Ansonsten können unter bestimmten Bedingungen Haftungsansprüche gerichtlich durchgesetzt werden; vgl. Böcking/Müßig (Lagebericht 2003), S. 42.

466 Vgl. mit zahlreichen Nennungen Hoitsch/Winter (Risikomanagement 2004), S. 122.

467 Vgl. mit zahlreichen Nennungen Freidank/Paetzmann (Controlling 2003), S. 312.

468 Vgl. Wolf (Risikomanagement 2003), S. 81 f.

sikomanagement die Aufgabe, eine unabhängige Überwachung der Funktionsfähigkeit und Angemessenheit des Risikomanagementsystems als Ganzem sicherzustellen.[469] Das Risikofrüherkennungssystem hat zur Aufgabe, Risiken sowie Gefahren- oder Krisenpotentiale für das Unternehmen möglichst frühzeitig und so rechtzeitig zu identifizieren, daß Reaktionen des Unternehmens zu deren Abwehr möglich sind.[470] Das Risikocontrolling schließlich nimmt vor allem koordinierende Aufgaben wahr. Dies umfaßt bspw. die vielfältige Aufbereitung und Analyse der Informationen, die das Risikofrüherkennungssystem bereitstellt, aber auch Aufgaben wie die methodische Unterstützung operativer Einheiten beim Risikomanagement.[471] Da die hier dargestellten vier Hauptkomponenten eines Risikomanagementsystems zahlreiche inhaltliche Verzahnungen aufweisen, erscheint eine trennscharfe Untersuchung hinsichtlich der Anwendung des Management Approach auf die einzelnen Komponenten nicht als sinnvoll. Im folgenden wird daher das Risikomanagementsystem eines Unternehmens als Gesamtkonstrukt in den Mittelpunkt der Betrachtung gestellt. Da Chancen und Risiken unmittelbar zusammenhängen, sozusagen „Kehrseiten einer Medaille"[472] sind, ist im Rahmen eines den Unternehmenswert steigernden Risikomanagements n.h.M. die ausschließliche Betrachtung von Risiken unzureichend. Stattdessen sind sowohl Risiken als auch Chancen gleichzeitig sowie gleichberechtigt im Sinne eines integrierten Chancen-Risikomanagements in die ablaufenden Risikomanagementprozesse einzubeziehen.[473] Im folgenden wird aus Vereinfachungsgründen das Chancen- und Risikenmanagement nur als Risikomanagement bezeichnet.

Auch wenn in der Literatur leicht unterschiedliche Konzeptionen des Risikomanagements diskutiert werden, weichen diese Vorschläge i.d.R. nur geringfügig voneinander ab. So stellt Risikomanagement nach herrschender Meinung einen Regelkreis im Sinne eines permanent ablaufenden Prozesses dar, der sich aus den in der folgenden Abbildung C-5 dargestellten Prozeßschritten zusammensetzt.[474]

---

469 Vgl. Wittmann (Risikomanagement 2001), S. 315.

470 Vgl. Lück (Risikomanagementsystem 1998), S. 11 f.

471 Vgl. Freidank/Paetzmann (Controlling 2003), S. 314.

472 Wolf/Runzheimer (Risikomanagement 2001), S. 18.

473 Vgl. Kaiser (Lagebericht 2005), S. 346; Reichmann (Chance and Risk 2001), S. 282; Tewald (Risikomanagement 2004), S. 261; Weber/Weißenberger/Liekweg (Risk Tracking 1999), S. 10 f.; Wolf (Lagebericht 2005), S. 440 ff.

474 Vgl. bspw. die sich nur in Nuancen unterscheidenden Darstellungen bei Bitz (Risikomanagement 2000), S. 25, Lück (Risikomanagement 1998), S. 1926; Wall (Risikomanagement 2001), S. 213; Weber/Weißenberger/Liekweg (Risk Tracking 1999), S. 16; Witt-

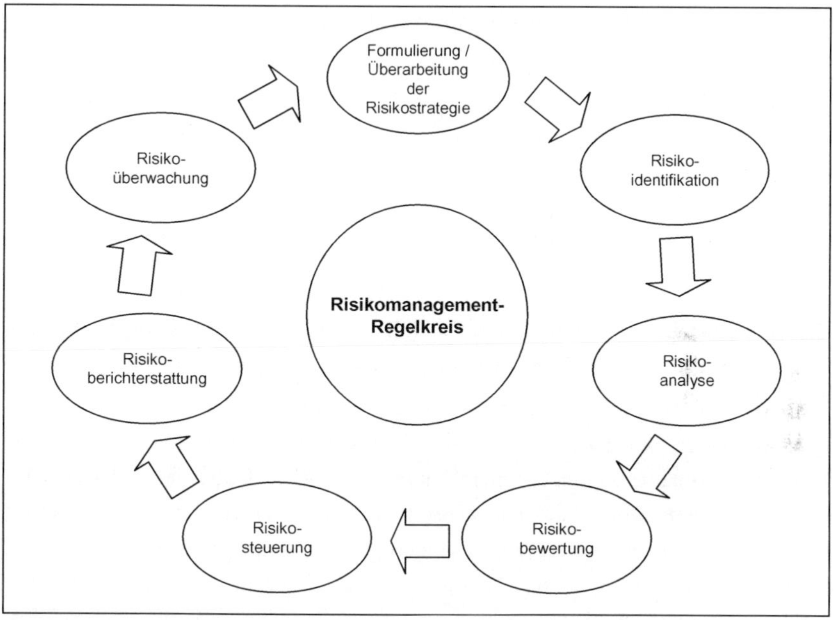

Abbildung C-5: Prozeßschritte des Risikomanagement-Regelkreises

Unabhängig davon, mit welchen Instrumenten die Prozeßschritte des Risikomanagementregelkreises in den einzelnen Organisationseinheiten umgesetzt werden, hat mindestens einmal jährlich zum Zeitpunkt des Abschlußstichtages eine Risikoinventur zu erfolgen.[475] Diese hat sich jedoch nicht auf bereits abgeschlossene Geschäfte zu beschränken, sondern muß auch solche Geschäfte umfassen, die voraussichtlich bis zum Horizont des Prognoseberichts eingeleitet werden sollen.[476]

---

mann (Risikomanagement 2001), S. 273. Darüber hinaus die Definition des Risikomanagements in DRS 5.9.

475 N.h.M. ist eine einmalige jährliche Risikoinventur jedoch nicht ausreichend, sondern sie hat kontinuierlich zu erfolgen und ist darüber hinaus durch ein ad-hoc Berichtssystem zu ergänzen. Vgl. Diederichs/Form/Reichmann (Risikomanagement 2004), S. 192; Weber/Weißenberger/Liekweg (Risk Tracking 1999), S. 30 f.

476 Vgl. Baetge/Schulze (Risikobericht 1998), S. 943 f.

3.2 Bereitstellung von Lageberichtinformationen durch das Risikomanagementsystem

Wie in Abschnitt B.5.1 ausführlich dargestellt wurde, sind im Lagebericht nicht nur die wesentlichen Chancen und Risiken des Unternehmens darzustellen, sondern auch das verwendete Risikomanagement in angemessenem Umfang zu beschreiben, indem auf dessen Strategie, Prozeß und Organisation eingegangen wird. Das Risikomanagementsystem stellt somit die natürliche Grundlage für die zu berichtenden Chancen und Risiken dar.[477]

3.2.1 Organisation, Umfang und Nutzung des Risikomanagementsystems durch das Management als externes Berichtsobjekt

Zwei der grundlegenden Voraussetzungen für ein funktionierendes und effizientes Chancen- und Risikomanagement stellen die Ausarbeitung risikopolitischer Grundsätze sowie die Etablierung einer unternehmensweiten Risikokultur dar.[478] Darüber hinaus ist es wichtig für die Funktionsfähigkeit des Risikomanagementprozesses und der internen Risikokommunikation, daß detaillierte Verfahrensanweisungen in Form einer Risikomanagementrichtlinie oder eines Risikomanagementhandbuchs dokumentiert werden.[479] In dieser Risikomanagementdokumentation sollten u.a. einzuhaltende Berichtswege und Verantwortlichkeiten für die Behandlung und Überwachung von Risiken festgelegt sein. Empirische Belege deuten darauf hin, daß dokumentierte risikopolitische Richtlinien sowie insbesondere Risikohandbücher zur Dokumentation des Risikomanagements mittlerweile einen hohen Verbreitungsgrad erreicht haben.[480]

Die Beschreibung des Risikomanagementsystems im Lagebericht sollte sich an den oben genannten Prozeßschritten des Risikomanagementregelkreises orientieren. Die Vorgabe von DRS 5.28, das Risikomanagement in angemessenem Umfang zu beschreiben, ist dabei dahingehend zu interpretieren, daß zumindest darauf einzugehen ist, ob die einzelnen Prozeßschritte überhaupt durchgeführt werden. Eine Beschreibung der Prozeßschritte auf allgemeiner Ebene erscheint als ausreichend.

---

[477] Vgl. Dörner/Wollmert/Bischof (Risikobericht 2003), S. 320; ähnlich Löw/Lorenz (Risikoberichterstattung 2001), S. 221.

[478] Vgl. Bitz (Risikomanagement 2000), S. 22 f.

[479] Vgl. Baumeister/Freisleben (Prüfung 2003), S. 35; Diederichs/Form/Reichmann (Risikomanagement 2004), S. 196.

[480] Vgl. Bungartz (Risk Reporting 2003), S. 104 f.; Gleißner et al. (Risikoberichterstattung 2005), S. 346 f.

Neben der Entwicklung und Dokumentation einzelner Prozeßschritte des Risikomanagements stellt auch die Organisation des Risikomanagements einen wesentlichen Aspekt bei der Ausgestaltung des Risikomanagements und der diesbezüglichen Berichterstattung dar. Im Hinblick auf die Organisation des Risikomanagements wird in der Literatur diskutiert, ob das Risikomanagement einen eigenständigen Prozeß darzustellen habe, oder ob es in bestehende Planungs- und Berichterstattungswege einzubetten sei. Nach mehrheitlicher Auffassung ist eine Integration in die bestehenden Systeme geboten.[481] Von diesem sogenannten Integrationsansatz erhofft man sich eine höhere Qualität der Unternehmensführung durch verbesserte Planungs- und Steuerungsprozesse, eine höhere Effizienz des Risikomanagements sowie mittel- bis langfristig Kosteneinsparungen.[482] Denn das Management von Chancen und Risiken spielt in den etablierten Planungs- und Kontrollsystemen insofern bereits eine maßgebliche Rolle, als daß das Abwägen von Chancen und Risiken ein Kernbestandteil jeglicher unternehmerischen Entscheidung ist. Die Nutzung eines Chancen- und Risikomanagements führt in diesem Zusammenhang dazu, daß zusätzlich formale Methoden und Prozesse eingeführt werden, die die bestehenden Abläufe ausweiten und verbessern.[483] Insbesondere in Risikobereichen wie z.B. dem Währungsrisikomanagement ist die Einrichtung spezialisierter Verantwortungsbereiche dennoch nicht unüblich. Spezialisierungsvorteile können somit zu einem Herauslösen aus der operativen Berichtsstruktur führen. Insgesamt können auch Mischformen zwischen einem vollständig integrierten sowie einem separierten Risikomanagement auftreten.[484]

In der externen Berichterstattungspraxis ist festzustellen, daß viele Unternehmen eine Darlegung von bestehenden Schwachstellen oder Optimierungspotentialen in ihren

---

481 Vgl. Bitz (Risikomanagement 2000), S. 20; Eggemann/Konradt (Risikomanagement 2000), S. 505; Hampel/Lueger/Roth (Risikocontrolling 2004), S. 114; Müller/Ordemann/ Pampel (Controlling 2005), S. 2121; Schlüchtermann/Wolf (Risikomanagement 2004), S. 48; Wittmann (Risikomanagement 2001), S. 260. Dieser Vorschlag wurde in der Praxis bereits kurz nach der Einführung des KonTraG verhältnismäßig umfangreich umgesetzt. Vgl. hierzu die empirische Studie von KPMG (Risikomanagement 2000), S. 25, in der mehr als drei Viertel der befragten Unternehmen angaben, das Risikomanagementsystem sei in die bestehenden Planungs- und Controllingsysteme integriert worden. Darüber hinaus verlangt DRS 5.9 auch explizit eine Verknüpfung des Risikomanagementsystems mit vorhandenen Managementsystemen.

482 Vgl. Wolf (Risikomanagement 2004), S. 212; Kaiser (Lagebericht 2005), S. 353. Kurzfristig ist jedoch durch Ausbau- und Anpassungsmaßnahmen der Berichtssysteme mit einem Kostenanstieg zu rechnen.

483 Vgl. Wittmann (Risikomanagement 2001), S. 259 f.

484 Vgl. m.w.N. Baumeister/Freisleben (Prüfung 2003), S. 29.

Risikomanagementsystemen unterlassen bzw. das Risikomanagement bislang nur in unzureichendem Umfang beschreiben.[485] Sofern die fehlenden Informationen nicht aus dem Risikomanagementsystem abgeleitet werden können, da dieses Schwachstellen aufweist, kann dies die Unternehmensleitung dazu bewegen, die bestehenden Systeme weiterzuentwickeln.[486] Dies insbesondere deshalb, da eine derartige lückenhafte Berichterstattung durch die Investoren als eine suboptimale Managementleistung gedeutet werden kann.[487] Schwachstellen, auf die dies zutrifft, stellen z.B. ein geringer Ausprägungsgrad des Planungs-, Steuerungs- und Berichtswesens, das Nichtvorhandensein eines formalisierten unternehmensweiten Risikomanagementsystems oder ein unstrukturierter, unbegründeter und nicht objektiv nachvollziehbarer Prognoseprozeß dar.[488] Darüber hinaus kann – insbes. da die gesetzliche Verpflichtung hierzu erst seit kurzem besteht – die gleichberechtigte Berücksichtigung von Chancen und Risiken noch nicht ausreichend umgesetzt sein[489] oder Chancen und Risikenpotentiale keiner ausreichenden Bewertung unterzogen werden.[490]

---

485 Vgl. Gleißner et al. (Risikoberichterstattung 2005), S. 346 f.

486 Vgl. Kaiser (Lagebericht 2005), S. 346.

487 Vgl. zur stewardship-Funktion der Rechnungslegung auch Abschnitt A.1.

488 Vgl. Kaiser (Lagebericht 2005), S. 346.

489 Vor Einführung des BilReG bestand faktisch ein Wahlrecht bzgl. der Lageberichterstattung über Chancen, welches jedoch nur selten wahrgenommen wurde; vgl. PwC/Institut der Niedersächsischen Wirtschaft e.V. (Risikomanagement 2000), S. 14. Ob dies darin begründet lag, daß Chancen nicht in den Risikomanagementsystemen integriert waren, oder ob lediglich auf die Publikation verzichtet wurde, ist hingegen nicht klar; zu möglichen Ursachen für die Nichtinkorporation von Chancen in das Risikomanagementsystem vgl. Wolf (Lagebericht 2005), S. 440.

490 Wie Hampel/Lueger/Roth (Risikocontrolling 2004), S. 114, feststellen, ist es ein grundsätzliches Problem des Risikomanagements, daß bislang keine ausreichenden Methoden zur Bewertung von nichtfinanziellen Risiken erarbeitet wurden. Daher wird im allgemeinen eine Bewertung von finanzwirtschaftlichen Risiken als ausreichend erachtet, da für diese eine Quantifizierung mittels anerkannter und verläßlicher Methoden möglich ist; vgl. Dörner/Wollmert/Bischof (Risikobericht 2003), S. 327. Zu diesen Methoden zählt bspw. die Value-at-Risk-Technik. Zu einer Darstellung verschiedener Methoden zur Bewertung finanzwirtschaftlicher Risiken vgl. Bühler (Risikocontrolling 1998), S. 218 ff.

3.2.2 Identifikation, Bewertung und Berichterstattung wesentlicher Chancen und Risiken

Die Bedeutung von Risikokategorien für die Erhöhung der internen und externen Risikotransparenz

Um Risiken konzernweit vergleichbar zu machen und somit die Risikokommunikation innerhalb des Konzerns zu erleichtern, empfiehlt sich die Einrichtung von identischen Berichtsformaten und eine Zusammenfassung von Risiken innerhalb von Risikokategorien.[491] Bezüglich einer solchen Kategorisierung wurden zahlreiche Vorschläge unterbreitet. Hierbei findet sich relativ oft die Unterscheidung in interne und externe Risiken sowie eine Kategorisierung anhand einzelner Funktionsbereiche des Unternehmens.[492] Hierbei sind verschiedene Risikokategorien sowohl für unternehmensinterne als auch -externe Adressaten von Risikomanagementinformationen unterschiedlich relevant, wobei jedoch die Rangordnung der verschiedenen Risikokategorien für interne und externe Informationsnutzer sehr ähnlich ist.[493]

Die in der internen Risikoberichterstattung vorgenommene Risikoklassifikation führt nicht zuletzt auf Ebene der Konzernmuttergesellschaft zu einer Erhöhung der Transparenz der bestehenden unternehmerischen Chancen und Risken. Risikohäufungen etc. werden dem Vorstand besser bewußt, und die Ableitung entsprechender strategischer Maßnahmen wird erleichtert. Da es sich bei Risikomanagementsystemen nicht um historisch gewachsene Strukturen handelt, sondern diese in vielen Unternehmen erst nach dem KonTraG eingeführt wurden, bestand die Möglichkeit, daß das Management bei der Konzeption der Systeme auch die aus seiner Sicht aussagekräftigsten Kategorisierungen von Risiken wählte. Eine konsequente Umsetzung des Management Approach kann hierdurch zu einer hohen externen Berichtsqualität führen. Sofern das Management keine wirtschaftlich sinnvolle Risikokategorisierung gewählt haben sollte, wird dies allerdings auch den Informationsadressaten deutlich, so daß diese hieraus Rückschlüsse über die Qualität des Managements ziehen können.

---

491 Vgl Diederichs/Form/Reichmann (Risikomanagement 2004), S. 190; Wittmann (Risikomanagement 2001), S. 274 f.

492 Vgl. KPMG (Risikomanagement 1998), S. 18 ff.; Diederichs/Form/Reichmann (Risikomanagement 2004), S. 190; Bitz (Risikomanagement 2000), S. 25 ff.

493 Vgl. zu einer empirischen Studie unter bilanzierenden Unternehmen sowie Abschlußadressaten Fischer/Vielmeyer (Risikocontrolling 2004), S. 120 ff.

Wie gesehen, schreibt DRS 5 entsprechend dem Management Approach eine an der internen Risikokategorisierung orientierte Zusammenfassung der identifizierten Risiken vor.[494] Die in der Publizitätspraxis beobachtbaren großen Unterschiede zwischen den von den einzelnen Unternehmen gewählten Kategorien lassen daher eine tatsächliche Umsetzung des Management Approach vermuten.[495] So bestätigt eine große Mehrheit der deutschen Unternehmen in einer empirischen Studie auch, daß die Risikokategorisierung im Lagebericht dem Management Approach entsprechend der internen Risikokategorisierung ganz oder zumindest teilweise entspreche.[496]

Die Bedeutung von Wesentlichkeitsgrenzen für die interne und externe Risikokommunikation

Risikomanagement stellt einen Prozeß dar, der nicht nur auf oberster, sondern auf sämtlichen Hierarchieebenen permanent durchlaufen werden muß. Dies bedeutet, daß die in Abschnitt C.2.3 dargestellten Prozeßschritte des Risikomanagementregelkreises vom jeweiligen Management der organisatorischen Teileinheiten des Konzerns auf die Situation und Größe der entsprechenden organisatorischen Einheit angepaßt werden müssen. Hierbei sind Risiken nicht nur zu identifizieren, sondern es sind auch ihre wichtigsten Eigenschaften, d.h. vor allem Wesentlichkeit und die verfolgte Strategie zur Steuerung des Risikos einschließlich bereits ergriffener Steuerungsmaßnahmen zu verzeichnen. Die Wesentlichkeit eines Risikos kann grundsätzlich dadurch ermittelt werden, daß die mögliche Schadenshöhe zu der Eintrittswahrscheinlichkeit des Risikos ins Verhältnis gesetzt wird.[497]

Die Einschätzung, ob identifizierte Chancen oder Risiken als wesentlich gelten sollten, hängt vor allem von der Hierarchieebene im Unternehmen ab, auf welcher die Chancen- und Risikobetrachtung erfolgt.[498] Je höher hierbei die Betrachtungsebene in der Unternehmenshierarchie angesiedelt ist, desto höhere Wesentlichkeitsgrenzen gelten in der Regel.[499] Da die unternehmensinterne Berichterstattung über Chancen und Risiken normalerweise einem Bottom-Up-Prozeß folgt, gelangen nur solche Chancen und Ri-

---

494 Vgl. Löw/Lorenz (Risikoberichterstattung 2001), S. 213; Abschnitt B.5.1.

495 Vgl. Kajüter/Winkler (Risikoberichterstattung 2004), S. 253.

496 Vgl. Bungartz (Risk Reporting 2003), S. 76.

497 Vgl. Dörner/Wollmert/Bischof (Risikobericht 2003), S. 313 f.

498 Vgl. Diederichs/Form/Reichmann (Risikomanagement 2004), S. 196.

499 Wesentlichkeitsgrenzen können sowohl monetärer Art (z.B. Absolutbeträge, Umsatz- oder Bilanzsummenrelationen) als auch (vor allem bei schwer quantifizierbaren Risiken) nichtmonetärer Art sein. Vgl. Weber/Weißenberger/Liekweg (Risk Tracking 1999), S. 19 f.

siken an die nächsthöhere Hierarchieebene, für die die darunterliegende Ebene über keine Handlungskompetenzen mehr verfügt.[500]

Aufgabe des Risikomanagements ist es damit auch, innerhalb der jeweiligen Organisationseinheiten des Unternehmens eine bedarfsgerechte Risikoüberwachung zu ermöglichen, während es gleichzeitig nur für im Gesamtkonzernkontext relevante Chancen und Risiken so durchlässig ist, daß diese an die Konzernmuttergesellschaft berichtet werden.[501] In diesem Sinne relevant für den Konzernvorstand sind jedoch nicht nur Chancen und Risiken, die den Konzern in seiner Gesamtheit betreffen, sondern – da der Konzernvorstand die strategische Ausrichtung der einzelnen Geschäftsfelder mitbestimmt bzw. die Konzerngesamtstrategie u.a. von den Chancen- und Risikenportfolios der Geschäftsfelder abhängig macht[502] – auch auf der unmittelbar nachgelagerten Hierarchieebene wesentliche Chancen und Risiken.[503]

Hinsichtlich der Lageberichterstattung wird im Sinne einer klaren und vollständigen Darstellung im Risikobericht zwar gefordert, daß die im Rahmen des Risikomanagementprozesses gewonnenen Informationen weitestgehend unverändert übernommen werden.[504]

Dies ist jedoch nicht dahingehend zu interpretieren, daß sämtliche an den Vorstand berichteten Informationen zu veröffentlichen sind. Denn im Lagebericht berichtspflichtig sind nur wesentliche Chancen und Risiken des betrachteten Unternehmens. Deshalb sind aus der internen Chancen- und Risikoberichterstattung an den Vorstand diejenigen Chancen und Risiken auszuwählen, die für den Gesamtkonzern wesentlich sind. Diese Informationen sind ggf. anzupassen, um sie in geeigneter Weise extern kommunizieren zu können.[505] Darüber hinaus kann die Veröffentlichung von an den Vorstand berichteten Chancen- und Risikoinformationen auf Segmentebene für die Informationsadressaten entscheidungsnützliche Informationen bieten. Hiermit befaßt sich Abschnitt C.3.4 unten. Für die Risikoberichterstattung, -steuerung und -überwachung auf den diversen Hierarchieebenen von Unternehmen hat sich in der Praxis vielfach die sogenannte Risikomatrix durchgesetzt, in der Literatur werden je-

---

500 Vgl. Weber/Weißenberger/Liekweg (Risk Tracking 1999), S. 17 ff.

501 Vgl. Hampel/Lueger/Roth (Risikocontrolling 2004), S. 113.

502 Vgl. Abschnitt C.3.3.

503 Vgl. Wittmann (Risikomanagement 2001), S. 280.

504 Vgl. Kajüter (Risikoberichterstattung 2002), S. 246 f.

505 Vgl. Fischer/Vielmeyer (Risikocontrolling 2004), S. 121; allgemein zur Wesentlichkeit als Kriterium für Controllingberichte vgl. auch Horváth (Controlling 2003), S. 616.

doch noch weitere Instrumente wie z.B. Scoringmodelle, die Value-at-Risk-Technik etc. vorgeschlagen.[506] Auch für die externe Berichterstattung wird empfohlen, diese zu übernehmen und um eine Chancenperspektive zu erweitern.[507] Hierbei sollten diejenigen Sachverhalte für die externe Veröffentlichung ausgewählt werden, die in den Feldern der Matrix eingeordnet sind, die eine Wesentlichkeit für den Gesamtkonzern signalisieren. Sofern ein Unternehmen ein anderes Instrument für die Risikoberichterstattung, -steuerung und -überwachung auf Konzernebene verwendet, kann dieses entsprechend dem Management Approach grundsätzlich auch für die externe Kapitalmarktkommunikation verwendet werden.

3.3 Unterstützung der Segmentabgrenzung durch Informationen des Risikomanagementsystems

Mit der Ausarbeitung der risikopolitischen Ziele durch die Unternehmensleitung wird unter anderem die Ausrichtung des Unternehmens auf bestimmte Produkt- und Marktfelder bzw. Geschäftsfelder festgelegt.[508] In der Regel sind diese verschiedenen Geschäftsfelder durch jeweils unterschiedliche Risikolandschaften gekennzeichnet.[509] Diversifikations- und Verbundeffekte zwischen den Geschäftsfeldern beeinflussen hierbei sowohl die Unterschiedlichkeit der Chancen- und Risikostrukturen der einzelnen Geschäftsfelder als auch die Chancen- und Risikoposition der Gesamtunternehmen.[510] In der Folge steuert die Unternehmensleitung den Konzern durch die Wahl der ihr am aussichtsreichsten erscheinenden Kombinationen von Produkt-Markt-Portfolios und der hiermit verbundenen Investitions- und Desinvestitionsentscheidungen.[511] Zur Steuerung der Portfolios werden geeignete Kontrollinstrumente benötigt.[512] Daher hat das Planungs- und Kontrollsystem eines Unternehmens zum Ziel, geschäftliche und finanzielle Zielsetzungen zu entwickeln, zu dokumentieren und deren Erreichung permanent zu verfolgen.[513]

---

506 Vgl. Diederichs/Form/Reichmann (Risikomanagement 2004), S. 192.

507 Vgl. Wolf (Lagebericht 2005), S. 441.

508 Vgl. Backhaus (Industriegütermarketing 2003), S. 215 f.; Wittmann (Risikomanagement 2001), S. 270 f.

509 Vgl. Hampel/Lueger/Roth (Risikocontrolling 2004), S. 113.

510 Vgl. m.w.N. Ossadnik/Dorenkamp/Wilmsmann (Risikomanagement 2004), S. 1167.

511 Vgl. Hungenberg/Wulf (Unternehmensführung 2004), S. 106 ff. Im Ergebnis auch Link (Strategie 1994), S. 310 ff.

512 Vgl. Al-Laham (Strategie 2000), S. 264; Busse von Colbe (Konzernabschlüsse 1998), S. 134.

513 Vgl. Abschnitt C.4.

Das Abwägen von Chancen und Risiken stellt in diesem Zusammenhang die wesentliche Entscheidungsgrundlage dar.[514]

Lange Zeit herrschte in der betriebswirtschaftlichen Literatur unter dem Stichwort „structure follows strategy" die Auffassung vor, daß die Unternehmensleitung auch die Unternehmensorganisation an der von ihr gewählten Strategie für das Gesamtunternehmen ausrichten solle.[515] Dann wurde allerdings festgestellt, daß die organisatorischen Strukturen eines Unternehmens häufig auch einen bestimmenden Einfluß auf die Unternehmensstrategie nehmen.[516] In der Folge wurde postuliert: „strategy follows structure"[517]. Mittlerweile wurden einige Vorschläge gemacht, wie sich diese beiden konträr gegenüberstehenden Vorstellungen vereinbaren lassen. Als eine Lösungsmöglichkeit wird häufig ein interdependentes Verhältnis von Organisation und Struktur beschrieben, so daß keine eindeutige Abhängigkeit mehr angenommen wird. Statt dessen werden zeitliche Abfolgen im Sinne von Reiz-Reaktions-Ketten, also „Struktur folgt Strategie folgt Struktur folgt Strategie usw.", unterstellt.[518]

Unabhängig davon, in welchem Maße in einem Unternehmen die Struktur die Strategie mitbestimmt oder vice versa, bleibt festzuhalten, daß sich Strategie und Struktur hinsichtlich der von der Unternehmensleitung beabsichtigten zukünftigen Entwicklungsrichtung des Unternehmens grundsätzlich entsprechen.[519] Stünden sich die von der Unternehmensleitung gewählte Strategie und die bestehende Organisationsform nämlich (im Extremfall) unvereinbar gegenüber, so müßte die Unternehmensleitung zumindest eines dieser beiden Betrachtungsobjekte an das andere anpassen, so daß sich beide Objekte inhaltlich wieder annähern würden.

Da die von der Unternehmensleitung gewählte Strategie auf der Abwägung von unternehmerischen Chancen und Risiken basiert und Unternehmensstrategie sowie

---

514 Vgl. bspw. die Darstellung des Strategiekonzeptes von Andrews bei Hahn/Simanek (Strategie 2000), S. 20 f.

515 Vgl. Chandler (Strategy and Structure 1995), S. 13 ff.; erste Auflage: 1962.

516 Vgl. mit zahlreichen Nennungen Schreyögg (Struktur 2002), S. 36.

517 Hall/Saias (Structure 1980), S. 149-163.

518 Vgl. Schreyögg (Struktur 2002), S. 40 sowie die bei Schewe (Organisation 1999), S. 64 ff., und Wolf (Struktur 2000), S. 33 ff., klassifizierten zahlreichen Arbeiten. Nach Ansicht von Schreyögg greift eine solche Sichtweise jedoch zu kurz. Er plädiert statt dessen dafür, Organisation und Strategie als gleichgeordnete Steuerungspotentiale zu betrachten, die in Abhängigkeit des Situationskontextes, in dem sich ein Unternehmen befindet, genutzt werden können. Hierbei darf jedoch die interaktive Kopplung der beiden Aspekte nicht übersehen werden. Vgl. hierzu auch Siegler (Organisation 1999), S. 182.

519 Vgl. hierzu auch die empirischen Belege von Wolf (Struktur 2000), S. 524 f.

-organisation also grundsätzlich von inhaltlicher Konformität geprägt sind, ist grundsätzlich auch davon auszugehen, daß die Unternehmensorganisation die unternehmerische Chancen- und Risikenstruktur widerspiegelt. Zwar sind die internen Organisations- und Berichtswege von Unternehmen häufig historisch gewachsen und stimmen daher nicht zwingend mit dem theoretischen Idealbild homogener Chancen und Risikenklassen überein. Allerdings ist davon auszugehen, daß sich Unternehmen, die mit einem effizienten internen Berichts- und Steuerungssystem arbeiten, an diesem Ideal auszurichten versuchen und sich diesem so stark wie möglich annähern.[520]

In der Folge kann auch davon ausgegangen werden, daß die Annahme des IASB, die interne Organisations- und Berichtsstruktur spiegele im Regelfall die Verteilung der unternehmerischen Chancen und Risiken wider, zutrifft. Die Umsetzung des Management Approach in der Segmentberichterstattung kollidiert daher im Regelfall nicht mit dem Risk and Reward Approach, sondern die Bestimmung berichtspflichtiger Segmente auf Grundlage der internen Organisationsstruktur spiegelt auch die Unternehmensstrategie und die mit ihr verbundenen Chancen und Risiken wider. Das formale Risikomanagementsystem, wie es von Unternehmen betrieben wird, ist normalerweise in die bestehenden Planungs- und Controllingprozesse und damit in die Unternehmensorganisation eingebettet.[521] Die innerhalb des Risikomanagementsystems berichteten Chancen und Risiken beziehen sich daher auf Teileinheiten der Unternehmensorganisation. Bei einer konsequenten Umsetzung des Management Approach in Segmentberichterstattung und Risikomanagement ist daher zu fordern, daß die Chancen- und Risikenaspekte, nach denen die Abgrenzung der Segmente vorgenommen wurde, auch an den Informationen des formalisierten Risikomanagements ablesbar sein müssen. Diese Zusammenhänge veranschaulicht die folgende Abbildung C-6.

520 Vgl. Haller (Segmentbericht 2000), S. 772.

521 Vgl. zum Integrationsansatz des Risikomanagements Abschnitt C.3.2.1.

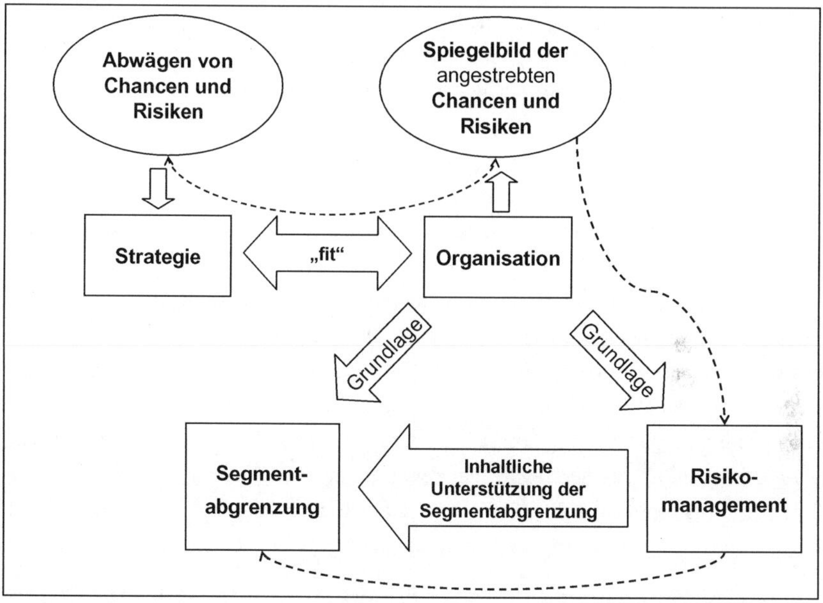

Abbildung C-6: Zusammenhang zwischen Strategie, Organisation, Risikomanagement und Segmentabgrenzung

Vor dem Hintergrund dieser Überlegungen erscheint die in der Literatur erhobene Forderung, die interne Organisations- und Berichtsstruktur an die Vorgaben der IFRS anzupassen, sofern sich auf keiner Berichtsebene Segmente identifizieren lassen, welche einer Aufteilung nach Chancen und Risiken entsprechen, durchaus berechtigt.[522] Dennoch läßt es der damit verbundene Aufwand als unwahrscheinlich erscheinen, daß die Vorschriften zur Segmentberichterstattung ein Unternehmen unmittelbar dazu veranlassen, seine Organisationsstruktur in großem Umfang zu modifizieren.[523] Darüber hinaus ist eine Einteilung von Segmenten in übergeordnete Risikoklassen zwar grundsätzlich möglich, jedoch nicht unproblematisch. In Abhängigkeit kurzfristiger Entwicklungen der Umweltbedingungen kann sich die Risikostruktur der einzelnen Segmente nämlich von Periode zu Periode ändern. Gestaltet ein Unternehmen seine interne Organisationsstruktur in Anlehnung an die Risk-and-Reward-Vorgaben der Segmentberichterstattung, so können dann kurzfristige extern induzierte Verschiebungen

---

522 Vgl. Nardmann (Segmentberichterstattung 2003), S. 1948.
523 Vgl. Böcking/Benecke (Segmentbericht 1998), S. 98 f.

in der Chancen- und Risikenstruktur der Segmente häufige Umgruppierungen und damit Umstrukturierungen erforderlich machen.[524] Obwohl also eine strenge Ausrichtung der Unternehmensorganisation an den Risk-and-Reward-Kriterien des IAS 14 kaum sinnvoll sein dürfte, bleibt dennoch festzuhalten, daß ein inhaltlicher „fit" von Unternehmensstrategie und -organisation grundsätzlich erstrebenswert ist. Daher sollten einerseits die im Risikomanagement abgebildeten Informationen auch eine Unterstützung für die Segmentabgrenzung liefern und andererseits grundsätzlich auch organisatorische Anpassungsmaßnahmen geboten sein, sofern sich auf Grundlage der internen Organisations- und Berichtsstruktur überhaupt keine Segmente identifizieren lassen, die den Anforderungen des IAS 14 genügen. Obwohl der Risk and Reward Approach mit der Einführung des IFRS 8 in der Segmentberichterstattung deutlich zurückgedrängt wurde, behält die beschriebene Forderung nach dem inhaltlichen „fit" von Unternehmensstrategie und -organisation weiterhin Geltung. Eine chancen- und risikenbezogene Beschreibung der Segmentabgrenzung auf Grundlage von Informationen aus dem Risikomanagement sollte somit insbesondere auch bei einer konsequenten Umsetzung des Management Approach in der Segmentberichterstattung möglich sein.

3.4 Risikomanagementinformationen auf Segmentebene: Grundlage für Investitionsentscheidungen von Unternehmensleitung und Investoren

Bei der segmentbezogenen Offenlegung von Risikomanagementinformationen kommen vom Grundsatz her dieselben Prinzipien zum Tragen wie bei der Risikoberichterstattung auf Gesamtkonzernebene. Allerdings wird der Fokus der Betrachtung vom Konzernvorstand auf das Segment- bzw. Geschäftsbereichsmanagement gerückt, dessen Aufgabe i.d.R. die Umsetzung der strategischen Vorgaben der Konzernführung ist.[525] Denn das Geschäftsbereichsmanagement verfügt nicht zuletzt aufgrund niedrigerer Wesentlichkeitsgrenzen in der Risikoberichterstattung in der Regel über detailliertere Informationen als der Konzernvorstand.

Wie in Abschnitt C.3.2.2 festgestellt, sollten an den Konzernvorstand zum einen im Gesamtkonzernkontext relevante Chancen und Risiken berichtet werden. Da die vom

---

[524] Vgl. Fröhling (KonTraG 2000), S. 12 f.; Ewert/Wagenhofer (Rechnungslegung 2000), S. 47 gehen ebenfalls von möglichen Auswirkungen auf die interne Organisationsstruktur infolge einer Finanzberichterstattung gemäß dem Management Approach aus, bezweifeln jedoch, daß dies für die Investoren vorteilhaft sei.

[525] Vgl. Alvarez (Segmentbericht 2004), S. 305.

Vorstand festgelegte Gesamtkonzernstrategie unmittelbar mit den Strategien für die einzelnen Geschäftsbereiche zusammenhängt, in denen der Konzern aktiv ist, ist der Vorstand darüber hinaus auch über Chancen und Risiken zu unterrichten, die auf Ebene der Geschäftsbereiche wesentlich sind.[526] Diese sind jedoch nicht verpflichtend im Konzernlagebericht zu veröffentlichen, da dort nur auf für den Gesamtkonzern relevante Chancen und Risiken Bezug genommen werden muß. Eine Chancen- und Risikoberichterstattung auf Segmentebene wird jedoch im Sinne einer Shareholder-Value-orientierten Informationspolitik gefordert, da der Segmentberichterstattung nicht zuletzt eine Funktion als Bindeglied zwischen Konzernabschluß und Konzernlagebericht zukommt.[527] Diese erwächst vor allem daraus, daß insbesondere in diversifizierten Konzernen eine Darstellung der wirtschaftlichen Verhältnisse nur auf Konzernebene nicht mehr in hinreichender Form möglich ist. Denn die vom Unternehmen verfolgten vielfältigen und unterschiedlichen Geschäftstätigkeiten werden aus dem konsolidierten Abschluß nicht ersichtlich.[528]

Insbesondere bei einer konsequenten Umsetzung des Management Approach in der Segmentberichterstattung sowie im Risikomanagement liegen die zur segmentbezogenen Chancen- und Risikoberichterstattung notwendigen Informationen unmittelbar vor, da sich dann die Berichtslinien des Risikomanagements auch in die externe Segmentabgrenzung einfügen.[529] Um auch den Investoren einen Einblick in die Geschäftstätigkeit sowie eine Vorstellung von den zukünftigen wirtschaftlichen Aussichten des Unternehmens zu ermöglichen, sollten Chancen und Risiken auch für die Segmente der Segmentberichterstattung veröffentlicht werden.

Aus Sicht der externen Informationsadressaten ist davon auszugehen, daß eine segmentbezogene Risikoberichterstattung aus Sicht des Konzernvorstands ausreichend ist. Denn die Überwachung des Geschäftsbereichsmanagement ist eben nicht die Aufgabe der Investoren, sondern wird im Rahmen der Delegationsbeziehung zwischen Anteilseigner und Konzernvorstand an die Unternehmensleitung abgegeben.[530] Für die Investoren relevant ist die Frage nach der strategischen Aufstellung und der Geschäftsent-

---

[526] Zwar obliegt die Steuerung dieser Chancen und Risiken dem jeweiligen Management der Geschäftsbereiche. Um das Geschäftsbereichsportfolio, in dem der Konzern insgesamt aktiv ist, zu steuern, muß das Management der Konzernmutter jedoch auch über die Chancen- und Risikostrukturen der Geschäftsbereiche informiert sein.

[527] Vgl. Abschnitt B.1.3.

[528] Vgl. Alvarez (Segmentbericht 2004), S. 9.

[529] Vgl. Abschnitt C.3.3.

[530] Vgl. Abschnitt C.1.

wicklung der Segmente. Insofern besteht hinsichtlich der Informationsinteressen von Investoren und Konzernvorstand eine Konvergenz, wie sie auch dem Shareholder-Value-Gedanken entspricht. Die segmentbezogene Chancen- und Risikenberichterstattung ermöglicht es den Berichtsadressaten somit nicht nur, die strategische Leistung der Konzernführung zu beurteilen, sondern auch die Leistungen des Geschäftsbereichsmanagements hinsichtlich dessen Aufgabenerfüllung.

3.5 Identifikation von Triggering Events durch das Risikomanagementsystem

Folgt ein Unternehmen bei der Organisation des Risikomanagements dem Integrationsansatz und wird der Management Approach insbes. bei der ZGE-Abgrenzung konsequent umgesetzt, so ermöglicht dies eine inhaltliche sowie formale Verknüpfung der Identifikation von Triggering Events mit dem Risikomanagementsystem. Denn dann ist das Risikomanagementsystem in die bestehenden Planungs- und Kontrollsysteme derjenigen Unternehmensteileinheiten eingebettet, die auch die Grundlage für die ZGE-Abgrenzung darstellen. Somit sind dann auch unmittelbar aktuelle Informationen über Bestand, Wesentlichkeit, Steuerung sowie Entwicklung von Chancen und Risiken, die die Geschäftstätigkeit der ZGE in der vergangenen Berichtsperiode beeinflußt haben bzw. in den kommenden Berichtsperioden beeinflussen könnten, vorhanden. Darüber hinaus weisen die gem. IAS 36.12 bei der Identifikation von Triggering Events zu berücksichtigenden Indikatoren große Ähnlichkeiten mit den Risikokategorien, die in Risikomanagementsystemen zur Anwendung kommen, auf.[531] Insofern steht einer unmittelbaren Nutzung der Risikomanagementinformationen bei der Suche nach Triggering Events nichts im Wege.

Liefert das Risikomanagement z.B. Informationen darüber, daß ein zuvor für die ZGE als wesentliches Risiko eingestuftes Ereignis eingetreten ist, so kann hierin das Vorliegen eines Triggering Event gesehen werden. Denn eine solche Risikorealisation stellt eine negative wirtschaftliche Entwicklung der betrachteten Organisationseinheit dar. Darüber hinaus kann auch eine signifikante Erhöhung der Wesentlichkeit eines Risikos (also der Eintrittswahrscheinlichkeit und/oder der erwarteten Schadenshöhe) ein Triggering Event darstellen.[532] Denn dies kann insofern auf eine Wertminderung der be-

---

531 Zu den Indizien gem. IAS 36.12 vgl. Abschnitt B.2.2.

532 Die Wesentlichkeit kann bspw. über in das Risikomanagementsystem integrierte Indikatoren gemessen werden, die vor allem längerfristige Trends in der Unternehmensumwelt abbilden; vgl. hierzu Schlüchtermann/Wolf (Risikomanagement 2004), S. 50 f.

trachteten ZGE hindeuten, als daß eine Erhöhung des Risikenpotentials ohne gleichzeitig eintretende, kompensatorisch wirkende Erhöhung des Chancenpotentials zu einer Reduktion des Erwartungswerts der künftig von der ZGE erwirtschafteten Cash Flows führt.

Ein erstes Indiz für die praktische Umsetzung der hier beschriebenen Verbindung der Identifikation von Triggering Events im Rahmen des permanent ablaufenden Risikomanagements liefert eine empirische Untersuchung aus dem Jahr 2005: Demnach erfolgte bei ca. einem Fünftel der dort befragten Unternehmen eine Untersuchung von Triggering Events durch laufendes Monitoring oder im Rahmen des Monatsreportings. Darüber hinaus gaben über drei Viertel der befragten Unternehmen explizit an, daß die Überwachung von Triggering Events ein Bestandteil des Risikomanagements sei.[533]

Sofern die hier beschriebene organisatorische Integration von ZGEs und Risikomanagement vorliegt und das Risikomanagement keine wesentlichen Schwachstellen aufweist, kann es nicht nur zur Prüfung, ob Triggering Events vorhanden sind, genutzt werden. Wie gesehen kann die Durchführung des jährlichen Goodwill Impairment Tests unterlassen werden, wenn u.a. auf Grundlage der seit dem zuletzt durchgeführten Goodwill Impairment Test eingetretenen Ereignisse und Umstände die Wahrscheinlichkeit, daß der erzielbare Betrag der ZGE zum aktuellen Stichtag unter ihrem Buchwert liegt, als gering einzuschätzen ist.[534] Das Vorliegen dieser Voraussetzung kann durch die Risikomanagementdokumentation gestützt werden, wenn sich eine Verschiebung der Gewichte von Chancen und Risiken im Chancen-/Risikenportfolio der ZGE zugunsten der Chancen bzw. zumindest nicht in Richtung der Risiken ergeben hat. Aus Vorsichtsgründen sollte für diesen Zweck jedoch nicht ausschließlich auf die Risikomanagementdokumentation abgestellt werden. Diese sollte lediglich als ein mögliches Indiz verstanden werden. Weiterführend ist zu prüfen, ob noch andere, die Werthaltigkeit des Goodwill beeinflussende Entwicklungen bestehen, die nicht vom Risikomanagementsystem erfaßt wurden.

---

533 Vgl. Pellens et al. (Impairment 2005), S. 13.

534 Vgl. Abschnitt B.2.4.

3.6 Das finanzwirtschaftliche Risikomanagement als Grundlage für die Abbildung finanzieller Sicherungsbeziehungen

Den Banken kommt bzgl. des Risikomanagements und der Risikoberichterstattung eine Vorreiterrolle zu.[535] Dies nicht zuletzt dadurch, daß für den Bankenbereich bereits seit langem gesetzliche Regelungen betreffend der Planung, Messung und Kontrolle von Risiken bestehen.[536] Während sich das finanzielle Risikomanagement bei Banken in einer gesamtbankweiten Ertrags-/Risikosteuerung mit hochentwickelten Systemen insbesondere zur Bepreisung und Bewertung der eingegangenen Aktiv- und Passivpositionen niederschlägt,[537] stellt das rein finanzielle Risikomanagement in Industrie- und Handelsunternehmen eher nur eine Komponente des Risikomanagementsystems dar. Jedoch führt der Entwicklungsvorsprung der in Banken und Versicherungen installierten Systeme dazu, daß die Konzeption finanzwirtschaftlicher Risikomanagementsysteme in anderen Branchen sich häufig am Finanzsektor orientiert.[538] Während sich die Risikomanagementsysteme in Banken hauptsächlich auf Zinsrisiken beziehen, haben die Systeme in Industrie und Handel allerdings vor allem Währungsrisiken zum Gegenstand.[539]

3.6.1 Grundlagen des finanzwirtschaftlichen Risikomanagements und Zentralisationsgrad als maßgebliche Determinante für Hedging-Strategien

Grundsätzlich folgt auch das finanzwirtschaftliche Risikomanagement den Prozeßschritten des oben dargestellten Risikomanagementregelkreises. Um eine umfassende Identifikation und Bewertung von Risiken zu ermöglichen, müssen zusätzlich insbesondere die folgenden Anforderungen durch das finanzwirtschaftliche Risikomanagement erfüllt sein:[540]

---

535 Vgl. Löw/Lorenz (Risikoberichterstattung 2001), S. 212.

536 Vgl. Rolfes/Kirmße (Risikomanagement 2000), S. 625.

537 Vgl. Rolfes/Kirmße (Risikomanagement 2000), S. 626 ff.

538 Vgl. Bühler (Risikocontrolling 1998), S. 213; Glaum/Wirth (Risikomanagement 1998), S. 210.

539 Vgl. Löw/Blaschke (Fair Value Option 2005), S. 1729. In Industrie und Handel bestehen jedoch in Abhängigkeit der Branche deutliche Unterschiede zwischen der Bedeutsamkeit verschiedener finanzwirtschaftlicher Risiken. Vgl. hierzu Kropp/Gillenkirch (Finanzrisiken 2004), S. 88 f.

540 Zu einem umfassenden Anforderungskatalog an Treasuryinformationssysteme im Zusammenhang mit dem finanzwirtschaftlichen Risikomanagement vgl. Glaum/Wirth (Risikomanagement 1998), S. 212 ff.

- Das System muß sämtliche finanziellen Vermögens- und Schuldpositionen des Unternehmens erfassen. Bezüglich jeder Position müssen Art, Zeitpunkt, Volumen, Währung, Konditionen, Fälligkeit, Vertragspartner, Bankverbindung und sonstige Bedingungen des Geschäfts erfaßt sein. Komplexe Produkte mit mehreren oder zeitabhängigen Parametern müssen ebenfalls darstellbar sein. Hierbei muß eine Auswertung nach unterschiedlichen Kriterien möglich sein (z.B. nach Teilkonzern, Ländern, Währungen, Kunden bzw. Kundengruppen oder Lieferanten).[541]
- Für die erfaßten Positionen müssen zu jedem Zeitpunkt aktuelle Zeitwerte abrufbar sein. Dies stellt bei fehlenden aktiven Märkten ein nicht unerhebliches Problem dar, so daß Bewertungsalgorithmen wie z.B DCF-Modelle oder Black-Scholes-Kalkulationen möglichst standardisiert hinterlegt sein sollten.

Darüber hinaus erfordert eine effiziente Risikosteuerung im Einklang mit den durch die Unternehmensleitung festgelegten Grundsätzen die Schaffung adäquater aufbauorganisatorischer Rahmenbedingungen mit klar abgegrenzten Kompetenzen und eindeutig festgelegten ablauforganisatorischen Vorgehensweisen.[542] Hinsichtlich dieser Organisation des finanzwirtschaftlichen Risikomanagements bestehen grundsätzlich mehrere Gestaltungsalternativen, welche unmittelbar den Zentralisationsgrad des finanzwirtschaftlichen Risikomanagements determinieren. Hierbei kann eine vollständige Zentralisation dadurch erreicht werden, daß sämtliche Sicherungsentscheidungen von einer Zentralabteilung getroffen werden. Vollständige Dezentralisation hingegen würde bedeuten, daß die einzelnen Organisationsteileinheiten hinsichtlich des Eingehens finanzieller Sicherungsbeziehungen vollständig autonom agieren können und keine Vorschriften der Unternehmensleitung zu beachten haben. Verschiedene Grade an Zentralisation können darüber hinaus durch die Vorgabe von verbindlichen Richtlinien durch die Unternehmensleitung erreicht werden. Dann sind die einzelnen Organisationseinheiten zwar an die ihnen gemachten Vorgaben gebunden, können aber innerhalb der Vorgaben frei über das Eingehen finanzieller Sicherungsbeziehungen entscheiden.[543] Diese übergeordneten Strategievorgaben hinsichtlich der Absicherung finanzwirtschaftlicher Risiken müssen vom Grundsatz her aus den risikopolitischen

---

541 Ein konzeptionelles Problem hierbei stellt dar, daß einzelne Teilrisiken nicht additiv miteinander verknüpft werden können, da sie häufig nicht vollständig positiv korrelieren.

542 Vgl. Krumnow (Risikosteuerung 1995), S. 348.

543 Vgl. zu Zentralisation und Dezentralisation im finanzwirtschaftlichen Risikomanagement Glaum (Risk Management 2000), S. 387.

Grundsätzen für den Gesamtkonzern ableitbar sein.[544] Eine übergeordnete Risikomanagementstrategie kann in unterschiedlichen Geschäftsfeldern, Regionen oder Hierarchieebenen zwar unterschiedlich lauten. Sie legt allerdings in jedem Fall einen bestimmten Aktionsradius fest, innerhalb welchem das entsprechende Management Sicherungsbeziehungen eingehen darf, muß oder dies zu unterlassen hat. Eine solche von der Konzernleitung vorgegebene Risikomanagementstrategie kann bspw. sein, daß alle oder nur bestimmte (z.B. 50% des Bestands oder ab einer festgelegten Größenordnung) mit einem bestimmten Risiko (z.B. Wechselkursrisiko) behafteten Positionen abgesichert werden.[545] Eine schriftliche Festlegung von Rahmenbedingungen für den Einsatz von Finanzinstrumenten empfiehlt sich generell, unabhängig vom Zentralisationsgrad des finanzwirtschftlichen Risikomanagements. Hierunter fallen insbesondere Vorgaben hinsichtlich zulässiger Instrumente, Märkte, Vertragspartner sowie die Höhe zulässiger Risikopositionen.[546] Die Steuerung finanzwirtschaftlicher Sicherungsbeziehungen erfolgt in der Regel durch die Zusammenfassung von zwei oder mehr (Grund- und Sicherungs-)Geschäften, deren gemeinsames Risiko gemessen und gesteuert wird. Besteht eine solche Bewertungseinheit aus genau einem Grund- und einem ihm zugeordneten Sicherungsgeschäft, so handelt es sich um einen sogenannten Mikro-Hedge. Im Gegensatz hierzu liegt ein Makro- oder Portfolio-Hedge vor, wenn Gruppen von gleichartigen Grundgeschäften und ein oder mehrere Sicherungsgeschäfte zu einer Bewertungseinheit zusammengefaßt werden. Während bei Mikro-Hedges genau identifizierbare Grund- und Sicherungsgeschäfte paarweise miteinander verknüpft werden, ist eine solche Zuordnung bei Makro- oder Portfolio-Hedges nicht möglich, da die Sicherungsgeschäfte dann der Absicherung der Gesamtheit der Grundgeschäfte dienen.[547] Die Verwendung von Makro- oder Portfolio-Hedges kann Anzahl und Umfang der durchgeführten Sicherungstransaktionen reduzieren. Sollen diese Effizienzgewinne in großem Umfang ausgenutzt werden, setzt dies allerdings das Vorhandensein eines zentralisierten Risikomanagementsystems, welches sich auf ein effizientes Informationssystem stützt, voraus.[548]

---

544 ähnlich m.w.N. Kropp/Gillenkirch (Finanzrisiken 2004), S. 87.

545 Exemplarisch zu von deutschen Industrieunternehmen angewandten Regeln zur Wechselkursabsicherung vgl. Glaum/Förschle (Risikomanagement 2000), S. 582 f.

546 Vgl. Bühler (Risikocontrolling 1998), S. 217.

547 Vgl. Glaum (Finanzinstrumente 1997), S. 1627.

548 Vgl. Glaum (Risk Management 2000), S. 380. Zwar können Makro- oder Portfolio-Hedges auch in einzelnen dezentralen Einheiten zur Anwendung kommen. Allerdings ist davon auszugehen, daß dann nur geringe Effizienzvorteile realisiert werden können, da

In der Praxis weist das Wechselkursrisikomanagement häufig ein hohes Maß an Zentralisation auf. Dies hat den Vorteil, daß Sicherungsgeschäfte aus Konzernsicht gesteuert werden können und so die angesprochenen Effizienzgewinne realisiert werden können, indem nur die tatsächliche Netto-Risikoposition des Konzerns gesichert werden muß.[549] Dies läßt sich insbesondere dadurch sicherstellen, daß die Teileinheiten des Konzerns für Sicherungsgeschäfte grundsätzlich die Zentrale als Vertragspartner wählen müssen.[550]

Da es gerade Sinn und Zweck eines zentralisierten Risikomanagements ist, paarweise Verknüpfungen von Grund- und Sicherungsgeschäften zugunsten von Effizienzgewinnen zu vermeiden, ist davon auszugehen, daß Mikro-Hedges in zentralisierten Risikomanagementsystemen in der Regel kaum eine Rolle spielen werden. Vielmehr können dort nur Makro- oder Portfolio-Hedges zur Anwendung kommen, da dort die Aggregate der Grundgeschäfte verschiedener Organisationseinheiten (z.B. die Fremdwährungsforderungen von zwei oder mehr Tochtergesellschaften) einer Absicherung zugeführt werden. Die o.g. Anforderungen an das Treasuryinformationssystem gelten hierbei in gleichem Maße, wobei im Fall des zentralen Risikomanagements darüber hinaus Schnittstellenproblematiken existieren können, da die Informationen möglicherweise nicht innerhalb eines EDV-Systems, sondern über Systemgrenzen hinweg verarbeitet werden müssen.

Je dezentraler das finanzwirtschaftliche Risikomanagement hingegen betrieben wird, desto eher erscheint auch die Verwendung von Mikro-Hedges als möglich. Denn in den dezentralen Organisationseinheiten kann es (ggf. im Rahmen vorgegebener Risikomanagementleitlinien) notwendig werden, nur einzelne Grundgeschäfte (z.B. eine ungewöhnlich hohe USD-Forderung) abzusichern. Darüber hinaus ist davon auszugehen, daß in den dezentralen Einheiten kaum Informationen über weitere, ähnliche Transaktionen anderer Organisationseinheiten vorliegen, die das bestehende Risiko

---

nur vergleichsweise kleine Portfolios einer Sicherung zugeführt werden können, während gleichzeitig anderenorts im Konzern ebenfalls ähnliche Portfolios abgesichert werden.

549 In der Literatur herrscht bisweilen auch die Auffassung, daß die kompensatorische Wirkung der Einbeziehung mehrerer abzusichernder Vermögenswerte und Schulden in die Netto-Risikoposition Risiko-Diversifikationseffekte darstelle. Vgl. Benecke (Management Approach 2000), S. 145; Hommel/Hermann (Hedge Accounting 2003), S. 2502.

550 Vgl. Glaum (Risk Management 2000), S. 387 f.; zur Steuerung von Risiken auf Portfoliobasis im Sinne einer „dynamischen Strategie“ auch Schmidt (Fair Value-Option 2005), S. 271 f.

entweder erhöhen oder kompensatorisch auf dieses wirken können.[551] Die Durchführung von Sicherungsgeschäften wird sich daher in der Regel auf die Grundgeschäfte der Organisationseinheit beschränken, die die Absicherung durchführt.

3.6.2 Das finanzwirtschaftliche Risikomanagement als Grundlage für Mikro-Hedge-Accounting und die Ausübung der Fair Value Option

Wie in Abschnitt B.6 gesehen, existieren nach IAS 39 mehrere Möglichkeiten, finanzielle Sicherungsbeziehungen im externen Rechnungswesen abzubilden. Im Rahmen des Hedge Accountings ist zum einen die Abbildung von Mikro-Hedges und darüber hinaus die Abbildung von Makro-Hedges für Zinsrisiken erlaubt. Durch die Möglichkeit zur Anwendung der Fair Value Option besteht darüber hinaus die faktische Abbildbarkeit von Makro- bzw. Portfolio-Hedges auch für andere Risiken.

Entschließt sich eine Organisationseinheit dazu, Mikro-Hedges einzusetzen, und sollen diese im Rahmen des Hedge Accountings abgebildet werden, so sind die in Abschnitt B.6.2 erläuterten Dokumentationsanforderungen einzuhalten. Hierfür ist an verschiedene Prozeßschritte des Risikomanagementregelkreises anzuknüpfen. Der Abschluß des Sicherungsgeschäftes setzt voraus, daß das abzusichernde Risiko zuvor identifiziert, analysiert und bewertet wurde. Eine Dokumentation dieser Prozeßschritte ist zur Information des Managements der Organisationseinheit sowie – in Abhängigkeit der Höhe bestehender Wesentlichkeitsgrenzen – zur Berichterstattung an hierarchisch übergeordnete Organisationseinheiten zwingend notwendig. Ob und welches Sicherungsgeschäft eingegangen wird, hat sich prinzipiell an den geltenden Risikomanagementrichtlinien zu orientieren. Die Notwendigkeit zur permanenten Bewertung der Bewertungseinheit im Rahmen der Risikosteuerung und -überwachung ergibt sich ebenfalls aus den Prozeßschritten Risikosteuerung und -überwachung des Risikomanagementregelkreises.

Zu einem Konflikt mit den Vorschriften zum Hedge Accounting kann es kommen, wenn sich das Management der bilanzierenden Organisationseinheit (in Übereinstimmung mit den Konzernrichtlinien zum finanzwirtschaftlichen Risikomanagement) dazu entschließt, ein Risiko nicht vollständig, sondern nur zu einem geringen Teil abzusichern oder eine „Übersicherung" dahingehend anzustreben, daß das Sicherungsgeschäft gleichzeitig spekulative Ziele verfolgt. In diesem Fall ist es möglich, daß die

---

551 Zum technischen Entwicklungsstand von Treasurymanagementsystemen vgl. auch Zunk (Treasury 2005), S. 462.

Grenzwerte der Hedge-Effektivität von 80-125% unter- bzw. überschritten werden. Eine Abbildung des internen Risikomanagement durch das Hedge Accounting ist dann nicht mehr möglich.

Da Makro- bzw. Portfolio-Hedges im Rahmen des Hedge Accountings kaum abgebildet werden können, wurde in der Praxis mit tlw. erheblichem Aufwand versucht, nur für Zwecke der externen Berichterstattung individuelle Bewertungseinheiten künstlich zu dokumentieren, um so Mikro-Hedges abzubilden.[552] Ferner kann es in der Praxis dazu kommen, daß existierende und im internen Rechnungswesen abgebildete Sicherungsbeziehungen für die externe Berichterstattung aufgelöst werden, die einzelnen Finanzinstrumente unabhängig bewertet werden und sich somit das Risikomanagement nicht mehr in der Finanzberichterstattung niederschlägt.[553] Solche Vorgehensweisen führen jedoch zu nicht zu unterschätzendem zusätzlichem Aufwand und sollten daher möglichst vermieden werden.

Da das Makro-Hedge-Accounting gem. IAS 39 nur für Zinsrisiken zugelassen ist, in Industrie und Handel jedoch kaum Zinsrisiken abgesichert werden,[554] kann dem Makro-Hedge-Accounting dort auch kaum Bedeutung zukommen. Darüber hinaus ist die bilanzielle Abbildung von Makro- oder Portfolio-Hedges, die von einer Zentralabteilung herbeigeführt werden, in den Abschlüssen der Tochterunternehmen nur schwer möglich, da interne Sicherungsbeziehungen als im externen Rechnungswesen nicht existent anzusehen sind und ausdrücklich mit einem externen Vertragspartner zu bestehen haben.[555] Zur bilanziellen Abbildung von Makro-Hedges stellt daher die Nutzung der Fair Value Option eine zielführendere Möglichkeit dar.

Um diese Option ausnutzen zu können, ist es erforderlich, daß es sich um ein auf Fair-Value-Basis gemanagtes Portfolio handelt, dessen Wertentwicklung an das höhere Management berichtet wird.[556] Die Festlegung dieses zu managenden Portfolios sollte im Rahmen des Durchlaufens des Risikomanagementregelkreises erfolgen. So sollten die vorliegenden Risikorichtlinien festlegen, welche Arten von Grundgeschäften in ein Fair-Value-Portfolio einbezogen werden müssen bzw. dürfen, welche Risiken abzusi-

---

552 Vgl. Kehm/Lauinger/Rave (Hedge Accounting 2003), S. 802 ff.; Löw (Risikocontrolling 2004), S. 37. Diese Gefahr erkennt auch Brötzmann (Hedge Accounting 2004), S. 204 f.

553 Vgl. Kley (Konvergenz 2006), S. 154.

554 Vgl. Abschnitt C.3.6.1.

555 Vgl. Barckow (Sicherungsbeziehungen 2004), S. 212 f.; vgl. wie Barckow ebenfalls kritisch zu dieser Regelung des IAS 39 Prahl (Financial Instruments 2004), S. 239.

556 Vgl. Abschnitt B.6.4.

chern sind und welcher Absicherungsgrad mindestens bzw. höchstens erreicht werden soll. Hierbei können ganze Risikokategorien (z.B. Wechselkursrisiken) berücksichtigt und Schwellenwerte in Abhängigkeit der jeweiligen Organisationseinheit festgelegt werden (z.B. nur USD-Forderungen ab einer bestimmten Größenordnung). Im Rahmen der permanent ablaufenden Risikoidentifikation, -analyse, -bewertung, -steuerung, -berichterstattung und -überwachung ist die Zuordnung der jeweiligen Grund- und Sicherungsgeschäfte zu dem Fair-Value-Portfolio i.d.R. beizubehalten. Ein Herauslösen von Finanzinstrumenten aus dem Portfolio erfolgt selbstverständlich bei Fälligkeit und der damit verbundenen Zahlung bzw. bei Veräußerung des Finanzinstruments. Im Rahmen des Risikomanagements erscheint ein Herauslösen eines Grundgeschäfts aus Spekulationsmotiven als nicht sinnvoll, da sich die gewünschte Nettorisikoposition auch innerhalb des Portfolios durch Erwerb oder Verkauf z.B. von derivativen Finanzinstrumenten herbeiführen läßt.

Im Rahmen der Risikobewertung ist eine Konzentration auf das abgesicherte Risiko als unzureichend anzusehen. Denn um das Portfolio auf Fair-Value-Basis zu steuern, müssen noch weitere mögliche Risikokomponenten in die Bewertung miteinbezogen werden.[557] In bezug auf abgesicherte Wechselkursrisiken bedeutet dies beispielsweise, daß auch Bonitätsrisiken etc. direkt in der Bewertung des Portfolios berücksichtigt werden müssen. Denn wenn z.B. massive Zweifel an der Zahlungsfähigkeit eines Schuldners bestehen, so muß davon ausgegangen werden, daß die bestehende Forderung nicht mehr oder nurmehr teilweise einbringbar ist. In der Folge ist auch nicht mehr der Nennbetrag der Forderung einer Sicherung zu unterziehen, sondern nur noch der wahrscheinlich einzubringende Betrag. Die Berücksichtigung solcher Risiken kann mitunter erhebliche Fair-Value-Schwankungen des Portfolios auslösen.[558]

Eine Berichterstattung über die Wertentwicklung des Fair-Value-Portfolios hat im Rahmen des ablaufenden Risikomanagementregelkreises ebenfalls zu erfolgen. Sofern diese an direkt oder indirekt Verantwortliche im Bereich Planung, Leitung und Überwachung der Unternehmenstätigkeit (also Vorstand, Geschäftsführung oder ranghohe

[557] Eine Zerlegung von Vermögenswerten und Schulden in einzelne Komponenten für Zwecke der Designation in Bewertungskategorien ist unzulässig; vgl. Kuhn (Finanzinstrumente 2005), S. 1343.

[558] Vgl. Löw/Blaschke (Fair Value Option 2005), S. 1731; ähnlich Jerzembek/Große (Fair Value-Option 2005), S. 222.

Vertreter entsprechender Abteilungen) erfolgt,[559] müssen die Berichtswege des standardmäßig ablaufenden Risikomanagements für Zwecke der Ausübung der Fair Value Option nicht modifiziert oder ergänzt werden. Es sollte jedoch darauf geachtet werden, daß nicht nur die Inhalte der Berichterstattung dokumentiert sind, sondern auch die Kenntnisnahme der Berichte durch die verantwortlichen Stellen. Dies kann zum Beispiel durch Abzeichnen und Aufbewahren der Berichte geschehen.

3.7 Zwischenfazit

Nachdem Risikomanagementsysteme vor allem infolge des KontraG auf externen Druck hin eingeführt wurden, werden diese Systeme von den Unternehmen mittlerweile primär als nützliche interne Steuerungssysteme angesehen. Hierbei ist für eine sinnvolle interne Nutzung mitunter kritisch, daß Chancen und Risiken gleichberechtigt abgebildet und bewertet werden. Ferner stellt Chancen- und Risikomanagement gleichzeitig einen Top-Down-Prozeß wie auch einen Bottom-Up-Prozeß dar, indem zum einen von der Unternehmensführung ausformulierte risikopolitische Grundsätze und Richtlinien auf nachgelagerte Hierarchieebenen heruntergebrochen werden, zum anderen aber auch eine permanente Berichterstattung über Chancen und Risiken von den dezentralen Unternehmenseinheiten aus an die übergeordneten Stellen bis hin zur Gesamtkonzernführung erfolgen muß. Hierbei sind zum einen die Prozeßschritte des in Abbildung C-5 dargestellten Risikomanagement-Regelkreises und zum anderen festgelegte Wesentlichkeitsgrenzen sowie Kategorisierungsvorgaben für Chancen und Risiken zu beachten. Eine dem Management Approach folgende externe Berichterstattung über Chancen und Risiken kann dann unmittelbar auf Grundlage der internen Berichte an das Topmanagement erfolgen.

Grundsätzlich sollte sich ein Risikomanagementsystem in die bestehenden Planungs- und Berichtsprozesse und somit in die bestehende Organisations- und Berichtsstruktur des Unternehmens einfügen. Da die Organisations- und Berichtsstruktur des Unternehmens im Normalfall einen Zusammenhang mit der Unternehmensstrategie aufweist, welche sich vor allem durch die Ausrichtung des Unternehmens auf bestimmte Geschäftsfelder ausdrückt, besteht dann automatisch auch ein Zusammenhang des Risikomanagement mit der Unternehmensstrategie. Bei einer konsequenten Umsetzung des Management Approach in Segmentabgrenzung und Risikomanagement ist daher davon auszugehen, daß Informationen aus dem Risikomanagement die Segmentab-

---

559 Vgl. Löw/Blaschke (Fair Value Option 2005), S. 1733 f.; Schmidt (Fair Value-Option 2005), S. 270.

grenzung inhaltlich stützen können und verbale Informationen zu Chancen und Risiken, wie sie im Lagebericht zu veröffentlichen sind, auch auf Segmentebene unmittelbar zur Verfügung stehen.

Die geforderte Einbettung des Risikomanagements in die Unternehmensorganisation führt außerdem dazu, daß Verschiebungen in der Chancen-/Risikenstruktur einzelner Unternehmensteileinheiten im internen Berichtswesen unmittelbar sichtbar sind. Hieraus sind dann für Zwecke der externen Finanzberichterstattung Triggering Events für die betroffenen ZGEs direkt ableitbar.

Aufgrund des zusätzlichen Risikos, welches aus dem Einsatz von Finanzderivaten resultiert, sind die Anforderungen an das finanzwirtschaftliche Riskomanagement noch einmal höher, als dies beim „regulären“ Risikomangement bereits der Fall ist. In der Folge kann auch eine Abbildung von finanziellen Sicherungsbeziehungen mit Finanzderivaten in der externen Finanzberichterstattung unter Umsetzung des Management Approach nur dann gelingen, wenn das finanzwirtschaftliche Risikomangement diese hohen Anforderungen erfüllt. Darüber hinaus konnte gezeigt werden, daß die Effizienz des finanzwirtschaftlichen Riskomanagements wesentlich von dessen Zentralisationsgrad abhängt. Da in einem zentralisierten Risikomanagement im wesentlichen Makro- und Portfolio-Hedges zur Anwendung kommen, wirkt sich der Zentralisationsgrad des Risikomanagements auch auf die Bilanzierung von Sicherungsbeziehungen im Rahmen des Hedge Accountings und der Nutzung der Fair Value Option aus.

Die Umsetzungsmöglichkeiten des Management Approach mit Informationen aus dem Risikomanagement sowie die Determinanten für diese Umsetzungspotentiale sind in Abbildung C-7 zusammenfassend veranschaulicht.

Umsetzungspotential für den Management Approach	**Determinanten des Umsetzungspotentials**
Lagebericht	Reines Vorhandensein des Risikomanagements
Vermittlung von Lageberichtsinformationen auf Segmentebene, Inhaltliche Stützung der Segmentabgrenzung	Integration des Risikomanagements in die bestehende Organisations- und Berichtsstruktur, Konsequente Umsetzung des Management Approach in der Segmentabgrenzung
Identifikation von Triggering Events	Integration des Risikomanagements in die bestehende Organisations- und Berichtsstruktur
Abbildung finanzieller Sicherungsbeziehungen	Zentralisationsgrad des Risikomanagements, Umfang der erfaßten Daten und der Dokumentation

Abbildung C-7: Umsetzungspotentiale des Management Approach für Informationen aus dem Risikomanagement

4 Planungs- und Kontrollrechnungen

In Kapitel B wurden interne Planungs- und Kontrollrechnungen als potentielle Informationsquellen für eine Umsetzung des Management Approach in der externen Finanzberichterstattung genannt. Dies bezog sich vor allem auf die Bereitstellung von Informationen für die Durchführung von Goodwill Impairment Tests sowie für die Vornahme einer die wirtschaftliche Lage und Zukunftsperspektiven aus Sichtweise der Unternehmensleitung darstellenden Lageberichterstattung. Darüber hinaus wurde aufgezeigt, daß interne Planungs- und Kontrollrechnungen für die Nutzungsdauerbestimmung von Vermögenswerten sowie die Bewertung von Vermögenswerten des Sachanlagevermögens bei Anwendung der Neubewertungsmethode Verwendung finden können. Die Einbettung von Planungs- und Kontrollrechnungen in die in Abschnitt C.1 vorgenommene Kategorisierung von zur Umsetzung des Management Approach geeigneten Controllingfeldern ist in Abbildung C-8 wiedergegeben. In den folgenden Abschnitten wird die idealtypische Ausgestaltungsform interner Planungs- und Kontrollrechnungen vor dem Hintergrund einer Umsetzung des Management Approach in den angeführten Bestandteilen der externen Finanzberichterstattung untersucht.

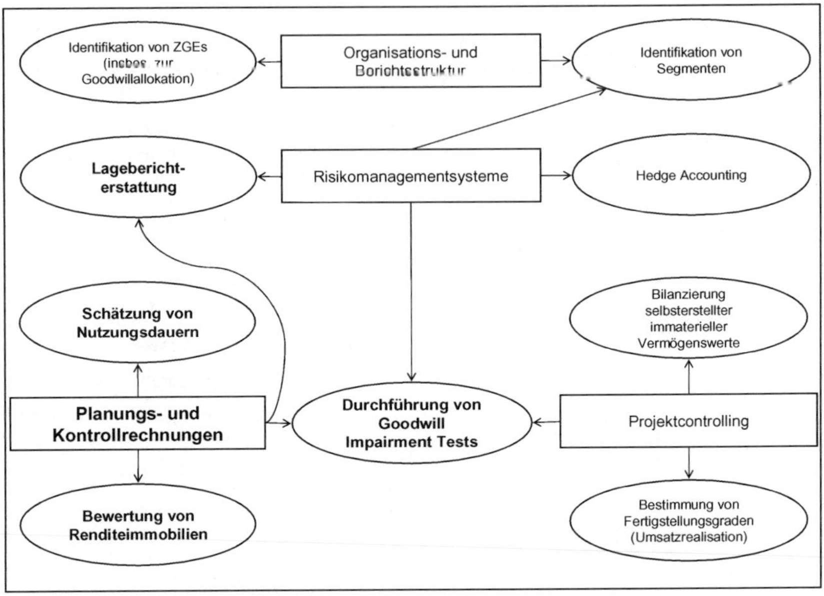

Abbildung C-8: Bezugspunkte interner Planungs- und Kontrollrechnungen zur externen Finanzberichterstattung

4.1 Grundlagen und Funktionen von Planungs- und Kontrollrechnungen

Planung gilt als wichtiger Faktor unternehmerischer Entscheidungen. Denn um das unternehmerische Ziel der Wertmaximierung zu erreichen, müssen Ziele gesetzt und die Betriebsprozesse entsprechend ausgerichtet werden. Planung stellt hierbei die gedankliche Vorwegnahme zukünftigen Handelns durch Abwägen verschiedener Handlungsalternativen und Entscheidungen für den günstigsten Weg dar. Zukunftsbezogene Entscheidungen werden vorab getroffen, so daß Planung einen Entscheidungsprozeß darstellt, der nicht auf Improvisation beruht.[560]

Eine effektive und effiziente Unternehmensführung durch die Aufstellung von Plänen bzw. die Vorgabe von Zielen ist nur möglich, wenn die Planungen durch entsprechende Kontrollen ergänzt werden. Hierbei werden aus der Gegenüberstellung von Plan- und Istwerten Abweichungsinformationen generiert, die Auslöser für Korrekturent-

---

560 Vgl. Wöhe (Betriebswirtschaftslehre 2000), S. 134.

scheidungen sein können.[561] Hierbei kommt der Planungs- und Kontrollprozeß in der Regel nicht ohne quantitative Ergebnisse aus; es sind also Planungs- und Kontrollrechnungen notwendig.[562] Sowohl die Durchführung von Planungs- als auch die Durchführung von Kontrollrechnungen stellen traditionelle Aufgabenbereiche des internen Rechnungswesens dar.

Die Planungsaufgabe des internen Rechnungswesens bezieht sich hierbei auf die Bereitstellung von Informationen für die Entscheidungsfindung und die Durchsetzung von Entscheidungen in Unternehmen. Hierfür bestimmt es künftige Auswirkungen von Handlungsalternativen auf unternehmerische Ziele und legt Ziele und Handlungsrahmen im Unternehmen fest. Die vom internen Rechnungswesen gelieferten Informationen dienen somit der Vorbereitung sowie dem Fällen von Entscheidungen, indem sie eine Prognose der Wirkungen von Planalternativen sowie die Ableitung zielgerechter Handlungsalternativen unterstützen. Darüber hinaus dienen sie auch der Realisation von Plänen. Denn durch die Vorgabe von internen Rechnungswesengrößen wird das ziel- bzw. plangerechte Verwenden von Gütern im Rahmen der Leistungserstellung erreicht.[563]

Die Kontrollaufgabe des internen Rechnungswesens bezeichnet die Überprüfung der Planrealisation, indem Istgrößen mit Vorgabegrößen verglichen und Abweichungen festgestellt werden. Die durch Kontrollrechnungen ermittelten Informationen dienen der Identifikation von Problemen im Rahmen des Entscheidungsprozesses und stellen somit Anregungsinformationen dar. Da Kontrollinformationen ex post erhoben werden, werden sie für Nachjustierungen früher getroffener Entscheidungen und neue Entscheidungsprozesse genutzt. Die Kontrollen beziehen sich hierbei entweder auf das Überprüfen der Planrealisation selbst getroffener Entscheidungen oder die Kontrolle dezentral (d.h. auf hierarchisch untergeordneten Ebenen) getroffener Entscheidungen. Werden dezentral getroffene Entscheidungen überprüft, steht die Beurteilung der Erreichung zentral vorgegebener Ziele teilautonomer Bereiche im Mittelpunkt der Betrachtung. Die Kontrolle soll dann den Eingriff in delegierte, dezentrale Entscheidungsprozesse rechtfertigen.[564]

---

561 Vgl. Weber (Controlling 1999), S. 167; Hungenberg/Wulf (Unternehmensführung 2004), S. 353.

562 Vgl. Plagens/Brunow (Planungsrechnung 2004), S. 103.

563 Vgl. mit zahlreichen Nennungen Veil (Rechnungswesen 2001), S. 29 f. sowie auch Coenenberg/Hille (Rechnungswesen 1989), S. 1716 ff.

564 Vgl. m.w.N. Veil (Rechnungswesen 2001), S. 30.

4.2 Unternehmensplanung als Grundlage der Lageberichterstattung

4.2.1 Strategische Ausrichtung des Unternehmens

Die strategische Unternehmensführung wird „als eine der wichtigsten Aufgaben der obersten Führung von Unternehmen angesehen".[565] Unternehmensführung stellt einen Prozeß der Willensbildung und Willensdurchsetzung dar, der einen Entscheidungs- und Planungsprozeß sowie einen Steuerungs- und Kontrollprozeß beinhaltet.[566] Der Unternehmensleitung kommt hierbei vor allem die Aufgabe zu, einzelne Teilziele des Unternehmens mit den entsprechenden Unternehmensteilen zu vereinbaren[567] und zu einem kohärenten sowie konsistenten Ganzen zu integrieren.[568] Der Fortschritt der Erreichung einzelner Teilziele sowie formulierter Gesamtziele ist permanent zu überwachen, und entsprechende Maßnahmen, die die Zielerreichung sicherstellen bzw. unterstützen, sind einzuleiten. Zur strategischen Planung zählt hierbei insbesondere die Wahl von Markt- bzw. Geschäftsfeldern, in denen das Gesamtunternehmen aktiv sein soll, und wie die Ressourcenbasis des Unternehmens ausgestaltet und weiterentwickelt werden soll.[569]

Die im Lagebericht erforderliche Darstellung des Konzerns, seiner Geschäftstätigkeit sowie der Ziele und Strategien der Unternehmensleitung knüpft direkt an die strategische Unternehmensführung an. Für die Informationsgewinnung im Rahmen der Lageberichterstellung bedeutet dies zunächst, daß die von der Unternehmensleitung für interne Zwecke generierten bzw. mit den nachgelagerten Organisationseinheiten abgestimmten Ziele und Strategien die Grundlage für einen Teil des Lageberichts sind. Aus diesen sind die „wesentlichen" auszuwählen und im Rahmen des Lageberichts zu veröffentlichen. Grundsätzlich können Unternehmensziele in Sach-, Wert und Sozialziele

---

565 Hahn/Oppenländer (Unternehmensführung 1999), S. 1095.

566 Vgl. Hahn (Unternehmensführung 1999), S. 29 f.

567 Vgl. Hahn (Unternehmensführung 1999), S. 30 f.

568 Vgl. Hinterhuber (Unternehmensführung 1999), S. 63; Becker/Fallgatter (Unternehmensführung 2002), S. 47.

569 Vgl. Hungenberg/Wulf (Unternehmensführung 2004), S. 346; Alt (Unternehmensführung 2004), S. 32; Alt unterscheidet im Rahmen der strategischen Planung Produkt-, Markt-, Produktschaffungs-, Marktschaffungs-, Investitions- sowie Finanzpolitik. Mit Ausnahme der Finanzpolitik stellen alle genannten Politiken jedoch einen Bestandteil der dargestellten Wahl von Geschäftsfeldern dar, so daß diese hier als Gesamtkonstrukt gesehen werden. Die Wahl der Geschäftsfelder kommt normalerweise durch die Abwägung unternehmerischer Chancen und Risiken zustande; vgl. hierzu Abschnitt C.3.3 oben.

unterteilt werden.[570] Insofern bietet sich sowohl für interne als auch für externe Zwecke eine Strukturierung in dieser oder ähnlicher Form an.[571]

Ebenso wie auf Gesamtkonzernebene muß für jeden Teilkonzern bzw. jedes Segmente eine strategische Planung formuliert werden, auch wenn diese Planungen von der Gesamtkonzernstrategie mitbeeinflußt werden und mit dieser abzustimmen sind. In der Literatur wird daher gefordert, daß extern der Geschäftsverlauf entsprechend der Organisationsform[572] für Organisationsteileinheiten darzustellen sei.[573] Während sich hierbei unter anderem die Berichterstattung für Funktionsbereiche (z.B. Beschaffung, Produktion) aus den Grundsätzen ordnungsmäßiger Lageberichterstattung ergibt,[574] ist im Hinblick auf die Informationsbedürfnisse der Investoren unbedingt auch eine Berichterstattung hinsichtlich der strategischen Ausrichtung der Segmente sowie eine Berichterstattung über die Erreichung vormalig festgelegter Ziele auf Segmentebene notwendig.

Eine konsequente Umsetzung des Management Approach in der Segmentberichterstattung führt in diesem Zusammenhang dazu, daß die extern abgebildeten Segmente der internen Organisationsform entsprechen. Somit liegen in diesem Fall die für die externe Berichterstattung notwendigen Informationen bereits unmittelbar in der benötigten Form vor. Wie schon in bezug auf die Veröffentlichung von Risikomanagementinformationen auf Segmentebene im Rahmen des Risikoberichts festgestellt,[575] erscheint eine Vermittlung auch von Strategien und Zielen auf Segmentebene aus Perspektive der Gesamtkonzernführung als ausreichend. Dies ergibt sich daraus, daß die Investoren i.d.R. in den Gesamtkonzern investieren und nicht in einzelne Geschäftsbereiche.

4.2.2 Quantitative Planungen

Im Rahmen der von der Unternehmensleitung vorzunehmenden strategischen Planung werden Wettbewerbsstrategien ausgewählt, indem strategische Erfolgs- und Fähigkei-

---

570 Vgl. Hahn/Hungenberg (PuK 2001), S. 97.

571 In der Literatur findet sich auch die Unterteilung in leistungs-, finanzwirtschaftliche sowie soziale Ziele; vgl. m.w.N. Fuhr (Prüfung 2003), S. 79.

572 Zu verschiedenen Organisationsformen vgl. Abschnitt C.2.2 oben.

573 Vgl. Witten (Lagebericht 2001), S. 348.

574 Vgl. hierzu statt vieler Baetge/Fischer/Paskert (Lagebericht 1989), S. 31 ff. Auch eine Berichterstattung über F&E-Tätigkeiten ist notwendig; vgl. bereits Brockhoff (Lagebericht 1982), S. 237 ff.

575 Vgl. Abschnitt C.3.4.

tenpotentiale erkannt und aufgebaut werden.[576] Aus diesen Potentialen werden operative Formalziele gewonnen und mit den nachgelagerten Hierarchieebenen abgestimmt. Diese Abstimmungshandlungen führen dazu, daß das auf niedrigeren Hierarchieebenen vorhandene Detailwissen in die Planung einfließen kann und somit den Präzisionsgrad der Planung erhöht.[577] Da sich zur vergangenheitsorientierten Rechnungslegung der Unternehmen die traditionellen Jahresabschlußinstrumente bewährt haben, wird unterstellt, daß es zweckmäßig sei, diese auch für die Darstellung der zukünftigen Entwicklung der Unternehmen heranzuziehen.[578] Die operativen Planungen in bezug auf Absatz, Beschaffung, Produktion usw. gehen daher in Plan-GuVs, Liquiditätsplanungen sowie Investitions- und Kapitalbedarfsplanungen ein.[579] Auf der Grundlage dieser Rechenwerke wiederum können vollständige Planbilanzen erstellt werden, die dann das idealtypische Endresultat des Planungsprozesses darstellen.

Für die im Rahmen des Prognoseberichts notwendige Beschreibung der voraussichtlichen Entwicklung des Unternehmens sind begründete Prognosen erforderlich. Begründete Prognosen zeichnen sich u.a. dadurch aus, daß sie das Resultat eines Prozesses sind, in dessen Rahmen die Unternehmensführung mögliche künftige Marktentwicklungen abschätzt und deren Einfluß auf das Unternehmen auch unter Berücksichtigung von Wahrscheinlichkeitsverteilungen analysiert. Ausgangspunkt der Betrachtung ist hierbei eine vollständige und genaue Darstellung der gegenwärtigen Situation des Prognoseobjektes.[580] Daher kann nur dann davon ausgegangen werden, daß die im Prognosebericht zu machenden Angaben mit der gebotenen Klarheit und Wahrheit gemacht werden können, wenn ein Unternehmen über ausgereifte Planungsprozesse verfügt.[581] Denn fundierte Aussagen zur künftigen Liquidität können nur auf Grundlage von Finanzplänen oder prospektiven Kapitalflußrechnungen gemacht werden.[582] Der Detaillierungsgrad bzw. die Frist, auf die sich die Prognose bezieht, hängt wiede-

---

576 Vgl. Weber (Controlling 1999), S. 50.

577 Vgl. Weber (Controlling 1999), S. 138 f.; im Ergebnis auch Rollberg (Planung 2002), S. 9 ff.

578 Vgl. Dolny (Controlling 2003), S. 158; Plagens/Brunow (Planungsrechnung 2004), S. 107.

579 Vgl. m.w.N. Plagens/Brunow (Planungsrechnung 2004), S. 107.

580 Zu weiteren Bestandteilen begründeter Prognosen vgl. Arbeitskreis „Externe und Interne Überwachung der Unternehmung" der Schmalenbach-Gesellschaft für Betriebswirtschaft e.V. (Prognoseprüfung 2003), S. 106.

581 Vgl. Groß/Amen (Planung 2003), S. 1165.

582 Vgl. Selch (Lagebericht 2003), S. 61.

rum von der Ausgestaltung der Planungssysteme des Unternehmens ab.[583] In der Praxis zeigt sich, daß die Zeiträume, für die die Unternehmen eine strategische Planung vornehmen, stark abhängig von den entsprechenden Teilbereichen des Unternehmens sind. Darüber hinaus lassen sich in den Planungszeiträumen Unterschiede zwischen verschiedenen Branchen feststellen.[584]

Die quantitative Unternehmensplanung auf Konzernebene stellt die Grundlage für regelmäßige Soll-Ist-Vergleiche dar, auf deren Grundlage die Konzernführung ggf. Korrekturmaßnahmen oder Planrevisionen einleitet.[585] Im Lagebericht ist ebenfalls über die Erreichung früherer Ziele zu berichten, und Abweichungen sind zu begründen.[586] Eine Umsetzung des Management Approach ist daher umso leichter herbeiführbar, je höher der intern-externe Harmonisierungsgrad auf Konzernebene ist. Denn dann differieren die internen und externen Wertansätze nicht, so daß für die externe Berichterstattung eine unmittelbare Verwendung der intern durch das Top Management genutzten Informationen möglich ist. Sollte kein intern-extern harmonisiertes Rechnungswesen vorliegen, so kann es notwendig sein, auch für die Prognoseberichterstattung im Lagebericht von den Controllinginformationen abzuweichen. Denn der Konzernlagebericht hat sich auf die im Konzernabschluß enthaltenen quantitativen Informationen zu beziehen. Sofern die internen und die externen Wertansätze in der retrospektiven Berichterstattung auseinanderfallen, kann es zur Sicherstellung der konzeptionellen Konsistenz dann auch notwendig sein, die im Controlling verwendeten Prognosen auf die externen Wertansätze zu beziehen und entsprechende quantitative Werte zu ermitteln.

4.2.3 Wertorientierte Unternehmenssteuerung

In der wissenschaftlichen Diskussion konkurrieren zu der Frage, wie Ziele von Unternehmen entstehen sollten, zwei Extrempositionen. Die erste Position, der Stakeholder-Ansatz, argumentiert, daß die Interessen aller Anspruchsgruppen (Investoren, Kunden,

---

583 Auch die Vergütung des Managements kann sowohl an Einjahres- als auch Mehrjahresziele geknüpft sein. Einjahresziele können hierbei aus der mittel- bis langfristigen Planung abgeleitet werden; vgl. hierzu Günther/Plaschke (Management Incentives 2004), S. 1218. Die Vergütung des Managements spielt vor allem vor dem Hintergrund der wertorientierten Unternehmensführung eine Rolle. Hiermit befaßt sich der folgende Abschnitt C.4.2.3.

584 Vgl. Hahn/Oppenländer (Unternehmensführung 1999), S. 1115 ff.

585 Vgl. grundlegend Abschnitt C.4.2.

586 Vgl. Böcking/Müßig (Lagebericht 2003), S. 42.

Lieferanten, Abnehmer usw.) bei der Formulierung der grundlegenden Unternehmensziele gleichberechtigt zu berücksichtigen sind. Die zweite Position hingegen, der Shareholder-Value-Ansatz, räumt den Interessen der Eigentümer des Unternehmens absolute Priorität ein.[587]

Während die Diskussion über diese beiden Ansätze in weiten Teilen „eher ideologisch und emotional, denn als sachlich und fundiert“[588] geführt wird, herrscht in der wirtschaftswissenschaftlichen Literatur kaum ein Zweifel darüber, daß eine langfristige Steigerung des Unternehmenswertes die Voraussetzung für die Sicherung der Überlebensfähigkeit des Unternehmens ist.[589] Hieraus wird abgeleitet, daß eine Ausrichtung der Unternehmensziele am Shareholder Value langfristig allen Beteiligten zugute kommt und somit der Shareholder Value implizit die Interessen aller Stakeholder berücksichtigt.[590] In den vergangenen Jahrzehnten hat sich auch in Deutschland der Shareholder Value als Grundlage für die Formulierung von Unternehmenszielen durchgesetzt. Die Umsetzung des Shareholder-Value-Gedankens in der Unternehmenspraxis erfolgt hierbei unter dem Begriff der wertorientierten Unternehmensführung. Diese beinhaltet zum einen das klare Bekenntnis der Unternehmensführung zur Wertsteigerung als primärem Unternehmensziel und zum anderen die Installation wertorientierter Konzepte in der Unternehmenssteuerung sowie der externen Berichterstattung.[591]

Während in der Unternehmenspraxis die Steuerung von Unternehmensteileinheiten einschließlich deren Performancekontrolle in der Vergangenheit häufig über die Vorgabe von Budgets erfolgte, setzten sich ab den 80er Jahren vermehrt Steuerungssysteme, die auf dem Jahresergebnis als zentralem Maßstab basierten, durch. Dies ermöglichte insbesondere auch die Verwendung von Kennzahlen und Kennzahlensystemen, von denen man sich eine höhere Aussagekraft erhoffte als von reinen Ergebnisgrößen.[592] Solche Kennzahlen- und Kennzahlensysteme werden zur Steuerung verschiedenster Bereiche und Hierarchieebenen eingesetzt.[593] Im Zuge der Verbreitung des

587 Vgl. Bea/Haas (Management 2005), S. 55.
588 Horváth/Minning (Wertorientierung 2001), S. 273.
589 Vgl. Horváth/Minning (Wertorientierung 2001), S. 273.
590 Vgl. Bea/Haas (Management 2005), S. 58 f.; Pape (Wertorientierung 2000), S. 712.
591 Vgl. Fischer/Rödl (Unternehmenspublizität 2003), S. 424 ff.; Fischer/Wenzel/Kühn (Value Reporting 2001), S. 1209 ff.; Horváth/Minning (Wertorientierung 2001), S. 273 ff.
592 Vgl. Littkemann (Controlling 2001), S. 1284.
593 Vgl. m.w.N. Littkemann (Beteiligungscontrolling 2004), S. 66.

Shareholder-Value-Gedankens und den Tendenzen hin zu einer Harmonisierung von internem und externem Rechnungswesen finden seit den 90er Jahren zunehmend wertorientierte Kennzahlen Verwendung.[594] Einer der wesentlichen Vorteile von wertorientierten Kennzahlen wird darin gesehen, daß sie sowohl für die Kommunikation mit Investoren als auch die Steuerung von Unternehmensteileinheiten gleichermaßen genutzt werden können.[595] So dienen die Kennzahlen zur wertorientierten Steuerung des gesamten Unternehmens bzw. von Unternehmensteileinheiten. Gleichzeitig gibt eine Vielzahl von Unternehmen in ihren Geschäftsberichten die in der Berichtsperiode erzielte Wertschaffung mittels wertorientierter Kennzahlen an.[596] Nicht nur zur Feststellung des Kapitalbedarfs aus Sicht der Gesamtunternehmen, sondern vor allem auch im Rahmen der wertorientierten Unternehmensführung ist es notwendig, daß auf Ebene des Gesamtkonzerns eine monetäre Abbildung der strategischen Pläne der Unternehmensleitung erfolgt.[597] Denn ein wertorientiertes Steuerungskonzept muß zum einen getätigte Investitionen ex post beurteilen und zum anderen auch die Auswahl von günstigen Investitionsentscheidungen ex ante ermöglichen.[598] Hierfür kommen wertorientierte Kennzahlen überwiegend nicht ohne Zukunftsprognosen aus.[599] Bei der Erstellung dieser Prognosen ist insbesondere auf eine Konsistenz der strategischen sowie der Formalzielplanung in Form von Werteinheiten zu achten, um zu verhindern, daß Strategien anhand des Unternehmenswertes beurteilt werden, die zugrundeliegenden Prognosen allerdings keine Konsistenz mehr mit den Sachzielen aufweisen. Daher müssen die in die Bewertung einfließenden Kausalitäten und Entscheidungsursachen offengelegt, hinsichtlich Art und Höhe ihres Einflusses auf den Unternehmenswert überprüft und dokumentiert werden.[600] Außerdem bedeutet wertorientierte Unternehmensführung bezogen auf die Führung von Unternehmensteileinheiten im Rahmen von Planungs- und Kontrollrechnungen, daß den Unternehmensteileinheiten Zielvorgaben auf Grundlage der zur Performancemessung verwendeten wertorientierten Kennzahlen zu machen sind. Im Rahmen der wertorientierten Zielplanung werden

---

594 Vgl. Horváth/Minning (Wertorientierung 2001), S. 275 f.

595 Vgl. Pape (Wertorientierung 2000), S. 712.

596 Vgl. Pfaff (Wertorientierung 1998), S. 492; Ruhwedel/Schultze (Value Reporting 2002), S. 620 ff.

597 Vgl. Alt (Unternehmensführung 2004), S. 99. Die Erhaltung der Liquidität stellt betriebswirtschaftlich betrachtet eine Nebenbedingung der Ertrags- bzw. Wertmaximierung dar; vgl. Walz/Gramlich (Investition 2004), S. 6 f.

598 Vgl. Bärtl (Wertorientierung 2001), S. 42 f.

599 Vgl. Meyer (Bilanzpolitik 2005), S. 102.

600 Vgl. m.w.N. Tyrell (Planbilanz 2000), S. 61 f.

hierbei unter anderem die Erwartungen des Kapitalmarktes bzw. der Anteilseigner in die Zielvorgaben für das Gesamtunternehmen bzw. die nachgelagerten Einheiten inkorporiert.[601]

Wertorientierte Kennzahlen können, müssen aber nicht, auf Daten des externen Rechnungswesens zurückgreifen. Ob ein solcher Rückgriff erfolgt, wirkt sich vor allem auf die Transparenz den externen Informationsadressaten gegenüber aus. So ist eine externe Beurteilung von Cash-Flow-Prognosen nur schwer möglich, während die Ermittlung einer wertorientierten Kennzahl auf Basis von Abschlußdaten auch extern nachvollzogen werden kann.[602] Eine Aufgabe der wertorientierten Berichterstattung ist es hierbei, bestehende Wertlücken zwischen Marktbewertung und Unternehmensplanung zu schließen, indem dem Kapitalmarkt die Einschätzung des Managements über den fairen inneren Wert der Unternehmen bei sachgerechter Planung vermittelt wird.[603] Wertorientierte Berichterstattung hat darüber hinaus das Ziel, den Investoren eine Abschätzung zu ermöglichen, welcher Grad an Interessensharmonisierung zwischen Vorstand und Anteilseignern im betrachteten Unternehmen gegeben ist.[604] Zum Abbau von Interessenskonflikten zwischen Anteilseignern und Management, also um die Manager zur Erreichung einer möglichst hohen Wertschaffung zu incentivieren, sollte sich die Vergütung des Managements an der von diesem erreichten Wertschaffung orientieren und über die in einem Unternehmen eingesetzten Managementvergütungssysteme in der externen Berichterstattung Rechenschaft abgelegt werden.[605]

Im Rahmen der Finanzberichterstattung bietet sich gleichzeitig nicht nur eine Veröffentlichung konkreter Umsatz-, Cash-Flow- oder Gewinnprognosen, sondern auch die Bekanntmachung der Erwartungen der Unternehmensleitung hinsichtlich der künftigen Wertschaffung durch den Gesamtkonzern bzw. die einzelnen Segmente an. Dies ermöglicht den Investoren einen Vergleich ihrer Zukunftserwartungen mit denen des Managements, so daß die Informationsasymmetrie zwischen diesen beiden Parteien reduziert werden kann.

---

601 Vgl. hierzu ausführlich Bramsemann (Zielplanung 2004), S. 63 ff.; m.w.N. auch Hirsch/Sorg (Controller 2006), S. 430.

602 Vgl. Meyer (Bilanzpolitik 2005), S. 96.

603 Vgl. Lorson (Shareholder Value 1999), S. 1331; ähnlich Freidank (Wertsteigerung 2000), S. 22 f.

604 Vgl. Meyer (Bilanzpolitik 2005), S. 94.

605 Vgl. Baetge/Heumann (Berichterstattung 2006), S. 347; Freidank (Wertsteigerung 2000), S. 23; Meyer (Bilanzpolitik 2005), S. 99. Zu verschiedenen Umsetzungsmöglichkeiten vgl. Günther/Plaschke (Management Incentives 2004), S. 1211 ff.

4.3 Hinweise auf Triggering Events durch Kontrollrechnungen

Wie in Abbildung B-6 in Abschnitt B.2.2 dargestellt, kann ein Hinweis auf das Vorliegen eines Triggering Event sein, daß ein interner Bericht belegt, daß die wirtschaftliche Leistungsfähigkeit eines Bewertungsobjektes schlechter als erwartet ist. Als solche Berichte können grundsätzlich auch Performancemessungen, die für Unternehmensteileinheiten durchgeführt werden, angesehen werden.[606] Solche Performancemessungen stellen im Rahmen der unternehmensintern ablaufenden Planungs- und Kontrollprozesse unter anderem eine Kontrollhandlung dar, welche Auswirkungen auf die Entscheidung über den mittel- bis langfristigen Verbleib der Unternehmensteileinheit im Unternehmen haben kann.

Denn zu einer konsequenten und für den Gesamterfolg eines Unternehmens bedeutsamen Konzernstrategie zählt nicht zuletzt eine konkrete Investitions- und Desinvestitionspolitik. Für eine solche sind den vorhandenen Unternehmensteileinheiten regelmäßig monetäre und nichtmonetäre Ziele vorzugeben sowie deren Erreichung zu kontrollieren.[607] Soll-Ist-Vergleiche bezogen auf Planungsrechnungen sollen unter anderem Aufschluß darüber geben, inwiefern in der Zukunft liegende Ergebnisse noch erreichbar sind oder ob die Zahlungsmittelgeneration des Planungs- und Kontrollobjekts zur Finanzierung des laufenden und künftigen Geschäftsbetriebs ausreichend ist.[608] Hierbei zeigt sich, daß eine (aus Sicht der Unternehmensführung) mangelnde Performance

---

606 Inwiefern ein in der ZGE enthaltener Goodwill selbst Bestandteil der Performancemessung ist, hängt vom Zweck der Performancemessung ab. Sofern die Rechnung das Ziel verfolgt, den Beitrag zum Erfolg der Gesamtunternehmen abzubilden, bietet sich eine Berücksichtigung des Goodwill an. Soll hingegen die Leistung des ZGE-Managements gemessen werden, kann es sinnvoll sein, den Goodwill nicht zu berücksichtigen, wenn das ZGE-Management die Entstehung des Goodwills nicht zu verantworten hat. Vgl. hierzu Coenenberg (Rechnung 2003), S. 585 ff. und Schultze (Goodwill 2005), S. 281. In dem hier betrachteten Zusammenhang ist jedoch die Berücksichtigung vorhandenen Goodwills zunächst irrelevant. Denn wie im folgenden gezeigt wird, kann eine hinter den Erwartungen zurückbleibende Performance einer ZGE grundsätzlich auf eine Wertminderung des Goodwills hindeuten, unabhängig davon, ob die Höhe des Goodwills selbst in der Rechnung berücksichtigt wird. Ob der Goodwill tatsächlich wertgemindert ist, zeigt sich ohnehin erst mit der Durchführung des Goodwill Impairment Tests. Insofern kann es vorkommen, daß zwar ein Triggering Event vorliegt, der Goodwill einer ZGE jedoch nicht in seinem Wert gemindert ist, z.B. weil sich die Zukunftserwartungen der ZGE positiv geändert haben, was in der retrospektiven Performancemessung nicht abgebildet werden kann.

607 Vgl. Littkemann (Beteiligungscontrolling 2004), S. 79.

608 Vgl. Plagens/Brunow (Planungsrechnung 2004), S. 156.

von Unternehmensteileinheiten häufig das Motiv für deren Veräußerung darstellt.[609] Häufig erfolgen darüber hinaus in den Vorperioden solcher Desinvestitionen auch Abschreibungen auf die Vermögenswerte der betroffenen Unternehmensteileinheiten.[610]

Sofern die von einer ZGE erreichten Ergebnisse deutlich hinter den Erwartungen zurückbleiben, kann dies ein Anzeichen dafür sein, daß der Wert des in der ZGE enthaltenen Goodwills gemindert ist. Im Rahmen von Soll-Ist-Vergleichen bietet sich hierbei für die Soll-Werte v.a. die Verwendung derselben Datenbasis an, die in der Vorperiode dem Goodwill-Impairment Test zugrunde lag.[611] Den Informationen von wertorientierten Steuerungssystemen sollte hierbei besondere Aufmerksamkeit zukommen. Denn diese Systeme sind zum einen unmittelbar in der Lage, anzudeuten, inwiefern in der abgelaufenen Periode Wert geschaffen oder vernichtet wurde.[612]

Aus Perspektive der Konzernführung ist eine möglichst einheitliche Verwendung der wertorientierten Kennzahlen, nach denen der Gesamtkonzern geführt wird, auch auf Ebene der nachgelagerten Hierarchieebenen anzustreben. Denn dies fördert zum einen die Vergleichbarkeit der Performance verschiedener Organisationseinheiten, und zum anderen lassen sich die Konzernziele besser auf die nachgelagerten Hierarchieebenen herunterbrechen. Je identischer die Steuerungsgrößen der Goodwill tragenden ZGEs sind und je eher sie sich aus den Konzernsteuerungsgrößen ableiten lassen, desto einheitlicher und damit transparenter und kostensparender können auch die Vorgänge bei der Identifikation von Triggering Events sowie bei der Durchführung von Goodwill

---

609 Vgl. Pellens/Tomaszewski/Weber (Unternehmensführung 2000), S. 1832.

610 Vgl. für Abschreibungen und Desinvestitionen auf Segmentebene bei US-amerikanischen Unternehmen Collins/Henning (Segment Divestiture 2004), S. 1271 ff.

611 In diesem Zusammenhang ist Haaker (Controlling 2005), S. 354, der Meinung, daß die im Rahmen von Goodwill Impairment Tests durchzuführenden Bewertungen auch für die interne Steuerung genutzt werden können. Dieser Auffassung ist jedoch nicht zuzustimmen. Denn die in IAS 36 formulierten Restriktionen hinsichtlich der beim Goodwill Impairment Test zu berücksichtigenden Informationen stehen einer Übernahme der externen Wertansätze in die interne Steuerung gegenüber. Wie in den Abschnitten C4.4 und D.1 gezeigt wird, erscheint vielmehr eine Überleitung von internen Planungsrechnungen auf die für externe Zwecke benötigten Planungsrechnungen als zweckmäßig.

612 Vgl. Kley (Konvergenz 2006), S. 154; m.w.N. Hirsch/Sorg (Controller 2006), S. 432. Theoretisch wären DCF-Berechnungen zwar im Rahmen der Entscheidungsfindung und Performancemessung zu präferieren. Jedoch sind der DCF-Methode im Rahmen einer periodischen Steuerung von Unternehmensteileinheiten enge Grenzen gesetzt, weshalb wertorientierten Kennzahlen wie z.B. dem EVA eine weitaus größere Bedeutung zukommt. Vgl. Weber et al. (Management 2002), S. 28 ff.

Impairment Tests ausgestaltet werden.[613] Zu berücksichtigen bleibt allerdings, daß Unterschiede im operativen Geschäft der verschiedenen Organisationsteileinheiten auch die Verwendung bereichsspezifischer Kennzahlen erfordern können.[614]

4.4 Planungsrechnungen als Datengrundlage für Impairment Tests

Während für die ZGE-Identifikation und somit für die Allokation von Goodwill das Vorhandensein einer internen (retrospektiven) Finanzberichterstattung auf Ebene der ZGE ausreicht, stellt die Durchführung des Goodwill Impairment Tests eine weitergehende Anforderung an die internen Berichtssysteme. Denn die zentrale Voraussetzung für die Durchführung von Ertragswertbestimmungen für ZGEs auf Grundlage interner Planungsrechnungen ist, daß die ZGE in zentralen Teilbereichen der Unternehmensrechnung nicht nur im Ist, sondern auch im Plan abgebildet wird. Im Endeffekt sind für all diejenigen ZGEs, denen Goodwill zugeordnet wurde, separate Planbilanzen und Plan-GuVs zu erstellen.[615]

Da das Vorhandensein einer Planung entscheidend für die Durchführbarkeit von Goodwill Impairment Tests ist, prägt die Organisation des Unternehmens den Bewertungsrahmen für diese Impairment Tests vor. Somit handelt es sich bei den im Rahmen des Impairment Tests zu verwendenden Cash-Flow-Prognosen um Informationen, die im Controlling bereits vorliegen.[616] Zwar ist der Annahme des IASB, daß die Unternehmen über eine ausgebaute und sich bis auf verhältnismäßig niedrige Hierarchieebenen erstreckende Planung verfügen, grundsätzlich zuzustimmen.[617]

Allerdings ist in der Unternehmenspraxis auch eine große Methodenvielfalt hinsichtlich Umfang und inhaltlicher Ausgestaltung von Planungsrechnungen, der Bestim-

---

613 Zur Durchführung von Goodwill Impairment Tests auf Grundlage des internen Berichtswesens vgl. den folgenden Abschnitt. Eine solche standardisierte Performancemessung setzt bspw. der Bayer-Konzern in seinem Wertmanagement um. Vgl. hierzu ausführlich Menn (Rechnungswesen 2000), S. 208 ff.

614 Vgl. Steinle/Thiem/Krüger (Berichtssysteme 2001), S. 498 f.

615 Vgl. Hütten/Lorson (Goodwill 2002), S. 28; ähnlich Nestler/Thuy (Goodwill 2002), S. 179. Zur Goodwillallokation vgl. auch Abschnitt B.3.2.1.

616 Vgl. Frowein/Lüdenbach (Impairmentpraxis 2003), S. 66 f.; in der Literatur wird auch allgemein die Auffassung geäußert, daß Cash-Flow-Prognosen, die zur internen Steuerung des Unternehmenswertes verwendet werden, auch in der externen Rechnungslegung verwendet werden sollten. Vgl. Freidank (Wertsteigerung 2000), S. 22.

617 Allerdings können bzgl. der Planungsqualität Defizite bestehen; vgl. Groß/Amen (Planung 2003), S. 1161 f.

mung von Diskontierungszinssätzen sowie möglicherweise bereits für interne Zwecke durchgeführte Bewertungen von Unternehmensteileinheiten festzustellen.[618] Hinsichtlich der Frage, ob bereits vorliegende interne Planungsrechnungen für die Durchführung des Goodwill Impairment Tests mittelbar oder unmittelbar verwendet werden können, spielt die Corporate-Reporting-Strategie des Unternehmens im Sinne einer Grundkonzeption der Gestaltung der Planungs- und Berichtssysteme eine wichtige Rolle.[619] Denn damit interne Planungsrechnungen im Rahmen eines Goodwill Impairment Tests verwendet werden können, wird aufgrund der in IAS 36 formulierten Restriktionen häufig eine Überleitung von den internen Planungsrechnungen auf die externen Wertansätze notwendig sein.[620] Die Corporate-Reporting-Strategie legt die maßgeblichen Gestaltungsparameter für die internen Planungsrechnungen fest. Je eher diese Gestaltungsparameter den Anforderungen des IAS 36 zur Durchführung des Goodwill Impairment Tests entsprechen, desto weniger Korrekturen müssen im Rahmen von Überleitungsrechnungen von den internen auf die externen Wertansätze vorgenommen werden. In diesem Zusammenhang erscheinen insbesondere die folgenden Gestaltungsparameter als bedeutsam:[621]

- Der **Harmonisierungsgrad** von internem und externem Rechnungswesen wirkt sich auf die Wertansätze aus; hierbei spielen unter anderem auch die **Grundsätze zur Konzerntransferpreisermittlung** eine Rolle.[622]
- **Zeithorizont** und **Berichtszyklen** beeinflussen die Reichweite und den Aktualitätsgrad der Planungsrechnungen, während
- sich die **Koordinationsform der Planungsprozesse** auf die Prognosegenauigkeit auswirkt,
- die **Vereinheitlichung der Erfassungs- und Verarbeitungsmodule** u.a. die Vergleichbarkeit der Plsnungen verschiedener Organisationseinheiten berührt,

---

618 Zu Unterschieden in Form und Gestaltung von Plänen vgl. bspw. Weber (Controlling 1999), S. 133-154; zu einigen grundsätzlichen methodischen Entscheidungen, die im Rahmen von Bewertungsvorgängen getroffen werden müssen, vgl. bspw. Hachmeister (Zahlungsströme 2006), S. 143-149.

619 Vgl. Gleich et al. (Reporting 2002), S. 343.

620 Vgl. Wirth (Firmenwert 2005), S. 44 ff.

621 Vgl. zu einem ähnlichen Anforderungskatalog Gleich et al. (Reporting 2002), S. 343, sowie im Ergebnis in weiten Teilen ebenfalls ähnlich Lazanowski/Huther (Integration 2003), S. 372 ff.

622 Da die Problematik der Bestimmung von Verrechnungspreisen bereits oben ausführlich erörtert wurde, wird an dieser Stelle hierauf nicht mehr gesondert eingegangen.

- das Vorhandensein bzw. die Ausgestaltung eines **wertorientierten Steuerungssystems** Art und Umfang bereits vorhandener Bewertungsergebnisse beeinflussen, wobei sich
  - der **Durchdringungsgrad der Spitzenkennzahl** bzw. des Kennzahlensystems, welches zur Führung auf Konzernebene eingesetzt wird, auf Inhalt und Struktur der Informationen auswirkt.

Dem intern-externen **Harmonisierungsgrad** kommt dadurch Bedeutung zu, daß es sich als problematisch erweisen kann, wenn kalkulatorische Elemente in der Planung berücksichtigt werden. Denn während die interne Ergebnisrechnung die Abbildung der betrieblichen Leistungserstellung und des sie begleitenden Güterverzehrs zum Ziel hat, ist das externe Rechnungswesen pagatorisch fundiert und weist somit eine größere Nähe zu den tatsächlichen Zahlungsvorgängen auf. Werden für interne Zwecke kalkulatorische Elemente berücksichtigt, so sollte dies einzelfallbezogen geschehen, jedoch nicht in der Gesamtplanungsrechnung der ZGE erfolgen.[623] Für Goodwill Impairment Tests ist somit in erster Linie die Plan-GuV maßgeblich, da die Erträge und Aufwendungen die Ausgangsbasis für die zu diskontierenden Ein- und Auszahlungen darstellen. Sofern die intern verwendete Plan-GuV den Wertansätzen der IFRS folgt, kann für die Ermittlung der Zahlungsstromprognosen des Impairment Tests unmittelbar an diese angeknüpft werden. Diese Plan-GuV ist zwar grundsätzlich um darin enthaltene zahlungsunwirksame Posten zu korrigieren; sofern sich aus der Zahlungsunwirksamkeit von Erträgen oder Aufwendungen jedoch nur kurzfristige Periodenverschiebungen ergeben (z.B. Umsatzerlöse und Zahlungseingang), können diese aufgrund der geringen Wesentlichkeit ihrer Auswirkungen unkorrigiert bleiben.[624] Eine Plausibilitätsüberprüfung des Absatzmengengerüstes, welches den geplanten Umsatzerlösen zugrunde liegt, sollte in jedem Fall sowohl für interne als auch externe Zwecke stattfinden.[625]

Die in Abschnitt B.2.3.3 dargestellten Objektivierungsanforderungen des IAS 36 begrenzen die Möglichkeit einer unmittelbaren Übernahme der internen Plan-GuV.[626] Im Rahmen der operativen Planung wird zwar i.d.R. auch die entsprechende Investitions-

---

623 Vgl. Strauch (Harmonisierung 2000), S. 184; ähnlich Weißenberger (Performance 2006), S. 72 f.

624 Vgl. Kirsch (Informationsmanagement 2005), S. 17 f.; Kirsch (Impairment 2003), S. 1778.

625 Vgl. Plagens/Brunow (Planungsrechnung 2004), S. 152.

626 Vgl. Haaker (Controlling 2005), S. 353.

und Bilanzplanung vorgenommen.[627] Jedoch ist die Kapazität im Rahmen der Durchführung eines Impairmen Tests nicht als Kosteneinflußgröße abzubilden, da es bei der Ermittlung des beizulegenden Zeitwertes für eine ZGE um die Bewertung der vorliegenden ZGE in ihrem gegenwärtigen Zustand geht, d.h. ein gezielter Auf- oder Abbau der Leistungsfähigkeit der ZGE durch Restrukturierungen oder zukünftige Investitionen, die noch nicht eingeleitet sind, bei der Betrachtung ausgeblendet werden.[628]

Mit anderen Worten ist in der Absatzplanung die aktuelle Kapazitätsgrenze zu beachten, und in der Finanzplanung sind Erweiterungsinvestitionen zu eliminieren, auch wenn diese für interne Zwecke bereits in der Rechnung enthalten sind. Zukunftsinvestitionen etc. sind für interne Zwecke jedoch notwendigerweise zu berücksichtigen, da sonst möglicherweise falsche Investitionsentscheidungen getroffen werden. Eine Anpassung der internen Planungen im Sinne einer weitergehenden intern-externen Harmonisierung des Rechnungswesens sollte daher unbedingt vermieden werden.[629] Stattdessen sollte bei der Durchführung von Goodwill Impairment Tests eine entsprechende Überleitung von den internen auf die externen Wertansätze vorgenommen werden.

Der Detailplanungszeitraum für Goodwill Impairment Tests soll gem. IAS 36.33b nicht länger als fünf Jahre sein. Sofern interne Planungsrechnungen für den Goodwill Impairment Test übernommen werden sollen, stellt aber deren **Zeithorizont** eine Begrenzung auch für den Detailplanungszeitraum des Goodwill Impairment Test dar. Zwar kommt bei einem kurzen internen Planungshorizont von nur einem oder zwei Jahren grundsätzlich in Betracht, den Planungshorizont für Zwecke des Goodwill Impairment Tests noch zusätzlich zu erweitern. Zwar müßte davon ausgegangen werden, daß auch eine solche Ergänzung der bestehenden Planungsrechnung auch die Anforderung des IAS 36.33 erfüllt, da sie vom Management erstellt wird und somit als „vom Managment verabschiedet“ gelten müßte. Einer uneingeschränkten Anwendung des Management Approach würde dies jedoch nicht mehr entsprechen, da die zusätzlichen Daten dann ausschließlich für externe Zwecke generiert würden.[630]

---

627 Vgl. Hülse (Unternehmensplanung 2001), S. 1133 ff.

628 Vgl. Kirsch (Impairment 2003), S. 1778. KPMG (IFRS aktuell 2004), S. 110; IAS 36.44 f.

629 Vgl. Beyhs (Impairment 2002), S. 288 ff.; Trützschler et al. (Akquisitionen 2005), S. 397 f.; vgl. auch Abschnitt D.1.2.

630 Zu empirischen Ergebnissen hinsichtlich der Planungshorizonte bei Goodwill Impairment Tests vgl. Pellens et al. (Impairment 2005), S. 16. Weiterführend zu dieser Problematik vgl. auch Abschnitt D.1.

Von kurzen **Berichtszyklen**, also der fortwährenden Zielabstimmung zwischen Mutter- und Tochtergesellschaften, wird grundsätzlich eine Erhöhung der Effizienz der installierten Planungs- und Kontrollsysteme erwartet.[631] Denn eine regelmäßige und kurzfristige Berichterstattung im Rahmen der installierten Planungs- und Kontrollsysteme ist notwendig, um rechtzeitig auf relevante Unternehmensentwicklungen reagieren zu können.[632] In der Praxis setzt es sich vor allem bei einem hohen intern-externen Harmonisierungsgrad auf Basis der IFRS zunehmend durch, Abschlüsse auf Monats- oder zumindest Quartalsbasis nicht nur für externe, sondern auch für interne Zwecke zu erstellen.[633] Im Rahmen des Zusammenhangs von Planung und Kontrolle kann die Berichterstattung von Ist-Werten in Monats- oder Quartalsberichten unter anderem einen Auslöser für die Revision bestehender Plan-Werte darstellen.[634] Hierbei bietet sich insbesondere unterjährig die Anwendung einer sogenannten „rollierenden Planung“ an, in deren Rahmen regelmäßig eine Aktualisierung der Planung für eine konstante Anzahl zukünftiger Perioden erfolgt.[635] Hinsichtlich der Qualität der in einen Goodwill Impairment Test eingehenden Planungsrechnungen ist davon auszugehen, daß diese Qualität ceteris paribus umso höher sein wird, je kürzer die Berichtszyklen und somit je aktueller die verwendeten Planzahlen sind. Vorraussetzung hierfür ist, daß mit der Berichterstattung der Ist-Zahlen auch eine Planrevision bzw. -bekräftigung durch das Management erfolgt.

Hinsichtlich der **Koordinationsformen** der Planung kann grundsätzlich zwischen Top-Down-, Bottom-Up- und Gegenstromverfahren unterschieden werden. Bei Anwendung einer Top-Down-Planung ermittelt die Unternehmensleitung Ziele für die Gesamtunternehmen; diese werden anschließend über die existierenden Hierarchieebenen hinweg auf Teilziele für die verschiedenen Organisationsteileinheiten heruntergebrochen und diesen vorgegeben. Bei einer Bottom-Up-Planung verläuft dieser Prozeß gerade in umgekehrter Richtung. Hier formulieren die dezentralen Organisationseinheiten ihre Zielvorstellungen selbst. Diese werden anschließend über die Hierarchieebenen hinweg verdichtet und am Ende des Prozesses die Ziele für die Gesamt-

---

631 Vgl. Littkemann (Controlling 2001), S. 1293.

632 Vgl. Steinle/Thiem/Krüger (Berichtssysteme 2001), S. 489 f.

633 Vgl. Riedel/Rau/Tsanaclidis (Umstellung 2004), S. 506 f.; ähnlich Küting/Weber/Boecker (Fast Close 2004), S. 6.

634 Vgl. zu solchen „feed-forward“-Kontrollen ausführlich Weber (Controlling 1999), S. 168 ff.

635 Zur rollierenden Planung vgl. m.w.N. Lazanowski/Huther (Integration 2003), S. 376.

unternehmen ermittelt. Das in der Praxis weitverbreitete Gegenstromverfahren stellt eine Kombination der Top-Down- und der Bottom-Up-Planung dar. Hier werden im Rahmen von Kommunikationsprozessen zwischen den Hierarchieebenen die verschiedenen Zielvorstellungen abgeglichen und somit die Planwerte ausgehandelt.[636]

Die Wahl, welches der drei obengenannten Planungsverfahren gewählt werden sollte, hängt davon ab, auf welchen Hierarchieebenen wieviel planungsrelevantes Wissen vorhanden ist.[637] Hierbei wird Planungsrechnungen in der Literatur vor allem dann eine hohe Prognosesicherheit zugesprochen, wenn die mit der Planausführung betrauten Stellen an der Planentstehung mitgewirkt haben. Begründet wird dies zum einen mit dem umfangreicheren Detailwissen der ausführenden Stellen, aber auch mit durch die Planungspartizipation bewirkten Motivationseffekten.[638]

Einheitliche Datenerfassungs- und -verarbeitungsmodule sollten, wenn nicht konzernweit, so in diesem Zusammenhang doch zumindest auf ZGE-Ebene vorhanden sein.[639] Denn die Standardisierung des Planungs- und Berichtswesens bildet die Grundlage für die operative Steuerung von Organisationsteileinheiten.[640] Eine Reduktion der Komplexität der Abrechnungssysteme kann dabei eine konsistentere Datenbasis sowie Kosteneinsparungen ermöglichen.[641] Hierbei ist abzuwägen zwischen dem Detailgrad, den die lokalen Führungsverantwortlichen benötigen und dem Aggregationsbedarf für die Berichterstattung an übergeordnete Hierarchieebenen. Idealerweise sollte ein konzernweit einheitlicher Kontenrahmen zur Anwendung kommen.[642] Entsprechend dieser einheitlichen Kontenstruktur können dann auch Planungsrechnungen aufgebaut und an hierarchisch übergeordnete Stellen berichtet werden. Die Anwendung dieses Kontenrahmens braucht sich jedoch nicht bis auf die EDV-Systeme zu erstrecken, in denen die Geschäftsvorfälle originär verbucht werden. So ist es in vielen Unternehmen gängige Praxis, zu den jeweiligen Abschlußstichtagen eine Übernahme der Rechnungsweseninformationen aus der FiBu in eine Konsolidierungssoftware

---

636 Vgl. Weber (Controlling 1999), S. 138 f.; Lazanowski/Huther (Integration 2003), S. 375.

637 Vgl. Weber (Controlling 1999), S. 138 f.

638 Vgl. Derfuß (Budgetierung 2005), S. 214; m.w.N. Littkemann (Beteiligungscontrolling 2004), S. 53. Einschränkend ist an dieser Stelle jedoch auf mögliche negative Auswirkungen auf die Prognosequalität bspw. aufgrund von Verhaltenseinflüssen hinzuweisen; vgl. hierzu Abschnitt D.3.2.1.

639 Vgl. Spitzenpfeil/Lingscheid/Renner (Controlling 1999), S. 32.

640 Vgl. Köster (Vereinheitlichung 2005), S. 122.

641 Vgl. Hebeler (Measurement 2004), S. 229.

642 Vgl. Ernst (Wandel 2000), S. 135.

durchzuführen, mittels der die Berichterstattung an die übergeordneten Hierarchieebenen erfolgt.[643] Insbesondere in den Fällen, in denen Godwill Impairment Tests von Zentralstellen durchgeführt werden und die entsprechenden Bewertungsvorgänge dort vom Abschlußprüfer geprüft werden, erlaubt ein hoher Vereinheitlichungsgrad der Datenerfassungs- und -verarbeitungsmodule ein zusätzliches Maß an Transparenz sowie Effizienzgewinne.

Von Unternehmen, die bereits umfangreiche **unternehmenswertorientierte Steuerungskonzepte** implementiert haben, wird erwartet, daß ihnen die Anforderungen für den Impairment Test keine größeren Probleme bereiten.[644] Denn die eingesetzten wertorientierten Methoden haben zum Ziel, die Transparenz des unternehmerischen Geschehens zu erhöhen und eine zukunftsorientierte Steuerung der Unternehmensaktivitäten zu ermöglichen.[645] Im theoretischen Idealfall würden diese Unternehmen zur Steuerung von Unternehmensteileinheiten Verfahren anwenden, welche den Wert von Unternehmenseinheiten als Zukunftserfolgswert berechnen. Rein zahlungsstromorientierte DCF-Modelle sind in der Praxis allerdings zu abstrakt und manipulationsanfällig, so daß sie für interne Zwecke nicht regelmäßig und flächendeckend, sondern nur in speziellen Entscheidungssituationen eingesetzt werden können. Daher kommt wertorientierten Führungsgrößen in Anlehnung an die externe Rechnungslegung (wie z.B. EVA, CFROI usw.) größere Bedeutung zu.[646]

Die zur Steuerung von ZGEs verwendeten wertorientierten Kennzahlen werden nicht nur retrospektiv, also zur Performancemessung ermittelt. Vielmehr erfordert eine effiziente Steuerung auch die prospektive Berechnung von Planwerten, also der Wertschaffung, die in den kommenden Perioden von der ZGE erwartet wird.[647] Hierbei müssen für die Berechnung wertorientierter Kennzahlen auch die Kapitalkosten des Unternehmens bzw. von Unternehmensteilen kalkuliert werden. Denn nur wenn die erwirtschafteten Erträge die Kapitalkosten übersteigen, wird Wert geschaffen. Die aus der wertorientierten Steuerung bereits vorliegenden Diskontierungszinssätze können – in Abhängigkeit ihrer konkreten Ausgestaltung, d.h. ob und welche Risiken sie inkor-

---

643 Zu einer ausführlichen Darstellung von in der Praxis verbreiteten Standardkonsolidierungssystemen vgl. Bückle/Wicisk (Konzern 2000), S. 151 ff.

644 Vgl. Hütten/Lorson (Goodwill 2002), S. 28.

645 Vgl. Steinle/Thiem/Krüger (Berichtssysteme 2001), S. 500.

646 Vgl. Günther/Plaschke (Management Incentives 2004), S. 1212; Neubürger/Sen (Unternehmensführung 2000), S. 1061; vgl. auch Abschnitt C.4.2.3.

647 Vgl. Bärtl (Wertorientierung 2001), S. 42 f.

porieren – auch für die Abzinsung der Cash-Flow-Prognosen im Goodwill Impairment Test herangezogen werden. Kommen für die Steuerung diverser ZGEs identische Kennzahlen zum Einsatz, so fördert dies auch eine Vereinheitlichung der weiteren Planungsrechnungen, aus denen der Kennzahlenwert abgeleitet wird (Bottom-Up), bzw. auf die der vorgegebene Zielwert für die Kennzahl heruntergebrochen wird (Top-Down).

In diesem Zusammenhang ist der **Durchdringungsgrad der Spitzenkennzahl(en)** – also die Verwendung der Steuerungsgröße(n) des Gesamtkonzerns auch für die Steuerung nachgelagerter Hierarchieebenen – deshalb wichtig, da die wertorientierten Steuerungssysteme des Unternehmens die Konzern-Steuerungsgrößen auf einzelne Teileinheiten bis hin zu einzelnen operativen Entscheidungen herunterbrechen müssen, um die wirtschaftliche Leistungsfähigkeit des Gesamtunternehmens entsprechend der Marktwertorientierung der Anteilseigner abzubilden.[648] Somit steht der Durchdringungsgrad der Spitzenkennzahl(en) in engem Zusammenhang mit der Vereinheitlichung der Datenerfassungs- und -verarbeitungsmodule. Eine wertorientierte Steuerung auf ZGE-Ebene setzt eine Einheitlichkeit der Datenaufbereitung voraus, wenn die verwendeten Kennzahlen miteinander verglichen werden können sollen.

Die Entwicklung und Durchsetzung standardisierter, einheitlicher Kennzahlen hat zwar zum Ziel, eine effiziente Ressourcenallokation im Konzern zu ermöglichen, indem die Ergebnisse der einzelnen Einheiten vergleichbar gemacht werden. Gleichzeitig müssen allerdings beteiligungsspezifische Besonderheiten bei der Kennzahlenentwicklung berücksichtigt werden, um zweckmäßige Beurteilungskriterien zu erlangen.[649] Inwiefern ein hoher Einheitlichkeitsgrad von Kennzahlen auf Konzern- und ZGE-Ebene erreicht werden kann, kann daher u.a. von der Organisationsform des Unternehmens abhängen sowie davon, ob das Unternehmen eine organische Wachstumsstrategie verfolgt oder eher durch Akquisitionen wächst. Da beispielsweise Stammhauskonzerne in der Regel eine geringere Diversifikation der Unternehmensaktivitäten aufweisen als Holding-Modelle, wird von der Konzernführung in Stammhauskonzernen eher erwartet, daß sie die Geschäftsbereiche über konzerneinheitliche Kennzahlen steuern kann.[650]

---

[648] Vgl. Menn (Rechnungswesen 2000), S. 203.
[649] Vgl. Littkemann/Michalik (Beteiligungscontrolling 2004), S. 148.
[650] Vgl. Steinle/Thiem/Krüger (Berichtssysteme 2001), S. 498 f.

4.5 Investitions- und Instandhaltungsplanung

Um eine hohe Kapazitätsauslastung sowie eine hohe Einsatzbereitschaft der im Unternehmen vorhanden Maschinen zu gewährleisten, ist es notwendig, eine Maschineneinsatzplanung sowie eine Investitions- und Instandhaltungsplanung vorzunehmen.[651] Während die Instandhaltungsplanung operativen Charakter hat und sich unmittelbar auf die Produktionspläne sowie den Einsatz von Ingenieursressourcen auswirkt, hat die Investitionsplanung eher einen langfristigen und strategischeren Charakter. Sie beschäftigt sich nämlich im wesentlichen mit den Fragen, wie lange ein Vermögenswert genutzt werden soll, ob dieser Vermögenswert am Ende seiner Nutzungsdauer ersetzt werden soll, welcher Resterlös für den betrachteten Vermögenswert erzielbar ist und welche Kosten für eine potentielle Ersatzinvestition am Ende der Nutzungsdauer des vorhandenen Vermögenswerts anfallen werden. Diese Fragen sind i.d.R. durch den Vergleich der Kapitalwerte verschiedener Investitionsalternativen zu beantworten.[652] Entscheidet sich das Management für eine Investitionsalternative, so ist der planmäßige Kapitalbedarf für die Durchführung dieses Investitionsprojekts sowie der Zeitpunkt, zu dem dieser Kapitalbedarf voraussichtlich besteht, bekannt. Er kann somit in die Liquiditätsplanung des Unternehmens aufgenommen werden.

Wie in Abschnitt B.8 gesehen, werden auch in der externen Finanzberichterstattung Informationen über die Nutzungdsauer sowie den erwarteten Restwert von Vermögenswerten des Sachanlagevermögens benötigt. Hierbei kann der Management Approach unmittelbar umgesetzt werden, da diese Informationsbedarfe im internen sowie im externen Rechnungswesen identisch sind. Darüber hinaus ist der Grundgedanke von Abschreibungen im internen Rechnungswesen, eine gerechte Aufteilung der Anschaffungskosten über die einzelnen Jahre bzw. anderweitigen Einheiten der Nutzung herbeizuführen, weshalb die lineare Abschreibung im internen Rechnungswesen die Standard-Abschreibungsmethode darstellt.[653] Es scheint also auch bezüglich der Ermittlung von Abschreibungsbeträgen eine identische Zielsetzung von internem Rechnungswesen und IFRS-Rechnungslegungsvorschriften zu bestehen. Allerdings ist zu beachten, daß im internen Rechnungswesen für die Bemessung von Abschreibungen häufig keine Anschaffungswerte, sondern Wiederbeschaffungswerte angesetzt werden

---

651 Vgl. Albach (Einführung 2000), S. 216.

652 Zu Verfahren über die Lösung dieser Fragen vgl. ausführlich Kruschwitz (Investitionsrechnung 2000), S. 159-184.

653 Vgl. Weber (Kostenrechnung 1997), S. 127.

und somit die Ausgaben periodisiert werden, die für die Ersatzbeschaffung am Ende der Nutzungsdauer des betrachteten Vermögenswerts aufgewendet werden müssen.[654] Der Grund hierfür ist, daß die Frage nach der ökonomisch richtigen Abschreibungsmethode für dem Verschleiß unterliegende Vermögenswerte mit derjenigen nach der optimalen Ersatzinvestition identisch ist.[655]

Sofern im internen Rechnungswesen die Abschreibungsbeträge auf Grundlage der – ökonomisch richtigeren – Bezugsgröße Wiederbeschaffungswert berechnet werden, verbietet sich eine unmittelbare Übernahme der dort kalkulierten Beträge in das externe Rechnungswesen, da dort auf Anschaffungskosten abzustellen ist. Allerdings ist der Management Approach bezüglich der Bemessung planmäßiger Abschreibungen von Vermögenswerten des Sachanlagevermögens auf jeden Fall dahingehend umzusetzen, daß planmäßige Nutzungsdauern und erwartete Restwerte unmittelbar von der Investitionsplanung aus in das externe Rechnungswesen zu übernehmen sind.

4.6 Zwischenfazit

Planungs- und Kontrollrechnungen stellen auf sämtlichen Unternehmensebenen wichtige Instrumente dar, die die interne Entscheidungsfindung des Managements beeinflussen. Während die strategische Unternehmensplanung auf Gesamtkonzernebene dem Management Approach entsprechend unmittelbar in den Konzernlagebericht übernommen werden kann, ist es für eine unmittelbare Übernahme strategischer Planunginsformationen auf Segmentebene notwendig, daß der Management Approach auch in bezug auf die Segmentabgrenzung konsequent umgesetzt wird. Die Angabe quantitativer Prognosen im Lagebericht unter Umsetzung des Management Approach ist hierbei umso leichter herbeiführbar, je höher der Harmonisierungsgrad von internem und externem Rechnungswesen bereits ist. Besondere Bedeutung kommt in diesem Zusammenhang auch der wertorientierten Unternehmenssteuerung sowie der Kommunikation der verwendeten wertorientierten Steuerungskonzepte in der Finanzberichterstattung zu. Denn auch die intern verwendeten wertorientierten Planungs- und Kontrollgrößen können durch eine Umsetzung des Management Approach den externen Informationsadressaten gegenüber unmittelbar offengelegt werden und so zu einem Abbau der Informationsasymmetrie zwischen Unternehmensführung und Investoren beitragen.

---

654 Vgl. Weber (Kostenrechnung 1997), S. 128.

655 Vgl. die Wiedergabe eines Beitrags von Albach aus dem Jahr 1975 bei Brockhoff (Geschichte 2002), S. 408 f.

Im Zusammenhang mit einer Umsetzung des Management Approach im Rahmen von Goodwill Impairment Tests können Planungs- und Kontrollrechnungen auf zweierlei Arten Verwendung finden: Zum einen können internen Kontrollrechnungen für ZGEs prinzipiell Hinweise auf Triggering Events für eine Wertminderung von Goodwill entnommen werden. Hierbei kann die Transparenz im Controlling sowie im Rahmen der Abschlußerstellung erhöht werden, wenn die Performancemeßgrößen bzw. die Kontrollgrößen für alle Steuerungseinheiten im Konzern möglichst identisch sind. Zum anderen können interne Planungsrechnungen die für die Durchführung von Goodwill Impairment Tests benötigten Informationen zur Verfügung stellen. Inwiefern die internen Planungsinformationen unmittelbar für eine Umsetzung des Management Approach verwendet werden können, hängt hierbei allerdings insbesondere vom Harmonisierungsgrad von internem und externem Rechnungswsesen, vom Zeithorizont und den Berichtszyklen des internen Rechnungswesens, von der Koordinationsform der Planungsprozesse, vom Vereinheitlichungsgrad der in der Planung verwendeten Erfassungs- und Verarbeitungsmodule und vom Vorhandensein eines wertorientierten Steuerungssystems sowie dem Durchdringungsgrad der in diesem Steuerungsssystem verwendeten Spitzenkennzahl(en) ab. Gegebenenfalls können Anpassungen von den internen Planungsinformationen an die externen Vorgaben des IAS 36 notwendig werden, um die internen Informationen auch für Goodwill Impairment Tests nutzen zu können.

Darüber hinaus sind aus der Investitionsplanung des Unternehmens stammende Informationen in bezug auf erwartete Nutzungsdauern und Restwerte von Vermögenswerten des Sachanlagevermögens unmittelbar vom internen in das externe Rechnungswesen zu übernehmen.

Abschließend ist hier zu erwähnen, daß Planungsinformationen aus dem internen Rechnungswesen auch bei einer Anwendung der Neubewertungsmethode nach IAS 16 oder IAS 40 für eine Umsetzung des Management Appraoch verwendet werden können. Aufgrund der in der Praxis nachrangigen Bedeutung der Neubewertungsmethode wurde hier jedoch auf diese Umsetzungsmöglichkeit des Management Approach nicht gesondert eingegangen. Abbildung C-9 faßt die Informationspotentiale von Planungs- und Kontrollrechnungen für eine Umsetzung des Management Approach zusammen.

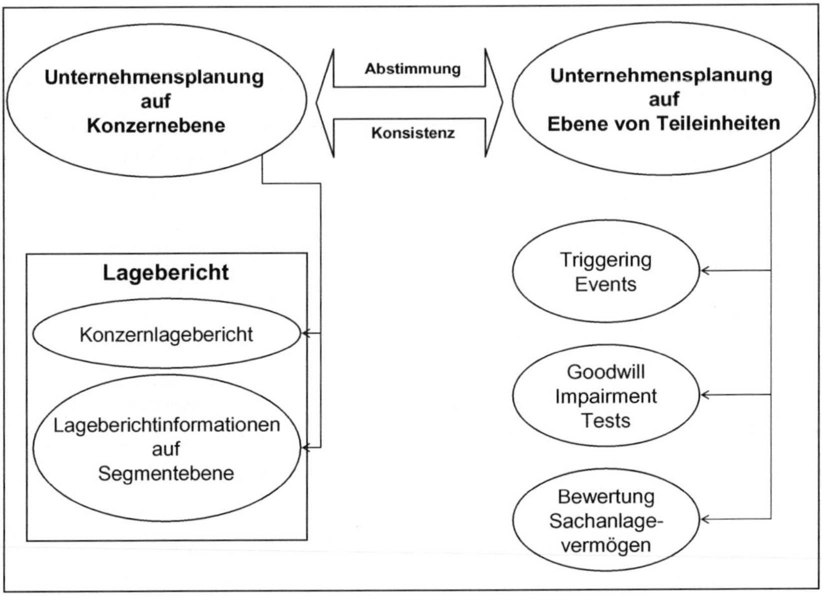

Abbildung C-9: Planungs- und Kontrollrechnungen als Informationsgrundlage des Management Approach

5 Projektcontrolling

Wie in Kapitel B aufgezeigt, exisitieren in der externen Finanzberichterstattung auch mehrere Anwendungsfelder für den Management Approach, bei denen die in der Finanzberichterstattung benötigten Informationen aus dem Projektcontrolling der Unternehmen gewonnen werden können. Dies sind zum einen Informationen aus dem M&A-Controlling, die im Rahmen der Bilanzierung von Unternehmenszusammenschlüssen Hinweise auf einzeln aktivierbare Vermögenswerte sowie für die Verteilung von derivativem Goodwill liefern können. Darüber hinaus kann das M&A-Controlling Hinweise auf Triggering Events sowie Daten, die im Rahmen von Goodwill Impairment Tests benötigt werden, zur Verfügung stellen. Neben dem M&A-Controlling kann aber auch das Controlling von Fertigungsaufträgen Informationen zur Verfügung stellen, die bei der Bilanzierung derartiger Aufträge benötigt werden. Ferner kann bei der Aktivierung und Bewertung selbsterstellter immaterieller Vermögenswerte auf Informationen aus dem F&E-Controlling zurückgegriffen werden. Die Einbettung des Projektcontrollings in die in Abschnitt C.1 vorgenommene Kategorisierung von zur Umsetzung des Management Approach geeigneten Controllingfeldern ist in Abbildung C-10 wiedergegeben. In den folgenden Abschnitten wird die idealtypische Ausgestaltungsform der genannten Projektcontrollingsysteme vor dem Hintergrund einer Umsetzung des Management Approach in den angeführten Bestandteilen der externen Finanzberichterstattung untersucht.

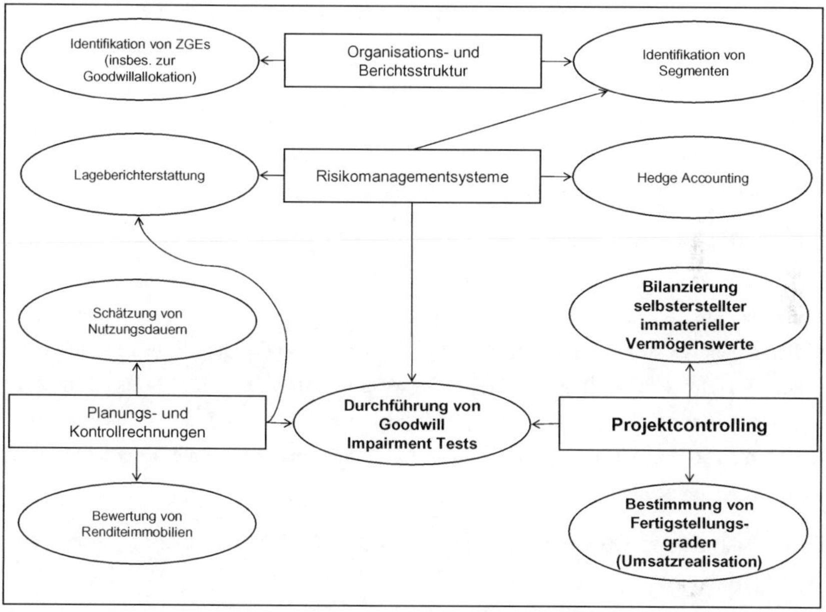

Abbildung C-10: Bezugspunkte von Projektcontrollingsystemen zur externen Finanzberichterstattung

5.1 Grundlagen und Funktionen des Projektcontrollings

Im Unterschied zu einer Routineaufgabe ist ein Projekt ein einmaliges Vorhaben mit einem klaren Ziel, das unter finanziellen, personellen und ähnlichen Restriktionen zu einem festgelegten oder möglichst frühen Zeitpunkt beendet werden soll. Diese Restriktionen führen in der Regel dazu, daß die mit der Projektdurchführung betrauten Stellen einen beträchtlichen Teil ihrer Zeit auf das Projekt konzentrieren. Der Einmaligkeitscharakter von Projekten führt außerdem dazu, daß die Planung, Steuerung und Kontrolle von Projekten häufig nur mit großem Aufwand betrieben werden kann.[656]

[656] Vgl. Fiedler (Projektcontrolling 2003), S. 3 ff.; Gassmann (Projekte 2001), S. 7 f.; Ginevicius/Hausmann/Schafir (Projektmanagement 2005), S. 9 ff.

Eine effektive Planung, Steuerung und Kontrolle von Projekten ist normalerweise allerdings unerläßlich, da Projekte in der Regel aufgrund ihrer Größe und / oder da sie sich auf zahlreiche Stellen im Unternehmen auswirken, umfangreiche Auswirkungen auf die wirtschaftliche Situation des Unternehmens haben können. Projektmanagement und -controlling haben daher die Aufgabe, geeignete Planungs-, Steuerungs- und Kontrollmechanismen zu erarbeiten und mit diesen Sach-, Termin- und Kostenziele möglichst effizient zu erreichen. Darüber hinaus sind die Projektziele sowie die für deren Erreichung notwendigen Ressourcen mit übergeordneten Hierarchieebenen bzw. der Gesamtunternehmensleitung abzustimmen.[657]

5.2 M&A-Controlling

Zu einer konsequenten und für den Gesamterfolg eines Unternehmens bedeutsamen Konzernstrategie zählt nicht nur die in Abschnitt C.4.3 angeführte Vorgabe und Kontrolle monetärer sowie nichtmonetärer Ziele an bestehende Beteiligungen. Vielmehr gehört zur Umsetzung einer konkreten Investitions- und Desinvestitionspolitik auch die zielorientierte Analyse möglicher Akquisitionsobjekte und die frühzeitige Einschätzung von Auswirkungen auf das Gesamtunternehmen, die eine potentielle Übernahme mit sich bringen würde.

5.2.1 Analyse, Bewertung und Integration übernommener Unternehmen

Bei einer Unternehmensakquisition wird das zu kaufende Unternehmen aus seinem bisherigen wirtschaftlichen Zusammenhang herausgehoben und in einen neuen wirtschaftlichen Zusammenhang hineinversetzt, womit sich Rahmenbedingungen, Zielsetzungen und Leistungsfähigkeit des Unternehmens ändern.

Folglich kann der Preis, den das Erwerberunternehmen zu zahlen bereit ist, nur vom insgesamt angestrebten, nach der Eingliederung erzielbaren Zusatznutzen für das Erwerberunternehmen abgeleitet werden. Die verfolgte Akquisitionsstrategie ist somit bestimmend für den Kaufpreis.[658] Bei der Bewertung eines potentiellen Übernahmeobjektes sind daher nicht nur dessen Größe und Ertragskraft zu berücksichtigen, sondern auch die Attraktivität der von ihm bearbeiteten Geschäftsfelder für das Erwerberunternehmen und das Synergiepotential, welches der Unternehmenszusammenschluß entfal-

---

[657] Vgl. Bürgel (Projektcontrolling 1989), S. 4 ff.; Fiedler (Projektcontrolling 2003), S. 7 ff.

[658] Vgl. Schneider (Akquisitionsplanung 1994), S. 155; im Ergebnis ähnlich Wirtz/Schilke (Akquisitionsmanagement 2006), S. 327 f.

ten kann.[659] Der Begriff des aus einem Unternehmenszusammenschluß erwarteten Synergiepotentials sollte nicht als Sammelbecken für nicht anders zu rechtfertigende Kaufpreisbestandteile herhalten müssen. Vielmehr hat das Synergiepotential für das Erwerberunternehmen eine Bewertungsgröße darzustellen, die nur in bezug auf die verfolgte Akquisitionsstrategie zu ermitteln ist. Welche Eigenschaften eines Übernahmeobjektes synergieträchtig sind und welche Bedeutung sie im einzelnen erlangen ergibt sich vor dem Hintergrund der Akquisitionsstrategie aus der Analyse der Geschäftsfelder sowie der Stärken und Schwächen beider beteiligter Unternehmen. Hierbei darf die Beurteilung nicht pauschal erfolgen, sondern muß im Detail für sämtliche für die Unternehmensstrategie des Erwerberunternehmens relevanten Einzelkriterien durchgeführt werden.[660] Denn „Synergien ohne geschäftsbezogene Relevanz haben keinen strategischen Wert".[661] Das Synergiepotential, welches sich das Erwerberunternehmen von der geplanten Unternehmensakquisition erhofft, sollte daher auf Grundlage von Planungsrechnungen ermittelt werden, die sich auf die Geschäftstätigkeit des gemeinsamen Unternehmens beziehen. Es ist also eine integrierte Planungsrechnung für das erwerbende und das erworbene Unternehmen aufzustellen.[662] Hierfür hat das erwerbende Unternehmen unter Berücksichtigung seiner generellen Unternehmensstrategie auf allen Ebenen eine tiefgründige Analyse der Geschäftsfelder und Funktionsbereiche sowohl des eigenen als auch des zu erwerbenden Unternehmens vorzunehmen, um zu identifizieren, in welchen Bereichen welche Synergiepotentiale in welcher Höhe bestehen.[663] Bereits im Hinblick auf die Planung der nach dem Unternehmenserwerb durchzuführenden Integration des erworbenen Unternehmens sind die erwarteten Synergiepotentiale bis auf Ebene der einzelnen Ressourcen zu identifizieren, einer Bewertung zu unterziehen und den – ebenfalls bewerteten – Risiken, die mit ihrer Realisation verbunden sind, gegenüberzustellen.[664]

---

659 Vgl. Schneider (Akquisitionsplanung 1994), S. 153.

660 Vgl. Schneider (Akquisitionsplanung 1994), S. 166 f.; Stelter/Roos (M&A 2006), S. 349 ff.

661 Schneider (Akquisitionsplanung 1994), S. 167.

662 Vgl. Berens/Strauch (Due Diligence 2006), S. 551; Strauch (Due Diligence 2004), S. 13 f.

663 Vgl. Biberacher (Synergie 2003), S. 104 ff.; Wisskirchen (Due Diligence 2006), S. 362 f.; ähnlich Middelmann (Akquisition 2000), S. 113 f. Hierbei stellt aus Sicht des Erwerberunternehmens eine tiefgreifende Analyse des eigenen Unternehmens und seiner Umwelt den ersten Schritt dar. Vgl. grundlegend Jansen (M&A 2001), S. 165 ff.

664 Vgl. Bauch (Integration 2004), S. 232 ff.; Picot (Unternehmenskauf 2003), Rdn. 40; ähnlich Stelter/Roos (M&A 2006), S. 350 f.

Da der zukünftige Integrationsgrad eine nicht unwesentliche Determinante für den Erfolg eines Unternehmenszusammenschlusses ist, sollte das Erwerberunternehmen bereits vor Abschluß eines Unternehmenserwerbs eine Vorstellung vom gewünschten Integrationsgrad des erworbenen Unternehmens haben.[665] Im Rahmen der Integrationsplanung sollten auch möglichst frühzeitig die künftigen Strukturen im Top- und Mittelmanagement des zu erwerbenden bzw. des künftigen gemeinsamen Unternehmens bestimmt werden.[666] Denn häufig stellt die Zusammenführung der Aufbau- und Ablauforganisationen eine wesentliche Voraussetzung für die Realisation operativer und administrativer Synergien entlang der gesamten Wertschöpfungskette dar.[667] Eine Schlüsselrolle kommt hierbei der frühzeitigen Integration und Anpassung der Planungs-, Steuerungs- und Verwaltungssysteme einschließlich der von ihnen verwendeten EDV-Systeme an die künftige Organisationsstruktur zu.[668] Die Planung der zukünftigen Organisationsstruktur und die hiermit verbundene konkrete Benennung von Synergiepotentialen führen auch dazu, daß die ZGEs, denen Goodwill aus dem Unternehmenserwerb zugeteilt werden muß, unmittelbar bekannt sind.

Ein gutes M&A-Management bzw. -Controlling sollte nicht nur diejenigen Teilbereiche der beteiligten Unternehmen identifizieren, die hohe Synergiepotentiale bergen, sondern diese Potentiale sind auch zu bewerten. Für diese Bewertungsvorgänge stehen sowohl qualitative Ansätze wie z.B. Scoring-Modelle oder Szenario-Techniken als auch quantitative Ansätze zur Verfügung. Quantitative Ansätze kommen i.d.R. nicht ohne die Prognose von Zahlungsströmen aus, wobei die Art der zu prognostizierenden Zahlungsströme vor allem von der Art der erwarteten Synergiepotentiale abhängt.[669]

---

665 Vgl. Bark/Kötzle (Merger 2003), S. 135 f.; Lehner/Schmidt (Akquisition 2000), S. 183; Probst/Raisch (Merger 2006), S. 1052. Hierbei wird bei horizontalen und vertikalen Akquisitionen eher eine vollständige Integration angestrebt, als dies bei konglomeraten Akquisitionen der Fall ist; vgl. zu einer ausführlichen Darstellung verschiedener Integrationsgrade Baur/Kuhnert (Rechnungswesen 2003), S. 403 ff.

666 Vgl. Picot (Mergers 2000), S. 350; Bark (Unternehmensakquisitionen 2002), S. 38; im Ergebnis auch Strauch (Due Diligence 2004), S. 169 f.; zu verschiedenen Organisationsformen in Abhängigkeit des geplanten Integrationsgrades auch Lindstädt (Organisation 2003), S. 348 ff.

667 Vgl. Wirtz/Wecker (Merger 2006), S. 715.

668 Vgl. Braun (Synergie 2002), S. 70 ff.; zu verschiedenen Möglichkeiten der Zusammenführung der Controllingsysteme vgl. auch Wall/Langner (Integration 2006), S. 1103 ff.

669 So sind bspw. bei erwarteten Kostensynergien die Reduktionen der Zahlungsmittelabflüsse zu prognostizieren, die von der Realisation dieser Synergien ausgehen sollen, während bei erwarteten Leistungssynerigien Erhöhungen der Zahlungsmittelzuflüsse das

Sofern im Rahmen des M&A-Controllings also eine ausreichend detaillierte Analyse des potentiellen Bewertungsobjektes stattfindet, sollte auch nicht nur bekannt sein, welche Organisationseinheiten von den erwarteten Synergien profitieren sollen, sondern auch in welcher Höhe diese Synergien erwartet werden. Es liegen also unmittelbar nutzbare Informationen zur Allokation von Goodwill auf ZGEs, aber auch hinsichtlich der Identifikation und Bewertung einzeln aktivierbarer Vermögenswerte vor.[670] Da es sich bei der Analyse und Bewertung von zu erwerbenden Unternehmen in zeitlicher und personeller Hinsicht um außerordentlich ressourcenintensive Projekte handelt, wird bei der Durchführung der entsprechenden Bewertungsvorgänge häufig auf externe Berater und Gutachter zurückgegriffen.[671]

Einen möglichen Anknüpfungspunkt für die Identifikation einzeln aktivierbarer Vermögenswerte stellen im Rahmen der Integrationsphase ablaufende (bzw. geplante) materielle sowie immaterielle Ressourcentransfers dar. Denn der Transfer von Ressourcen von und auf einzelne Teilbereiche des Unternehmens zielt auf eine Steigerung der Leistungsfähigkeit der jeweiligen Teilbereiche und des Gesamtunternehmens als Summe dieser Teilbereiche ab.[672]

Um einen solchen Ressourcentransfer durchzuführen, müssen insbesondere die betroffenen Ressourcen des zu erwerbenden Unternehmens zunächst identifiziert und bewertet werden. Je umfangreicher das Akquisitionsmanagement und -controlling in der Lage ist, einzelne Vermögenswerte abzubilden, desto eher sind diese der internen Steuerung bekannt und können den entsprechenden Teileinheiten des Unternehmens zugeordnet werden.[673]

Wird beispielsweise ein forschungsintensives Unternehmen erworben, weil das Erwerberunternehmen daran interessiert ist, noch in der Entwicklung befindliche oder bereits fertig entwickelte Produkte des erworbenen Unternehmens seinem eigenen Produktportfolio hinzuzufügen,[674] so müssen das Management des Erwerberunterneh-

---

Prognoseobjekt darstellen. Vgl. zu den quantitaiven und qualitativen Methoden für die Bewertung von Synergiepotentialen ausführlich Biberacher (Synergie 2003), S. 123-174.

670 Vgl. Richter (Praxisprobleme 2005), S. 146.

671 Vgl. Berens/Strauch (Due Diligence 2002), S. 68 f.; Lindstädt (Organisation 2003), S. 346.

672 Vgl. Baur/Kuhnert (Rechnungswesen 2003), S. 406 f.; ähnlich Bark/Kötzle (Merger 2003), S. 134.

673 Vgl. Alvarez/Biberacher (Goodwill 2002), S. 350 f.

674 Bei einer solchen Transaktion erfolgt die Akquisition der Produkte durch den Kauf der sie betreffenden Rechte wie z.B. Schutzrechte. Vgl. zur Identifikation und Bewertung

mens und sein M&A-Controlling zuvor zumindest Kenntnis über Eckdaten der wesentlichen Produkte erlangt haben. Eine eingehende Analyse der immateriellen Vermögenswerte wie Marken, Rechte etc. stellt auf jeden Fall einen Bestandteil der sog. Due Diligence (s.u.) dar.[675] In diesem Rahmen ist auch ein vollständiges Verzeichnis aller Schutzrechte, über die das zu erwerbende Unternehmen verfügt, anzufertigen.[676] Dieses Verzeichnis bildet anschließend die Grundlage für die Bewertung der Schutzrechte. Hierfür wurden diverse Bewertungsmethoden entwickelt, die historische Kostenansätze, Vergleichswertverfahren aber auch zukunftsorientierte Bewertungen umfassen.[677] Insbesondere bei der Akquisition hochinnovativer Unternehmen bestehen zusätzliche Unwägbarkeiten für das Erwerberunternehmen, da mit dem Erwerb von noch nicht abgeschlossenen Forschungsprojekten i.d.R. besondere Risiken verbunden sind.[678] Diese Schätzungen der Wertes einzelner immaterieller Vermögenswerte sollten jedoch bereits mögliche Verbundeffekte mit Vermögenswerten des erwerbenden Unternehmens berücksichtigen und müssen bei der oben dargestellten Ermittlung des Gesamtgrenzpreises für das Erwerberunternehmen berücksichtigt werden.

Vor Abgabe eines bindenden Angebotes ist es in der Praxis üblich, bereits in einem frühen Verhandlungsstadium eine Due Diligence durchzuführen.[679] Bei der Planung und Durchführung einer Due Diligence sind die strategischen Zielsetzungen einer geplanten Unternehmensakquisition zu berücksichtigen.[680] Denn nur so kann die Due Diligence diejenigen Informationen beschaffen, die auch tatsächlich für die Bewertung

---

von Schutzrechten im Rahmen eines Unternehmenserwerbs Donle (Unternehmenskauf 1997), S. 74 f.

675 Vgl. Fischer/Gleiter (Intellectual Property 2003), S. 267 f.

676 Vgl. Fischer/Gleiter (Intellectual Property 2003), S. 285.

677 Vgl. zur Bewertung von Schutzrechten ausführlich Fischer/Gleiter (Intellectual Property 2003), S. 293 ff.

678 Vgl. hierzu ausführlich Littkemann/Holtrup/Schrader (Akquisitionscontrolling 2005), S. 44 f.

679 Vgl. Picot (Mergers 2000), S. 353; Berens/Strauch (Due Diligence 2002), S. 43. Im Rahmen der Due Diligence stellt der Verkäufer dem Käufer in der Regel interne Unterlagen zur Verfügung, so daß der Käufer detaillierte Einblicke in das zu erwerbende Unternehmen erlangen kann. Dieser Einblick kann Dokumentationen auf sämtlichen Arbeitsebenen des zu erwerbenden Unternehmens umfassen und von Jahresabschlüssen über Planungsunterlagen bis hin zu Anstellungsverträgen reichen. Vgl. ausführlich die empirischen Ergebnisse von Berens/Strauch (Due Diligence 2002), S. 74 ff. Die Einsichtnahme potentieller Erwerber in unternehmensinterne Unterlagen kann durch den Verkäufer unter anderem auch durch einen Vendor Due Diligence Report gesteuert werden. Vgl. hierzu Weiser (Due Diligence 2003), S. 593 ff.

680 Vgl. Strauch (Due Diligence 2004), S. 110.

des Kaufobjektes aus Erwerbersicht relevant sind. Anschließend ist es insbesondere Aufgabe der Due Diligence, weniger im strategischen, sondern vielmehr im operativen Bereich Risiken aufzudecken und die maßgeblichen Einflußfaktoren und Risiken auf die in Zukunft erwarteten Umsatzerlöse zu analysieren.[681] Hierbei kann sich bspw. ein zuvor vermutetes Synergiepotential als niedriger herausstellen oder sich die Werthaltigkeit wesentlicher (v.a. immaterieller) Vermögenswerte geringer als vermutet erweisen. Insbesondere für die Analyse der immateriellen Vermögenswerte des zu erwerbenden Unternehmens wird in der Literatur die Aufstellung einer sogenannten Technologiebilanz vorgeschlagen, die u.a. Verwendungsmöglichkeiten, Fortschrittlichkeit usw. der Vermögenswerte erfaßt.[682] Informationen aus der Due Diligence sind zum einen bei der Kaufpreisfindung zu berücksichtigen und liefern zum anderen Detailinformationen über den Wert einzeln zu aktivierender Vermögenswerte sowie der Synergiepotentiale von Unternehmensteileinheiten und somit über Höhe und Allokationsobjekte von derivativem Goodwill.

5.2.2 Integrations- und Post Acquisition Controlling

Die Integrationsphase gilt als die kritischste aller Phasen im Rahmen eines Unternehmenserwerbs. So deuten empirische Studien darauf hin, daß die überwiegende Mehrheit aller gescheiterten Unternehmenszusammenschlüsse während der Integration des erworbenen Unternehmens in das Erwerberunternehmen scheitert. Um Risiken während der Integrationsphase rechtzeitig identifizieren und bewältigen zu können, wird daher empfohlen, ein Post Acquisition Controlling zu betreiben.[683] Das Post Acquisition Controlling bezieht sich als eine den Integrationsprozeß begleitende Überwachungstätigkeit auf sämtliche im Rahmen einer Unternehmensintegration wichtigen Sachverhalte wie z.B. das Personalmanagement, die Harmonisierung der Unternehmenskulturen, die Realisation von Synergien im Vertrieb, der Produktion oder der Beschaffung usw. Die laufende Überwachung der Integrationsfortschritte kann hierbei auch dazu führen, daß ein Rückgriff auf das bestehende Controllinginstrumentarium des erworbenen Unternehmens notwendig wird.[684]

---

[681] Vgl. Berens/Strauch (Due Diligence 2003), S. 169; Grote (Due Diligence 2003), S. 115.

[682] Vgl. ausführlich Littkemann/Holtrup/Schrader (Akquisitionscontrolling 2005), S. 46 ff.

[683] Vgl. Wirtz (M&A 2003), S. 271; vgl. auch Bauch (Integration 2004), S. 2 f. sowie die dort angeführten Quellen. Zur Bedeutung der Integrationsphase für den Akquisitionserfolg vgl. auch Ungerath/Hoyningen-Huene (Integration 2006), S. 865 ff.

[684] Vgl. Wall/Langner (Integration 2006), S. 1092.

Dem Post Acquisition Controlling kommt neben der Überwachung des prozessualen Integrationsfortschritts auch die Post-Acquisition-Erfolgskontrolle zu. Diese geht der Frage nach, inwieweit der Zusammenschluß als Ganzes als erfolgreich anzusehen ist. Wichtig ist hierbei, daß auf jeden Fall ein Tracking der Erreichung der finanziellen Ziele der Unternehmensakquisition erfolgt. Diese Erfolgskontrolle kann auf verschiedene Ansätze und Methoden zurückgreifen, die möglichst in einem aussagefähigen Kennzahlensystem zusammengeführt werden sollten, um einen hohen Erklärungsgehalt bezüglich des Akquisitionserfolgs zu erzielen.[685]

In der Praxis wird eine Bewertung der übernommenen Objekte analog zu den vor der Transaktion angewandten Bewertungsverfahren nur selten vorgenommen. Ursache hierfür ist u.a., daß eine unabhängige Bewertung aufgrund der Leistungsverflechtungen mit anderen Unternehmensteilen nicht mehr möglich ist. An die Stelle einer solchen Nachrechnung treten zur Feststellung des wirtschaftlichen Erfolgs einer Unternehmensakquisition häufig Soll-Ist-Vergleiche von Ertrags- und Ergebnisgrößen sowie von Kennzahlen.[686] Hierbei sollten die im Vorfeld des Unternehmenserwerbs untersuchten und operationalisierten Synergiepotentiale vor Durchführung der Integration in konkrete Zielvorgaben umgesetzt werden und die betroffenen Organisationseinheiten anschließend an diesen Zielen gemessen werden.[687] In diesem Zusammenhang können (und sollten) die im Konzern üblichen Steuerungsgrößen eine Orientierungshilfe bilden.[688] Wenn im Rahmen des Integrationscontrollings vorgenommene Soll-Ist-Vergleiche Abweichungen von den gewünschten Ergebnissen erkennen lassen, so kann dies u.U. auch als Triggering Event hinsichtlich der Werthaltigkeit von Goodwill gelten.[689] Insbesondere bei nur kurzen Betrachtungszeiträumen, also kurz nach Durch-

---

685 Vgl. hierzu ausführlich Wirtz (M&A 2003), S. 395 f.; Wirtz/Wecker (Merger 2006), S. 727, sowie die Ergebnisse einer Befragung von Experten bei Bauch (Integration 2004), S. 177.

686 Vgl. Pellens/Tomaszewski/Weber (Unternehmensführung 2000), S. 1828; Wirtz (M&A 2003), S. 396 ff. Ein Praxisbeispiel hierzu findet sich auch bei Baur/Kuhnert (Rechnungswesen 2003), S. 423 f.; auch können (ggf. funktionsbereichsspezifisch konzipierte) Balanced Scorecards auf nichtmonetärer Ebene zu einer Überwachung der Integrationsphase genutzt werden; vgl. Wurl (Integration 2003), S. 226 ff.

687 Vgl. bspw. bzgl. der Integration von Beschaffungsabteilungen Eßig (Integration 2006), S. 997 f.

688 Vgl. Pellens/Tomaszewski/Weber (Unternehmensführung 2000), S. 1828; in der Praxis orientieren sich die Unternehmen eher an quantitativ-objektiven Meßgrößen als an qualitativ-subjektiv ermittelten Erfolgsgrößen; vgl. Bark/Kötzle (Merger 2003), S. 141 f.

689 Zu Schlußfolgerungen aus Planabweichungen vgl. allgemein Metz (Controlling 2002), S. 198 ff.

führung einer Unternehmensakquisition kann das Post Acquisition Controlling allerdings auch an seine Grenzen stoßen, da dann die Unsicherheit über den Erfolg der Akquisition noch sehr groß ist. So liegen empirische Belege dafür vor, daß viele Unternehmen ein Urteil über den Erfolg einer Akquisition frühestens nach 2 oder 3 Jahren für möglich halten.[690]

5.3 Controlling von Fertigungsaufträgen

Insbesondere langfristigen Fertigungsprojekten kommt v.a. in der Bauindustrie sowie im Anlagenbau ein hoher Stellenwert zu.[691] Allerdings spielen derartige Projekte auch in anderen Branchen wie z.B. der Softwareentwicklung eine gewichtige Rolle.

Der große Projektumfang sowie die Vielzahl heterogener bei einem Fertigungsauftrag zu lösender Probleme führen häufig zur Einrichtung eines separaten Projektmanagements und mit diesem zusammenhängenden Projektcontrollings.[692] Grundsätzlich lassen sich sowohl Management als auch Controlling von langfristigen Fertigungsaufträgen in drei Hauptabschnitte unterteilen:[693]

- Den Planungsabschnitt, der der Vorkalkulation, Preisbildung und Angebotserstellung dient,
- den Ausführungsabschnitt, in dem die Kontrolle und Steuerung des Fertigungsprojektes im Mittelpunkt steht, und
- den Abschnitt der Nachkalkulation, in dem durch abschließende Soll-Ist-Vergleiche ein Fazit für das Fertigungsprojekt gezogen wird. Primäres Ziel ist die Informationsgewinnung für Folgeprojekte.

---

690 Vgl. Bark (Unternehmensakquisitionen 2002), S. 111; hierbei sind außerdem deutliche Unterschiede in Abhängigkeit der jeweiligen Branche zu vermerken. So liegt in der Untersuchung von Bark der durchschnittliche Zeitraum, nach dem ein Urteil über den Akquisitionserfolg abgegeben werden könne, in der Elektronikbranche nur bei 1,25 Jahren, während er in der Energiebranche bei 3.67 Jahren liegt. Vgl. hierzu Bark (Unternehmensakquisitionen 2002), S. 133.

691 Vgl. m.w.N. Hahn/Hungenberg (PuK 2001), S. 741.

692 Vgl. Günter (Projektmanagement 1984), S. 241.

693 Vgl. Oepen (Controlling 2003), S. 1; ähnlich Bierbrauer (Projektcontrolling 2002), S. 65 f.; Hahn/Hungenberg (PuK 2001), S. 739.

5.3.1 Vorkalkulation: Planung der erwarteten Kosten und Erlöse

Zu Beginn eines Fertigungsprojektes steht häufig eine Anfrage oder Ausschreibung eines potentiellen Kunden. Um in der Lage zu sein, ein Angebot abgeben zu können, muß der Bieter eine Vorkalkulation durchführen. Diese stützt sich zunächst auf die Projektierung des Kunden.[694] Die initialen Kalkulationen müssen nicht notwendigerweise vom Projektmanagement des Einzelprojektes durchgeführt werden, sondern können auch durch eine von auf Kalkulationsaufgaben spezialisierte Abteilung erfolgen, die auf umfangreiche Erfahrungswerte vorangegangener Projekte zurückgreifen kann.[695] Zwar ist eine Bilanzierung von Fertigungsaufträgen auf Grundlage des Projektcontrolling erst dann erforderlich, wenn der Auftrag akquiriert und mit seiner Ausführung begonnen wurde. Da jedoch im Rahmen der mitlaufenden Auftragskalkulation in umfangreichem Maße auf die in der Vorkalkulation generierten Informationen zurückgegriffen wird, kommt auch diesem vorgelagerten Abschnitt Relevanz nicht nur für die Projektsteuerung, sondern auch für die Bilanzierung zu.

Da die erwarteten Kosten die Untergrenze des akzeptablen Preises für das Projekt darstellen, müssen aus den projektbezogenen Anforderungen, die der Kunde stellt, zunächst die Kostenbestandteile des Auftrages wie z.B. erforderlicher Materialeinsatz, geplante Projektdauer oder notwendiger Personaleinsatz ermittelt werden.[696] Diese Kosten sind hierbei auf Grundlage der Konstruktions- und Mengenunterlagen zu ermitteln. Da die Angebotskalkulation einen der maßgeblichen Orientierungspunkte bei der Angebotspreisbestimmung darstellt, sollte die Erstellung der Konstruktions- und Mengenunterlagen möglichst exakt erfolgen. Allerdings besteht zum Zeitpunkt der Angebotserstellung das Problem, daß die Erstellung der Konstruktionspläne nicht allzu detailliert erfolgen darf, da Angebote zwar Kosten verursachen, häufig aber keinen

---

694 Vgl. Bierbrauer (Projektcontrolling 2002), S. 61. Böger/Boll (Projektfinanzierung 2003), S. 53 f.

695 Vgl. Oepen (Controlling 2003), S. 7. Um Erfahrungswerte aus vorangegangenen Projekten für die Vorkalkulation nutzen zu können, sollte jedoch eine gewisse Ähnlichkeit der Konsteneinflußfaktoren gegeben sein, um eine Vergleichbarkeit zu gewährleisten. Vgl. hierzu Kirsch (Informationsmanagement 2005), S. 33.

696 Unmittelbar verlustbringende Aufträge können jedoch trotzdem aus strategischen Aspekten (z.B. erwartete Folgeaufträge) akzeptiert werden; vgl. Lutzner (Projektcontrolling 1999), S. 149 f.

Erfolg haben und den für sie entstandenen Aufwendungen zunächst keine Erträge gegenüberstehen.[697]

Damit angesichts der Langfristigkeit von Fertigungsaufträgen und ihrer hohen Komplexität die Kalkulation der Aufträge handhabbar wird, ist eine tiefgreifende Strukturierung des Auftrages in Kalkulationseinheiten erforderlich.[698] Hierbei können standardisierte Strukturierungsschemata innerhalb bestimmter Produktbereiche (also projektübergreifend) entwickelt werden. Deren durchgängiger und disziplinierter Anwendung wird eine hohe Bedeutung für die Qualität von projektbezogenen Planungs- und Steuerungssystemen zugesprochen. In Abhängigkeit von Projektumfang, -komplexität oder -innovationsgrad etc. ist die anzuwendende Gliederungstiefe projektspezifisch festzulegen.[699] Ein Instrument zur Sammlung der in der Kalkulation zu berücksichtigenden Informationen stellen Checklisten dar. Diese sind auf Grundlage historischer Erfahrungen zu konzipieren und von der kalkulierenden Stelle als Hilfsmittel einzusetzen. Denn die relevanten Informationen müssen von zahlreichen Stellen im Unternehmen zusammengetragen und aggregiert werden.[700]

Grundlage für die in ein Kalkulationsschema eingehenden Zahlen sind dann Arbeitspläne, Stücklisten usw. So sollte die Auftragskalkulation basierend auf den durch die technische Gliederung festgelegten Kalkulationseinheiten die für die kaufmännische Bewertung notwendigen Daten aufarbeiten.[701] Dies betrifft im wesentlichen Material- und Personaleinheiten sowie deren Werte und Sondereinzelkosten. Für alle wertrelevanten Parameter, d.h. vor allem Preise, ist ein hoher Aktualitätsgrad sicherzustellen. Daher sollten die Bezugspreise für wesentliche Zulieferungen durch Lieferantenange-

---

697 Vgl. Bröker (Anlagengeschäft 1991), S. 218; Funke (Angebotskalkulation 1995), S. 82 f.; ähnlich Eversheim/Koch (Angebotsplanung 1984), S. 142.

698 Vgl. Rudolf (Langfristfertigung 1996), S. 142.

699 Vgl. Arbeitskreis „Internes Rechnungswesen" der Schmalenbach-Gesellschaft – Deutsche Gesellschaft für Betriebswirtschaft e.V. (Anlagenbau 1991), S. 115 ff.; Abteilung Betriebswirtschaft Verband Deutscher Maschinen- und Anlagenbau e.V. (Kalkulation 1990), S. 16 f.; grundlegend auch Ginevicius/Hausmann/Schafir (Projektmanagement 2005), S. 21 f.

700 Vgl. Abteilung Betriebswirtschaft Verband Deutscher Maschinen- und Anlagenbau e.V. (Kalkulation 1990), S. 11; Eversheim/Koch (Angebotsplanung 1984), S. 114; für Beispiele solcher Checklisten vgl. Ginevicius/Hausmann/Schafir (Projektmanagement 2005), S. 109 und 191.

701 Einer solchen Vorgehensweise wird in der Literatur ein hoher Genauigkeitsgrad attestiert; vgl. m.w.N. Funke (Angebotskalkulation 1995), S. 85.

bote oder -preislisten unterlegt sein.[702] Dies wird allerdings dadurch erschwert, daß Lieferantenpreise bei langfristigen Fertigungsaufträgen häufig nicht im vornherein für die vollständige Fertigungsdauer festgelegt werden können und darüber hinaus für weniger wesentliche Zulieferungen das Einholen von Angeboten i.d.R. aus Wirtschaftlichkeitsaspekten ausscheidet. Um dennoch aussagekräftige Preisinformationen in der Auftragskalkulation berücksichtigen zu können, sollte der EDV-gestützte Zugriff auf kürzlich erfolgte Bestellungen für ähnliche Güter oder Dienstleistungen mit möglichst geringem Aufwand möglich sein.[703] Für Personalstundensätze können ggf. intern verwendete Standardstundensätze, wie sie auch den entsprechenden Kostenstellen in Rechnung gestellt werden, herangezogen werden.

In der Vorkalkulation sollte kein normalisierter Kostenverlauf unterstellt werden, sondern die Auftragskosten unter Zuhilfenahme der technischen Vorgaben ungefähr periodisiert werden.[704] Denn insbesondere großvolumige Fertigungsprojekte werden häufig nicht durch Eigenmittel des herstellenden Unternehmens, sondern mittels Fremdkapital finanziert.[705] In der Folge stellt der Zinsaufwand einen nicht zu vernachlässigenden Bestandteil der Projektgesamtkosten dar. In der Regel hängt der Liquiditätsbedarf von der Abfolge der Fertigungsschritte und somit von der zeitlichen Planung der operativen Auszahlungen sowie den mit dem Abnehmer vereinbarten Zahlungsbedingungen ab.[706] So fallen die aus einem Fertigungsprojekt erwarteten Erlöse häufig nur diskontinuierlich, gegebenenfalls erst bei der endgültigen Auslieferung, an. Sie sind jedoch ebenfalls in der Kapitalbedarfsplanung zu berücksichtigen und wirken sich somit auch auf den erwarteten Zinsaufwand aus.[707] Eine separate Darstellung des Zinsaufwands trägt daher zur verbesserten Transparenz der Kalkulation bei und kann unterstützend in den Preis- und Zahlungszeitpunktverhandlungen wirken.[708]

Sowohl in den Kalkulationen, die der Angebotserstellung dienen, als auch in den Kalkulationen, die während der Auftragsausführung erfolgen, müssen dem Fertigungsauftrag inhärente Risiken berücksichtigt werden. Denn bei Vertragsabschluß sind häufig

702 Vgl. Arbeitskreis „Internes Rechnungswesen" der Schmalenbach-Gesellschaft – Deutsche Gesellschaft für Betriebswirtschaft e.V. (Anlagenbau 1991), S. 146.

703 Vgl. Feuerbaum (Controlling 1979), S. 12.

704 Vgl. Bröker (Anlagengeschäft 1991), S. 222; ähnlich Oepen (Controlling 2003), S. 11.

705 Vgl. Tytko (Projektfinanzierung 2003), S. 22.

706 Vgl. Bröker (Anlagengeschäft 1991), S. 220 f.; Franke (Projektcontrolling 2001), S. 429.

707 Vgl. Oepen (Controlling 2003), S. 11.

708 Vgl. Bröker (Anlagengeschäft 1991), S. 220 f.

noch nicht sämtliche Erlöskomponenten vollständig festgeschrieben, sondern können während der Projektausführung durchaus Änderungen unterliegen. So sind bspw. Preisgleitklauseln, bezahlte Zusatzleistungen, Incentive Payments oder erlösschmälernde Konventionalstrafen denkbar.[709] Bestehende Risiken sollten idealerweise im Rahmen der Schätzung der erwarteten Projekterlöse und -kosten dahingehend berücksichtigt werden, daß entsprechend der jeweiligen Risikowesentlichkeit[710] Auftragskostenschätzungen um einen Zuschlag und Auftragserlösschätzungen um einen Abschlag korrigiert werden.[711] Zur Aufnahme von Projektrisiken stellen bspw. Checklisten, die möglichst detaillierte Einzelpunkte aufführen und Risiken zu Risikokategorien zusammenfassen, ein sinnvolles Instrument dar.[712] Da eine eindeutige Risikobewertung häufig nicht möglich sein wird, sollten hinsichtlich auftragsinhärenter Risiken bereits im Rahmen der Vorkalkulation Sensitivitätsanalysen bspw. bezüglich Zinssätzen, Einkaufspreisen oder den notwendigen Materialmengen vorgenommen werden, um die Schätzungsqualität und -transparenz zu erhöhen.[713]

Die Überwachung von Risiken bei langfristigen Fertigungsaufträgen kann in das bestehende Chancen- und Risikomanagementsystem des Unternehmens integriert werden.[714] Denn gerade die Auftragsfertigung ist ein Risikobereich, der aufgrund seiner hohen Wertdimensionen, technischen Komplexität und Individualität der Aufträge wesentliche Auswirkungen auf das Unternehmen (bzw. einzelne Teileinheiten von diesem) haben kann.[715] Dem Projektcontrolling langfristiger Fertigungsaufträge kommt hierbei hinsichtlich des formalen Chancen- und Risikomanagementsystems vor allem

---

[709] Vgl. Backhaus (Gewinnrealisierung 1996), S. 35; zu einer ausführlichen Beschreibung allgemeiner Projektrisiken und deren zeitlicher Einordnung in den Projektverlauf vgl. auch Plock (Ertragsrealisation 2004), S. 142 ff.

[710] Hierfür sind Risiken idealerweise zu bewerten und mit ihrer Eintrittswahrscheinlichkeit zu gewichten; vgl. Oepen (Controlling 2003), S. 12. Zur Ableitung der Risikowesentlichkeit aus Eintrittswahrscheinlichkeit und möglicher Schadenshöhe allgemein vgl. auch Abschnitt C.3.1 oben.

[711] Vgl. Baetge/Kirsch/Thiele (Bilanzen 2003), S. 637 f.

[712] Vgl. Oepen (Controlling 2003), S. 12.

[713] Vgl. Bröker (Anlagengeschäft 1991), S. 222 f. Zu alternativen Vorgehensweisen bei der Durchführung von Sensitivitätsanalysen im Rahmen einer Projektbewertung vgl. auch mit zahlreichen Nennungen Backhaus/Schulte Lünzum/Werthschulte (Projektfinanzierung 2003), S. 173 f.

[714] Dies erscheint vor allem in Unternehmen sinnvoll, die in umfangreichem Maße langfristige Fertigung betreiben. Zum Chancen- und Risikomanagementsystem vgl. Abschnitt C.3.

[715] Vgl. Kümpel (Gewinn 2002), S. 1017 f.

eine Rolle als Informationslieferant zu. Denn die Risikoidentifikations- und -überwachungsprozesse haben innerhalb des Projektcontrollings auf jeden Fall abzulaufen. Eine Berichterstattung an hierarchisch übergeordnete Ebenen hängt von der Wesentlichkeit der identifizierten Risiken ab. Hierbei ist das formale Risikomanagementsystem insbesondere dann ein geeignetes Kommunikationsmittel für identifizierte Risiken, wenn diese so wesentlich sind, daß sie nicht nur auf Ebene der projektausführenden Einheit als wesentlich einzustufen sind, sondern auch aus Konzern- oder Teilkonzernsicht wesentlich sind. Das Zusammenspiel der Informationen aus dem Risikomanagement mit den ursprünglichen Kalkulationsdaten eines Auftrages veranschaulicht Abbildung C-11.

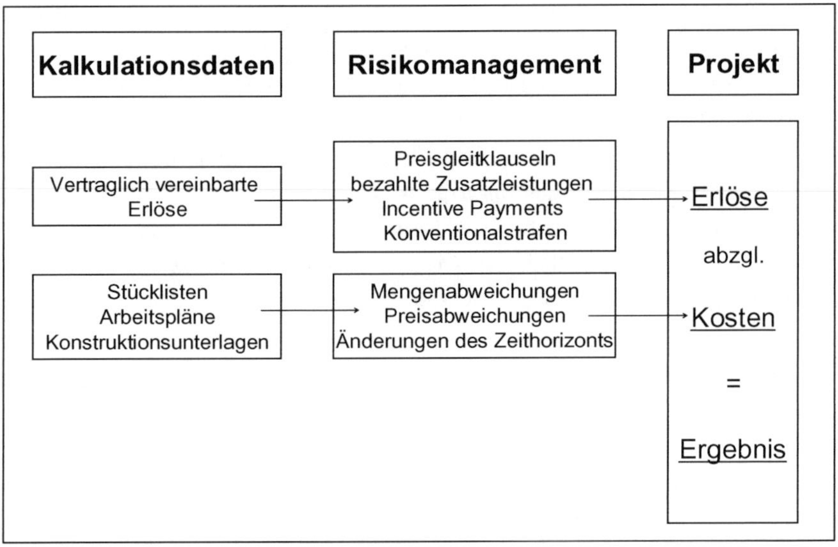

Abbildung C-11: Berücksichtigung von Risikomanagementinformationen in der Projektkalkulation

5.3.2 Mitlaufende Auftragskalkulation: Regelmäßige Aktualisierung der erwarteten Kosten und Erlöse

Das Ergebnis der im vorangegangenen Abschnitt beschriebenen Vorkalkulation stellt eine erste Schätzung der aus einem Fertigungsauftrag erwarteten Erlöse und der zu seiner Ausführung notwendigen Kosten dar. Aus wirtschaftlicher Sicht steht während des Fertigungsverlaufs die Frage im Mittelpunkt, ob die Leistungen wie in der Vorkalkulation geplant durchgeführt werden können und ob damit der vorgesehene Gewinn aus dem Fertigungsauftrag erzielt wird oder ob Abweichungen von den Daten der

Vorkalkulation auftreten.[716] Insofern stellt die Projektplanung keinen einmaligen, sondern einen projektbegleitenden Akt dar und ist im Projektverlauf sukzessive zu aktualisieren und zu verfeinern.[717]

Daher soll die mitlaufende Auftragskalkulation Abweichungen von der ursprünglichen bzw. im Projektverlauf aktualisierten Planung zeitnah aufzeigen, so daß rechtzeitig Maßnahmen zur Beeinflussung des Projektergebnisses eingeleitet werden können.

In einem integrierten Berichterstattungs- und Informationssystem sollte eine zielgerichtete Zusammenführung aller relevanten Projektparameter in einem Berichtspaket erfolgen.[718] Hierbei müssen Fortschrittsberichte, in denen durchgeführte Arbeiten, noch wesentliche ausstehende Arbeitsschritte, die Terminsituation, Kostenvergleiche usw. aufgeführt werden, sowie Berichte über die aktualisierten Plandaten in regelmäßigen Standardberichten an die Projektleitung gemeldet werden bzw. durch diese abrufbar sein.[719] Grundsätzlich sollte bei allen Berichtsformaten auf ein Mindestmaß an Standardisierung geachtet werden, da sonst die effizienzmindernde Gefahr der Bildung von projektindividuellen Insellösungen droht.[720] Auf der Grundlage dieser Berichte sind von der Projektleitung regelmäßig mit anderen maßgeblich an der Ausführung beteiligten Stellen Abstimmungsgespräche zu führen, in denen die aktualisierte Gesamtkostenentwicklung eruiert und Maßnahmen zur Beeinflussung der noch zu erwartenden Restkosten beschlossen werden.[721]

Im Rahmen der Projektabwicklung hat außerdem nicht nur die Projektleitung des Einzelprojektes über dessen Entwicklung informiert zu sein, sondern es hat normalerweise auch eine Berichterstattung an eine höhere Instanz wie die Regionalleitung, Geschäftsführung usw. zu erfolgen.[722] Denn die Aggregation der Informationen über einzelne Projekte erlaubt es der Unternehmensführung, sich eine Einschätzung der Leistungstätigkeit des Unternehmens sowie der für die weitere Projektdurchführung zur Verfü-

---

716 Vgl. Wagner (Baurisiken 1989), S. 82.

717 Vgl. Ginevicius/Hausmann/Schafir (Projektmanagement 2005), S. 25.

718 Vgl. Rechberg (Kostenschätzung 1997), S. 267 f.

719 Vgl. Fiedler (Projektcontrolling 2003), S. 170 ff.; Rudolf (Langfristfertigung 1996), S. 145.

720 Vgl. Bürgel (Projektcontrolling 1989), S. 8.

721 Vgl. Arbeitskreis „Internes Rechnungswesen" der Schmalenbach-Gesellschaft – Deutsche Gesellschaft für Betriebswirtschaft e.V. (Anlagenbau 1991), S. 147 ff.; Rudolf (Langfristfertigung 1996), S. 145.

722 Vgl. Arbeitskreis „Internes Rechnungswesen" der Schmalenbach-Gesellschaft – Deutsche Gesellschaft für Betriebswirtschaft e.V. (Anlagenbau 1991), S. 154.

gung zu stellenden Ressourcen zu bilden.[723] Dies umfaßt sowohl eine Leistungs- und Kostenplanung als auch eine Finanzplanung. Die Aggregation der Einzelprojekte dient der Sicherstellung der Konsistenz zwischen Gesamtunternehmensplanung und den Einzelplanungen. Ergebnis dieses Aggregationsprozesses können sowohl operative als auch strategische Planabschlüsse sein.[724]

Die operativ von der Projektleitung genutzten Controlling-Berichte über langfristige Fertigungsaufträge sind so aufzubauen, daß sie zum einen den bisherigen Verlauf sowie den Stand des Projektes zum aktuellen Stichtag wiedergeben und zum anderen dessen künftige Entwicklung bis zum Projektende prognostizieren.[725] Hierbei ist auf eine ergebnisbezogene Darstellung zu achten, indem nicht nur die Kostenseite abgebildet wird, sondern auch mögliche Planabweichungen auf der Erlösseite sowie hinsichtlich der Zeitplanung berücksichtigt werden.[726] Die integrierte Betrachtung von einem Projekt zurechenbaren Erlösen und Kosten führt dazu, daß der einzelne langfristige Auftrag behandelt werden kann wie ein Profit Center. Hierdurch können auch die Ertragsorientierung und das Verantwortungsbewußtsein des Projektmanagements unterstützt werden.[727] Im folgenden wird zunächst auf die Erfassung der Istkosten eingegangen, anschließend die Aktualisierung der Kostenprognosen erörtert und dann Bezug auf die Überwachung möglicher Erlösabweichungen genommen.

Die Istkosten sind aktuell und genau zu erfassen, so daß ihre Entwicklung während der gesamten Projektdurchführungszeit einer strengen Beobachtung unterliegen kann.[728] Bezüglich der Erfassung der Istkosten kann im Sinne einer Minimierung des Erfassungsaufwandes und einer Steigerung der Datenaktualität auf die ohnehin in der FiBu stattfindende Erfassung der entsprechenden Belege zurückgegriffen werden. Hierbei muß bei der Erfassung in der FiBu ein direkter Bezug zum entsprechenden Projekt hergestellt werden, so daß eine entsprechende Datenübernahme in die mitlaufende Auftragskalkulation überhaupt möglich ist. Bezüglich noch nicht angefallener, aber

723 Vgl. Lutzner (Projektcontrolling 1999), S. 177.
724 Vgl. Lachnit (Projektleistung 1994), S. 60.
725 Vgl. Bürgel (Projektcontrolling 1989), S. 8; Oepen (Controlling 2003), S. 23.
726 Vgl. Ginevicius/Hausmann/Schafir (Projektmanagement 2005), S. 31 f.; Kümpel (Gewinn 2002), S. 1016.
727 Vgl. Rudolf (Langfristfertigung 1996), S. 143.
728 Vgl. Bröker (Anlagengeschäft 1991), S. 227.

irreversibel disponierter Kosten sollten FiBu, Einkauf und das Auftragskalkulationssystem möglichst über automatisierte Schnittstellen verbunden sein.[729]

Der direkte Bezug bzw. die eindeutige Zurechenbarkeit von Kosten auf einen Auftrag kann erreicht werden, indem eine Projektkostenstelle je Auftrag eingerichtet wird, auf der sämtliche direkten und indirekten Kosten, die im Zusammenhang mit dem Auftrag anfallen, erfaßt werden.[730] Bei umfangreichen Fertigungsprojekten kann auch die Einrichtung separater Kostenstellen für einzelne Projektbestandteile sinnvoll sein. Dann sollte allerdings auch für das Gesamtprojekt eine Vorkostenstelle angelegt werden, die insbesondere Overhead-Kosten wie Verwaltungsumlagen für die Gesamtprojektplanung etc. empfängt.[731] Insbesondere für Mitarbeiter, die für mehrere Projekte eingesetzt werden, sollte eine unmittelbare Erfassung ihrer Tätigkeiten für die einzelnen Projekte auf den entsprechenden Kostenstellen erfolgen.[732] Für die Erfassung entsprechender Kosten müssen in jedem Fall Belege existieren. Dies können bspw. Stundennachweise, Materialentnahmebelege usw. sein. Idealerweise werden Ausschuß- und Nacharbeiten hierbei separat gekennzeichnet.[733]

Die kumulierten Istkosten des Auftrags sind sodann zu den geschätzten Gesamtkosten des Auftrags ins Verhältnis zu setzen, um den Fertigstellungsgrad zu ermitteln.[734] Zuvor sind jedoch bereits angefallene und erfaßte Kosten, die sich auf die gesamte Laufzeit des Projekts beziehen (z.B. Versicherungsprämien, Verkäuferprovisionen etc.) anteilig so zu korrigieren, daß nur die den bisherigen Leistungszeitraum betreffenden Kosten in den kumulierten Istkosten enthalten sind. Eine solche Korrektur kann in einem intern-extern harmonisierten Rechnungswesen beispielsweise über die Bildung und ratierliche Inanspruchnahme von aktiven Rechnungsabgrenzungsposten erfolgen. Dann werden nämlich die im externen Rechnungswesen periodisierten Aufwendungen auch als periodisierte Kosten in das Projektcontrolling übernommen. Für die Projektsteuerung müssen die Istkosten darüber hinaus mit der ursprünglichen (bzw. zwischenzeitlich überarbeiteten) Kostenplanung verglichen werden. Ferner sind die noch zu er-

---

729 Vgl. Arbeitskreis „Internes Rechnungswesen" der Schmalenbach-Gesellschaft – Deutsche Gesellschaft für Betriebswirtschaft e.V. (Anlagenbau 1991), S. 151 f.

730 Vgl. Kirsch (Controlling 2003), S. 15; Rudolf (Langfristfertigung 1996), S. 140.

731 Vgl. Kirsch (Informationsmanagement 2005), S. 33.

732 Vgl. Weißenberger et al. (Unternehmensrechnung 2003), S. 32.

733 Vgl. Abteilung Betriebswirtschaft Verband Deutscher Maschinen- und Anlagenbau e.V. (Kalkulation 1990), S. 48 ff.

734 Vgl. Kirsch (Controlling 2003), S. 15.

wartenden Restkosten des Auftrages zu ermitteln und mit der ursprünglichen Kostenplanung zu vergleichen.[735] Abweichungen von der ursprünglichen Kostenprojektierung wirken sich unmittelbar auf das noch zu erwartende Projektergebnis aus. Da die noch erwarteten Restkosten eines Auftrages im Gegensatz zu den bereits angefallenen sowie den bereits irreversibel disponierten Kosten noch beeinflußbar sind, sind sie für eine Verbesserung des Auftragsergebnisses von herausragender Bedeutung.[736]

Die Vorgehensweise bei der Kostenschätzung im Rahmen der mitlaufenden Auftragskalkulation entspricht weitgehend derjenigen im Rahmen der Angebotskalkulation.[737] Nach erfolgtem Auftragseingang liegt jedoch der genaue Liefer- und Leistungsumfang fest, so daß eine genauere Kalkulation möglich ist.[738] Grundsätzlich ist außerdem davon auszugehen, daß die Verläßlichkeit mit der Länge des Betrachtungszeitraums zunimmt.[739] Dies läßt sich damit begründen, daß mit zunehmender Dauer und Fortschritt des Auftrages zum einen ein größerer Teil der Kosten bereits realisiert und damit bekannt ist und zum anderen der verbleibende Planungshorizont kürzer ist. Eine laufende Aktualisierung der geplanten Kosten sollte grundsätzlich unter Einbezug derjenigen Stellen erfolgen, die diese Kosten verantworten.[740]

Um eine effektive Ablaufsteuerung eines Projektes zu gewährleisten, ist neben der aktuellen und geplanten Kostensituation auch die Entwicklung der aus dem Projekt erwarteten Erlöse zu überwachen. Hierfür hat zum einen eine regelmäßige Überwachung der einem Auftrag inhärenten Risiken zu erfolgen, die eine Erlösminderung verursachen könnten. So kann bspw. eine mangelnde Termintreue von Lieferanten dazu führen, daß der Fertigstellungstermin nicht mehr eingehalten werden kann. In Abhängigkeit bereits eingeplanter Pufferzeiten etc. sind für solche Entwicklungen Sollwerte und Toleranzgrenzen festzulegen und bei deren Überschreitung Korrekturmaßnahmen einzuleiten.[741] Betrachtungsgegenstand auf der Erlösseite müssen allerdings auch vertraglich festgelegte variable Erlösbestandteile (z.B. Prämien bei frühzeitiger Fertigstellung) sowie aus Modifikationen des Projektgegenstandes resultierende

---

735 Vgl. Franke (Projektcontrolling 2001), S. 420; ähnlich Oepen (Controlling 2003), S. 13 f.

736 Vgl. Bröker (Anlagengeschäft 1991), S. 224.

737 Daher wird an dieser Stelle auf eine ausführliche Beschreibung der Vorgehensweise bei der Durchführung von Kostenschätzungen verzichtet und statt dessen auf den vorangehenden Abschnitt C.5.3.1 verwiesen.

738 Vgl. Bröker (Anlagengeschäft 1991), S. 224.

739 Vgl. Bischof (Percentage of Completion 1998), S. 10.

740 Vgl. Fiedler (Projektcontrolling 2003), S. 170.

741 Vgl. Kümpel (Gewinn 2002), S. 1018.

Erlösänderungen (z.B. Anweisungen des Kunden zu einer Änderung des ursprünglich festgelegten Leistungsumfangs) sein. Hierbei können sich sowohl Erhöhungen als auch Schmälerungen der erwarteten Erlöse ergeben.[742] Die Überwachung der erwarteten Erlössituation bildet damit einen Bestandteil des fertigungsauftragsbezogenen Chancen- und Risikomanagements.

Die Einhaltung der genannten Prozeßschritte der mitlaufenden Auftragskalkulation führt also dazu, daß die zur Projektsteuerung benötigten Informationen wie ursprünglich geplante und aktualisierte Gesamtkosten eines Auftrages, bislang angefallene Istkosten, sowie die erwarteten Erlöse regelmäßig in aktualisierter Form vorliegen. Informationen über den Fertigstellungsgrad sind zwar ebenfalls vorhanden, jedoch hauptsächlich in qualitativer Form. Eine Berechnung eines Fertigstellungsgrades in Form einer Prozentangabe, wie sie für die Finanzberichterstattung notwendig ist, ist zunächst kein Bestandteil des Projektcontrollings. Jedoch liegen die zur Berechnung des Fertigstellungsgrades benötigten Informationen insbesondere bei Verwendung der Cost-to-Cost-Methode vor, so daß dieser für externe Berichtszwecke unmittelbar berechnet werden kann. Hierbei kann die Ermittlung des Fertigstellungsgrads generell sowohl durch das Projektmanagement bzw. -controlling als auch durch eine unabhängige Stelle wie z.B. die FiBu erfolgen. Bei anderen Ermittlungsmethoden als der Cost-to-Cost-Methode zur Berechnung des Fertigstellungsgrads bietet sich eine Auswertung sowohl der vorliegenden quantitativen als auch qualitativen Informationen des Projektcontrollings an. Ähnlich wie bei der Cost-to-Cost-Methode ist auch bei Anwendung der Efforts-Expended-Methode (Messung des Fertigstellungsgrads auf Grundlage unbewerteter Mengeneinheiten) oder der Earned-Value-Methode (Messung des Fertigstellungsgrads auf Grundlage des physischen Fertigungsfortschritts) darauf zu achten, daß nicht nur der Fertigstellungsgrad auf Grundlage der Informationen aus dem Projektcontrolling ermittelt wird, sondern daß auch eine Aktualisierung des erwarteten Projektgewinns stattfindet. Wird die Units-of-Delivery-Methode (Messung des Fertigstellungsgrads auf Grundlage von fertiggestellten Teilleistungen oder Meilensteinen) verwendet, ist darüber hinaus zu untersuchen, welcher Anteil des nächsten noch nicht vollständig fertiggestellten Teilprojekts bereits vollendet wurde. Um wesentliche Verzerrungen des Fertigstellungsgrads zu vermeiden, kann nämlich eine entsprechende Korrektur des Fertigstellungsgrads nach oben notwendig sein.

---

742 Vgl. Plock (Ertragsrealisation 2004), S. 127 f.

5.3.3 Nachkalkulation

Aufgabe der Nachkalkulation ist die systematische Erfassung und Aufbereitung der im Verlauf eines abgeschlossenen Projektes gesammelten Erfahrungen und die Sicherstellung eines zielgerichteten Rückflusses dieser Informationen in die Akquisitions- und Abwicklungsvorgänge nachfolgender Projekte. Um einen solchen controllingtypischen Lernprozeß zu ermöglichen, darf die Nachkalkulation nicht bei der Feststellung von Plan-Ist-Abweichungen oder der Dokumentation aufgetretener Probleme und Pannen stehenbleiben. Vielmehr müsen eine Ursachenanalyse für die aufgetretenen Abweichungen betrieben werden, diese zu den Ergebnissen von Nachkalkulationen anderer Projekte in Beziehung gesetzt werden und aus diesen Informationen Änderungsmaßnahmen und konkrete Verbesserungsvorschläge abgeleitet werden. Insbesondere können bei Projektvergleichen auffällige Häufungen einzelner Probleme oder Problemkombinationen auftreten sowie sich Trends abzeichnen, die eine künftige Verschärfung von Problematiken erwarten lassen.[743]

Sowohl die Brauchbarkeit eines Projektcontrollingsystems als auch die Aussagefähigkeit und Entscheidungsrelevanz einer nach der Percentage-of-Completion-Methode durchgeführten Umsatz- und Ergebnisrealisation hängen maßgebend von der in sie eingehenden Zuverlässigkeit der Schätzungen ab. Insbesondere bei Projekten von großem Umfang können bereits geringe Schätzungsabweichungen zu erheblichen Ergebnisauswirkungen führen. In der Praxis hat sich gezeigt, daß oftmals erhebliche Unterschiede zwischen der Auftragsvor- und -nachkalkulation bestehen.[744] Dies deutet nicht nur auf verhältnismäßig umfangreiche Schätzunsicherheiten im Vorfeld eines Projektes hin, sondern kann auch als Indiz für eine ungenügende Verwendung der im Rahmen der Nachkalkulation generierten Informationen gewertet werden.

5.4 F&E-Controlling

Im Rahmen der Entwicklung neuer, innovativer Produkte, Dienstleistungen oder Produktionstechniken bestehen naturgemäß erhebliche Schwierigkeiten bei der Festlegung von Ziel- und Maßnahmenplänen. So besteht Ungewißheit darüber, welcher genaue

[743] Vgl. Lutzner (Projektcontrolling 1999), S. 215 ff. Hierbei sollte die Nachkalkulation auch die Ablauforganisation des Projektes hinterfragen, um für folgende Projekte ggf. eine Verbesserung der Teamzusammensetzungen herbeizuführen oder zusätzliche Abteilungen mit in die Planung und Steuerung der Projekte einzubeziehen. Vgl. Fiedler (Projektcontrolling 2003), S. 166.

[744] Vgl. m.w.N. Backhaus (Gewinnrealisierung 1996), S. 40; Bischof (Percentage of Completion 1998), S. 10.

Ressourcenbedarf besteht, um Ergebnisse zu erhalten bzw. festzustellen, daß keine verwertbaren Ergebnisse zu erwarten sind. Dennoch liegt es im Interesse von forschungs- und entwicklungstreibenden Unternehmen, ihre diesbezüglichen Maßnahmen zu planen, zu kontrollieren und zu steuern.[745] Ursache hierfür ist die Begrenztheit der im Unternehmen vorhandenen finanziellen und personellen Ressourcen und das Bestreben nach deren optimaler Allokation. Erweist sich ein Projekt als nicht zielführend bzw. muß mit Fortschritt der Forschung davon ausgegangen werden, daß ein Projekt unverhältnismäßig hohe Kosten verursachen wird, so wird dies in der Regel eine grundlegende Überprüfung der mit diesem Projekt in Zusammenhang stehenden Aktivitäten implizieren.[746]

Die Durchführung von Innovationen kann einer Institution innerhalb des Unternehmens zugewiesen werden wie z.B. einem Funktions- oder Teilbereich, einer eigenständigen Projektgruppe oder einer speziell für Innovationsvorhaben zuständigen Dauerinstanz wie einer F&E-Abteilung.[747] Eine Zusammenfassung von F&E-Aufgaben in einer F&E-Abteilung führt dazu, daß sich die für innovative Aufgaben zuständigen Mitarbeiter vollständig auf ihre Tätigkeiten konzentrieren können, und erlaubt die Unterteilung von F&E-Prozessen in einzelne Prozeßabschnitte mit Routinecharakter.[748] Das operative F&E-Controlling hat in diesem Zusammenhang vor allem eine Registrationsfunktion (Erstellung von Auswertungen hinsichtlich des Projektstandes), eine Navigationsfunktion (Projektsteuerung und -kontrolle hinsichtlich vorgegebener Problemstellungen wie z.B. Entwicklungszeit) sowie eine Schnittstellenfunktion (Aufbau von Informationssystemen, Koordination der am Projekt beteiligten Bereiche des Unternehmens).[749]

---

745 Vgl. Schorb (F&E-Controlling 1994), S. 126.

746 Vgl. Holtrup/Littkemann (Innovationsprojekte 2005), S. 254 ff.; Littkemann (Innovation 2005), S. 7. In der Praxis des Projektcontrollings in Forschung und Entwicklung stehen operative und kurzfristige Fragestellungen im Vordergrund (z.B. momentaner technischer Stand, aus Zeitverschiebungen resultierende Auswirkungen auf Ressourcenzuteilung und Budgets) und strategische Fragen werden relativ losgelöst hiervon auf hochaggregierter Ebene erörtert. Jedoch wäre aus theoretischer Sicht eine sowohl strategische als auch operative Fragen umfassende, integrierte Projektbeurteilung auf regelmäßiger Basis wünschenswert; vgl. Walter (Entwicklung 1989), S. 134 f.

747 Vgl. Littkemann (Innovation 2005), S. 11.

748 Vgl. Hauschildt (Innovation 1994), S. 222; Riekhof (Innovationsmanagement 1994), S. 206 f.

749 Vgl. hierzu die Literaturzusammenstellung bei Schorb (F&E-Controlling 1994), S. 122 f.

Der Berichterstattung an das Management kommt eine herausragende Bedeutung zu. Denn ohne die Integration der im Unternehmen vorhandenen Intangible Assets in die betriebswirtschaftliche Analyse und das Managementsystem kann der Wertschöpf ungsprozeß im Unternehmen nicht gesteuert werden.[750] Es muß daher sichergestellt sein, daß eine interdisziplinäre (Techniker, Marketing usw.) Analyse der Chancen und Risiken von Entwicklungsprojekten erfolgt. Idealerweise erstattet das Projektteam bzw. der Projektleiter regelmäßig Bericht über den (insbes. ökonomischen) Fortschritt des Innovationsprojekts an das Projektcontrolling. Dieses prüft die Berichte, führt Soll-Ist-Vergleiche mit der Projektplanung durch und leitet ggf. Zielrevisionen oder Maßnahmenentscheidungen ein. Bei wesentlichen (insbes. negativen) Abweichungen sind übergeordnete Managementebenen zu unterrichten.[751]

5.4.1 Interdisziplinärer Ansatz zur Berücksichtigung projektrelevanter technischer und wirtschaftlicher Einflußfaktoren

Für eine sinnvolle Steuerung von F&E-Projekten ist zunächst wichtig, daß Forschung und Entwicklung bei der Ausformulierung der Unternehmensstrategie berücksichtigt werden. So sind F&E-Aufwendungen nicht als in Kauf zu nehmende Kosten, sondern vielmehr als Investitionen in die Zukunft des Unternehmens zu betrachten.[752] Darüber hinaus hat sich eine Isolation der F&E-Abteilungen von den restlichen Funktionsbereichen des Unternehmens, wie sie früher gängige Praxis war, als suboptimal herausgestellt.[753] Statt dessen sollte grundsätzlich bereits zu einem frühen Zeitpunkt in einem F&E-Projekt eine Kooperation verschiedener Stellen und Abteilungen des Unternehmens wie z.B. Marketing, Vertrieb, F&E und Produktion erfolgen. Denn zum einen kommen als Anstoß von F&E-Projekten grundsätzlich zahlreiche Ideenquellen innerhalb und außerhalb des Unternehmens infrage.[754] Und zum anderen wird der Erfolg

---

750 Vgl. Daum (Intangibles 2005), S. 7.

751 Vgl. m.w.N. Littkemann (Innovation 2005), S. 42 f.

752 Vgl. Sommerlatte (Technologiestrategie 2000), S. 225. Der Auffassung, daß F&E-Aufwendungen Investitionen darstellen, sollte aus strategischer Sicht die Entscheidung darüber vorausgehen, ob überhaupt und in welchem Umfang Innovationen gezielt entwickelt werden sollen; vgl. hierzu Hauschildt (Innovation 1994), S. 213 f.

753 Vgl. die Beschreibung der historischen Entwicklung von F&E-Management und -Controlling bei Bürgel/Hess/Kleinert (Projektcontrolling 2001), S. 144 ff.

754 Vgl. Riekhof (Innovationsmanagement 1994), S. 201; wohl aufgrund der Nähe zu den Endkunden kommen erfahrungsgemäß viele Ideen für neue Produkte oder Leistungen nicht aus der F&E-Abteilung, sondern aus dem Vertrieb oder dem Marketing; vgl. m.w.N. Brockhoff (Produktpolitik 1999), S. 131 f. Innovationen müssen allerdings nicht zwingend selbst entwickelt werden, sondern es existieren auch verschiedene Möglichkei-

von F&E-Projekten zwar zu einem großen Teil von technischen Einflußfaktoren determiniert, aber auch wirtschaftliche Aspekte spielen eine wesentliche Rolle hinsichtlich des Erfolgs von F&E-Projekten.[755] Denn F&E stellt keinen Selbstzweck dar, sondern eine technologische Innovation erhält für ein Unternehmen erst dann eine Bedeutung, wenn sich über deren Durchsetzung am Markt ein ökonomischer Erfolg erzielen läßt.[756] Eine frühzeitige interdisziplinäre Besetzung von F&E-Projektteams führt daher dazu, daß einerseits Ideen, Konzepte und neue Technologien vorgestellt, getestet und entsprechend den Kundenbedürfnissen angepaßt werden können sowie andererseits latente Bedürfnisse leichter kommuniziert werden, was möglicherweise bis dahin nicht berücksichtigte Anwendungsfelder erkennen läßt.[757] Darüber hinaus können so die einem Forschungsprojekt inhärenten technischen und wirtschaftlichen Risiken frühzeitig identifiziert und gesteuert werden.

Marketing und Vertrieb haben hierbei nicht nur Informationen zu den von (potentiellen) Abnehmern geforderten Spezifikationen zur Verfügung zu stellen, sondern auch Marktstudien durchzuführen, die Daten wie Größe des erwarteten Marktes, erzielbare Preise usw. ermitteln.[758] Die Entwicklungsabteilung selbst hat vor allem die technische Umsetzbarkeit des Entwicklungsobjektes im Auge zu behalten. Die Produktion bzw. der Einkauf müssen darüber hinaus Informationen zu benötigten Investitionsvolumina sowie erwarteten laufenden Kosten bei / nach Produktionsbeginn und Markteinführung bereitstellen. Darüber hinaus ist ggf. aus Rechts-/Patentabteilungen sowie einer möglicherweise vorhandenen Strategieabteilung über Strategien der Konkurrenz sowie Ver-

---

ten zum entgeltlichen Erwerb von Innovationen (z.B. einzelne Innovationen oder Kauf einer ganzen Produktpipeline durch Übernahme von forschenden Unternehmen). Vgl. hierzu ausführlich Hauschildt (Innovation 1994), S. 215 f. sowie Lev (Intangibles 2001), S. 112.

755 So erreichen begonnene Innovationsprojekte die technische Realisation häufig nicht. Darüber hinaus wird von den Projekten, die technisch realisiert werden, wiederum nur ein Teil am Markt eingeführt. Von diesen Markteinführungen erweisen sich allerdings ebenfalls nur wenige als wirtschaftlich erfolgreich. Vgl. m.w.N. Geiger (Entwicklungscontrolling 2000), S. 16.

756 Vgl. Riekhof (Innovationsmanagement 1994), S. 197.

757 Vgl. Bürgel/Hess/Kleinert (Projektcontrolling 2001), S. 148; ähnlich Boutellier/Gassmann (Entwicklungsprojekte 2001), S. 35.

758 Vgl. Walter (Entwicklung 1989), S. 108 ff. Ein gutes Beispiel stellt in diesem Zusammenhang die Pharmabranche dar. Denn dort ist in der Regel die Zahl der unter einer Krankheit leidenden Patienten und damit zumindest die maximale Marktgröße bekannt. Vgl. Völker (Entwicklungsprojekte 2001), S. 238 ff.

änderungen der rechtlichen Rahmenbedingungen (Gesetzesänderungen, Patentvergabe an Konkurrenzprodukt) zu berichten.[759]

Bestehende Ressourcenrestriktionen erfordern, daß die vorliegenden Ideen und Projektvorschläge in eine möglichst eindeutige Rangordnung gebracht werden, so daß sichergestellt werden kann, daß nur die erfolgversprechendsten Projekte in die Umsetzungsphase gelangen. Ein solches Projektbeurteilungsverfahren sollte transparent und sowohl für Techniker bzw. Naturwissenschaftler als auch für Kaufleute verständlich sein.[760] Als Instrument zur Verdichtung der von den verschiedenen Abteilungen beigesteuerten Informationen und zur transparenten Berichterstattung an übergeordnete Hierarchieebenen haben sich Projektportfolios bewährt.[761] Ein solches Projektportfolio stellt das Attraktivitäts-Risiko-Portfolio dar, welches aus einer Matrix mit vier Feldern besteht, in die die bestehenden F&E-Projektvorschläge anhand der Kriterien Attraktivität und Risiko eingetragen werden. Das Kriterium Attraktivität spiegelt hierbei Umsatz- oder Ertragspotentiale wider, die im wesentlichen aus dem technologischen Differenzierungspotential, der Dauerhaftigkeit des erwarteten Wettbewerbsvorsprungs, dem Marktvolumen etc. resultieren. Das Kriterium Risiko spiegelt sowohl technische als auch wirtschaftliche Risiken wider. Technische Risikofaktoren sind hierbei bspw. daß die gewünschten Ergebnisse nicht erzielt werden oder daß ein Genehmigungsverfahren mit negativem Ausgang durchlaufen wird. Wirtschaftliche Risiken sind bspw. hoher Wettbewerbsdruck oder Preisverfall auf dem anvisierten Markt, Einführung von Konkurrenzprodukten, geringere Marktgröße als angenommen, aber auch Finanzierungs- und Budgetrisiken. Die Einordnung eines Projekts auf den beiden Achsen kann hierbei mittels Scoringmodellen erfolgen, indem für jede Achse bestimmte Kriterien definiert werden und den einzelnen Projekten dann Punktwerte in Abhängigkeit der Erfüllung dieser Kriterien zugeordnet werden.[762] Im Zeitverlauf, d.h. mit fortschreitender Forschungs- und Entwicklungstätigkeit werden sowohl hinsichtlich der Attrak-

---

[759] Vgl. Walter (Entwicklung 1989), S. 113-118; zur Berücksichtigung von Kostenaspekten der künftigen Produktion bereits in der Forschungs- und Entwicklungsphase vgl. auch Heine (Kostenmanagement 1995), S. 30 ff.

[760] Vgl. m. w. N. Schorb (F&E-Controlling 1994), S. 169 f.

[761] In Theorie und Praxis wird zur Steuerung von F&E-Projketen eine Vielzahl an Instrumenten diskutiert, von denen das Projektportfolio nur eines darstellt. An dieser Stelle wird jedoch stellvertretend nur auf dieses Instrument eingegangen.

[762] Vgl. Fiedler (Projektcontrolling 2003), S. 31 f.; Schmelzer (Entwicklungsprojekte 2001), S. 175 ff.; eine Weiterentwicklung von Projektportfolios stellen Patentportfolios dar, um bereits patentierte Entwicklungen zu managen. Zu einer Darstellung verschiedener Patentportfolioansätze vgl. Möhrle/Kreusch (Patentportfolios 2001), S. 194 ff.

tivität als auch der Risiken von F&E-Projekten zusätzliche Informationen gewonnen. Diese Informationen wirken sich auf die operative Steuerung von F&E-Projekten durch die Unternehmens- bzw. Projektleitung aus. In der Folge verändert sich die Attraktivitäts-Risikoposition der einzelnen Projekte. Graphisch kann dies wie in Abbildung C-12 in einem dynamischen Attraktivitäts-Risiko-Portfolio dargestellt werden.[763]

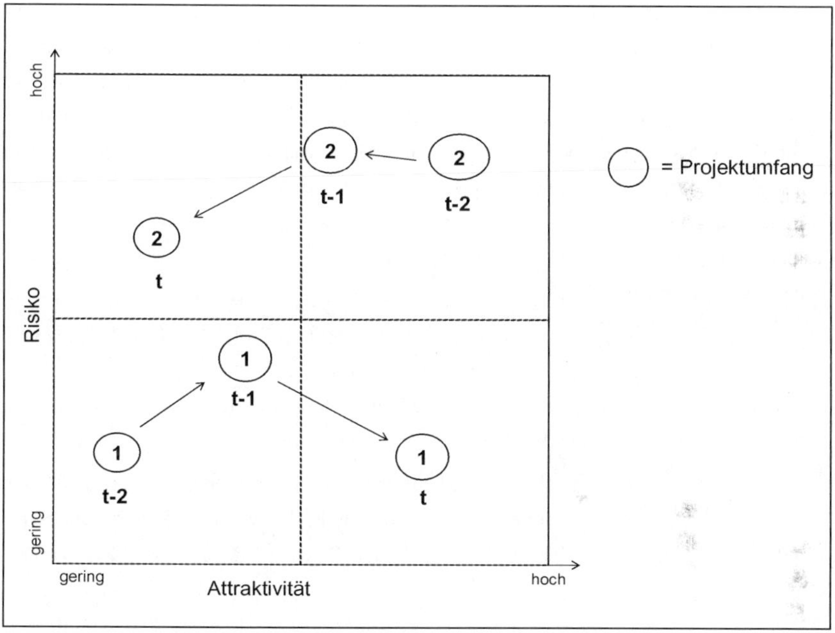

Abbildung C-12: Dynamisches Attraktivitäts-Risiko-Portfolio[764]

Attraktivitäts-Risiko-Portfolios dienen primär zur Information des Managements über den Fortschritt und die Perspektiven von F&E-Projekten sowie als Entscheidungsgrundlage für die Ressourcenallokation. Attraktivitäts-Risiko-Portfolios können aber auch einen Ansatzpunkt darstellen, um F&E-Projekte hinsichtlich der Aktivierungskriterien des IAS 38 zu untersuchen.[765] Hierbei ist das (abstrakte) Kriterium des wahr-

---

763 Vgl. zum Risikomanagement allgemein Abschnitt C.3 und speziell zum Risikomanagement in F&E-Projekten Schmelzer (Entwicklungsprojekte 2001), S. 169 ff. Dort zum dynamischen Attraktivitäts-Risiko-Portfolio auch S. 178.

764 Quelle: In Anlehnung an Schmelzer (Entwicklungsprojekte 2001), S. 176 und 178.

765 Vgl. Abschnitt B.4.1.

scheinlichen zukünftigen Nutzenzuflusses an die generelle Risikoposition eines F&E-Projektes gebunden. Denn je höher das einem Projekt innewohnende Risiko ist, desto weniger kann davon ausgegangen werden, daß ein zukünftiger Nutzen realisierbar sein wird. Die in die Attraktivitäts-Risiko-Position eingehenden einzelnen Informationen können darüber hinaus verwendet werden, um festzustellen, ob einige der konkreten Aktivierungsvoraussetzungen erfüllt sind. So hängt die Fähigkeit, den immateriellen Vermögenswert technisch fertigzustellen und marktbereit zu machen, von den technischen Risiken ab, die die Einordnung des F&E-Projektes in das Portfolio beeinflussen. Darüber hinaus können durchgeführte Marktstudien,[766] die die Attraktivitäts-Einordnung des Projektes mitbeeinflussen, auch dazu verwendet werden, um die Existenz eines Absatzmarktes zu belegen. Hinsichtlich der Überprüfung der wirtschaftlichen Fähigkeit, das Projekt zu beenden und die Ergebnisse anschließend nutzen bzw. vermarkten zu wollen, kann auf die Verankerung des Projekts in der Gesamtunternehmensplanung abgestellt werden.

Im Extremfall kann es geboten sein, eine Einordnung von Projekten als hoch risikobehaftet bis zum Zeitpunkt der Markteinführung aufrechtzuerhalten. So hat beispielsweise bei neu auf den Markt zu bringenden Medikamenten eine Zulassung von staatlicher Seite aus unmittelbar vor der Markteinführung zu erfolgen.[767]

In solchen Fällen erscheint eine verläßliche Bewertung selbsterstellter immaterieller Vermögenswerte nicht durchführbar zu sein, da das Risiko einer Nichtzulassung auch von den Herstellern selbst nicht mit ausreichender Zuverlässigkeit eingeschätzt werden kann.[768]

---

766 Hierbei sollte berücksichtigt werden, daß die Art der Marktforschungsmethode unter anderem vom Innovationsgrad des Projektes abhängen sollte. Denn traditionelle Marktforschungsmethoden wie Umfragen etc. sind eher auf bestehende Produktprogramme ausgerichtet, während für die Erforschung des Marktpotentials hochinnovativer Produkte, für die bislang noch gar kein Markt existiert, eher explorative und antizipative Instrumente zur Anwendung kommen sollten. Hierzu zählen bspw. das Roadmapping oder das Information Acceleration. Vgl. hierzu ausführlich Herstatt/Lettl (Entwicklungsprojekte 2001), S. 117 ff.

767 Vgl. zum hohen Risiko von Entwicklungsprojekten in der Pharmabranche Völker (Entwicklungsprojekte 2001), S. 231 ff.

768 Unter anderem hierauf verweist auch der Bayer Konzern; vgl. Bayer AG (Geschäftsbericht 2004), S. 115.

5.4.2 Unterscheidbarkeit von Forschungs- und Entwicklungstätigkeiten

F&E-Projekte weisen in der Regel eine Unterteilung in verschiedene Arbeitsphasen auf.[769] Hierbei entspricht eine Arbeitsphase normalerweise einem Entwicklungsstadium in dem Sinne, daß bestimmte im vornherein festgelegte Ziele erreicht werden. Daher wird ein F&E-Projekt bei Abschluß einer jeden Arbeitsphase in einem Review ganzheitlich hinsichtlich seines Status sowie seiner technischen und wirtschaftlichen Risikofaktoren[770] hinterfragt. Im Anschluß an diesen Review entscheidet das Management darüber, ob und wie das Projekt fortgeführt werden soll, und gibt Ressourcen für das nächste Entwicklungsstadium frei.[771] Zur ablauforganisatorischen Gestaltung der Phasen, die ein F&E-Projekt bis zu seiner Beendigung zu durchlaufen hat, existieren in der Literatur zahlreiche Vorschläge. So stellt beispielsweise die Meilensteintechnik ein formelles Planungsinstrumentarium dar.[772] Ein flexibleres Instrument, in dem nicht das Erreichen von festgelegten Meilensteinen, sondern das Durchschreiten von zeitlich und inhaltlich flexiblen Toren als Abschluß weiterhin klar abgetrennter Projektphasen gilt, ist der Stage-Gate-Prozeß.[773] Ein noch flexibleres Instrument stellt der Probe-and-Learn-Prozeß dar, in dem die klare Phasentrennung schwindet. Der Probe-and-Learn-Prozeß ist ein auf iterative Lernschleifen angelegter Vorgang, in dem sehr frühzeitig ein intensiver Informationsaustausch zwischen F&E-Abteilung sowie dem Marketing stattfindet. Damit soll insbesondere bei hochinnovativen Projekten der Gefahr des „am Markt Vorbeientwickelns" begegnet werden.[774] Unabhängig davon, wie die Durchführung von F&E-Projekten in einem Unternehmen ablauforganisatorisch geregelt ist, sind im Zeitverlauf die frühen Arbeitsphasen von verhältnismäßig umfangreichen Handlungsspielräumen gekennzeichnet, die sich im Projektverlauf immer weiter einengen. Während in einer Frühphase noch mit unterschiedlichsten Vorstellungen experimentiert werden kann, liegen in späteren Phasen Produktspezifikationen mit konkreten Funktionen, Abmessungen oder Designstudien bereits vor, so daß das Ergebnis des

---

769 Vgl. m.w.N. Schorb (F&E-Controlling 1994), S. 215; am Beispiel der Automobilindustrie auch Heine (Kostenmanagement 1995), S. 11.

770 Vgl. den vorangehenden Abschnitt.

771 Vgl. Bürgel/Hess/Kleinert (Projektcontrolling 2001), S. 159; Müller (Innovation 2005), S. 177.

772 Vgl. zur Meilensteintechnik in F&E-Projekten ausführlich Stippel (Innovationscontrolling 1999), S. 244.

773 Vgl. zum Stage-Gate-Prozeß ausführlich Boutellier/Gassmann (Entwicklungsprojekte 2001), S. 34 f.

774 Vgl. zum Probe-and-Learn-Prozeß ausführlich Herstatt/Lettl (Entwicklungsprojekte 2001), S. 120 ff.

Entwicklungsprojektes keine Zufallsgröße mehr darstellt, sondern nur noch in sehr engen Grenzen variierbar ist.[775] Mit dem Fortschritt von Projekten ändern sich auch die Anwendungsmöglichkeiten von Verfahren zur Projektbeurteilung. So nimmt in der Regel die Anwendbarkeit von quantitativen Verfahren im Zeitverlauf zu, während die Bedeutung der qualitativen Instrumente abnimmt.[776] Nach der eigentlichen Entwicklung eines neuen Produktes ist im Rahmen einer Testphase vor der Markteinführung abschließend festzustellen, ob die angestrebten Produktspezifikationen tatsächlich erreicht wurden und ob die ursprünglich geplante Akzeptanz bei den Kunden tatsächlich noch erreichbar ist.[777]

Auch wenn sich die Begriffe Forschung und Entwicklung nicht vollständig trennscharf abgrenzen lassen, entspricht die vom IASB verwendete Definition weitestgehend derjenigen, die auch nach allgemeiner Auffassung vertreten wird. Demnach werden unter reiner Entwicklungstätigkeit zielorientierte Aktivitäten zur Lösung einer konkreten Aufgabenstellung verstanden.[778] Zwar sind nach Ansicht des IASB Entwicklungstätigkeiten Forschungstätigkeiten aus prozeduraler Sicht nachgelagert. Allerdings ist der betriebswirtschaftliche Innovationsbegriff stark subjektiv geprägt, da es jedes Unternehmen selbst in der Hand hat, zu bestimmen, was eine Innovation ist und auf welche Weise sie im Unternehmen durchzuführen ist.[779] Nicht zuletzt deshalb wird in der Literatur festgestellt, daß in der Praxis (wie z.B. bei den oben dargestellten Probe-and-Learn-Prozessen) häufig eine interdependente Beziehung von F&E-Prozessen beobachtet werden könne. In der Folge sei dann eine klare Prozeßordnung nicht mehr gegeben, so daß Kosten den entsprechenden Phasen nicht mehr zuverlässig zugeordnet werden können.[780] Dieser Auffassung soll hier jedoch nicht gefolgt werden. Denn auch in derartigen iterativ angelegten Prozessen muß irgendwann ein Punkt erreicht werden, ab dem die technischen Produktspezifikationen keinen Modifikationen mehr unterliegen. Dies kann zugegebenermaßen allerdings auch erst sehr spät, z.B. mit der Erteilung eines Patentes oder der Fertigstellung eines Prototypen, wie er letzten Endes auch als Serienmodell vertrieben werden soll, der Fall sein. Als Entwicklungskosten kämen

775 Vgl. Geiger (Entwicklungscontrolling 2000), S. 245.
776 Vgl. Keim/Littkemann (Projektmanagement 2005), S. 125 f.
777 Dies geschieht zum einen im Rahmen von ingenieurtechnisch-naturwissenschaftlichen Tests und zum anderen durch Markttests auf echten oder in virtuellen Märkten; vgl. Brockhoff (Produktpolitik 1999), S. 209 und 212 f.
778 Vgl. Geiger (Entwicklungscontrolling 2000), S. 12 f.
779 Vgl. Littkemann (Innovation 2005), S. 10.
780 Vgl. Pellens/Fülbier (Immaterielle 2000), S. 49.

dann bspw. nur noch die Kosten in Betracht, die für die entwicklungsbezogene Umsetzung der großtechnischen Fertigung anfallen.[781]

Zusammenfassend kann daher hier festgehalten werden, daß mit der Einengung von Handlungsspielräumen im zeitlichen Verlauf eines F&E-Projektes ab einem bestimmten Punkt ein Eigenschaftsbündel des zu entwickelnden Produktes feststeht, auf dessen Grundlage weitere konkrete Schritte wie z.B. die Produktion von Prototypen etc. erfolgen. Hinsichtlich der für die Aktivierung selbsterstellter immaterieller Vermögenswerte notwendigen Unterscheidung von Forschungs- und Entwicklungsphase ist davon auszugehen, daß die Entwicklungsphase frühestens mit der Festlegung dieses Eigenschaftsbündels erreicht sein kann. In Abhängigkeit des individuellen F&E-Projektes sowie der mit diesem verbundenen Risiken kann aber auch ein wesentlich späteres Eintreten in die Entwicklungsphase, mitunter erst mit Abschluß des eigentlichen F&E-Projekts gegeben sein. Die Zusammenhänge zwischen den Handlungsspielräumen in verschiedenen Entwicklungsphasen von Produktidee bis Markteinführung sowie der Unterscheidung von Forschungs- und Entwicklungsphase gibt Abbildung C-13 wieder.

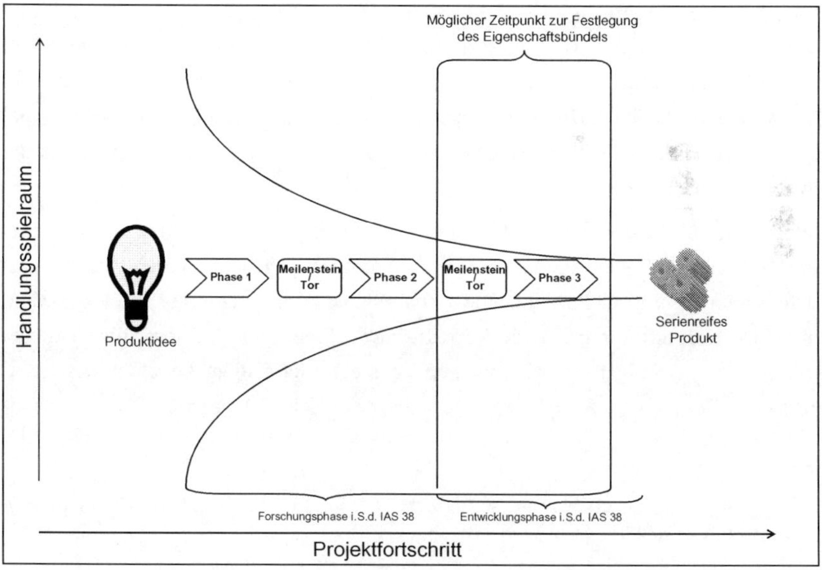

Abbildung C-13: Unterscheidung von F&E-Phasen im F&E-Projektverlauf

---

781 Vgl. hierzu auch das Beispiel bei Müller (Innovation 2005), S. 178 f.

5.4.3 Entwicklungsbegleitende Kostenkalkulation zur Bewertung von Entwicklungsprojekten

Für eine effiziente Steuerung von F&E-Projekten ist nicht nur die Überwachung des Entwicklungsfortschrittes notwendig, sondern das Management muß die F&E-Projektteams auch mit den benötigten Ressourcen ausstatten. Es ist also eine F&E-Projektbezogene Budgetierung oder Kostenplanung zu installieren.[782] Um den einem Projekt vom Management genehmigten Ressourcenverzehr überwachen zu können, ist zum einen die projektbezogene Aufzeichnung aller anfallenden Kosten sowie deren Vergleich mit den geplanten Kosten notwendig. Dies kann – ähnlich wie bereits oben im Zusammenhang mit den langfristigen Fertigungsaufträgen erläutert[783] – durch eine kostenstellenbezogene Erfassung und Kontrolle von Kosten erfolgen.[784] In Abhängigkeit von Projektumfang und Projektkomplexität kommt auch hier die Einrichtung von Unterkostenstellen für einzelne Arbeitspakete oder Projektphasen in Betracht.[785] Da F&E-Projekte sich häufig über längere Zeiträume erstrecken, die FiBu jedoch auf Jahre als Abgrenzungsperioden ausgerichtet ist, sollte die verwendete EDV ermöglichen, daß die aufgelaufenen Kosten auch über einen längeren Zeitraum als ein Jahr abrufbar sind.[786] Hinsichtlich der Bewertung selbsterstellter immaterieller Vermögenswerte im IFRS-Abschluß sollte außerdem darauf geachtet werden, daß für Arbeitspakete oder Projektphasen, die in der Entwicklungsphase liegen, Kostenstellen vorgesehen sind, die nicht gleichzeitig für Arbeitspakete oder Projektphasen bebucht werden, die in der Forschungsphase liegen.

Parallel zum Projektfortschritt hat auch im Rahmen von F&E-Projekten eine entwicklungsbegleitende Kostenkalkulation zu erfolgen, welche die kumulierten Istkosten den Plankosten gegenüberstellt, die noch zu erwartenden Kosten ermittelt und gegebenenfalls Hinweise auf zu ergreifende Korrekturmaßnahmen gibt.[787] Diese Informationen sollten in regelmäßigen Projektberichten an die Projektleitung berichtet werden.[788] Hierbei sollte das Rechnungswesen auch die technisch bedingten Projektphasen des

---

[782] Vgl. Stippel (Innovationscontrolling 1999), S. 244; ähnlich Bürgel/Hess/Kleinert (Projektcontrolling 2001), S. 154 f.
[783] Vgl. Abschnitt C.5.3.2.
[784] Vgl. Littkemann (Innovation 2005), S. 35.
[785] Vgl. Kirsch (Informationsmanagement 2005), S. 36 f.
[786] Vgl. Littkemann (Innovation 2005), S. 22.
[787] Vgl. Bürgel/Hess/Kleinert (Projektcontrolling 2001), S. 158.
[788] Vgl. Schmelzer (Entwicklungsprojekte 2001), S. 185.

Innovationsprojektes abbilden können, indem von der ansonsten im Rechnungswesen vorgegebenen Periodisierung abgewichen wird.[789] Werden die budgetierten Kosten für einzelne Projekte oder Projektkomponenten überschritten, so ist generell zu überprüfen, ob diese überhaupt weiter entwickelt werden sollen.[790] Aus Perspektive der Finanzberichterstattung ist eine mögliche Auswirkung von Kostenüberschreitungen, daß ggf. noch während der Entwicklungsphase ein Impairment auf die aktivierten Entwicklungskosten notwendig werden kann. Jedoch ist die tatsächlich von einem neuen Produkt zu erwartende Rendite von einer Vielzahl von Faktoren wie Reife des Marktes, Konkurrenzprodukten, Markteintrittszeitpunkt usw. abhängig.[791] Ist bspw. die Marktresonanz sehr hoch, so ist eine Fortsetzung des Teilprojektes trotz höherer Kosten als geplant denkbar.[792] Auch die Wahrscheinlichkeit, daß ein Impairment vorgenommen werden muß, ist dann geringer. Dies dürfte die Bewertbarkeit insofern erschweren, als daß zwar die korrekte Erfassung der Herstellungskosten gegeben sein kann, ein Impairmentbedarf jedoch möglicherweise nicht rechtzeitig erkannt wird. Qualitative und verbale Updates bzgl. der Rahmenbedingungen, die sich auf den Wert der Neuentwicklung auswirken können, sollten diesbezüglich im Rahmen des regelmäßigen Reportings berücksichtigt werden.

Ähnlich wie Kostenüberschreitungen können sich auch Konstruktionsänderungen auswirken. So werden Konstruktionsänderungen umso teurer, je später sie vorgenommen werden. Es ist daher zu untersuchen, ob Konstruktionsänderungen z.B. im Rahmen der Modellpflege gewollt (und somit geplant und Kundennutzen erhöhend) sind, oder ob sie zur Beseitigung von Mängeln erfolgen und somit ggf. ungeplante Kosten darstellen.[793] Ein Projektabbruch kann unter Umständen ex-post betrachtet zu früh (z.B. weil ein erwartetes Konkurrenzprodukt nicht auf den Markt kommt) oder zu spät (z.B. durch Fehleinschätzungen) herbeigeführt werden, wobei einige Anzeichen dafür sprechen, daß ein verspäteter Abbruch in der Praxis häufiger vorkommt als ein ver-

---

789 Vgl. Littkemann (Innovation 2005), S. 19.

790 Da jedoch im Rahmen von Innovationsprojekten Effektivitätszielen (d.h. Erreichen eines gewünschten Outputs) in der Regel höhere Priorität beigemessen wird, als Effizienzzielen (Erreichen des Outputs durch maximale Aufwendung bestimmter Inputs), stellen budgetierte Werte häufig verhältnismäßig flexible Ziele dar. Aus Budgetüberläufen muß daher nicht zwingend ein Projektabbruch oder ein massiver Zweifel an der wirtschaftlichen Vorteilhaftigkeit des Projektes für das Unternehmen resultieren. Vgl. Derfuß/Littkemann (Innovationsprojekte 2005), S. 160 ff. und 172 f.

791 Vgl. m.w.N. Brockhoff (Produktpolitik 1999), S. 274 f.

792 Vgl. Heine (Kostenmanagement 1995), S. 69 f.

793 Vgl. Heine (Kostenmanagement 1995), S. 103 ff.

frühter.[794] Aus Bilanzierungssicht stellen zu früh abgebrochene Projekte kein größeres Problem dar, da der Abbruch den Fakt schafft, daß dem Unternehmen kein Nutzenzufluß aus dem Projekt erwachsen wird, unabhängig davon, ob dies ökonomisch sinnvoll ist oder nicht. Als problematisch ist jedoch der Fall eines verspäteten Abbruchs einzuschätzen bzw. wenn ein Projekt fortgeführt wird, obwohl es keinen bzw. nur noch reduzierten Nutzen erbringen wird. Denn in diesem Fall ist die Werthaltigkeit der in der Bilanz ausgewiesenen Vermögensgegenstände möglicherweise nicht mehr gegeben. Es sollte daher eine regelmäßige Evaluation des Innovationsprojektes inklusive Gegenüberstellungen der Ist-Entwicklung des Projektes zu den Zielvorgaben erfolgen.[795]

Die Erfassung von angefallenen Kosten für und erwarteten Erträgen aus dem F&E-Projekt ist mit Beendigung der Entwicklungsphase nicht abgeschlossen. Vielmehr sollte durch eine Fortführung der Projektabrechnung versucht werden, die relevanten Instanzen der Routineorganisation an die Realisation des erwarteten Innovationserfolgs zu binden. Da auch hierbei weiterhin Prognosen vor allem über die künftig zu erwartenden Erträge gemacht werden müssen, ist keine exakte Quantifizierung des Projektwertes möglich, sondern es geht darum, die Größenordnung des Beitrags des Projekts zum Unternehmenswert zu approximieren.[796] Während im Zeitverlauf auftretende Änderungen dieses Wertbeitrags unternehmensintern Anlaß zu Diskussionen geben können, aus denen das Unternehmen für Folgeprojekte lernen kann, können sie für Zwecke der IFRS-Finanzberichterstattung z.B. dann als Triggering Events gelten und auf Wertberichtigungsbedarf hinweisen, wenn der Wertbeitrag drastisch absinkt bzw. gar negativ wird.

5.5 Zwischenfazit

Informationen für eine Umsetzung des Management Appraoch können aus drei Arten des Projektcontrollings stammen: Dem M&A-Controlling, dem Controlling (langfristiger) Fertigungsprojekte sowie aus dem F&E-Controlling.

So ist es gute unternehmerische Praxis, im Vorfeld einer Unternehmensakquisition umfangreiche Analysen und Bewertungen des zu übernehmenden Unternehmens durchzuführen. Die in diesem Rahmen gewonnenen Informationen können im externen Rechnungswesen zum einen bei der Identifikation und Bewertung einzelner Ver-

---

794 Vgl. m.w.N. Walter (Entwicklung 1989), S. 188 f.

795 Zur Evaluation von Innovationsprojekten vgl. ausführlich Holtrup/Littkemann (Innovationsprojekte 2005), S. 245 ff.

796 Vgl. Littkemann (Innovation 2005), S. 36.

mögenswerte, Schulden und Eventualschulden verwendet werden. Darüber hinaus sollte die Analyse und Bewertung eines Übernahmeobjektes detaillierte Informationen darüber liefern, in welchen Bereichen Synergiepotentiale in welcher Höhe erwartet werden. Von diesen Informationen sind Hinweise in bezug auf die ZGE-Abgrenzung und die anschließende Goodwillallokation gem. IFRS 3 zu erwarten. Letztendlich stellt jedoch nicht nur die Analyse potentieller Übernahmeobjekte einen Aufgabenbereich des M&A-Controllings dar, sondern auch die Integration übernommener Unternehmen in das Erwerberunternehmen sowie die Kontrolle der Performance der hinzugekauften Unternehmensteile. Aus diesen Performancekontrollen sind ggf. unmittelbar Hinweise auf das Vorliegen von Triggering Events abzuleiten. Darüber hinaus sollte das M&A-Controlling methodische sowie inhaltliche Unterstützung bei der Durchführung von Goodwill Impairment Tests leisten oder diese Tests im Idealfall selbst durchführen.

Das Controlling von Fertigungsaufträgen sollte in der Lage sein, Informationen für die Bilanzierung von Fertigungsaufträgen zur Verfügung zu stellen. Dies betrifft zum einen regelmäßig aktualisierte Angaben zu den aus einem Fertigungsauftrag erwarteten Erlösen sowie den für dessen Durchführung notwendigen Gesamtkosten. Zum anderen hat das Projektcontrolling den Fertigstellungsgrad des betrachteten Projekts zu identifizieren, so daß Projektumsatz und -gewinn entsprechend der Percentage-of-Completion-Methode ermittelt werden können. Hierbei ermöglicht die Anwendung der Cost-to-Cost-Methode die unmittelbarste Umsetzungsmöglichkeit für den Management Approach, aber auch die weiteren Methoden zur Bestimmung des Fertigstellungsgrads lassen eine Umsetzung des Management Approach auf Grundlage von Informationen aus dem Projektcontrolling zu. Darüber hinaus deckt die Nachkalkulation von Fertigungsprojekten nicht nur Optimierungspotentiale für die Durchführung zukünftiger Projekte auf, sondern gibt auch Hinweise auf die Zuverlässigkeit einer nach der Percentage-of-Completion-Methode vorgenommenen Bilanzierung von Fertigungsaufträgen.

Das F&E-Controlling schließlich überwacht für interne Entscheidungsunterstützungszwecke die F&E-Projekten inhärenten Chancen und Risiken sowie die Umsetzungsmöglichkeiten dieser Projekte einschließlich der hierfür benötigten Ressourcen. Im Rahmen dieser Controllingprozesse sollten für eine Umsetzung des Management Approach idealerweise auch Informationen in bezug auf die Aktivierungskriterien des IAS 38 für selbsterstellte immaterielle Vermögenswerte generiert werden. Darüber hinaus kann die im F&E-Controlling üblicherweise vorgenommene Unterteilung von Projekten in unterschiedliche Phasen Hinweise darauf liefern, ob sich ein F&E-Projekt noch in der Forschungsphase befindet oder bereits in der Entwicklungsphase, so daß die anfallenden Aufwendungen zu aktivieren sind. Da für die Entscheidung über die Fortführung von F&E-Projekten auch die Kostenentwicklung dieser Projekte notwendig ist, hat im F&E-Controlling auch eine entsprechende Kostenaufzeichnung und -überwachung zu erfolgen. Diese Aufzeichnungen sind bei einer Umsetzung des Management Approach auch für die Bewertung selbsterstellter immaterieller Vermögenswerte im externen Rechnungswesen zu verwenden.

Die Möglichkeiten, für eine Umsetzung des Management Approach auf Informationen des Projektcontrollings zurückzugreifen, veranschaulicht zusammenfassend Abbildung C-14.

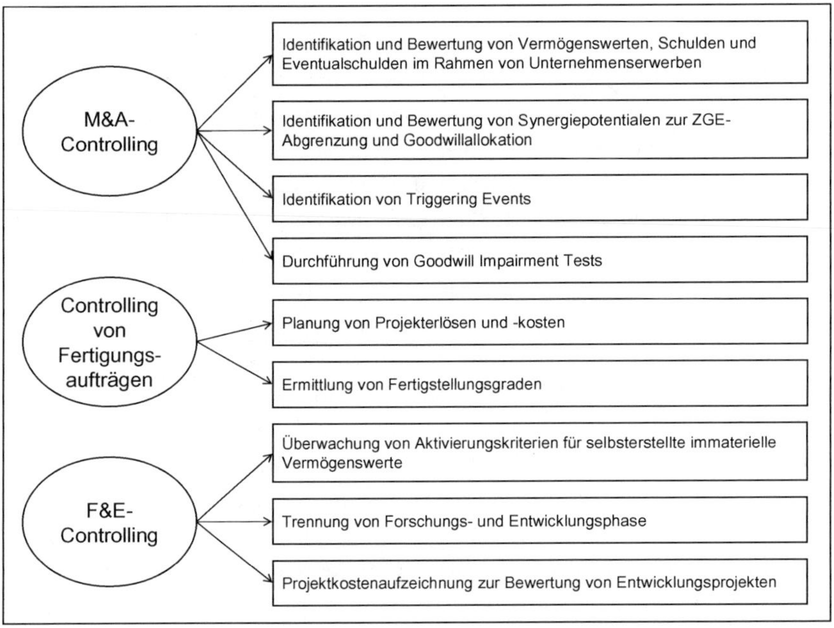

Abbildung C-14: Projektcontrollingsysteme als Informationsgrundlage des Management Approach

6 Fazit

In diesem Kapitel wurden die in Kapitel B identifizierten Anwendungsfelder des Management Approach wiederaufgegrifffen und die Controllingfelder, die als Informationsgrundlage für den Management Approach infrage kommen, kategorisiert. Daraufhin wurden die idealtypischen Ausgestaltungsformen der relevanten Informationssysteme dargelegt und analysiert, welche Informationen in welcher Form zur Verfügung gestellt werden sollten, um eine möglichst effektive und effiziente Anwendung des Management Approach zu ermöglichen.

Die folgende Abbildung C-15 faßt die vier Kategorien von Controllingfeldern sowie die Informationen, die diese für eine Umsetzung des Management Approach im externen Rechnungswesen zur Verfügung stellen müssen, abschließend zusammen.

Informations-quelle	**Verwendungsobjekt im externen Rechnungswesen**	**Bereitzustellende Informationen**
Organisations- und Berichts-struktur	Segmentberichterstattung	Aufbau der internen Organisations- und Berichtsstruktur Konzernverrechnungspreise
	ZGE-Abgrenzung / Goodwillallokation	Aufbau der internen Organisations- und Berichtsstruktur
Risikomanagementsysteme	Lagebericht	Lageberichtinformationen zum Aufbau des Risikomanagements Informationen zu wesentlichen Chancen und Risiken
	Segmentberichterstattung	Informationen zu wesentlichen Chancen und Risiken auf Segmentebene Inhaltliche Stützung der Segmentabgrenzung
	Goodwill Impairment Tests	Hinweise auf Triggering Events
	Hedge Accounting / Fair Value Option	Informationen zu finanziellen Sicherungsbeziehungen
Planungs- und Kontrollrechnungen	Lagebericht	Qualitative Lageberichtinformationen zur Lage und zukünftigen Entwicklung Quantitative prognostiche Informationen für den Lagebericht Wertorientierte Informationen
	Goodwill Impairment Tests	Hinweise auf Triggering Events Datenmaterial für die Durchführung von Goodwill Impairment Tests
	Sachanlagevermögen	Planmäßige Nutzungsdauern Erwartete Restwerte
	Bilanzierung von Unternehmens-zusammenschlüssen	Identifikation und Bewertung von Vermögenswerten, Schulden, Eventualschulden Identifikaton von ZGEs Erwartete Synergiepotentiale zur Allokation von Goodwill

Projektcontrolling	Goodwill Impairment Tests	Hinweise auf Triggering Events Inhaltliche und methodische Unterstützung von Goodwill Impairment Tests
	Umsatz- und Gewinnrealisation	Planung von Erlösen und Gesamtkosten von Fertigungsaufträgen Bestimmung des Fertigstellungsgrads von Fertigungsaufträgen
	Selbsterstellte immaterielle Vermögenswerte	Überwachung der Aktivierungskriterien Trennung von Forschungs- und Entwicklungsphase Projektkostenaufzeichnung zur Bewertung der aktivierten Projekte

Abbildung C-15: Für eine Umsetzung des Management Approach bereitzustellende Informationen

D Konsequenzen des Management Approach für Controlling und Finanzberichterstattung

In den vorangegangenen Kapiteln wurde deutlich, daß die IFRS-Finanzberichterstattung zahlreiche Möglichkeiten bietet, um in den Unternehmen vorhandene Steuerungsinformationen einer Zweitverwendung in der Bilanzierung zuzuführen. Hierfür sind jedoch umfangreiche Anforderungen an Konzeption und Umfang der Steuerungssysteme zu stellen, um die für die Bilanzierung notwendigen Informationen in der erforderlichen Qualität und Quantität zu erhalten. Die hieraus resultierenden Anpassungsprozesse sowohl im Controlling als auch im externen Rechnungswesen der Unternehmen lassen nicht nur Auswirkungen auf die Bilanzierung, sondern auch auf die Unternehmenssteuerung erwarten. In diesem Kapitel wird daher untersucht, welche Auswirkungen eine Umsetzung des Management Approach einerseits auf wesentliche Determinanten der Entscheidungsnützlichkeit von IFRS-Informationen (Reliabilität, Relevanz, Vergleichbarkeit) haben kann und welche Auswirkungen andererseits auf die Unternehmenssteuerung denkbar sind. Für diese Untersuchungsschritte wird an einigen Stellen auf zentrale Erkenntnisse der Prinzipal-Agent Theorie zurückgegriffen. Diese ist ein Bestandteil der neuen Institutionenökonomik und wird in der betriebswirtschaftlichen Forschung vor allem für die Untersuchung hierarchischer Situationen verwendet. Sie eignet sich sowohl für die Erforschung der Beziehung zwischen Investoren und Unternehmensführung als auch der Beziehung zwischen Unternehmensführung und dezentralen Managern.[797] Prinzipal-Agent-Modelle bilden nichtkooperative, sequentielle Spielsituationen ab, in denen einer der Spieler (der Prinzipal) dem anderen Spieler (dem Agenten) einen Vertrag vorschlägt. Der Vertrag sieht die Durchführung einer bestimmten Aufgabe gegen Zahlung einer spezifizierten Entlohnung vor. Über die Annahme des Vertrags entscheidet der Agent in Abhängigkeit von seinem exogen gegebenen Reservationsnutzen, der dem von ihm mindestens erwarteten Nutzen aus der Auftragsdurchführung entspricht. Falls der Agent den Vertrag annimmt, wählt er eine Aktion aus, durch die eine Leistung generiert wird. Das Ergebnis der Leistungserstellung fließt dem Prinzipal zu, welcher dem Agenten die vertraglich vereinbarte Entlohnung auszahlt. Typischerweise wird für beide Akteure in diesem Spiel angenommen, daß sie einer unbeschränkten und subjektiv-formalen Rationalität folgen.[798]

---

797 Anwendungen der Prinzipal-Agenten-Theorie auf zahlreiche verschiedene betriebswirtschaftliche Teilgebiete finden sich bei Jost (Prinzipal-Agent 2001).

798 Vgl. Wagenhofer/Ewert (Unternehmensrechnung 2003), S. 47 ff.; m.w.N. Weißenberger (Erfolgsrechnung 2003), S. 48 f.

Da sich beide Akteure nutzenmaximierend verhalten, strebt der Prinzipal eine möglichst hohe Leistungserstellung durch den Agenten an. Die Erbringung einer höheren Leistungserstellung ist für den Agenten jedoch i.d.R. mit einem Disnutzen (Arbeitsleid z.B. in Form von physischer oder psychischer Anstrengung oder auch Opportunitätskosten der Arbeitszeit) verbunden. Er wird daher nur dann zusätzliche Leistung erbringen, wenn dadurch auch sein Nutzen durch die vom Prinzipal angebotene Entlohnung steigt. Hierfür hat der Prinzipal geeignete Anreizstrukturen in das Vertragsangebot zu inkorporieren.[799]

Dieses aus Verhaltensinterdependenzen resultierende Anreizproblem wird durch auf unvollkommenen Märkten existente Informationsdefizite verschärft. Diese Informationsdefizite werden in der Literatur in Abhängigkeit vom Zeitpunkt ihres Auftretens in der Prinzipal-Agent-Spielsituation in drei Kategorien eingeteilt und treten in der Praxis nicht nur isoliert, sondern häufig in Kombination auf. Diese drei Kategorien sind Hidden Characteristics, Hidden Information und Hidden Action. Alle diese Informationsdefizite zeichnen sich dadurch aus, daß der Agent einen Wissensvorsprung gegenüber dem Prinzipal bezogen auf bestimmte Parameter, die die zu erbringende Leistung beeinflussen, hat. Grundsätzlich besteht die Gefahr, daß der Agent seinen Informationsvorsprung ausnutzt, indem er eine aus seiner Sicht nutzenmaximierende, jedoch aus Sicht des Prinzipals suboptimale Aktion wählt. Ein solches Verhalten des Agenten wird als Moral Hazard bezeichnet.[800]

Wie zahlreiche empirische Studien nachweisen, weist der Kapitalmarkt in bezug auf die Verarbeitung der Finanzberichterstattung umfangreiche Informationsineffizienzen auf. Um die Informationswirkung der Finanzberichterstattung zu erhöhen, wird deshalb in der Literatur u.a. gefordert, daß die Entscheidungsnützlichkeit der Finanzberichterstattung weiter zu erhöhen sei, indem vor allem Entscheidungsrelevanz sowie die Reliabilität der Informationen gesteigert werden.[801]

---

799 Vgl. Ewert/Wagenhofer (Unternehmensrechnung 2003), S. 423 ff.; Jost (Prinzipal-Agenten 2001), S. 17; Weber (Controller 2006), S. 22 f.

800 Vgl. hierzu ausführlich Jost (Prinzipal-Agenten 2001), S. 23-31 sowie Weißenberger (Erfolgsrechnung 2003), S. 49 ff. Dort finden sich auch grundsätzliche Möglichkeiten zur Lösung des Moral-Hazard-Problems in Form von geeigneten Vertragsausgestaltungen durch den Prinzipal. Vgl. zu solch optimalen Vertragsgestaltungen auch ausführlich Demougin/Jost (Prinzipal-Agent 2001), S. 46-80.

801 Vgl. hierzu Mölls/Strauß (Informationswirkung 2007), S. 79 f. und 90 sowie zu einem Überblick über die genannten Studien zur Informationseffizienz der Finanzberichterstattung S. 82-90.

1 Weiterentwicklung der Informationssysteme im Controlling

1.1 Identifikation und Schließung von Informationslücken

Die in Kapitel B und C beschriebene Verwendbarkeit von Controllinginformationen für die Bilanzierung kann grundsätzlich durch zwei Faktoren eingeschränkt werden. Zum einen können objektivierende Anforderungen der externen Rechnungslegungsvorschriften dazu führen, daß für externe Berichterstattungszwecke von intern verwendeten Wertansätzen abgewichen werden muß. Zum anderen besteht eine Begrenzung der Umsetzungsmöglichkeiten des Management Approach dann, wenn in einem Unternehmen die für externe Berichtszwecke benötigten Informationen nicht oder nur teilweise bereits im Controlling vorliegen. Eine derartige Informationslücke kann zwar geschlossen werden, indem die benötigten Informationen zielgerichtet für die Bilanzierung erhoben und aufbereitet werden. Eine solche Vorgehensweise greift jedoch möglicherweise zu kurz, da es sich durchaus um Informationen handeln kann, die auch für das Management von Interesse sein können und die für eine bessere Unternehmenssteuerung genutzt werden können. Dann bestehen zwei Möglichkeiten: Entweder können die für die externe Finanzberichterstattung generierten Informationen in der vorliegenden oder in modifizierter Form vom Management zusätzlich genutzt werden. Eine solche Übernahme von Finanzberichterstattungsinformationen in das Controlling birgt jedoch grundsätzlich immer die Gefahr von Informationsverlusten oder einer falschen Zweckorientierung.[802] Daher bietet es sich alternativ an, zu untersuchen, weshalb eine Lücke in den vorhandenen Controllingsystemen existiert. Ein Grund hierfür kann bspw. sein, daß der Ausbau des Controllings nicht mit dem Unternehmenswachstum Schritt halten konnte und somit den gestiegenen Anforderungen nicht mehr genügt.[803] Die Weiterentwicklung eines bestehenden, ggf. nicht mehr zeitgemäßen Controllingsystems erscheint dann sinnvoll, wenn hieraus ein positiver Steuerungsimpuls zu erwarten ist.[804] Eine solche Weiterentwicklung hat dadurch zu erfolgen, daß das Management die Controllingsysteme so verändert oder erweitert, daß sie die für seine

---

[802] Zu Grenzen einer derartigen Harmonisierung der Rechnungslegung vgl. bspw. Kahle (Steuerung 2003), S. 781 f.; Küpper (Integration 1999), S. 10; Pottgießer (Standards 2006), S. 313 f.; Weißenberger (Unternehmensrechnung 2003), S. 201; Weißenberger (Performance 2006), S. 70 f.

[803] In der Literatur werden auch Kostenaspekte genannt. So könne die Informationsbereitstellung alleine für Controllingzwecke zu teuer sein, so daß erst die Möglichkeit der Zweitverwendung in der Bilanzierung ausreichend zusätzliches Nutzungspotential schaffe, die die Weiterentwicklung des Steuerungssystems ökonomisch rechtfertigt; vgl. hierzu Wagenhofer (Zusammenwirken 2006), S. 15.

[804] Vgl. Weißenberger/Arbeitskreis „Controller und IFRS " der IGC (Controller 2006), S. 617.

Planungs-, Steuerungs- und Kontrollprozesse benötigten Informationen in geeigneter Form aufbereitet zur Verfügung stellen. Sobald diese Informationen im Controlling vorliegen, ist grundsätzlich auch deren Zweitverwendung für die Bilanzierung durch eine Umsetzung des Management Approach, wie er in Abschnitt A.3 definiert wurde, möglich.[805] Die Weiterentwicklung des Controllingsystems führt somit zuerst zu einer Verbesserung der Unternehmenssteuerung und kann anschließend auch die Informationsgrundlage des Management Approach für in der Finanzberichterstattung benötigte Informationen darstellen.[806] Diese Vorgehensweise hat für die Unternehmen also den Vorteil, daß sie primär an den Informationsbedürfnissen des Managements ausgerichtet ist und somit den Zweck verfolgt, zur betrieblichen Wertschaffung beizutragen. Die hier dargestellten Möglichkeiten zur Schließung von in der Bilanzierung identifizierten Informationslücken sind in Abbildung D-1 veranschaulicht.

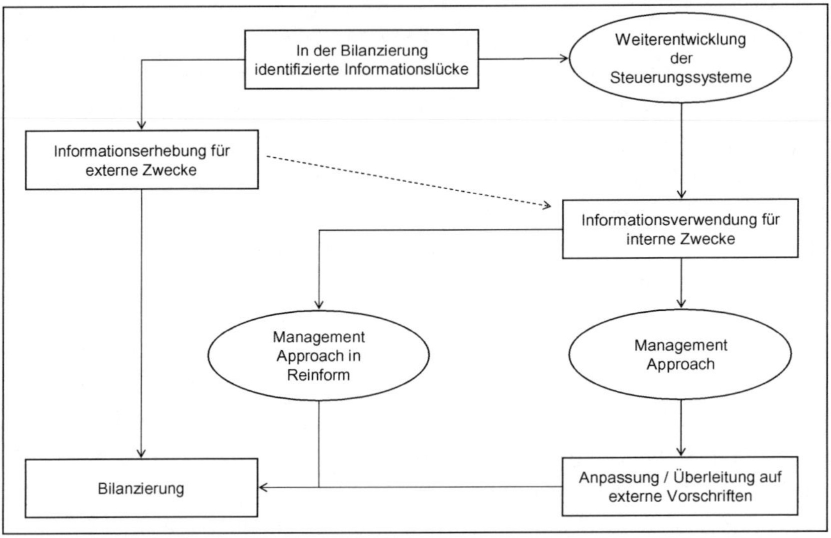

Abbildung D-1: Möglichkeiten zur Schließung von Informationslücken durch den Management Approach

805 So stellen Informationen auch dann keine Management-Approach-Informationen im Sinne der dieser Arbeit zugrunde gelegten Definition dar, wenn diese Informationen zwar von internen Stellen generiert werden, die Informationsbereitstellung jedoch unmittelbar für Zwecke der Finanzberichterstattung erfolgt oder eine interne Verwendung nicht primär vorgenommen wird, sondern die interne Verwendung der Verwendung in der externen Berichterstattung unter- bzw. nachgeordnet ist.

806 Ähnlich Müller/Peskes (Segmentberichterstattung 2006), S. 822.

Bevor im folgenden auf die durch den Management Approach in der IFRS-Rechnungslegung gesetzten Anreize zur Weiterentwicklung des Controllings eingegangen wird, soll an dieser Stelle kurz angemerkt werden, daß derartige Anreize kein spezielles Charakteristikum der IFRS-Finanzberichterstattung darstellen. So war bereits in der Vergangenheit zu beobachten, daß u.a. der durch die Finanzverwaltungen ausgeübte Druck auf die Unternehmen, die Rechtmäßigkeit von Wertansätzen im Vorratsvermögen nachweisen zu können, dazu führte, daß diese ihre Kostenrechnungssysteme für externe Berichtszwecke, aber auch für Controllingzwecke weiterentwickelten. Eine ähnliche, jüngere Entwicklung ist hinsichtlich der in den Unternehmen installierten Risikomanagementsystemen zu beobachten: Zunächst auf externen Druck hin eingeführt, stellen Risikomanagementsysteme mittlerweile etablierte Informationssysteme für das Management dar, deren Inhalte über die Lageberichterstattung an externe Informationsadressaten kommuniziert werden.[807]

1.2 Ausbau des Controllings am Beispiel der Goodwill-Bilanzierung

Im folgenden soll exemplarisch anhand der Goodwill-Bilanzierung aufgezeigt werden, wo Informationsdefizite in den Controllingsystemen eine Umsetzung des Management Approach behindern können und welche Maßnahmen dazu beitragen können, die Qualität des Controllings zu erhöhen, indem die Grundlagen für eine Umsetzbarkeit des Management Approach geschaffen werden. Darüber hinaus wird aufgezeigt, wie externe Berichtspflichten einer unmittelbaren Übernahme interner Informationen entgegenstehen können, so daß Anpassungsmaßnahmen z.B. in Form von Überleitungsrechnungen ergriffen werden müssen. Für diese Untersuchung werden die im Zusammenhang mit der Goodwill-Bilanzierung relevanten Vorgänge Identifikation und Bewertung von Synergiepotentialen im Vorfeld einer Unternehmensübernahme, Verteilung des Goodwill auf Unternehmensteileinheiten, Überwachung der Performance der akquirierten Unternehmensteileinheiten und Überwachung des Vorliegens von Triggering Events sowie die regelmäßige Bewertung der Unternehmensteileinheiten, aufgegriffen.

Wie in Abschnitt B.3 gesehen, entsteht derivativer Goodwill infolge von Unternehmenserwerben als Differenz zwischen dem entrichteten Kaufpreis und dem bilanziell abbildbaren Nettoreinvermögen des akquirierten Unternehmens. In Abschnitt C.5.2 wurden zum einen die Notwendigkeit eines M&A-Controllings beschrieben und zum anderen die idealtypischen Zielsetzungen und Ausgestaltungsformen eines solchen

[807] Vgl. in bezug auf das Risikomangement Bungartz (Risk Reporting 2003), S. 97.

M&A-Controllings dargestellt. Eine im Vorfeld von Unternehmensakquisitionen wichtige Aufgabe stellte hierbei die tiefgründige Analyse des Akquisitionsobjektes und die Durchführung einer Due Diligence dar. Diese Maßnahmen sollen dazu führen, daß das Erwerberunternehmen sowohl die zukünftigen Ertragspotentiale und Risiken, die aus den Ressourcen des zu akquirierenden Unternehmens stammen, als auch die Ertragspotentiale und Risiken, die aus der Kombination dieser Ressourcen mit den im Erwerberunternehmen bereits vorhandenen Produktionsfaktoren resultieren, kennt und im Rahmen der Kaufpreisverhandlungen angemessen berücksichtigen kann.

In der Literatur finden sich in Studien über den Erfolg und Mißerfolg von Unternehmensakquisitionen häufig Hinweise darauf, daß eine unzureichende Planung der Akquisition, eine unzureichende Analyse der Transaktion vor deren Durchführung oder schlichtweg überhöhte Kaufpreise für das Scheitern von Unternehmensakquisitionen verantwortlich gemacht werden.[808] Zu hohe Kaufpreise resultieren i.d.R. aus der Annahme unrealistisch hoher Synergiepotentiale. Diese unrealistischen Annahmen können ihren Ursprung zum einen darin haben, daß die Unsicherheit über die künftige Geschäftsentwicklung insgesamt sehr hoch ist. Die Erwartungen des Managements des Erwerberunternehmens können aber auch deshalb übertriebenen sein, da nicht genügend Informationen über die Transaktion erhoben bzw. die vorliegenden Informationen nicht sachgerecht genug ausgewertet wurden.

Ein solches Defizit kann beispielsweise dann offensichtlich werden, wenn die Notwendigkeit der Goodwillallokation auf ZGEs die Frage aufwirft, in welchen Unternehmensteilbereichen die Unternehmensführung überhaupt Synergieeffekte erwartet und auf welche Höhe sich diese Effekte belaufen sollen. Sofern das Unternehmen im Rahmen des M&A-Controllings über kein Synergiecontrolling verfügt, ist die Unternehmensführung nicht in der Lage, eine objektive Vorstellung davon zu entwickeln, in welchen Teilbereichen sie Synergiepotentiale in welcher Höhe erwartet.[809] Sollten derartige Informationsdefizite erst im Rahmen der bilanziellen Abbildung des Unternehmenserwerbs offensichtlich werden, kann dies ein Hinweis darauf sein, daß das erworbene Objekt im Vorfeld der Akquisition möglicherweise nicht detailliert genug analysiert wurde und folglich eine suboptimale Versorgung der am Akquisitionsprozeß beteiligten Entscheidungsträger mit Informationen stattgefunden haben kann. Als Kon-

---

808 Vgl. bspw. Pack (Due Diligence 2002), S. 267; m.w.N. Brauner/Grillo (Due Diligence 1998), S. 178 f.

809 Auch Mackenstedt/Fladung/Himmel (Zeitwerte 2006), S. 1038, erkennen in bezug auf die der Goodwillallokation vorgelagerte Identifikation einzeln aktivierbarer Vermögenswerte, daß hierfür ein vertieftes Verständnis des Geschäftsmodells der erworbenen Einheit erforderlich ist.

sequenz sollte das Management für eine Weiterentwicklung der Prozesse im M&A-Controlling sorgen, um künftig von einer tiefgründigen Analyse potentieller Erwerbsobjekte ausgehen zu können und somit sicher zu sein, daß keine Fehlentscheidungen getroffen werden. Die Einrichtung eines Synergiecontrollings kann somit zu einer verbesserten Unternehmenssteuerung führen und ist im Grunde gleichzeitig unterläßlich, um Goodwill auf Grundlage der erwarteten Synergieeffekte alloziieren zu können.[810]

Da die für die Durchführung einer Akquisition zur Verfügung stehende Zeit i.d.R. begrenzt ist und der Erwerber grundsätzlich über weniger Informationen als der Veräußerer verfügt, sind auch einem detaillierten und tiefgehenden Herunterbrechen der Gesamtbewertung im Rahmen der Due Diligence gewisse Grenzen gesetzt.[811] Sofern eine detaillierte Analyse des erworbenen Unternehmens erst nach der Durchführung des Unternehmenszusammenschlusses erfolgt,[812] können die hierbei gewonnenen Informationen nicht nur zur bilanziellen Abbildung der Transaktion genutzt werden, sondern insbesondere zuvor auch im Rahmen des Integrationscontrollings bei der Zusammenführung der beiden Unternehmen Verwendung finden und so zu einem größeren Akquisitionserfolg beitragen.

Nach der erstmaligen bilanziellen Abbildung eines Unternehmenserwerbs sind insbesondere die entstandenen und ZGEs zugeteilten derivativen Goodwills regelmäßig auf ihre Werthaltigkeit zu testen. Wie in den Abschnitten B.2.2 und B.2.4 gesehen, ist permanent zu prüfen, ob ein Triggering Event vorliegt, bzw. jährlich zu begründen, daß kein Goodwill Impairment Test durchgeführt werden muß. Wie in den Abschnitten C.3.5 und C.4.3 gesehen, ist es grundsätzlich möglich, für diese Zwecke auf Informationen des Risikomanagements oder der wertorientierten Steuerungssysteme der betroffenen Unternehmensteileinheiten zurückzugreifen. Sofern aber in der Praxis kein wertorientiertes Steuerungssystem implementiert ist[813] oder die Unternehmensteileinheit, der Goodwill zugeteilt wurde, nicht von diesem Steuerungssystem erfaßt wird, kann dies eine Umsetzung des Management Approach für die hier genannten Zwecke behindern.[814] In Anbetracht der zahlreichen in der Literatur diskutierten Vorzüge einer

---

810 Vgl. Alvarez/Biberacher (Goodwill 2002), S. 353; Pellens et al. (Impairment 2005), S. 16; Pfaff/Schultze (Beteiligungscontrolling 2006), S. 128.

811 Vgl. Berens/Strauch (Due Diligence 2003), S. 154; Picot (Unternehmenskauf 2003), Rdn. 39; Strauch (Due Diligence 2004), S. 32.

812 Gem. IFRS 3.62 können bei der Erstkonsolidierung provisorische Werte angesetzt werden, die innerhalb von 12 Monaten anzupassen sind. Vgl. hierzu auch Abschnitt B.3.1.2.

813 Zum Verbreitungsgrad wertorientierter Steuerungssysteme in Deutschland vgl. bspw. Ossadnik/Barklage (Wertorientierung 2003), S. 1288 f.

814 So können bestimmte wertorientierte Kennzahlen bspw. nur für Unternehmensteileinheiten berechnet werden, für die zumindest rudimentäre Jahresabschlüsse aufgestellt wer-

wertorientierten Steuerung nachgelagerter Hierarchieebenen sollte sich die Unternehmensführung zumindest die Frage stellen, ob es aus Sicht der Unternehmenszentrale wirklich sinnvoll ist, auf eine wertorientierte Steuerung zu verzichten bzw. diese nicht bis auf ZGE-Ebene hinunter anzuwenden.[815]

Ebenso verhält sich dies mit der Nutzung des Risikomanagementsystems: Sollte dieses für wesentliche Unternehmensteileinheiten keine Informationen liefern, aus welchen eine Veränderung der Chancen- und Risikenstruktur dieser Teileinheiten im Zeitverlauf hervorgeht, so besteht unmittelbar Verbesserungspotential. Denn die Vernachlässigung von wesentlichen Unternehmensteileinheiten im Risikomanagement kann dazu führen, daß Risiken oder Chancen, die für das Gesamtunternehmen von wesentlicher Bedeutung sind, nicht rechtzeitig identifiziert und folglich nicht rechtzeitig gesteuert werden können. Derartiges Verbesserungspotential kann beim gegenwärtigen Entwicklungsstand von Risikomanagementsystemen vor allem in der Integration von Chancen in die bestehenden Berichtssysteme vermutet werden.

Bei Vorliegen eines Triggering Events bzw. in jährlichem Turnus ist derivativer Goodwill auf seine Werthaltigkeit zu testen. Die Durchführung derartiger Impairment Tests stellt jedoch bislang kein im internen Rechnungswesen etabliertes Instrument dar.[816] So ist es fraglich, ob Goodwill für interne Zwecke überhaupt einem Monitoring unterliegt.[817] Daher kann für die Durchführung von Goodwill Impairment Tests für externe Berichtszwecke i.d.R. auch nicht auf fertige Bewertungsresultate zurückgegriffen werden, sondern nur auf Rohdaten in Form von Planungsunterlagen. Aber auch hinsichtlich derartiger Rohdaten bestehen Bedenken, ob sie bislang bereits regelmäßig und in ausreichendem Umfang vorliegen.[818]

Eine Ausnahme hiervon stellen Bewertungsvorgänge dar, wie sie im Rahmen des M&A-Controllings teilweise vorgenommen werden.[819] Bei einem solchen Post Merger Controlling erfolgt in regelmäßigen Abständen nach Durchführung der Akquisition eine erneute quantitative Bewertung der Transaktion, um festzustellen, inwiefern sie

den. Vgl. hierzu Lorson (Shareholder Value 1999), S. 1336. Ist dies nicht der Fall, z.B. weil die interne Organisationsstruktur von der juristischen Struktur abweicht und keine ausreichende Reallokation der in der FiBu erfaßten Informationen erfolgt, so ist in den meisten Fällen auch keine Berechnung der wertorientierten Kennzahlen möglich, die bei der Suche nach Triggering Events verwendet werden könnten.

815 Zu einer ausführlichen Darstellung der Möglichkeiten wertorientierter Steuerungssysteme vgl. statt vieler Pape (Wertorientierung 2000), S. 711-717.

816 Vgl. Budde (Impairment 2005), S. 2570.

817 Vgl. Deloitte Consulting (Goodwill 2005), S. 6.

818 Vgl. Pellens/Crasselt/Sellhorn (Goodwill 2002), S. 141.

819 Vgl. Pellens/Tomaszewski/Weber (Unternehmensführung 2000), S. 1828.

die ursprünglich in sie gesetzten Erwartungen erfüllt. Für eine Anwendung des Management Approach wäre dann vor allem darauf zu achten, ob die Bewertungsobjekte Goodwill tragende ZGEs darstellen oder ob sich die Bewertungsvorgänge auf andere organisatorische Einheiten beziehen. Allerdings werden auch für ZGEs vorliegende Bewertungsergebnisse i.d.R. nicht unmittelbar in die externe Finanzberichterstattung übernommen werden können, sondern es werden Überleitungsrechnungen nötig sein, um die in Abschnitt B.2.3.3 dargestellten objektivierenden Bedingungen des IAS 36 zu erfüllen, die dieser an die Cash-Flow-Prognosen stellt.[820] Die internen Bewertungsergebnisse können jedoch sicherlich als erster Anhaltspunkt genutzt werden, um ein Gefühl dafür zu erlangen, ob eine Wertminderung von Goodwill-Beträgen vorliegen könnte. In der Praxis verfügen viele Unternehmen jedoch nicht über ein M&A-Controlling bzw. führen keine Post-Merger-Erfolgskontrolle durch. Eine Ursache hierfür kann sein, daß das Management kein Interesse daran hat, Aufklärung über wertvernichtende Transaktionen zu betreiben, wenn die betroffenen Unternehmenserwerbe nicht mit der Zielsetzung der unternehmerischen Wertmaximierung erfolgten, sondern bspw. aus Machtinteressen der Unternehmensführung.[821] Von der Goodwill-Bilanzierung nach IFRS wird jedoch erwartet, daß sie die Transparenz hinsichtlich des Erfolgs von M&A-Transaktionen erhöht.[822] So wird die Informationsasymmetrie zwischen Management und Investoren reduziert, da es für die Investoren leichter wird, wertvernichtende Unternehmensakquisitionen zu identifizieren und das Management hierfür abzustrafen. In diesem Zusammenhang kann das bereits im Rahmen der Goodwillallokation angeführte Beispiel wiederaufgegriffen werden: Hängt der Kaufpreis nicht von den tatsächlich erwarteten Synergiepotentialen ab und wird erst nach dem Erwerb des Unternehmens versucht, die Synergiepotentiale zu identifizieren, so kann es leicht zu einer Allokation auf „falsche" ZGEs oder zu einer überhöhten Allokation auf ZGEs kommen. Als „falsche" ZGEs sind hierbei ZGEs zu verstehen, die eigentlich keine realen Synergiepotentiale bergen, aber dennoch Goodwill zugeteilt bekommen, um andere ZGEs zu entlasten bzw. um den entstandenen Goodwill überhaupt verteilen zu können. Eine überhöhte Goodwillallokation stellt sich ein, wenn eine ZGE zwar Synergiepotential birgt, jedoch der Kaufpreis überhöht war und somit auch der ZGE unverhältnismäßig hohe Synergieerwartungen in Form von Goodwill zugewiesen werden. Letzten Endes führen beide Effekte dazu, daß davon ausgegangen werden muß, daß die geringe Werthaltigkeit des Goodwills im Rahmen von Impair-

[820] Zur Diskrepanz zwischen internen und externen Anforderungen an Planungsrechnungen vgl. die entsprechenden Ausführungen weiter unten in diesem Abschnitt.

[821] Vgl. Wisskirchen/Naujoks/Matouschek (Merger 2003), S. 305.

[822] Vgl. Deloitte Consulting (Goodwill 2005), S. 20.

ment Tests schnell aufgedeckt wird. Zwar bestehen grundsätzlich Möglichkeiten, Goodwill Impairments hinauszuzögern.[823] Allerdings ist aufgrund der detaillierten Aufteilung des Goodwill und insbesondere bei deutlich überhöhten Kaufpreisen davon auszugehen, daß eine derartige Verschleierung von Goodwill-Wertminderungen nur kurzfristig möglich sein wird. Diese erhöhte Transparenz der Goodwill-Beträge kann tendenziell auch dazu führen, daß es für die Unternehmensführung schwieriger wird, opportunistisch zu handeln, so daß sie sich mit ihren Handlungen mehr an den Interessen der Investoren ausrichten muß. In der Folge wird dann auch das Interesse der Unternehmensführung an einer Einführung eines M&A-Controllings als Instrument zur Förderung der Maximierung des Unternehmenswerts steigen. Sollte jedoch (vorerst) noch kein M&A-Controlling installiert sein, so sind die zur Durchführung von Goodwill Impairment Tests benötigten Informationen auf Grundlage der im Rahmen der regulären Planungs- und Kontrollprozesse erstellten Planungsrechnungen zu bestimmen. Soll zur Ableitung der für den Goodwill Impairment Test notwendigen Zahlungsströme auf solche interne Planungsunterlagen zurückgegriffen werden, so erfordert dies jedoch naturgemäß die Existenz solcher interner Planungsunterlagen. Obwohl das Vorhandensein einer Unternehmensplanung in der Literatur generell als unabdingbares Instrument zur Existenzsicherung angesehen wird, scheinen manche Unternehmen dem Gebot zur Unternehmensplanung nicht in ausreichendem Maße nachzukommen.[824] Sofern dies für eine Unternehmensteileinheit, der Goodwill zugeordnet wurde, der Fall sein sollte, besteht in jedem Fall die Notwendigkeit, eine Unternehmensplanung einzuführen bzw. diese aufzuwerten. Eine Aufstellung von Planungsrechnungen ausschließlich für externe Berichtszwecke erscheint als nicht ausreichend.

Wird zur Ableitung der für den Goodwill Impairment Test notwendigen Zahlungsströme auf interne Planungsunterlagen zurückgegriffen, so kann es auch zu Problemen kommen, wenn zwischen dem Planungszeitpunkt und dem Zeitpunkt der Durchführung des Impairment Tests bereits ein längerer Zeitraum verstrichen ist.[825] Dann kann ggf. die Aktualisierung oder Neuauflage der Planungsrechnungen notwendig werden. Als schwierig kann es sich auch erweisen, wenn interne Cash-Flow-Planungen für Goodwill Impairment Tests genutzt werden sollen, diese jedoch nicht den in Abschnitt B.2.3.3 aufgezeigten Objektivierungskriterien des IAS 36 entsprechen. Von diesem Fall wird regelmäßig auszugehen sein, da die Kriterien des IAS 36 einige aus betriebswirtschaftlicher Perspektive zwingend zu berücksichtigende Parameter bewußt

[823] Vgl. hierzu bspw. Heyd/Lutz-Ingold (Intangibles 2005), S. 105 f.
[824] Vgl. m.w.N. Groß/Amen (Planung 2003), S. 1161 f.
[825] Vgl. Deloitte Consulting (Goodwill 2005), S. 6.

aus den Rechenmodellen eliminieren.[826] In der Folge sind Bereinigungen der internen Planungsrechnungen und eine Überleitung auf die extern akzeptablen Ansätze notwendig. Ebenfalls als problematisch ist einzustufen, wenn das Rechnungswesen über keine zahlungsstromorientierte Perspektive verfügt.[827] Dann müssen operative Cash Flows, die den Anforderungen des IAS 36 genügen, aus den vorhandenen erfolgsgrößenorientierten Daten abgeleitet werden.[828] Allerdings ist eine solche, ausschließlich auf Erfolgsgrößen ausgerichtete Planung bereits per se zu kritisieren. Denn die Sicherstellung der Liquidität stellt eine der zentralen Nebenbedingungen unternehmerischer Aktivitäten dar.[829] Deshalb sollte eine gut ausgebaute Planung in jedem Fall nicht nur Erfolgsgrößen, sondern auch Liquiditätsparameter umfassen. Insofern erscheint es bei einer fehlenden Berücksichtigung derartiger Parameter in den Planungsrechnungen als nutzenstiftender, zunächst die Planungssysteme weiterzuentwickeln, als die für die Durchführung des Goodwill Impairment Tests notwendigen Zahlungsströme nur für diesen Zweck aus den vorhandenen Erfolgsgrößen abzuleiten.

Die hier am Beispiel der Goodwill-Bilanzierung angestellten Überlegungen lassen sich grundsätzlich auch auf die anderen in Kapitel C aufgeführten Informationsquellen des Management Approach übertragen. Insbesondere in Unternehmen, die insgesamt eine schlechte Dokumentationsumgebung aufweisen, nur selten langfristige Fertigungsprojekte, Unternehmensakquisitionen oder kaum F&E betreiben,[830] ist nicht davon auszugehen, daß gut ausgebaute, standardisierte Steuerungssysteme mit umfangreich dokumentierten Informationen für diese Vorgänge installiert sind. Auch im finanzwirtschaftlichen Risikomanagement in Handels- und Industrieunternehmen setzen sich umfassende Analyse- und Bewertungsverfahren z.B. für Kreditrisiken erst langsam durch.[831] In solchen Fällen erscheint eine unmittelbare Informationsermittlung für die externe Rechnungslegung unter Rückgriff auf den Management Approach als schwierig, so daß eine Fortentwicklung der Controllingsysteme geboten sein kann.

Abschließend ist an dieser Stelle zu erwähnen, daß durchaus auch Argumente gegen einen Ausbau der Steuerungs- und Controllinginstrumente existieren können. So müs-

---

826 Vgl. Trützschler et al. (Akquisitionen 2005), S. 397 f.

827 Vgl. Lorson (Shareholder Value 1999), S. 1335.

828 Zu möglichen Vorgehensweisen vgl. ausführlich Kirsch (Anforderungen 2003), S. 95 ff.

829 Vgl. Walz/Gramlich (Investition 2004), S. 6 f.

830 So können Innovationen bspw. einmalige Erfindungen darstellen. Vgl. Riekhof (Innovationsmanagement 1994), S. 197 f. Erst, wenn sich das Unternehmen im Anschluß daran zu einer ständig forschenden Unternehmung wandelt, werden auch die zur Steuerung und Kontrolle von F&E-Projekten notwendigen Instrumente entwickelt bzw. eingeführt werden.

831 Vgl. Löw (Finanzinstrumente 2005), S. 2180.

sen bei der Entscheidung darüber, ob und in welchem Umfang die Controllinginstrumente geändert bzw. ausgebaut werden sollen, wie bei jeder unternehmerischen Entscheidung, deren Kosten und Nutzen abgewogen werden.[832] Da bspw. in der Praxis insbesondere die Zeit für die Durchführung von Projekten sehr knapp bemessen ist, können Abstriche u.a. bei der Projektplanung und -dokumentation notwendig sein, um möglichst schnell mit der Projektdurchführung beginnen zu können. Dann wird zwar engagiert, aber möglicherweise nicht in die optimale Richtung gearbeitet, und möglicherweise werden Ressourcen vergeudet.[833] Allerdings wird so auch gewährleistet, daß das Projekt überhaupt rechtzeitig begonnen und abgeschlossen werden kann, anstatt so viel Zeit auf die Angebots- bzw. Planungsphase zu verwenden, daß die Zeit zur Projektdurchführung bereits im vornherein zu knapp wird, um das Projekt fristgerecht abzuschließen. Ferner wird in der Literatur bspw. die Befürchtung geäußert, daß sich die Einführung eines F&E-Controllings kreativitätsbehindernd auswirkt. Um den Innovationsstrom nicht einzuschränken, kann es daher sinnvoll sein, den an der F&E beteiligten Mitarbeitern weitgehend freie Hand zu lassen und ihnen keine umfangreichen Melde- und Berichtspflichten aufzuerlegen.[834] Denn der Zwang zu einer ausführlichen Berichterstattung an hierarchisch übergeordnete Stellen kann auch zu einer Mißtrauenshaltung auf Ebene der berichterstattenden Stelle führen, so daß diese Informationen nur noch sehr restriktiv weitergibt.[835]

Zusammenfassend ist daher festzuhalten, daß es an vielen Stellen möglich ist, daß Detailvorschriften der IFRS oder im Controlling existierende Informationsdefizite eine Umsetzung des Management Approach behindern können. Zwar müssen Kosten und Nutzen einer Überarbeitung der Controllingsysteme fallabhängig abgewogen werden, jedoch kann eine Weiterentwicklung dieser Systeme grundsätzlich sinnvoll sein, um sowohl die Unternehmenssteuerung zu verbessern als auch gleichzeitig die für externe Berichtszwecke erforderlichen Informationen zu erheben.

2 Auswirkungen des Management Approach auf die Relevanz der Finanzberichterstattung

In F.26 ff. definiert das IASB die Relevanz von Finanzberichterstattungsinformationen. Demnach sind Informationen dann relevant, wenn sie die ökonomischen Entscheidungen der Informationsadressaten beeinflussen. Dies ist der Fall, wenn sie dabei unterstützen, vergangene, gegenwärtige oder zukünftige Ereignisse zu bewerten oder

---

832 Vgl. Neely et al. (Measure 2004), S. 39; Wagenhofer (Zusammenwirken 2006), S. 14 f.

833 Vgl. Ginevicius/Hausmann/Schafir (Projektmanagement 2005), S. 78.

834 Vgl. Littkemann (Innovation 2005), S. 29; Wagenhofer (Zusammenwirken 2006), S. 2.

835 Vgl. Steinle/Thiem/Krüger (Berichtssysteme 2001), S. 499.

vergangene Erwartungen zu bestätigen oder zu korrigieren. Hierbei erkennt das IASB, daß Wechselwirkungen zwischen den zukunfts- und vergangenheitsorientierten Funktionen der Informationen bestehen und daß Informationen über die vergangene Leistungsfähigkeit des Unternehmens auch Rückschlüsse auf dessen zukünftige Leistungsfähigkeit beinhalten können.

Wie in den folgenden beiden Abschnitten dargestellt wird, erhöhen Management-Approach-Informationen vom Grundsatz her die Relevanz der Finanzberichterstattung tendenziell, da sie das Management in die Lage versetzen, sein Insiderwissen an die Investoren zu kommunizieren und somit deren Einsichtsmöglichkeiten in die wirtschaftliche Lage und Zukunftsaussichten des Unternehmens zu erweitern. Allerdings sind auch Relevanzdefizite möglich, wenn die Steuerungsperspektive des Controllings nicht den Anforderungen der IFRS bzw. den Informationsbedürfnissen der Investoren entspricht, also für interne Zwecke keine objektive Darstellung der wirtschaftlichen Situation des Unternehmens verfolgt wird. Darüber hinaus können sich Relevanzdefizite auch einstellen, wenn Informationen an die Investoren kommuniziert werden, die diese überhaupt nicht nachfragen oder nicht verwerten können.

2.1 Steigerung der Relevanz der Finanzberichterstattung durch den Management Approach

Das externe Rechnungswesen unterliegt einer weitgehenden gesetzlichen bzw. standardsetterischen Determiniertheit und kann daher für Zwecke des Controllings nur eingeschränkt verwendet werden.[836] Daher verfügen die Unternehmen i.d.R. zusätzlich über ein internes Rechnungswesen, welches sie – ohne externen Vorschriften zu unterliegen – so ausgestalten können, daß es dem Management die von diesem benötigten Informationen so aufbereitet zur Verfügung stellt, daß dieses seine Aufgaben bestmöglich erfüllen kann.[837] Interne Werte weisen damit grundsätzlich einen höheren Informationsgehalt auf, da ansonsten keine zusätzlichen internen Rechenwerke aufgebaut würden.[838] Werden solche Werte durch eine Umsetzung des Management Approach veröffentlicht, so führt dies per se zu einer höheren Aussagekraft der Rechnungslegung, da die Investoren dann über zusätzliche Informationen verfügen, die ihnen ansonsten verborgen geblieben wären. Denn auch wenn Management-Approach-Informationen subjektive Elemente enthalten können, versetzen sie das Management in die Lage, sein Insiderwissen in die externe Finanzberichterstattung einfließen zu

---

836 Vgl. Müller/Ordemann/Pampel (Controlling 2005), S. 2121.

837 Vgl. Ewert/Wagenhofer (Unternehmensrechnung 2003), S. 6.

838 Vgl. Hahn (Segmentberichterstattung 2000), S. 690.

lassen.[839] Aus informationsökonomischer Perspektive reduziert der Management Approach also die Informationsasymmetrie zwischen Management und Investoren.[840] Hierbei wirkt sich eine Berücksichtigung der Informationen innerhalb der Rechenwerke des Abschlusses stärker aus als eine Berücksichtigung im Anhang, da dem Anhang in der Praxis häufig weniger Aufmerksamkeit gewidmet wird.[841] Resultat der Weitergabe derartiger Insiderinformationen an die Anleger ist auf unvollkommenen Kapitalmärkten die Diffusion der Informationen in den Marktpreis der Eigen- und Fremdkapitaltitel des Unternehmens.[842]

Der Marktpreis der Eigen- und Fremdkapitaltitel des Unternehmens stellt das Aggregat der Einschätzungen aller am Markt aktiven Investoren über den Wert der entsprechenden Titel dar. Bevor Investoren eine Entscheidung über eine Investition in ein Unternehmen treffen, wiegen sie in der Regel die mit dieser Investition verbundenen Chancen und Risiken ab. Hierfür müssen sie eine Einschätzung darüber erlangen, welche Zahlungsströme sie künftig aus der Investition erwarten können und mit welchen Wahrscheinlichkeiten verschiedene Zukunftsszenarien eintreten werden. In der Literatur herrscht Einigkeit darüber, daß eine unmittelbare Abschätzung der aus einer Investition in ein Unternehmen zu erwartenden Zahlungsströme (in Form von Ausschüttungen, Zinsen, Tilgungen oder Wertsteigerungen) nur über Finanzpläne erfolgen kann. Sofern die hierfür notwendigen Prognosen nicht zur Verfügung stehen, sind die Investoren auf die Verwendung mittelbar verwertbarer Informationen angewiesen.[843]

Der Management Approach kann dazu führen, daß die Investoren unmittelbar verwendbare Informationen in Form von Prognosen, welche das Management veröffentlicht, erhalten. Zwar werden insbes. für große kapitalmarktorientierte Unternehmen auch regelmäßig Prognosen über deren geschäftliche Entwicklung durch Finanzanalysten aufgestellt. Allerdings liegen empirische Belege dafür vor, daß den Prognosen des Managements gegenüber den Prognosen der Finanzanalysten sowie Prognosen, die

---

839 Vgl. Kühnberger (Firmenwerte 2005), S. 680. Auswirkungen dieser subjektiven Elemente auf die Finanzberichterstattung werden in Abschnitt D.3.2 untersucht.

840 Vgl. Haller/Park (Segmentberichterstattung 1999), S. 62 f.; in bezug auf die poc-Methode im Rahmen der Auftragsfertigung auch Kümpel (Gewinn 2002), S. 1013.

841 Vgl. Zieger (Langfristfertigung 1990), S. 349. Eine Situation, in der der Anhang nur eine untergeordnete Aufmerksamkeit erfährt, stellen beispielsweise bankinterne Ratingverfahren dar. Bei der Erstellung solcher Ratings unterbleibt aus Kostengründen häufig eine ausführliche Analyse des Anhangs, so daß die in den untersuchten Abschlüssen enthaltenen Informationen weitestgehend ohne Anpassung für die Bewertung des quantitativen Teilratings verarbeitet werden. Vgl. hierzu Maier (Rating 2004), S. 408 f.

842 Vgl. Ballwieser/Küting/Schildbach (Fair Value 2004), S. 530 f.; m.w.N. Hitz (Fair Value 2005), S. 1021; Wagenhofer (Rechnungslegung 2001), S. 445 f.

843 Vgl. Streim (Entscheidungsnützlichkeit 2000), S. 120.

durch Trendextrapolationsmodelle gewonnen wurden, eine Netto-Relevanz zukommt. Denn Prognosen der Unternehmensführung zeichnen sich erstens durch eine höhere Prognosegenauigkeit aus und führen zweitens häufig zu Prognoserevisionen durch Finanzanalysten.[844]

Eine umfangreiche und detaillierte Publikation derartiger quantitativer Prognosen insbesondere in der Lageberichterstattung ist jedoch nicht verpflichtend vorgeschrieben, und es liegen darüber hinaus empirische Belege dafür vor, daß in der Berichterstattungspraxis Defizite hinsichtlich der Vermittlung zukunftsorientierter Informationen im Rahmen der Lageberichterstattung bestehen.[845] Da eine Veröffentlichung von Prognosen durch das Management in vielen Fällen auf freiwilliger Basis erfolgt, wird in der Literatur diesbezüglich häufig untersucht, welche Anreize für das Management bestehen, freiwillig wertrelevante Informationen zu publizieren, für welche Art von Signaleffekten das Management derartige Informationen veröffentlicht (positive vs. schlechte Nachrichten über das Untenehmen) und wie diese Informationen von den Investoren verarbeitet werden.[846] Während in der Vergangenheit Ergebnisprognosen häufig dazu verwendet wurden, um positive Informationen an die Kapitalmärkte zu kommunizieren, ist diesbezüglich in jüngerer Zeit eine Trendumkehr zu beobachten gewesen. Insbesondere aufgrund möglicher Anlegerschutzklagen, die die Folge sein können, wenn positive Prognosen deutlich verfehlt werden, scheint die Veröffentlichung von Ergebnisprognosen durch die Unternehmensführung mittlerweile eher negative Nachrichten für den Unternehmenswert zu signalisieren.[847] Hingegen werden Cash-Flow-Prognosen eher veröffentlicht, um positive Nachrichten an den Kapitalmarkt zu kommunizieren. Dies insbesondere dann, wenn sich das Unternehmen mit einer schlechten Ertragssituation konfrontiert sieht oder schlechte Ergebnisprognosen entweder durch Finanzanalysten oder das Unternehmen selbst veröffentlicht wurden.[848]

Zwar können die vom Management veröffentlichten Prognosen also grundsätzlich Verzerrungen dahingehend aufweisen, daß sie keine vollständig objektive Darstellung

---

844 Vgl. mit zahlreichen Nennungen Kümpel (Gewinn 2002), S. 1011 f.

845 Vgl. Baetge/Armeloh/Schulze (Qualität 1997), S. 214 f.; m.w.N. Buchheim/Knorr (Lagebericht 2006), S. 421 f.

846 Ein grundlegendes Modell zur Untersuchung von Publizitätsanreizen und den Auswirkungen der Veröffentlichung auf die Erwartungshaltung der Investoren stellt das Unraveling-Prinzip dar. Vgl. hierzu Wagenhofer/Ewert (Unternehmensrechnung 2003), S. 287 ff.

847 Vgl. für US-amerikanische Unternehmen m.w.N. Wasley/Wu (Forecasts 2006), S. 393 f.

848 Vgl. für US-amerikanische Unternehmen Wasley/Wu (Forecasts 2006), S. 412 ff.

der Zukunftsperspektiven aus Sicht die Unternehmensführung herbeiführen, sondern teilweise einseitig positive oder negative Nachrichten an den Kapitalmarkt kommunizieren. Nichtsdestotrotz stellen derartige Management-Approach-Informationen eine Quelle an relevanten und unmittelbar verwertbaren Informationen für die Investoren dar, da sie ihnen zusätzlichen Aufschluß über die künftig zu erwartenden Zahlungsströme, die ihnen aus dem Unternehmen zufließen können, gibt. In diesem Zusammenhang ist es jedoch wichtig, daß die Investoren in der Lage sind, die veröffentlichten Prognosen angemessen zu interpretieren.

Über den Management Approach werden den Investoren aber nicht nur unmittelbare Prognoseinformationen, sondern auch eine Vielzahl an mittelbar verwertbaren Informationen zur Verfügung gestellt. Hierbei kommt der Ermittlung von zukunftsorientierten Werten durch den Management Approach eine besondere Rolle zu. Denn sie stellen zumindest für einen Teilbereich des Unternehmens bzw. dessen Geschäftstätigkeit das bereits fertige Resultat der Einschätzung zukünftiger Zahlungsströme aus Sicht des Managements dar. Dies bedeutet bspw. in bezug auf die Umsatz- und Gewinnermittlung gemäß der Percentage-of-Completion-Methode, daß den Informationsadressaten zwar dieselben Informationen zur Verfügung gestellt werden wie bei einer strengen Einhaltung des Realisationsprinzips. Allerdings erfolgt die Informationsermittlung und -bereitstellung zeitlich bereits vor der Realisation der entsprechenden Gewinne. Durch diese frühzeitigere Informationsbereitstellung kommt den verwendeten Schätzwerten grundsätzlich eine hohe Relevanz für die Informationsnutzer zu.[849]

Außerdem kann die Unternehmensführung ihr Insiderwissen auch in die Bewertungsvorgänge von zum Fair Value bewerteten Bilanzposten einfließen lassen und so eine besser fundierte Darstellung der künftig zu erwartenden Zahlungsströme an das Unternehmen herbeiführen. Denn unabhängig davon, ob die Wertänderungen der zum Fair Value bewerteten Vermögens- und Schuldpositionen erfolgswirksam oder -neutral vereinnahmt werden, erlangt das Management über die Bewertung Einfluß auf die Höhe des bilanziellen Eigenkapitals, dessen Marktwert die für die Investoren relevante Zielgröße darstellt. Insbesondere wenn die Entlohnung des Managements über eine kapitalmarktorientierte Vergütungsstruktur an die Wertentwicklung des Eigenkapitals geknüpft wird, ist eine Zielkongruenz von Managern und Investoren möglich, da dann davon ausgegangen wird, daß sich das Controlling an demselben kapitalmarkttheoreti-

[849] Vgl. am Beispiel der Gegenüberstellung von Completed-Contract- und Percentage-of-Completion-Methode bei der Umsatz- und Gewinnrealisation Hofmann (Projektsteuerung 2005), S. 692 ff.

schen Grundkonzept orientiert wie die Investoren.[850] Sofern diese Zielkongruenz hergestellt ist und das Controlling die Auswirkungen unternehmerischer Entscheidungen auf die Wertschaffung des Unternehmens zutreffend abbildet, führt die Umsetzung des Management Approach dazu, daß in der externen Rechnungslegung eine für die Investoren zweckmäßige Abbildung erfolgt. Somit kommt derartigen über den Management Approach an die Investoren kommunizierten Informationen eine hohe Relevanz für deren Investitionsentscheidungen zu.[851] Einschränkend ist in diesem Zusammenhang jedoch darauf zu verweisen, daß eine Fair-Value-Bilanzierung unter bestimmten Bedingungen auch die Gefahr von Fehlanreizen für das Management beinhalten kann.[852] Dies bedeutet, daß die Vorteilhaftigkeit einer Umsetzung des Management Approach sinken kann, wenn die bereits in Abschnitt A.3 getroffene grundlegende Annahme, daß das Management optimale, d.h. wertmaximierende (und somit keine Fehlsteuerungen implizierenden) Controllingsysteme installiert habe, welche die Informationen für die Umsetzung des Management Approach zur Verfügung stellen, gelockert werden muß.

Auch bei Vermögens- und Schuldpositionen, die nicht auf Fair-Value-Basis ermittelt werden, kann der Management Approach den Investoren mittelbar verwertbare Informationen zur Verfügung stellen. So läßt sich bspw. zeigen, daß die Aktivierung selbsterstellter immaterieller Vermögenswerte die Informationsasymmetrie zwischen Management und Investoren reduzieren kann. Denn hierdurch kann das Management den Investoren signalisieren, daß es an den Erfolg der entsprechenden Projekte glaubt und diese positiven Aussichten auch belegen kann. Um ein klares Signal zu senden, ist der Management Approach jedoch konsequent und in bezug auf alle Projekte umzusetzen, die aus unternehmensinterner Perspektive erfolgversprechend sind und die Entwicklungsphase erreicht haben. Es muß nämlich kritisch betrachtet werden, daß die Unternehmensführung nicht zu einer Umsetzung des Management Approach gezwungen ist, sondern ein de facto Wahlrecht zur Aktivierung selbsterstellter immaterieller Vermögenswerte besteht.[853] Im Endeffekt kann im Fall von erfolgversprechenden Projekten somit die bilanzpolitisch motivierte Ausübung dieses Wahlrechts darüber entscheiden, ob das Management das beschriebene Signal an die Investoren aussendet. Die Behand-

---

850 Vgl. Küpper (Integration 1999), S. 10 f.

851 Insofern sind bspw. die Regelungen des IASB bzgl. Goodwill Impairment Tests als relevanzfördernder einzustufen als diejenigen des FASB. Denn das IASB stellt tendenziell eher auf einen den Management Approach ermöglichenden Ansatz ab als im Konzept des FASB, in welchem der Fair Value möglichst auf unternehmensexternen Daten basiert; vgl. Streim/Bieker/Esser (Fair Value 2003), S. 470 f.

852 Vgl. hierzu ausführlich Ewert (Bewertung 2006), S. 179-207, sowie m.w.N. IGC/Weißenberger (IFRS 2006), S. 42 ff.

853 Vgl. Kirsch (Wahlrechte 2003), S. 1111 f. sowie die Ausführungen in Abschnitt D.3.2.2.

lung der Entwicklungskosten als Aufwand kann nämlich entweder deshalb zwingend notwendig sein, weil es sich nicht um ein erfolgversprechendes Projekt handelt, oder dadurch zustande kommen, daß das Management absichtlich auf die Aktivierung verzichtet, obwohl es von einem Projekterfolg ausgeht. Die Nichtaktivierung von Entwicklungsaufwendungen kann somit kein klares Signal an die Investoren senden.[854]

Darüber hinaus erlauben stärker qualitativ ausgerichtete Berichtsinstrumente wie die Chancen- und Risikoberichterstattung oder die Segmentberichterstattung eine bessere Abschätzung der künftigen Ertragspotentiale des Gesamtunternehmens bzw. seiner Teilbereiche. Aus kapitalmarkttheoretischer Perspektive kann hierbei eine Ausrichtung des Risikomanagements an den Interessen der Investoren dazu führen, daß das Unternehmen ausschließlich diejenigen Risiken steuert, welche die Investoren nicht selbst durch entsprechende Diversifikationsmaßnahmen in ihren Portfolios steuern können.[855] Manager selbst sind i.d.R. schlecht diversifiziert, d.h. sie stellen ihr Humankapital nur einem einzigen Unternehmen zur Verfügung. Je unsicherer die Einzahlungsüberschüsse des Unternehmens sind, desto unsicherer wird auch ihre Vermögensposition. Die Installation eines Risikomanagementsystems kann es den Managern ermöglichen, eine für die Investoren optimale Strategie zu implementieren und gleichzeitig das eigene Risiko zu reduzieren.[856] Eine dem Management Approach entsprechende Kommunikation von Informationen des Risikomanagementsystems ermöglicht den Investoren somit einen Einblick in die Sinnhaftigkeit der Systemkonzeption für ihre Zwecke.

2.2 Reduktion der Relevanz der Finanzberichterstattung durch den Management Approach

Die in den Unternehmen installierten Steuerungs- und Berichtssysteme bereiten Informationen in der Regel abhängig vom jeweiligen Nutzungszweck der Informationen auf.[857] Hierbei existiert eine Vielzahl derartiger Nutzungszwecke wie z.B. die Fundierung eigener bzw. fremder Entscheidungen oder die mittelbare bzw. unmittelbare Durchsetzung von Entscheidungen. Eine objektive Darstellung der Realität ist jedoch nicht für alle Zwecke notwendig bzw. sinnvoll.[858] Deshalb ist es in bestimmten Fällen

---

[854] Vgl. auch Mohd (Information Asymmetry 2005), S. 1212 ff.

[855] Vgl. Neubeck (Prüfung 2003), S. 133 f.

[856] Vgl. Hoitsch/Winter (Risikomanagement 2004), S. 127.

[857] Vgl. Küpper (Integration 1999), S. 7.

[858] Vgl. bspw. die Typologien zur Nutzung von Controllinginformationen bei Schäffer/Steiners (Controlling 2004), S. 384-389 sowie die empirischen Ergebnisse auf den Seiten 393-400.

möglich, daß die Steuerungsperspektive der Unternehmensführung bzw. des Controllings nicht den Anforderungen der IFRS bzw. den Informationsbedürfnissen der Investoren entspricht.[859] Eine Anwendung des Management Approach auf Informationen, deren Zielsetzung nicht die objektive Darstellung der wirtschaftlichen Realität ist, sondern die diese Darstellung bewußt verzerren, birgt die Gefahr, daß die hieraus resultierende Finanzberichterstattung nicht mehr den Bedürfnissen der Investoren entspricht, so daß die Relevanz der Finanzberichterstattung sinkt.

Eine derartige bewußt und für Controllingzwecke sinnvollerweise herbeigeführte Verzerrung der Realität wird insbesondere dann vorgenommen, wenn das Verhalten dezentraler Entscheidungsträger beeinflußt werden soll. Grund für eine solche Informationspolitik sind potentielle Interessenkonflikte zwischen dezentralen Entscheidungsträgern und der zentralen Unternehmensführung.[860] Diese Interessenkonflikte könnten zum einen durch die Rücknahme der Aufgabendelegation auf die dezentralen Einheiten, d.h. praktisch durch eine intensive Kontrolle der dezentralen Einheiten eliminiert werden. Dies wäre jedoch unverhältnismäßig aufwendig und würde zahlreiche der dezentralen Spezialisierungsvorteile zunichte machen. Statt dessen wird versucht, durch eine anreizkompatible Gestaltung von Meßgrößen für den Erfolg dezentraler Einheiten dafür zu sorgen, daß sich diese Einheiten im Sinne der Konzernzentrale verhalten.[861] Dann werden zur Optimierung der Unternehmenssteuerung dezentralen Managern Verhaltensanreize gesetzt, indem die Informationsbereitstellung und -verarbeitung gezielt durch die zentrale Unternehmensführung beeinflußt wird.[862]

Derartige Motive der Verhaltenssteuerung spielen bspw. in der Planung und Budgetierung häufig eine Rolle. So mag bspw. die Vorgabe von ambitioniert hohen Umsatz- oder niedrigen Kostenzielen zwar nicht den realistischen Erwartungen einer übergeordneten Managementebene entsprechen. Allerdings kann die Verknüpfung der Entlohnung der nachgeordneten Managementebene an die Erreichung der Vorgaben zu zusätzlicher Motivation und Anstrengung führen.[863] Würden solche für Zwecke der Verhaltenssteuerung angepaßten Planwerte zur Fundierung von Goodwill Impairment Tests verwendet, so könnte keine objektive Bewertung der entsprechenden ZGEs mehr

---

859 Vgl. IGC/Weißenberger (IFRS 2006), S. 26; Wagenhofer (Zusammenwirken 2006), S. 15; im Ergebnis ähnlich Kley (Konvergenz 2006), S. 151.

860 Vgl. hierzu die Darstellung der PA-Theorie zu Beginn dieses Kapitels.

861 Vgl. Weißenberger (Erfolgsmessung 2004), S. 306.

862 Vgl. Ewert/Wagenhofer (Unternehmensrechnung 2003), S. 8 ff.; Paul (Unternehmenskultur 2005), S. 1582; Weißenberger (Erfolgsrechnung 2003), S. 71 ff. Am Beispiel von Investitionsentscheidungen vgl. auch Weber et al. (Verhaltensorientierung 2003), S. 13.

863 Vgl. m.w.N. Derfuß (Budgetierung 2005), S. 214.

erreicht werden, da die verwendeten Plandaten für diesen Rechnungszweck nicht geeignet sind.

Ein weiteres Beispiel stellt die Verwendung konzerninterner Verrechnungspreise in der Segmentberichterstattung dar, sofern bei deren Bestimmung Verhaltenssteuerungsaspekte eine Rolle spielen. Wenn derartige Verrechnungspreise, die ursprünglich v.a. dazu dienten, interne Anreizwirkungen zu entfalten, in der Segmentberichterstattung angesetzt werden (müssen), kann dies leicht Fehlinterpretationen durch externe Informationsadressaten nach sich ziehen. Aus diesem Grund sollte das Management entsprechende Zusatzinformationen veröffentlichen, um den externen Adressaten einen zutreffenden Einblick in die tatsächlichen Ergebnisstrukturen der Segmente zu geben.[864]

Denkbar ist weiterhin, daß interne Informationen bereinigt werden, um bestimmte exogene Risikofaktoren zu eliminieren und damit die Motivationswirkung im Sinne des Controllability-Prinzips für den dezentralen Entscheidungsträger zu erhöhen.[865] In diesem Fall werden in den Rechnungen nur noch diejenigen wertrelevanten Faktoren berücksichtigt, die auch von den jeweiligen dezentralen Entscheidungsträgern beeinflußt werden können. Wertrelevante Faktoren, die für die Investoren entscheidungsrelevant sind, jedoch nicht für die Bewertung der Leistung der dezentralen Manager, können somit in den Rechnungen fehlen, so daß eine Anwendung des Management Approach auf derartige Informationen Relevanzdefizite in der externen Rechnungslegung zur Folge haben kann.

Neben den bisher beschriebenen verhaltenstheoretisch begründeten potentiellen Relevanzdefiziten von Management-Approach-Informationen ist außerdem noch ein informationsökonomisch begründetes potentielles Relevanzdefizit derartiger Informationen zu nennen. Es ist nämlich möglich, daß über den Management Approach Informationen an die Investoren kommuniziert werden, die diese überhaupt nicht nachfragen bzw. nicht verarbeiten können. So wird in der Literatur angeführt, daß die große Masse der Investoren keinen sehr detaillierten Einblick in die Darstellung der Vermögens-, Finanz- und Ertragslage der Unternehmen nimmt, sondern vielmehr auf hochaggregierte Performance-Treiber wie Marktanteile, Umsatz, operative Margen etc. abstellt.[866] Für diese Investoren hat die detaillierte Informationsbereitstellung auf Ebene einzelner Jahresabschlußposten über den Management Appproach kaum Relevanz für ihre Investitionsentscheidungen. Aber auch Investoren, welche sich intensiver mit der

---

864 Vgl. Böcking/Benecke (Segmentbericht 1998), S. 95.

865 Vgl. Weißenberger (Erfolgsrechnung 2003), S. 79 f.

866 Vgl. Kerkhoff/Diehm (Performance Reporting 2005), S. 345.

Finanzberichterstattung der Unternehmen auseinandersetzen – wie z.B. Finanzanalysten – messen einigen der Anwendungsfelder des Management Approach tlw. nur wenig Bedeutung bei. So werden bspw. im Rahmen der Bilanzanalyse häufig zur Herstellung einer besseren Vergleichbarkeit verschiedener Unternehmen oder zur Elimination von bilanzpolitischen Einflüssen Bereinigungen vorgenommen.[867] Sofern den Investoren durch den Management Approach zwar grundsätzlich die Relevanz der Finanzberichterstattung beeinflussende Informationen zur Verfügung gestellt werden, diese jedoch von den Investoren – aus welchen Gründen auch immer – bereinigt werden und somit unberücksichtigt bleiben, kann die Umsetzung des Management Approach auch keine Auswirkungen auf die Qualität der Kapitalmarktkommunikation durch die Finanzberichterstattung haben.

3 Einfluß des Management Approach auf die Reliabilität der Finanzberichterstattung

Gemäß F.31 ff. sind Finanzberichterstattungsinformationen dann reliabel, wenn sie keine wesentlichen Fehler oder Verzerrungen aufweisen und sich die Informationsadressaten auf die ihnen zur Verfügung gestellten Informationen verlassen können. Dies impliziert nicht zuletzt, daß Informationen objektiv, also intersubjektiv nachvollziehbar sein müssen, um als reliabel bezeichnet zu werden.[868]

Wie in Abschnitt D.2 gesehen, bewirken Management-Approach-Informationen im Regelfall durch den Abbau von Informationsasymmetrien zwischen Unternehmensführung und Investoren eine Erhöhung der Relevanz der Finanzberichterstattung, auch wenn im Einzelfall eine von den Informationsbedürfnissen der Investoren abweichende Steuerungsperspektive des Controllings Relevanzdefizite hervorrufen kann. Von der normalerweise realisierbaren Relevanzerhöhung durch Management-Approach-Informationen wird allerdings in der Literatur davon ausgegangen, daß sie – insbesondere bei prospektiv ermittelten Informationen – durch eine Reduktion der Reliabilität der Finanzberichterstattung erkauft werden muß.[869] Als Ursachen für diese Reduktion können zwei in diesem Abschnitt zu untersuchende Effekte identifiziert werden: Dies

---

867 Vgl. bspw. zur bilanzanalytischen Bereinigung von Goodwill Lachnit/Müller (Firmenwert 2003), S. 543 ff., oder zur Bereinigung selbsterstellter immaterieller Vermögenswerte Heldt (Innovationen 2004), S. 701 f.

868 Zur Reliabilität und intersubjektiven Nachprüfbarkeit vgl. auch Heintges (Rechnungslegung 2006), S. 1571; Streim/Bieker/Esser (Fair Value 2003), S. 472 f.

869 Vgl. Hachmeister (Controllingprüfung 2003), S. 446; ähnlich Küting/Reuter (Bilanzanalyse 2005), S. 710; in bezug auf Fair Values auch Ballwieser/Küting/Schildbach (Fair Value 2004), S. 535 ff.; Luttermann (Bilanzierung 2006), S. 781 f.; Velthuis/Wesner/Schabel (Fair Value 2006), S. 876.

ist zum einen der Manipulationseffekt und zum anderen der Zirkularitätseffekt des Management Approach, wobei der Zirkularitätseffekt nicht zwangsläufig eine Reduktion der Reliabilität der Finanzberichterstattung hervorrufen muß, sondern unter bestimmten Bedingungen auch reliabilitätssteigernd wirken kann.

3.1 Der Zirkularitätseffekt

Unter dem Zirkularitätseffekt des Management Approach sollen in dieser Arbeit Wechselwirkungen zwischen der externen Rechnungslegung und Controllingsystemen, welche bei einer Umsetzung des Management Approach die Grundlage der Bilanzierung darstellen, verstanden werden.

Diese Wechselwirkungen ähneln denjenigen, die sich einstellen, wenn ein Unternehmen ein streng harmonisiertes, auf externen Vorschriften basierendes Rechnungswesen betreibt. In diesem Fall schlagen sich sowohl die Ausnutzung bilanzpolitischer Spielräume als auch Änderungen der externen Normen unmittelbar im Controlling nieder.[870] Dies kann dazu führen, daß – z.B. wenn internen Bewertungsvorgängen die externen Vorschriften der IFRS 3 und IAS 36 zugrunde gelegt werden[871] – im Controlling betriebswirtschaftlich notwendige Parameter nicht beachtet werden.[872] Als Konsequenz können sich dann aus unternehmerischer Perspektive Fehlentscheidungen, d.h. Entscheidungen, die nicht den Unternehmenswert maximieren, einstellen.

Ursache des Zirkularitätseffekts ist, daß die externe Rechnungslegung bei einer Umsetzung des Management Approach in seiner Reinform unmittelbar aus Controllinginformationen besteht. Sofern die Unternehmensleitung bilanzpolitische Eingriffe in die Finanzberichterstattung vornehmen möchte, ist sie deshalb gezwungen, diese Eingriffe bereits auf die Controllinginformationen anzuwenden.[873] Ein Interesse, derartige Eingriffe vorzunehmen, kann bspw. bestehen, wenn die Unternehmensleitung zwar in der Lage wäre, unternehmenswertmaximierende Steuerungssysteme zu implementieren, und auch den intrinsischen Wunsch nach einer solchen Implementierung hegt, aller-

---

870 Vgl. Küting/Lorson (Steuerung 1998), S. 471; Weißenberger (Performance 2006), S. 70.

871 Dies ist laut einer jüngeren empirischen Studie offenbar in größerem Umfang der Fall. Vgl. Deloitte Consulting (Goodwill 2005), S. 10.

872 Vgl. Trützschler et al. (Akquisitionen 2005), S. 397 f.; ähnlich Castadello (Impairment 2006), S. 141 f. Ein weiteres Beispiel stellen in der IFRS-Rechnungslegung zunehmend zur Anwendung kommende Fair Values dar. Diese können in der internen Steuerung anderen Bewertungsansätzen wie z.B. der Bewertung zu fortgeführten Anschaffungskosten jedoch auch unterlegen sein. Vgl. hierzu ausführlich Ewert (Fair Value 2006), S. 24-45.

873 Vgl. Dawo (Immaterielle 2003), S. 230; da eine solche Umsetzung des Management Approach in seiner Reinform nur selten möglich ist, wird diese Annahme in Abschnitt D.3.2.2 gelockert.

dings – aus welchen Gründen auch immer – nicht in der Lage ist, dies am Kapitalmarkt glaubhaft zu kommunizieren.[874]

Insbesondere bei einer Anbindung der Entlohnung des Managements an den Kapitalmarkt (Marktwert des Unternehmens) ist es dann möglich, daß das Management die Unternehmenssteuerungssysteme so ausgestaltet, daß die generierten Informationen am Kapitalmarkt zwar das (dort) gewünschte Bild des Unternehmens vermitteln, obwohl in Wahrheit nicht mehr unbedingt diejenigen Entscheidungen herbeigeführt werden, die den Unternehmenswert maximieren.[875] Der Zirkularitätseffekt muß seinen Ursprung jedoch nicht notwendigerweise in gezielter Bilanzpolitik zur Beeinflussung von Investoren haben, sondern auch vom Management befürchtete mögliche negative Auswirkungen durch die Publizität von Unternehmensinterna – wie z.B. befürchtete Wettbewerbsnachteile – können das bilanzierende Unternehmen dazu veranlassen, im internen Reporting andere Informationen als die eigentlich optimalen zu berichten, nur um zu verhindern, daß externe Adressaten wie Wettbewerber in den Besitz dieser Informationen gelangen.[876]

In der Folge kann eine Umsetzung des Management Approach die Freiheit der Unternehmensführung bei der Ausgestaltung von Steuerungsinstrumenten einschränken.[877] Abbildung D-2 veranschaulicht den Zirkularitätseffekt des Management Approach graphisch.

---

874 Dies kann bspw. dann der Fall sein, wenn die Kapitalmarktteilnehmer davon ausgehen, daß die Unternehmensführung Bilanzpolitik betreibt und deshalb die von der Unternehmensführung vermittelten Informationen nicht unmodifiziert vom Kapitalmarkt verarbeitet werden. Zu einer grundsätzlichen modellartigen Darstellung von Kapitalmarktreaktionen auf Bilanzpolitik vgl. Wagenhofer/Ewert (Unternehmensrechnung 2003), S. 241-246.

875 Vgl. hierzu grundlegend Pfaff/Bärtl (Rechnungslegung 1998), S. 771; m.w.N. Himmel (Konvergenz 2004), S. 139 f.; vgl. auch Weißenberger (Unternehmensrechnung 2003), S. 202 sowie in bezug auf unerwünschte Rückkopplungen auf das finanzwirtschaftliche Risikomanagement durch die Vorschriften des IAS 39 zum Hedge Accounting Glaum (Finanzinstrumente 1997), S. 1627; Kley (Konvergenz 2006), S. 156 f.; Kropp/Klotzbach (Makro Hedge 2003), S. 1181.

876 Vgl. Wagenhofer (Zusammenwirken 2006), S. 4; zur Gefahr derartiger Wettbewerbsnachteile vgl. auch Hahn (Segmentberichterstattung 2000), S. 689.

877 Vgl. in bezug auf die Segmentberichterstattung Müller/Ordemann/Pampel (Controlling 2005), S. 2123.

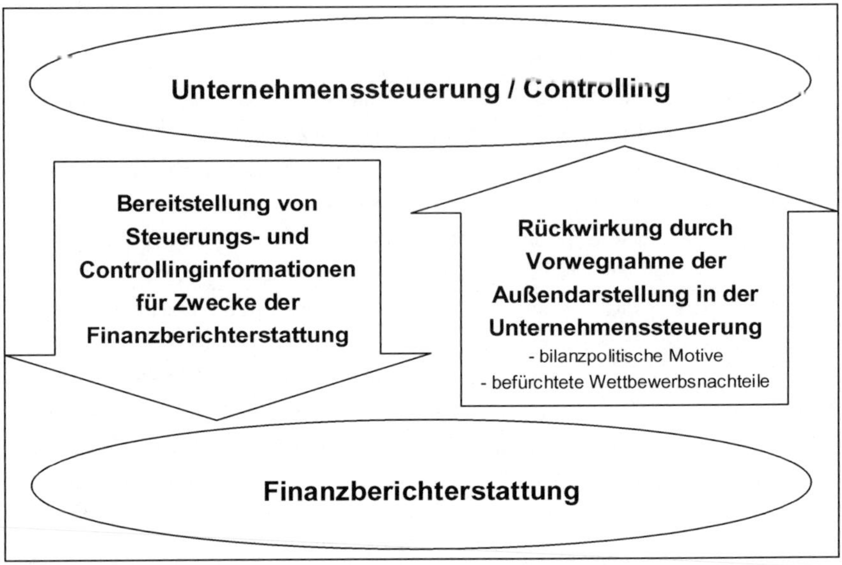

Abbildung D-2: Zirkularitätseffekt des Management Approach

3.1.1 Auswirkungen des Zirkularitätseffekts auf die Reliabilität der Finanzberichterstattung

Hinsichtlich der Natur bilanzpolitischer Eingriffe wird in der Literatur häufig zwischen sachverhaltsdarstellenden und sachverhaltsgestaltenden bilanzpolitischen Maßnahmen unterschieden. Während sich sachverhaltsdarstellende Maßnahmen ausschließlich auf die bilanzielle Abbildung von Geschäftsvorfällen erstrecken, liegen sachverhaltsgestaltenden Maßnahmen zusätzliche reale Geschäftsvorfälle zugrunde, die ausschließlich mit der Intention, eine gewünschte bilanzielle Darstellung des Unternehmens zum Abschlußstichtag herbeizuführen, abgeschlossen werden.[878] Eine bilanzpolitisch motivierte Anpassung der Controllingsysteme durch die Unternehmensführung scheint hierbei eher den sachverhaltsgestaltenden Maßnahmen zuzuordnen zu sein. Zwar werden nicht unmittelbar gesonderte Geschäftsvorfälle herbeigeführt, jedoch gehen derartige Eingriffe auch weit über eine bloße von der Realität abweichende bilanzielle Darstellung hinaus, da die Konsequenz der Eingriffe andere unternehmerische Entscheidungen sein können, als diejenigen, die getroffen würden, wenn eine bilanzpolitisch motivierte Adaption des Controllings unterbleiben würde.

878 Vgl. Freidank (Wertsteigerung 2000), S. 13 f.; Veit (Bilanzpolitik 2002), S. 3 ff.

Aus diesem Grund können einige Erkenntnisse, die in der Forschung hinsichtlich der Vornahme sachverhaltsgestaltender Eingriffe gewonnen wurden, auf den Zirkularitätseffekt des Management Approach übertragen werden. So kann z.B. nachgewiesen werden, daß eine Einengung der Spielräume, sachverhaltsdarstellende bilanzpolitische Maßnahmen vorzunehmen, dazu führt, daß für das Management der relative Grenznutzen der Vornahme sachverhaltsgestaltender Maßnahmen (im Vergleich zu sachverhaltsdarstellenden Maßnahmen) steigt. In der Folge kann es zu einem Verdrängungseffekt kommen, da es den Managern dann schwerer fällt, Bilanzpolitik mit einfachen Eingriffen in die bilanzielle Abbildung zu betreiben. Statt dessen werden absichtlich Geschäftsvorfälle herbeigeführt, die die gewünschte bilanzielle Darstellung der wirtschaftlichen Lage des Unternehmens bewirken, auch wenn diese Geschäftsvorfälle das Unternehmen schädigen.[879] Auf den Zirkularitätseffekt des Management Approach übertragen bedeutet dies, daß die Unternehmensführung um so eher bereit sein dürfte, bilanzpolitisch motivierte Eingriffe in das Controlling vorzunehmen, je geringer der Spielraum ist, der ihr für sachverhaltsdarstellende bilanzpolitische Maßnahmen zur Verfügung steht. Da eine Umsetzung des Management Approach in seiner Reinform bedeutet, daß die extern kommunizierten Informationen vollständig denjenigen entsprechen, die intern verwendet werden, wäre der Spielraum für sachverhaltsdarstellende bilanzpolitische Maßnahmen in diesem Fall gleich null. Die einzige Möglichkeit, die dem Management dann bliebe, um Bilanzpolitik zu betreiben, wäre ein Eingriff in die intern zur Entscheidungsfindung genutzten Controllingsysteme. Daher wird in der Literatur u.a. auch davon ausgegangen, daß ein Zwang zu einer umfassenden Umsetzung des Management Approach, wie sie z.B. in der Segmentberichterstattung nach US-GAAP bereits der Fall ist, Auswirkungen auf die interne Organisationsstruktur, die Struktur der internen Berichterstattung sowie die Effizienz unternehmerischer Entscheidungen haben kann.[880]

Grundsätzlich ist zunächst davon auszugehen, daß die Controllingsysteme aus interner Sicht optimal gewählt, d.h. auf eine maximale Unternehmenswertsteigerung ausgerichtet sind.[881] Werden diese Systeme aus bilanzpolitischen Erwägungen heraus modifiziert, so wird dies normalerweise dazu führen, daß diese Systeme nicht mehr in der Lage sind, den Unternehmenswert maximierende Entscheidungen herbeizuführen – auch wenn dies zumindest kurzfristig für externe Betrachter nicht unmittelbar offensichtlich wird. Soweit aber „Unternehmen ihr Controllingsystem nicht auf die Interes-

---

879 Vgl. Ewert/Wagenhofer (Earnings Management 2005), S. 1101 ff.

880 Vgl. Ewert/Wagenhofer (Rechnungslegung 2000), S. 47.

881 Vgl. Wagenhofer (Zusammenwirken 2006), S. 15.

sen der Anteilseigner ausrichten, besteht vor allem langfristig die Gefahr, daß durch suboptimale Entscheidungen des Managements Unterschiede zwischen dem aktuellen und potentiellen Unternehmenswert auftreten, die als Wertlücken bezeichnet werden“[882]. Die Unternehmensleitung ist alleine schon deshalb dazu gezwungen, solche Wertlücken zu schließen, da sonst in der langen Frist eine feindliche Übernahme droht, wenn die Wertlücken auch für Außenstehende sichtbar werden.[883] Darüber hinaus kann eine Abstrafung des Managements auch erfolgen, wenn ein für das Unternehmen schädliches Verhalten von den bestehenden Investoren erkannt wird.[884] Es kann gezeigt werden, daß die Möglichkeit für die Investoren, sachverhaltsgestaltende Maßnahmen – bzw. im hier betrachteten Kontext die Vornahme schädlicher Eingriffe in die Controllingsysteme – aufzudecken, von der generellen Rechnungslegungstransparenz abhängt. In der Folge wird das Management um so eher auf bilanzpolitisch motivierte negative Eingriffe in die Unternehmenssteuerung verzichten, je eher dies durch die Investoren aufgedeckt werden kann.[885] Die hierfür notwendige Transparenz der Rechnungslegung kann durch den Management Approach und den mit ihm verbundenen Abbau von Informationsasymmetrien zwischen Unternehmensführung und Investoren bewirkt werden. Denn der Management Approach führt dazu, daß die Investoren einen besseren und detaillierteren Einblick in die Ausgestaltung und die Qualität der vom Management genutzten Steuerungssysteme erhalten.[886] In der Folge verringern sich auch die Möglichkeiten für das Management, bilanzpolitisch motivierte Eingriffe in die Unternehmenssteuerung vornehmen zu können, ohne Sanktionen befürchten zu müssen. Die durch den Management Approach herbeigeführte Qualitätsprüfung des Controllings läßt darüber hinaus auch den Druck auf das Management anwachsen, ggf. suboptimale Controllingsysteme weiterzuentwickeln und an die Markterwartungen anzupassen.[887]

Zusammenfassend sind somit in bezug auf den Zirkularitätseffekt des Management Approach zwei gegenläufige Effekte festzuhalten: Einerseits bestehen für das Manage-

---

882 Freidank (Wertsteigerung 2000), S. 20.

883 Vgl. m.w.N. Freidank (Wertsteigerung 2000), S. 20.

884 Vgl. bzgl. der Segmentberichterstattung Haller (Segmentbericht 2000), S. 800 f. Beispielsweise liegen empirische Belege für die Entlassung von Vorstandsmitgliedern auf Druck der Eigenkapitalinvestoren infolge einer schlechten Unternehmensperformance vor. Vgl. Jostarndt/Rudolph/Thierauf (Management 2006), S. 218 ff., oder Desai/Hogan/Wilkins (Accounting 2006), S. 100.

885 Vgl. Hunton/Libby/Mazza (Transparancy 2006), S. 135 ff.

886 Vgl. bspw. D'Arcy (Controlling 2006), S. 220 f.; Kümpel (Gewinn 2002), S. 1016.

887 Vgl. bspw. auch bzgl. der Unternehmensorganisation Haller/Park (Segmentberichterstattung 1999), S. 64.

ment Anreize und Möglichkeiten, durch eine Veränderung des Controllings eine nicht wahrheitsgemäße Finanzberichterstattung herbeizuführen. Allerdings stellt die Konsequenz derartiger Eingriffe dar, daß die Controllingsysteme dann nicht mehr die unternehmerisch optimalen Entscheidungen herbeiführen. Da der Management Approach gleichzeitig einen Mechanismus darstellt, welcher die Transparenz der Finanzberichterstattung erhöht und somit Unzulänglichkeiten des Controllings gegenüber den Investoren offenbar werden lassen kann, resultiert hieraus auch ein Anreiz für das Management, von solchen Eingriffen in das Controlling abzusehen.

3.1.2 Einrichtung eines Goodwill Controllings als Sonderfall des Zirkularitätseffekts

Aufgrund der aktuellen Diskussion um die bilanzielle Abbildung von Unternehmenszusammenschlüssen und der hohen Goodwill-Beträge, die häufig im Rahmen von Unternehmensakquisitionen entstehen, sollen in diesem Zusammenhang die Auswirkungen des Zirkularitätseffekts des Management Approach auf Unternehmenssteuerung und Finanzberichterstattung in Zusammenhang mit Goodwill-Abschreibungen tiefergehend untersucht werden. Hierbei wird auch das Goodwill Controlling aufgegriffen, das in der Literatur gegenwärtig als neues Controllingfeld entdeckt wird und zum einen die Zielsetzung verfolgt, möglichst frühzeitig Informationen über anstehende Goodwill Impairments vom Controllerbereich an die Bilanzierung zu vermitteln, zum anderen aber auch eine proaktive Vermeidung von Goodwill Impairments im Sinne einer Risikofrüherkennung ermöglichen soll.[888] In dieser Arbeit wird der Begriff des Goodwill Controlling um eine Bilanzierungsperspektive erweitert, indem auch die bilanzpolitisch motivierte Planung von Goodwill-Beträgen als ein möglicher Aufgabenbereich des Goodwill Controllings aufgefaßt wird.

Ob Goodwill und die auf diesen ggf. vorzunehmenden Abschreibungen im Rahmen interner, zur Unternehmenssteuerung genutzter Rechnungen berücksichtigt werden sollten, hängt vom Verwendungszweck des jeweiligen Rechenwerkes ab. So sollten sämtliche den Unternehmenswert beeinflussende Faktoren bspw. dann berücksichtigt werden, wenn die Größe zur Wertmessung berechnet wird. Erfolgt die Berechnung allerdings für andere Zwecke wie z.B. zur Entlohnung oder Verhaltenssteuerung, so sollten im Sinne des Controllability-Prinzips nur die vom beurteilten Management beeinflußbaren Komponenten berücksichtigt werden.[889] Daher wird es im Rahmen der

888 Vgl. bspw. Weißenberger (IFRS 2007), S. 308-329.

889 Vgl. Hebeler (Measurement 2004), S. 221; Weißenberger (Erfolgsrechnung 2003), S. 77 ff.

Unternehmenssteuerung als sinnvoll erachtet, Goodwill-Abschreibungen bei Performancemessungsrechnungen für diejenigen Managementebenen zu berücksichtigen, die die Akquisitionsentscheidungen verantworten, welche dem jeweiligen Unternehmenserwerb zugrunde liegen.[890] Werden die Goodwill-Abschreibungen hingegen auf nachgelagerten Hierarchieebenen erfaßt, so kann es zu Ungleichbehandlungen zwischen akquirierten und organisch gewachsenen Unternehmensteileinheiten kommen.[891] Ebenso erscheint bei anderen Rechnungszwecken wie z.B. der Vorbereitung der Kapitalbudgetierung oder der Portfoliosteuerung die Berücksichtigung von Goodwill-Abschreibungen als wenig sinnvoll, da diese auch hier dazu führt, daß intern gewachsene gegenüber akquirierten Unternehmensteileinheiten bei gleicher operativer Leistungskraft höhere Renditen ausweisen, was zu suboptimalen unternehmerischen Entscheidungen führen kann.[892] Die Berücksichtigung von Goodwill-Abschreibungen in internen Steuerungsrechnungen kann also sinnvoll sein, jedoch sollte über eine solche Berücksichtigung in Abhängigkeit des Rechnungszwecks entschieden werden. Die Vermeidung von Doppelrechnungen für unterschiedliche Rechnungszwecke stellt hierbei ein schwieriges Unterfangen dar.[893]

Gleichzeitig bestehen nicht nur Argumente für und wider eine Berücksichtigung von Goodwill in internen Steuerungsrechnungen, sondern auch Anreize sowie Möglichkeiten für die Unternehmensleitung, in der externen Rechnungslegung Goodwill Impairments zu vermeiden oder gezielt herbeizuführen (sog. big bath accounting),[894] um das offengelegte Jahresergebnis in gewünschter Weise zu beeinflussen. So wird beispielsweise häufig davon ausgegangen, daß die Kapitalmarktteilnehmer mit einer stetigen Ergebnisentwicklung ein geringeres Risiko assoziieren und somit die Finanzierungskosten für das Unternehmen sinken können. Dies stellt für die Unternehmensführung einen Anreiz dar, eine möglichst stetige Ergebnisentwicklung zu präsentieren.[895] Um solche Ergebniseffekte gezielt durch Goodwill Impairments herbeizuführen, erscheint es als zielführend, eine aktive Planung und Steuerung der bilanzierten Goodwill-Beträge und somit der ausgewiesenen Periodenergebnisse vorzunehmen.[896] Dies kann

[890] Vgl. m.w.N. Schultze (Goodwill 2005), S. 281.
[891] Vgl. Pellens/Crasselt/Schremper (Goodwill 2002), S. 128 ff.
[892] Vgl. Pellens/Crasselt/Sellhorn (Goodwill 2002), S. 143.
[893] Vgl. Pellens/Crasselt/Schremper (Goodwill 2002), S. 130.
[894] Vgl. Pellens et al. (Impairment 2005), S. 16 f.
[895] Vgl. m.w.N. Meyer (Bilanzpolitik 2005), S. 240 f. sowie m.w.N. Ziesemer (Rechnungslegungspolitik 2002), S. 15 f.
[896] Zur Einführung eines Fair-Value-Managements zur Steuerung der Bewertung von Positionen mit schwankenden Wertansätzen vgl. allgemein Melcher (Umstellung 2005), S. 84 und 89. Auch die IGC ist der Auffassung, daß die gestiegene Bedeutung von Fair Values

bspw. über eine entsprechende Anpassung von Planzahlen oder die zielgerichtete Bestimmung von Diskontierungszinssätzen geschehen.[897] Bei einer Umsetzung des Management Approach ist es hierbei notwendig, diese Anpassung bereits in den intern verwendeten Rechenwerken vorzunehmen, um die gewünschten externen Effekte bewirken zu können.

Unter bilanzpolitischen Gesichtspunkten eröffnet auch die Übertragung von Teilgoodwills im Rahmen von Restrukturierungsvorgängen den bilanzierenden Unternehmen dadurch umfangreiche Einflußmöglichkeiten, daß durch eine geschickte Modifikation der Abgrenzung von ZGEs Risikoausgleichseffekte zwischen verschiedenen Vermögenswerten herbeigeführt werden können, was es ermöglicht, künftigem potentiellem Wertminderungsbedarf vorzubeugen.[898] Denn durch die Änderung der ZGE-Abgrenzungen ist es möglich, verschiedene Einnahmequellen so zu kombinieren, daß ein Risikoausgleich zwischen diesen Einnahmenquellen stattfindet.[899] Erscheint es dem bilanzierenden Unternehmen also als wahrscheinlich, daß auf den Goodwill einer ZGE bspw. aufgrund schlechter Geschäftsentwicklung in absehbarer Zeit eine Abschreibung vorzunehmen sein wird, so kann es durch eine geschickte Neukomposition der betroffenen ZGE mit anderen ZGEs, die z.B. aufgrund ihrer hervorragenden Geschäftsentwicklung keinen Wertminderungsbedarf erkennen lassen, den anstehenden Goodwill Impairment vermeiden. Umgekehrt können Umstrukturierungen ebenso dazu genutzt werden, um Goodwill Impairments zu einem gewünschten Zeitpunkt herbeizuführen. Allerdings bleibt hierbei zu beachten, daß gem. IAS 36.87 eine tatsächliche Umstrukturierung der Unternehmensteileinheiten zu erfolgen hat, bevor eine Reallokation von Goodwill auf verschiedene ZGEs erfolgen kann. Um eine solche Umverteilung vornehmen zu können, muß also zwingend in die Organisationsstruktur und somit in die Unternehmenssteuerung eingegriffen werden.

Derivativer Goodwill kann als Wert erworbener Wettbewerbsvorteile interpretiert werden, die in einer dynamischen, dem Wandel unterworfenen Wettbewerbswirtschaft langfristig erodieren. Allerdings ist eine solche Erosion normalerweise kein ex ante prognostizierbarer oder gar planbarer Vorgang, sondern die Abnutzung des Goodwill vollzieht sich vielmehr durch unregelmäßig auftretende Ereignisse, die aus der Innen-

---

dazu führt, daß das Management den zugrundeliegenden Planwerten mehr Aufmerksamkeit schenken und dafür z.B. ein Goodwill Controlling einführen sollte. Vgl. IGC/Weißenberger (IFRS 2006), S. 42 f.

897 Vgl. Trützschler et al. (Akquisitionen 2005), S. 405.

898 Vgl. Meyer (Bilanzpolitik 2005), S. 330 und 337 f.

899 Vgl. Pfeil/Vater (Goodwill-Bilanzierung 2002), S. 71 sowie das Zahlenbeispiel bei Wirth (Firmenwert 2005), S. 224 f.

sphäre des Unternehmens heraus kaum beeinflußbar oder gar steuerbar sind.[900] Insofern erscheint es als zweifelhaft, daß eine Planung der Wertentwicklung von Goodwill-Beträgen in der Unternehmenssteuerung auf einer sachlich fundierten Basis erfolgen kann. Vielmehr ist zu befürchten, daß die planmäßig und prospektive gedankliche Vorwegnahme künftiger Goodwill-Abschreibungen dazu führt, daß die Unternehmenssteuerung auf scheingenaue Daten zurückgreift, die keinen positiven Beitrag bei der Abwägung der Konsequenzen verschiedener Handlungsalternativen auf den Unternehmenswert ausüben können.

Von derartigen negativen Einflüssen auf die Unternehmenssteuerung ist insbesondere auch dann auszugehen, wenn ein aktives Goodwill Controlling aus bilanzpolitischen Motiven installiert wird. Denn dann steht nicht mehr die Konzeption eines Unternehmenssteuerungsinstruments, welches zur maximalen unternehmerischen Wertschaffung beitragen soll, im Vordergrund, sondern die zielgerichtete Beeinflussung von an externe Adressaten berichteten Informationen. In bezug auf die Unternehmenssteuerung verbinden sich dann zwei negative Einflüsse: Zum einen handelt es sich um ein Instrument, welches naturgemäß keine positiven Auswirkungen auf die Unternehmenssteuerung entfalten kann, und zum anderen stellt es noch nicht einmal die Absicht der Unternehmensführung dar, solche positiven Auswirkungen überhaupt herbeiführen zu wollen. In der Konsequenz können sich daher nur negative Auswirkungen auf die Unternehmenssteuerung ergeben.

Betrachtet man außerdem die Natur von Goodwill Impairments gemäß dem Impairment Only Approach aus Perspektive der externen Rechnungslegung, so stellen diese Impairments außerplanmäßige Abschreibungen dar.[901] Im Zusammenhang mit der bewußten Herbeiführung oder Vermeidung derartiger außerplanmäßiger Abschreibungen sollte nicht übersehen werden, daß eine „Planung außerplanmäßiger Abschreibungen“ alleine schon vom Wortsinn her einen paradoxen Vorgang darstellt. Sofern das Goodwill Controlling in einem Unternehmen keine operativen Zwecke verfolgt, sondern primär bilanzpolitisch motiviert eine Planung von Goodwill-Beträgen zum Ziel hat, Goodwill-Abschreibungen aber gleichzeitig in der Steuerung von Unternehmensteileinheiten berücksichtigt werden, so sind Fehlanreize wahrscheinlich. Ein derartiges System ist außerdem nicht nur aus Perspektive der Unternehmenssteuerung, sondern

[900] Vgl. Hitz/Kuhner (Goodwill 2002), S. 281.

[901] Eine Ausnahme stellen regelmäßige Goodwill Impairments dar, die sich rein theoretisch dann einstellen, wenn der Geschäftsverlauf exakt den zuvor getroffenen Annahmen entspricht und keinerlei weitere Investitionen in den Goodwill der betroffenen Unternehmensteileinheit getätigt werden. Vgl. hierzu Schultze (Goodwill 2005), S. 286.

auch aus Sichtweise der Investoren abzulehnen, da es die objektive Darstellung der wirtschaftlichen Situation des Unternehmens verzerrt und die Rechnungslegungstransparenz reduziert.

3.2 Der Manipulationseffekt

Zwar wurde in Abschnitt D.3.1 gesehen, daß bei einer Umsetzung des Management Approach in seiner Reinform eine Vornahme von sachverhaltsdarstellenden bilanzpolitischen Maßnahmen kaum möglich ist und der Zirkularitätseffekt des Management Approach die Unternehmensführung darüber hinaus von bilanzpolitisch motivierten Sachverhaltsgestaltungen abhalten kann. Insbes. in Abschnitt D.1 wurde jedoch deutlich, daß eine Umsetzung des Management Approach in seiner Reinform nur selten möglich sein dürfte. Vielmehr sind häufig Adaptionen bzw. Weiterverarbeitungen der Controllinginformationen für externe Berichtszwecke z.B. durch die Anfertigung von Überleitungsrechungen oder die Kombination der Controllinginformationen mit weiteren Daten notwendig, um alle externen Bilanzierungsvorschriften einzuhalten. In diesem Fall hat das bilanzierende Unternehmen die Möglichkeit, im Rahmen der Weiterverarbeitung der Management-Approach-Informationen durch bilanzpolitische Darstellungsmaßnahmen eine gewünschte externe Abbildung der wirtschaftlichen Lage des Unternehmens herbeizuführen, ohne daß die Management-Approach-Informationen selbst zuvor Verzerrungen aufweisen müssen. In der Literatur wird daher auch die Ansicht geäußert, daß in der IFRS-Finanzberichterstattung „bei der Auslegung von Ermessensspielräumen der Management Approach in der Bilanzierung im Vordergrund“[902] stehe.

Darüber hinaus ist die Möglichkeit dezentraler Manipulationen von Management-Approach-Informationen zu nennen. Diese resultiert daher, daß für dezentrale Entscheidungsträger innerhalb des Unternehmens Anreize bestehen können, aus opportunistischen Motiven im Rahmen der Bottom-Up-Berichterstattung eine Verzerrung der wahrheitsgemäßen Lage herbeizuführen. In diesem Fall erhält das zentrale Management Informationen, die bereits eine geringe Verläßlichkeit aufweisen. Eine dem Management Approach entsprechende, durch das zentrale Management herbeigeführte Zweitverwendung dieser Informationen in der externen Finanzberichterstattung reduziert dann konsequenterweise auch deren Reliabilitätsgrad.

Der folgende Abschnitt thematisiert potentielle Reliabilitätsdefizite von Management Approach-Informationen, die aus der Berichterstattung dezentraler Einheiten an die Unternehmensführung resultieren können und mögliche Maßnahmen der Unterneh-

[902] Küting/Reuter (Bilanzanalyse 2005), S. 710.

menszentrale, um den Wahrheitsgehalt der Berichterstattung zu steigern. Der darauf folgende Abschnitt hingegen behandelt potentielle bilanzpolitische Darstellungsmaßnahmen, die vom zentralen Management im Zuge der Verarbeitung von Controllingin formationen für die Bilanzierung vorgenommen werden können.

3.2.1 Dezentrale Manipulation

Wie in Abschnitt C.2.1 gesehen, besteht ein Unternehmen aus einer Vielzahl von Individuen, die zahlreiche Stellen innerhalb des Unternehmens innehaben und dort unterschiedlichste Funktionen wahrnehmen. Typischerweise sind in Unternehmen Informationen asymmetrisch verteilt. Da die dezentralen Einheiten häufig einen Informationsvorsprung vor der Unternehmensleitung haben, werden Entscheidungen an dezentrale Entscheidungsträger delegiert und diese mit den Ressourcen ausgestattet, die sie zur Umsetzung ihrer Entscheidungen benötigen. Zur Erreichung der Unternehmensziele erfolgt eine Koordination der Handlungen dieser Akteure über die Aufbau- und Ablauforganisation.

Im Rahmen dieser Koordinationsprozesse wird eine Verbesserung der Unternehmenssteuerung erwartet, wenn zentrale Einheiten bei ihrer Entscheidungsfindung auch dezentral generierte Informationen berücksichtigen. Denn die Integration von dezentral vorhandenem Wissen in an zentraler Stelle ablaufende Entscheidungsprozesse erhöhe bspw. zum einen die zentrale Prognosequalität und übe zum anderen Motivationseffekte auf die dezentralen Einheiten aus.[903] Werden derartige Informationen über den Management Approach auch in der Finanzberichterstattung verwendet, so kann ihre hohe Prognosegüte dort eine Erhöhung der Reliabilität der extern berichteten Informationen bewirken.

Allerdings kann es im Rahmen der innerbetrieblichen Kommunikationsprozesse auch vorkommen, daß der dezentrale Entscheidungsträger seinen Informationsvorteil zu seinem eigenen Vorteil und zu Lasten der übergeordneten Instanz bzw. des Gesamtunternehmens ausnutzt. Dies ist dann möglich, wenn Interessendivergenzen vorliegen und wenn die übergeordnete Instanz die Entscheidungen der dezentralen Einheiten nicht beobachten kann. Konkret bedeutet dies, daß der dezentrale Entscheidungsträger

903 Vgl. in bezug auf die Unternehmensplanung m.w.N. Derfuß (Budgetierung 2005), S. 214. Von einer übergeordneten Hierarchieebene top-down vorgegebene, utopische Planzahlen werden hingegen von operativen Einheiten, die ein feines Gespür für solche Utopien aufweisen, sehr schnell abgelehnt. Außerdem dient der Verweis auf utopisch hohe Planzahlen auch als Begründung dafür, daß Ziele nicht erreicht wurden. Vgl. Radke (Budgetierung 1989), S. 146. Für eine Beschreibung verschiedener Planungsmethoden vgl. auch die entspr. Ausführungen in Abschnitt C.4.4.

im Rahmen der Abstimmungsprozesse zur Ressourcenverteilung unwahrheitsgemäße Informationen an die übergeordneten Hierarchieebenen melden kann, um entweder mehr Ressourcen zugeteilt zu bekommen oder um die an ihn gestellten Ansprüche zu reduzieren. Da die übergeordnete Hierarchieebene ex ante nicht in der Lage ist, festzustellen, ob die dezentrale Einheit wahrheitsgemäß berichtet, ist sie auf die Einführung von ex post Kontrollen angewiesen, welche disziplinierende Effekte herbeiführen können. Denn dann muß der dezentrale Entscheidungsträger davon ausgehen, daß sein opportunistisches Verhalten aufgedeckt und er bestraft wird.[904]

Häufig werden für derartige Kontrollzwecke Ergebniskontrollen verwendet. Diese liefern Informationen über das Ergebnis betrieblichen Handelns und können – wie bereits in Abschnitt C.4.1 dargestellt – für Soll-Ist-Vergleiche in bezug auf zuvor erstellte Plan- oder Budgetwerte verwendet werden.[905] Ex post ist dann ein durch die dezentral getroffene Entscheidung verursachter Umweltzustand eingetreten, über welchen die zentrale Stelle Kenntnis erlangen muß. Dafür, daß die zentrale Stelle über diesen Umweltzustand Informationen erhält, ist jedoch häufig dieselbe dezentrale Stelle zuständig, welche durch diese Informationen kontrolliert werden soll.[906] So bildet z.B. häufig das monatlich, quartalsweise oder jährlich erstellte Reporting einer Tochtergesellschaft eine wichtige Grundlage für die Beurteilung der Managementleistung.[907] Sofern für das dezentrale Management Anreize und Möglichkeiten zur Verzerrung der gemeldeten Informationen bestehen, ist davon auszugehen, daß es diese nutzt und die Informationen eine geringe Reliabilität aufweisen.[908] Zur Herbeiführung einer wahrheitsgemäßen Berichterstattung durch die kontrollierten Einheiten wird daher in der Literatur eine Reihe von Mechanismen diskutiert. Hierzu gehören bspw. das Weitzman-Schema, das Osband-Reichelstein-Schema, der Groves-Mechanismus oder das Instrument des

---

904 Vgl. Ewert/Wagenhofer (Unternehmensrechnung 2003), S. 349 f.; Pfaff/Pfeiffer (Prinzipal-Agent 2001), S. 376.

905 Vgl. auch ausführlich Horváth (Controlling 1998), S. 169.

906 Vgl. Franz/Winkler (Steuerung 2006), S. 55.

907 Zur Erhebung der für Goodwill Impairment Tests benötigten Informationen durch das Controlling der betroffenen ZGEs vgl. auch Watterott (Steuerung 2006), S. 148.

908 Ein ähnliches Problem besteht grundsätzlich im Rahmen von Projekten: So werden bspw. in der Auftragsfertigung oder in der F&E Projektberichte häufig durch das Projektmanagement oder das ihm zugeordnete (ihm möglicherweise auch unterstellte) Projektcontrolling erstellt, wobei diese beiden Stellen ein Interesse an einer überoptimistischen Darstellung der Projektsituation haben können. So kann bspw. ein Projektverantwortlicher in der F&E die Projektentwicklung überoptimistisch darstellen, wenn hiervon sein Gehalt, seine Reputation usw. abhängen. Vgl. hierzu Walter (Entwicklung 1989), S. 191 ff.; m.w.N. Holtrup/Littkemann (Innovationsprojekte 2005), S. 255; ähnlich in bezug auf die Auftragsfertigung Weißenberger (Performance 2006), S. 70.

Profit Sharing. Allerdings sind diese Mechanismen zum Teil nur unter idealisierten Bedingungen und auch nicht vollständig in der Lage, Verzerrungen in der internen Kommunikation eines Unternehmens zu eliminieren.[909] Folglich kann in der Praxis nicht ausgeschlossen werden, daß die Informationen, die unternehmensintern an die Unternehmensführung berichtet werden, frei von Verzerrungen sind.

Daher stellt die Einführung zusätzlicher Überwachungsinstanzen eine weitere Möglichkeit dar, um dezentrale Einheiten zu einer wahrheitsgemäßen Berichterstattung zu bewegen. Opportunistisches Verhalten kann nämlich auch dadurch reduziert werden, daß die dezentralen Entscheidungsträger stärker überwacht werden oder sich zumindest stärker überwacht fühlen. Denn wenn die dezentralen Entscheidungsträger der Ansicht sind, daß die Transparenz für die übergeordnete Hierarchieebene, d.h. die Aufdeckungsmöglichkeit von opportunistischem Verhalten, steigt, dann werden sie weniger opportunistisch handeln.[910] Derartige Überwachungsmechanismen stellen bspw. die Durchführung von Kontrollen durch die interne Revision sowie die Prüfung der Reporting-Packages der dezentralen Einheiten durch unabhängige Abschlußprüfer dar.

Da es zu einer Verletzung des Prinzips der Manipulationsfreiheit führt, wenn die Bewertung einer Unternehmensteileinheit hauptsächlich auf deren individueller Eigenbeurteilung basiert,[911] wird in der Literatur als weiterer Ansatz, um eine wahrheitsgemäße Berichterstattung herbeizuführen, u.a. eine funktionale und organisatorische Trennung von Management und Controlling, vorgeschlagen. Diejenige Stelle, die für die Erfolgsmessung zuständig ist, soll nicht gleichzeitig Verantwortung für den gemessenen Erfolg tragen, um keinen Anreiz für eine verzerrte Erfolgsdarstellung zu haben. Derartige verläßlichkeitssteigernde Wirkungen werden in der Literatur insbesondere hinsichtlich der Umsetzung des Management Approach im Rahmen des Projektcontrollings diskutiert. So wird hinsichtlich der Sicherstellung der Objektivität des Erfolgsausweises im Zusammenhang mit der poc-Methode in der Literatur bereits seit längerem vorgeschlagen, daß das Projektcontrolling funktionell und organisatorisch vom Projektmanagement getrennt zu sein hat. Somit soll eine möglichst hohe Übereinstimmung zwischen Fertigungs- und Ergebnisrealisation erreicht werden.[912] Denn die Anwendung der poc-Methode kann zu einseitigen Manipulationen führen, wenn

[909] Zu diesen Instrumenten vgl. ausführlich Ewert/Wagenhofer (Unternehmensrechnung 2003), S. 423-430 und 501 ff.; Pfaff/Pfeiffer (Prinzipal-Agent 2001), S. 376-388; Trauzettel (Koordination 1999), S. 171-193.

[910] Vgl. Schäffer (Opportunismus 2002), S. 90.

[911] Vgl. Weißenberger (Erfolgsmessung 2004), S. 307.

[912] Vgl. m.w.N. Klein (Unternehmenssteuerung 1999), S. 172.

dem Projektverantwortlichen die Erstellung bzw. Sammlung aller notwendigen Daten während der Auftragsdurchführung obliegt.[913] Einer solchen besseren Darstellung der Tätigkeit des Projektverantwortlichen durch einen erhöhten Erfolgsausweis kann entgegengewirkt werden, wenn die Projektbewertung durch eine von ihm unabhängige Stelle erfolgt.[914]

Die in den obigen Ausführungen festgestellten potentiellen Reliabilitätsdefizite können bei einer mehrperiodigen Betrachtung jedoch auch durch selbstdisziplinierende Effekte vermindert werden. So muß bspw. eine kurzfristig zu positive Darstellung in der Berichterstattung in Folgeperioden durch zusätzliche Zielerreichungen kompensiert werden. Denn ansonsten würde die übergeordnete Hierarchieebene die fehlerhafte Berichterstattung spätestens bei Projektabschluß aufdecken.[915] Ähnlich verhält sich dies im Rahmen der Unternehmensplanung, die die Grundlage für Goodwill Impairment Tests darstellen kann: Zwar bestehen insbes. im Rahmen der Bottom-Up-Planung Möglichkeiten für die dezentralen Entscheidungsträger, durch eine entsprechende Beeinflussung der Planzahlen zu möglichst niedrigen Zielvorgaben zu gelangen. Solch übermäßig konservative Planungen mit dem Ziel einer möglichst sicheren Planerreichung können jedoch dadurch unattraktiv werden, daß sich ein erhöhtes Impairment-Risiko für den Goodwill der ZGE einstellen kann, wenn diese Planzahlen die Grundlage für den Goodwill Impairment Test darstellen.[916] Dann kann die konservative Planung nämlich gleichzeitig dazu führen, daß die übergeordneten Hierarchieebenen ein Signal für eine stattfindende Wertvernichtung oder insgesamt schlechte Zukunftsperspektiven der dezentralen Unternehmensteileinheit erlangen. Dies dürfte in den meisten Fällen zu einer verstärkten Überwachung und erhöhtem Druck auf das dezentrale Management führen.

Zusammenfassend bleibt festzuhalten, daß die Nutzung dezentral vorhandener Informationsvorsprünge durch die zentrale Unternehmensführung zwar eine bessere Verwertung der im Unernehmen vorhandenen Informationen bewirken und auf Gesamtunternehmensebene u.a. reliabilitätssteigernd wirken kann. Allerdings ist die Zentrale hierbei auf eine wahrheitsgemäße Berichterstattung durch die dezentralen Stellen an-

---

913 Vgl. m.w.N. Kümpel (Fertigungsaufträge 2002), S. 907.

914 In der Literatur finden sich auch ähnliche Überlegungen in bezug auf die Durchführung von Goodwill Impairment Tests. So könne die Reliabilität von Goodwill Impairment Tests erhöht werden, wenn die Durchführung des Bewertungsvorgangs nicht dem Management der bewerteten Einheit, sondern einer unabhängigen Stabsstelle oder einer hierarchisch übergeordneten Instanz obliegt. Vgl. hierzu Haaker (Controlling 2005), S. 356.

915 Vgl. Kümpel (Fertigungsaufträge 2002), S. 908.

916 Vgl. allgemein Gentz/Kauffmann (Impairment 2003), S. 98 f.

gewiesen, von welcher im Regelfall nicht ausgegangen werden kann. Zwar existiert eine Vielzahl von Instrumenten, um die Reliabilität der von dezentralen Einheiten gemeldeten Informationen zu erhöhen. Allerdings weisen auch diese Defizite in ihrer Eignung und Reichweite auf, so daß i.d.R. keine vollständig wahrheitsgemäße interne Berichterstattung an die Unternehmensleitung sichergestellt werden kann. Eine durch den Management Approach herbeigeführte Zweitverwendung solcher Controllinginformationen in der Bilanzierung kann dementsprechend auch Reliabilitätsdefizite in der Finanzberichterstattung hervorrufen.

3.2.2 Zentrale Manipulation

Wie in Abschnitt D.1 gesehen, ist davon auszugehen, daß für die Bilanzierung in vielen Fällen von den internen Informationen abgewichen werden muß, da die in Kapitel B dargestellten Regelungen zahlreiche Vorschriften enthalten, die eine Umsetzung des Management Approach in seiner Reinform erschweren können.[917] Im Rahmen der Umsetzung des Management Approach sind daher häufig Überleitungsrechnungen von den internen auf die bilanziellen Darstellungen notwendig.[918] Im Rahmen dieser Überleitungsrechnungen können für die Unternehmensführung entsprechend der Natur der jeweiligen Bilanzierungsfelder umfangreiche Ermessensspielräume bestehen, deren Ausnutzung zu einer Ausweitung der PA-Probleme zwischen Unternehmensführung und Investoren führen kann.[919] Denn durch die Vornahme von bilanzpolitischen Darstellungsmaßnahmen im Zuge von Überleitungsrechnungen wird die Informationsasymmetrie zwischen Unternehmensführung und Investoren vergrößert. Gleichzeitig muß die Unternehmensführung jedoch keine negativen Effekte auf die Unternehmenssteuerung befürchten, da sich die ergriffenen Maßnahmen ausschließlich auf die externe Darstellung auswirken. Das Kosten-Nutzen-Verhältnis von bilanzpolitischen Darstellungsmaßnahmen im Rahmen von Überleitungsrechnungen wird daher im Regelfall bis zu einem gewissen Punkt für die Unternehmensführung positiv ausfallen.

Davon, daß die Unternehmensführung bilanzpolitische Darstellungsmaßnahmen im Zuge der Anfertigung von Überleitungsrechnungen von internen auf externe Wertan-

---

917 Zu verweisen ist bspw. auf den Einfluß des Risk and Reward Approach auf die Segmentberichterstattung oder die Objektivierungsvorschriften bzgl. der Cash-Flow-Prognosen im Rahmen von Goodwill Impairment Tests.

918 So z. B. bei der Reallokation von Vermögens-, Schuld-, Ertrags- oder Cash-Größen von internen Organisationseinheiten auf die Segmente der externen Segmentberichterstattung oder bei der Überleitung von internen Planungsrechnungen auf die für Goodwill Impairment Tests benötigten Cash Flows.

919 Vgl. Küting/Reuter (Bilanzanalyse 2005), S. 710; Pottgießer/Velte/Weber (Impairment 2005), S. 1751.

sätze vornehmen wird, muß insbesondere dann ausgegangen werden, wenn in der Beziehung von Unternehmensführung und Investoren Moral Hazard besteht. Denn dann bestehen Anreize für die Manager, die über die Finanzberichterstattung an die Investoren kommunizierten Informationen durch bilanzpolitische Darstellungsmaßnahmen so zu verzerren, daß die Finanzberichterstattung der Erreichung der opportunistischen Ziele der Unternehmensführung dient.[920] Hierbei ist u.a. auch davon auszugehen, daß die wirtschaftliche Situation des Unternehmens einen Einfluß auf die Richtung der bilanzpolitischen Maßnahmen ausübt.[921] Darüber hinaus bestehen bei einer Anbindung der Entlohnung der Unternehmensführung an den Kapitalmarkt starke Anreize für die Unternehmensführung, die Meinungsbildung der Kapitalmarktakteure über bilanzpolitische Maßnahmen zu beeinflussen.[922] Dies kann bspw. im Rahmen einer wertorientierten Unternehmensführung dadurch erfolgen, daß sich die Unternehmensführung Zielgrößen setzt und diese Ziele an die Investoren kommuniziert. In den künftigen Perioden gilt es dann, diese Ziele nicht nur substantiell, sondern ggf. auch mittels bilanzpolitischer Maßnahmen zu erreichen.[923]

Im Zusammenhang mit der Beeinflussung der Meinungsbildung auf den Kapitalmärkten führt insbesondere die zunehmende Fair-Value-Bilanzierung in der IFRS-Finanzberichterstattung dazu, daß dem Management umfangreichere bilanzpolitische Darstellungsmöglichkeiten zur Verfügung stehen, um zukünftige Gewinne bereits in der Gegenwart bilanziell abzubilden und somit die wirtschaftliche Lage des Unternehmens möglicherweise besser darzustellen, als sie in Realität ist.[924]

---

[920] Für eine Darstellung verschiedener Anreize, Bilanzpolitik zu betreiben, und deren Auswirkungen auf das Bilanzierungsverhalten der Unternehmensführung vgl. bspw. Haller (Bilanzpolitik 1994), S. 597-612.

[921] So wurde bspw. für handelsrechtliche Abschlüsse ein Zusammenhang zwischen bilanzpolitischer Richtung und der wirtschaftlichen Situation des Unternehmens festgestellt; vgl. hierzu Hüttche (Bilanzanalyse 2005), S. 321. Darüber hinaus liegen empirische Belege dafür vor, daß IFRS-Bilanzierer nicht weniger Bilanzpolitik betreiben als HGB-Bilanzierer. Insofern wird im Gegensatz zu häufigen Behauptungen keine höhere Transparenz und bessere Berichtsqualität nur durch die bloße Umstellung auf IFRS erreicht; vgl. hierzu Tendeloo/Vanstraelen (Earnings Management 2005), S. 175 ff. Vgl. außerdem die zahlreichen Beispiele zur Bilanz- und Erfolgsausweisgestaltung zur Verschleierung einer Krise der Gesellschaft bei Meyer/Meisenbacher (Bilanzpolitik 2004), S. 568-572.

[922] Vgl. Coffee (Corporate Scandals 2005), S. 5 ff.; Luttermann (Bilanzierung 2006), S. 784.

[923] Vgl. bspw. in bezug auf zahlungsstromorientierte Prognosen Freidank (Wertsteigerung 2000), S. 22.

[924] Vgl. Hitz (Fair Value 2005), S. 1018; Coffee (Corporate Scandals 2005), S. 5 f. bezeichnet dies auch als „stolen earnings from future periods". Derartige Möglichkeiten zur zeitlichen Vorverlagerung von Gewinnen bzw. der Hinauszögerung von Aufwendungen be-

Der Anreiz für ein solches Verhalten besteht hierbei darin, daß das Management i.d.R. eine höhere Zeitpräferenz besitzt als die Investoren. Eine zeitliche Vorverlagerung von Gewinnen, die auch zu einer frühzeitigeren Entlohnung der Manager führt, steht daher in Einklang mit den Interessen des Managements.[925] Einige der in Kapitel B dargestellten Anwendungsfelder des Management Approach beziehen sich auf derartige Fair-Value-Bilanzierungen. Darüber hinaus wird den meisten in Kapitel B dargestellten Sachverhalten in der Literatur das überdurchschnittliche Vorhandensein von Ermessensspielräumen zugeschrieben:

So besteht beispielsweise im Rahmen der Aktivierung selbsterstellter immaterieller Vermögenswerte ein de facto Aktivierungswahlrecht, da die Entscheidung über die Erfüllung der in Abschnitt B.4.2 aufgezählten Aktivierungsvoraussetzungen der subjektiven Einschätzung des bilanzierenden Unternehmens unterliegt.[926] Ebenso kann die Unternehmensführung bei der Identifikation einzeln aktivierbarer immaterieller Vermögenswerte im Zusammenhang mit einer Unternehmensakquisition de facto wählen, ob derartige Vermögenswerte identifiziert werden sollen oder ob die auf diese Vermögenswerte entfallenden Beträge im derivativen Goodwill aufgehen sollen.[927] Sofern die Abgrenzung Goodwill tragender ZGEs nicht vollständig auf der Grundlage interner Organisationseinheiten vorgenommen werden kann, besteht darüber hinaus die Möglichkeit, den Goodwill auf eine hierarchisch möglichst hoch angesiedelte Organisationseinheit zuzuteilen. Dann können Risikokompensationseffekte erreicht werden, da der Wertverlust eines Teils der Organisationseinheit durch bestehenden (bzw. die Entstehung von) originären Goodwill oder den Wertzuwachs anderer Teile der Organisationseinheit ausgeglichen wird.[928] Zwar stellt das Vorhandensein einer Planungsrechnung grundsätzlich ein Abgrenzungskriterium für eine ZGE dar.[929] Sofern es sich bei der ZGE jedoch um eine von der internen Organisationsform abweichende Einheit handelt, erscheint es grundsätzlich auch möglich, eine Planungsrechnung für externe Zwecke aufzustellen bzw. die für die Durchführung des Goodwill Impairment Tests

---

stehen im Zusammenhang mit den in dieser Arbeit betrachteten potentiellen Anwendungsfeldern des Management Approach insbesondere bei der Durchführung von Impairment Tests, der Aktivierung selbsterstellter immaterieller Vermögenswerte und der Umsatzrealisation gemäß der poc-Methode sowie tlw. bei der Bilanzierung von Vermögenswerten des Finanzanlagevermögens.

925 Vgl. Velthuis/Wesner/Schabel (Fair Value 2006), S. 877.

926 Vgl. Heyd/Lutz-Ingold (Intangibles 2005), S. 98; Kirsch (Wahlrechte 2003), S. 1111 f.

927 Vgl. Heidemann (Kaufpreisallokation 2005), S. 116 ff.; Heyd/Lutz-Ingold (Intangibles 2005), S. 98.

928 Vgl. Schultze/Hirsch (Wertorientierung 2005), S. 121.

929 Vgl. Kirsch (Informationsmanagement 2005), S. 23.

aus den Planungsrechnungen für andere Organisationseinheiten abzuleiten.[930] Auch in diesem Fall bestehen umfangreiche Ermessensspielräume, die die Unternehmensführung aus opportunistischen Motiven nutzen kann, so daß die entsprechenden Zeitwertansätze – sofern sie nicht auf Marktpreisen basieren – i.d.R. bilanzpolitisch motivierte Verzerrungen aufweisen können.[931]

Zusammenfassend ist an dieser Stelle festzuhalten, daß der Unternehmensführung umfangreiches Potential an bilanzpolitischen Darstellungsmöglichkeiten zur Verfügung steht, sofern der Management Approach nicht in seiner Reinform umgesetzt wird bzw. werden kann. Im Regelfall hat die Unternehmensführung ein Interesse an der Ausnutzung dieser bilanzpolitischen Spielräume, so daß die Reliabilität der Finanzberichterstattung durch diejenigen Rechnungslegungsnormen, welche eine Umsetzung des Management Approach ermöglichen, beeinträchtigt werden kann.

4 Konsequenzen des Management Approach für die Vergleichbarkeit der Finanzberichterstattung

Die Vergleichbarkeit von Informationen der Finanzberichterstattung soll gem. F.39 ff. auf zwei Arten gewährleistet werden: Zum einen soll die Finanzberichterstattung von Unternehmen intertemporal vergleichbar sein, und zum anderen soll die Finanzberichterstattung verschiedener Unternehmen miteinander vergleichbar sein. Folglich sollen gleiche Transaktionen oder andere Geschäftsvorfälle auf gleiche Art und Weise in den verschiedenen Abschlüssen abgebildet werden. Ein wichtiges Kriterium für die intertemporale Vergleichbarkeit stellt hierbei die Einhaltung des Stetigkeitsgrundsatzes dar. Darüber hinaus sind zur Verbesserung der Vergleichbarkeit Vergleichsangaben für zurückliegende Berichtsperioden zu machen. Allerdings wird die Vergleichbarkeit der Relevanz und der Verläßlichkeit untergeordnet. So ist die bilanzielle Abbildung abweichend vom Stetigkeitsgrundsatz zu verändern, wenn ein Unternehmen über relevantere und verläßlichere Darstellungsalternativen verfügt.

In der Praxis wird im Rahmen der Bilanzanalyse i.d.R. auf eine Reihe von Kennzahlen zurückgegriffen, um Aussagen über die Entwicklung der wirtschaftlichen Leistungsfähigkeit von Unternehmen abzuleiten oder um die Leistungsfähigkeit verschiedener Unternehmen miteinander zu vergleichen. Zwar konnte sich aufgrund des bislang zu kurzen hierfür zur Verfügung stehenden Zeitraums noch kein allgemein akzeptiertes

[930] Dies erscheint insbesondere dann als geboten, wenn für interne Zwecke keine Goodwill-Überwachung erfolgt und somit dieses Kriterium auch nicht für die ZGE-Abgrenzung herangezogen werden kann.

[931] Vgl. Nestler/Thuy (Goodwill 2002), S. 179; Streim/Bieker/Esser (Fair Value 2003), S. 474 f.

Kennzahlenbündel für IFRS-Abschlüsse herausbilden. Ein wesentliches Kriterium für eine hohe Trennschärfe bzw. eine hohe Signifikanz der häufig in Neuronalen Netzen oder Multivariaten Diskriminanzanalysen verwendeten Kennzahlen ist jedoch eine hohe Vergleichbarkeit der Finanzberichterstattungsinformationen, die in diese Analysesysteme eingespeist werden.[932]

In bezug auf die intertemporale Vergleichbarkeit der Finanzberichterstattung sind von einer Umsetzung des Management Approach leicht positive bzw. zumindest keine negativen Auswirkungen zu erwarten. Denn auch im Controlling ist insbesondere bei der Fundierung regelmäßig wiederkehrender Führungsentscheidungen z.B. im Rahmen von Planungs- und Kontrollrechnungen eine stetige Informationsermittlung wichtig, um Fehlentscheidungen zu vermeiden. Werden diese Informationen über den Management Approach in die Finanzberichterstattung transportiert, so wird dem Stetigkeitsgrundsatz nicht nur in der Bilanzierung entsprochen, sondern auch durch die zuvor bereits intern erforderliche Stetigkeit zusätzlich unterstützt.

In bezug auf die Vergleichbarkeit der Finanzberichterstattung verschiedener Unternehmen sind jedoch Defizite feststellbar. An vielen Stellen enthält die IASB-Rechnungslegung nämlich Regelungen, die aufgrund einer geringen Detailregelungstiefe umfassende Auslegungsspielräume in der Bilanzierung eröffnen. Dies führt in der Praxis dazu, daß IFRS-Abschlüsse trotz des hohen Anspruchs an die Qualität von Informationen in vielen Fällen nicht vergleichbar sind.[933] Derartige Vergleichbarkeitsprobleme können sich insbesondere durch die Umsetzung des Management Approach einstellen. Denn dieser führt dazu, daß die Unternehmen an vielen Stellen in die Lage versetzt werden, ihre subjektiven Erwartungsmomente in die Bilanzierung mit einzubringen, so daß die Vergleichbarkeit der Finanzberichterstattung nur bei identischen Erwartungen der verschiedenen Unternehmen gewährt wäre. Dies stellt jedoch einen theoretischen Ausnahmefall dar.

So kann bspw. die Erstellung der Segmentberichterstattung gem. dem Management Approach dazu führen, daß die Segmentangaben verschiedener Unternehmen nur schwer miteinander verglichen werden können, da es nur im Ausnahmefall zwei Unternehmen geben wird, die in Teilen die gleiche Geschäftstätigkeit betreiben und diese jeweils sich entsprechenden Segmenten zuordnen. Darüber hinaus kann auch die intertemporale Vergleichbarkeit durch Restrukturierungen leiden. Denn es ist unwahrscheinlich, daß die notwendigen Vorperiodenwerte überhaupt im erforderlichen Um-

---

932 Vgl. Hüttche (Bilanzanalyse 2005), S. 320; Maier (Rating 2004), S. 408 und 410 f.
933 Vgl. Freisleben/Leibfried (Vergleichbarkeit 2004), S. 104-108.

fang zur Verfügung gestellt werden können.[934] Dies dürfte insbesondere dann schwierig sein, wenn die Segmentberichterstattung bottom-up erstellt wird, da in den Vorperioden noch kein auf die neue Struktur des Unternehmens ausgerichtetes Berichtswesen bestanden hat.[935]

Ebenso wird in der Literatur darauf hingewiesen, daß durch das Hedge Accounting identische Sachverhalte in verschiedenen Unternehmen auf unterschiedliche Weise bilanziert werden könnten.[936] Dies insbesondere dann, wenn die Regelungen des IAS 39 keine bilanzielle Abbildung der im internen finanzwirtschaftlichen Risikomanagement intendierten Sicherungsbeziehung ermöglichen, so daß jedes Unternehmen fallweise über die bilanzielle Behandlung derivativer Finanzinstrumente entscheiden muß. Darüber hinaus führen Wahlrechte bzw. de facto Wahlrechte (wie z.B. bei der Aktivierung von Entwicklungskosten) dazu, daß sich die Vergleichbarkeit der Abschlüsse reduziert, da die Wahlrechte nicht von allen Unternehmen in gleicher Form wahrgenommen werden.

Zur Herstellung einer Mindestvergleichbarkeit werden im Rahmen der Bilanzanalyse zwar entsprechende Bereinigungen vorgenommen.[937] Diese konterkarieren jedoch wiederum die durch den Management Approach zusätzlich zur Verfügung gestellten Informationen. Ebenso kann es im Rahmen der wertorientierten Berichterstattung im Lagebericht (ggf. auch auf Segmentebene) zu Vergleichbarkeitsproblemen zwischen den Unternehmen kommen. Denn die Auswahl und Konzeption der wertorientierten Kennzahl(en) sind individuell auf das jeweilige Unternehmen und die unterschiedlichen Präferenzen seiner Entscheidungsträger auszurichten. Die Veröffentlichung unterschiedlich konzipierter wertorientierter Kennzahlen oder Pro-forma-Ergebnisse schränkt jedoch die Vergleichbarkeit und Analysemöglichkeiten für externe Adressaten ein.[938]

Zusammenfassend ist daher festzuhalten, daß der Management Approach dazu führen kann, daß die von den Unternehmen in der Finanzberichterstattung nach außen kom-

---

934 Vgl. Haller/Park (Segmentberichterstattung 1999), S. 63.

935 Die Bottom-Up-Erstellung der Segmentberichterstattung wird tendenziell eher in die Nähe des Management Appraoch gerückt als die Top-Down-Erstellung. Vgl. Abschnitt B.1.1.1.

936 Vgl. Glaum (Finanzinstrumente 1997), S. 1627; Kropp/Klotzbach (Makro Hedge 2003), S. 1181.

937 Vgl. Heldt (Innovationen 2004), S. 701 f. Grundsätzlich in bezug auf Wahlrechte auch ähnlich Meyer (Bilanzpolitik 2005), S. 191 f.

938 Vgl. Hebeler (Measurement 2004), S. 234. Im Grundsatz ähnlich Wagenhofer (Zusammenwirken 2006), S. 4.

munizierten Informationen Vergleichbarkeitsproblemen unterliegen. Allerdings wurde in den Abschnitten D.2 und D.3 auch aufgezeigt, daß sich die Umsetzung des Management grundsätzlich mitunter positiv auf Verläßlichkeit und v.a. Relevanz der Finanzberichterstattung auswirken kann. Da das IASB das Kriterium der Vergleichbarkeit im Framework den Kriterien Relevanz und Verläßlichkeit unterordnet, muß im Einzelfall geprüft werden, welche Effekte sich durch eine Umsetzung des Management Approach einstellen. Hierbei ist es grundsätzlich möglich, daß Vergleichbarkeitsdefizite durch Erhöhungen von Relevanz und Vergleichbarkeit überkompensiert werden.

5 Fazit

Die Umsetzung des Management Approach in der Finanzberichterstattung hat umfangreiche Auswirkungen sowohl auf die Finanzberichterstattung selbst als auch auf die Unternehmenssteuerung und das Controlling. So kann eine Umsetzung des Management Approach zu einer Weiterentwicklung der Controllingsysteme führen, wenn in der Finanzberichterstattung benötigte Informationen auch für die Unternehmenssteuerung relevant sind, bislang jedoch noch nicht erhoben wurden. Dann empfiehlt sich nämlich ein Ausbau des Controllings und eine anschließende Umsetzung des Management Approach auf die zusätzlichen Informationen.

Die Auswirkungen des Management Approach auf die Entscheidungsnützlichkeit von Finanzberichterstattungsinformationen wurden anhand der Kriterien Relevanz, Reliabilität und Vergleichbarkeit untersucht. Hierbei wurde festgestellt, daß der Management Approach grundsätzlich sowohl positive als auch negative Auswirkungen auf diese Kriterien haben kann. Eine Zusammenfassung der wesentlichen Auswirkungen des Management Approach auf diese Kriterien enthält Abbildung D-3.

Kriterium	Positive Auswirkungen	Negative Auswirkungen
Relevanz	Reduktion der Informationsasymmetrie zwischen Investoren und Management durch Erhöhung des Informationsgehalts der Finanzberichterstattung und Signaling-Effekte	Gefahr der Anwendung des Management Approach auf interne, von Verhaltenssteuerungsmotiven geprägte Informationen
Reliabilität	Zirkularitätseffekt des Management Approach wirkt disziplinierend hinsichtlich der Vornahme von bilanzpolitischen Maßnahmen	Bilanzpolitisches Darstellungspotential insbes. bei notwendiger Anpassung interner Informationen an externe Vorgaben Gefahr der Verwendung unwahrheitsgemäßer von dezentralen Einheiten gemeldeter Informationen
Vergleichbarkeit	Bessere intertemporale Vergleichbarkeit, da auch für interne Zwecke wichtig	Gleiche Geschäftsvorfälle werden von unterschiedlichen Unternehmen verschiedenartig abgebildet

Abbildung D-3: Auswirkungen des Management Approach auf die Entscheidungsnützlichkeit von Finanzberichterstattungsinformationen

E Auswirkungen des Management Approach auf die Durchführung der Abschlußprüfung

Unmittelbar mit der Rechnungslegung verbunden ist deren Prüfung durch unabhängige Abschlußprüfer. Eine Umsetzung des Management Approach in der Rechnungslegung zieht konsequenterweise auch nach sich, daß Management-Approach-Informationen von den Abschlußprüfern zu prüfen sind.

Der Management Approach stellt eine grundlegende Rechnungslegungskonzeption dar, die zwar nicht vollständig neu ist, jedoch eine Weiterentwicklung der tradierten Vorgehensweisen in der Abschlußerstellung darstellt und die im IASB-Standardsetting zunehmend an Bedeutung gewinnt. Diese Weiterentwicklung der Abschlußerstellungsprozesse führt dazu, daß sich auch die Abschlußprüfung weiterentwickeln muß, um Einbußen bei der Prüfungsqualität oder -wirtschaftlichkeit zu vermeiden. In diesem Kapitel wird daher erörtert, welche Anpassungsbedarfe in der Abschlußprüfung durch die Umsetzung des Management Approach in der Abschlußerstellung hervorgerufen werden und wie eine mögliche Anpassung ablaufen kann. Hierfür wird anhand der in Kapitel C vorgenommenen Kategorisierung von internen Informationsgrundlagen des Management Approach vorgegangen. Die Ableitung zu prüfender interner Informationen sowie Berichtssysteme ist in Abbildung E-1 wiedergegeben. Im Vordergrund der Untersuchung steht, wie entsprechende Management-Approach-Informationen bzw. die sie zur Verfügung stellenden Berichtssysteme zu prüfen sind und welchen Herausforderungen sich die Prüfer hierbei stellen müssen. Da die wesentliche Aufgabe der Abschlußprüfung darin besteht, die Glaubwürdigkeit der Rechnungslegung sicherzustellen, kommt der Auseinandersetzung der Abschlußprüfer mit den in Abschnitt D.3 diskutierten Auswirkungen des Management Approach auf die Reliabilität der Rechnungslegung besondere Bedeutung zu. Anschließend werden die Anforderungen an die Prüfer, welche sich aus der Prüfung von Management-Approach-Informationen ergeben, in ihrer Gesamtheit gewürdigt und die Auswirkungen des Management Approach zum einen auf die Erwartungslücke der Abschlußprüfung und zum anderen auf die Interaktion zwischen Prüfern und Mandanten untersucht.

Informationsquelle	Verwendungsobjekt im externen Rechnungswesen	Prüfung interner Informationen und Berichtssysteme
Organisations- und Berichtsstruktur	Segmentberichterstattung	Prüfung der Organisations- und Berichtsstruktur
	ZGE-Abgrenzung / Goodwillallokation	
Risikomanagementsysteme	Lagebericht	Prüfung des Risikomanagements
	Segmentberichterstattung	
	Goodwill Impairment Tests	
	Hedge Accounting/Fair Value Option	Prüfung des finanzwirtschaftlichen Risikomanagements
Planungs- und Kontrollrechnungen	Lagebericht	Prüfung der Unternehmensplanung und weiterer Planungs- und Kontrollrechnungen
	Goodwill Impairment Tests	
	Sachanlagevermögen	
Projektcontrolling	Bilanzierung von Unternehmenszusammenschlüssen	Prüfung des Projektcontrollings
	Goodwill Impairment Tests	
	Umsatz- und Gewinnrealisation	
	Selbsterstellte immaterielle Vermögenswerte	

Abbildung E-1: Notwendigkeit der Prüfung interner Berichtssysteme und von Controllinginformationen

1 Ökonomische Notwendigkeit und gesetzliche Verpflichtung zur Abschlußprüfung

Zur Begründung der Notwendigkeit der Abschlußprüfung wird in der Literatur u.a. auf die Prinzipal-Agent-Theorie zurückgegriffen.[939] Die Unternehmensführung (Agenten) hat i.d.R. einen Informationsvorsprung gegenüber den Investoren (Prinzipale). Da die Investoren die Handlungen der Unternehmensführung nicht vollständig beobachten können und zumindest teilweise divergierende Interessen von Prinzipalen und Agenten vorliegen, besteht die Gefahr, daß die Agenten opportunistisch agieren und die vorhandenen Informationsasymmetrien zu ihrem Vorteil nutzen. Die Rechnungslegung stellt in diesem Zusammenhang einen gesetzlich bzw. standardsetterisch geregelten Versuch dar, ein standardisiertes Anreiz-, Informations-, Überwachungs- und Kon-

939 Zu Grundlagen der Prinzipal-Agent-Theorie vgl. die Ausführungen in Kapitel D. Diese Theorie sowie diverse andere Ansätze werden auch zur Erforschung des Verhältnisses zwischen Prüfern und Mandanten herangezogen. Vgl. hierzu ausführlich Ruhnke (Prüfung 2000), S. 196-206.

trollinstrument zu schaffen. Damit die Investoren davon ausgehen können, daß eine wahrheitsgemäße Berichterstattung durch ihre Agenten erfolgt, wird deren Berichterstattung einer Prüfung durch unabhängige Abschlußprüfer unterworfen. Da das Testat des Abschlußprüfers eine Bestätigung der Normenkonformität der Rechnungslegung und damit letztlich ein Glaubwürdigkeitssignal darstellt, verringert die Abschlußprüfung das Informationsgefälle zwischen Management und Investoren. Die besondere Rolle des Abschlußprüfers ergibt sich hierbei daraus, daß u.a. aufgrund seiner Schweigepflicht gegenüber Dritten nur der Prüfer in der Lage ist, im Zusammenspiel von Publizitätsvorschriften, Ermessensausübungen und Abschlußprüfung gleichzeitig sowohl eine Erhöhung des Informationsgehalts der Finanzberichterstattung als auch das mögliche Interesse des Unternehmens an einer Geheimhaltung bestimmter Informationen in angemessener Weise zu gewährleisten.[940] Da im Rahmen der Prinzipal-Agent-Situation zwischen Investoren und Unternehmensführung Anreize zu Falschdarstellungen in der Berichterstattung durch die Investoren das wesentliche Problem darstellen, wird in der Literatur an vielen Stellen die besondere Bedeutung des Abschlußprüfers für die Verläßlichkeit der Finanzberichterstattungsinformationen betont. Hierbei werden Falschdarstellungen in Abschlüssen entweder auf eine bewußte Verfälschung, also betrügerische Handlungen, oder unbeabsichtigte Fehler zurückgeführt.[941] Zu beachten ist jedoch, daß der Prüfer eines IFRS-Abschlusses prinzipiell die Einhaltung aller IASB-Normen sicherzustellen hat.[942] Somit ist im Rahmen der Abschlußprüfung eine Konzentration auf potentielle Verläßlichkeitsdefizite nicht ausreichend, sondern der Prüfer muß u.a. auch die weiteren in Kapitel D untersuchten Problemfelder (Relevanz, Vergleichbarkeit) berücksichtigen. Unter die Prüfungspflicht fallen diverse juristische Personen wie Personen- und Kapitalgesellschaften, aber auch Genossenschaften oder Vereine. Unter den Kapitalgesellschaften sind nach den Kriterien des § 267 HGB als mittelgroß oder groß einzustufende Gesellschaften prüfungspflichtig.[943] Gegenstand der Abschlußprüfung sind abhängig davon, ob die Gesellschaften börsennotiert und ob sie sich in einem Konzernverbund befinden, unterschiedliche Teile der Finanz-

---

940 Vgl. Ewert/Stefani (Prinzipal-Agent 2001), S. 147 ff.; Kaiser (Prüfung 2005), S. 2312; Marten/Quick/Ruhnke (Wirtschaftsprüfung 2003), S. 27 ff. Zum Zusammenhang zwischen Finanzberichterstattung und Kapitalmarkt auch mit zahlreichen Nennungen Mölls/Strauß (Informationswirkung 2007), S. 80 f.

941 Vgl. ISA 240 3 f. Vgl. hinsichtlich Fair-Value-Bewertungen auch Küting/Reuter (Bilanzanalyse 2005), S. 712; im Ergebnis ähnlich Hachmeister (Controllingprüfung 2003), S. 450.

942 Vgl. Marten/Quick/Ruhnke (Wirtschaftsprüfung 2003), S. 560.

943 Außerdem können nicht prüfungspflichtige Gesellschaften ihre Abschlüsse einer freiwilligen Prüfung unterwerfen.

berichterstattung. Bei börsennotierten großen Kapitalgesellschaften, auf die sich auch die im Rahmen dieser Arbeit durchgeführte empirische Untersuchung bezieht, sind sowohl der Konzernabschluß einschließlich Kapitalflußrechnung, Segmentberichterstattung und Eigenkapitalspiegel sowie der Konzernlagebericht und das Vorhandensein sowie die Effektivität des vorgeschriebenen Risikomanagementsystems prüfungspflichtig.[944] Außerdem unterliegen auch die im freien Teil des Geschäftsberichts veröffentlichten Informationen zumindest der prüferischen Durchsicht.[945]

Für die handelsrechtliche Abschlußprüfung in Deutschland sind zunächst die §§ 316-324 HGB einschlägig. Diese gesetzlichen Rahmenbedingungen für Abschlußprüfungen werden durch berufsständische Regelungen und Normen konkretisiert. Der deutsche Berufsstand der Wirtschaftsprüfer ist im Institut der Wirtschaftsprüfer (‚IDW') und in der Wirtschaftsprüferkammer (‚WPK') organisiert. Die vom IDW veröffentlichten Prüfungsstandards (‚IDW PS') sind von deutschen Abschlußprüfern bei handelsrechtlichen Pflichtprüfungen zwar nicht rechtlich verpflichtend zu beachten. Jedoch kommt den Standards eine faktische Bindungswirkung zu, da sich der Großteil aller Wirtschaftsprüfer entsprechend der Satzung des IDW zur Beachtung der IDW PS und sonstiger fachlicher IDW-Verlautbarungen verpflichtet hat.[946]

Das IDW hat sich durch seine Mitgliedschaft in der International Federation of Accountants (‚IFAC') dazu verpflichtet, die von dieser Organisation erarbeiteten International Standards on Auditing (‚ISA') in nationale berufsständische Regelungen umzusetzen. Daher wurden die ISA vom IDW so in IDW PS transformiert, daß die IDW PS den ISA sowohl in Umfang als auch Detaillierungsgrad entsprechen.[947] Die ISA selbst sind im Rahmen von Abschlußprüfungen bislang nicht verpflichtend anzuwenden. Der 8. EU-Gesellschaftsrichtlinie zufolge sind gesetzliche Abschlußprüfungen künftig unter unmittelbarer Anwendung der ISA durchzuführen. Die einzelnen ISA sollen hierfür analog zur Übernahme der IASB-Rechnungslegungsstandards in einem Komitologieverfahren durch die EU-Komission übernommen werden und die Richtlinie durch die

---

944 Zu einer ausführlicheren Darstellung von rechnungslegenden Einheiten und den vorgeschriebenen Abschlußprüfungsobjekten vgl. Marten/Quick/Ruhnke (Wirtschaftsprüfung 2003), S. 5. Vgl. auch die Übersicht über die Prüfungsvorschriften für Unternehmen bestimmter Rechts- und Gestaltungsformen bei IDW (Handbuch 2006), Kap. D, Tz. 1-33.

945 Diese Anforderung ergibt sich aus IDW PS202.7; vgl. hierzu auch Fischer/Becker (Publizität 2005), S. 128 und zur Bedeutung der IDW PS die folgenden Absätze.

946 Vgl. Kirsch/Dohrn/Wirth (Praxis 2002), S. 1224 ff.

947 Zu Vor- und Nachteilen dieses Transformationsansatzes des IDW vgl. Brinkmann/Spieß (Prüfung 2006), S. 401 f.

nationalen Gesetzgeber in nationales Recht transformiert werden.[948] Da die IDW PS eine Transformation der ISA darstellen, kommt den ISA in der Praxis bereits heute unmittelbare Relevanz für die Durchführung von Abschlußprüfungen zu. Aus diesem Grund haben insbesondere international agierende Wirtschaftsprüfungsgesellschaften die in den ISA enthaltenen Regelungen direkt in ihre internen Verfahrensanweisungen und Richtlinien zur Prüfungsdurchführung inkorporiert.

2 Praktische Ansätze zur Prüfung von Abschlüssen

Aufgabe des Abschlußprüfers ist es, ein Urteil darüber abzugeben, ob der geprüfte Abschluß in Einklang mit den relevanten Rechnungslegungsnormen steht. Aus diesem Zweck resultiert als erste Zielgröße des Prüfungsprozesses die Effektivität der Prüfung, d.h. die Erlangung eines Urteils mit ausreichender Urteilssicherheit. Eine zweite Zielgröße stellt die Wirtschaftlichkeit der Prüfung dar, d.h. für die Abschlußprüfung ist der kostengünstigste Prüfungsprozeß auszuwählen und durchzuführen. Die vollständige Zielfunktion der Prüfung stellt somit die „Abgabe eines hinreichend sicheren Prüfungsurteils bei minimalen Prüfungskosten“[949] dar.

Die zusätzliche Gewinnung von Prüfungsnachweisen folgt in der Regel dem Prinzip des abnehmenden Grenznutzens. Daher hat der Prüfer nur solange zu prüfen, bis der zusätzliche Urteilsbildungsbeitrag die für seine Gewinnung zusätzlich anfallenden Prüfungskosten nicht mehr übersteigt.[950] In der Prüfungspraxis stellt daher insbesondere die Einhaltung von Wesentlichkeitsgrenzen, d.h. die gezielte Nichtbeachtung von Jahresabschlußposten (bzw. im Rahmen einer Konzernabschlußprüfung ganzer Tochtergesellschaften), welche aufgrund ihrer geringen Bedeutung ohnehin zu keinen wesentlichen Fehlern im betrachteten Rechenwerk führen können, eine wichtige Rolle. Darüber hinaus kann der Prüfer durch eine bewußtgesteuerte Auswahl wesentlicher Einzelsachverhalte innerhalb eines Prüffeldes[951] zu einem hinreichend sicheren Prüfungsurteil gelangen, ohne alle in diesem Prüffeld enthaltenen Sachverhalte einzeln betrachten

---

948 Vgl. Ruhnke (Prüfung 2006), S. 1171 sowie ausführlich zu diesem Komitologieverfahren Brinkmann/Spieß (Prüfung 2006), S. 404 ff.; mit einer kurzfristigen Aufnahme des Komitologieverfahrens ist b.a.w. jedoch nicht zu rechnen; vgl. Naumann/Feld (Prüfer 2006), S. 883; zu weiteren Maßnahmen der EU in bezug auf die Abschlußprüfung vgl. auch van Hulle/Lanfermann (Abschlußprüfung 2003), S. 1323-1328, sowie Naumann/Feld (Prüfer 2006), S. 874.

949 Marten/Quick/Ruhnke (Wirtschaftsprüfung 2003), S. 202.

950 Vgl. Leffson (Wirtschaftsprüfung 1980), S. 115 f.

951 Prüffelder sind Zusammenfassungen von gleichartigen oder ähnlichen, d.h. zeitlich, örtlich und sachlich exakt abgegrenzten Teilgesamtheiten der Grundgesamtheit aller prüfungspflichtigen Geschäftsvorfälle. Vgl. Marten/Quick/Ruhnke (Wirtschaftsprüfung 2003), S. 230.

zu müssen.[952] Ist eine solche Vorgehensweise nicht möglich, z.B. da es sich um eine sehr große Zahl von Einzelsachverhalten mit jeweils geringem Umfang handelt, so stellt die in der Praxis häufig vorgenommene Verwendung von Stichproben eine weitere Möglichkeit zur Erhöhung der Wirtschaftlichkeit von Abschlußprüfungen dar. Anstatt alle in einem Prüffeld enthaltenen Einzelsachverhalte einer detaillierten Prüfung zu unterziehen, können insbes. mittels mathematisch-statistischer Methoden Stichproben selektiert werden, deren Elemente geprüft werden. Die hieraus gewonnenen Erkenntnisse erlauben dem Prüfer einen Rückschluß auf die Fehlerwahrscheinlichkeit bzw. den zu erwartenden Fehler in der Grundgesamtheit des Prüffeldes. Hierbei kann ggf. auch eine Hochrechnung von identifizierten Fehlern der Stichprobe auf die Grundgesamtheit erfolgen.[953]

Da also viele Prüffelder aus prüfungsökonomischen Gründen keiner vollständigen, sondern einer stichprobenartigen Prüfung unterzogen werden und darüber hinaus die Notwendigkeit zum Einsatz prüferischen Ermessens und die den geprüften Rechnungslegungs- und internen Kontrollsystemen immanenten Grenzen zu einer begrenzten Aussagekraft vieler Prüfungsnachweise führt, kann das Urteil des Prüfers darüber, ob ein Abschluß wesentliche Falschaussagen enthält, niemals absolut, sondern lediglich hinreichend sicher sein.[954] Für den Abschlußprüfer wird also immer das Restrisiko verbleiben, daß er zu einem falschen Gesamturteil über den geprüften Abschluß gelangt. So wird in der Literatur auch betont, daß eine „abschließende Beurteilung“ aufgrund der systembedingt tlw. mangelnden Genauigkeit der Rechnungslegung und der mit ihr verbundenen Prüfung überhaupt nicht möglich sei.[955]

Hierbei wird zwischen dem α-Risiko[956] und dem β-Risiko[957] unterschieden. Das α-Risiko ist das Risiko, daß der Prüfer zu einem negativen Gesamturteil über einen Abschluß kommt, obwohl dieser keine wesentlichen Fehler aufweist, während das β-Risiko das Risiko darstellt, daß der Prüfer zu einem positiven Gesamturteil über den Abschluß gelangt, obwohl dieser wesentliche Fehler enthält. In der Literatur herrscht Einigkeit, daß das β-Risiko das für die Qualität des Prüfungsurteils gefährlichere Risiko

---

952 Vgl. Leffson (Wirtschaftsprüfung 1980), S. 162.

953 Zu mathematisch-statistischen Stichprobenverfahren im Rahmen der Abschlußprüfung vgl. auch ausführlich Marten (Stichproben 2003), S. 444-448.

954 Vgl. Marten/Quick/Ruhnke (Wirtschaftsprüfung 2003), S. 202.

955 Wer sich anmaße, eine derartige „abschließende Beurteilung“ abgeben zu können, müsse dem Prophetenstand angehören, so ironisierend Hoffmann (Bestätigungsvermerk 1994), S. 1743-1749.

956 Häufig auch als Fehler 1. Art oder Auftraggeber-Risiko bezeichnet.

957 Häufig auch als Fehler 2. Art oder Prüfer-Risiko bezeichnet.

darstellt, weshalb im Rahmen von Abschlußprüfungen der zulässige β-Fehler im Vergleich zum zulässigen α-Fehler als möglichst niedrig anzusetzen ist. Hierbei verhalten sich α-Risiko und β-Risiko interdependent, d.h. daß eine Reduktion des β-Risikos ceteris paribus bei konstantem Prüfungsumfang zu einer Erhöhung des α-Risikos führt und vice versa.[958]

Zur Operationalisierung insbes. des β-Risikos wurde der sog. risikoorientierte Prüfungsansatz entwickelt. Demnach setzt sich das Prüfungsrisiko, also das Risiko, daß ein wesentlicher Fehler im geprüften Abschluß unentdeckt bleibt, zusammen aus dem Risiko, daß ein solcher Fehler auftritt (Fehlerrisiko), und dem Risiko, daß der Abschlußprüfer diesen Fehler nicht aufdeckt (Entdeckungsrisiko). Im Rahmen der Abschlußprüfung ist nur das Entdeckungsrisiko durch den Prüfer direkt beeinflußbar. Das Fehlerrisiko kann hingegen nur indirekt und über einen längeren Zeitraum vom Prüfer beeinflußt werden, indem er dem bilanzierenden Unternehmen Empfehlungen hinsichtlich der Abschlußerstellungsprozesse erteilt und somit Einfluß auf die im Abschluß enthaltenen Informationen nimmt. Das Fehlerrisiko läßt sich weiter unterteilen in das Risiko, daß das Prüfungsobjekt aufgrund seiner Natur fehleranfällig ist (inhärentes Risiko) und das Risiko, daß die im Rahmen der Abschlußerstellungsprozesse installierten internen Kontrollsysteme wesentliche Fehler nicht verhindern bzw. aufdecken und korrigieren, sofern sie enthalten sein sollten (Kontrollrisiko).[959]

Der risikoorientierte Prüfungsansatz findet seine inhaltliche Fortsetzung im sog. geschäftsrisikoorientierten Prüfungsansatz. Dieser bezieht sich auf die Auswirkungen von Geschäftsrisiken des Mandanten auf das inhärente Risiko und das Kontrollrisiko von Abschlußposten im Sinne des risikoorientierten Prüfungsansatzes. Grundgedanke des geschäftsrisikoorientierten Ansatzes ist, daß ein Geschäftsrisiko, also die Gefahr, daß der Mandant seine unternehmerischen Ziele nicht erreicht, auch zu einem höheren Fehlerrisiko führt. Das Geschäftsrisiko kann somit als eine Determinante des inhärenten und des Kontrollrisikos betrachtet werden. Diese geschäftsrisikoorientierte Betrachtung des Fehlerrisikos führt u.a. auch dazu, daß die strikte Trennung von inhärentem und Kontrollrisiko zunehmend aufgegeben wird und statt dessen die Betrachtung des gesamten Fehlerrisikos wieder in den Vordergrund tritt.[960]

---

958 Vgl. m.w.N. Wiedmann (Prüfungsansatz 1993), S. 15.

959 Vgl. Wiedmann (Prüfungsansatz 1993), S. 17.

960 Vgl. m.w.N. Ruhnke (Prüfung 2002), S. 438 f. In neueren ISAs wird bspw. die Trennung in inhärentes und Kontrollrisiko nicht mehr explizit erwähnt, sondern nur noch das Fehlerrisiko insgesamt betrachtet. Vgl. diesbezüglich Schmidt (Prüfung 2005), S. 874 f.

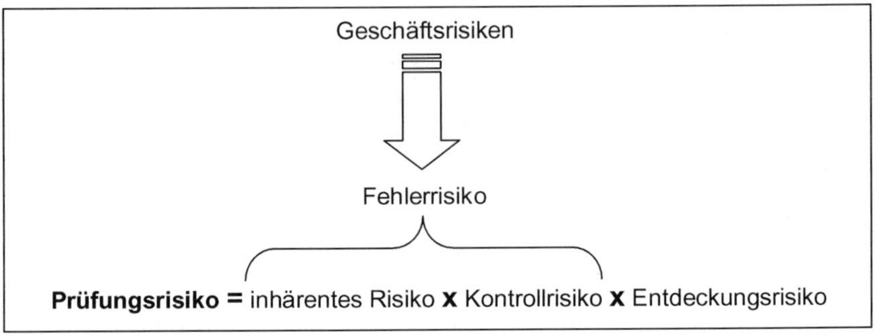

Abbildung E-2: Geschäftsrisikoorientierter Prüfungsansatz[961]

Um eine Einschätzung derjenigen Geschäftsrisiken zu erlangen, die zu einer wesentlichen Falschdarstellung des kompletten Abschlusses oder einzelner Abschlußposten führen können, hat der Abschlußprüfer sich einen Einblick in die Geschäftstätigkeit des Mandanten zu verschaffen. Hierfür hat sich der Prüfer mit den Unternehmenszielen und -strategien sowie mit der Frage zu beschäftigen, welche Informationssysteme eingerichtet sind, über die der Unternehmensleitung die zur Unternehmenssteuerung und -überwachung erforderlichen Informationen zur Verfügung gestellt werden. Zur Feststellung und Beurteilung von inhärenten Risiken hat der Prüfer insbesondere das Unternehmensumfeld, die Merkmale des Unternehmens, dessen Ziele und Strategien sowie die zur Anwendung kommenden Erfolgskennzahlen und die Erfolgsmessung im allgemeinen zu untersuchen. Hierbei kann die Kenntnis derjenigen Größen bzw. Kennzahlen, nach denen das Unternehmen gesteuert wird, dem Prüfer insbesondere bei einer Verknüpfung der Entlohnung des Managements an diese Größen wichtige Hinweise auf die Motivation des Managements zur Beeinflussung der internen und externen Berichterstattung geben.[962]

Den nächsten zentralen Bestandteil der Prüfung stellt zunächst die Analyse der Implementierung und der Angemessenheit eines IKS dar. Hierbei untersucht der Prüfer den Prozeß, welcher die Wirksamkeit und Wirtschaftlichkeit der betrieblichen Abläufe, die Verläßlichkeit der Rechnungslegung und die Einhaltung der relevanten Gesetze und Vorschriften mit hinreichender Sicherheit gewährleisten soll. Hierfür ist zunächst eine Aufbauprüfung durchzuführen, in deren Rahmen der Prüfer die installierten rechnungslegungsbezogenen Kontrollen in den betrieblichen Abläufen identifiziert und beurteilt, ob diese von ihrer grundsätzlichen Konzeption her überhaupt dazu geeignet

961 Quelle: In Anlehnung an Diehl (Abschlußprüfung 1993), S. 1115.
962 Vgl. ausführlich Schmidt (Prüfung 2005), S. 875, 877 ff. und 884.

sind, wesentliche Fehler in der Rechnungslegung zu verhindern oder aufzudecken. In den betrieblichen Abläufen installierte Kontrollen ohne Rechnungslegungsbezug, die ausschließlich die Ordnungsmäßigkeit oder den ökonomisch optimalen Ablauf der betrieblichen Prozesse sicherstellen sollen, fallen im allgemeinen nicht in den Fokus des Prüfers.[963] Die im Rahmen der Analyse der Geschäftstätigkeit und der Aufbauprüfung des IKS gewonnenen Informationen gehen in eine zusammenfassende Risikoanalyse der inhärenten und der Kontrollrisiken wesentlicher Abschlußposten ein. Auf dieser Grundlage stellt der Abschlußprüfer eine Prüfungsplanung auf, in welcher er die durchzuführenden Prüfungshandlungen plant. Art und Umfang dieser Prüfungshandlungen bestimmen das Entdeckungsrisiko, so daß der Prüfer durch diese Prüfungshandlungen das Prüfungsrisiko auf das von ihm gewünschte Niveau bringen kann.[964] Im Anschluß an die Aufbauprüfung des IKS und die Prüfungsplanung führt der Abschlußprüfer Funktionstests durch, um sicherzustellen, daß die identifizierten Kontrollen vom Mandanten auch tatsächlich durchgeführt werden, und um zu beurteilen, ob durchgeführte Kontrollen wirksam sind, d.h. ob Fehler verhindert bzw. aufgedeckt und korrigiert werden. Sofern dies der Fall ist, bedeutet dies für den Abschlußprüfer eine Risikoreduktion. Das Prüfungsrisiko sinkt durch ein reduziertes Kontrollrisiko, so daß der Umfang der weiteren verbleibenden Prüfungshandlungen reduziert werden kann bzw. nicht ausgeweitet werden braucht, um das Entdeckungsrisiko so zu steuern, daß das gewünschte Prüfungsrisikoniveau erreicht wird.[965]

Die nach der Prüfung des IKS noch verbleibenden Prüfungshandlungen stellen ergebnisorientierte Prüfungshandlungen dar. Diese unterteilen sich in analytische und einzelfallbezogene Prüfungshandlungen. Analytische Prüfungshandlungen werden häufig auch als Plausibilitätsprüfungen bezeichnet und können oft bereits mit geringem Aufwand ein hohes Maß an Prüfungssicherheit leisten.[966] Im Rahmen solcher Plausibilitätsprüfungen werden häufig Kennzahlen- und Trendanalysen, aber auch mathematisch-statistische Verfahren eingesetzt. Die Durchführung von analytischen Prüfungshandlungen erfordert ein hohes Wissen der mit den Prüfungshandlungen betrauten Prüfer über den Mandanten, welches in die Analyse von Trends und Ergebnissen ein-

---

963 Vgl. Schmidt (Prüfung 2005), S. 879. Allerdings können auch weitere Teile der Unternehmensführung und des IKS prüfungsrelevant sein, bspw. wenn sie Auswirkungen auf die Prüfungsplanung haben können. Vgl. hierzu Göttgens/Wolfgarten (Prüfung 2006), S. 1366 f.

964 Vgl. Dörner (Wirtschaftsprüfung 1998), S. 310.

965 Vgl. Wagenhofer/Ewert (Unternehmensrechnung 2003), S. 410-419; Wiedmann (Abschlußprüfung 1998), S. 343.

966 Vgl. Diehl (Abschlußprüfung 1993), S. 1120.

zubringen ist.[967] Einzelfallorientierte Prüfungshandlungen stellen i.d.R. auf die Beurteilung der Fehlerhöhe bzw. des Fehlerbetrags ab. Hierfür werden alle oder ausgewählte Elemente, die in einem Abschlußposten enthalten sind, einer detaillierten Prüfung unterzogen, um festzustellen, inwiefern die zugrundeliegenden Sachverhalte bilanziell zutreffend abgebildet wurden.[968]

In der Praxis werden derartige einzelfallorientierte Prüfungshandlungen und bei der Prüfung der Funktionsfähigkeit des IKS durchgeführte Prüfungshandlungen häufig aus prüfungsökonomischen Gründen zu sogenannten „dual-purpose-tests" zusammengefaßt.[969] Im Rahmen einzelfallorientierter Prüfungshandlungen sind oftmals konkrete Werte einzelner Vermögenswerte und Schulden zu prüfen. Insbesondere bei Vorliegen von Fair Values können die bilanziell angesetzten Werte nicht durch bloße Abstimmungen zu objektiv richtigen Vorgaben geprüft werden (wie z.B. bei der Abstimmung der gebuchten Bankguthaben zu den Bankkontoauszügen), sondern die in die Fair-Value-Bewertung eingehenden Daten und Annahmen sind zu beurteilen und anschließend das Bewertungsmodell auf seine konzeptionelle Eignung und mathematische Richtigkeit zu prüfen. Diese Vorgehensweise veranschaulicht Abbildung E-3.

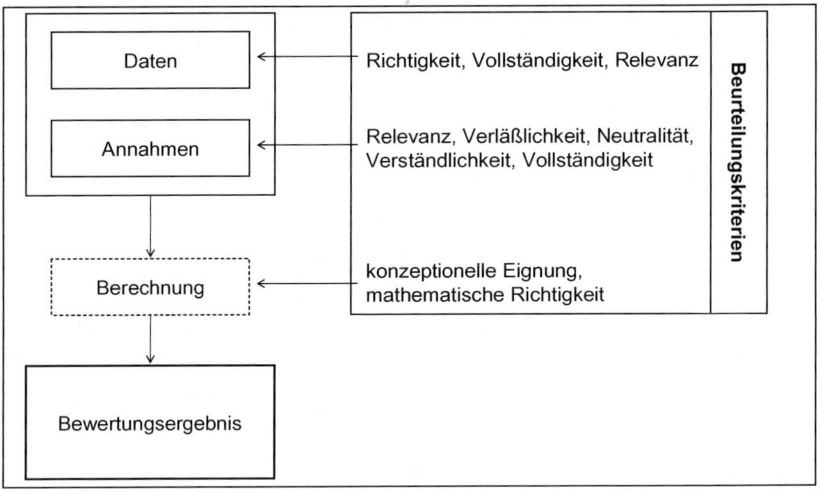

Abbildung E-3: Prüfung beizulegender Zeitwerte[970]

967 Vgl. Biggs/Mock/Quick (Prüfung 2000), S. 169 f.

968 Vgl. Marten/Quick/Ruhnke (Wirtschaftsprüfung 2001), S. 221.

969 Vgl. Schmidt (Prüfung 2005), S. 882.

970 Quelle: In Anlehnung an Ruhnke/Schmidt (Prüfung 2003), S. 1045.

3 Prüfung interner Berichtssysteme und von Controllinginformationen als Konsequenz der Umsetzung des Management Approach

Wie im vorangegangenen Abschnitt gesehen, hat der Abschlußprüfer im Rahmen des risikoorientierten Prüfungsansatzes eine Einschätzung von Fehlerrisiken in bezug auf den gesamten Abschluß oder einzelne Abschlußposten vorzunehmen. Hierbei fallen insbesondere bei der Beurteilung von Geschäftsrisiken interne Steuerungsinformationen sowie das Controllingsystem in den Prüfungsumfang des Abschlußprüfers, da sich dieser ein allgemeines Bild davon machen muß, welche Informationssysteme das Management zur Geschäftssteuerung eingerichtet hat und wie diese ausgestaltet sind.[971] Die Abschlußprüfung hat darüber hinaus an denjenigen Stellen Berührungspunkte mit den Controllingsystemen, an denen diese ein Bestandteil des IKS sind und sich in diesem Zusammenhang auch auf rechnungswesenrelevante Informationen beziehen.

Sofern ein Unternehmen hinsichtlich einzelner Bilanzierungsfelder den Management Approach umsetzt, kann dies zu einer Ausweitung des Prüfungsumfangs auf weitere interne, steuerungsrelevante Systeme und Informationen führen. Die Umsetzung des Management Approach hat nämlich zur Konsequenz, daß externe Finanzberichterstattungsinformationen vollständig oder teilweise aus Controllinginformationen bestehen, so daß diese als Bestandteil der externen Berichterstattung auch von der Abschlußprüfung mit erfaßt werden. Worauf genau sich die Prüfungshandlungen des Abschlußprüfers erstrecken, hängt hierbei vom jeweiligen Prüffeld ab. Beispielsweise ist bei der Segmentabgrenzung nur die regelkonforme Vornahme dieser Abgrenzung zu prüfen, jedoch keine Einschätzung der Funktionalität und Zweckmäßigkeit der Unternehmensorganisation vorzunehmen. Beim Risikomanagement hingegen werden auch die von der Unternehmensleitung installierten Verfahren und Methoden sowie die Konzeption des Berichtssystems selbst zum Prüfungsgegenstand.[972]

3.1 Organisations- und Berichtsstruktur

Wie in Abbildung E-1 dargestellt, ergibt sich die Notwendigkeit der Prüfung der Organisations- und Berichtsstruktur der bilanzierenden Unternehmen daraus, daß wie in Abschnitt C.2 beschrieben, die Organisations- und Berichtsstruktur des Unternehmens vor allem die Grundlage für die Abgrenzung berichtspflichtiger Segmente sowie Goodwill tragender ZGEs darstellt. Diese beiden Rechnungslegungsbestandteile sind

---

[971] Vgl. Schmidt (Prüfung 2005), S. 875.

[972] Vgl. Hachmeister (Controllingprüfung 2003), S. 451.

im Rahmen der Konzernabschlußprüfung bzw. der Prüfung der Teilkonzernabschlüsse zu berücksichtigen.[973] Da in vielen Konzernen kein einheitliches Berichtswesen existiert, das für Außenstehende verständlich und vergleichbar wäre, und das Konzernberichtswesen i.d.R. nicht eindimensional aufgebaut ist, sondern eine Vielzahl von Ebenen, Aspekten und Informationsbedürfnissen berücksichtigt, wird davon ausgegangen, daß die für externe Berichtszwecke gewählten Abgrenzungen von Unternehmensteileinheiten nur eine geringe Verläßlichkeit aufweisen.[974] Der Nutzen, den die Informationsadressaten aus der Abschlußprüfung gewinnen, wird daher vor allem darin gesehen, daß der Wirtschaftsprüfer so tief und ausführlich Einsicht in das Organisations- und Berichtswesen sowie die entsprechenden Unterlagen nehmen kann, wie es keinem anderen externen Dritten möglich ist.[975] Die Prüfung durch den Abschlußprüfer führt folglich dazu, daß die Informationsadressaten eine Bestätigung dafür erhalten, daß – trotz eines i.d.R. hohen Grades an innerbetrieblicher Intransparenz – die Segment- und ZGE-Abgrenzungen normenkonform erfolgt sind.

3.1.1 Segmentberichterstattung

Da die Segmentberichterstattung ein weitgehend eigenständiges Berichtsinstrument darstellt, wird sie häufig auch als ein separates Prüffeld betrachtet, dessen Prüfung sich in 6 Schritte unterteilt: (1) Ermittlung des inhärenten Risikos, (2) Feststellung und Analyse der Berichtstruktur mit Ermittlung des Kontrollrisikos, (3) Prüfung der Segmentabgrenzung, (4) Prüfung der Segmentzusammenfassung, (5) Prüfung der Einhaltung der Größenkriterien und (6) Prüfung der Richtigkeit, Vollständigkeit und Stetigkeit der Segmentberichtsinhalte.[976] Hierbei sind vor allem der zweite, dritte und vierte Schritt von umfangreichen Verzahnungen und Interdependenzen geprägt.

Während sich die Ermittlung des inhärenten Risikos aus der grundsätzlichen Einschätzung der Geschäftstätigkeit des Mandanten ergibt, basiert die Ermittlung des Kontrollrisikos auf der Analyse der Berichtsstrukturen des bilanzierenden Unternehmens.[977] Sowohl die interne Organisations- und Berichtsstruktur als auch die externe Segmentabgrenzung haben durch das bilanzierende Unternehmen dokumentiert zu sein. Als Dokumentationsmedien kommen bspw. Organigramme, Organisationshandbücher,

---

973 Vgl. hinsichtlich der Segmentberichterstattung Hahn (Segmentberichterstattung 2000), S. 686.

974 Vgl. m.w.N. Böcking/Benecke (Segmentbericht 1998), S. 99.

975 Vgl. Böcking/Benecke (Segmentbericht 1998), S. 99; Kaiser (Prüfung 2005), S. 2312.

976 Vgl. Lenz/Focken (Segmentberichterstattung 2002), S. 856 ff.; ähnlich Marten/Quick/Ruhnke (Wirtschaftsprüfung 2003), S. 511 f.

977 Vgl. Marten/Quick/Ruhnke (Wirtschaftsprüfung 2003), S. 551.

Verfahrensanweisungen zum Berichtswesen sowie Berichte über Geschäftsbereiche an Vorstand und Aufsichtsrat in Frage.[978] Die Dokumentation ist dem Abschlußprüfer zur Verfügung zu stellen. Dieser muß vor allem feststellen, ob und inwiefern Unterschiede zwischen dem externen und dem internen Berichtswesen bestehen. Anschließend hat er diesen Unterschied zu beurteilen.[979] Da dem Management im Rahmen des Risk and Reward Approach weitgehender Ermessensspielraum erwächst, muß der Prüfer nach Objektivierungskriterien für die externe Segmentabgrenzung suchen. Sofern für diese Abgrenzung nicht die interne Berichtsstruktur verwendet wird, gestaltet sich dies i.d.R. schwierig.[980] Deshalb besteht die Aufgabe des Prüfers vor allem darin, zu beurteilen, ob die Abgrenzung und Zusammenfassung von Geschäftsbereichen und Regionen tatsächlich einer Segmentierung nach unterschiedlichem Risiko und Erfolgspotential entspricht. Hierbei kann es bedeutend sein, die Charakteristika, den Erstellungsprozeß sowie die typischen Abnehmer und Vertriebsmethoden der Produkte zu kennen.[981] Inwiefern die vom Mandanten gewählten Segmentabgrenzungen und -zusammenfassungen regelkonform sind oder gegen die externen Vorschriften verstoßen, hat der Prüfer letztendlich im Rahmen prüferischen Ermessens vor dem Hintergrund seines Verständnisses der Geschäftstätigkeit des Mandanten zu beurteilen.[982] Insbesondere wenn die Segmentberichterstattung auf Grundlage der internen Organisations- und Berichtsstruktur erfolgt, der Prüfer jedoch Verstöße gegen den Risk and Reward Approach feststellt, kann dies ein gesteigertes Konfliktpotential mit dem Mandanten bergen. Denn die Notwendigkeit, von den intern vorliegenden Daten und Informationen abzuweichen und entsprechende Überleitungsrechnungen anzufertigen, dürfte nicht unerheblichen Aufwand verursachen, welchen der Mandant im Regelfall zu vermeiden sucht.

Nachdem der Prüfer die Berichtsstrukturen des Mandanten analysiert hat, sind Kontrollen zu identifizieren, die sicherstellen, daß der Informationsfluß innerhalb der Berichtsstrukturen ordnungsgemäß erfolgt.[983] Die identifizierten Kontrollen sind auf ihre Effektivität hin zu testen. Bezüglich der korrekten Erfassung und Weiterverarbeitung

---

978 Vgl. m.w.N. Geiger (Prüfung 2002), S. 1905.

979 Vgl. Marten/Quick/Ruhnke (Wirtschaftsprüfung 2003), S. 512.

980 Vgl. Hacker (Segmentberichterstattung 2002), S. 195.

981 Hilfreich können Unterlagen zu Aufbau- und Ablauforganisation der Geschäftsbereiche des Mandanten sein. Allgemeine Länderanalysen sollten u.a. aufgrund von Währungsrisiken berücksichtigt werden. Vgl. Marten/Quick/Ruhnke (Wirtschaftsprüfung 2001), S. 399.

982 Vgl. Geiger (Prüfung 2002), S. 1906.

983 Beispielsweise muß gewährleistet sein, daß Konsolidierungen nur innerhalb von Segmenten erfolgen.

von Informationen ist eine Prüfung der Konzernbuchführung bzw. der entsprechenden Übernahmen aus den einzelnen Buchungskreisen der Tochterunternehmen vorzunehmen.[984] Der Abschlußprüfer hat sich also verstärkt mit Vorgängen der konzerninternen Verrechnung und damit auch der Qualität des internen Rechnungswesens zu beschäftigen.[985]

Der fünfte Prüfungsschritt ist im wesentlichen rein rechnerischer Natur. Der Prüfer hat festzustellen, ob die identifizierten Segmente dem 10%- und 75%-Test entsprechen. Dies kann normalerweise auf Grundlage der bis dato ohnehin vorliegenden Unterlagen sowie durch Plausibilitätsanalysen geschehen.[986]

Die Prüfung der Vollständigkeit, Richtigkeit und Stetigkeit der Segmentinformationen kann aus Perspektive des Konzernabschlußprüfers zunächst über geeignete analytische Prüfungshandlungen erfolgen. Darüber hinaus kommt der Überleitungsrechnung zum Konzernabschluß große Bedeutung zu, um sicherzustellen, daß die auf Segmentebene ausgewiesenen Informationen auch denjenigen entsprechen, die im Konzernabschluß enthalten sind. Hierbei können vor allem Abweichungen im Vergleich zu den Vorjahren in Verbindung mit der Kenntnis der Geschäftstätigkeit des Mandanten Hinweise auf Fehler ergeben.[987] Der Umstand, daß IAS 14 grundsätzlich dem Disaggregation Approach folgt, kommt dem Prüfer entgegen, da in der Segmentberichterstattung keine fiktiven Werte anzusetzen sind, sondern die Geschäftsvorfälle mit den gleichen Maßstäben bewertet werden, wie sie in den Einzelabschlüssen enthalten sind und wie sie in den Konzernabschluß eingehen.[988] Dies wirkt sich nicht zuletzt bei der Prüfung intersegmentärer Transaktionen aus. Denn bilanzpolitisch motivierte Manipulationen des Transferpreissystems des Unternehmens werden nicht zuletzt dadurch erschwert, daß v.a. internationale Verrechnungspreise in den vergangenen Jahren verstärkt in den Fokus steuerlicher Außenprüfungen gerückt sind. Da diese bereits aus steuerlichen Gründen extern zu objektivierenden Wertansätze auch in der Segmentberichterstattung verwendet werden, sind die diesbezüglichen Gestaltungsspielräume bereits stark eingeschränkt.

Abschließend hat der Prüfer – v.a. im Zusammenhang mit der Lageberichtsprüfung – zu untersuchen, ob die im Konzernlagebericht offengelegten Informationen mit denje-

984 Vgl. Marten/Quick/Ruhnke (Wirtschaftsprüfung 2003), S. 551.
985 Vgl. Hahn (Segmentberichterstattung 2000), S. 686.
986 Vgl. Geiger (Prüfung 2002), S. 1907; Marten/Quick/Ruhnke (Wirtschaftsprüfung 2003), S. 514.
987 Vgl. Marten/Quick/Ruhnke (Wirtschaftsprüfung 2001), S. 399.
988 Vgl. Hacker (Segmentberichterstattung 2002), S. 209 f.

nigen der Segmentberichterstattung in Einklang stehen. Dies gilt auch bzw. insbesondere für qualitative Angaben.[989] Hierbei hat der Konzernabschlußprüfer die im Rahmen der Prüfung der Segmentberichterstattung erlangten Prüfungsnachweise auch dahingehend auszuwerten, ob sie die im Konzernlagebericht gemachten Angaben stützen.

Hinsichtlich der Prüfung der Umsetzung des Management Approach bei der Segmentberichterstattung ist zusammenfassend festzuhalten, daß es eine der Kernaufgaben des Abschlußprüfers ist, die Organisations- und Berichtsstruktur des Unternehmens nachzuvollziehen und die auf dieser Grundlage abgegrenzten Segmente hinsichtlich ihrer unternehmerischen Chancen und Risiken einzuschätzen sowie Zusammenhänge zwischen den Geschäftstätigkeiten verschiedener Unternehmensteileinheiten zu verstehen. Zwar hat der Prüfer nicht die Zweckmäßigkeit der gewählten Organisationsstruktur zu hinterfragen. Jedoch hat er die korrekte Verarbeitung von Informationen im Berichtswesen sicherzustellen. Insofern werden die Informationsflüsse innerhalb des Berichtswesens zum Prüfungsgegenstand. Sofern dieses keine reibungslose Verarbeitung von Informationen gewährleistet, so daß die Informationen der externen Rechnungslegung Defizite aufweisen können, hat der Abschlußprüfer der Unternehmensleitung hierüber Bericht zu erstatten. Somit kann auch die Funktionalität des internen Berichtswesens bei einer konsequenten Umsetzung des Management Approach über die Prüfung der Vollständigkeit und Richtigkeit der extern vermittelten Informationen in den Fokus des Abschlußprüfers rücken. In diesem Zusammenhang läßt die Einführung des IFRS 8 gleichzeitig eine Arbeitserleichterung für den Abschlußprüfer erwarten. Denn um die Ordnungsmäßigkeit der Finanzberichterstattung bestätigen zu können, braucht der Prüfer dann im wesentlichen nur noch sicherzustellen, daß die extern vermittelten Informationen auch den intern genutzten entsprechen. Die Prüfung der Informationsflüsse im internen Berichtswesen inklusive der Aufdeckung von Verbesserungspotentialen bleibt hierbei jedoch weiterhin notwendig.

3.1.2 ZGE-Abgrenzung und Goodwillallokation

Wie die Segmentabgrenzung soll gem. IAS 36 und IFRS 3 auch die Bestimmung Goodwill tragender ZGEs grundsätzlich auf Basis der internen Berichtsstrukturen des bilanzierenden Unternehmens erfolgen. Für die ZGE-Abgrenzung hat das IASB jedoch kaum Restriktionen für die Umsetzung des Management Approach formuliert, so daß auch die Prüfer in der Regel eine stärkere Anwendung des Management Approach durch ihre Mandanten erwarten sollten, als dies bei der Segmentabgrenzung der Fall

---

989 Vgl. Marten/Quick/Ruhnke (Wirtschaftsprüfung 2001), S. 399.

ist. Zu beachten ist allerdings, daß eine ZGE einen vollständigen Leistungserstellungsprozeß abbilden soll. Diesbezüglich wurde in Abschnitt C.2.2 untersucht, welche Organisationsformen die ZGE-Abgrenzung am ehesten unterstützen können. Dort wurde u.a. festgestellt, daß insbesondere die Zusammenfassung von zwei oder mehreren internen Unternehmensteileinheiten zu einer ZGE sinnvoll und praktikabel sein kann. Hierbei bestehen jedoch Anreize für die Unternehmensführung, Risikokompensationseffekte herbeizuführen, indem möglichst viele Unternehmensteileinheiten zu einer Goodwill tragenden ZGE zusammengefaßt werden. Eine übermäßige Aggregation von Unternehmensteileinheiten kann allerdings möglicherweise nicht mehr mit der Anforderung des IAS 36 in Einklang stehen, Goodwill auf der niedrigsten Hierarchieebene zuzuteilen, auf der die Wertentwicklung für interne Zwecke überwacht wird. Aus Prüfersicht wird das Fehlerrisiko hinsichtlich der ZGE-Abgrenzung also einerseits durch die im Unternehmen vorherrschende Organisationsform determiniert, da diese die Möglichkeiten zu einer unmittelbaren Ableitung von ZGEs direkt beeinflußt. Andererseits sind bei der Einschätzung des Fehlerrisikos auch die Branche sowie das generelle Ausmaß der Zukunftsunsicherheiten, in denen sich das Unternehmen bewegt, zu beachten. Denn die Möglichkeit, Risikokompensationseffekte herbeizuführen, steigt i.d.R. mit dem Ausmaß vorhandener Zukunftsunsicherheit an.

In Abschnitt B.3.3.1 wurde die enge Verzahnung von Segmentabgrenzung und ZGE-Identifikation dargestellt. Diese Verbindung kann auch vom Prüfer genutzt werden, um die Aussagekraft der bereits im Rahmen der Prüfung der Segmentberichterstattung erlangten Prüfungsnachweise zu erhöhen und gleichzeitig den Prüfungsaufwand zu reduzieren. So kann der Prüfer die bereits bei der Prüfung der Segmentabgrenzung erlangten Prüfungsnachweise in Form von Organigrammen, Organisationshandbüchern, Verfahrensanweisungen sowie eingesehene und ausgewertete interne Berichte auch verwenden, um einzuschätzen, ob die vom Management identifizierten ZGEs die unterste Ebene darstellen, auf der das Unternehmen seine Wertentwicklung überwacht. Zu beachten ist hierbei, daß dem Management Approach bei der ZGE-Abgrenzung höhere Bedeutung zukommt, als dies bei der Segmentabgrenzung der Fall ist. Abweichungen von den internen Berichtslinien erscheinen zwar nicht als prinzipiell ausgeschlossen, allerdings sollten solche Abweichungen gut nachvollziehbar und sachlich fundiert sein sowie die Notwendigkeit, eine solche Abweichung vornehmen zu müssen, vom bilanzierenden Unternehmen dargelegt werden. Auf Grundlage seines Verständnisses der Geschäftstätigkeit des Mandanten sollte der Prüfer darüber hinaus in der Lage sein, einzuschätzen, inwiefern eine ZGE einen vollständigen Leistungserstellungsprozeß darstellt und eine weitgehende Unabhängigkeit der von der ZGE generierten Zahlungsmittelzuflüsse von denjenigen anderer ZGEs gegeben ist. Die Organisation des internen Berichtswesens prägt den Bewertungsrahmen durchzuführender Goodwill Impairment Tests weitgehend vor.[990] Insofern kann die Existenz einer auf eine ZGE bezogenen, für interne Zwecke verwendeten Planungsrechnung im Rahmen der Prüfung von ZGE-Abgrenzung und Goodwillallokation einen Hinweis auf eine korrekte Umsetzung des Management Approach durch den Mandanten darstellen. Der Abschlußprüfer sollte daher für Goodwill tragende ZGEs bereits im Rahmen der Prüfung der ZGE-Abgrenzung die für diese Unternehmensteileinheit vorliegenden Planungsrechnungen einholen und durchsehen, auch wenn zu diesem Zeitpunkt noch keine rechnerische Bewertung der ZGE stattfindet. Der Nachweis, daß es sich bei der als ZGE ausgewählten Einheit um eine für die interne Unternehmenssteuerung wichtige Unternehmensteileinheit handelt, muß hierfür nicht zwangsläufig durch eine zahlungsstromorientierte Planung erfolgen, sondern der Ausbaugrad der Planungssysteme ist nachrangig. Wichtig ist der Nachweis, daß eine Planung und Steuerung auf ZGE-Ebene erfolgt. Für den Prüfer wird es im Normalfall allerdings schwierig sein, zu beurteilen, ob die ihm vorgelegten Planungsrechnungen auch tatsächlich für interne Zwecke genutzt werden. Sollten dem Prüfer bspw. – wie in Abschnitt D.1 als Möglichkeit dargelegt – speziell für externe Berichtszwecke generierte Planungsrechnungen vorgelegt werden, so wird er diese im Regelfall akzeptieren müssen. Denn auch diese wurden dann offiziell von der Unternehmensleitung verabschiedet und erfüllen somit die Anforderungen des IAS 36. Ist das bilanzierende Unternehmen jedoch in der Lage, den Nachweis zu erbringen, daß die verwendeten Planungsrechnungen intern auch tatsächlich zur Entscheidungsfindung oder Performancemessung verwendet werden, so dürfte dies vom Prüfer im Rahmen der Prüfung der ZGE-Abgrenzung als aussagekräftigerer Prüfungsnachweis gewertet werden, als wenn dieser Nachweis nicht geführt werden kann.[991] Gleichzeitig mit der Prüfung der ZGE-Abgrenzung empfiehlt es sich für den Prüfer, die vorliegenden Planungsunterlagen auch in bezug auf das Vorliegen von Triggering Events auszuwerten, um gegebenenfalls bereits frühzeitig mit dem Mandanten potentielle Impairments zu eruieren.[992]

---

990 Vgl. Lüdenbach/Hoffmann (Goodwill 2004), S. 1072.

991 Ein derartiger Nachweis kann z.B. dadurch erbracht werden, daß die entspr. Plan- und Ist-Werte in regelmäßigen Abständen an hierarchisch übergeordnete Hierarchieebenen berichtet werden und diese Hierarchieebene im Rahmen der ablaufenden Koordinationsprozesse mit Weisungen, der Zuteilung oder Beschneidung von Ressourcen, durch personelle Maßnahmen etc. „antwortet".

992 Zur Identifikation von Triggering Events auf Grundlage interner Planungs- und Kontrollrechnungen vgl. auch Abschnitt C.4.3.

Unmittelbar mit der Abgrenzung von ZGEs ist die Allokation von Goodwill auf diese Berichtseinheiten verbunden, wobei die Goodwillallokation auf Grundlage der aus einem Unternehmenserwerb erwarteten Synergiepotentiale zu erfolgen hat. Als Dokumentation sollte der Prüfer schriftliche Aussagen darüber einholen, in welchen Unternehmensbereichen das Management weshalb Synergien in welcher Höhe erwartet. Auch in diesem Zusammenhang sollte der Prüfer Berichte, die intern auch tatsächlich zur Entscheidungsfindung oder -rechtfertigung verwendet wurden, als aussagekräftiger einschätzen. Dies können bspw. Entscheidungsvorlagen an das Management sein oder intern erstellte Analysen, die im Rahmen der Kaufpreisfindung berücksichtigt wurden. Denn mit der Vorlage einer solchen, dem Management Approach entsprechenden Dokumentation bekennt sich das Management zu der vorgenommenen ZGE-Abgrenzung und Höhe der Goodwillallokation und übernimmt auch unternehmensintern die Verantwortung für diese Entscheidungen. Eine nur für bilanzielle Zwecke vorgenommene Abgrenzung und Abbildung ex post wäre zwar ebenfalls als Prüfungsnachweis zu akzeptieren, wenn sie die in IAS 36 und IFRS 3 genannten Anforderungen erfüllt. Jedoch birgt eine Goodwillallokation ohne Umsetzung des Management Approach aus Prüfersicht ein höheres Fehlerrisiko, da eine solche Allokation vollständig unter bilanzpolitischen Motiven erfolgen kann.

Der Abschlußprüfer hat nur sicherzustellen, daß Goodwill auf diejenigen ZGEs alloziiert wird, von denen das Management die entsprechenden Synergien erwartet. Eine Einschätzung, inwiefern er diese Synergiepotentiale als realistisch erachtet, hat der Abschlußprüfer zunächst – also im Rahmen der Prüfung der Goodwillallokation – nicht zu treffen. Nicht zu übersehen ist jedoch, daß er dies im Rahmen der Verplausibilisierung der Goodwill Impairment Tests zugrundeliegenden Annahmen und Prämissen zu berücksichtigen hat. In diesem Zusammenhang können Zweifel an den vom Management identifizierten Synergiepotentialen dazu führen, daß der Prüfer zu einer kritischen Einschätzung hinsichtlich der Bewertungsergebnisse von Goodwill Impairment Tests gelangt und Abschreibungen auf den Goodwill für notwendig hält.[993]

Auch bei der Neuzusammensetzung von ZGEs und der Reallokation von Goodwill infolge von Restrukturierungsmaßnahmen hat der Prüfer eine konsequente Umsetzung des Management Approach sicherzustellen. Denn die Voraussetzung für eine solche Reallokation ist, daß sich die internen Berichtslinien geändert haben müssen. Der Prüfer hat deshalb die zur Entscheidungsfindung sowie zur unternehmensinternen und -externen Kommunikation der Restrukturierungsmaßnahmen verwendeten Dokumen-

993 Zur Prüfung von Goodwill Impairment Tests vgl. Abschnitt E.3.3.2.

tationen einzuholen und die Reallokation von Goodwill zu dieser Dokumentation abzugleichen. Auch für interne Zwecke vorgenommene Bewertungen sollten berücksichtigt werden, um die Höhe neu verteilter Teilgoodwills zu prüfen.[994]

Hinsichtlich der Prüfung der ZGE-Abgrenzung kann zusammenfassend festgehalten werden, daß der Abschlußprüfer im Regelfall eine konsequente Umsetzung des Management Approach sicherzustellen hat. Hierbei erstrecken sich die Prüfungshandlungen jedoch – wie auch bei der Prüfung der Segmentberichterstattung – im wesentlichen darauf, die vom Mandanten für interne Zwecke gewählte Organisations- und Berichtsstruktur nachzuvollziehen und zu verstehen. Eine Einschätzung der Zweckmäßigkeit der Organisations- und Berichtsstruktur für die Steuerung des Unternehmens ist hingegen nicht Aufgabe des Abschlußprüfers.

3.2 Risikomanagementsysteme

Wie in Abbildung E-1 dargestellt, ergibt sich die Notwendigkeit der Prüfung des Risikomanagementsystems zum einen daraus, daß dieses wie in Abschnitt B.5.1 gesehen, Informationen für die Lageberichterstattung zur Verfügung stellt. Die Prüfung des Risikomanagements ergibt sich hierbei zum einen aus der expliziten Prüfungspflicht des Vorhandenseins und der Eignung eines Risikofrüherkennungssystems sowie aus der Tatsache, daß eine Chancen- und Risikoberichterstattung im Lagebericht nur auf Grundlage der intern vorliegenden Risikomanagementinformationen erfolgen kann. Darüber hinaus kann wie in Abschnitt C.3.3 gesehen eine Unterstützung der Segmentabgrenzung durch das Risikomanagement möglich sein, so daß der Abschlußprüfer ggf. auch auf derartige Informationen zurückgreifen kann. Wie in den Abschnitten C.3.3 und C.3.5 gesehen, kann sich das Risikomanagement auch auf die Segmentabgrenzung sowie die Identifikation von Triggering Events, die zur Durchführung von Goodwill Impairment Tests führen, auswirken. Darüber hinaus wurden in den Abschnitten B.6 und C.3.6 potentielle Auswirkungen des finanzwirtschaftlichen Risikomanagements auf die Bilanzierung von Finanzinstrumenten beschrieben. Sofern in einem bilanzierenden Unternehmen der Management Approach hinsichtlich dieser Sachverhalte umgesetzt wird, fallen dann auch Controllinginformationen in den Prüfungsumfang.

---

[994] Zu hierfür intern normalerweise vorliegenden Informationen vgl. Abschnitt C.2.3.

3.2.1 Existenz und Funktionsweise des Chancen- und Risikomanagements

Während der Gesetzeswortlaut des KonTraG zunächst lediglich auf das Risikofrüherkennungssystem als Prüfungsobjekt schließen läßt, wird in der Gesetzesbegründung des KonTraG stets der umfassendere Begriff des Risikomanagements verwendet. Auch in der Literatur wird die Auffassung vertreten, daß die starke Verzahnung von Risikomanagement und -früherkennungssystem eine isolierte Betrachtung des Früherkennungssystems verhindere, so daß Struktur und der Prozeß des Risikomanagements auf jeden Fall ein Prüfungsobjekt darstellen.[995] Jedoch ist eine strikte Trennung zwischen System- und Geschäftsführungsprüfung vorzunehmen. Der Prüfer hat zu beurteilen, ob das Risikomanagementsystem der Geschäftsführung die notwendigen Hilfsmittel für eine adäquate Reaktion auf Risiken bereitstellt. Die vom Management ergriffenen Maßnahmen selbst stellen zunächst nicht das Objekt der Abschlußprüfung dar.[996] Allerdings haben die zur Steuerung von Risiken ergriffenen Maßnahmen eine Auswirkung auf die gesamte Nettorisikoposition des Unternehmens und sind somit vom Abschlußprüfer z.B. hinsichtlich der Risikodarstellung im Lagebericht mitzuberücksichtigen.[997]

Nicht zuletzt da es sich um ein auf oberster Ebene angesiedeltes Instrument handelt, geht der Prüfer bei der Prüfung des Risikomanagementsystems top-down vor. Die Vorgehensweise bei der Prüfung folgt dem risikoorientierten und geschäftsrisikoorientierten Prüfungsansatz, d.h. es sind auf Grundlage der Geschäftsrisiken des Mandanten inhärente Risiken und auf Grundlage einer ersten Beurteilung des Überwachungssystems interne Kontrollrisiken einzuschätzen.[998] Auf das inhärente Risiko wirken sich hierbei vor allem die Unternehmensumwelt sowie die mit dieser verbundenen Unsicherheiten aus. Denn je größer die Unsicherheiten und Unwägbarkeiten, in denen sich das Unternehmen bewegt, desto weitreichendere Risikomanagementprozesse sind notwendig, um eine adäquate Steuerung bestehender Chancen und Risiken zu gewährleisten. Das Kontrollrisiko hingegen wird direkt durch die Effektivität und Effizienz der Prozeßabläufe im Risikomanagement determiniert. Um zunächst festzustellen, ob überhaupt ein Risikomanagement vorhanden ist, sieht der Prüfer im Unternehmen vor-

995 Vgl. m.w.N. Baumeister/Freisleben (Prüfung 2003), S. 37 ff.; Freidank/Paetzmann (Controlling 2003), S. 314.

996 Vgl. Dörner/Doleczik (Risikomanagement 2000), S. 205; Oechsle/Wirth (Prüfung 1999), S. 576 f.

997 Vgl. Marten/Quick/Ruhnke (Wirtschaftsprüfung 2003), S. 504.

998 Vgl. Marten/Quick/Ruhnke (Wirtschaftsprüfung 2003), S. 505.

handene Unterlagen wie z.B. ein vorhandenes Risikomanagementhandbuch, Sitzungsprotokolle eines evtl. bestehenden Risikoausschusses, risikomanagementrelevante Richtlinien, Stellenbeschreibungen usw. ein. Zusätzlich befragt er die für Aufbau und Ablauf des Risikomanagement verantwortlichen Mitarbeiter. Inwiefern das Vorhandensein eines Risikomanagements durch bloße Befragungen sichergestellt werden kann, ist in der Literatur umstritten.[999] Nachdem der Prüfer sichergestellt hat, daß ein Risikomanagementsystem vorhanden ist, hat er anschließend zu beurteilen, ob dieses auch zur Steuerung der unternehmerischen Chancen und Risiken des Mandanten geeignet ist. Hierbei stehen die integralen Bestandteile eines Risikomanagementsystems, nämlich die Identifikation, Analyse, Bewertung, Berichterstattung und Überwachung von Chancen und Risiken im Mittelpunkt.[1000] Ein wesentliches Problem im Rahmen der Prüfung des Risikomanagements ist das Fehlen eines klar definierten Soll-Objekts. Deshalb nimmt der Abschlußprüfer im Rahmen seiner Eignungsprüfung bzw. Wirksamkeitsprüfung eine an der Funktionsweise des Risikomanagementsystems sowie dessen Effizienz orientierte Einschätzung der Qualität des vorhandenen Risikomanagementsystems vor.[1001]

Die Festlegung entsprechender Prüffelder hängt hierbei maßgeblich von der Ausgestaltung des Risikomanagementsystems beim Mandanten ab. Ist beispielsweise das Controlling mit Kontrollaufgaben innerhalb des Risikomanagements betraut oder ist es der Träger des Risikomanagements, so liegt ein Einbezug des Controllings in die Prüfung nahe.[1002] Insbesondere wenn das Risikomanagement in die Planungs- und Berichtsprozesse integriert ist, kann der aufbau- und ablauforganisatorischen Ausgestaltung des Controllings eine wichtige Rolle in der Beurteilung des Risikomanagementsystems durch den Prüfer zukommen.[1003] Aus Perspektive des Abschlußprüfers kann dies jedoch eine Schwierigkeit darstellen. Denn je stärker der Mandant dem Integra-

---

999 So wird mitunter argumentiert, daß ein durch bloße Befragung festgestelltes Risikomanagementsystem den gesetzlichen Erfordernissen nicht genüge; vgl. Giese (Risikomanagement 1998), S. 453. An anderer Stelle wird hingegen festgestellt, daß das Fehlen einer entsprechenden Dokumentation nicht notwendigerweise bedeutet, daß kein Risikomanagementsystem implementiert sei. Der Prüfer habe sich daher v.a. anhand von ergriffenen risikobezogenen Maßnahmen vom Vorhandensein und der Funktionstüchtigkeit eines Risikomanagements beim Mandanten zu überzeugen; vgl. hierzu Baumeister/Freisleben (Prüfung 2003), S. 43 f.

1000 Vgl. Baumeister/Freisleben (Prüfung 2003), S. 45 ff.; Dörner/Doleczik (Risikomanagement 2000), S. 208 ff.; zu den Bestandteilen eines Risikomanagementsystems vgl. auch Abschnitt C.3.1.

1001 Vgl. Marten/Quick/Ruhnke (Wirtschaftsprüfung 2003), S. 505.

1002 Vgl. Baumeister/Freisleben (Prüfung 2003), S. 40.

1003 Vgl. Hachmeister (Controllingprüfung 2003), S. 444 f.

tionsansatz folgt,[1004] desto schwieriger wird es für den Prüfer in seiner Prüfungsplanung, das Risikomanagement als eigenständiges Prüfungsobjekt abzugrenzen.[1005] In der Folge besteht aus prüfungsökonomischer Perspektive die Gefahr, daß sich der Abschlußprüfer mit Teilen des Controllingsystems beschäftigt, welche nur geringfügig zum Risikomanagement beitragen, und er aus diesen Prüfungshandlungen auch hinsichtlich der Prüfung des Risikomanagementsystems nur geringfügige Prüfungssicherheit erhält. Unabhängig von der organisatorischen Einbettung des Risikomanagements besteht ein wichtiger Aspekt der Prüfung des Risikomanagementsystems darin, daß der Prüfer zu untersuchen hat, ob das Risikofrüherkennungssystem mit der Unternehmensplanung verbunden ist. Hier ist zu untersuchen, inwiefern sich der Vorgang der Risikoidentifikation an den Unternehmenszielen orientiert. Denn eine Verknüpfung des Risikomanagements mit den Unternehmenszielen und der Planung ermöglicht eine systematische Ableitung der Risiken und deren Bewertung.[1006] Der Abschlußprüfer hat sich deshalb in diesem Zusammenhang verstärkt mit Planungsrechungen und Prognosetechniken auseinanderzusetzen und auch eigene betriebswirtschaftliche Analysen hinsichtlich des Marktes, der Wettbewerber sowie der Produkte des Mandanten durchzuführen.[1007] Große Bedeutung kommt hierbei auch dem generellen Verständnis zu, das der Abschlußprüfer von seinem Mandanten und dessen Geschäftstätigkeit erlangt hat. Denn da im geschäftsrisikoorientierten Prüfungsansatz Risiken aus dem Geschäftsumfeld und den Geschäftsprozessen systematisch betrachtet werden, können Informationen, die bereits bei Durchführung der regulären Abschlussprüfungshandlungen gewonnen wurden, auch bei der Prüfung des Risikomanagements berücksichtigt werden.[1008] Umgekehrt kann es aber genauso möglich sein, daß der Abschlußprüfer in Abhängigkeit seiner Einschätzung der Qualität des Risikomanagementsystems im Rahmen der Durchsicht der Risikomanagementunterlagen gewonnenen Erkenntnisse auch für die Einschätzung von Risiken auf anderen Prüffeldern nutzen kann. Dies betrifft nicht nur die allgemeine Risikoeinschätzung hinsichtlich einzelner Bilanz- oder GuV-Posten, sondern insbesondere auch die Verwendung von Informationen des Chancen- und Risikomanagements in Hinblick auf die Identifikation von Triggering Events sowie im Rahmen der Segmentabgrenzung.

1004 Der Integrationsansatz bezeichnet die Integration des Risikomanagements in die weiteren bestehenden Berichtsprozesse. Vgl. hierzu Abschnitt C.3.2.1.

1005 Vgl. Baumeister/Freisleben (Prüfung 2003), S. 44.

1006 Vgl. IDW (Handbuch 2006), Kap. P, Tz. 124.

1007 Vgl. m.w.N. Dörner (Zusammenarbeit 2000), S. 102.

1008 Vgl. Dörner (Zusammenarbeit 2000), S. 103 f; IDW (Handbuch 2006), Kap. P, Tz. 124; im Ergebnis auch Witten (Lagebericht 2001), S. 356 f.

Im Rahmen der konkreten Prüfung der Funktionsfähigkeit des Risikomanagementsystems stellt die Risikodokumentation eine wesentliche Prüfungsgrundlage dar. Hierbei haben sich die durchzuführenden Prüfungshandlungen nicht ausschließlich auf die konzeptionelle Eignung des Systems zu erstrecken, sondern im Rahmen umfangreicher System- und Funktionsprüfungen ist auch festzustellen, ob die gemäß der Risikomanagementdokumentation installierten Kontrollen in den vom Risikomanagementsystem erfaßten Unternehmensteileinheiten tatsächlich vorhanden sind, ob sie funktionieren und die vorgesehenen Maßnahmen insbes. hinsichtlich Steuerung und Kommunikation von Chancen und Risiken auslösen.[1009] Damit gehört es auch zu den Aufgaben des Abschlußprüfers, Defizite in der Qualität des Risikomanagementsystems aufzudecken und dem Management ggf. entsprechende Verbesserungsmaßnahmen zu empfehlen.[1010]

Zusammenfassend ist in bezug auf die Prüfung des Risikomanagementsystems festzuhalten, daß der Prüfer nicht nur sicherzustellen hat, daß die in der Finanzberichterstattung extern offengelegten Informationen denjenigen entsprechen, wie sie für interne Zwecke erhoben wurden. Vielmehr fällt es auch in den Aufgabenbereich des Abschlußprüfers, den Umfang und die Qualität des Risikomanagementsystems zu beurteilen und Mängel festzustellen, sofern solche vorhanden sind. Das Risikomanagement stellt somit ein komplexes Thema dar, bei dessen Prüfung sich die Prüfungshandlungen nicht mehr nur auf die rechnungswesenbezogenen Prozesse, sondern auf alle betrieblichen Teilbereiche erstrecken. Daher müssen die Prüfer, die an der Prüfung des Risikomanagements beteiligt sind, gute Branchenkenntnisse, betriebswirtschaftlichen Sachverstand und fundiertes Know-how der spezifischen Gegebenheiten des Mandanten aufweisen können.[1011] Vom Abschlußprüfer festgestellte Defizite in den Risikomanagementsystemen sind ggf. mit Verbesserungsvorschlägen an die Unternehmensführung zu berichten und können darüber hinaus Auswirkungen auf die Erteilung des Testats und den Prüfungsbericht haben. Ferner bestehen zahlreiche Interdependenzen zwischen der Prüfung des Risikomanagements und anderen Prüffeldern. Diese Zusammenhänge sind vom Abschlußprüfer permanent im Auge zu behalten und entspre-

---

1009 Vgl. Baumeister/Freisleben (Prüfung 2003), S. 41 f.; Göckeritz (IKS 1999), S. 16-19; Hampel/Lueger/Roth (Risikocontrolling 2004), S. 115 f.; Marten/Quick/Ruhnke (Wirtschaftsprüfung 2003), S. 504; bzgl. des finanzwirtschaftlichen Risikomanagements auch Schmidt (Prüfung 2004), S. 17 f.

1010 Vgl. Schindler/Rabenhorst (Prüfung 2001), S. 161 f.

1011 Vgl. Eggemann/Konradt (Risikomanagement 2000), S. 507; Kaiser (Prüfung 2005), S. 2310.

chende Querverbindungen auch im Rahmen der Planung und Durchführung der Prüfungshandlungen zu schaffen.

Da hierbei sowohl die Rechnungslegung auf Konzern- als auch auf dezentraler Ebene betroffen sein kann, wird häufig insbesondere der Konzernabschlußprüfer eine moderierende Rolle einnehmen bzw. den Informationsfluß zwischen verschiedenen an der Prüfung beteiligten Prüfern und Prüfungsgesellschaften gewährleisten müssen.

3.2.2 Das IKS und die Interne Revision

Prüfung des IKS und Nutzung der Arbeiten der Internen Revision durch den Abschlußprüfer

Das IKS stellt nicht nur einen Bestandteil des Risikomanagements dar, sondern es erfährt im Rahmen der risiko- und geschäftsrisikoorientierten Ansätze der Abschlußprüfung auch eine zunehmende Bedeutung.[1012] Denn die Bezugsobjekte der internen Kontrollen im IKS sind in der Unternehmenspraxis bis auf die untersten Hierarchieebenen des Unternehmens angesiedelt.[1013] Insofern bieten sich dem Abschlußprüfer bei der Prüfung des Risikomanagements insbesondere auf operativen Hierarchieebenen Synergiepotentiale zwischen der regulären Jahresabschlußprüfung und der Prüfung des Risikomanagements. Denn bereits im Rahmen der Prüfung des Jahresabschlusses unterzieht der Prüfer rechnungswesenrelevante interne Kontrollen einer Aufbau- und einer Funktionsprüfung. Sofern diese Kontrollen auch aus Perspektive des Risikomanagements relevant sind, können die erlangten Prüfungsnachweise auch in diesem Zusammenhang Verwendung finden. Als Prüfungszeitpunkt empfiehlt sich aufgrund des Systemcharakters der Prüfungshandlungen die Vor- bzw. Zwischenprüfung.[1014] Unter anderem bei der Prüfung des Risikomanagements kommt der Internen Revision des geprüften Unternehmens eine besondere Rolle zu, da sie zum einen Prüfungsobjekt, gleichzeitig jedoch auch eine Informationsquelle für den Abschlußprüfer ist, indem sie auf einer Vielzahl von Prüffeldern selbst Prüfungsergebnisse bereitstellen kann. Denn sofern der Prüfer zu der Einschätzung gelangt, daß die Interne Revision als zuverlässig einzustufen ist, kann eine Abstimmung der Arbeiten von interner Revision und Abschlußprüfern Effizienzgewinne sowie eine höhere Sicherheit der Prüfungshandlungen und somit ein reduziertes Prüfungsrisiko bewirken.[1015]

1012 Vgl. m.w.N. Hachmeister (Controllingprüfung 2003), S. 444.

1013 Vgl. Buderath/Amling (Risikomanagement 2000), S. 131 f.

1014 Vgl. Eggemann/Konradt (Risikomanagement 2000), S. 507.

1015 Vgl. Arbeitskreis „Externe und Interne Überwachung der Unternehmung" der Schmalenbach-Gesellschaft für Betriebswirtschaft e.V. (Interne Revision 2006), S. 228; IDW

Da sich der Abschlußprüfer aufgrund berufsrechtlicher Regelungen lediglich auf die Arbeitsergebnisse der Internen Revision stützen darf, erfolgt die Kooperation häufig in Form einer Arbeitsteilung zwischen interner Revision und Abschlußprüfern, indem der Abschlußprüfer die von der Internen Revision getroffenen Prüfungsfeststellungen auch für seine Urteilsbildung übernimmt und somit den eigenen Prüfungsaufwand reduzieren kann.[1016] Denn die Interne Revision trägt mit ihren Prüfungshandlungen i.d.R. zu einer Verbesserung des Kontrollumfeldes im Unternehmen bei, wobei sie sich insbesondere auch mit rechnungslegungsrelevanten internen Kontrollen beschäftigt. Sofern die Interne Revision zu positiven Feststellungen bei der Beurteilung der innerbetrieblichen und buchhalterischen Kontrollen im Rechnungswesen sowie der Meldungen an die Unternehmensleitung gelangt, kann der Abschlußprüfer die Kontrollrisiken auf bestimmten Prüffeldern ggf. niedriger ansetzen, wodurch das Fehler- und somit das Prüfungsrisiko reduziert wird.[1017] In diesem Zusammenhang wird davon ausgegangen, daß sich die Maßnahmen des Sarbanes-Oxley Act auch auf europäische Unternehmen auswirken werden, so daß rechnungslegungsrelevante Prüffelder wieder mehr Bedeutung für die Arbeit der Internen Revision gewinnen werden.[1018] Es ist daher eine weiter steigende Relevanz der Internen Revision für die Abschlußprüfer zu erwarten.

(Handbuch 2006), Kap. P, Tz. 106; Soll/Labes (Revision 1999), S. 200 ff. Um die Arbeiten der Internen Revision nutzen zu können, ist der Abschlußprüfer verpflichtet, eine Einschätzung der Zuverlässigkeit der Internen Revision vorzunehmen. Bei dieser Einschätzung sind der Grad der Unabhängigkeit der Internen Revision, die Qualifikation ihrer Mitarbeiter, der Umfang und die Qualität ihrer Tätigkeit sowie der Umfang der Berücksichtigung der Empfehlungen der Internen Revision durch die Unternehmensleitung entscheidende Faktoren; vgl. Brebeck (Zusammenarbeit 2001), S. 382. Eine derartige Einschätzung der Qualität der Arbeit der Internen Revision hat der Prüfer jährlich im Rahmen der Prüfung des Risikomanagementsystems vorzunehmen. Diese jährliche Qualitätsbeurteilung des Abschlußprüfers bezieht sich ausschließlich auf die Funktionsfähigkeit der Internen Revision. Darüber hinaus können in mehrjährigen Abständen erfolgende externe Reviews die Qualität der Internen Revision auch hinsichtlich anderer Aspekte wie z.B. Wirtschaftlichkeit, Angemessenheit und Zweckmäßigkeit der durchgeführten Prüfungen geben; vgl. Krey (Revision 2001), S. 2463. Zur Reduktion des Prüfungsaufwands des Abschlußprüfers durch die Übernahme von Arbeitsergebnissen der Internen Revision und in der Praxis genutzten Faktoren zur Beurteilung der Internen Revision vgl. auch die Zusammenfassung bedeutsamer empirischer Ergebnisse bei Ruhnke (Prüfung 2000), S. 424-429.

1016 Vgl. Peemöller/Richter (Revision 2000), S. 62. Zu möglichen Kooperationsformen zwischen interner Revision und Abschlußprüfern vgl. auch Lück (Zusammenarbeit 2003), S. 65 f.

1017 Vgl. Brebeck (Zusammenarbeit 2001), S. 381; Lück (Zusammenarbeit 2003), S. 16 und 92 f.

1018 Vgl. Buderath (Revision 2003), S. 181.

Auswirkungen des SOX auf die Prüfung der IKS deutscher Unternehmen

Der Sarbanes-Oxley Act (‚SOX') stellt die Reaktion des amerikanischen Gesetzgebers auf die Bilanzskandale v.a. um Enron und Worldcom dar und weist in bestimmten Teilen Ähnlichkeiten mit den Regelungen des bereits 1998 und damit 4 Jahre vor dem SOX erlassenen KonTraG auf.[1019] Allerdings sind die Regelungen des SOX deutlich weitreichender und gelten für alle Unternehmen, deren Wertpapiere an einer amerikanischen Wertpapierbörse gehandelt werden oder die ihre Wertpapiere anderweitig in den USA anbieten. Diese Voraussetzungen treffen auch auf einige deutsche Unternehmen zu, insbes. solche, die an der NYSE notiert sind. Darüber hinaus erstrecken sich die Regelungen des SOX auf im Ausland ansässige Tochtergesellschaften von SEC-registrierten Gesellschaften. Das Gesetz sieht Maßnahmen auf verschiedene Zielgruppen wie die bilanzierenden Unternehmen, deren Management sowie Wirtschaftsprüfer und Finanzanalysten, vor.[1020] Die Section 404 des SOX bezieht sich auf die von den bilanzierenden Unternehmen zu installierenden Kontrollsysteme und stellt den im hier betrachteten Zusammenhang wesentlichsten Aspekt des Gesetzes dar. Sowohl auf europäischer als auch auf nationaler deutscher Ebene haben die Gesetzgeber die amerikanischen Entwicklungen aufgegriffen und planen ebenfalls eine Erweiterung der Berichterstattungspflichten über die in den bilanzierenden Unternehmen installierten IKS. Auch wenn diese Vorschriften nicht so weitreichend sind wie diejenigen des SOX, ist davon auszugehen, daß sich die Regelungen des SOX mittelfristig auch auf europäische Unternehmen ohne Börsennotierung in den USA auswirken werden.[1021]

Gem. SOX 404 hat der Jahresabschluß einen Bericht des Managements über das IKS der Finanzberichterstattung zu enthalten. Diese Einschätzung des Managements ist vom Abschlußprüfer im Rahmen der Abschlußprüfung gesondert zu testieren.[1022] Um eine Aussage über das IKS treffen zu können, hat das Management dieses regelmäßig

---

[1019] Vgl. Färber/Wagner (SOX 2005), S. 155 f.; Glaum/Thomaschewski/Weber (IKS 2006), S. 209.

[1020] Zu einer ausführlichen Darstellung von Geltungsbereich und Regelungsinhalt des SOX vgl. Menzies (SOX 2004), S. 13-26. US-Amerikanische Unternehmen müssen die Anforderungen des SOX seit 2005 erfüllen, während ausländischen Gesellschaften ein Aufschub gewährt wurde, so daß die Regeln erst auf Geschäftsjahre, die nach dem 15.7.2006 enden, angewandt werden müssen. Darüber hinaus werden weitere Erleichterungen diskutiert; vgl. Caspari/Maier/Caspari (SOX 2005), S. 719; Glaum/Thomaschewski/Weber (IKS 2006), S. 207.

[1021] Vgl. Glaum/Thomaschewski/Weber (IKS 2006), S. 210; Menzies (SOX 2004), S. 27-36.

[1022] Vgl. Moritz/Gesse (SOX 2005), S. 11.

auf seine Wirksamkeit zu prüfen.[1023] Hierfür hat die Bewertung des IKS unter Verwendung eines allgemein anerkannten Rahmenkonzepts zu erfolgen. Ein solches von der SEC empfohlenes, jedoch nicht verbindlich vorgeschriebenes, allerdings auch in der Literatur regelmäßig aufgegriffenes Rahmenkonzept ist das COSO-Framework. Dieses definiert das IKS sehr allgemein als einen von Aufsichtsgremien, Unternehmensleitung und Mitarbeitern gesteuerten Prozeß, der dazu dient, die Effektivität und Effizienz der Geschäftstätigkeit, die Zuverlässigkeit der Finanzberichterstattung sowie die Einhaltung von Gesetzen und anderen Vorschriften im Unternehmen zu gewährleisten. Um diese Zielsetzungen zu operationalisieren, wird das IKS in acht miteinander verbundene Komponenten unterteilt. Diese beziehen sich gleichzeitig auf unterschiedliche betriebliche Abläufe sowie Hierarchieebenen. Diese Struktur wird wie in Abbildung E-4 häufig als sogenannter COSO-Würfel dargestellt.[1024]

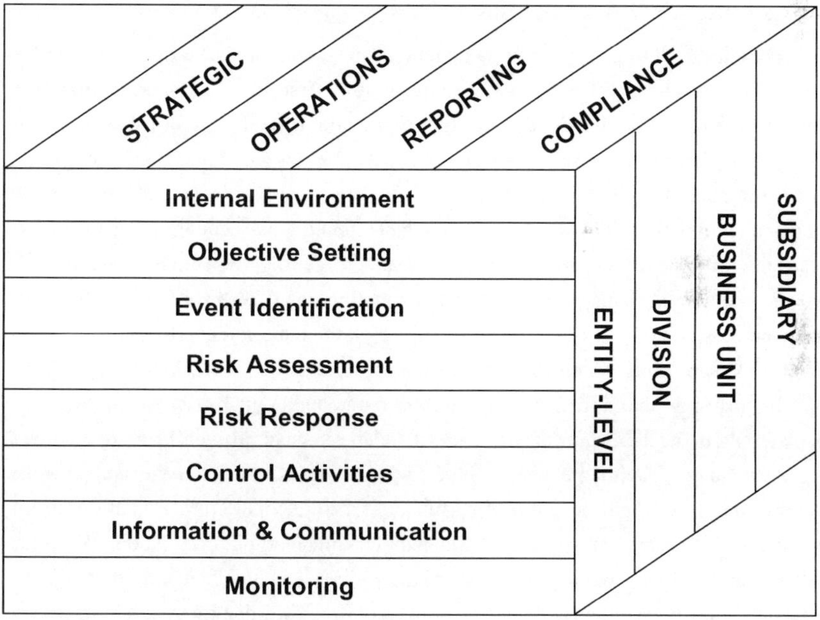

Abbildung E-4: COSO-Würfel[1025]

[1023] Vgl. Glaum/Thomaschewski/Weber (IKS 2006), S. 208.

[1024] Zu den Bestandteilen des IKS gem. dem COSO-Framework vgl. ausführlich Menzies (SOX 2004), S. 76-81, Färber/Wagner (SOX 2005), S. 157 f. oder Glaum/Thomaschewski/Weber (IKS 2006), S. 208 ff.

[1025] Quelle: COSO (Risk Management 2004), S. 5.

Das COSO-Framework bietet ein Begriffsgerüst, in dem die wichtigsten Komponenten eines IKS benannt und Zusammenhänge zwischen diesen aufgezeigt werden. Zu beachten ist jedoch, daß das COSO-Framework ein umfassendes Modell für die gesamte Steuerung und Kontrolle von Unternehmen darstellt, während sich SOX 404 ausschließlich auf interne Überwachungsmaßnahmen hinsichtlich des Finanzberichtswesens bezieht. Die Effektivität des finanzberichtswesenbezogenen IKS kann vom Prüfer allerdings nur dann beurteilt werden, wenn alle wesentlichen Elemente der Rechnungslegung vom IKS erfaßt werden und ein hinreichend großer Abdeckungsgrad der Vorsysteme, die Informationen an das Finanzberichtswesen liefern, erreicht ist. Die im Rahmen von SOX 404 zu berücksichtigenden Kontrollen beschränken sich damit nicht auf den engeren Funktionsbereich der Rechnungslegung, sondern umfassen auch Prozesse der Erstellung und Weiterleitung rechnungswesenrelevanter Informationen z.B. im Beschaffungs-, Produktions-, Absatz-, Personal- oder Finanzbereich.[1026]

Sollten sich die SOX-Regelungen dahingehend auf die europäische und nationale Gesetzgebung auswirken, daß diese Regelungen zumindest teilweise übernommen werden, so ist davon auszugehen, daß in Zukunft weitere Teile des IKS (insbes. nicht unmittelbar rechnungswesenrelevante Teile) in den Umfang der Finanzberichterstattung und somit auch der gesetzlichen Pflichtprüfung fallen, als dies bislang der Fall ist. Die Regelungen des SOX 404 werden von den betroffenen Unternehmen jedoch als bürokratisch empfunden und ihre Umsetzung ist außerordentlich zeit- und kostenintensiv, wobei vor allem der Ausbau und die Dokumentation des IKS die aufwendigsten Maßnahmen darstellen.[1027] Insbesondere da die Dokumentation des IKS sowie dessen Wirksamkeitsprüfung durch die Unternehmensführung die wesentlichen Grundlagen für die Prüfung durch die Abschlußprüfer darstellen, deutet sich auch hier eine Schwierigkeit für die Prüfer an, zu ausreichenden aussagekräftigen Prüfungsnachweisen zu gelangen. Denn die Unternehmen werden bestrebt sein, die entsprechenden Maßnahmen mit möglichst geringem Aufwand zu implementieren, so daß die Prüfer möglicherweise auf umfangreichere Maßnahmen hinsichtlich Installation, Wirksamkeitsprüfungen und Dokumentation von Kontrollen auch in nicht unmittelbar rechnungswesenbezogenen betrieblichen Bereichen drängen werden müssen. Hierbei ist zu erwarten, daß diese Problematik in solchen Unternehmen geringer ausgeprägt sein wird, in denen das Risikomanagementsystem bereits gut ausgebaut ist. Denn im Er-

---

1026 Vgl. Glaum/Thomaschewski/Weber (IKS 2006), S. 209 f.; ähnlich Muff (SOX 2005), S. 259.

1027 Vgl. Färber/Wagner (SOX 2005), S. 159; Glaum/Thomaschewski/Weber (IKS 2006), S. 206 und 212.

gebnis kann das Risikomanagementsystem gem. § 91 AktG implizit auch als Bestandteil des IKS nach COSO bzw. im Sinne von SOX aufgefaßt werden.[1028] Je mehr Teilbereiche des Unternehmens bereits vom Risikomanagementsystem abgedeckt sind und je besser die Prozeßabläufe im Risikomanagement funktionieren, desto geringere Anpassungsmaßnahmen an die SOX-Regelungen bzw. ähnliche Vorschriften auf EU-Ebene werden zukünftig notwendig sein.

3.2.3 Finanzwirtschaftliches Risikomanagement

Wie in Abschnitt C.3.6 gesehen, stellt das finanzwirtschaftliche Risikomanagement einen besonderen Bestandteil des Risikomanagementsystems dar. Der Abschlußprüfer hat das finanzwirtschaftliche Risikomanagement zum einen hinsichtlich seines Beitrags im Rahmen des generellen unternehmensweiten Risikomanagementsystems zu würdigen. Zum anderen wirkt sich das finanzwirtschaftliche Risikomanagement bei einer Umsetzung des Management Approach auch auf die bilanzielle Abbildung von Finanzinstrumenten aus. Daher hat sich der Abschlußprüfer einen detaillierten Einblick in das finanzwirtschaftliche Risikomanagement zu verschaffen und zu prüfen, ob dieses adäquat im Abschluß abgebildet wird. Wie in Abschnitt B.6 gesehen, kann eine solche Abbildung im Rahmen des Hedge Accounting oder vor allem durch die Nutzung der Fair Value Option erfolgen. In Zusammenhang mit dem Hedge Accounting ist vor allem die korrekte Einstufung von Sicherungsgeschäften als Mikro- oder Makro-Hedges anhand von Risikomanagementunterlagen zu prüfen.[1029] Ebenso muß der Prüfer bei Nutzung der Fair Value Option die normenkonforme Zusammensetzung der betroffenen Portfolios überprüfen.

Die Beurteilung des inhärenten Risikos stützt sich wiederum auf das Verständnis des Prüfers von der Geschäftstätigkeit des Mandanten. So wird dem Prüfer i.d.R. bekannt sein, ob der Mandant bspw. über umfangreiche Devisen- oder Rohstoffgeschäfte verfügt, welche Risiken diesbezüglich bestehen und ob der Mandant diese Risiken durch den Einsatz von Finanzderivaten steuert. Wichtig in diesem Zusammenhang ist auch, daß die in Abschnitt C.3.6.1 dargestellte häufig erfolgende und aus ökonomischen Gründen sinnvolle Zentralisation der finanzwirtschaftlichen Risikomanagementaktivitäten aus Prüfersicht auch mit einem geringeren inhärenten Risiko einhergehen kann. Denn ein hoher Grad an Dezentralisation könnte zum einen zu Beeinträchtigungen in

---

[1028] Vgl. Muff (SOX 2005), S. 260. Zur Verbindung von SOX und Risikomanagement vgl. auch Menzies (SOX 2004), S. 116-125.

[1029] Vgl. Hachmeister (Controllingprüfung 2003), S. 447; Steiner/Wallmeier (Finanzinstrumente 1998), S. 311 f.

der Erhebung und Aggregation von Informationen über Sicherungstransaktionen führen, und zum anderen verfügen zentral agierende Mitarbeiter in der Regel über eine spezialisierte Ausbildung sowie umfangreichere Kenntnisse und Erfahrungen im Zusammenhang mit derivativen Finanzinstrumenten, so daß sie mit einer geringeren Wahrscheinlichkeit Fehler begehen.[1030] In bezug auf das Kontrollrisiko kommt dem Aufbau des IKS eine hohe Bedeutung zu, da die in den Risikomanagementrichtlinien vorgesehenen Verfahrensanweisungen sowie Prozeß- und Dokumentationsschritte unmittelbar den Umfang und die Eignung vorgesehener Kontrollen determinieren. Denn diese Richtlinien legen u.a. fest, welche Finanzinstrumente im Rahmen des Risikomanagements zulässig sind, wie sie einzusetzen sind und welche Finanzinstrumente zu Bewertungseinheiten bzw. zu managenden Portfolios zusammenzusetzen sind. Darüber hinaus enthalten sie Vorschriften zu Verfahrensabläufen wie z.B. der Einhaltung des Vier-Augen-Prinzips oder der Funktionstrennung. Als Beleg für die hohe Bedeutung der Risikomanagementrichtlinien für die Bilanzierung und Prüfung finanzieller Sicherungsbeziehungen kann in diesem Zusammenhang gesehen werden, daß bspw. Unternehmen der Luftfahrtbranche ihre Sicherungspolitiken für Treibstoffkosten auf Druck ihrer Wirtschaftsprüfer hin änderten.[1031]

Hinsichtlich der Dokumentation vorliegender Hedges stellt weniger die Prüfung, ob derartige Unterlagen vorliegen, ein Problem dar. Vielmehr muß sichergestellt werden, daß die Dokumentationen nicht nachträglich produziert werden. Hierfür kann ggf. unter Bezugnahme auf das IKS auf Funktionstests zurückgegriffen werden, indem die zeitliche Abfolge der Dokumentations- und Transaktionsschritte für unterjährige Sicherungstransaktionen untersucht wird. In diesem Zusammenhang führt das Vorliegen einer Funktionstrennung zwischen Treasury und Buchhaltung dazu, daß im Normalfall erst ein Hedge vorliegen muß, bevor er als solcher bilanziert werden kann.[1032] Die Existenz derartiger Vorschriften sowie die über Funktionstests sichergestellte Funktionsfähigkeit der internen Kontrollen führt zu einem reduzierten Kontroll- und somit einem niedrigeren Prüfungsrisiko. Sowohl im Rahmen des Hedge Accountings, vor allem aber auch bei Nutzung der Fair Value Option, hat der Prüfer die Wertansätze

---

1030 Vgl. Schmidt (Prüfung 2004), S. 15.

1031 Der Änderungsdruck bestand darin, daß sich die Prüfer weigerten, andere Finanzinstrumente als Swaps als Sicherungsgeschäfte im Sinne von IAS 39 anzuerkennen. Vgl. Kley (Konvergenz 2006), S. 156. Die Änderung der Sicherungspolitiken entspricht einer Änderung des Aufbaus des IKS.

1032 Vgl. Schmidt (Prüfung 2004), S. 24 f. Im Zusammenhang mit dem Makro-Hedge-Accounting hat der Prüfer ferner sicherzustellen, daß – entsprechend der Vorgaben des IAS 39 – eine solche Abbildung nur für Zinsrisiken erfolgt.

von zu ihrem Fair Value angesetzten Finanzinstrumenten zu beurteilen. Sofern der Fair Value eines Finanzinstrumentes aus Marktpreisen abgeleitet wird, hat der Prüfer zu untersuchen, ob die Voraussetzungen für das Vorliegen eines aktiven Marktes auch tatsächlich gegeben sind.[1033] Da der Fair Value von illiquiden oder nicht marktgehandelten Finanzinstrumenten häufig nicht aus Marktpreisen abgeleitet werden kann, muß der Abschlußprüfer auch die hierfür innerhalb des Risikomanagementsystems entwickelten Bewertungsmodelle einer Prüfung unterziehen.[1034] Denn nur so kann er die Verläßlichkeit von zum Fair Value bewerteten Finanzinstrumenten im Rahmen des Hedge Accountings oder im Zusammenhang mit der Ausnutzung der Fair Value Option sicherstellen.

Aufgrund der i.d.R. großen Zahl an Bewertungsvorgängen und der Komplexität der hierfür verwendeten Rechenmodelle sowie der technisch anspruchsvollen Systemumgebung wird eine ergebnisorientierte Prüfung der Bewertung von Finanzinstrumenten zum Abschlußstichtag regelmäßig nicht sinnvoll sein. Vielmehr bietet es sich an, auch diesbezüglich eine umfangreiche Aufbau- und Funktionsprüfung des IKS vorzunehmen, um sicherzustellen, daß die Bewertungsergebnisse grundsätzlich ordnungsgemäß zustande kommen. Im Rahmen der Hauptprüfung hat der Prüfer dann sicherzustellen, daß gezielte Eingriffe in die Bewertungsergebnisse zum Stichtag nicht stattfinden können (z.B. da sie systemseitig verhindert werden) bzw. nicht stattgefunden haben.

Zusammenfassend ist hinsichtlich des finanzwirtschaftlichen Risikomanagements festzuhalten, daß der Prüfer zum einen Umfang sowie Organisation des Systems zu untersuchen hat. Darüber hinaus hat er die Eignung des Systems und dessen Funktionsweise kritisch zu hinterfragen, wobei er ggf. auch auf Änderungen, die sich auf die Controllingsysteme auswirken, dringen kann. Insbesondere aufgrund ihrer unmittelbaren Auswirkungen auf den geprüften Abschluß fallen Bewertungsmodelle, die zur Fair-Value-Bewertung von Finanzinstrumenten eingesetzt werden, in den Prüfungsumfang, wodurch sich der Prüfer unmittelbar mit detaillierten, in der operativen Unternehmenssteuerung verwendeten Informationen auseinandersetzen muß.

3.3 Planungs- und Kontrollrechnungen

Wie in Abbildung E-1 dargestellt, ergibt sich die Notwendigkeit der Prüfung von Planungs- und Kontrollrechnungen zum einen daraus, daß die Unternehmensplanung die Grundlage für zukunftsorientierte Bestandteile des Lageberichts ist. Darüber hinaus

---

[1033] Vgl. Schmidt (Prüfung 2004), S. 21 f.

[1034] Vgl. Hachmeister (Controllingprüfung 2003), S. 447 f.; ausführlich auch Schmidt (Prüfung 2004), S. 23 f.

kann eine Umsetzung des Management Approach im Zusammenhang mit Goodwill Impairment Tests dazu führen, daß sich Abschlußprüfer mit internen Planungs- und Kontrollrechnungen auseinandersetzen müssen. Auf die Prüfung der Instandhaltungs- und Investitionsplanung im Rahmen der Prüfung des Sachanlagevermögens wird an dieser Stelle nicht mehr gesondert eingegangen, da von dieser Umsetzungsmöglichkeit des Management Approach nur vergleichsweise geringe Auswirkungen auf das Bilanzbild der Unternehmen zu erwarten sind.

3.3.1 Lageberichterstattung

Im Lagebericht hat die Unternehmensführung u.a. die Entwicklung und die Lage des Unternehmens aus ihrer Sicht darzustellen und zu erläutern. Darüber hinaus enthält der Lagebericht zunehmend prospektive Elemente wie Prognosen sowie Chancen und Risiken. Der Prüfer hat daher sicherzustellen, daß die im Lagebericht gemachten Angaben auch tatsächlich der Überzeugung der Unternehmensführung entsprechen. Hierfür hat er bspw. Sitzungsprotokolle, Entscheidungsvorlagen etc. einzusehen. Auch auf die interne Berichterstattung des Unternehmens an dessen Überwachungsorgane (z.B. Aufsichtsrat) kann zurückgegriffen werden. Denn die Unternehmensführung ist in der Regel verpflichtet, ihre betrieblichen Überwachungsorgane nicht nur über die Geschäftsentwicklung, sondern auch über die beabsichtigte Geschäftspolitik und andere Fragen der Unternehmensplanung zu unterrichten.[1035] Bei der Prüfung der retrospektiven Berichterstattung über Geschäftsverlauf und Lage der Gesellschaft stellt insbes. die Bezugnahme auf die zuvor bereits geprüften Zahlen des Abschlusses eine gewisse Mindestobjektivität sicher, so daß der Prüfer sich auf deren verbale Interpretation konzentrieren kann. Da die Buchführung naturgemäß nicht alle künftigen finanziellen Ressourcen und Verpflichtungen abbildet (z.B. Eventualverbindlichkeiten wie Bürgschaften) muß der Prüfer die Unternehmensplanung ohnehin schon deshalb beurteilen, um sich ein Bild davon machen zu können, ob die Gesellschaft in absehbarer Zeit ihren Zahlungsverpflichtungen nachkommen können wird oder ob Zweifel an der Going-Concern-Prämisse bestehen. Sofern der Prüfer der Auffassung ist, daß er die unternehmensinterne Planung zur pflichtgemäßen Prüfungsdurchführung benötigt, hat ihm die Unternehmensführung diese Informationen auszuhändigen. Sollten die vom Prüfer angeforderten Informationen noch nicht vorliegen, so kann die Unternehmensführung diese ggf. speziell für die Prüfung anfertigen.[1036]

1035 Vgl. m.w.N. Witten (Lagebericht 2001), S. 355.

1036 Vgl. Freiling/Lück (Planungsprüfung 1994), S. 1249 f.; Groß (Going Concern 2004), S. 1435.

Da die Berichterstattung über Chancen und Risiken nur auf Grundlage des Chancen- und Risikomanagements erfolgen kann, steht auch die Prüfung der Chancen- und Risikoberichterstattung in engem Zusammenhang mit der Prüfung des zugrundeliegenden Risikomanagementsystems. Die dort gewonnenen Prüfungsfeststellungen sind zum einen hinsichtlich der Beschreibung des Chancen- und Risikomanagements im Lagebericht zu berücksichtigen. Darüber hinaus sind dem Prüfer die wesentlichen Chancen und Risiken, die für die Geschäftstätigkeit des Unternehmens bestehen, bereits aus der Prüfung des Risikomanagements bekannt, so daß er unmittelbar abgleichen kann, ob diese vollständig sowie in ausreichendem Umfang im Lagebericht Erwähnung finden.[1037]

Die Prognoseberichterstattung enthält nicht nur die erwähnten verbalen Informationen, sondern teilweise auch quantitative Angaben. Diesbezüglich hat der Prüfer zunächst die im Lagebericht offengelegten Prognosen mit den internen, für das Management bestimmten Prognosen, abzustimmen.[1038] Aufgrund der Prognosen inhärenten Unsicherheit kann der Abschlußprüfer nicht zu einem eindeutigen Positiv- oder Negativurteil dahingehend gelangen, ob eine Prognose richtig oder falsch ist, sondern nur einschätzen, inwiefern eine Prognose realistisch oder unrealistisch erscheint. In bezug auf das inhärente Risiko hat der Prüfer insbesondere einzuschätzen, inwiefern die Unternehmensführung dazu geeignet und fähig ist, eine Prognose abzugeben. Das inhärente Risiko wird hierbei auch von der Branche und dem generellen Umfeld des Mandanten geprägt, da dieses die Zukunftsunsicherheiten, in denen sich das Unternehmen bewegt, wesentlich beeinflußt. Darüber hinaus sollte der Prüfer anhand der Ist-Ergebnisse vergangener Berichtsperioden detaillierte Abweichungsanalysen zu den auf diese Berichtsperioden bezogenen Prognosen vornehmen, um die Genauigkeit der von der Unternehmensführung aufgestellten Prognosen einschätzen zu können. Zur Einschätzung des Kontrollrisikos hat sich der Prüfer zunächst von der Zuverlässigkeit und Funktionsfähigkeit des unternehmensinternen Planungs-, Steuerungs- und Berichtssystems zu überzeugen.[1039]

Um eine Aussage über die Plausibilität aktueller Prognosen abgeben zu können, sollte der Prüfer nicht nur die Funktionsweise des Prognosesystems analysieren, sondern sich auch einen Eindruck von der Grundlage der Planung sowie der in diese eingehen-

---

[1037] Zur Prüfung des Risikomanagements vgl. Abschnitt E.3.2.

[1038] Vgl. Fülbier/Hirsch/Meyer (Zusammenarbeit 2006), S. 237.

[1039] Vgl. Arbeitskreis „Externe und Interne Überwachung der Unternehmung“ der Schmalenbach-Gesellschaft für Betriebswirtschaft e.V. (Prognoseprüfung 2003), S. 109; Kaiser (Prüfung 2005), S. 2310.

den Daten und Annahmen verschaffen.[1040] Denn die in die Planung eingehenden Daten sind zumindest teilweise (z.B. durch Marktwerte) objektivierbar. Darüber hinaus sind die von der Unternehmensführung getroffenen Annahmen kritisch zu hinterfragen und zu prüfen, ob diese aus der generellen Unternehmensstrategie ableitbar sind.

3.3.2 Goodwill Impairment Tests

Der zweite wesentliche Teilbereich, in dem sich die Abschlußprüfung bei einer Umsetzung des Management Approach auf interne Planungsrechnungen erstreckt, stellt die Durchführung von Goodwill Impairment Tests dar. Insbesondere da die vermeintlich größere Marktnähe von Fair-Value-Bewertungen zu Lasten der Verläßlichkeit der Wertansätze erfolgen kann, wird in der Literatur die besondere Bedeutung der Prüfung dieser Werte durch den Abschlußprüfer betont.[1041] Zwar war die Werthaltigkeit von Goodwill schon in der Vergangenheit insofern zu prüfen, als daß der Abschlußprüfer einschätzen mußte, ob die vom Unternehmen vorgenommenen planmäßigen Abschreibungen ausreichend waren. Durch den Impairment Only Approach gewinnt die Prüfung der Werthaltigkeit von Goodwill jedoch eine neue Qualität, da Bewertungsfehler nicht mehr durch die Vornahme planmäßiger Abschreibungen spätestens bis zum Ende der Nutzungsdauer automatisch eliminiert werden. Das inhärente Risiko liegt damit auf diesem Prüffeld höher, als es in der Vergangenheit der Fall war.[1042] Außerdem wird das inhärente Risiko durch die große Abhängigkeit des Bilanzpostens Goodwill von Schätzungen in der Regel noch zusätzlich erhöht.[1043] Deshalb sollte der Prüfer in der Lage sein, das inhärente Risiko der Werthaltigkeit von Goodwillbeträgen vor allem auf Grundlage seiner Kenntnisse der Geschäftstätigkeit und des Umfeldes des Mandanten abschätzen zu können.[1044] Hierbei hat insbesondere die Branche, welcher die betrachtete Unternehmensteileinheit angehört, Auswirkungen auf die Unsicherheit der im Rahmen der Bewertung vorzunehmenden Schätzungen. Bei der Einschätzung des inhärenten Risikos von Goodwillposten sollte der Prüfer außerdem mittels Soll-Ist-Vergleichen die historische Prognosequalität der vom Mandanten verwendeten Pla-

---

[1040] Vgl. Dißars (Lagebericht 2005), S. 640; hierzu jedoch auch kritisch Freidank/Steinmeyer (Lagebericht 2005), S. 2516, die der Auffassung sind, daß die erweiterte Lageberichterstattung (Wertorientierung, Chancen/Risikomanagement) nicht dazu führe, daß die Unternehmensplanung der Prüfung unterliegt. Eine solche Geschäftsführungsprüfung sei nicht Aufgabe des Abschlußprüfers und er könne sie auch überhaupt nicht leisten.

[1041] Vgl. statt vieler Küting/Reuter (Bilanzanalyse 2005), S. 712.

[1042] Vgl. Lüdenbach/Schulz (Impairment 2002), S. 491.

[1043] Vgl. Ruhnke/Schmidt (Prüfung 2003), S. 1043.

[1044] Vgl. Rodgers (Tale 2000), S. 85.

nungsrechnungen berücksichtigen. Allerdings müssen sehr geringe historische Soll-Ist-Abweichungen nicht notwendigerweise für eine hervorragende Planungsqualität sprechen, wenn die gesetzten Ziele z.B. hauptsächlich durch die umfassende Anwendung bilanzpolitischer Maßnahmen erreicht wurden. Um die historische Planungsqualität angemessen interpretieren und somit bei der Einschätzung des inhärenten Risikos berücksichtigen zu können, sollte der Prüfer deshalb nicht nur eine gute Kenntnis der Geschäftstätigkeit des Mandanten vorweisen, sondern auch auf möglichst lange Erfahrungen mit dem Mandanten zurückgreifen können.[1045]

Nachdem der Prüfer auf Grundlage seiner Kenntnis des Mandanten und dessen Geschäftstätigkeit eine Einschätzung des inhärenten Risikos des Goodwillpostens in der Bilanz vorgenommen hat, stellt es ein grundlegendes Element der Prüfung von Goodwill Impairment Tests dar, daß der Prüfer ein Verständnis von dem Prozeß incl. der in diesem Prozeß installierten Kontrollen erlangt, den der Mandant zur Durchführung von Goodwill Impairment Tests installiert hat.[1046] Derartige Kontrollen können bspw. die Einhaltung von Funktionstrennungen oder die Existenz von Mechanismen, die dezentrale Unternehmensteileinheiten zu einer wahrheitsgemäßen Berichterstattung anhalten sollen, darstellen.[1047] Insbesondere bei Vorhandensein einer großen Zahl Goodwill tragender ZGEs und wenn Goodwill Impairment Tests von einer Zentralabteilung durchgeführt werden, kann es sinnvoll sein, eine stichprobenartige Prüfung von ausgewählten Bewertungsresultaten im Rahmen von Funktionstests in bezug auf die in der Zentralabteilung stattfindenden Prozeßabläufe durchzuführen. Dies kann eine Reduktion des Prüfungsumfangs hinsichtlich einzelner Bewertungsergebnisse zum Abschlußstichtag ermöglichen.

Aufgrund der insbes. bei kapitalmarktorientierten Unternehmen in der Praxis nur sehr kurzen zur Jahresabschlußerstellung und -prüfung zur Verfügung stehenden Zeitspanne muß sich der Abschlußprüfer bereits frühzeitig, d.h. zum Zeitpunkt der Vor- bzw. Zwischenprüfung, damit auseinandersetzen, ob für einzelne ZGEs Triggering Events vorliegen oder nicht.[1048] Die Suche nach Triggering Events durch den Mandanten kann

---

1045 Dieser Aspekt ist vor allem deshalb wichtig, da infolge der jüngeren Bilanzskandale u.a. regelmäßig die Forderung nach einer Pflichtrotation des Abschlußprüfers erhoben wird. Zu den ökonomischen Auswirkungen von Prüferwechseln vgl. auch allgemein Weißenberger (Prüferwechsel 2003), S. 923-956.

1046 Vgl. Ruhnke/Schmidt (Prüfung 2003), S. 1043.

1047 Vgl. hierzu auch die Ausführungen in Abschnitt D.3.2.1.

1048 Zur Reduktion der Abschlußzeiten vgl. IDW (Prüfung 2002), S. 74; Küting/Weber/Boecker (Fast Close 2004), S. 5-10; Raschke/Vogel (Fast Close 2002), S. 278 ff.

hierbei als Kontrolle hinsichtlich der Werthaltigkeit von Goodwill aufgefaßt werden. Bei einer Umsetzung des Management Approach, wie sie in den Abschnitten C.3.5 und C.4.3 beschrieben wurde,[1049] sollte der Prüfer daher entsprechende unternehmensinterne Unterlagen bereits unterjährig bzw. während der Prüfungsplanungsphase vom Mandanten anfordern. Die Schlußfolgerungen des Mandanten sind kritisch zu hinterfragen, und der Prüfer kann darüber hinaus ggf. selbst Triggering Events identifizieren. Sofern vom Mandanten bislang nicht berücksichtigte Triggering Events vorliegen, sollte der Prüfer den Mandanten dazu veranlassen, die für Impairment Tests notwendigen Bewertungsvorgänge rechtzeitig einzuleiten.[1050]

Im Zusammenhang mit der Würdigung von Planungs- und Kontrollrechnungen hinsichtlich des Vorliegens von Triggering Events hat der Prüfer auch eine Einschätzung davon zu erlangen, ob die internen Planungs- und Kontrollrechnungen zur Performancemessung verwendet werden bzw. tauglich sind.[1051] Denn sofern er Relevanzdefizite, wie sie z.B. in Abschnitt D.2.2 beschrieben wurden, identifiziert, sind die Rechenwerke möglicherweise gar nicht in der Lage, eine objektive Aussage über die Wertschaffung bzw. -vernichtung der Unternehmensteileinheit zu treffen. Eine Ableitung von Triggering Events auf dieser Grundlage erscheint somit auch nicht als sinnvoll. Da die Planungsrechnungen auch die Grundlage für den ggf. durchzuführenden Goodwill Impairment Test darstellen können, hat der Prüfer derartige Relevanzdefizite auch bei der Prüfung der entsprechenden Bewertungsvorgänge zu berücksichtigen.

Spätestens zum Zeitpunkt der Hauptprüfung hat der Abschlußprüfer diese Bewertungen selbst einer Prüfung zu unterziehen. Hierbei hat der Prüfer, wie in Abbildung E-3 dargestellt, die in die Berechnung eingehenden Daten und Annahmen zu beurteilen und deren mathematisch korrekte Verarbeitung im verwendeten Rechenmodell sicherzustellen. Die im Rahmen von Goodwill Impairment Tests in die Berechnung eingehenden Annahmen stellen bei einer Umsetzung des Management Approach interne

---

[1049] In den genannten Abschnitten wurde die Identifikation von Triggering Events auf Grundlage von Risikomanagementinformationen und von Planungs- und Kontrollrechnungen der betroffenen Unternehmensteileinheiten untersucht.

[1050] Ebenso kann der Prüfer zu der Einschätzung gelangen, daß für einzelne ZGEs kein Goodwill Impairment Test durchgeführt werden muß, sofern die ZGE eine hohe Wertschaffung aufweist und keine signifikante negative Entwicklung der Chancen- und Risikenstruktur vorliegt. Vgl. zu den Voraussetzungen für die Nichtdurchführung von Goodwill Impairment Tests auch Abschnitt B.2.4 sowie zur Identifikation von Triggering Events auf Grundlage der Steuerungssysteme und des Risikomanagements die Abschnitte C.4.3 und C.3.5.

[1051] Zur Einschätzung der Qualität von Performance-Measurement-Systemen durch Abschlußprüfer vgl. auch allgemein Pütz (Prüfung 2007), S. 313-337.

Planungsinformationen dar. In diesem Zusammenhang hat der Prüfer nicht nur sicherzustellen, daß keine der in IAS 36.44 genannten Sachverhalte (Restrukturierungen, Erweiterungen der ZGE) in den Planungsrechnungen Berücksichtigung finden. Vielmehr hat er auch die Relevanz, Verläßlichkeit, Neutralität, Verständlichkeit und Vollständigkeit der Annahmen zu beurteilen.

Hierbei ist insbesondere auch zu untersuchen, inwiefern die in die Planungen eingehenden Annahmen unter Bezugnahme auf die generelle Unternehmensstrategie und -planung ermittelt wurden. Die den Mandanten in diesem Zusammenhang zur Verfügung stehenden weiten Ermessensspielräume bergen ein hohes Konfliktpotential zwischen den Mandanten und Prüfern.[1052] Hinsichtlich der getroffenen Annahmen bestehen Risiken für den Prüfer nämlich u.a. darin, daß Defizite des Managements hinsichtlich Fähigkeit und Wille zur Umsetzung geplanter Maßnahmen, die sich in den Planungsrechnungen niederschlagen, existieren können.[1053] Hiermit führt die Umsetzung des Management Approach dazu, daß der Prüfer unmittelbar die internen Zahlenwerke prüfen und hinsichtlich ihrer Eignung, eine objektive Zukunftserwartung darzustellen, einschätzen muß.[1054]

Eine derart tiefgreifende Analyse der unternehmensinternen Verfahren wird bei Vorliegen abweichender Ansichten zwischen Mandant und Prüfer in der Regel nicht ohne Folgen bleiben. In diesem Zusammenhang ist u.a. davon auszugehen, daß der Prüfer im Regelfall eher eine möglichst schnelle Abschreibung von Goodwills befürworten dürfte, um sein persönliches Risiko durch potentielle Schadenersatzklagen zu reduzieren.[1055]

Zwar muß sich der Abschlußprüfer auf jeden Fall mit der Bewertung von Goodwill tragenden ZGEs auseinandersetzen. Allerdings wird in der Literatur auch die Auffassung vertreten, daß der ermittelte Wert einer ZGE an sich nicht prüfbar sei. Denn Prüfbarkeit bedeutet, daß zwei oder mehrere Prüfer unabhängig voneinander zum gleichen Urteil gelangen. Da die Bewertungsergebnisse nicht auf objektiven Daten, sondern auf subjektiven Schlußfolgerungen beruhen, kann sich die Prüfung nicht auf das Bewertungsergebnis beziehen, sondern sich ausschließlich auf den zur Ermittlung des Ergebnisses verwendeten Schlußfolgerungsprozeß erstrecken. Somit kann die Prüfung nicht den ermittelten Wert beurteilen, sondern lediglich die Ordnungsmäßigkeit seines

1052 Vgl. Pejic/Buschhüter (Goodwill 2001), S. 111 f.
1053 Vgl. Coelen/Schlecht (Prognoseprüfungen 2004), S. 61.
1054 Vgl. Fülbier/Hirsch/Meyer (Zusammenarbeit 2006), S. 236 f.
1055 Vgl. hierzu die Ausführungen in Abschnitt E.4.2.

Zustandekommens. Der Prüfer kann also ausschließlich die Eignung und Regelkonformität der Rechenmodelle prüfen sowie die in die Bewertung eingehenden Annahmen verplausibilisieren.[1056]

Da der Prüfer keine abschließende Aussage darüber treffen kann, ob der ermittelte Wert richtig oder falsch ist, wird dem Prüfer im Regelfall eine Bandbreite von Wertansätzen als akzeptabel erscheinen müssen. Damit können durch die Abschlußprüfung Ermessensspielräume nicht eliminiert werden, sondern es kann im Grunde nur die generelle Einhaltung von Normen festgestellt werden.[1057] Um festzustellen, ob sich der vom Mandanten ermittelte Wert im Rahmen dieser Ermessensspielräume bewegt, die die Rechnungslegungsnormen zwangsläufig eröffnen, kann der Prüfer auch selbst eine Bandbreite von Soll-Werten ermitteln und feststellen, ob der vom Mandanten ermittelte Wert innerhalb dieser Soll-Bandbreite liegt. Hierbei kann es jedoch vorkommen, daß der Prüfer die vom Mandanten ermittelten Zeitwerte möglicherweise auch dann nicht vollständig akzeptieren kann, wenn sie zwar alle innerhalb der für sie ermittelten Soll-Bandbreiten liegen, jedoch in ihrer Gesamtheit in eine Richtung systematisch verzerrt sind, so daß diese Verzerrungen den zu prüfenden Abschluß in seiner Gesamtheit wesentlich beeinflussen.[1058]

Einen Hinweis auf solche Verzerrungen kann die Gegenüberstellung der Bewertungsergebnisse aus Goodwill Impairment Tests mit dem Marktwert des Unternehmens führen. Denn die Regelungen zum Goodwill Impairment Test führen dazu, daß der Unternehmenswert mittels der Sum-of-the-Parts-Methode bestimmt wird. Anstatt eine Gesamtbewertung des Unternehmens vorzunehmen, erfolgen Gesamtbewertungen einzelner Unternehmensteileinheiten bzw. ZGEs. Die Summe der Fair Values aller ZGEs sollte daher theoretisch den Fair Value des Gesamtunternehmens ergeben. Dies wird in der Regel jedoch nicht der Fall sein, da die zwischen den einzelnen ZGEs realisierba-

---

1056 Vgl. Tanski/Zeretzke (Fair Value 2006), S. 56; m.w.N. Protzek (Impairment 2003), S. 501 f.; ähnlich Wirth (Firmenwert 2005), S. 223. In der Literatur wird diesbezüglich davon ausgegangen, daß es keinen Objektivierungsvorteil bringe, wenn die Bewertungsvorgänge auf externe Gutachter übertragen werden; vgl. hierzu Ballwieser/Küting/Schildbach (Fair Value 2004), S. 537. Dieser Auffassung kann nur eingeschränkt zugestimmt werden, da ein externer Gutachter Mitverantwortung für die Bewertungsresultate übernimmt und daher u.a. zur Abwendung möglicher Schadenersatzansprüche ein Mindestmaß an Objektivität zugrunde legen muß. Darüber hinaus verfügen Gutachter i.d.R. über umfangreiche Erfahrung mit und Kenntnisse über die Durchführung von Bewertungen, so daß das Risiko unabsichtlicher Bewertungsfehler relativ gering ist.

1057 Vgl. Haaker (Controlling 2005), S. 355.

1058 Vgl. Ruhnke/Schmidt (Prüfung 2003), S. 1042.

ren Synergieeffekte zwar bei der Bestimmung des Fair Value des Gesamtunternehmens Berücksichtigung finden, jedoch bei der isolierten Bewertung einzelner ZGEs ausgeblendet bleiben.[1059] Zwar ist eine Übereinstimmung des Marktwerts des Unternehmens mit der Summe der Bewertungsergebnisse der ZGEs somit theoretisch nicht mehr einwandfrei herleitbar. Allerdings sollte sich der Prüfer in jedem Fall eine Marktwertfrage stellen, indem er untersucht, welche Abweichungen vom Marktwert des Unternehmens sachlich begründet sind, oder ob Abweichungen durch systematische, bilanzpolitisch motivierte Verzerrungen der Bewertungsergebnisse für die ZGEs hervorgerufen wurden.[1060]

Zusammenfassend ist in bezug auf die Prüfung von Goodwill Impairment Tests festzuhalten, daß sowohl die verwendeten Controllinginformationen als auch die Informationssysteme, die zu ihrer Ermittlung dienen, in den Prüfungsumfang des Abschlußprüfers fallen. Denn zum einen hat der Prüfer die grundsätzliche Eignung der zur Anwendung kommenden Prognose- und Planungsprozesse für Bewertungszwecke zu untersuchen und darüber hinaus die verwendeten Bewertungsmodelle auf ihre Verwendbarkeit zu prüfen. Zum anderen sind die konkreten in die Planungen eingehenden Daten und Annahmen vom Prüfer kritisch zu hinterfragen. Eine zusätzliche Herausforderung für den Prüfer stellt es dar, daß er nicht nur die individuellen Bewertungsergebnisse zu prüfen hat, sondern diese auch in ihrer Gesamtheit betrachten muß, um ggf. vorhandene systematische Verzerrungen zu identifizieren.

3.4 Projektcontrolling

Wie in Abbildung E-1 dargestellt, ergibt sich die Notwendigkeit der Prüfung von Informationen aus dem Projektcontrolling bzw. der Prüfung der Controllingsysteme daraus, daß, wie in Abschnitt C.5 beschrieben, insbesondere Projektcontrollingsysteme wie das M&A-Controlling, das Fertigungscontrolling sowie das F&E-Controlling Informationen für die Bilanzierung zur Verfügung stellen können. Eine diesbezügliche Umsetzung des Management Approach führt konsequenterweise auch dazu, daß sich der Abschlußprüfer ein Bild von der Ordnungs- und Zweckmäßigkeit dieser Informationssysteme machen muß, um eine Aussage über die bilanzielle Abbildung der entsprechenden Sachverhalte treffen zu können.

1059 Vgl. Küting/Hayn (Bewertung 2006), S. 1215.

1060 Gründe für solche Abweichungen können z.B. technische Faktoren wie Komglomeratsabschläge am Kapitalmarkt, kurzfristige Verzerrungen des Marktwerts durch angebots- und nachfragebedingte Einflüsse wie anstehende Verkäufe von großen Aktienpaketen oder aber auch externe Einflüsse wie Marktblasen sein. Vgl. hierzu ausführlich Frowein/Lüdenbach (Impairment 2003), S. 262-265.

3.4.1 M&A-Controlling

Wie in Abschnitt C.5.2 gesehen, kann sich das M&A-Controlling sowohl auf die Allokation von Goodwill auf ZGEs als auch auf die Durchführung von Goodwill Impairment Tests auswirken. Hierbei hat eine Prüfung von internen, aus dem M&A-Controlling stammenden Steuerungsinformationen zwingend dann zu erfolgen, wenn diese vom Mandanten unmittelbar für die Abgrenzung von ZGEs, denen Goodwill zugeteilt wurde, bzw. die Bestimmung der jeweiligen Goodwillbeträge genutzt wurden oder wenn in Folgeperioden Informationen des Post Acquisition Controlling Verwendung bei der Durchführung von Goodwill Impairment Tests finden. Die grundsätzliche Vorgehensweise bei der Prüfung dieser beiden Sachverhalte wurde bereits in den Abschnitten E.3.1.2 und E.3.3.2 beschrieben.

Informationen des M&A-Controllings kommt dadurch besondere Bedeutung zu, daß eine Berücksichtigung dieser Informationen im Rahmen der Abschlußprüfung sinnvoll sein kann, auch wenn diese Informationen nicht unmittelbar durch eine Umsetzung des Management Approach genutzt wurden. Denn die IFRS-Regeln zur Abbildung von Unternehmenszusammenschlüssen und zur Durchführung von Goodwill Impairment Tests erfordern eine möglichst konsequente Umsetzung des Management Approach und somit eine möglichst konsistente Abbildung des unternehmerischen Geschehens in Finanzberichterstattung sowie Controlling. Sofern interne Unterlagen wie z.B. Analysen, Berechnungen, Sitzungsprotokolle oder interne Berichte an Entscheidungsträger vorliegen, kann der Prüfer durch einen Abgleich dieser Dokumente mit der Bilanzierung sicherstellen, daß eine Umsetzung des Management Approach ordnungsgemäß erfolgt ist. Sofern der Abschlußprüfer Abweichungen zwischen interner und externer Abbildung identifiziert, hat er diese kritisch zu hinterfragen und die Gründe für diese Abweichungen zu ermitteln. Hierbei kann der Prüfer einerseits zu dem Ergebnis gelangen, daß die intern verwendeten Informationen nicht für die externe Abbildung geeignet sind. Dies kann z.B. dann der Fall sein, wenn die internen Informationen Verläßlichkeits- oder Relevanzdefizite, wie sie in Kapitel D dargestellt wurden, aufweisen oder weil nicht mit der Unternehmenssteuerung vereinbare externe Vorschriften Abweichungen erzwingen. Andererseits kann der Prüfer auch zu dem Ergebnis gelangen, daß die internen Informationen durchaus für die Bilanzierung herangezogen werden können. Gelingt es dem Management dann nicht, ausreichende stichhaltige Begründungen für die vorgenommenen Abweichungen vorzubringen, so hat der Prüfer die vorgenommene bilanzielle Abbildung als kritisch einzuschätzen und entsprechende Konsequenzen für die Erteilung des Bestätigungsvermerks in Erwägung zu ziehen. Werden derartige Abweichungen z.B. im Rahmen der Goodwillallokation festgestellt, so kann dies ein Hinweis darauf sein, daß die Unternehmensführung mit der gezielten Verteilung von Goodwillbeträgen versucht, bilanzpolitische Spielräume für spätere Berichtsperioden zu schaffen. In der Folge ist das inhärente Risiko für den Bilanzposten Goodwill vom Prüfer entsprechend höher anzusetzen.

Wie oben gesehen, stehen im Rahmen von Goodwill Impairment Tests die Bewertungsmodelle inklusive der in sie eingehenden Annahmen und Prämissen im Vordergrund der Prüfungshandlungen des Abschlußprüfers. Sofern der Mandant über ein Post Acquisition Controlling verfügt, sollte der Abschlußprüfer jedoch auch Einsicht in die entsprechenden Unterlagen nehmen. Dies unabhängig davon, ob der Mandant Informationen aus dem Post Acquisition Controlling gezielt für die Identifikation von Triggering Events sowie die Durchführung von Goodwill Impairment Tests nutzt, oder nicht. Denn durch die Einsichtnahme in Unterlagen des Post Acquisition Controlling kann der Prüfer ggf. frühzeitig Hinweise auf das Vorliegen von Triggering Events erhalten, so daß er die Notwendigkeit von und die Vorgehensweisen bei Impairment Tests ebenfalls frühzeitig mit dem Mandanten abstimmen kann. Insofern kann auch das Post Acquisition Controlling als eine vom Mandanten betriebene interne Kontrolle hinsichtlich der Werthaltigkeit von Goodwill aufgefaßt werden. Die Funktionsfähigkeit der Kontrolle wird vom Prüfer insofern getestet, als daß er untersucht, ob Triggering Events korrekt erkannt wurden und ob die daraus folgende Maßnahme (Durchführung eines Goodwill Impairment Tests) eingeleitet wurde. Darüber hinaus können die Informationen aus dem Post Acquisition Controlling vor allem dafür verwendet werden, um zu überprüfen, ob die Annahmen, die der externen Bewertung zugrunde liegen, auch der Überzeugung des Managements entsprechen, oder ob für externe Zwecke aus bilanzpolitischen Motivationen heraus andere Prämissen gewählt wurden. Allerdings können sich auch bei der Prüfung der Planungsrechnungen, auf deren Grundlage die erwarteten Synergiepotentiale, die die Goodwillallokation determinieren, Unplausibilitäten hinsichtlich der verwendeten Daten und Annahmen sowie der zur Anwendung kommenden Bewertungsmodelle ergeben.[1061] Sofern die Bewertungsergebnisse intern wie auch extern verwendet werden, kann es dem Abschlußprüfer gelingen, Systemschwächen im M&A-Controlling aufzudecken und die Unternehmensführung hierüber zu informieren. Ggf. kann dies auch den Hinweis auf unerwünschte Auswirkungen des Zirkularitätseffekts des Management Approach umfassen, wenn die in der Berechnung verwendeten Unplausibilitäten bilanzpolitisch motiviert waren.

[1061] Zur Prüfung von Goodwill Impairment Tests vgl. Abschnitt E.3.3.2.

Zusammenfassend ist damit festzuhalten, daß hinsichtlich des M&A-Controllings die Sicherstellung einer korrekten und lückenlosen Umsetzung des Management Approach im Vordergrund steht. Allerdings hat der Abschlußprüfer auch eine Einschätzung der Qualität und Zweckmäßigkeit von im M&A-Controlling zur Anwendung kommenden Verfahren vorzunehmen und kritisch zu hinterfragen, ob diese für interne oder externe Zwecke geeignet sind.

3.4.2 Auftragsfertigung und Umsatzrealisation

Im Gegensatz zur Prüfung der Umsatzrealisation vor Einführung der Percentage-of-Completion-Methode ist eine Prüfung der Kostenrechnung nicht mehr ausreichend, sondern es fällt nunmehr die gesamte projektbezogene Kosten- und Erlösrechnung in den Prüfungsumfang.[1062] Denn die im Rahmen von Fertigungsprojekten verbuchten Umsatzerlöse werden nicht nur über den Fertigstellungsgrad von den bis zum Bilanzstichtag verzeichneten Istkosten sowie den geplanten Gesamtkosten, sondern auch von den erwarteten Erlösen determiniert.

Um das ordnungsmäßige Zustandekommen der Schätzungen beurteilen zu können, hat der Prüfer ähnlich wie bei der in Abschnitt E.3.3 dargestellten Prüfung von Planungsrechnungen vorzugehen. So ist zunächst das Fehlerrisiko der zu prüfenden Schätzung zu bestimmen. Die Ergebnisse der Nachkalkulationen vorangegangener Projekte können dem Abschlußprüfer wertvolle Hinweise auf die Prognosegenauigkeit des Projektcontrollings des Mandanten geben.

So spricht bspw. eine in der Vergangenheit schlechte Prognosegüte dafür, daß das Controlling nicht in der Lage ist, zukünftige Entwicklungen präzise zu antizipieren, so daß der Prüfer dann von einem hohen inhärenten Risiko ausgehen muß.[1063] Da bei der Bestimmung des Fertigstellungsgrads eines Fertigungsauftrags sowohl kaufmännische als auch technische Parameter berücksichtigt werden müssen, hat der Prüfer insbesondere eine Einschätzung davon zu erlangen, ob die die Schätzung vornehmenden Personen über die hierfür erforderliche fachliche Eignung und Erfahrung verfügen. Darüber hinaus ist zu prüfen, ob für diese Personen Anreize zu Verzerrungen bestehen.[1064]

Das Fehlerrisiko wird weiterhin von der Konzeption des verwendeten Projektcontrollingsystems determiniert. Ein grundlegendes Element der Prüfung der Umsatz- und

---

1062 Vgl. Freidank (Langfristfertigung 1989), S. 1199.

1063 Dies muß jedoch nicht notwendigerweise auf eine schlechte Controllingumgebung hindeuten, sondern die Ursache kann möglicherweise auch in einer sehr hohen Unsicherheit, der möglicherweise die gesamte Branche unterliegt, bestehen.

1064 Vgl. hierzu allgemein auch ISA 540.5-7 und 20.

Gewinnrealisation ist es daher, daß der Prüfer ein Verständnis von dem Prozeß incl. der in diesem Prozeß installierten Kontrollen erlangt, den der Mandant zur Schätzung von Plankosten und -erlösen sowie des Fertigstellungsgrades verwendet. Um sicherzustellen, daß angefallene Istkosten korrekt ermittelt wurden, kann der Prüfer hierbei insbesondere eine Aufbauprüfung sowie Funktionstests des IKS im Projektcontrolling durchführen und so prüfen, ob Kosten auf den richtigen Projektkostenstellen erfaßt werden.[1065] Auch die Prüfung der erwarteten Erlöse aus Fertigungsaufträgen kann i.d.R. großenteils im Rahmen von Funktionstests unter Bezugnahme auf vorliegende Vertragswerke mit Kunden, in denen Höhe, Bestandteile und Zeitpunkte von Zahlungen festgelegt werden, erfolgen. Anschließend sind die verwendeten Rechenmodelle auf ihre Anwendbarkeit und mathematische Korrektheit zu untersuchen. Hierbei fallen v.a. die Prozeßabläufe in den Abschnitten Planungs- und Ausführungsphase in den Fokus des Abschlußprüfers. Denn wie in Abschnitt C.5.3.2 gesehen, werden die in der Planungsphase ermittelten Informationen häufig auch während der Ausführungsphase zur Planung der erwarteten Kosten weitergenutzt.

Ferner hat der Prüfer zumindest für wesentliche bzw. ausgewählte Fertigungsaufträge die in die Schätzung eingehenden Daten zu Marktdaten abzustimmen und die aufgestellten Annahmen kritisch zu hinterfragen und zu verplausibilisieren. Denn insbesondere zur Prüfung der erwarteten Gesamtkosten scheidet eine retrospektive Prüfung vorliegender Belege aus, so daß eine allgemeine Prüfbarkeit im Rahmen von Funktionstests stark eingeschränkt wird. Ähnlich wie bereits im Zusammenhang mit Planungs- und Kontrollrechnungen allgemein festgestellt, muß sich der Prüfer daher vom ordnungsmäßigen Zustandekommen der Schätzungen überzeugen.[1066]

Zusammenfassend ist festzuhalten, daß der Abschlußprüfer bei der Prüfung der Controllingsysteme in der Auftragsfertigung eine generelle Einschätzung der Eignung und Funktionsfähigkeit der Prognosesysteme vorzunehmen hat. In bezug auf die Prüfung von Daten und Annahmen, die im Rahmen der Schätzung erwarteter Kosten und Erlöse verwendet werden, sind den Möglichkeiten des Prüfers jedoch enge Grenzen gesetzt. Denn die Schätzungen werden hauptsächlich von technischen Parametern bestimmt, welche der Prüfer mit seinem i.d.R. kaufmännischen Hintergrund kaum nachvollziehen kann.

[1065] Dem IKS kam bereits vor Einführung der Percentage-of-Completion-Methode bei der Prüfung der Herstellungskosten langfristiger Fertigungsaufträge besondere Bedeutung zu. Vgl. Schindlbeck (Langfristfertigung 1988), S. 127 ff. und 217 ff.

[1066] Zum Vorgehen bei der Prüfung einzelner Bewertungsergebnisse vgl. die auf Goodwill Impairment Tests bezogenen Ausführungen in Abschnitt E.3.3.2 sowie ISA 540.12-18.

3.4.3 F&E-Controlling

Auch bei der Prüfung selbsterstellter immaterieller Vermögenswerte hat der Abschlußprüfer zunächst im Rahmen der Prüfungsplanung das inhärente Risiko in bezug auf diesen Bilanzposten zu bestimmen. Das inhärente Risiko bei der Aktivierung und Bewertung selbsterstellter immaterieller Vermögenswerte hängt unter anderem von der Branche und den Märkten ab, für die das Unternehmen neue Produkte, Dienstleistungen oder Produktionsverfahren entwickelt. Denn die mit der Unternehmensumwelt verbundenen Zukunftsunsicherheiten können einen wesentlichen Einfluß auf die einem Entwicklungsprojekt inhärenten wirtschaftlichen und technischen Risiken ausüben. Ebenso spielt es eine wesentliche Rolle, ob sich das Unternehmen mit hoch risikobehafteter Grundlagenforschung befaßt oder ob eher bereits erprobte Technologien weiterentwickelt und ggf. zur Marktreife gebracht werden.

Anschließend hat sich der Prüfer einen Eindruck davon zu verschaffen, ob der Mandant einen Prozeß zur Steuerung und Überwachung seiner F&E-Projekte installiert hat. Zur Einschätzung des Kontrollrisikos ist zunächst eine Aufbauprüfung der relevanten Bestandteile des IKS vorzunehmen. Hierbei ist u.a. die Befähigung der in diesem Bereich eingesetzten Mitarbeiter zur adäquaten Durchführung der ihnen zufallenden Prozeßschritte zu untersuchen und festzustellen, ob die gem. IAS 39 eine Aktivierungspflicht auslösenden Kritierien im Projektcontrollingsystem berücksichtigt werden. Ferner ist zu untersuchen, ob das F&E-Controlling überhaupt eine Unterscheidung in Forschungs- und Entwicklungsphase ermöglicht und ob eine solche Abgrenzung getroffen wird.

Der erste Schritt im Rahmen der Funktionsprüfung des F&E-Controllings besteht darin, einen Überblick über sämtliche wesentlichen Forschungs- und Entwicklungsprojekte des Unternehmens zu erlangen. In diesem Zusammenhang bietet es sich an, die Funktionsprüfung auch gleichzeitig auf die konkreten im zu prüfenden Abschluß enthaltenen Zahlen im Sinne von Dual Purpose Tests auszurichten.[1067] Hierbei hat der Prüfer insbesondere die Dokumentation des Projektcontrollings dahingehend auszuwerten, welche Projekte die Entwicklungsphase überhaupt bereits erreicht haben. So wird in der Literatur die Auffassung geäußert, daß eine für interne Zwecke vorgenommene Abbildung von F&E-Projekten zwingend notwendig sei, um eine intersubjektive Nachprüfbarkeit des Eintritts eines Projektes in die Entwicklungsphase durch den Abschlußprüfer überhaupt zu ermöglichen. Denn als problematisch wird gesehen, daß die bilanzierenden Unternehmen aus bilanzpolitischen Motiven heraus die Pha-

[1067] Zu Dual Purpose Tests vgl. die Ausführungen am Ende von Abschnitt E.2.

sengrenzen verschieben.[1068] Dieser Auffassung ist zuzustimmen, da nur eine konsequente Umsetzung des Management Appraoch dazu führt, daß die Phasenabgrenzung für externe Zwecke auch tatsächlich der Überzeugung der Unternehmensführung bzw. derjenigen Stellen, die über die umfangreichsten Kenntnisse über das Entwicklungsprojekt verfügen, entspricht. Auch wenn der Abschlußprüfer i.d.R. einen kaufmännischen Hintergrund besitzt und nicht über umfassende technische Kenntnisse verfügt, sollte er die Projektverantwortlichen hinsichtlich Projektstatus und weiterer geplanter Projektschritte befragen, um zu einer Einschätzung zu gelangen, ob die Entwicklungsphase wirklich in dem Sinne erreicht ist, daß – wie in Abschnitt C.5.4.2 dargestellt – zumindest das Eigenschaftsbündel des zu entwickelnden Produktes feststeht.

Für die wesentlichen, sich in der Entwicklungsphase befindlichen Projekte hat der Prüfer zu untersuchen, ob die gem. IAS 38 zur Aktivierungspflicht führenden Kriterien erfüllt sind. Um diesbezüglich ausreichende Prüfungsnachweise zu erlangen, hat der Prüfer die Dokumentation des Projektcontrollings auszuwerten und verantwortliche Mitarbeiter zu befragen. Analysen hinsichtlich des potentiellen Markterfolgs oder der internen Nutzbarkeit eines Entwicklungsprojekts erscheinen sowohl aus interner Perspektive, um die Durchführung bzw. Fortsetzung eines Projekts rechtfertigen zu können, als auch aus externer Perspektive, um die Nutzbarkeit dem Prüfer gegenüber nachweisen zu können, als unabdingbar. Sollten keine derartigen Analysen vorliegen, so mag dies in der Forschungsphase akzeptabel oder auch gewollt sein, kann vom Prüfer aber in der Entwicklungsphase nicht mehr akzeptiert werden, sofern nicht andere Nachweise für die ökonomischen Nutzenzuflüsse aus dem Projekt beigebracht werden.

Um die Zuverlässigkeit der Projektcontrollinginformationen sicherzustellen, sollte der Prüfer untersuchen, inwiefern die Planungen bzw. Budgetierungen für F&E-Projekte Konsistenz mit der Gesamtunternehmensplanung aufweisen bzw. aus dieser abgeleitet sind oder in diese eingehen. Denn letzten Endes kann nur durch die Berücksichtigung der für die Fortführung der F&E-Projekte benötigten Ressourcen in internen Planungen überzeugend dargestellt werden, daß sowohl die Absicht als auch die Finanzmittel vorhanden sind, um das Projekt erfolgreich zu beenden. Selbiges gilt für die Vermarktung des zu entwickelnden Produktes. Die von diesem Produkt erwarteten künftigen Zahlungsströme sollten in den entsprechenden Perioden in der Mittel- oder Langfristplanung berücksichtigt sein. Der Prüfer hat hierbei also zum einen zu hinterfragen, ob die vom Projektcontrolling zur Verfügung gestellten Informationen mit der generellen Unternehmensstrategie in Einklang stehen. Zum anderen hat der Prüfer die Frage zu

---

1068 Vgl. Siebert/Suermann (Immaterielle 2003), S. 422.

stellen, ob das Projektcontrolling überhaupt in der Lage ist, alle einem Entwicklungsprojekt inhärenten Chancen und Risiken zutreffend abzubilden. Denn die Vernachlässigung einzelner Aspekte kann nicht nur zu einer fehlerhaften bilanziellen Abbildung, sondern möglicherweise intern auch zu Fehlsteuerungen führen. Sofern Projekte von wesentlichem Umfang, d.h. mit hohen aufgelaufenen Kosten, vorliegen, diese sich im Rahmen des F&E-Controllings jedoch noch in der Forschungsphase befinden, so hat der Prüfer durch Einsichtnahme in die relevanten Projektcontrollingunterlagen sowie durch Befragung der zuständigen Mitarbeiter zu untersuchen, ob für diese Projekte möglicherweise die Kriterien des IAS 38, welche eine Aktivierungspflicht auslösen, erfüllt sind. Nachdem die korrekte Phasenabgrenzung und die Erfüllung der Bedingungen des IAS 38.57 geprüft sind, ist die Bewertung des Entwicklungsprojekts zu prüfen. Hierfür kann – ggf. ebenfalls im Rahmen von Dual Purpose Tests – anhand vorliegender Belege geprüft werden, ob angefallene Kosten den richtigen Projekten zugeordnet und auf den entsprechenden Kostenstellen erfaßt wurden.

Zusammenfassend kann in bezug auf die Prüfung des F&E-Controllings festgehalten werden, daß der Prüfer tiefen Einblick in das Projektmanagement und -controlling nehmen muß, um Prüfungsnachweise darüber zu erlangen, inwiefern Entwicklungsprojekte aktiviert werden können bzw. müssen. Hierbei muß sich der Prüfer mit betriebswirtschaftlichen Sachverhalten befassen, die in weiten Teilen von technischen und naturwissenschaftlichen Aspekten geprägt sind. In der Folge wird der i.d.R. kaufmännisch geschulte Prüfer kaum in der Lage sein, die Qualität der Informationen an sich zu erhärten. Vielmehr erfolgt die Objektivierung der Rechnungslegungsinformationen dadurch, daß der Prüfer die Konsistenz von internen und externen Informationen sicherstellt.[1069] Somit steht die Vermeidung direkter bilanzpolitischer Darstellungseingriffe im Vordergrund der Prüfung.

3.5 Zwischenfazit

In den vorangegangenen Abschnitten wurde deutlich, daß die Umsetzung des Management Approach in der Finanzberichterstattung auch dazu führt, daß Controllinginformationen in den Prüfungsumfang der Abschlußprüfung fallen. Hierbei hängt es von den entsprechenden Prüffeldern ab, ob der Abschlußprüfer nur sicherzustellen hat, daß die in der Finanzberichterstattung offengelegten Informationen auch tatsächlich den intern verwendeten entsprechen, oder ob er sich tiefergehender mit diesen Informationen und den zugrundeliegenden Informationssystemen auseinanderzusetzen hat. Denn an einigen Stellen ist es erforderlich, daß der Abschlußprüfer feststellt, welche Zielset-

---

[1069] Gleicher Auffassung Neely et al. (Measure 2004), S. 38.

zungen mit Controllinginformationen verfolgt werden und ob diese Informationen für eine objektive Abbildung der Realität geeignet sind. In diesem Zusammenhang hat der Prüfer einzuschätzen, ob die Übertragbarkeit der internen Informationen in die Finanzberichterstattung aus Relevanz- oder Verläßlichkeitsgründen eingeschränkt sein könnte. Darüber hinaus hat der Prüfer zu berücksichtigen, ob externe Vorschriften vorliegen, die eine Übernahme interner Informationen einschränken, und ob diese Vorschriften vom Mandanten beachtet wurden. Um sicherzustellen, daß er die Controllinginformationen und Berichtssysteme ausreichend detailliert im Rahmen der Abschlußprüfung berücksichtigen kann, sollte der Prüfer alle Unterlagen und weiteren Prüfungsnachweise, die er hierfür für erforderlich hält, in die von den gesetzlichen Vertretern des geprüften Unternehmens zu unterzeichnende Vollständigkeitserklärung aufnehmen.[1070]

Sofern sich die gesetzlichen Vertreter weigern, Prüfungsnachweise, die der Prüfer für erforderlich hält, zur Verfügung zu stellen, oder die Vollständigkeitserklärung nicht unterzeichnen, hat der Abschlußprüfer gem. ISA 580.15 den Bestätigungsvermerk einzuschränken oder zu versagen.

Abbildung E-5 faßt abschließend Umfang und Intensität der Abschlußprüfung bezüglich der in Abschnitt E.3 diskutierten Prüffelder zusammen.

Informations-quelle	**Prüffeld**	**Prüfungsumfang / Aufgaben des Prüfers**
Organisations- und Berichtsstruktur	Segment-berichterstattung	Ordnungsmäßigkeit der Informationserhebung und -verarbeitung Korrekte Übernahme interner Informationen gem. dem Management Approach Beachtung der Einschränkungen durch den Risk and Reward Approach
	ZGE-Abgrenzung / Goodwillallokation	Korrekte Übernahme interner Informationen gem. dem Management Approach

[1070] Vgl. Dißars (Lagebericht 2005), S. 640. Die Vollständigkeitserklärung stellt eine umfassende Versicherung der gesetzlichen Vertreter des geprüften Unternehmens über die Vollständigkeit der erteilten Auskünfte und Nachweise dar. Die Vollständigkeitserklärung soll Lücken schließen, die auch nach Durchführung einer fachgerechten Prüfung noch offen sein können, da z.B. Vorgänge keinen Niederschlag in den Büchern finden, sondern in anderen Dokumentationen enthalten sind, die der Abschlußprüfer i.d.R. nicht umfassend durcharbeiten kann. Vgl. hierzu auch ausführlich IDW (Handbuch 2006), Kap. R, Tz. 771-774.

Risikomanagementsysteme	Risiko-management	Korrekte Übernahme interner Informationen gem. dem Management Approach Eignung und Funktionalität des Steuerungssystems Interdependenzen zu weiteren Prüffeldern Zunehmend Berücksichtigung nur indirekt rechnungslegungsbezogener Informationen
	Finanzwirtschaftliches Risiko-management	Korrekte Anwendung externer Vorschriften Anwendbarkeit / Funktionalität von Bewertungsverfahren
Planungs- und Kontrollrechnungen	Lagebericht	Korrekte Übernahme interner Informationen gem. dem Management Approach Plausibilität des Zustandekommens von Informationen Kritisches Hinterfragen der internen Informationen Eignung / Zweckmäßigkeit der Unternehmensplanung
	Goodwill Impairment Tests	Beurteilung der Zweckmäßigkeit von Steuerungsinformationen Beurteilung des ordnungsmäßigen Zustandekommens von Steuerungsinfomationen Korrekte Übernahme interner Informationen gem. dem Management Approach Berücksichtigung externer Vorschriften im Rahmen der Bewertung Beurteilung der Bewertungsergebnisse im Vergleich zum Gesamtunternehmenswert
Projektcontrolling	M&A-Controlling	Beurteilung der Zweckmäßigkeit von Steuerungsinformationen Korrekte Übernahme interner Informationen gem. dem Management Approach
	Auftragsfertigung	Beurteilung der Zweckmäßigkeit von Steuerungsinformationen Beurteilung des ordnungsmäßigen Zustandekommens von Steuerungsinformationen Korrekte Übernahme interner Informationen gem. dem Management Approach
	F&E-Controlling	Beurteilung der Zweckmäßigkeit von Steuerungsinformationen Berücksichtigung externer Vorschriften

Abbildung E-5: Prüfung von Management-Approach-Informationen

4 Konsequenzen der Prüfung von Management-Approach-Informationen auf den Berufsstand der Wirtschaftsprüfer

4.1 Gestiegene Anforderungen an die Abschlußprüfer

Die derzeit beobachtbaren Veränderungen in der Wirtschaft (z.B. steigender Ergebnisdruck auf das Management, Unternehmenskrisen und -zusammenbrüche etc.) sowie die mit hoher Geschwindigkeit ablaufende Fortentwicklung von Rechnungslegungsvorschriften durch das IASB führen dazu, daß sich die Abschlußprüfer mit neuen, zusätzlichen Anforderungen konfrontiert sehen. Denn die Prüfer müssen sicherstellen, daß sie über sämtliche Veränderungen und neuen Vorschriften Kenntnis erlangen, um diese im Rahmen der Prüfung von Jahres- und Konzernabschlüssen berücksichtigen zu können.[1071]

Eine der wesentlichen Entwicklungen ist hierbei, daß die in der Rechnungslegung vorhandenen Ermessensspielräume ausgeweitet werden und die Bedeutung geschätzter Werte in der Bilanzierung zunimmt. In der Folge erwartet auch das International Auditing and Assurance Standards Board (‚IAASB') erhöhte Anforderungen an Erfahrung und Qualifikation von Abschlußprüfern sowie eine Weiterentwicklung von deren Aus- und Fortbildungsprogrammen, eine Ausweitung des Prüfungsumfangs sowie den vermehrten Einsatz von Spezialisten in der Abschlußprüfung.[1072] Auch wenn der Management Approach gemäß der dieser Arbeit zugrundeliegenden Definition keinen Ermessensspielraum i.e.S. darstellt, treffen diese Ausführungen grundsätzlich auch auf den Management Approach zu. So handelt es sich beim Management Approach zwar um keine vollständig neue Konzeption zur Ermittlung von Informationen in der externen Rechnungslegung, jedoch greift die Finanzberichterstattung erst mit der Einführung vergleichsweise junger Rechnungslegungsstandards in umfangreichem Maße auf den Management Approach zurück. In der Folge nimmt auch die Spürbarkeit der Fol-

---

1071 Vgl. Luttermann (Bilanzierung 2006), S. 779. Eine in diesem Zusammenhang begrüßenswerte Maßnahme stellt der am 24. Juli 2006 verkündete Entschluß des IASB dar, daß vor dem 1. Januar 2009 keine wesentlichen neuen Standards mehr erlassen werden. Dies gibt den Anwendern, also auch den Abschlußprüfern, eine mehrjährige Frist, um Erfahrungen mit dem derzeit geltenden Regelwerk zu sammeln. Vgl. hierzu auch Heintges (Rechnungslegung 2006), S. 1573.

1072 Vgl. Schmidt (Prüfung 2005), S. 874. Auch die IFAC reagiert auf die sich ändernden Rahmenbedingungen, indem sie ihr Konzept der Abschlußaussagen mit dem Ziel, das prüferische Vorgehen stärker auf Bereiche zu lenken, die mit erhöhten Risiken wesentlicher Falschdarstellungen verbunden sind, überarbeitet hat. Vgl. hierzu ausführlich Ruhnke/Lubitzsch (Prüfung 2006), S. 369-375.

gen des Management Approach für die bilanzierenden Unternehmen und ihre Abschlußprüfer zu.

Wie in den Ausführungen in Abschnitt E.3 deutlich wurde, führt der zunehmende Rückgriff auf den Management Approach als grundlegende Rechnungslegungskonzeption auch zu einer deutlichen Ausweitung der Prüfungsobjekte im Rahmen von Abschlußprüfungen. So müssen sich die Abschlußprüfer zunehmend mit Teilen des IKS befassen, die keinen unmittelbaren Rechnungslegungsbezug aufweisen. Insbesondere im Rahmen der Aufbauprüfung dieser Teile des IKS ist es notwendig, daß die Abschlußprüfer Kenntnisse aufweisen, die deutlich über die in der Bilanzierung und Buchhaltung benötigten hinausgehen. Hierbei können bspw. Kenntnisse im Bereich des Personalwesens, Marketing und Vertrieb oder auch hinsichtlich der Ausgestaltung von Produktionsabläufen wichtig sein, um die in diesen Bereichen installierten Kontrollen kritisch würdigen zu können und dem Mandanten ggf. Verbesserungsvorschläge hinsichtlich Aufbau und Funktionsweise seines IKS unterbreiten zu können.

Darüber hinaus stellen die IFRS prinzipiell weniger auf den rechtlichen als vielmehr auf den wirtschaftlichen Gehalt eines im Abschluß zu erfassenden Sachverhalts ab, so daß es bei der Anwendung der IFRS entscheidend ist, diesen wirtschaftlichen Gehalt zu verstehen, was insbesondere bei komplexen Geschäften sehr schwierig sein kann.[1073] Dies ist insbesondere bei einer Umsetzung des Management Approach der Fall, da dieser dazu führt, daß Controllinginformationen in den Prüfungsumfang der Abschlußprüfer fallen, so daß diese sich nicht mehr nur ausschließlich mit der Abbildung wirtschaftlicher Sachverhalte entsprechend externer Rechnungslegungsnormen auseinandersetzen müssen, sondern damit, wie diese Sachverhalte im Controlling erfaßt und verarbeitet werden. Anschließend hat der Prüfer zu beurteilen, inwiefern diese Verarbeitung für interne Zwecke geeignet ist und ob die gewählte Abbildung auch für externe Berichtszwecke Verwendung finden kann.

So haben die Prüfer bspw. zu untersuchen, welche betriebswirtschaftlichen Absichten (Performancemessung, Verhaltenssteuerung etc.) mit verwendeten Planungsrechnungen verfolgt werden, um eine Einschätzung über deren Tauglichkeit für die Wertermittlung für externe Berichtszwecke treffen zu können. Während die Prüfer in der Vergangenheit grundsätzlich noch von einer gezielten bilanzpolitischen Stoßrichtung aus Perspektive der zu prüfenden Berichtseinheit ausgehen konnten, müssen sie sich bei einer Umsetzung des Management Approach in Abhängigkeit von Erhebungsmethode und Verwendungszweck interner Informationen zusätzlich auch ein Bild davon ma-

---

1073 Vgl. Heintges (Rechnungslegung 2006), S. 1576.

chen, welche Motivationen zur Verzerrung von Informationen die unterschiedlichen an der innerbetrieblichen Kommunikation beteiligten Stellen haben können, um Relevanz- und Verläßlichkeitsdefizite der in der externen Rechnungslegung verwendeten Informationen identifizieren zu können.[1074] Eine besondere Herausforderung stellt hierbei dar, daß die Abschlußprüfer den Zirkularitätseffekt des Management Approach teilweise erzeugen bzw. verstärken können. Dies ist dann der Fall, wenn sie auf Änderungen in der externen Rechnungslegung drängen, die sich aufgrund der Umsetzung des Management Approach nur durch entsprechende Modifikationen des Controllings herbeiführen lassen.[1075] Da derartige Eingriffe in das Controlling weitreichende Konsequenzen haben können, ist es zwingend erforderlich, daß die Abschlußprüfer in der Lage sind, potentielle Auswirkungen von Änderungen der Controllingsysteme bereits im Vorfeld zu überblicken. Denn nur so können in Kooperation mit dem Mandanten Maßnahmen erarbeitet werden, die sowohl für interne Unternehmenssteuerungs- als auch für externe Berichterstattungszwecke sinnvoll bzw. akzeptabel sind. Hierbei müssen die Prüfer insbesondere in der Lage sein, die Bedarfe des internen Rechnungswesens oder Implementierungsschwierigkeiten seitens der Mandanten nachvollziehen und verstehen zu können.[1076]

In Zusammenhang mit den hier deutlich werdenden Anforderungen an die betriebswirtschaftlichen Kenntnisse und Fähigkeiten sowie an die Berufserfahrung von Abschlußprüfern stellten auch einige hochrangige Vertreter aus Wissenschaft, bilanzierenden Unternehmen sowie Wirtschaftsprüfung in einer Podiums- und Plenardiskussion auf dem vierten Symposium zur Theorie und Praxis der Wirtschaftsprüfung an der Universität Potsdam fest, daß in der Abschlußprüfung Personal mit einer breiten, fundierten theoretischen Ausbildung benötigt wird, die den Prüfern eine langfristige Befähigung ermöglicht. Die reine Kenntnis derzeit aktueller Rahmenbedingungen (Standards, Gesetze) sei nicht ausreichend, sondern die Prüfer sollten langfristig in der Lage sein, sich auf Grundlage einer fundierten Ausbildung auf jeweils neue Vorschriften einstellen zu können. Insbesondere die betriebswirtschaftliche Ausbildung sei hierbei wichtig, da die Anforderungen an die betriebswirtschaftlichen Kenntnisse steigen. Problematisch wird in diesem Zusammenhang die zunehmend praxisorientierte Ausbildung an Hochschulen gesehen. Außerdem wird bemängelt, daß Prüfungsgesell-

---

[1074] Vgl. hierzu auch die Ausführungen in den Abschnitten D.2 und D.3.

[1075] Vgl. hierzu das Beispiel zu Änderungen der internen Richtlinien zum finanzwirtschaftlichen Risikomanagement infolge von Druck der Wirtschaftsprüfer in Abschnitt E.3.2.3.

[1076] Mit der Kooperation zwischen und dem Verhältnis von Abschlußprüfer und Mandanten befaßt sich Abschnitt E.4.3 ausführlich.

schaften hauptsächlich auf junge, vermeintlich billige Berufsanfänger zurückgreifen anstatt auf erfahrene Prüfer. Ebenso wird das Bestreben großer WP-Gesellschaften, auf einen Verzicht auf die BWL-Komponente im WP-Examen hinzuwirken, kritisch gesehen.[1077] Diese Gesellschaften sehen bislang selbst jedoch kaum Probleme, ihr Prüfungspersonal – hauptsächlich mittels hausinterner Fortbildungsmaßnahmen – mit entsprechenden Kenntnissen der IASB-Rechnungslegung auszustatten.[1078]

Berücksichtigt man insbesondere die Anforderungen, die die Umsetzung des Management Approach an die betriebswirtschaftlichen Kenntnisse und die Erfahrung der Prüfer stellt, erscheint der umfangreiche Rückgriff auf verhältnismäßig unerfahrene Prüfungsassistenten, die über Fortbildungsmaßnahmen mit Kenntnissen der Rechnungslegung und Prüfungsansätzen vertraut gemacht werden, in der Tat als kaum ausreichend, um eine hinreichende Würdigung von Management-Approach-Informationen im Rahmen der Abschlußprüfung zu gewährleisten.[1079] Vielmehr sind auch diesbezüglich umfangreiche Anstrengungen zur Bindung hochqualifizierter Mitarbeiter, im Zweifelsfall eher eine Ausdehnung der BWL-Komponente im WP-Examen anstatt deren Abschaffung sowie die Berücksichtigung betriebswirtschaftlicher Lehrinhalte in den Fortbildungsveranstaltungen für Angehörige des Berufsstands, zu fordern.

Allerdings bleibt zu beachten, daß alle denkbaren Anstrengungen hinsichtlich einer Aufwertung der Kenntnisse und Fähigkeiten der Prüfer das Risiko, welches sich insbesondere aus der Hinwendung der IFRS-Rechnungslegung zu zukunftsorientierten Wertansätzen ergibt, nicht eliminieren, sondern allenfalls zu dessen Reduktion beitragen können.[1080] So stellt bspw. auch ISA 545.5 fest, daß es nicht in der Verantwortung des Abschlußprüfers liegt, die Zukunft vorherzusagen, sondern er die in Schätzungen und Fair-Value-Ermittlungen eingehenden Annahmen nur vor dem Hintergrund der

---

1077 Vgl. die Wiedergabe dieser Diskussion bei Richter (Wirtschaftsprüfung 2003), S. 306-314. Diskussionsteilnehmer waren Wolfgang Ballwieser (Universität München), Manuel René Theisen (Universität München), Martin Richter (Universität Potsdam), Hubertus Buderath (DaimlerChrysler AG), Norbert Breker (IDW), Kai-Uwe Marten (Universität GHS Wuppertal) und Theodor Siegel (Humboldt-Universität Berlin). Hinsichtlich der betriebswirtschaftlichen Kenntnisse der Abschlußprüfer befürwortet auch das IDW eine verstärkte Berücksichtigung derartiger Sachverhalte im WP-Examen; vgl. IDW (Prüfung 2002), S. 67.

1078 Vgl. Heering (Prüfung 2000), S. 182 f.

1079 Zur Bedeutung der Berufserfahrung von Prüfern im Rahmen der Informationsbeschaffung während der Abschlußprüfung vgl. auch Schreiber (Informationsverhalten 2000), S. 109 f.

1080 Zur Tendenz der IFRS zur Zeitwertbilanzierung vgl. Heintges (Rechnungslegung 2006), S. 1571 f.

ihm zum Prüfungszeitpunkt zur Verfügung stehenden Informationen beurteilen kann. Da die bei der Schätzung getroffenen Annahmen naturgemäß erheblichen Unsicherheiten unterliegen, gleichzeitig aber entscheidend für das Bewertungsergebnis sind, wird sich in Zukunft ex post noch viel häufiger herausstellen, daß die Annahmen zu falschen Bewertungsergebnissen führten. Die Konsequenz derartiger Fehler wird sein, daß Wirtschaftsprüfer Abschlüsse testieren, die sich im Nachhinein als falsch erweisen.[1081] Die zunehmende Komplexität der Rechnungslegungsnormen, die insbes. durch die Berücksichtigung prospektiver Informationen eine gestiegene Entscheidungsrelevanz herbeiführt, geht also zu Lasten von Reliabilität und Aussagekraft des Prüfungsurteils des Abschlußprüfers und führt zu einer gestiegenen Wahrscheinlichkeit, daß Prüfer bei ihrer Berufsausübung Fehler begehen.[1082] Der Abschlußprüfer steht somit vor dem Dilemma, daß es zwar seine Aufgabe ist, „weiche Informationen mittels seines Testats zu härten“[1083].

Da Schätzungen und Fair Values kaum prüfbar sind, muß er aber auch davon ausgehen, daß es ihm kaum möglich sein wird, Manipulationen oder Fehler unmittelbar aufzudecken.[1084] Dennoch ist davon auszugehen, daß die Abschlußadressaten vom Abschlußprüfer eine derartige Leistungsfähigkeit erwarten. In der Folge können sich auch Auswirkungen auf die im folgenden Abschnitt thematisierte Problematik der Erwartungslücke der Abschlußprüfung ergeben.

4.2 Ausweitung der Erwartungslücke der Abschlußprüfung

Aufgrund des gesetzlichen Auftrags der Abschlußprüfung können die Adressaten von Abschlüssen erwarten, daß uneingeschränkt testierte Abschlüsse frei von wesentlichen Falschaussagen sein müssen. Darüber hinaus bestehen seitens der Abschlußadressaten jedoch oftmals als unberechtigt einzustufende Erwartungen an die Jahresabschlußprü-

---

1081 Dies war bereits in der Vergangenheit der Fall, was in der öffentlichen Wahrnehmung zu einer massiven Vertrauenskrise für den Berufsstand führte; vgl. Schruff (Wirtschaftsprüfung 2002), S. 95, sowie zur mit dieser Vertrauenskrise in Zusammenhang stehenden Problematik der Erwartungslücke der Abschlußprüfung auch den folgenden Abschnitt E.4.2.

1082 Vgl. Pellens/Fülbier/Gassen (Internationale Rechnungslegung 2004), S. 858. Zur Steuerung der Risiken für die WP-Gesellschaft bzw. Kanzlei und zur Sicherstellung der gesetzeskonformen und mit berufsständischen Regelungen in Einklang stehenden Durchführung von Prüfungen wird daher die Einrichtung eines Risikomanagements und eines Qualitätssicherungssystems in den Kanzleien bzw. Gesellschaften befürwortet; vgl. Schmidt (Prüfung 2006), S. 265 f.

1083 Hitz/Kuhner (Goodwill 2002), S. 285.

1084 Vgl. Streim/Bieker/Esser (Fair Value 2003), S. 474 f.

fung, die häufig weit über das hinausgehen, was das Gesetz und die Berufsgrundsätze als Aufgabe der Abschlußprüfung vorsehen.

Die Diskrepanz zwischen den Erwartungen der Abschlußadressaten an die Abschlußprüfung und dem, was die Abschlußprüfung tatsächlich leistet, wird in der Literatur als Erwartungslücke der Abschlußprüfung bezeichnet. Hierbei wird unterschieden zwischen der „unechten" und der „echten" Erwartungslücke. Echt ist die Erwartungslücke dann, wenn es der Prüfung nicht gelingt, die gesetzlich geforderte Prüfungsqualität sicherzustellen. Als unecht wird die Erwartungslücke dann bezeichnet, wenn die Erwartungen der Öffentlichkeit über die gesetzlich und berufsständisch verankerten Aufgaben der Abschlußprüfung hinausgehen. Dieses Verhältnis wird in Abbildung E-6 veranschaulicht.[1085]

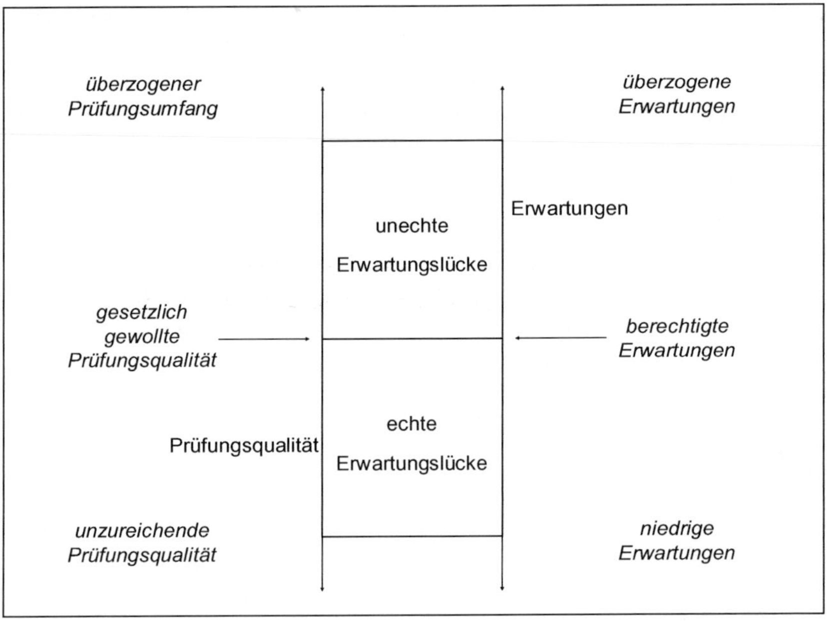

Abbildung E-6: Die Erwartungslücke der Abschlußprüfung[1086]

1085 Vgl. zu Entstehung, Hintergrund und Definition der Erwartungslücke der Abschlußprüfung ausführlich Heering (Prüfung 2000), S. 117-132; Tröller (Erwartungslücke 2000), S. 5-28, sowie Bahr (Wirtschaftsprüfer 2003), S. 11-16.

1086 Quelle: In Anlehnung an Heering (Prüfung 2000), S. 123.

Zur Reduktion der Erwartungslücke der Abschlußprüfung werden in der Literatur hauptsächlich gesetzgeberische und regulatorische Maßnahmen diskutiert, die insbesondere Interessenskonflikte, denen sich die Abschlußprüfer ausgesetzt sehen, einschränken und die gewissenhafte Berufsausübung der Wirtschaftsprüfer verbessern sollen.[1087] Darüber hinaus sollen diese Maßnahmen zu einer erhöhten Transparenz und Qualität der Rechnungslegung, aber auch der Prüfung führen.[1088] Zielsetzung ist somit eine Reduktion der Erwartungslücke nicht, indem die Erwartungen der Adressaten reduziert werden, sondern durch Herbeiführung einer Abschlußprüfung, die die Erwartungen besser als zuvor erfüllt.

Von der Eröffnung von Umsetzungsmöglichkeiten für den Management Approach im Rahmen der Finanzberichterstattung sind Auswirkungen sowohl auf die unechte als auch die echte Erwartungslücke zu erwarten. Denn Zielsetzung einer Finanzberichterstattung auf Grundlage des Management Approach ist zunächst die Aufwertung der den Investoren zur Verfügung stehenden Informationen. Um den Informationsadressaten gegenüber die Normenkonformität der Finanzberichterstattungsinformationen bestätigen zu können, muß auch die Abschlußprüfung eine entsprechende Aufwertung erfahren. Hierbei führt – wie in den Abschnitten E.3 und E.4.1 gesehen – die Umsetzung des Management Approach zu einer Ausweitung des Prüfungsumfangs und zu gestiegenen Anforderungen an die betriebswirtschaftlichen Kenntnisse sowie die Erfahrung der Abschlußprüfer. Für die Abschlußprüfer wird es somit zunächst einmal schwieriger, ihren gesetzlichen Auftrag – sicherzustellen, daß die externe Finanzberichterstattung frei von wesentlichen Falschaussagen ist – zu erfüllen. Sofern die Abschlußprüfung nicht mit einer ausreichenden Aufwertung auf die gestiegenen Anforderungen reagiert, obwohl eine solche Aufwertung möglich wäre, bleibt sie gleichzeitig hinter den Erwartungen der Abschlußadressaten zurück, so daß sich die echte Erwartungslücke der Abschlußprüfung ausdehnen kann.

Aber auch in bezug auf die unechte Erwartungslücke der Abschlußprüfung ist eine Ausdehnung zu beobachten. Denn der Anspruch der IFRS-Rechnungslegung, entscheidungsnützliche Informationen zur Verfügung zu stellen, führt bei den Adressaten dazu, daß diese Informationen erwarten, die u.a. sowohl relevant als auch verläßlich sind. Wie in Kapitel D sowie Abschnitt E.4.1 gesehen, kann die Umsetzung des Management Approach jedoch zu Relevanz- und Verläßlichkeitsdefiziten führen, die u.U.

1087 Vgl. hierzu bspw. die Arbeiten von Tröller (Erwartungslücke 2000) oder Bahr (Wirtschaftsprüfer 2003), S. 51-96; zu Vorschriften, die die Unabhängigkeit von Abschlußprüfern erhöhen soll, vgl. auch Frings (Prüfer 2006), S. 821-830.

1088 Vgl. Heering (Prüfung 2000), S. 133-142.

von den Abschlußprüfern überhaupt nicht vollständig eliminiert werden können. Die Adressaten projizieren ihre Erwartungen allerdings dennoch auf die Abschlußprüfung und machen sie somit verantwortlich für Defizite in den Rechnungslegungsnormen.[1089] In diesem Zusammenhang ist auch zu beachten, daß die Bilanzierung bei einer Umsetzung des Management Approach stark von den subjektiven Einschätzungen des Managements geprägt sein kann. Selbst wenn der Prüfer Zweifel an der Entscheidungsnützlichkeit der in der Finanzberichterstattung enthaltenen Informationen hegt, kann diese systemimmanente Subjektivität dazu führen, daß er die Informationen trotz seiner Bedenken akzeptieren muß.[1090]

Insbesondere die Vergrößerung der unechten Erwartungslücke der Abschlußprüfung ist aus Prüfersicht kritisch zu sehen, da sie nicht durch eine entsprechende Aufwertung oder Ausweitung von Prüfungshandlungen sowie die Anfertigung der damit verbundenen Prüfungsdokumentation geschlossen werden kann. Aus diesem Grund ist es wichtig, den Informationsadressaten die Grenzen von Rechnungslegung und Abschlußprüfung aufzuzeigen.[1091] Denn das Vorhandensein von Wissenslücken bei den Investoren hinsichtlich der Aufgabe sowie den Tätigkeitsfeldern von Abschlußprüfern stellt eine maßgebliche Determinante des Umfangs der unechten Erwartungslücke dar.[1092]

Die Informationsadressaten sollten die potentiell geringere Aussagekraft von Prüfungsurteilen berücksichtigen und antizipieren.[1093] Inwiefern hierauf abzielende Aufklärungsmaßnahmen kurzfristige Wirkung entfalten können, erscheint jedoch angesichts der mittlerweile in der Tagespresse vorherrschenden hohen Skepsis gegenüber Abschlußprüfern fraglich.[1094]

In Zusammenhang mit der Erwartungslücke der Abschlußprüfung sind auch mögliche Schadenersatzklagen von Investoren zu sehen. Haftungsklagen können nämlich dann eingereicht werden, wenn die individuellen Erwartungen eines Informationsadressaten

---

1089 Vgl. m.w.N. Bahr (Wirtschaftsprüfer 2003), S. 58 ff.

1090 Dies läßt sich an der Segmentberichterstattung gem. IFRS 8 veranschaulichen: Der Standard verlangt eine konsequente Umsetzung des Management Approach, ermöglicht jedoch keine Abweichung, sofern diese Umsetzung zu einer Vermittlung von Informationen führt, die nicht mehr entscheidungsnützlich sein könnten.

1091 Vgl. Ballwieser/Küting/Schildbach (Fair Value 2004), S. 547 f.

1092 In diesem Zusammenhang liegen empirische Belege dafür vor, daß nicht nur der generelle Bildungsstand von Investoren, sondern vor allem das Vorhandensein von Vorkenntnissen in den Bereichen Finanz- und Rechnungswesen einen Einfluß auf die Erwartungen an die Abschlußprüfung haben. Vgl. hierzu Anderson/Epstein (Annual Reports 1996), S. 120 ff.

1093 Vgl. Pellens/Fülbier/Gassen (Internationale Rechnungslegung 2004), S. 858.

1094 Vgl. hierzu die zahlreichen Zitate bei Siebenmorgen (Presse 2004), S. 396 f.

nicht erfüllt wurden. Denn durch die Testatserteilung übernimmt der Abschlußprüfer eine Mithaftung für potentielle, nicht von ihm aufgedeckte Fehler in der Finanzberichterstattung.[1095] Zwar erheben die geltenden Prüfungsstandards bzw. GoA grundsätzlich den Anspruch, so präzise zu sein, daß sich aus ihrer Befolgung ein sicheres Mindestprüfungsniveau ableiten läßt. Sofern dem Prüfer keine Verletzung der GoA nachgewiesen werden kann, ist rein rechtlich auch nicht von einer Haftung des Prüfers für nicht entdeckte Fehler in der Finanzberichterstattung auszugehen.[1096] Allerdings ist auch zu beachten, daß sich in Abhängigkeit der medialen Berichterstattung über die Klage ein massiver Reputationsverlust für die betroffene WP-Gesellschaft bzw. die gesamte WP-Branche einstellen kann. Dies unabhängig davon, ob die Klage gerechtfertigt ist oder nicht.[1097]

Im Regelfall werden Abschlußprüfer dann mit Schadenersatzklagen konfrontiert, wenn Investoren einen Vermögensschaden zu beklagen haben, nachdem es zu starken Wertreduktionen ihrer Anteile an dem betrachteten Unternehmen gekommen ist, z.B. durch eine wirtschaftliche Schieflage, Insolvenz oder Kurseinbrüche nach Ergebniskorrekturen etc. Es kann daher davon ausgegangen werden, daß das persönliche Risiko für den Abschlußprüfer bei der Ausübung von Ermessensentscheidungen durch das bilanzierende Management – wie z.B. im Rahmen von Goodwill Impairment Tests – um so höher ist, je positiver (d.h. Aufwandsbuchungen vermeidend) das Management seine Ermessensspielräume ausnutzt.

Die Abschlußprüfer werden daher bspw. im Zweifel eher Goodwill-Abschreibungen akzeptieren, auch wenn diese nicht zwingend notwendig erscheinen, und eher darauf dringen, Goodwillbeträge wertzuberichtigen, auch wenn das Management eher der Ansicht ist, diese Beträge seien werthaltig. Denn um es ironisierend zu formulieren: Als Abschlußprüfer kommt man nicht in der Zeitung, wenn in einem Abschluß zu viel Aufwand enthalten war, sondern nur, wenn er zu viel Ertrag enthielt. Diese systematische Voreingenommenheit der Prüfer wird außerdem durch die Gewohnheit an die bisher in der HGB-Rechnungslegung vorherrschende Dominanz des Vorsichtsprinzips verstärkt. Eine Begrenzung der Voreingenommenheit besteht jedoch darin, daß – auch

---

1095 Zur sog. Versicherungsfunktion der Abschlußprüfung vgl. ausführlich Ruhnke (Prüfung 2000), S. 28 ff.

1096 Vgl. Wagenhofer/Ewert (Unternehmensrechnung 2003), S. 438. In diesem Zusammenhang ist die Bedeutung einer umfassenden und lückenlosen Prüfungsdokumentation hervorzuheben. Denn diese hat u.a. den Zweck, eine gewissenhafte Prüfungsdurchführung nachzuweisen und somit auch mögliche Schadenersatzansprüche zu reduzieren bzw. zu verhindern; vgl. Störk (Erwartungslücke 1998), S. 42 f.

1097 Vgl. Störk (Erwartungslücke 1998), S. 163 ff.

wenn die Abschlußprüfer eher mit einer Bildung stiller Reserven als mit stillen Lasten leben können – sie eine übermäßige Bildung stiller Reserven nicht akzeptieren dürfen, ohne zu einem negativen Gesamturteil über den geprüften Abschluß zu gelangen.

Zusammenfassend ist hier festzuhalten, daß die Umsetzung des Management Approach in der Finanzberichterstattung dazu führt, daß die Erwartungen der Abschlußadressaten an die Abschlußprüfung steigen. Ob es gelingt, eine Ausdehnung der echten Erwartungslücke der Abschlußprüfung zu verhindern, wird hierbei von Art und Umfang der Anpassung der Abschlußprüfung an die gestiegenen Anforderungen abhängen. Da die Prüfung die an sie gestellten Erwartungen allerdings naturgemäß nur teilweise erfüllen kann, muß ein Teil dieser Erwartungen als ungerechtfertigt bezeichnet werden, so daß eine Ausdehnung der unechten Erwartungslücke der Abschlußprüfung wahrscheinlich ist. Eine besondere Gefahr für die Prüfer stellen in diesem Zusammenhang potentielle Haftungsklagen dar.

4.3 Auswirkungen auf das Verhältnis von Abschlußprüfern und Mandanten

Die Abschlußprüfung unterliegt einem durch zahlreiche gesetzliche und berufsständische Regelungen geprägten hohen Normierungsgrad. Eine Differenzierung der Leistungsqualität verschiedener Abschlußprüfer wird daher von den Mandanten kaum wahrgenommen, so daß der Wettbewerb auf dem Wirtschaftsprüfermarkt beinahe ausschließlich über den Preis stattfindet.[1098] Hierbei führt der hohe Konkurrenzdruck in der Wirtschaftsprüferbranche dazu, daß die Prüfungshonorare tendenziell eher sinken als steigen. Gleichzeitig sind durch die Prüfung von IFRS-Abschlüssen und insbesondere durch die Prüfung von Management-Approach-Informationen sowohl Prüfungsumfang als auch die fachlichen Anforderungen an die Abschlußprüfer angestiegen, was zu höheren Prüfungskosten führt. In der Konsequenz ergeben sich sinkende Margen für Wirtschaftsprüferdienstleistungen.[1099]

Bei neu akquirierten Mandaten übersteigen die Prüfungskosten die Prüfungshonorare in den ersten Jahren i.d.R., während in Folgejahren positive Renditen für die Wirtschaftsprüfer möglich sind. Aus diesem Grund sind die Prüfer normalerweise bestrebt, bestehende Mandate möglichst lange zu halten. Ein wichtiger Faktor in diesem Zusammenhang ist die Herstellung einer hohen Mandantenzufriedenheit, da diese zu einer höheren Mandantenbindung und darüber hinaus auch zu einer verbesserten Repu-

[1098] Vgl. m.w.N. Kitschler (Prüfung 2005), S. 38.

[1099] Vgl. allgemein in bezug auf die Prüfung von IFRS-Abschlüssen Heering (Prüfung 2000), S. 249 ff.

tation und besseren Mandatsakquisemöglichkeiten beiträgt. Die Abschlußprüfer haben daher ein Interesse daran, ihre Prüfungsleistungen so zu erbringen, daß die Mandanten mit diesen Leistungen zufrieden sind.[1100] In der Praxis hängt die Mandantenzufriedenheit nicht nur von der Höhe des Prüfungshonorars, sondern auch von zahlreichen weiteren Faktoren ab. Zu den positiven Einflüssen auf die Mandantenzufriedenheit zählen u.a. der vom Mandanten wahrgenommene Nutzen durch die Abschlußprüfung z.B. in Form von geringeren Kapitalkosten sowie Empfehlungen, die die Abschlußprüfer in bezug auf potentielle Verbesserungen von Prozeßabläufen unterbreiten. Hingegen hat bspw. das Ausmaß an Meinungsverschiedenheiten, die sich zwischen den Mandanten und den Prüfern in bezug auf die vom Mandanten gewählten bilanziellen Abbildungen ergeben können, einen nicht zu unterschätzenden negativen Einfluß auf die Zufriedenheit der Mandanten mit ihren Prüfern.

Die Tatsache, daß es sich bei Wirtschaftsprüfern um Unternehmer handelt, welche sich gewinnmaximierend verhalten, kann von den Mandanten bei Vorliegen von Meinungsverschiedenheiten in bezug auf Bilanzierungsfragen bis zu einem gewissen Grad ausgenutzt werden. Denn der Mandant kann den Prüfer damit unter Druck setzen, daß er ihm mit einem Prüferwechsel droht. Hierdurch kann der Mandant eine höhere Kundenorientierung des Prüfers, bis hin zur bewußten Vermeidung von Konflikten bzw. Meinungsverschiedenheiten in Bilanzierungsfragen, um das Mandantenverhältnis nicht zu belasten, bewirken.[1101] Für die Prüfer besteht somit ein Anreiz, sich dem Management des bilanzierenden Unternehmens gegenüber kooperativ zu verhalten – auch und insbesondere in bezug auf divergierende Ansichten in Bilanzierungsfragen. Allerdings besteht auch ein Zielkonflikt für den ökonomisch rational (und somit langfristig gewinnmaximierend) agierenden Prüfer. Denn die Kooperationsspielräume werden dadurch eingeengt, daß der Abschlußprüfer durch seine Testatserteilung die erstellten Abschlüsse mitverantwortet und für mögliche in diesen Abschlüssen enthaltene Fehler mithaftet. Dem Prüfer kann somit mittelfristig der Mandatsentzung sowie eine Schadenersatzklage drohen, wenn er mit dem Management kooperiert, anschließend jedoch durch andere Institutionen Manipulationen aufgedeckt und Management sowie Prüfer deshalb sanktioniert werden. Dies zieht darüber hinaus eine negative Öffentlichkeits-

---

1100 Vgl. Bahr (Wirtschaftsprüfer 2003), S. 103.

1101 Ein weiteres Motiv ist die Reduktion des Prüfungshonorars; vgl. Bahr (Wirtschaftsprüfer 2003), S. 199.

wirksamkeit nach sich, die sich auch auf andere bestehende oder zu akquirierende Mandate auswirken kann.[1102]

Um Konflikte mit seinem Mandanten zu vermeiden und gleichzeitig aber die Normenkonformität der Finanzberichterstattung sicherzustellen, kann der Prüfer umfassende Anstrengungen unternehmen, um die von seinem Mandanten gewählten Bilanzierungsalternativen sachlich zu rechtfertigen und zu untermauern. Allerdings führen insbesondere die erheblichen negativen Konsequenzen, die aus einem Fehlverhalten des Prüfers für diesen resultieren können, üblicherweise zu einer konservativ-defensiven Haltung des Prüfers.[1103] Der Abschlußprüfer wird einen vom Mandanten erstellten Abschluß daher nur dann uneingeschränkt testieren und somit Mithaftung für diesen Abschluß übernehmen, wenn er von der Normenkonformität der gewählten Bilanzierungsalternativen überzeugt ist. Durch den Management Approach gewinnt die Bilanzierung ein stark von den Auffassungen des Managements geprägtes subjektives Moment. Aufgrund dieser Subjektivität kann nicht davon ausgegangen werden, daß die Prüfer im Regelfall unmittelbar dieselben Auffassungen und Ansichten vertreten werden wie das Management.[1104] Aus diesem Grund werden in der Literatur bspw. umfangreiche Diskussionen zwischen den Abschlußprüfern und dem Management hinsichtlich der ZGE-Abgrenzung und der Durchführung von Impairment Tests erwartet.[1105] Gelingt es den bilanzierenden Unternehmen nicht, die Prüfer von der eigenen Bilanzierungsauffassung zu überzeugen, so kann dies zu einer erheblichen Einschränkung des rechnungslegungspolitischen Spielraumes führen.[1106] Denn dann ist das bilanzierende Unternehmen gezwungen, sich der Auffassung des Abschlußprüfers anzuschließen, um ein uneingeschränktes Testat für den betroffenen Abschluß zu erhalten.

Derartige Kontroversen über Akzeptanz oder Nichtakzeptanz von Wertansätzen können jedoch nicht nur grundsätzlich das Verhältnis zwischen Mandanten und Abschlußprüfern trüben und somit mittel- bis langfristige Auswirkungen auf die Mandatsbezie-

---

[1102] Vgl. m.w.N. Kitschler (Prüfung 2005), S. 59. Vgl. auch die Ausführungen am Ende von Abschnitt E.4.2.

[1103] Vgl. m.w.N. Schreiber (Informationsverhalten 2000), S. 94-98.

[1104] Insbesondere der hohe Erfolgsdruck, der auf dem Management der bilanzierenden Unternehmen lastet, stellt für dieses einen Anreiz zu gezielten Eingriffen in die Bilanzierung dar, weshalb die Wirtschaftsprüfer die vom Management vorgenommene Bilanzierung grundsätzlich kritisch betrachten müssen; vgl. Naumann (Wirtschaftsprüfer 2003), S. 77 f.

[1105] Vgl. bspw. Budde (Impairment 2005), S. 2569; Gentz/Kauffmann (Impairment 2003), S. 98; Richter (Praxisprobleme 2005), S. 147.

[1106] Vgl. Freidank (Wertsteigerung 2000), S. 14.

hung haben.[1107] Vielmehr können bereits in der kurzen Frist dadurch negative Auswirkungen entstehen, daß derartige Diskussionen sehr zeitraubend sein können, so daß Abschlußerstellung und -prüfung (insbesondere in den Zeiten kurz nach dem Stichtag) deutlich verlangsamt werden können.[1108] Hierbei führen die Komplexität sowie die ergriffenen Maßnahmen zur Qualitätssicherung in der Wirtschaftsprüfungspraxis vor allem auf seiten der Wirtschaftsprüfer zu Zeitverzögerungen, da Entscheidungen häufig nicht mehr unmittelbar durch das Prüfungsteam beim Mandanten vor Ort getroffen werden, sondern zumindest unter Einbeziehung von Experten oder einer Grundsatzabteilung.[1109] Um verkürzte Veröffentlichungsfristen und Berichtsintervalle einhalten zu können, ist es daher erforderlich, daß in den Abschlüssen enthaltene Informationen bereits unterjährig von den Abschlußprüfern geprüft werden. Hierdurch steigt der Kooperationsbedarf zwischen Abschlußprüfern und Mandanten, insbes. da für eine effiziente Kommunikation und Prüfung auch elektronische Schnittstellen zur Datenübermittlung benötigt werden.[1110]

Wichtig für die Zusammenarbeit zwischen Prüfer und Mandant ist daher vor allem, daß der Prüfer schon in der Planungsphase des Abschlußprozesses eng miteingebunden wird, so daß unnötige Zeitverzögerungen vermieden werden können.[1111] Denn eine frühzeitige Abstimmung zwischen Abschlußprüfer und Mandant kann dazu genutzt werden, um Bilanzierungsfragen, hinsichtlich derer divergierende Auffassungen bestehen, zu einem Zeitpunkt weit im Vorfeld der eigentlichen Abschlußerstellungs- und -prüfungstätigkeiten zu erörtern. In diesem Zusammenhang hat sich in der Praxis beispielsweise bewährt, daß Konzernbilanzierungsrichtlinien in Zusammenarbeit mit dem Konzernabschlußprüfer erstellt und dann an die Tochterunternehmen verteilt werden.[1112] Eine solche Kooperation zwischen Konzernabschlußprüfer und Mandant führt unter anderem dazu, daß viele strittige Bilanzierungsfragen ausschließlich durch den Konzernabschlußprüfer, welcher letzten Endes auch die Verantwortung für das Testat auf Konzernebene trägt, verhandelt werden müssen, während die Prüfer von Tochterunternehmen mit der vom Konzernabschlußprüfer abgesegneten Konzernbilanzie-

---

1107 In der Literatur wird die Bedeutung von Vertrauen in der Beziehung zwischen Prüfer und Mandant betont, jedoch auch festgestellt, daß die Prüfungsumwelt häufig von einem negativen Klima geprägt sei; vgl. m.w.N. Schreiber (Informationsverhalten 2000), S. 98.

1108 Vgl. hierzu auch Schruff (Wirtschaftsprüfung 2002), S. 94.

1109 Vgl. Richter (Praxisprobleme 2005), S. 139 f.

1110 Vgl. IDW (Prüfung 2002), S. 74 f.

1111 Vgl. Hartmann/Finck (Jahresabschluss 2004), S. 718; ähnlich Berger (Zusammenarbeit 2005), S. 11.

1112 Vgl. Langer (Prüfung 1995), S. 416.

rungsrichtlinie auf ein für das Tochterunternehmen verbindliches Regelwerk zurückgreifen können. Hierdurch können erneute Diskussionen über die Auslegung der originären Rechnungslegungsvorschriften vermieden werden. Darüber hinaus ermöglicht die Einbindung des Konzernabschlußprüfers in die Erstellung der Konzernbilanzierungsrichtlinien diesem einen direkten Einfluß auf die Ausübung von Wahlrechten, Ermessensspielräumen sowie die konkrete Umsetzung des Management Approach. Hierdurch kann der Prüfer eine normenkonforme Abbildung wirtschaftlicher Sachverhalte im Abschluß herbeiführen und somit das Prüfungsrisiko bereits im Vorfeld der Abschlußprüfung reduzieren. Gleichzeitig besteht ausreichend Zeit, um potentielle Rückwirkungen auf das Controlling zu analysieren und hiermit verbundene Probleme zu lösen.

Denn bei einer Umsetzung des Management Approach kann es erforderlich werden, Eingriffe in das Controlling vorzunehmen, um die Ordnungsmäßigkeit der Finanzberichterstattung herbeizuführen und somit die Grundlage für die Erteilung eines uneingeschränkten Bestätigungsvermerks zu schaffen. Diesbezüglich wurde in der Vergangenheit zwar bezweifelt, daß abweichende Auffassungen des Prüfers einen Einfluß auf die Unternehmenssteuerung haben könnten.[1113] Allerdings kann die Umsetzung des Management Approach mittlerweile durchaus dazu führen, daß der Abschlußprüfer über seine Einflußnahme auf die Ausgestaltung der Bilanzierung auch Einfluß auf die unternehmensintern eingesetzten Steuerungssysteme erhält.[1114]

Um potentielle Auswirkungen der Abschlußprüfung auf die Unternehmenssteuerung abschätzen zu können, muß der Abschlußprüfer verstehen, welche Anforderungen die internen Steuerungssysteme des Mandanten an Art und Aufbereitung von Informationen haben. Hierfür ist es notwendig, daß die Abschlußprüfer verstärkt mit Abteilungen und Mitarbeitern des Mandanten kooperieren, mit denen sie bislang keinen oder nur wenig Kontaktpunkte hatten.

Dies betrifft insbesondere das Controlling. Denn in der Regel verfügen die Controller über die notwendige Methodenkompetenz und das Know-how in bezug auf die Konzeption von Unternehmenssteuerungsinstrumenten. Da bei einer Umsetzung des Management Approach die Controller zunehmend zum Informationslieferanten für die Bilanzierung und somit auch für die Abschlußprüfer werden, ist es gleichzeitig ebenso notwendig, daß sich die Controller vermehrt Kenntnisse über externe Rechnungsle-

---

1113 Vgl. hinsichtlich der Unternehmensplanung Freiling/Lück (Planungsprüfung 1994), S. 1250.

1114 Vgl. auch die Ausführungen in Abschnitt E.4.1.

gungsvorschriften aneignen.[1115] Denn dann sind sie in der Lage, zu verstehen, welche Informationen für die Finanzberichterstattung konkret benötigt werden und weshalb die Wirtschaftsprüfer ggf. andere Vorstellungen von Ausgestaltung und Inhalt der Informationssysteme haben, insbesondere wenn diese den innerbetrieblichen Erfordernissen widersprechen.

Die fortschreitende Harmonisierung von internem und externem Rechnungswesen sowie die nicht zuletzt durch den Management Approach bedingte zunehmende Kommunikation und Kooperation von Controllern und Abschlußprüfern kann somit zu einer gegenseitigen Befruchtung führen. So entspricht es zum einen der Definition des Management Approach, daß die externe Rechnungslegung durch seine Umsetzung eine Aufwertung erfährt. Zum anderen erscheint es aber durchaus als möglich, daß die Controller in den Wirtschaftsprüfern einen Sparring-Partner erhalten, der in der Lage ist, Konzeption und Inhalt der vom Controlling entwickelten Unternehmenssteuerungssysteme kritisch zu hinterfragen und nicht nur für externe Berichtszwecke, sondern auch aus internem Blickwinkel konstruktive Kritik zu üben.[1116] Als notwendige Voraussetzung für eine für beide Seiten nutzenstiftende Kooperation wird diesbezüglich in der Literatur angeführt, daß der Aufbau eines gegenseitigen Vertrauensverhältnisses eine herausragende Stellung einnimmt.[1117]

Die durch den Management Approach anwachsenden Möglichkeiten, im Rahmen der Abschlußprüfung für den Mandanten nutzenstiftende Elemente zu inkorporieren, kann von den Abschlußprüfern dazu genutzt werden, auch in der Wahrnehmung der Mandanten eine Aufwertung der Abschlußprüfung zu bewirken. Denn bislang stellt das Kosten-Nutzen-Verhältnis der Abschlußprüfung aus Sicht vieler der Beteiligten (Aufsichtsräte, Vorstände, Prüfer) einen Bereich dar, in dem wesentliches Verbesserungspotential besteht.[1118] Der Management Approach stellt in diesem Rahmen für die Ab-

---

[1115] Vgl. Fleischer (Reporting 2005), S. 197 f.; Fülbier/Hirsch/Meyer (Zusammenarbeit 2006), S. 235; Haeger (Harmonisierung 2006), S. 260; ähnlich Berger (Zusammenarbeit 2005), S. 11.

[1116] Auch Fülbier/Hirsch/Meyer (Zusammenarbeit 2006), S. 239 f. gehen davon aus, daß das Verhältnis von Controllern und Wirtschaftsprüfern eher durch Kooperationschancen als durch Konfliktfelder geprägt ist.

[1117] Vgl. Schneider (Zusammenarbeit 2004), S. 564.

[1118] Hierbei schätzen die Mandanten das derzeitige Kosten-Nutzen-Verhältnis teilweise als deutlich schlechter ein, als die Wirtschaftsprüfer dies von den Mandanten erwarten würden. Darüber hinaus wird die Erbringung von Beratungsleistungen im Rahmen der Prüfung von Vorständen und Aufsichtsräten ebenfalls als niedriger wahrgenommen, als Prüfer dies vermuten würden; vgl. Marten (Qualität 1999), S. 247 ff., 353 f, 272 f., 256 f. und 279 f.

schlußprüfer eine Möglichkeit dar, in umfangreicherem Maße als bislang unternehmensinterne Abläufe zu untersuchen, kritisch zu hinterfragen und ggf. Optimierungspotentiale zu identifizieren sowie an das Management zu kommunizieren. In der Folge ist es möglich, daß der Nutzen der Abschlußprüfung auch in der Wahrnehmung der Mandanten eine Aufwertung erfährt. Hierbei können die Prüfer an ein seit längerem praktiziertes Vorgehen anknüpfen: Denn bereits in der Vergangenheit versuchten die Abschlußprüfer, im Rahmen des geschäftsrisiko- und geschäftsprozeßorientierten Prüfungsansatzes, systematisch Informationen, welche für die Mandanten unternehmerische Optimierungspotentiale bergen, zu erheben und an die Mandanten zu berichten. Hiermit sollte versucht werden, den Mandanten einen Mehrwert aus der Abschlußprüfung zu bieten, so daß diese die Abschlußprüfung nicht ausschließlich als bloßen Kostenfaktor betrachten.[1119] Als Kommunikationsmittel für Verbesserungsvorschläge des Abschlußprüfers hat sich sowohl international als auch in Deutschland der sogenannte Management Letter durchgesetzt.[1120] Er wird verwendet, um im Rahmen der Prüfung festgestellte Schwachstellen im IKS oder andere Verbesserungsmöglichkeiten in der organisatorischen, rechtlichen oder wirtschaftlichen Ausgestaltung des betrieblichen Geschehens an die Unternehmensführung zu berichten.[1121] Um das durch den Management Approach ermöglichte zusätzliche Nutzenpotential der Abschlußprüfung auszuschöpfen und gleichzeitig für den Mandanten ersichtlich zu machen, sollten die Prüfer darauf achten, künftig nicht nur vermehrt Optimierungspotentiale in den betrieblichen Abläufen zu identifizieren, sondern diese auch im Management Letter zu dokumentieren und eindrucksvoll an den Mandanten zu kommunizieren.

Zusammenfassend ist an dieser Stelle festzuhalten, daß durch den Management Approach zum einen der Margendruck auf die Wirtschaftsprüfungsgesellschaften und zum anderen das Konfliktpotential zwischen Mandanten und Abschlußprüfern steigt. Um dieses Konfliktpotential zu reduzieren, ist vor allem eine enge und permanente Abstimmung zwischen Abschlußprüfern und Mandanten in bezug auf Bilanzierungsfragen herbeizuführen. Da durch den Management Approach Controlling und Bilanzierung näher zusammenrücken, ist es notwendig, daß sich beide Seiten um eine Ausweitung ihrer entsprechenden Fachkenntnisse bemühen. In diesem Zusammenhang

---

1119 Vgl. m.w.N. Dörner (Wirtschaftsprüfung 1998), S. 302; Schruff (Wirtschaftsprüfung 2003), S. 98 f.

1120 Der Management Letter beruht zwar auf keiner gesetzlichen oder berufsständischen Regelung. Er stellt aber mittlerweile ein standardmäßiges Element der Berichterstattung des Wirtschaftsprüfers an die Unternehmensführung und ggf. auch ein entspr. Überwachungsorgan dar.

1121 Vgl. Kaiser (Prüfung 2005), S. 2313; Störk (Erwartungslücke 1998), S. 69-72.

besteht für die Abschlußprüfer die Chance, durch Verbesserungsvorschläge hinsichtlich der Unternehmenssteuerungsprozesse das Nutzenpotential der Abschlußprüfung für die Mandanten zu erhöhen.

F Empirische Untersuchung zum Management Approach

1 Konzeption der empirischen Untersuchung zum Management Approach

In diesem Kapitel werden die Ergebnisse einer empirischen Untersuchung unter deutschen börsennotierten Unternehmen vorgestellt. Ziel dieser Erhebung ist u.a., festzustellen, in welchem Umfang der Management Approach in der Bilanzierungspraxis umgesetzt wird, welche Vor- und Nachteile die Unternehmen mit der Anwendung des Management Approach assoziieren bzw. welche Erfahrungen sie gemacht haben und welche Auswirkungen sich auf die Abschlußprüfung ergeben. Zur inhaltlichen Verknüpfung der in diesem Kapitel dargestellten empirischen Ergebnisse mit den theoretischen Grundlagen wird regelmäßig auf die entsprechenden Abschnitte in den vorangegangenen Kapiteln verwiesen, und wo notwendig werden die theoretischen Grundlagen kurz rekapituliert.

1.1 Vorgehensweise bei der Datenerhebung und Auswertung

Da für das untersuchte Themengebiet keine zusammenhängenden Datenquellen vorlagen, mußten die zur Durchführung der empirischen Untersuchung notwendigen Informationen auf dem Wege der Primärerhebung generiert werden. Für diese Primärerhebung wurde die Form der schriftlichen Befragung mittels eines standardisierten Fragebogens gewählt. Die in diesem Bogen enthaltenen Fragen bauen auf den in den Kapiteln B bis E gewonnenen Erkenntnissen auf. Vor Konstruktion des Fragebogens wurden Experteninterviews mit zwei Partnern sowie zwei Managern von zwei großen Wirtschaftsprüfungsgesellschaften geführt, um ein Verständnis dafür zu entwickeln, welche im Rahmen dieser Arbeit behandelten Anwendungsfelder des Management Approach die größte Relevanz für die Bilanzierungspraxis haben. Als Ergebnis dieser Interviews wurden nur ausgewählte Anwendungsfelder in den Fragebogen aufgenommen. Vor Versand des Fragebogens an die Untersuchungsteilnehmer wurde der Fragebogen ferner einem Pretest unterzogen, an dem zwei Partner einer großen Wirtschaftsprüfungsgesellschaft sowie ranghohe Vertreter aus den Konzernbilanzierungsabteilungen dreier großer deutscher sowie eines großen österreichischen Unternehmens beteiligt waren.[1122]

[1122] Alle vier Unternehmen erstellen Konzernabschlüsse nach IFRS.

Aufgrund der aus dem Pretest gewonnenen Erkenntnisse wurden kleinere Umstrukturierungen sowie sprachliche Verbesserungen vorgenommen.

Um den Unternehmen eine komfortable Bearbeitung des Fragebogens zu ermöglichen, den Auswertungsaufwand zu verringern und dadurch die Qualität der statistischen Auswertung zu erhöhen, wurde nahezu durchgängig eine geschlossene Frageform gewählt. In den meisten Fällen handelte es sich um bipolar gestellte Fragen, zu denen die Antworten auf einer 7-stufigen Skala geleistet werden konnten. In den meisten Fällen lautete deren linkes Extrem „trifft voll zu", während das rechte Extrem „trifft nicht zu" lautete. Für die Auswertung wurde das linke Extrem mit 1 und das rechte Extrem mit 7 codiert. Bei einigen Fragen weicht die Bennennung der Pole aus sprachlichen oder inhaltlichen Gründen leicht ab.[1123]

Die im Fragebogen gestellten Fragen bezogen sich schwerpunktmäßig auf die folgenden Themengebiete:

- Erstellung der Segmentberichterstattung
- Erstellung des Lageberichts
- Ausgestaltung von Chancen-/Risikomanagement sowie -berichterstattung
- Allokation von Goodwill auf ZGEs
- Durchführung von Goodwill Impairment Tests
- Bilanzierung selbsterstellter immaterieller Vermögenswerte

Diese Themengebiete wurden wiederum in vier unterschiedlichen Abschnitten des Fragebogens untersucht, von denen sich jeder Abschnitt auf andere Aspekte bezog. So wurde der Fragebogen in die folgenden vier Abschnitte unterteilt:

- Fragen zur Harmonisierung von internem und externem Rechnungswesen
- Fragen zur Auswirkung der Unternehmensstruktur auf die Bilanzierung
- Fragen zur Rolle der Abschlußprüfer im Rahmen des Management Approach
- Vertiefende Fragen zur Anwendung des Management Approach

Ein fünfter Abschnitt enthielt darüber hinaus Fragen zu demographischen Merkmalen der Respondenten.

1123 Der Fragebogen incl. der deskriptiven statistischen Merkmale für die abgefragten Variablen ist im Anhang enthalten.

Wegen der Unerschlossenheit und Vielschichtigkeit des Untersuchungsfeldes wurde für die Datenauswertung eine hauptsächlich explorative und teilweise interpretative Vorgehensweise gewählt. Darüber hinaus wurde an einigen Stellen auch konfirmatorisch vorgegangen, um festzustellen, ob sich einige der in den Kapiteln B bis E aufgestellten Thesen und Vermutungen in der Bilanzierungspraxis bestätigen. Die hierfür notwendige Datenanalyse erfolgte teilweise mit Methoden der deskriptiven und teilweise mit Methoden der induktiven Statistik, wobei sich die Auswertung auf eine Auswahl von Aussagen konzentriert. Die so gewonnenen Aussagen sollen eine breite Ausleuchtung des Forschungsfeldes ermöglichen und den Untersuchungsgegenstand facettenreich erfassen.

Das Anliegen der deskriptiven Statistik ist es, quantitative Informationen über interessierende Ausschnitte der Realität zu gewinnen. Sie zielt somit darauf ab, eine unüberschaubare Grunddatenmenge durch möglichst wenige, jedoch aussagekräftige Merkmale zu charakterisieren, wobei es unerheblich ist, ob die verwendeten Daten auf Grundlage einer Total- oder einer Teilerhebung zustande kamen.[1124] Diese charakterisierenden Werte werden als Lage- und Streuungsparameter bezeichnet, da sie einen Eindruck von der Lage und der Streuung der abgefragten Aspekte vermitteln, und stellen eine Komprimierung der Ausgangsdaten dar, mit denen möglichst gut beschrieben werden soll, wo das gesamte Datenmaterial auf der Merkmalsachse lokalisiert bzw. wie es auf dieser verteilt ist.[1125] Das Anliegen der induktiven Statistik ist es, einen Rückschluß aus dem untersuchten Ausschnitt der Realität auf die Grundgesamtheit, also die Realität selbst, zu entwickeln. Solche Rückschlüsse werden in der induktiven Statistik als Schätzungen vorgenommen, und es kann für diese Schätzungen angegeben werden, wie genau sie sind.[1126] Die Wahl der verwendeten induktiven Methoden hängt hierbei von der Verteilung ab, welcher die Stichprobe sowie die Grundgesamtheit, aus der sie gezogen wurde, folgen.[1127]

Für die im Rahmen dieser Untersuchung betrachteten Fragen wurden zunächst als Lageparameter die arithmetischen Mittel (bzw. „Mittelwerte") μ und als Streuungsparameter die Standardabweichungen σ berechnet. Das arithmetische Mittel hat bei Vorliegen einer kleinen Streuung eine größere Aussagekraft als bei Vorliegen einer großen

[1124] Vgl. Bamberg/Baur (Statistik 2001), S. 3; Lehn/Müller-Gronbach/Rettig (Statistik 2000), S. 9; Schulze (Statistik 1998), S. 2.

[1125] Vgl. Bamberg/Baur (Statistik 2001), S. 16; Guckelsberger/Unger (Statistik 1999), S. 36; Lehn/Müller-Gronbach/Rettig (Statistik 2000), S. 27.

[1126] Vgl. Bellgardt (Statistik 2004), S. 2.

[1127] Vgl. Litz (Statistik 2003), S. 301 ff.

Streuung, da sich die einzelnen Meßwerte dann nur wenig vom berechneten arithmetischen Mittel unterscheiden.[1128] Im wirtschaftswissenschaftlichen Bereich liegen häufig Verteilungen vor, die von einer asymmetrischen Anordnung der Meßwerte um das arithmetische Mittel geprägt sind, so daß man eine Aussage über die Schiefe einer solchen Verteilung treffen möchte.[1129] Daher wurde zusätzlich zum arithmetischen Mittel und der Standardabweichung der Median berechnet. Dieser ist dadurch charakterisiert, daß jeweils die Hälfte der Meßwerte unter bzw. über ihm liegt, so daß er insbesondere bei sehr schiefen Verteilungen eine hohe Aussagekraft über die Anordnung der Datenmenge besitzt.[1130] Da nicht alle Fragebögen von den Respondenten vollständig lückenlos ausgefüllt wurden, weichen die Stichprobenumfänge **n** für die einzelnen Variablen geringfügig ab. In den folgenden Abschnitten sind die Lageparameter für die im jeweiligen Kontext relevanten Antworten der Respondenten in Form von Tabellen eingebettet. Darüber hinaus finden sich die Lageparameter der Antworten zu sämtlichen Fragen sowie auch die jeweiligen Stichprobenumfänge in Anhang II.

In Abschnitt C.2 wurde untersucht, welchen Einfluß die Organisationsform von Unternehmen auf die Segment- und ZGE-Abgrenzung haben kann. Um diesbezügliche empirische Erkenntnisse zu gewinnen, wurden die befragten Unternehmen entsprechend ihrer Organisationsformen in Teilstichproben unterteilt und die Befragungsergebnisse für diese Teilstichproben verglichen.[1131] Da es sich bei den erhobenen Daten um unabhängige Stichproben handelt, deren Verteilungen keiner speziellen Verteilung folgen,[1132] sind nichtparametrische Testverfahren zu verwenden, um zu untersuchen, ob die Teilstichproben gleichartige Verteilungsmuster aufweisen oder ob diese sich signifikant voneinander unterscheiden. Als Testverfahren wurden zunächst Kruskal-Wallis H-Tests durchgeführt, um zu überprüfen, ob zwischen den Teilstichproben insgesamt signifikante Verteilungsunterschiede bestehen. Die Nullhypothese für diesen Test lautet, daß alle betrachteten Teilstichproben eine gleiche Verteilung aufweisen. Das ver-

---

1128 Vgl. Lehn/Müller-Gronbach/Rettig (Statistik 2000), S. 40.

1129 Vgl. hierzu sowie zu verschiedenen deskriptiven Schiefemaßen Schulze (Statistik 1998), S. 78-88.

1130 Vgl. Lehn/Müller-Gronbach/Rettig (Statistik 2000), S. 45.

1131 Hierbei handelt es sich erstens um Vergleiche zwischen Stammhauskonzernen, Management- und Finanzholdings und zweitens um Vergleiche zwischen regional, divisional, funktional oder in Matrixform organisierten Unternehmen.

1132 Dies ergaben Kolmogorov-Smirnov-Tests, die für die erhobenen Prüfgrößen durchgeführt wurden. Mit diesen Kolmogorov-Smirnov-Tests kann geprüft werden, ob die betrachteten Prüfgrößen bspw. der Normalverteilung oder der Poisson-Verteilung folgen oder auch gleichverteilt sind. Vgl. hierzu ausführlich Bellgardt (Statistik 2004), S. 84 ff.; Brosius/Brosius (SPSS 1995), S. 517 ff.

wendete Auswertungsprogramm SPSS liefert u.a. das Signifikanzniveau, d.h. die Wahrscheinlichkeit, mit der man einen Fehler begeht, wenn man die Nullhypothese zurückweist. Davon, daß sich die Verteilungen der betrachteten Teilstichproben signifikant unterscheiden, kann bis zum Vorliegen einer Fehlerwahrscheinlichkeit von maximal 10% gesprochen werden. Um festzustellen, welche der Teilstichproben genau sich voneinander unterscheiden, wurden für die Variablen, für die der Kruskal-Wallis H-Test ein Signifikanzniveau von höchstens 10% auswies, Kolmogorov-Smirnov-Tests durchgeführt. Die Testsituation beim Kolmogorov-Smirnov-Test entspricht derjenigen beim Kruskal-Wallis H-Test, nur daß jeweils exakt zwei Teilstichproben miteinander verglichen werden. Auch hier liefert SPSS unmittelbar die Fehlerwahrscheinlichkeit in bezug auf das Zurückweisen der Nullhypothese. Im Rahmen dieser Untersuchung wird dann von einer signifikant unterschiedlichen Verteilung zweier betrachteter Teilstichproben gesprochen, wenn die Fehlerwahrscheinlichkeit für das Zurückweisen der Nullhypothese beim Kolmogorov-Smirnov-Test bei höchstens 10% liegt.[1133] In den folgenden Abschnitten ist für festgestellte derartige Unterschiede zwischen den Verteilungen zweier Teilstichproben jeweils die Fehlerwahrscheinlichkeit **p** in Klammern nach der verbalen Beschreibung des Sachverhalts angegeben.

Der Zusammenhang zwischen intervallskalierten Variablen, wie sie in der vorliegenden Untersuchung hauptsächlich verwendet wurden, kann über bivariate Rangkorrelationsanalysen (auch: Rangkorrelationskoeffizient nach Spearman) beschrieben werden. Solche Korrelationen können nur, wenn es inhaltlich begründet ist, kausal oder gerichtet interpretiert werden. In den meisten Fällen ist es jedoch nicht möglich, zu sagen, ob die eine Variable von der anderen ursächlich vorhergesagt wird oder andersherum. Eine Korrelation gibt dann ausschließlich an, daß eine höhere Ausprägung der einen Variable mit einer höheren oder geringeren Ausprägung der anderen Variable einhergeht und umgekehrt. Das rechnerische Ergebnis von Korrelationen liegt immer zwischen minus und plus eins. Je näher dieses Ergebnis an diese beiden Extreme heranreicht, desto stärker ist der Zusammenhang zwischen den korrelierten Variablen. Für die Interpretation eines Korrelationskoeffizienten ist vor allem von Interesse, ob der festgestellte Zusammenhang statistisch signifikant ist, d.h. die Wahrscheinlichkeit, den

---

[1133] Eine Alternative zum Kolmogorov-Smirnov-Test stellt u.a. der Mann-Whitney-U-Test dar. Jedoch ist der Kolmogorov-Smirnov-Test besser geeignet, wenn bei den zu testenden Variablen eine begrenzte Anzahl von Kategorien vorliegt (in diesem Fall ist dies die Abfrageskala von 1 bis 7). Daher wurde im Rahmen dieser Untersuchung ausschließlich der Kolmogorov-Smirnov-Test verwendet. Zu Testsituation und Anwendung der hier genannten statistischen Verfahren vgl. Brosius (SPSS 2002), S. 816-826; Bühl/Zöfel (SPSS 2002), S. 287-293 und 299-302; Toutenburg (Statistik 2000), S. 172-179.

in der Stichprobe ermittelten Zusammenhang auf die Grundgesamtheit übertragen zu können, hoch ist. Dies ist dann der Fall, wenn die Irrtumswahrscheinlichkeit gering ist. Die Irrtumswahrscheinlichkeit beschreibt die Wahrscheinlichkeit, einen Fehler zu begehen, wenn man die Nullhypothese zurückweist, derzufolge in der Grundgesamtheit kein Zusammenhang zwischen den untersuchten Variablen bestünde. Je geringer also die ermittelte Irrtumswahrscheinlichkeit ist, desto eher kann von einem statistisch signifikanten Zusammenhang zwischen den untersuchten Variablen ausgegangen werden. Das verwendete Auswertungsprogramm SPSS weist für festgestellte Rangkorrelationen aus, ob sie sich auf einem Signifikanzniveau von mindestens 1% bzw. 5% befinden.[1134]

In den folgenden Abschnitten werden derartige statistische Zusammenhänge an zahlreichen Stellen dargestellt. Hierbei sind jeweils in der Klammer, die der verbalen Beschreibung des Zusammenhangs folgt, die Stärke **ρ** des statistischen Zusammenhangs sowie die Fehlerwahrscheinlichkeit **α** angegeben. In der Literatur wird die Stärke festgestellter Korrelationen häufig in betragsmäßige Klassen eingeteilt. Diese Arbeit folgt hierbei der Klassifikation von *Brosius*. Dieser bezeichnet Korrelationen, die betragsmäßig über 0,4 liegen, als mittelstark und solche, die betragsmäßig über 0,6 liegen, als stark. Korrelationen, die betragsmäßig über 0,8 liegen, werden als sehr stark und Korrelationen, die dem Betrag nach 1 lauten, als perfekte Korrelationen bezeichnet.[1135] Schwächere Korrelationen, die betragsmäßig 0,4 oder weniger betragen, sind von nachrangiger Bedeutung und wurden deshalb in dieser Arbeit nicht in die Darstellung der Ergebnisse aufgenommen.

1.2 Beschreibung des Datensatzes

Als Datengrundlage kommen aufgrund des Forschungsfeldes nur Unternehmen in Betracht, die ihre Konzernabschlüsse nach IFRS erstellen. Gemäß der EU-Verordnung 1606/2002 sind kapitalmarktorientierte Gesellschaften, die dem Recht eines EU-Mitgliedsstaats unterliegen – mit wenigen Ausnahmen – dazu verpflichtet, für Ge-

---

[1134] Vgl. zur Berechnung und Interpretation von Korrelationen und insbes. Rangkorrelationen nach Spearman Bortz/Döring (Forschung 2002), S. 29-33, 497, 506-511; Brosius (SPSS 2002), S. 495-503; Bühl/Zöfel (SPSS 2002), S. 317-320; Bühner (Einführung 2004), S. 247; Rinne (Statistik 1997), S. 37, 84 ff. Da nicht alle Fragebögen von den Respondenten vollständig lückenlos ausgefüllt wurden, erfolgte für die Berechnung der Rangkorrelationen ausschließlich für diejenigen Stichprobenelemente, für die jeweils beide betroffenen Fragen beantwortet waren („paarweiser Fallausschluß").

[1135] Vgl. Brosius (SPSS 2006), S. 519. Zu einer weiteren, leicht abweichenden Klassifikation vgl. auch Bühl (SPSS 2006), S. 342.

schäftsjahre, die am oder nach dem 1. Januar 2005 begonnen haben, Konzernabschlüsse gemäß IFRS zu veröffentlichen.[1136]

Als Zeitpunkt für die Aufnahme in die Studie wurde der 1. August 2005 gewählt. Gemäß den Zulassungskriterien der Deutschen Börse AG waren Unternehmen, die im Börsensegment „Prime Standard" gelistet waren, bereits zu diesem Zeitpunkt dazu verpflichtet, jährliche Konzernabschlüsse sowie Quartalsberichte gemäß IFRS oder US-GAAP zu veröffentlichen.[1137] Die Verwendung der in diesem Marktsegment notierten Unternehmen bot somit den Vorteil, daß sichergestellt werden konnte, daß alle in der Stichprobe enthaltenen Unternehmen ihre Rechnungslegung bereits von HGB auf IFRS oder US-GAAP umgestellt hatten und somit Erfahrung mit der Bilanzierung nach international anerkannten Rechnungslegungsstandards aufwiesen.[1138]

Zum Zeitpunkt der Aufnahme in die Studie waren im Börsensegment Prime Standard insgesamt 353 Unternehmen notiert. Aufgrund der für sie geltenden besonderen gesetzlichen und Rechnungslegungsvorschriften wurden die hierin enthaltenen 31 Banken, Versicherungen sowie weiteren Finanzdienstleister von der Untersuchung ausgeschlossen. Um einen einheitlichen Fragebogen in deutscher Sprache versenden zu können, wurden darüber hinaus die 36 zu diesem Zeitpunkt im Prime Standard notierten ausländischen Emittenten aus der Untersuchung ausgeschlossen. Somit ergab sich eine Grundgesamtheit von 286 angeschriebenen Unternehmen. Zur Erhöhung der Rücklaufquote wurden sämtliche anzuschreibenden Unternehmen im Vorfeld des Fragebogenversands telefonisch kontaktiert und soweit möglich der Name des Leiters der Konzernbilanzierungsabteilung ermittelt. An diesen wurde der jeweilige Fragebogen adressiert. Vier Wochen nach dem erstmaligen Fragebogenversand erfolgte eine Nachfaßaktion. Darüber hinaus wurden sämtliche namentlich bekannten Fragebogenadressaten, die den Fragebogen noch nicht beantwortet hatten, noch einmal telefonisch kontaktiert und um Beantwortung des Fragebogens gebeten. Insgesamt haben den Fragebogen 67 Unternehmen beantwortet und zurückgesandt, was einer Rücklaufquote von 23,43% entspricht.[1139] Um möglichst aussagekräftige Ergebnisse zu erhalten, wurden

---

1136 Vgl. Abschnitt A.1.

1137 Im „General Standard", für den weniger anspruchsvolle Kriterien für die Aufnahme gelten, war auch eine Bilanzierung nach HGB ausreichend.

1138 Zu in der Stichprobe enthaltenen US-GAAP Bilanzierern und deren Behandlung im Rahmen der Auswertung vgl. Fußnote 1139.

1139 In diesen 67 Unternehmen enthalten sind drei Unternehmen, die ihre Rechnungslegung erst 2006 bzw. 2007 umstellen wollen. Da es sich bei den US-GAAP um Rechnungslegungsnormen handelt, die den IFRS sehr nahe sind, und da aufgrund der Langfristigkeit eines solchen Umstellungsprojektes die Notwendigkeit besteht, sich bereits deutlich im für Fragen, welche sich auf die Allokation von Goodwill auf ZGEs bzw. die Durchführung von Impairment Tests beziehen, ausschließlich die Antworten derjenigen Unternehmen ausgewertet, bei denen der Anteil des derivativen Goodwills an der Bilanzsumme mindestens 10% beträgt (27 Unternehmen).

Analog wurde hinsichtlich der Bilanzierung selbsterstellter immaterieller Vermögenswerte vorgegangen: Hier wurden nur die Antworten derjenigen Unternehmen berücksichtigt, die überhaupt selbsterstellte immaterielle Vermögenswerte bilanziert hatten und die die Frage, ob es sich um ein „forschungsintensives Unternehmen" handele, mindestens mittig angekreuzt haben (23 Unternehmen).

Darüber hinaus bezogen sich einige wenige Fragen auf den Zusammenhang von internem finanzwirtschaftlichem Risikomanagement und der Abbildung von Sicherungsbeziehungen gem. IAS 39. Für die Auswertung dieser Fragen wurden nur diejenigen Unternehmen berücksichtigt, die die Frage, ob das Unternehmen „in umfangreichem Maße Hedge-Transaktionen" durchführe, mindestens mittig angekreuzt haben (27 Unternehmen). Um einen Überblick über die Zusammensetzung der Respondenten zu geben, werden im folgenden einige Angaben zu demographischen Merkmalen der Unternehmen, welche den Fragebogen beantwortet haben, dargestellt:

Wie Abbildung F-1 zeigt, hatte der größte Teil der Unternehmen zum Zeitpunkt der Durchführung dieser Studie seine Umstellung auf IFRS bereits abgeschlossen, wobei ca. die Hälfte der Unternehmen bereits mehrere Jahre Erfahrung mit diesem Rechnungslegungssystem aufweist.

Jahr der Umstellung auf IAS/IFRS	**absolut**	**%**
vor 2000	17	25%
2000-2003	18	27%
2004-2005	28	42%
2006-2007	3	5%
keine Angabe	1	1%
	67	100%

Abbildung F-1: Umstellungsjahre der Respondenten auf IAS/IFRS

Vor der Umstellung auf IFRS bilanzierten ca. zwei Drittel (43 Unternehmen bzw. 63%) der Respondenten nach HGB, während das verbleibende Drittel (23 Unterneh-

Vorfeld mit den entsprechenden Rechnungslegungsvorschriften auseinanderzusetzen, kann davon ausgegangen werden, daß in diesen Unternehmen zum Befragungszeitpunkt ausreichendes Know-how in bezug auf die in der Befragung enthaltenen Themengebiete aufgebaut wurde, so daß ein Ausschluß dieser Unternehmen nicht notwendig war.

men bzw. 34%) zwischenzeitlich bereits auf US-GAAP umgestellt hatte. Ein Unternehmen machte diesbezüglich keine Angaben. Betrachtet man als Anhaltspunkte für die Unternehmensgrößen die Umsatzerlöse sowie die Mitarbeiterzahlen der Respondenten, so wird deutlich, daß sich die vorliegende Stichprobe relativ heterogen zusammensetzt. 17 Unternehmen (25%) erzielten im Jahr 2004 nämlich Umsatzerlöse von über fünf Milliarden €, 10 Unternehmen (15%) erzielten Umsatzerlöse zwischen einer und fünf Milliarden €, während die restlichen 40 Unternehmen (60%) Umsatzerlöse von weniger als einer Milliarde € verbuchen konnten. 25 Unternehmen (37%) beschäftigten zum Befragungszeitpunkt mehr als 10.000 Mitarbeiter, 20 Unternehmen (30%) beschäftigten zwischen 1.000 und 10.000 Angestellte und 22 Unternehmen (33%) kamen auf weniger als 1.000 Mitarbeiter. Diese heterogene Stichprobenzusammensetzung spiegelt sich auch in der in Abbildung F-2 wiedergegebenen Zugehörigkeit zu verschiedenen Börsenindizes wider.

Indexzugehörigkeit	**absolut**	**%**
DAX	13	19%
MDAX	15	22%
SDAX	8	12%
TecDAX	5	8%
keine Indexzugehörigkeit	26	39%
	67	100%

Abbildung F-2: Indexzugehörigkeit der Respondenten

2 Umsetzung und Auswirkungen des Management Approach in der Bilanzierungspraxis

2.1 Der Management Approach und die Harmonisierung von internem und externem Rechnungswesen

Annäherung von internem und externem Rechnungswesen

Wie bereits in Abschnitt A.3 dargelegt, treibt der Management Approach die Harmonisierung von internem und externem Rechnungswesen weiter voran. Daher wurden die Unternehmen einführend dazu befragt, welche der Abschlußbestandteile, die eine Umsetzung des Management Approach ermöglichen, zur Annäherung von internem und externem Rechnungswesen beitragen.

Wie in Tabelle F-1 aufgeführt, trägt nach Einschätzung der befragten Unternehmen die Segmentberichterstattung am meisten zur Harmonisierung von internem und externem Rechnungswesen bei. Auch die Verteilung von Goodwill auf ZGEs sowie die Durchführung von Goodwill Impairment Tests tragen stark zu dieser Harmonisierung bei.

Hingegen fällt der Harmonisierungsbeitrag der Bilanzierung selbsterstellter immaterieller Vermögenswerte etwas geringer aus, während der Harmonisierungsbeitrag der Risikoberichterstattung vergleichsweise am schwächsten ist, jedoch noch immer im mittleren Zustimmungsbereich liegt.

Antwortmöglichkeiten: „Trägt bei" = 1 bis „Trägt nicht bei" = 7

Beitrag von Rechnungslegungsvorschriften zur Annäherung von internem und externem Rechnungswesen	μ	σ	Median	n
Segmentberichterstattung	2,03	1,52	2	64
Risikoberichterstattung	4,02	1,89	4	65
Aufteilung von Goodwill auf ZGEs	2,96	2,16	2	26
Durchführung von Goodwill Impairment Tests	2,62	2,04	2	26
Bilanzierung selbsterstellter immaterieller Vermögenswerte	3,30	1,79	3	23

Tabelle F-1: Lageparameter der Angaben zur Harmonisierung von internem und externem Rechnungswesen

Abschlußbestandteile, die für die Unternehmenssteuerung relevante Informationen beinhalten

Auf die unmittelbare Frage nach der Umsetzung des Management Approach gaben die Unternehmen – wie aus Tabelle F-2 ersichtlich – an, daß die umfangreichste Verwendung von Controllinginformationen in der Bilanzierung dadurch stattfindet, daß die für Goodwill Impairment Tests benötigten Informationen aus internen Planungsrechnungen abgeleitet werden. Aber auch die übrigen Abschlußbestandteile weisen relativ starke Tendenzen hin zur Umsetzung des Management Approach auf.

Antwortmöglichkeiten: „Trifft voll zu" = 1 bis „Trifft nicht zu" = 7

Abschlußbestandteile, die auch in der Unternehmenssteuerung relevante Informationen beinhalten	μ	σ	Median	n
Die Segmentberichterstattung gibt Informationen wieder, die vom Top-Management genutzt werden	2,18	1,55	2	65
Das Chancen-/Risikomanagementsystem enthält Informationen, die das Management bei Entscheidungen berücksichtigt	2,82	1,55	2	65
Goodwill tragende ZGEs stellen Unternehmensteileinheiten der internen Führungsorganisation dar	2,59	1,95	2	27
Die zur Bewertung von Unternehmensteileinheiten notwendigen Informationen werden aus internen Planungsrechnungen abgeleitet	1,78	0,80	2	27
Für die Aktivierung selbsterstellter Vermögenswerte im externen Rechnungswesen wird auch auf bereits vorliegende Informationen des F&E-Controllings zurückgegriffen	2,78	1,86	2	23

Tabelle F-2: Lageparameter der Angaben zur Umsetzung des Management Approach

Interessant erscheint hierbei, daß ein positiver Zusammenhang zwischen der Verwendung von Controllinginformationen bei der Identifikation Goodwill tragender ZGEs und dem Harmonisierungsbeitrag der Aufteilung von Goodwill auf ZGEs zu bestehen scheint (ρ=0,546; α=1%). Ebenso scheinen jeweils positive Zusammenhänge zwischen Harmonisierungsbeitrag und Umsetzung des Management Approach in der Segmentberichterstattung (ρ=0,630; α=1%) sowie bei der Bilanzierung selbsterstellter immaterieller Vermögenswerte (ρ=0,496; α=5%) zu bestehen. Diejenigen Unternehmen, die in diesen Bereichen entsprechende Harmonisierungsbeiträge wahrnehmen, sind also offenbar auch diejenigen Unternehmen, die den Management Approach diesbezüglich umsetzen.

Ausweitungsmöglichkeiten für den Management Approach

Den Wunsch nach einer Ausweitung der Möglichkeiten, den Management Approach umzusetzen, äußerten die Unternehmen kaum. So lagen, wie Tabelle F-3 zeigt, die Aussagen hinsichtlich aller abgefragten Rechnungslegungsvorschriften im neutral bis ablehnenden Bereich, wobei eine Ausweitung des Management Approach in der Lageberichterstattung, der Risikoberichterstattung sowie bei der Verteilung von Goodwill auf ZGEs die meiste Ablehnung erfährt. Bedeutsam erscheint vor dem Hintergrund der Einführung von IFRS 8, daß die befragten Unternehmen auch in der Segmentberichterstattung tendenziell keinen Wunsch nach einer stärkeren Umsetzung des Management Approach äußern.

Im Rahmen der Befragung zu einer möglicherweise gewünschten Ausweitung der Umsetzungsmöglichkeiten des Management Approach konnten keine statistisch signifikanten Zusammenhänge mit der bereits erfolgenden Umsetzung des Management Approach bei den jeweiligen Abschlußbestandteilen nachgewiesen werden.

Hinsichtlich des Wunsches nach einer Ausweitung von Möglichkeiten zur Umsetzung des Management Approach besteht also kein statistisch signifikanter Unterschied zwischen dem Antwortverhalten der Unternehmen, die den Management Approach in großem Umfang umsetzen und dem Antwortverhalten der Unternehmen, die den Management Approach nicht umsetzen.

Antwortmöglichkeiten: „Ausweitung gewünscht“ = 1 bis „Ausweitung unerwünscht“ = 7

Wunsch zur über die aktuell gültigen Standards hinausgehenden Verwendung von Controllinginformationen in der Bilanzierung	μ	σ	Median	n
Erstellung der Segmentberichterstattung (z.B. reine Umsetzung des Management Approach statt Risk and Reward Approach“ wie derzeit in IAS 14 enthalten)	4,45	1,92	5	65
Lageberichterstattung [ohne Chancen-/ Risikomanagement] (z.B. umfangreichere Offenlegung intern zur Konzernsteuerung genutzter Informationen)	5,38	1,58	6	66
Risikoberichterstattung im Lagebericht (z.B. umfangreichere Offenlegung intern zur Konzernsteuerung genutzter Informationen)	5,39	1,46	5,5	66
Verteilung von Goodwill auf ZGEs (z.B. interne Organisationsstruktur als alleinige Determinante für die Goodwillallokation)	5,11	1,69	5	27
Durchführung von Goodwill Impairment Tests (z.B. geringere Restriktionen bei der Übernahme von Businessplänen, Berücksichtigung von Restrukturierungen, größere Methodenvielfalt bei DCF-Kalkulationen)	4,44	1,97	5	27
Bilanzierung selbsterstellter immaterieller Vermögenswerte (z.B. unmittelbarere Übernahme von Informationen des F&E-Controllings)	4,22	2,00	4	23

Tabelle F-3: Lageparameter der Angaben zu einer gewünschten Ausweitung des Management Approach

Zirkularitätseffekt des Management Approach

In Abschnitt D.3.1 wurde die Möglichkeit, daß es zu einem Zirkularitätseffekt des Management Approach kommen kann, beschrieben. Wie Tabelle F-4 zeigt, sehen die Unternehmen diese Möglichkeit etwas mehr als mittelmäßig bei der Durchführung von Goodwill Impairment Tests, bei der Goodwillallokation auf ZGEs und bei der Segmentberichterstattung als gegeben. Eine nur mittelmäßige Zustimmung erhielt die Frage hingegen beim Risikomanagement und bei der Bilanzierung selbsterstellter immaterieller Vermögenswerte.

Antwortmöglichkeiten: „Starke Rückwirkung“ = 1 bis „Keine Rückwirkung“ = 7

Bereiche, in denen Überlegungen zur Außendarstellung Einfluß auf die intern zur Unternehmenssteuerung verwendeten Informationen erlangen (bilanzpolitische Rückkopplung auf die interne Steuerung durch Verwendung dieser Informationen in der Bilanzierung)	μ	σ	Median	n
Segmentberichterstattung (z.B. Segmentabgrenzung, Verrechnungspreise)	3,55	1,79	3	65
Risikomanagementsystem (z.B. Wesentlichkeitsgrenzen)	3,76	1,47	4	66
Verteilung von Goodwill auf ZGEs (z.B. Organisationsstruktur)	3,81	1,84	3	27
Durchführung von Goodwill Impairment Tests (z.B. Planungsrechnungen, Kapitalkosten)	3,33	1,92	3	27
Bilanzierung selbsterstellter immaterieller Vermögenswerte (z.B. F&E-Controlling)	4,04	1,46	4	23

Tabelle F-4: Lageparameter der Angaben zum Zirkularitätseffekt des Management Approach

Einschränkung der externen Publikation von Controllinginformationen

In Zusammenhang mit dem Zirkularitätseffekt des Management Approach wurde in Abschnitt D.3.1 auch festgestellt, daß die Furcht vor Wettbewerbsnachteilen eine Motivation darstellen kann, um die Verwendung interner Informationen in der Bilanzierung einzuschränken. Wie die Ergebnisse in Tabelle F-5 zeigen, ist jedoch zu konstatieren, daß die Unternehmen in der praktischen Umsetzung offenbar keine wesentlichen Einschränkungen der Verwendung von Controllinginformationen in der Bilanzierung vornehmen.

Antwortmöglichkeiten: „Vollständige Einschränkung“ = 1 bis „keine Einschränkung“ = 7

Abschlußbestandteile, bei denen die Unternehmen die Verwendung von Controllinginformationen in der Bilanzierung möglichst weit einschränken, um eine unerwünschte Nutzung dieser Informationen durch externe Dritte zu verhindern	μ	σ	Median	n
Segmentberichterstattung (z.B. Segmentabgrenzung, Verrechnungspreise)	4,63	1,53	5	65
Lageberichterstattung (z.B. Konzernsteuerungskennzahlen etc.)	4,73	1,49	5	66
Risikoberichterstattung im Lagebericht (z.B. Wesentlichkeitsgrenzen, Bewertung, Chancen)	4,33	1,48	4	66
Verteilung von Goodwill auf ZGEs (z.B. Organisationsstruktur)	4,30	1,75	4	27
Durchführung von Goodwill Impairment Tests (z.B. Planungsrechnungen, Kapitalkosten)	3,78	1,97	4	27
Bilanzierung selbsterstellter immaterieller Vermögenswerte (z.B. F&E-Controlling)	4,22	1,41	4	23

Tabelle F-5: Lageparameter der Angaben zur Einschränkung des Management Approach

2.2 Der Management Approach und die Organisationsstruktur der Unternehmen

2.2.1 Risikomanagement

In Abschnitt C.3 wurde auf zahlreiche Zusammenhänge des internen Risikomanagements mit der externen Berichterstattung eingegangen und festgestellt, daß das Risikomanagement wichtige Informationen für eine Vielzahl von Bilanzierungsfragen bereitstellen kann. Insbesondere von der Einbettung des Risikomanagements in die weiteren bestehenden Organisations- und Berichtsstrukturen und der inhaltlichen Verzahnung von Unternehmensstrategie sowie der Nutzung des Risikomanagements als Führungsinstrument werden umfangreiche Unterstützungsmöglichkeiten (u.a. bei der Segmentabgrenzung, Kapitalkostenbestimmung etc.) für die externe Finanzberichterstattung erwartet.

Diesbezüglich ist, wie aus Tabelle F-6 ersichtlich, zunächst festzustellen, daß die Unternehmen das Risikomanagement vorrangig als einen Bestandteil ordnungsmäßiger Unternehmensführung betrachten und nicht als hauptsächlich zur Erfüllung externer Vorschriften unterhaltenes Berichtsinstrument. Wie außerdem Tabelle F-7 aufzeigt, sehen die Unternehmen nur in mittlerem Umfang positive Auswirkungen auf die im Rechnungswesen verarbeiteten bzw. enthaltenen Informationen durch die vom Risikomanagementsystem im IKS hervorgerufenen Veränderungen. Wie aus Tabelle F-6 ferner ersichtlich ist, ist bezüglich der Frage, ob das Risikomanagementsystem in die weiteren Organisations- und Berichtsstrukturen eingebettet ist, keine eindeutige Tendenzaussage möglich.

Antwortmöglichkeiten: Linke Antwort = 1 bis rechte Antwort = 7

Grund für das Vorhandensein eines Risikomanagementsystems			
Ein formales Risikomanagement wird vorrangig für externe Berichtszwecke unterhalten	μ	5,11	Ein formales Risikomanagement stellt vorrangig einen Bestandteil ordnungsmäßiger Unternehmensführung dar
	σ	1,90	
	Median	6	
	n	66 (98%)	
Integrationsgrad des Risikomanagementsystems			
Das Risikomanagementsystem ist in andere Berichtsinstrumente integriert	μ	4,21	Das Risikomanagementsystem stellt ein von anderen Berichtswegen unabhängiges Instrument dar
	σ	2,01	
	Median	5	
	n	66 (98%)	
Integration der Berichterstattung über Chancen in das Risikomanagementsystem			
Auch die Chancenberichterstattung ist in das Risikomanagementsystem integriert	μ	4,87	Chancen werden bereits auf einem anderen Weg an die Unternehmensführung berichtet, so daß keine formale Aufnahme in
	σ	2,00	
	Median	6	
	n	63 (94%)	

Tabelle F-6: Lageparameter der Angaben zur Organisation des Risikomanagements

In Abschnitt C.3.1 wurde auch die gleichberechtigte Berücksichtigung von Chancen und Risiken im Risikomanagementsystem gefordert. Hier zeigt Tabelle F-6, daß die bilanzierenden Unternehmen bislang dazu tendieren, keine formale Chancenberichterstattung in das Risikomanagement aufzunehmen, sondern daß Chancen auf anderen Berichtswegen an das Top-Management berichtet werden.

Ein Grund für diese noch fehlende Berücksichtigung von Chancen im Risikomanagementsystem könnte sein, daß den Unternehmen seit der Einführung des gesetzlichen Zwangs zur Chancenberichterstattung durch das BilReG bislang noch nicht ausreichend Zeit zur Verfügung stand, um die Chancenberichterstattung auch innerhalb des Risikomanagements zu formalisieren. Davon, daß eine solche Integration von Chancen in das Risikomanagement sinnvoll sein kann, wird nicht nur in der Literatur ausgegangen, sondern dies wird auch durch den folgenden Befund unterstrichen: Es scheint nämlich ein positiver Zusammenhang zwischen der Berücksichtigung von Chancen im Risikomanagementsystem und der Berücksichtigung von Risikomanagementinformationen bei der Kapitalkostenbestimmung von Unternehmensteileinheiten wie Segmenten oder ZGEs zu bestehen (ρ=0,455; α=1%), auch wenn – wie aus Tabelle F-7 ersichtlich ist – eine solche Berücksichtigung von Informationen des Chancen- und Risikomanagements bei der Bestimmung von Kapitalkosten von Unternehmensteileinheiten wie Segmenten oder ZGEs insgesamt nur selten vorgenommen wird.[1140]

Antwortmöglichkeiten: „Trifft voll zu" = 1 bis „Trifft nicht zu" = 7

Auswirkungen des Chancen-/Risikomanagements auf andere Berichtssysteme	μ	σ	Median	n
Informationen des Risikomanagementsystems werden bei der Bestimmung der Kapitalkosten von Unternehmensteileinheiten (z.B. Segmente, ZGEs) berücksichtigt	5,33	1,60	6	66
Die durch das Risikomanagementsystem bedingten Veränderungen der Internen Kontrollsysteme beeinflussen die Qualität der im Rechnungswesen enthaltenen Daten positiv	4,38	1,61	4	66

Tabelle F-7: Lageparameter der Angaben zu Auswirkungen des Risikomanagements auf das IKS

1140 Betrachtet man nur Unternehmen mit ≥10% Anteil Goodwill an der Bilanzsumme, so ist eine etwas geringere Ablehnung (μ=4; σ=1,78; Median=5,5) festzustellen.

2.2.2 Segmentberichterstattung

Wie in den Abschnitten B.1.1, B.2.3 und C.2.2 gesehen, wirken sich insbesondere die Ausgestaltung von juristischer Konzernstrukur und interner Organisationsstruktur sowie deren Ähnlichkeitsgrad auf die Möglichkeiten zur Umsetzung des Management Approach bei der Segment- und ZGE-Abgrenzung aus. So wurde dort unter anderem festgestellt, daß der Management Approach um so einfacher umgesetzt werden kann, je ähnlicher interne Organisationsstruktur und juristische Konzernstruktur sind. Insbesondere das Vorhandensein von Profit Centers wurde hierbei als eine Möglichkeit herausgestellt, für externe Berichtszwecke auf die interne Organisationsstruktur zurückzugreifen. Unter anderem geht das IASB davon aus, daß Unternehmen normalerweise nach den für die Segmentabgrenzung maßgeblichen Faktoren (geographische Regionen und Produkte/Geschäftsbereiche) gesteuert werden und dies auch die unternehmerischen Chancen und Risiken des Unternehmens widerspiegelt. Diese Annahme wurde in Abschnitt C.3.3 durch grundlegende Erkenntnisse der Strategie- und Organisationstheorie gestützt und dort die Forderung aufgestellt, daß die Chancen- und Risikenaspekte, die zur Segmentabgrenzung führen, u.a. auch im formalen Risikomanagement ablesbar sein sollten. Bei größeren Verzerrungen zwischen Unternehmensorganisation und Unternehmensstrategie (die interdependent sind und beide auch Auswirkungen auf Struktur und Inhalt des Risikomanagements haben) ergab sich die potentielle Notwendigkeit von Reorganisationsmaßnahmen.

Wie Tabelle F-8 zeigt, kann hinsichtlich einer Ähnlichkeit von interner Führungsorganisation und juristischer Konzernstruktur festgestellt werden, daß eine Tendenz hin zum Bestehen einer solchen Ähnlichkeit vorliegt. Außerdem ist aus Tabelle F-8 ersichtlich, daß die Aussage, die Segmentberichterstattung basiere auf der internen Führungsstruktur, relativ deutliche Zustimmung erfährt, während die Aussage, die Segmentberichterstattung basiere auf der juristischen Konzernstruktur weitgehend abgelehnt wird.

Antwortmöglichkeiten: „Trifft voll zu“ = 1 bis „Trifft nicht zu“ = 7

Angaben zur Segmentberichterstattung	μ	σ	Median	n
Im Unternehmen sind interne Führungsorganisation und juristische Konzernstruktur identisch	3,36	2,21	2	66
Die Segmentabgrenzung basiert auf der juristischen Konzernstruktur	4,47	2,40	6	66
Die Segmentabgrenzung basiert auf der internen Führungsstruktur	3,08	2,18	2	66

Tabelle F-8: Lageparameter der Angaben zur Segmentberichterstattung

Zu beachten ist hierbei, daß die Segmentabgrenzung in divisional (p=0,087) oder in Matrixform (p=0,053) organisierten Unternehmen offenbar signifikant stärker auf der internen Führungsstruktur basiert, als dies in regional organisierten Unternehmen der Fall ist. Die exakten statistischen Lageparameter für diese Teilstichproben sind in Tabelle F-9 aufgeführt.

Antwortmöglichkeiten: „Trifft voll zu" = 1 bis „Trifft nicht zu" = 7

Segmentabgrenzung auf Grundlage der internen Organisations- und Berichtsstruktur				
	Regionale Organisationen	Divisionale Organisationen	Funktionale Organisationen	Matrix-organisationen
n	5	18	27	12
μ	5,40	2,56	3,63	2,08
σ	2,07	2,06	2,22	1,51
Median	6	2	2	2

Tabelle F-9: Lageparameter der Teilstichproben für die Segmentabgrenzung auf Basis der internen Führungsstruktur

Darüber hinaus scheint ein positiver Zusammenhang zwischen der Ähnlichkeit von interner und juristischer Konzernstruktur sowie der Segmentabgrenzung auf Grundlage der juristischen Konzernstruktur zu bestehen (ρ=0,568; α=1%). In denjenigen Unternehmen, die einen hohen Ähnlichkeitsgrad von interner Führungsstruktur und juristischer Konzernstruktur aufweisen, basiert die Segmentberichterstattung also offenbar tendenziell stärker auf den juristischen Einheiten als auf den internen Organisationseinheiten.

Insgesamt kann an dieser Stelle somit ein grundsätzliches Bekenntnis der bilanzierenden Unternehmen zum Management Approach festgehalten werden. Mit steigender Ähnlichkeit von interner Organisations- und juristischer Konzernstruktur basiert die Segmentberichterstattung allerdings stärker auf den juristischen Organisationseinheiten. Auch wenn kein statistisch signifikanter Zusammenhang zwischen diesem Ähnlichkeitsgrad von interner Organisations- und juristischer Konzernstruktur mit den Fragen nach Kosteneinsparung bzw. Aufwand der Erstellung der Segmentberichterstattung nachgewiesen werden kann, ist davon auszugehen, daß das Motiv Effizienzgewinne sind, da die Informationen auf Ebene der juristischen Einheiten bereits vorliegen und somit mit vergleichsweise geringem weiterem Verarbeitungsaufwand in die Segmentberichterstattung einfließen können.[1141]

[1141] Vgl. hierzu auch die Ausführungen in Abschnitt C.2.2.3.

Antwortmöglichkeiten: „Trifft voll zu“ = 1 bis „Trifft nicht zu“ = 7

Auswirkungen der rechtlichen und internen Organisationsstruktur sich auf Segmentberichterstattung und Goodwillallokation	μ	σ	Median	n
Das Unternehmen wird primär nach Produkten/Geschäftsbereichen oder geographischen Regionen gesteuert	1,86	1,35	1	66
Die Vorschriften zur Segmentberichterstattung führ(t)en zu organisatorischen Umgestaltungen im Unternehmen	6,02	1,52	7	66
Die Segmentabgrenzung entspricht den unternehmerischen Chancen und Risiken des Unternehmens	3,00	1,98	2	65
Zur Segmentabgrenzung wird auf Profit Centers, wie sie in der Unternehmenssteuerung eine Rolle spielen, zurückgegriffen	3,41	2,33	3	66
Die Segmentabgrenzung läßt sich u.a. durch die inhaltliche Kategorisierung von Chancen und Risiken im Risikomanagementsystem stützen	4,03	1,91	4	65

Tabelle F-10: Lageparameter für Angaben zur Segmentabgrenzung

Gleichzeitig bekräftigen die befragten Unternehmen, wie aus Tabelle F-10 hervorgeht, daß die Vorschriften zur Segmentberichterstattung im Gegensatz zu vereinzelten Forderungen in der Literatur[1142] zu keinen Umstrukturierungen führen. Ein Grund dafür, daß solche Umstrukturierungen nicht notwendig sind, dürfte die im folgenden festgestellte hohe Konformität der internen Führungsstruktur mit den Segmentabgrenzungskriterien des IAS 14 sein. So wurde in Abschnitt B.1.1.1 als unmittelbare Voraussetzung zur Anwendung des Management Approach bei der Erstellung der Segmentberichterstattung die Annahme des IASB angeführt, Unternehmen würden primär nach Geschäftsbereichen und/oder Regionen gesteuert.

Wie ebenfalls aus Tabelle F-10 ersichtlich ist, trifft dies auf die überwiegende Zahl der Unternehmen zu. Darüber hinaus bestätigen die Unternehmen, daß die Segmentabgrenzung im Regelfall den unternehmerischen Chancen und Risiken entspricht. Allerdings erfährt die in Abschnitt C.3.3 aufgestellte Forderung, daß die Segmentabgrenzung durch die Inhalte des Chancen-/Risikomanagementsystems gestützt werden solle, nur eine mittelmäßige Zustimmung. In diesem Zusammenhang ist jedoch weitergehend festzustellen, daß in Matrixorganisationen Risikomanagementinformationen offenbar signifikant häufiger für die Stützung der Segmentabgrenzung herangezogen werden können, als dies in regionalen (p=0,053) und funktionalen (p=0,088) Organisationen der Fall zu sein scheint. Die exakten statistischen Lageparameter für die betrachteten Teilstichproben enthält Tabelle F-11.

1142 Vgl. Abschnitt C.3.3 sowie die einführenden Erläuterungen zu Beginn dieses Abschnitts.

Antwortmöglichkeiten: „Trifft voll zu“ = 1 bis „Trifft nicht zu“ = 7

Stützung der Segmentabgrenzung durch die inhaltliche Kategorisierung von Chancen und Risiken im Risikomanagementsystem				
	Regionale Organisationen	Divisionale Organisationen	Funktionale Organisationen	Matrix-organisationen
n	5	18	26	12
μ	6,00	3,78	4,65	2,83
σ	1,23	2,07	1,62	1,47
Median	6	3,5	4	2,5

Tabelle F-11: Lageparameter für Teilstichproben in bezug auf die Stützung der Segmentabgrenzung durch das Risikomanagement

In bezug auf die Gesamtstichprobe scheint ferner auch ein positiver Zusammenhang feststellbar zwischen der Darstellung der unternehmerischen Chancen und Risiken in der Segmentberichterstattung und deren inhaltlicher Stützung durch das Risikomanagement (ρ=0,578; α=1%). Diejenigen Unternehmen, die davon überzeugt sind, daß ihre Segmentberichterstattung ihre unternehmerischen Chancen und Risiken zutreffend widerspiegelt, sind offenbar also auch tendenziell in der Lage, die Segmentabgrenzung durch ihre Risikomanagementinformationen zu stützen. Außerdem scheinen tendenziell diejenigen Unternehmen eine objektive Darstellung ihrer unternehmerischen Chancen und Risiken in der Segmentberichterstattung zu sehen, die ihren Konzern auch primär nach Produkten und/oder geographischen Regionen steuern (ρ=0,412; α=1%).

Zusammenfassend kann somit festgehalten werden, daß zahlreiche Hinweise dafür existieren, daß die oben wiedergegebene Annahme des IASB, die Unternehmen würden in der Regel nach Geschäftsbereichen oder Regionen gesteuert, zutrifft und die Segmentberichterstattung die unternehmerischen Chancen und Risiken nach Ansicht der Unternehmen auch widerspiegelt.

Das durch den Risk and Reward Approach bewirkte safety-net führt also offenbar zu keiner nennenswerten Einschränkung des Management Approach. Gleichzeitig findet der Management Approach bei der Erstellung der Segmentberichterstattung umfangreiche Anwendung und die in Abschnitt C.3.3 geforderte inhaltliche Verzahnung von interner Organisationsstruktur, Segmentberichterstattung und Risikomanagement wird in der Praxis teilweise umgesetzt.

Wie Tabelle F-10 außerdem zeigt, erfolgt ein Rückgriff auf bereits existierende Profit-Centers der internen Steuerung für Zwecke der Segmentabgrenzung nur teilweise. Als ein Grund hierfür kann vermutet werden, daß nicht alle Unternehmen über eine Profit-

Center-Organisation verfügen. Diese Annahme wird zumindest teilweise durch die festzustellenden organisationsformabhängigen Unterschiede im Antwortverhalten der befragten Unternehmen gestützt.[1143] So wird in regional organisierten Unternehmen für die Segmentabgrenzung scheinbar signifikant seltener auf Profit Centers zurückgegriffen, als dies in divisional (p=0,087) oder als Matrix (p=0,053) organisierten Unternehmen der Fall ist. Ferner wird in Matrixorganisationen für die Segmentabgrenzung offenbar häufiger auf Profit Centers zurückgegriffen als in funktional organisierten Unternehmen (p=0,065). Die statistischen Lageparameter für die betrachteten Teilstichproben sind in Tabelle F-12 abgebildet.

Antwortmöglichkeiten: „Trifft voll zu" = 1 bis „Trifft nicht zu" = 7

Segmentabgrenzung auf Grundlage interner Profit Centers				
	Regionale Organisationen	Divisionale Organisationen	Funktionale Organisationen	Matrix-organisationen
n	5	18	27	12
μ	5,80	2,61	4,26	2,00
σ	2,17	1,94	2,30	1,60
Median	7	2	4	1

Tabelle F-12: Lageparameter für Teilstichproben in bezug auf die Segmentabgrenzung auf Basis interner Profit Centers

Außerdem scheint in bezug auf die Gesamtstichprobe ein Zusammenhang zwischen dem Rückgriff auf Profit Centers für die Segmentabgrenzung und der Vornahme der Segmentabgrenzung auf Grundlage der internen Organisationsstruktur zu bestehen (ρ=0,646; α=1%).

Die in diesem Abschnitt bislang festgestellten Zusammenhänge hinsichtlich der Ausprägungen des Management Approach in der Segmentberichterstattung und der Verbindungen mit dem Risikomanagement sind zur Herstellung einer besseren Überschaubarkeit in Abbildung F-3 graphisch verdeutlicht.

[1143] Zur Eignung der betrachteten Organisationsformen für die Bildung von Profit Centers vgl. Abschnitt C.2.2.2.

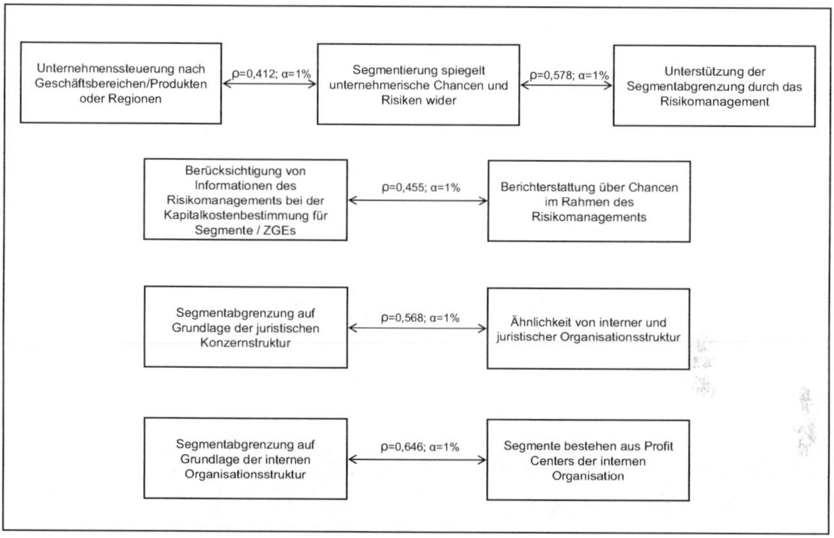

Abbildung F-3: Ausprägung des Management Approach in der Segmentberichterstattung und Verbindungen zum Risikomanagement

Bestimmung von Segmentergebnissen durch den Management Approach

In Abschnitt B.1.2.1.1 wurde festgestellt, daß eine Publikation der intern zur Performancemessung verwendeten Größe als Segmentergebnis unter anderem zur Verbesserung der Information der Abschlußadressaten beitragen kann. Wie Tabelle F-13 zeigt, ist festzustellen, daß unter den bilanzierenden Unternehmen die Tendenz hin zu einer solchen Anwendung des Management Approach besteht.

Antwortmöglichkeiten: „Trifft voll zu“ = 1 bis „Trifft nicht zu“ = 7

Herkunft von Segmentinformationen	μ	σ	Median	n
Als Segmentergebnis wurde eine intern zur Performancemessung verwendete Größe gewählt	2,98	2,05	2	66
Lageberichtinformationen (z.B. interne Performancekennziffern, planungsrelevante Informationen, Chancen/Risiken) werden auch auf Segmentebene veröffentlicht	3,85	2,16	3	66
Bei der Festlegung von Transferpreisen werden auch die Auswirkungen auf die Darstellung unserer Segmente im Segmentbericht berücksichtigt	5,55	1,42	6	66

Tabelle F-13: Lageparameter der Angaben zu Segmentinformationen

Zu beachten ist hierbei, daß in funktionalen Organisationsformen scheinbar signifikant seltener auf eine interne Steuerungsgröße als Segmentergebnis zurückgegriffen wird, als dies in divisional (p=0,040) oder als Matrix (p=0,065) organisierten Unternehmen der Fall ist. Die konkreten Lageparameter für diese Teilstichproben enthält Tabelle F-14.

Antwortmöglichkeiten: „Trifft voll zu" = 1 bis „Trifft nicht zu" = 7

Entnahme der Definition des Segmentergebnisses aus dem internen Rechnungswesen				
	Regionale Organisationen	Divisionale Organisationen	Funktionale Organisationen	Matrix-organisationen
n	5	18	27	12
μ	3,20	2,11	3,89	2,33
σ	2,49	1,53	2,15	1,83
Median	3	1,5	4	2

Tabelle F-14: Lageparameter für Teilstichproben in bezug auf die Verwendung einer internen Steuerungsgröße als Segmentergebnis

Intersegmentäre Verrechnungspreise und Zirkularitätseffekt

Wie Tabelle F-13 außerdem zeigt, ist festzustellen, daß bilanzielle Auswirkungen kaum eine Rolle bei der Transferpreisfindung für konzernintern erbrachte Lieferungen und Leistungen spielen. Es kann damit davon ausgegangen werden, daß der Zirkularitätseffekt hier wohl als nicht gravierend eingeschätzt wird oder aber andere Aspekte (insbes. steuerliche Vorgaben) weitaus schwerer wiegen.

Bottom-Up-Erstellung der Segmentberichterstattung

In Abschnitt B.1.1.1 wurden die Möglichkeiten zur Bottom-Up- bzw. Top-Down-Erstellung der Segmentberichterstattung beleuchtet. Hierbei wurde die Bottom-Up-Erstellung stärker in die Nähe des Management Approach gerückt. In Abschnitt C.2.2.3 wurde ferner festgestellt, daß der Ausbau- und Vereinheitlichungsgrad der betrieblichen Abrechnungssysteme sowie die Ähnlichkeit von juristischer und interner Organisationsstruktur maßgeblichen Einfluß auf die Möglichkeit, eine Bottom-Up-Erstellung vorzunehmen, haben. Wie Tabelle F-15 zeigt, ist festzustellen, daß die Bilanzierungspraxis im wesentlichen tatsächlich zu einer Bottom-Up-Erstellung der Segmentberichterstattung tendiert. In diesem Zusammenhang konnten keine signifikanten organisationsformspezifischen Unterschiede nachgewiesen werden, so daß davon ausgegangen werden kann, daß alle betrachteten Organisationsformen gleichermaßen in der Regel auf die Bottom-Up-Erstellung zurückgreifen.

Antwortmöglichkeiten: Linke Antwort = 1 bis rechte Antwort = 7

Vorgehensweise bei der Erstellung der Segmentberichterstattung			
Top-Down, d.h. durch Disaggregation der Daten des Konzernabschlusses	μ	5,55	Bottom-Up, d.h. durch Konsolidierung von originär in den Segmenten erfaßten Daten
	σ	1,96	
	Median	6	
	n	64 (96%)	

Tabelle F-15: Lageparameter der Angaben zur Erstellungsmethodik der Segmentberichterstattung

2.2.3 Die Segmentberichterstattung als Bindeglied von Konzernabschluß und -lagebericht

In Abschnitt B.1.4 wurde die Schnittstellenfunktion der Segmentberichterstattung zwischen Konzernabschluß und -lagebericht beschrieben. Diese Funktion ist nicht zuletzt im Zusammenhang mit der in Abschnitt C.3.3 dargestellten notwendigen Verzahnung von Segmentberichterstattung, Unternehmensorganisation, Unternehmensstrategie und Risikomanagement zu sehen. So ist davon auszugehen, daß eine konsequente Umsetzung des Management Approach in all diesen Bereichen auch zu einer besseren Integration dieser Bereiche beiträgt. Wie Tabelle F-13 oben zeigt, weisen die bilanzierenden Unternehmen Lageberichtinformationen wie z.B. interne Performancekennziffern, planungsrelevante Informationen, Chancen/Risiken etc. auf Segmentebene tendenziell nur eingeschränkt aus. Die dargestellte Schnittstellenfunktion der Segmentberichterstattung wird bislang also offenbar nicht in der in dieser Arbeit geforderten Konsequenz genutzt. Diesbezüglich ist außerdem festzustellen, daß in Stammhauskonzernen Lageberichtinformationen offenbar signifikant seltener auf Segmentebene erhoben und veröffentlicht werden, als dies in Management-Holdings der Fall zu sein scheint ($p=0,097$). Die konkreten Lageparameter enthält diesbezüglich Tabelle F-16.[1144]

Antwortmöglichkeiten: „Trifft voll zu" = 1 bis „Trifft nicht zu" = 7

Erhebung und Publikation von Lageberichtinformationen auf Segmentebene			
	Stammhauskonzern	Managementholding	Finanzholding
n	30	22	5
μ	4,10	3,27	5,60
σ	1,95	2,33	1,67
Median	4	2	6

Tabelle F-16: Lageparameter für Teilstichproben in bezug auf die Schnittstellenfunktion der Segmentberichterstattung zwischen Lagebericht und Konzernabschluß

[1144] Auf den ersten Blick scheinen sich auch die Verteilungen der Finanz-Holding und der Management-Holding deutlich zu unterscheiden. Mit einer Fehlerwahrscheinlichkeit von 0,177 für das Zurückweisen der Nullhypothese beim Kolmogorov-Smirnov-Test kann dies jedoch statistisch nicht bestätigt werden.

2.2.4 ZGE-Abgrenzung und Goodwillallokation

In den Abschnitten B.2.3.1 und B.3.3.1 sowie C.2.2 und C.3.3 wurden die Verbindungen zwischen Segmentabgrenzung, ZGE-Identifikation sowie der internen Organisationsstruktur dargelegt. Demnach sollte eine konsequente Umsetzung des Management Approach u.a. zu einer engen Verzahnung von Segmentberichterstattung, der Identifikation von Goodwill tragenden ZGEs sowie der internen Organisationsstrukturen und dem hierauf aufbauenden Risikomanagement führen.

Daß Goodwill tragende ZGEs ein Segment bzw. einen konkret abgrenzbaren Segmentbestandteil darstellen, bestätigen die Unternehmen, wie aus Tabelle F-17 ersichtlich, weitgehend.[1145] Interessant ist hierbei, daß die Verzahnung von Segment- und ZGE-Struktur zum einen mit der Aussage, die Segmentabgrenzung entspräche den unternehmerischen Chancen und Risiken ($\rho=0{,}730$; $\alpha=1\%$) und zum anderen mit der Aussage, die Segmentabgrenzung ließe sich inhaltlich durch Informationen des Risikomanagements stützen ($\rho=0{,}439$; $\alpha=5\%$), zu korrelieren scheint. Diejenigen Unternehmen, bei denen die in den Abschnitten B.2.3.1 und B.3.3.1 beschriebene Verzahnung von ZGE- und Segmentstruktur vorliegt, setzen also offenbar auch die in Abschnitt C.3.3 geforderte Verzahnung von Segmentberichterstattung und Risikomanagement um.

Antwortmöglichkeiten: „Trifft voll zu" = 1 bis „Trifft nicht zu" = 7

Zusammenhang von Segmentberichterstattung und Goodwillallokation	μ	σ	Median	n
Goodwill tragende ZGEs stellen ein Segment bzw. einen konkret abgrenzbaren Segmentbestandteil dar	2,77	2,27	2	26

Tabelle F-17: Lageparameter der Angaben zur Integration von Segment- und ZGE-Abgrenzung

In Abschnitt B.3.3.1 wurde auch aufgezeigt, daß für die bilanzierenden Unternehmen sowohl Anreize existieren, um Goodwill auf einer möglichst hohen Hierarchieebene (Kosteneinsparung, Risikoausgleichseffekte) oder einer möglichst niedrigen Hierarchieebene (Transparenzsteigerung, Steuerungswirkungen) zuzuteilen. Wie aus Tabelle F-18 ersichtlich, tendieren die Unternehmen leicht dazu, Goodwill auf einer möglichst hohen Hierarchieebene zuzuteilen. Da die höchstmögliche Zuteilungsebene das primäre oder sekundäre Segment darstellt, kann dies als weiterer Beleg für die bereits festgestellte Verbindung von ZGE- und Segmentabgrenzung gewertet werden. Darüber hinaus wurden die Unternehmen gefragt, ob die Bilanzierung nach IFRS 3

[1145] Zu ähnlichen Ergebnissen kommt die Studie von Pellens et al. (Impairment 2005), S. 12.

generell zu einer Veränderung ihrer Goodwillallokationspraxis geführt hat oder ob bereits vor der Bilanzierung nach IFRS 3 Goodwill für interne Zwecke auf von den juristischen Einheiten abweichende organisatorische Einheiten zugeteilt wurde. Diesbezüglich kann Tabelle F-18 entnommen werden, daß eine deutliche Zustimmung zu der Tendenzaussage besteht, bereits vor der Bilanzierung nach IFRS 3 sei Goodwill für interne Zwecke abweichend von den rechtlichen Vorschriften auf interne Organisationseinheiten zugeteilt worden, so daß nunmehr das externe an das interne Reporting angenähert werden konnte.

Antwortmöglichkeiten: Linke Antwort = 1 bis rechte Antwort = 7

Wahl der Hierarchieebene zur Goodwillallokation			
Auf möglichst hoher Hierarchieebene, um die Anzahl der Bewertungsvorgänge zu reduzieren	μ	3,57	Möglichst verursachungsgerecht, d.h. auf der Hierarchieebene, auf der die zugrundeliegende Kaufentscheidung getroffen wurde
	σ	1,95	
	Median	3	
	n	23 (85%)	
Veränderung der Goodwillallokationspraxis infolge von IFRS 3			
Goodwill wurde für interne Zwecke bereits in der Vergangenheit abweichend von den rechtlichen Vorschriften verteilt, so nun das externe Reporting dem internen angenähert werden könne	μ	2,45	Die Aufteilung von Goodwill auf ZGEs (d.h. operative Einheiten) führt zu deutlichen Unterschieden im Vergleich zur (ehemals praktizierten) Aufteilung auf rechtliche Einheiten
	σ	1,79	
	Median	2	
	n	22 (81%)	

Tabelle F-18: Lageparameter der Angaben zur Goodwillallokation

Hierbei ist auch festzustellen, daß diejenigen Unternehmen, die infolge der Anwendung von IFRS 3 ihr externes Reporting bezüglich der Goodwillallokation an ihr internes Berichtswesen annähern konnten, scheinbar auch

- einen hohen Ähnlichkeitsgrad von interner Organisations- und juristischer Konzernstruktur aufweisen (ρ=0,537; α=1%),
- zur Segmentabgrenzung auf Profit Centers zurückgreifen (ρ=0,549; α=1%) und
- nach Produkten/Geschäftsbereichen bzw. geographischen Regionen gesteuert werden (ρ=0,575; α=1%).

Schließlich ist in bezug auf die Annäherung der externen an die interne Goodwillallokationspraxis infolge von IFRS 3 festzustellen, daß eine solche Annäherung in divisional organisierten Unternehmen offenbar signifikant häufiger erfolgte als in regional organisierten Unternehmen (p=0,082). Die konkreten Lageparameter für die betrachteten Organisationsformen zeigt Tabelle F 19.

Antwortmöglichkeiten: 1=Anpassung extern an intern bis 7=Anpassung intern an extern

Anpassung von externem und internem Reporting bzgl. der Goodwillallokation infolge von IFRS 3				
	Regionale Organisationen	Divisionale Organisationen	Funktionale Organisationen	Matrix-organisationen
n	2	8	7	3
μ	6,00	1,50	2,57	2,67
σ	1,41	0,76	2,07	1,16
Median	6	1	2	2

Tabelle F-19: Lageparameter für Teilstichproben für die Annäherung der externen an die interne Goodwillallokationspraxis

Abbildung F-4 faßt die in diesem Abschnitt gewonnenen Ergebnisse für die Gesamtstichprobe noch einmal graphisch zusammen. Als Fazit kann festgehalten werden, daß die in Abschnitt C.3.3 geforderte Verzahnung von Segmentabgrenzung, ZGE-Abgrenzung, Risikomanagement und interner Organisationsstruktur in der Bilanzierungspraxis vor dem Hintergrund einer Umsetzung des Management Approach zumindest teilweise umgesetzt wird.

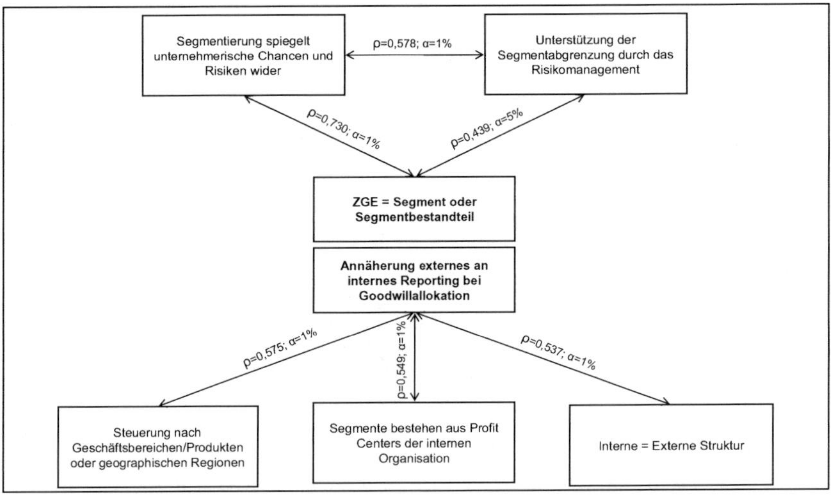

Abbildung F-4: Verzahnung von Organisationsstruktur, Segmentabgrenzung und ZGE-Abgrenzung[1146]

[1146] Für die Berechnung der statistischen Parameter wurden hier nur diejenigen Unternehmen berücksichtigt, die einen Anteil von mind. 10% Goodwill an der Bilanzsumme aufweisen (n=27).

2.3 Ausgewählte Anwendungsfelder des Management Approach

2.3.1 Identifikation von Triggering Events und Durchführung von Goodwill Impairment Tests

Nutzung von Controllinginformationen bei der Identifikation von Triggering Events

Wie in den Abschnitten C.3.4 und C.4.3 gesehen, können sowohl Informationen aus der laufenden Performancemessung von Unternehmensteileinheiten als auch aus dem Risikomanagementsystem bei der Identifikation von Triggering Events Verwendung finden. Ebenso können diese Informationsquellen dafür genutzt werden, um zu begründen, daß in der betreffenden Berichtsperiode kein Goodwill Impairment Test notwendig ist.[1147] Wie aus Tabelle F-20 ersichtlich ist, ziehen die befragten Unternehmen die interne Performancemessung der ZGEs häufig bei der Suche nach Triggering Events mit heran. Um zu begründen, daß kein Goodwill Impairment Test durchgeführt werden muß, wird hingegen etwas seltener auf die internen Performancemeßgrößen zurückgegriffen. Ähnlich, jedoch etwas weniger ausgeprägt, stellt sich dies hinsichtlich der Verwendung von Informationen des Chancen- und Risikomanagementsystems bei der Suche nach Triggering Events dar: So werden diese Informationen zwar tendenziell bei der Suche nach Triggering Events berücksichtigt, spielen jedoch eine weniger wichtige Rolle, um Goodwill Impairment Tests abzuwenden.

Antwortmöglichkeiten: „Trifft voll zu" = 1 bis „Trifft nicht zu" = 7

Rückgriff auf interne Berichtssysteme im Vorfeld von Goodwill Impairment Tests	μ	σ	Median	n
Goodwill-Impairmentbedarf anzeigende Ereignisse („Triggering Events") werden aus dem Risikomanagementsystem abgeleitet	3,26	1,89	3	27
Auch die Begründung, wenn kein Goodwill Impairment Test notwendig ist, wird u.a. aus dem Risikomanagementsystem abgeleitet	4,11	1,91	4	27
Goodwill-Impairmentbedarf anzeigende Ereignisse („Triggering Events") werden u.a. aus der (ggf. wertorientierten) Steuerungsgröße der betroffenen Unternehmensteileinheit abgeleitet	2,59	1,47	2	27
Auch die Begründung, wenn kein Goodwill Impairment Test notwendig ist, wird u.a. aus der (ggf. wertorientierten) Steuerungsgröße der betroffenen Unternehmensteileinheit abgeleitet	3,37	1,92	3	27

Tabelle F-20: Lageparameter der Angaben zur Umsetzung des Management Approach bei Goodwill Impairment Tests

---

[1147] Zu den Voraussetzungen, die erfüllt sein müssen, damit von der Durchführung eines Goodwill Impairment Tests abgesehen werden kann, vgl. auch Abschnitt B.2.4.

In diesem Zusammenhang ist auch auf organisationsformabhängige Unterschiede hinzuweisen. So erfolgt offenbar eine Ableitung von Triggering Events aus dem Risikomanagementsystem in divisionalen Organisationen signifikant häufiger als in funktionalen (p=0,069).

Darüber hinaus werden Risikomangementinformationen in divisionalen Organisationen offenbar auch signifikant häufiger genutzt, um Goodwill Impairment Tests abzuwenden, als dies in funktionalen (p=0,036) oder Matrixorganisationen (p=0,100) der Fall ist. Gleichzeitig scheint eine derartige Verwendung von Risikomanagementinformationen in Matrixorganisationen signifikant seltener stattzufinden als in funktionalen Organisationen (p=0,074). Die konkreten Lageparameter gibt Tabelle F-21 wieder.

Antwortmöglichkeiten: „Trifft voll zu“ = 1 bis „Trifft nicht zu“ = 7

Ableitung von Triggering Events aus dem Risikomanagement				
	Regionale Organisationen	Divisionale Organisationen	Funktionale Organisationen	Matrixorganisationen
n	2	8	11	4
μ	5,00	2,25	4,27	2,50
σ	2,83	1,28	1,85	1,29
Median	5	2	5	2,5
Rückgriff auf das Risikomanagement zur Vermeidung von Goodwill Impairment Tests				
	Regionale Organisationen	Divisionale Organisationen	Funktionale Organisationen	Matrixorganisationen
n	2	8	11	4
μ	5,00	2,88	4,45	6,00
σ	2,83	1,46	1,44	2,00
Median	5	2	5	2,5

Tabelle F-21: Lageparameter für Teilstichproben in bezug auf den Rückgriff auf das Risikomanagement für die Identifikation von Triggering Events und die Vermeidung von Goodwill Impairment Tests

Wie Abbildung F-5 zeigt, bestehen außerdem Zusammenhänge zwischen dem Rückgriff auf Informationen der Performancesteuerung und des Risikomanagementsystems in bezug auf die Identifikation von Triggering Events bzw. der Vermeidung von Goodwill Impairment Tests sowie Zusammenhänge zwischen diesen Sachverhalten und der Einbettung des Risikomanagements in die Unternehmensorganisation.

Zusammenfassend kann an dieser Stelle festgehalten werden, daß nicht nur für die Identifikation von Triggering Events und die Abwendung von Goodwill Impairment Tests auf die Performancemessung der betroffenen Unternehmensteileinheiten und das Risikomanagement zurückgegriffen wird, sondern insbesondere die diesbezügliche

Umsetzung des Management Approach mittels Risikomanagementinformationen positiv mit der in Abschnitt C.3.3 geforderten Integration von Risikomanagement, interner Organisationsstruktur und Segmentberichterstattung korreliert ist.

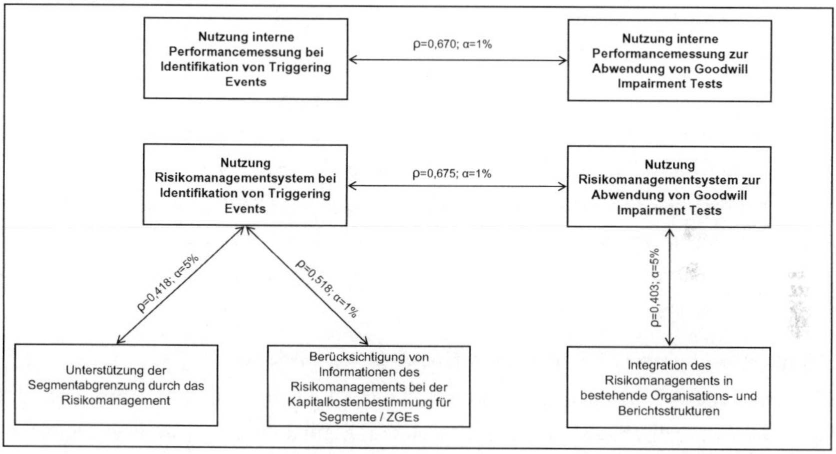

Abbildung F-5: Zusammenhänge zwischen Risikomanagement, Performancemessung von Unternehmensteileinheiten, Identifikation von Triggering Events und Abwendung von Goodwill Impairment Tests[1148]

Nutzung von Controllinginformationen bei der Durchführung von Goodwill Impairment Tests

In den Abschnitten B.2.3.3 und C.4.4 wurde beschrieben, daß interne Planungsrechnungen die Grundlage der für Goodwill Impairment Tests benötigten Cash-Flow-Prognosen darstellen sollen. Wie bereits aus Tabelle F-2 ersichtlich war, erhielt die Frage nach der Verwendung interner Planungsrechnungen bei der Durchführung von Goodwill Impairment Tests starke Zustimmung. Das Alter der Planungsrechnungen, die für die Goodwill Impairment Tests verwendet werden, beträgt dabei im arithmetischen Mittel 3,37 Monate.[1149] Der Median des Planungsalters liegt bei 3 Monaten. Der

---

[1148] Für die Berechnung der statistischen Parameter wurden hier nur diejenigen Unternehmen berücksichtigt, die einen Anteil von mind. 10% Goodwill an der Bilanzsumme aufweisen (n=27).

[1149] Die zugehörige Standardabweichung beträgt 3,15 Monate. Vgl. hierzu Frage 4.5 in Anhang II.

Aktualitätsgrad der Planungsrechnungen ist somit als in der Regel ausreichend zu bezeichnen.[1150]

Hierbei ist jedoch kein statistischer Zusammenhang nachweisbar zwischen dem Alter der Planungsrechnungen und der Zustimmung zu der Frage, ob interne Planungsrechnungen für den Goodwill Impairment Test verwendet werden.

Interessant ist jedoch, daß ein positiver Zusammenhang zu bestehen scheint zwischen der Umsetzung des Management Approach bei der Abgrenzung Goodwill tragender ZGEs, indem als solche ZGEs Unternehmensteileinheiten der internen Steuerung gewählt werden, und der Verwendung interner Planungsrechnungen im Rahmen von Goodwill Impairment Tests (ρ=0,531; α=1%). Es bestätigt sich also, daß das Vorhandensein von internen Planungsrechnungen für eine Organisationseinheit ein wesentliches Abgrenzungsmerkmal für ZGEs ist.

Aktive Planung und Steuerung von Goodwill Impairments

Wie aus Tabelle F-22 ersichtlich ist, wird die in Abschnitt D.3.1.2 beschriebene und dort konzeptionell abgelehnte Möglichkeit zur Einführung eines aktiven Goodwill Controllings von den bilanzierenden Unternehmen zwar bislang nicht sehr häufig in die Praxis umgesetzt. Angesichts der Tatsache, daß es sich bei der Installation eines solchen Instruments um eine aus Investorenperspektive kritisch zu betrachtende weitreichende bilanzpolitische Maßnahme handelt, die außerdem umfassende negative Auswirkungen auf die Unternehmensführung haben kann, erscheint jedoch bereits der Befund, daß es eine gewisse Zahl an Unternehmen gibt, die ein Goodwill Controlling betreiben, als bemerkenswert.

Antwortmöglichkeiten: „Trifft voll zu“ = 1 bis „Trifft nicht zu“ =7

Implementierung eines aktiven Goodwill Controllings	μ	σ	Median	n
Zur aktiven Steuerung von Goodwill-Impairments werden künftige Goodwill-Impairments bereits in den aktuellen Planungsrechnungen für Unternehmensteileinheiten berücksichtigt	4,81	2,04	5	26

Tabelle F-22: Lageparameter der Angaben zum aktiven Goodwill Controlling

Hierbei ist außerdem anzumerken, daß ein aktives Goodwill Controlling in Finanzholdings offenbar signifikant häufiger betrieben wird, als dies in Managementholdings der Fall ist (p=0,041). Die konkreten Lageparameter für die entsprechende Variable gibt Tabelle F-23 wieder.

[1150] Zur Problematik in bezug auf den Aktualitätsgrads der Planungsrechnungen vgl. die Ausführungen in Abschnitt D.1.2.

Antwortmöglichkeiten: „Trifft voll zu" = 1 bis „Trifft nicht zu" =7

Implementierung eines aktiven Goodwill Controlling			
	Stammhauskonzern	Managementholding	Finanzholding
n	7	11	3
μ	4,86	5,55	2,67
σ	2,19	1,92	0,58
Median	5	6	3

Tabelle F-23: Lageparameter für Teilstichproben in bezug auf ein aktives Goodwill Controlling

Erwartungsgemäß scheint ein Zusammenhang zu bestehen zwischen den Bestrebungen, Goodwill auf einer möglichst hohen Hierarchieebene zuzuteilen, und dem Betreiben eines aktiven Goodwill Controllings (ρ=0,675; α=1%).

Darüber hinaus äußern die Unternehmen, die ein aktives Goodwill Controlling betreiben, auch den Wunsch nach einer Ausweitung des Management Approach im Rahmen der Goodwillallokation auf ZGEs (ρ=0,579; α=1%). Die Risikokompensationseffekte, die eine Goodwillallokation auf hohen Hierarchieebenen grundsätzlich ermöglicht, werden also offenbar von einigen Unternehmen gezielt für bilanzpolitische Zwecke genutzt, und diese Unternehmen würden die bilanzpolitischen Spielräume, die sich ihnen derzeit bereits bieten, gerne weiter ausweiten. Wenig erstaunlich ist auch, daß diejenigen Unternehmen, die ein aktives Goodwill Controlling betreiben, offenbar auch der Auffassung sind, daß sich die Kapitalmarktkommunikation durch die Umsetzung des Management Approach bei der Abgrenzung von ZGEs verbessere (ρ=0,474; α=5%) – kann die Unternehmensführung die wirtschaftliche Lage des Unternehmens durch das aktive Goodwill Controlling doch den Investoren gegenüber so darstellen, wie es von ihr gewünscht ist.

Allerdings überrascht es in Anbetracht der in Abschnitt D.3.1.2 aufgezeigten Nachteile des aktiven Goodwill Controllings, daß die Unternehmen, die ein aktives Goodwill Controlling betreiben, nicht nur zu glauben scheinen, die Durchführung von Goodwill Impairment Tests verbessere die Performancemessung von Unternehmensteileinheiten und habe somit positive Auswirkungen auf die Unternehmenssteuerung (ρ=0,454; α=5%), sondern auch der Auffassung sind, die Verläßlichkeit der Rechnungslegung steige durch die Umsetzung des Management Approach bei der Durchführung von Goodwill Impairment Tests (ρ=0,466; α=5%).

Insgesamt ist in bezug auf das aktive Goodwill Controlling daher festzuhalten, daß diejenigen Unternehmen, die dieses Instrument nutzen, sich der möglichen negativen Konsequenzen auf die Unternehmensführung offenbar entweder nicht bewußt zu sein scheinen oder diese gezielt in Kauf nehmen, um die Kapitalmarktkommunikation in der von ihnen gewünschten Weise zu beeinflussen.

2.3.2 Die Rolle des M&A-Controllings bei der Bilanzierung von Unternehmenszusammenschlüssen und der Goodwill-Bilanzierung

Wie in Abschnitt C.5.2 dargelegt wurde, können sich auch Informationen aus dem M&A-Controlling für eine Verwendung in der Bilanzierung gemäß dem Management Approach eignen. Die Frage, ob sie über ein M&A-Controlling verfügen, beantworteten lediglich 17 der 67 Unternehmen mit Ja. Unter den Unternehmen, bei denen der Anteil des derivativen Goodwills mindestens 10% der Bilanzsumme erreicht, bejahten nur 11 von 27 Unternehmen diese Frage. In Anbetracht der hohen Zahl von scheiternden Unternehmensakquisitionen und der in der Literatur regelmäßig betonten Bedeutung einer intensiven Planung und Steuerung der Akquisition und Integration von Unternehmen erlaubt dies bereits die Aussage, daß bei einer Vielzahl von Unternehmen offenbar Verbesserungspotentiale hinsichtlich des Controllings bestehen.[1151]

Die folgende Tabelle F-24 gibt eine Übersicht über die Antworten auf die Frage, für welche Zwecke die Unternehmen Informationen des M&A-Controllings in der Bilanzierung nutzen können. Hierbei wird deutlich, daß für alle Antwortmöglichkeiten eine leichte Zustimmung geäußert wird.

Antwortmöglichkeiten: „Trifft voll zu" = 1 bis „Trifft nicht zu" =7

Verwendbarkeit von Informationen des M&A-Controllings für...	Unternehmen mit M&A-Controlling und Goodwill > 10% der Bilanzsumme (n=11)			Unternehmen mit M&A-Controlling (n=17)		
	μ	σ	Median	μ	σ	Median
Identfikation einzeln aktivierbarer Vermögenswerte	3,82	2,14	3	3,88	1,93	3
Identifikation von ZGEs	3,18	2,09	3	3,29	1,83	3
Regelmäßige Bewertung von Unternehmensteileinheiten	3,36	2,42	2	3,12	2,00	2

Tabelle F-24: Lageparameter der Angaben zur Verwendung von Informationen des M&A-Controllings in der Bilanzierung

Rückschlüsse auf Auswirkungen des Management Approach auf die Bilanzierungs- und Controllingpraxis in den befragten Unternehmen können auch aus den im folgen-

---

[1151] Zur Forderung nach einem gut ausgebauten M&A-Controlling vgl. die Abschnitte C.5.2 und D.1.

den dargestellten Zusammenhängen zwischen den abgefragten Variablen gezogen werden.[1152]

So scheint die Umsetzung des Management Approach bei Informationen des M&A-Controllings, wie in Abschnitt D.1.2 vermutet, Auswirkungen auf Ausgestaltung und Inhalt der M&A-Controllingsysteme zu haben. Wie in Abbildung F-6 dargestellt, sind nämlich einige Zusammenhänge feststellbar zwischen dem Rückgriff auf Informationen des M&A-Controllings in der Bilanzierung sowie dem Auftreten des Zirkularitätseffektes des Management Approach.[1153]

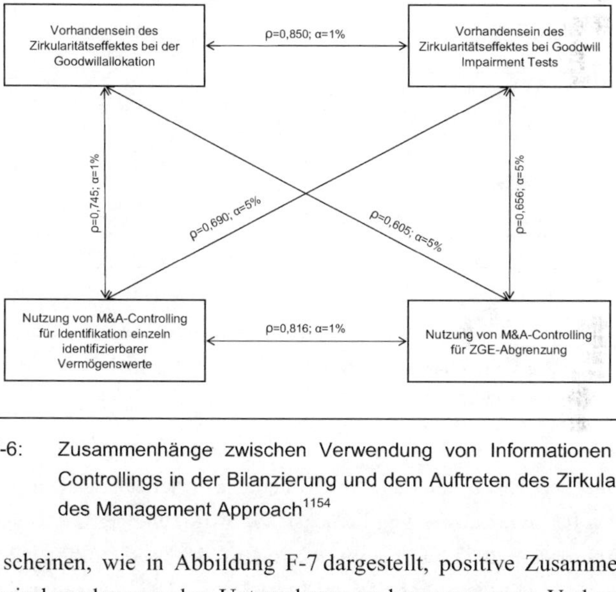

Abbildung F-6: Zusammenhänge zwischen Verwendung von Informationen des M&A-Controllings in der Bilanzierung und dem Auftreten des Zirkularitätseffekts des Management Approach[1154]

Außerdem scheinen, wie in Abbildung F-7 dargestellt, positive Zusammenhänge zu bestehen zwischen der von den Unternehmen wahrgenommenen Verbesserung der Kapitalmarktkommunikation durch die Umsetzung des Management Approach bei der

---

[1152] Hierbei beziehen sich die Angaben auf die elf Unternehmen, die nicht nur über ein M&A-Controlling verfügen, sondern bei denen der derivative Goodwill auch mindestens 10% der Bilanzsumme ausmacht.

[1153] Zum Zirkularitätseffekt des Management Approach vgl. ausführlich Abschnitt D.3.1.

[1154] Für die Berechnung der statistischen Parameter wurden hier nur diejenigen Unternehmen berücksichtigt, die einen Anteil von mind. 10% Goodwill an der Bilanzsumme aufweisen und über ein M&A-Controlling verfügen (n=11).

ZGE-Abgrenzung sowie der Verwendung von Informationen aus dem M&A-Controlling für die Vornahme dieser ZGE-Abgrenzung (ρ=0,790; α=1%).

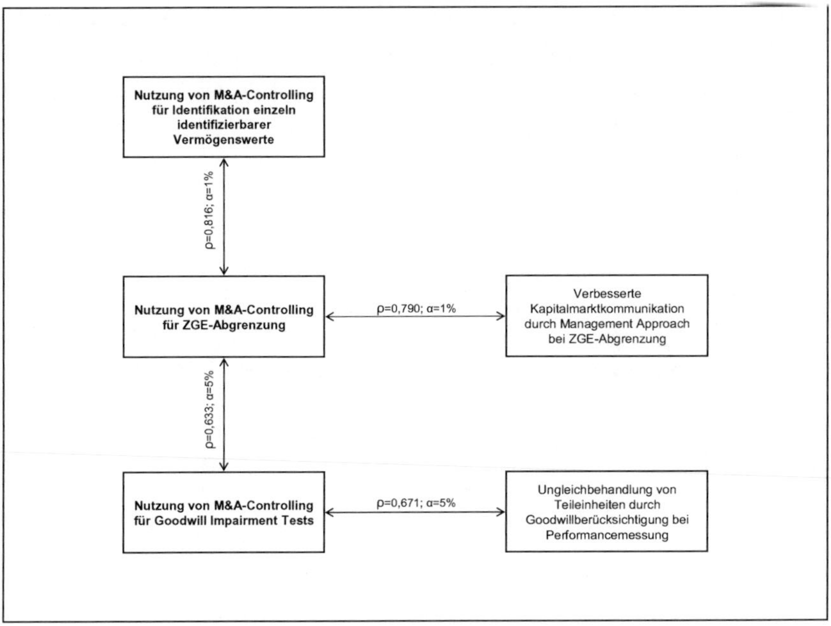

Abbildung F-7: Zusammenhänge zwischen M&A-Controlling und Goodwill-Bilanzierung[1155]

Darüber hinaus besteht offenbar ein positiver Zusammenhang zwischen der Wahrnehmung einer Ungleichbehandlung von Unternehmensteileineinheiten, wenn Goodwill bei deren Performancemessung berücksichtigt wird, und der Umsetzung des Management Approach mittels Informationen aus dem M&A-Controlling bei der Durchführung von Goodwill Impairment Tests (ρ=0,671; α=5%). In bezug auf die Umsetzung des Management Approach mit Informationen aus dem M&A-Controlling nimmt die Bilanzierungspraxis also ein Spannungsfeld wahr: Zwar führt die Umsetzung des Management Approach zu positiven Effekten in Form einer besseren Kapitalmarktkommunikation. Gleichzeitig haben die bilanzierenden Unternehmen aber auch erkannt, daß eine solche Umsetzung des Management Approach im internen Rechnung-

[1155] Für die Berechnung der statistischen Parameter wurden hier nur diejenigen Unternehmen berücksichtigt, die einen Anteil von mind. 10% Goodwill an der Bilanzsumme aufweisen und über ein M&A-Controlling verfügen (n=11).

swesen die Gefahr von Fehlsteuerungen birgt und daher bei einer Anpassung der Controllingsysteme, die der Umsetzung des Management Approach vorausgeht, behutsam vorgegangen werden muß.

Ferner ist wenig überraschend festzustellen, daß der Rückgriff auf Informationen des M&A-Controllings bei der Durchführung von Goodwill Impairment Tests positiv mit der generellen Ableitung der für Goodwill Impairment Tests notwendigen Informationen aus internen Planungsrechnungen zusammenzuhängen scheint (ρ=0,809; α=5%). Der Rückgriff auf Informationen des M&A-Controllings bei der Durchführung von Goodwill Impairment Tests korreliert aber offenbar auch negativ mit der Einschränkung der Verwendung von Controllinginformationen bei der Durchführung von Goodwill Impairment Tests, um eine Nutzung durch Dritte zu verhindern (ρ=-0,640; α=5%). Hieraus ist abzuleiten, daß die Furcht vor einer für das Unternehmen schädlichen Nutzung der dem Management Approach folgend veröffentlichten Informationen durch externe Dritte in bezug auf die Verwendung von Informationen aus dem M&A-Controlling für die Durchführung von Goodwill Impairment Tests offenbar gering ist.

2.3.3 Die Rolle des F&E-Controllings bei der Bilanzierung selbsterstellter immaterieller Vermögenswerte

In Abschnitt C.5.4.2 wurde zwar betont, daß die Umsetzbarkeit des Management Approach bei der Bilanzierung selbsterstellter immaterieller Vermögenswerte u.a. davon abhängt, wie trennscharf sich Forschungs- und Entwicklungsphase abgrenzen lassen. Jedoch ist, wie aus Tabelle F-25 ersichtlich ist, eine solch klare Unterscheidbarkeit von Forschungs- und Entwicklungsphase in der Unternehmenspraxis nur teilweise gegeben.

Antwortmöglichkeiten: „Trifft voll zu“ = 1 bis „Trifft nicht zu“ = 7

Bilanzierung selbsterstellter immaterieller Vermögenswerte auf Grundlage des F&E-Controlling	μ	σ	Median	n
Die externen Bilanzierungsvorschriften für selbsterstellte immaterielle Vermögenswerte finden Eingang in das F&E-Controlling	3,41	2,06	2,5	22
Es existieren standardisierte Berichtsprozesse und -formate zur Kontrolle von F&E-Projekten	3,09	2,07	2	22
Eine klare Abgrenzbarkeit von Forschungs- und Entwicklungstätigkeiten ist gegeben	3,68	1,99	3	22
Die Abgrenzung von Forschungs- und Entwicklungsphase stellt einen wesentlichen Dissenspunkt mit den Abschlußprüfern dar	5,14	1,42	6	22

Tabelle F-25: Lageparameter der Angaben zum F&E-Controlling

Allerdings ist auch festzustellen, daß diejenigen Unternehmen, die Forschungs- und Entwicklungsphase in der Regel klar trennen können, offenbar auch Kosteneinsparungen durch die Umsetzung des Management Approach bei der Bilanzierung selbsterstellter immaterieller Vermögenswerte wahrnehmen (ρ=0,537; α=5%).

Da die Unterscheidung von Forschungs- und Entwicklungsphase kritisch sowohl für die Aktivierung als auch für die Bewertung selbsterstellter immaterieller Vermögenswerte ist, wurde in Abschnitt E.3.4.3 vermutet, daß sie häufig einen Streitpunkt zwischen bilanzierenden Unternehmen und Abschlußprüfern darstellen dürfte. Wie Tabelle F-25 zeigt, ist dies in der Praxis allerdings bereits im allgemeinen nur selten der Fall. Im besonderen scheint außerdem ein negativer Zusammenhang zwischen der Zustimmung zu der Aussage, eine klare Abgrenzbarkeit von F&E-Phase sei gegeben, und der Zustimmung zu der Aussage, daß diese Abgrenzung einen wesentlichen Dissenspunkt mit den Prüfern darstelle (ρ=-0,436; α=5%), zu existieren.

Diejenigen Unternehmen, die bei sich eine derartige klare Abgrenzbarkeit feststellen, müssen sich diesbezüglich also offenbar auch tendenziell weniger mit ihren Prüfern auseinandersetzen. Im Umkehrschluß bedeutet dies, daß diejenigen Unternehmen, die F&E-Phase nicht trennscharf abgrenzen können, sich diesbezüglich auch mehr mit ihren Abschlußprüfern auseinandersetzen müssen.

In Abschnitt C.5.4.3 wurden die Anforderungen an die im Rahmen von F&E-Projekten benötigten Abrechnungssysteme dargestellt und hierbei u.a. betont, daß innerhalb der gesamten F&E-Tätigkeiten des Unternehmens ein hoher Standardisierungsgrad der Berichtsprozesse und -formate zur Kontrolle von F&E-Projekten etabliert werden sollte. Wie ebenfalls aus Tabelle F-25 ersichtlich ist, verfügen die Unternehmen weitgehend über solch standardisierte Abrechnungssysteme.

Wie in Abschnitt B.4.2 festgestellt wurde, existieren bislang weder im internen noch im externen Rechnungswesen ausgereifte Ansätze für die Identifikation und Bewertung immaterieller Vermögenswerte, die den an sie gestellten Anforderungen vollständig gerecht würden. Deshalb erwartet man in der Literatur u.a., daß die im internen Rechnungswesen gemachten Erfahrungen hinsichtlich Erfassung und Bewertung solcher Vermögenswerte Hilfestellungen bei der Entwicklung neuer Bilanzierungsstandards liefern können. Allerdings erscheint auch der gegenläufige Effekt, nämlich, daß die Vorgaben aus den Bilanzierungsstandards zumindest teilweise Eingang in die internen Steuerungssysteme finden können, möglich. Eine solche Übernahme von Vorschriften zur Bilanzierung von selbsterstellten immateriellen Vermögenswerten in das F&E-Controlling findet, wie Tabelle F-25 zeigt, tendenziell statt.

Es kann damit davon ausgegangen werden, daß die umfangreichen Vorgaben des IAS 38 zumindest teilweise Regelungen enthalten, die die Unternehmen als zweckmäßig für die Steuerung von Entwicklungsprojekten halten und deshalb in ihr internes F&E-Controlling übernehmen. Gleichzeitig ist festzustellen, daß diejenigen Unternehmen, die externe Vorschriften in das F&E-Controlling übernehmen, scheinbar auch den umgekehrten Weg einschlagen, indem sie den Management Approach bezüglich des F&E-Controllings umsetzen, also Informationen aus dem F&E-Controlling in die Bilanzierung übernehmen ($\rho=0{,}650$; $\alpha=1\%$) und diesbezüglich gleichzeitig das Auftreten des Zirkularitätseffekts des Management Approach wahrnehmen ($\rho=0{,}577$; $\alpha=1\%$). In bezug auf die Bilanzierung selbsterstellter immaterieller Vermögenswerte bewegen sich internes und externes Rechnungswesen in der Praxis also offenbar gegenseitig aufeinander zu.

2.3.4 Die Rolle des finanzwirtschaftlichen Risikomanagements beim Hedge Accounting

In Abschnitt B.6.3 und C.3.6.2 wurde dargelegt, daß die in IAS 39 enthaltenen Regelungen zum Hedge Accounting kaum eine realitätsgetreue Abbildung der im internen finanzwirtschaftlichen Risikomanagement intendierten Sicherungsbeziehungen mittels Finanzderivaten ermöglichen. Wie Tabelle F-26 zeigt, teilen die Unternehmen diese Auffassung jedoch nur eingeschränkt. Die Fair Value Option, die als derzeit möglicher Ausweg für die Probleme bei der Abbildung finanzwirtschaftlicher Sicherungsbeziehungen dargestellt wurde, begrüßen die Unternehmen ebenfalls nur bedingt. Einer potentiellen Ausweitung der Möglichkeit, Makro-Hedges abzubilden, stehen die Unternehmen allerdings etwas offener gegenüber.

Antwortmöglichkeiten: „Trifft voll zu“ = 1 bis „Trifft nicht zu“ = 7

Einschätzungen zu den Rechnungslegungsvorschriften zum Hedge Accounting	μ	σ	Median	n
Die Vorschriften des IAS 39 zum Hedge Accounting verfälschen die realitätsgetreue Abbildung finanzieller Sicherungsbeziehungen	4,07	1,44	4	27
Die Fair Value Option als Möglichkeit zur realitätsgetreuen Abbildung finanzieller Sicherungsbeziehungen wird begrüßt	4,26	1,85	4	27
Eine Ausweitung der Möglichkeiten zur Bildung von Makro-Hedges würde begrüßt	3,11	1,76	3	27

Tabelle F-26: Lageparameter der Angaben zum Hedge Accounting

2.4 Der Management Approach und die Abschlußprüfung

Wie in Kapitel E gesehen, hat der Management Approach auch umfangreiche Auswirkungen auf die Prüfung der von den bilanzierenden Unternehmen erstellten Jahres- und Konzernabschlüsse. Die Befragung der Unternehmen zu ihren Erfahrungen bzw. Erwartungen hinsichtlich einiger der in Kapitel E getroffenen Feststellungen ergab die in diesem Abschnitt dargestellten Ergebnisse. Wie bereits in den vorangegangenen Abschnitten erfolgte die Auswertung für Unternehmen, die Goodwill bzw. selbsterstellte immaterielle Vermögenswerte bilanziert haben, differenziert für die jeweiligen Teilstichproben.

Zugriff der Abschlußprüfer auf Controllinginformationen

Zunächst ist zu untersuchen, in welchen Bereichen Controllinginformationen überhaupt von den Abschlußprüfern im Rahmen der von ihnen durchgeführten Prüfungshandlungen Beachtung finden. Wie Tabelle F-27 entnommen werden kann, unterliegen interne, dem Management Approach folgend verwendete Informationen vor allem im Rahmen der Prüfung von Goodwill Impairment Tests und der Verteilung von Goodwill auf ZGEs sowie der Prüfung der Bilanzierung selbsterstellter immaterieller Vermögenswerte dem Zugriff der Abschlußprüfer. Hinsichtlich der Prüfung von intern zur Steuerung genutzten Informationen des Risikomanagements ist eine teilweise Prüfung festzustellen. Hingegen konstatieren die befragten Unternehmen, daß die interne Organisations- und Berichtsstruktur im Rahmen der Prüfung der Segmentberichterstattung nur in geringem Maße durch die Abschlußprüfer hinterfragt wird.

Antwortmöglichkeiten: „Trifft voll zu“ = 1 bis „Trifft nicht zu“ = 7

Bereiche, in denen Controllinginformationen in den Prüfungsumfang der Abschlußprüfer fallen	μ	σ	Median	n
Die Prüfung der Segmentberichterstattung führt z.B. dazu, daß die interne Organisationsstruktur kritisch hinterfragt wird	4,65	2,02	5	66
Die Prüfung des Risikomanagements führt dazu, daß Informationen, die in der Entscheidungsfindung von Führungsgremien eine Rolle spielen, von den Abschlußprüfern geprüft werden	2,97	1,52	3	67
Bei der Verteilung von Goodwill auf ZGEs prüfen die Abschlußprüfer z.B. Businesspläne etc., die in Verbindung mit der zugrundeliegenden Akquisition stehen	2,56	1,74	2	27
Bei der Durchführung von Goodwill Impairment Tests unterliegen z.B. interne Planungsinformationen bzw. Performancemaße einer Prüfung durch die Abschlußprüfer	2,19	1,47	2	27
Die Prüfung der Bilanzierung selbsterstellter immaterieller Vermögenswerte berücksichtigt Informationen des F&E-Controllings	2,57	1,38	2	23

Tabelle F-27: Lageparameter der Angaben zur Prüfung interner Informationen

Intensität der Abschlußprüfung

Neben der Frage, ob Controllinginformationen überhaupt von den Abschlußprüfern berücksichtigt werden, ist auch interessant, welche Abschlußbestandteile bzw. -erstellungstätigkeiten, die eine Umsetzung des Management Approach ermöglichen, einer intensiveren Prüfung unterliegen als andere.

Diesbezüglich kann Tabelle F-28 entnommen werden, daß die bilanzierenden Unternehmen die von den Abschlußprüfern durchgeführten Prüfungshandlungen im Zusammenhang mit Goodwill Impairment Tests als am intensivsten wahrnehmen, während die Prüfung der Verteilung von Goodwill auf ZGEs und die Prüfung der Bilanzierung selbsterstellter immaterieller Vermögenswerte als überdurchschnittlich wahrgenommen werden. Hingegen ist hinsichtlich der Prüfung des Risikomanagements sowie der Segmentberichterstattung nur eine durchschnittliche Prüfungsintensität festzustellen.

Antwortmöglichkeiten: „Überdurchschnittlich“ = 1 bis „Unterdurchschnittlich“ = 7

Abschlußbestandteile, die von den Abschlußprüfern – im Vergleich zu den übrigen Abschlußbestandteilen – überdurchschnittlich umfangreich geprüft werden	μ	σ	Median	n
Segmentberichterstattung	4,22	1,33	4	65
Risikomanagement	3,76	1,33	4	66
Verteilung von Goodwill auf ZGEs	3,33	1,54	3	27
Durchführung von Goodwill Impairment Tests	2,30	1,20	2	27
Bilanzierung selbsterstellter immaterieller Vermögenswerte	3,13	0,92	3	23

Tabelle F-28: Lageparameter der Angaben zur Intensität der Abschlußprüfung

Ein Zusammenhang zwischen der zielgerichteten Prüfung von Controllinginformationen durch die Abschlußprüfer und der Prüfungsintensität der jeweiligen Abschlußbestandteile scheint ausschließlich für die Risikoberichterstattung zu bestehen (ρ=0,416; α=1%). Allerdings ist auch festzustellen, daß diejenigen Unternehmen, die – wie in Tabelle F-24 dargestellt – Informationen des M&A-Controllings für die Durchführung von Goodwill Impairment Tests verwenden, scheinbar auch eine hohe Intensität der Prüfung sowohl der Goodwillallokation auf ZGEs (ρ=0,611; α=5%) als auch der Goodwill Impairment Tests wahrnehmen (ρ=0,780; α=1%).[1156]

Dies ist zumindest in bezug auf die Umsetzung des Management Approach mit Informationen aus dem M&A-Controlling ein Hinweis darauf, daß die Prüfungsintensität mit der Umsetzung des Management Approach steigt. Wie bereits in Abschnitt E.4.1 vermutet, stellt also die umfangreichere Auseinandersetzung mit den in der Bilanzierung verwendeten Informationen eine Reaktion der Abschlußprüfer auf die gestiegenen an sie gestellten Herausforderungen dar.

Nutzung der Arbeit der internen Revision durch die Abschlußprüfer

Wie in Abschnitt E.3.2.2 gesehen, stellen die Arbeitsergebnisse der internen Revision eine besondere Art interner Steuerungsinformationen dar. Zum einen ist die interne Revision als Bestandteil des Risikomanagementsystems selbst Prüfungsobjekt, und zum anderen wird häufig die aus prüfungsökonomischen Gründen notwendige Kooperation zwischen interner Revision und Abschlußprüfern betont. Daher wurden die bilanzierenden Unternehmen auch dazu befragt, hinsichtlich welcher Abschlußbestandteile die Abschlußprüfer Berichten der internen Revision besondere Aufmerksamkeit beimessen. Wie Tabelle F-29 zeigt, nutzen die Abschlußprüfer die Arbeiten der inter-

[1156] Diese Aussagen beziehen sich auf die Unternehmen, die über ein M&A-Controlling verfügen und bei denen der derivative Goodwill einen Anteil von mindestens 10% der Bilanzsumme beträgt (n=11).

nen Revision erwartungsgemäß vor allem in Hinblick auf die Risikoberichterstattung, auch wenn es sich hierbei nur um eine leicht überdurchschnittliche Nutzung handelt. Hinsichtlich der übrigen Abschlußbestandteile ist jeweils eine durchschnittliche Berücksichtigung der Arbeitsresultate der internen Revision im Rahmen der Abschlußprüfung festzustellen.

Antwortmöglichkeiten: „Überdurchschnittlich“ = 1 bis „Unterdurchschnittlich“ = 7

Nutzung von Berichten der internen Revision durch die Abschlußprüfer	μ	σ	Median	n
Segmentberichterstattung	4,67	1,41	4	60
Risikomanagement	3,52	1,52	3	61
Verteilung von Goodwill auf ZGEs	4,24	1,61	4	25
Durchführung von Goodwill Impairment Tests	3,81	1,92	4	26
Bilanzierung selbsterstellter immaterieller Vermögenswerte	4,14	1,77	4	21

Tabelle F-29: Lageparameter der Angaben zur Nutzung der Arbeit der internen Revision durch die Abschlußprüfer

Erhöhung der Akzeptanz von Informationen durch den konkreten Nachweis der Umsetzung des Management Approach

In Abschnitt D.3.1.1 wurde festgestellt, daß eine konsequente Umsetzung des Management Approach durch den Zirkularitätseffekt des Management Approach hinsichtlich der Vornahme bilanzpolitischer Maßnahmen disziplinierend auf die Unternehmensführung wirken kann.

In der Folge kann unterstellt werden, daß dies die Abschlußprüfer dazu bewegen könnte, den konkreten Nachweis, daß die in der Bilanzierung verwendeten Informationen in der Unternehmenssteuerung verwendet werden, zumindest in Teilen als Prüfungsnachweis zu würdigen und die vom bilanzierenden Unternehmen vorgenommene bilanzielle Abbildung eher zu akzeptieren.

Wie Tabelle F-30 entnommen werden kann, trägt in der Wahrnehmung der Unternehmen der Nachweis der Management-Approach-Umsetzung im Zusammenhang mit der Prüfung von Goodwill Impairment Tests dazu bei, die Akzeptanz der bilanziellen Abbildung durch die Abschlußprüfer zu erhöhen. Ebenfalls positive – wenngleich etwas schwächere – Auswirkungen auf die Akzeptanzbereitschaft der Abschlußprüfer stellen die Unternehmen hinsichtlich der übrigen hier untersuchten Abschlußbestandteile fest.

Antwortmöglichen: „Starke Akzeptanzerhöhung“ = 1 bis „Keine Akzeptanzerhöhung“ = 7

Akzeptanzerhöhung bei den Abschlußprüfern durch den Nachweis, daß die der Bilanzierung zugrundeliegenden Informationen tatsächlich in der Unternehmenssteuerung verwendet werden	μ	σ	Median	n
Segmentberichterstattung (z.B. Segmentabgrenzung gemäß der internen Organisationsstruktur)	3,35	1,74	3	66
Risikomanagement (z.B. Berücksichtigung der Risikomanagementinformationen in der Entscheidungsfindung von Führungsgremien)	3,52	1,57	3	67
Verteilung von Goodwill auf ZGEs (z.B. Verteilung gemäß der internen Organisationsstruktur)	3,33	1,62	3	27
Durchführung von Goodwill Impairment Tests (z.B. Einfluß auf interne Performancemessung)	3,19	1,73	2	27
Bilanzierung selbsterstellter immaterieller Vermögenswerte (z.B. Nutzung für Entscheidungen im F&E-Management/Controlling)	3,74	1,76	3	23

Tabelle F-30: Lageparameter der wahrgenommenen Akzeptanzerhöhung durch den Nachweis der Management-Approach-Umsetzung

Mangel an betriebswirtschaftlichem Verständnis

In Abschnitt E.4.1 wurde dargelegt, daß die Prüfung von Controllinginformationen teilweise deutlich über die traditionellen Aufgaben und Erfahrungen der Abschlußprüfer hinausgehen kann. In der Folge stellt sich die Frage, ob die Prüfer diesen neuen an sie gestellten Anforderungen gewachsen sind. Wie Tabelle F-31 zeigt, haben die Abschlußprüfer in der Wahrnehmung ihrer Mandanten jedoch kaum Mängel hinsichtlich ihrer betriebswirtschaftlichen Kenntnisse. Diese weitgehende Zufriedenheit der Mandanten mit ihren Abschlußprüfern deutet darauf hin, daß die Abschlußprüfer zumindest bislang offenbar in der Lage sind, die durch den Management Approach gestiegenen an sie gestellten Anforderungen zu erfüllen.

Antwortmöglichkeiten: „Hoher Mangel“ = 1 bis „Kein Mangel“ = 7

Bereiche, in denen es den Abschlußprüfern an betriebswirtschaftlichem Verständnis mangelt, um Controllinginformationen angemessen zu beurteilen	μ	σ	Median	n
Segmentberichterstattung	5,86	1,23	6	66
Risikomanagement	5,55	1,42	6	67
Verteilung von Goodwill auf ZGEs	5,93	1,33	6	27
Durchführung von Goodwill Impairment Tests	5,63	1,64	6	27
Bilanzierung selbsterstellter immaterieller Vermögenswerte	5,04	1,74	6	23

Tabelle F-31: Lageparameter der Angaben zu von den Mandanten wahrgenommenen Mängeln an betriebswirtschaftlichem Verständnis der Abschlußprüfer

Meinungsverschiedenheiten zwischen Mandanten und Abschlußprüfern

In Abschnitt E.4.3 wurde gezeigt, daß es grundsätzlich zu konfliktträchtigen Meinungsverschiedenheiten zwischen den bilanzierenden Unternehmen sowie ihren Abschlußprüfern kommen kann, wenn sich diese beiden Parteien nicht über die bilanzielle Abbildung von Sachverhalten einig sind. Wie aus Tabelle F-32 ersichtlich ist, kommt es im Rahmen der Abschlußprüfung hinsichtlich der Durchführung von Goodwill Impairment Tests offenbar gelegentlich zu Meinungsverschiedenheiten zwischen Mandanten und Prüfern, jedoch ist bezüglich der übrigen abgefragten Jahresabschlußbestandteile kaum Konfliktpotential festzustellen.

Antwortmöglichkeiten: „Viele Differenzen" = 1 bis „Keine Differenzen" = 7

Abschlußbestandteile, bei denen es zu umfangreichen Meinungsverschiedenheiten zwischen Mandanten und Abschlußprüfern kommt	μ	σ	Median	n
Segmentberichterstattung	5,79	1,35	6	66
Risikomanagement	5,18	1,52	6	67
Verteilung von Goodwill auf ZGEs	5,26	1,65	6	27
Durchführung von Goodwill Impairment Tests	4,37	1,55	5	27
Bilanzierung selbsterstellter immaterieller Vermögenswerte	5,09	1,65	6	23

Tabelle F-32: Lageparameter der Angaben zu Meinungsverschiedenheiten zwischen Abschlußprüfern und Mandanten

In dieser geringen Ausprägung von Konflikten zwischen bilanzierenden Unternehmen und Abschlußprüfern dürfte sich nicht zuletzt die in Tabelle F-31 dargestellte, nach Ansicht der Mandanten hohe betriebswirtschaftliche Qualifikation der Abschlußprüfer widerspiegeln. Allerdings machen offenbar auch einige Unternehmen, die bezüglich Goodwill Impairment Tests sowie der Bilanzierung selbsterstellter immaterieller Vermögenswerte Meinungsverschiedenheiten mit ihren Prüfern hatten, deren betriebswirtschaftliche Unkenntnis für diese Konflikte verantwortlich. So scheinen nämlich positive Zusammenhänge zu bestehen zwischen den von den bilanzierenden Unternehmen wahrgenommenen Mängeln an betriebswirtschaftlichem Verständnis der Abschlußprüfer und dem Umfang an Meinungsverschiedenheiten hinsichtlich der Durchführung von Goodwill Impairment Tests (ρ=0,450; α=5%) und der Bilanzierung selbsterstellter immaterieller Vermögenswerte (ρ=0,506; α=5%).

Abschließend bleibt diesbezüglich zu erwähnen, daß kein statistisch signifikanter Zusammenhang nachgewiesen werden konnte zwischen dem Umfang der Meinungsverschiedenheiten zwischen Prüfern und Mandanten hinsichtlich Goodwillallokation bzw. Durchführung von Goodwill Impairment Tests sowie der Frage, ob die Unternehmen ein aktives Goodwill Controlling betreiben. Offenbar führt die zielgerichtete Nutzung dieses bilanzpolitischen Instruments also nicht zu nennenswertem Widerstand durch die Abschlußprüfer.

Einfluß der Abschlußprüfer auf die Ausgestaltung der Rechnungslegung ihrer Mandanten

Wie in Abschnitt E.4.3 gesehen, können die Abschlußprüfer insbesondere durch Abstimmungshandlungen mit den Mandanten sowie durch die Androhung der Testatseinschränkung bzw. -verweigerung konkreten Einfluß auf die Rechnungslegung ihrer Mandanten nehmen. Diesbezüglich kann Tabelle F-33 entnommen werden, daß der Einfluß der Abschlußprüfer auf die Ausgestaltung und Durchführung von Goodwill Impairment Tests am größten ist. Die Abschlußprüfer haben darüber hinaus einen mittelstarken Einfluß auf die Goodwillallokation sowie die Bilanzierung selbsterstellter immaterieller Vermögenswerte. Der Einfluß der Prüfer auf die Ausgestaltung des Risikomanagements und der Segmentberichterstattung ist jedoch als nicht sehr groß zu bezeichnen.

Antwortmöglichkeiten: „Großer Einfluß" = 1 bis „Kein Einfluß" = 7

Einfluß der Abschlußprüfer auf …	μ	σ	Median	n
Ausgestaltung der Segmentberichterstattung	4,83	1,64	5	66
Ausgestaltung der Risikomanagements	4,61	1,67	5	67
Verteilung von Goodwill auf ZGEs	4,04	1,87	4	27
Ausgestaltung von Goodwill Impairment Tests	3,37	2,02	2	27
Bilanzierung selbsterstellter immaterieller Vermögenswerte	4,13	1,66	4	23

Tabelle F-33: Lageparameter der Angaben zum Einfluß der Abschlußprüfer auf die Rechnungslegung

Hierbei scheint ein positiver Zusammenhang zu bestehen zwischen dem Einfluß der Abschlußprüfer auf die Ausgestaltung der Segmentberichterstattung und der Prüfung von Controllinginformationen im Rahmen der Prüfung der Segmentberichterstattung (ρ=0,490; α=1%). Ferner besteht offenbar auch ein positiver Zusammenhang zwischen dem Einfluß der Abschlußprüfer auf das Risikomanagement und der Intensität der durchgeführten Prüfungshandlungen bei der Prüfung des Risikomanagements (r=0,578; α=1%) sowie ein weiterer positiver Zusammenhang zwischen dem Einfluß der Abschlußprüfer auf die Bilanzierung selbsterstellter immaterieller Vermögenswerte und der Intensität der diesbezüglich durchgeführten Prüfungshandlungen (r=0,696; α=1%).

Überraschenderweise sind weder für die Goodwillallokation noch für die Durchführung von Goodwill Impairment Tests Zusammenhänge zwischen Prüfungsumfang oder

der Berücksichtigung von Management-Approach-Informationen bei der Prüfung und dem Einfluß der Abschlußprüfer auf diese Abschlußerstellungstätigkeiten festzustellen. Dies, obwohl – wie Tabelle F-33 entnommen werden konnte – der Einfluß der Abschlußprüfer auf diese beiden Abschlußerstellungstätigkeiten mit am größten ist.

Positive Auswirkungen der Prüfung von Management-Approach-Informationen auf die Unternehmenssteuerung

In Abschnitt E.4.3 wurde dargelegt, daß der Management Approach den Prüfern die Chance eröffnet, ihren Mandanten durch die Identifikation und Kommunikation von Optimierungspotentialen in den Geschäftsprozessen einen Mehrwert aus der Abschlußprüfung zu bieten. Die Aufdeckung solcher Verbesserungspotentiale durch die Abschlußprüfer kann somit grundsätzlich positive Auswirkungen auf die Unternehmenssteuerung haben. Wie aus Tabelle F-34 ersichtlich ist, muß jedoch festgehalten werden, daß die Unternehmen von der Prüfung der in der externen Rechnungslegung verarbeiteten Informationen nur in mittelmäßigem bis geringem Maße positive Auswirkungen auf die Unternehmenssteuerung wahrnehmen.

Antwortmöglichkeit: „Starke Verbesserung“ = 1 bis „Kein Einfluß“ = 7

Positive Impulse der Abschlußprüfung auf die interne Steuerung	μ	σ	Median	n
Die Qualität der Segmentberichterstattung als Informationsinstrument für das Top-Management steigt	5,08	1,61	5	65
Die Qualität der Risikomanagementinformationen steigt	4,33	1,58	4	66
Die Prüfung der Verteilung von Goodwill auf ZGEs führt z.B. zu einer ökonomisch sinnvolleren Verteilung von Goodwill	4,65	1,72	5	26
Durchführung von Goodwill Impairment Tests: z.B. die Prüfung von Planungsrechnungen führt zu einer höheren Planungsqualität	4,59	1,68	5	27
Bilanzierung selbsterstellter immaterieller Vermögenswerte: Die Qualität des F&E-Controllings steigt	4,09	1,80	4	22

Tabelle F-34: Lageparameter der Angaben zur Wahrnehmung positiver Auswirkungen der Abschlußprüfung auf die Unternehmenssteuerung

Um die Aussagekraft dieser Ergebnisse zu erhöhen, sind diese zum einen in Zusammenhang mit der Frage zu bringen, ob Controllinginformationen überhaupt in den Prüfungsumfang der Abschlußprüfer fallen. Zum zweiten ist auch davon auszugehen, daß die Abschlußprüfer um so eher nützliche Management-Letter-Punkte aufbringen, je umfangreicher sie sich mit den jeweiligen Bilanzierungsfeldern auseinandersetzen. Und zum dritten erscheint von Interesse, ob Zusammenhänge zwischen dem generellen Einfluß der Abschlußprüfer auf die Bilanzierung ihrer Mandanten und den wahrgenommenen positiven Auswirkungen auf die Unternehmenssteuerung bestehen. Die Ergebnisse für die diesbezüglichen Auswertungen der Befragung sind im folgenden in Abbildung F-8und Abbildung F-9 dargestellt.

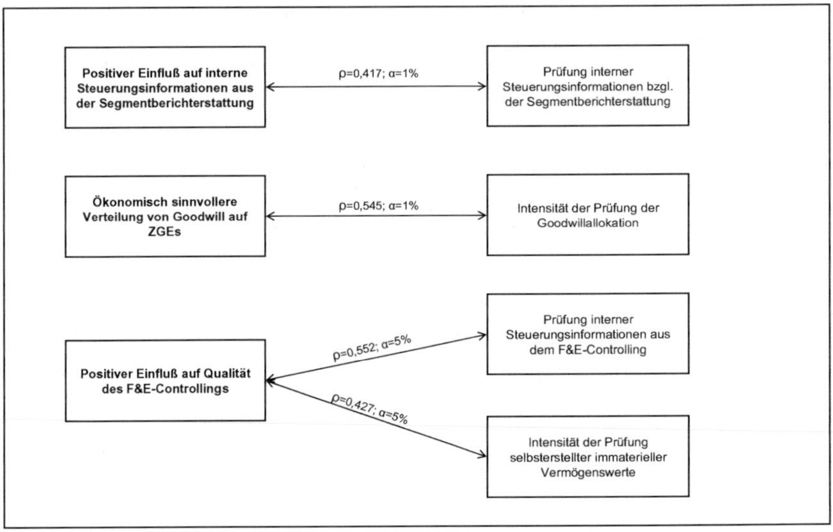

Abbildung F-8: Zusammenhang von wahrgenommenem positivem Einfluß der Abschlußprüfung auf die Unternehmenssteuerung und der Intensität der Prüfung von Management-Approach-Informationen

Wie Abbildung F-8 entnommen werden kann, bestehen offenbar einige Zusammenhänge zwischen den von den bilanzierenden Unternehmen wahrgenommenen positiven Auswirkungen der Abschlußprüfung auf die Unternehmenssteuerung und der Frage, ob diesbezüglich auch Management-Approach-Informationen in den Prüfungsumfang fallen, sowie der Frage, wie intensiv diese Abschlußbestandteile geprüft werden. Interessanterweise lassen sich jedoch für die Prüfung von Goodwill Impairment Tests keine derartigen Zusammenhänge nachweisen.

Darüber hinaus kann Abbildung F-9 entnommen werden, daß hinsichtlich der Zusammenhänge zwischen dem Einfluß der Abschlußprüfer auf Ausgestaltung bzw. Inhalt der abgefragten Abschlußbestandteile sowie den wahrgenommenen positiven Auswirkungen auf die Unternehmenssteuerung für sämtliche der abgefragten Abschlußkomponenten ein solcher Zusammenhang zu bestehen scheint. In den Bereichen, in denen der Einfluß der Prüfer auf die Bilanzierung groß ist, werden von den Mandanten also offenbar auch positive Auswirkungen der Abschlußprüfung auf die Unternehmenssteuerung wahrgenommen.

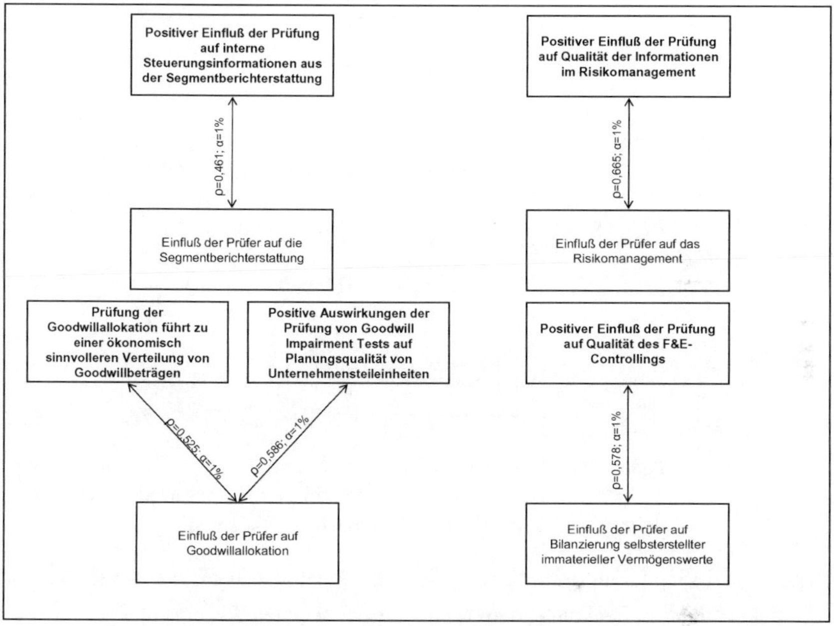

Abbildung F-9: Zusammenhang zwischen Einfluß der Abschlußprüfer auf die Bilanzierung der Mandanten und den positiven Auswirkungen der Abschlußprüfung auf die Unternehmenssteuerung

Außerdem scheinen die in Abbildung F-10 wiedergegebenen Zusammenhänge zwischen der Umsetzung des Management Approach mittels Informationen aus dem M&A-Controlling und der von den bilanzierenden Unternehmen wahrgenommenen positiven Auswirkungen der Abschlußprüfung auf die Unternehmenssteuerung zu bestehen.

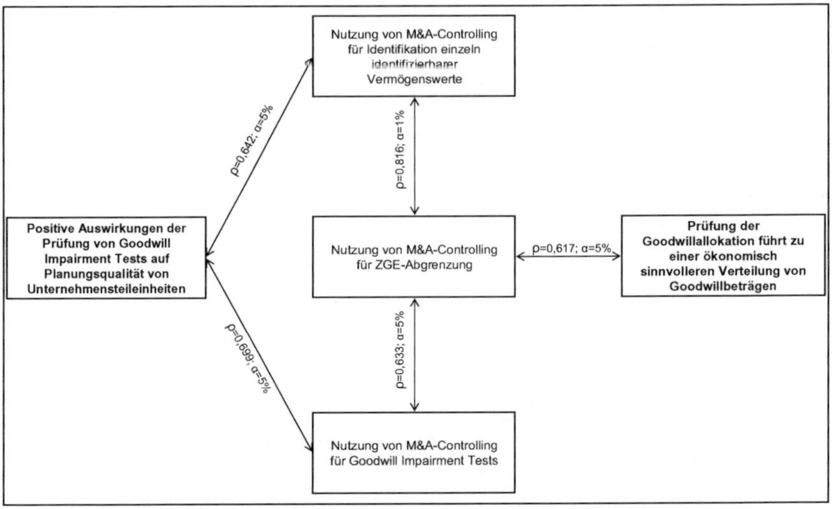

Abbildung F-10: Zusammenhänge zwischen der Umsetzung des Management Approach mit Informationen aus dem M&A-Controlling und positiven Auswirkungen der Abschlußprüfung auf die Unternehmenssteuerung[1157]

Zusammenfassend ist an dieser Stelle festzuhalten, daß die bilanzierenden Unternehmen bei isolierter Betrachtung kaum positive Auswirkungen der Abschlußprüfung auf die Unternehmenssteuerung sehen. Allerdings existieren einige Hinweise darauf, daß die Unternehmen solche positiven Effekte wahrnehmen, wenn interne Informationen aufgrund der Umsetzung des Management Approach von den Abschlußprüfern geprüft werden, wenn die Abschlußprüfer die betroffenen Abschlußbestandteile überproportional intensiv prüfen, und auch dann, wenn die Abschlußprüfer einen hohen Einfluß auf die Bilanzierung ausüben.

2.5 Kosten- und Nutzenaspekte des Management Approach

In den Kapiteln A bis E wurden an zahlreichen Stellen positive Auswirkungen wie z.B. eine verbesserte Kapitalmarktkommunikation, Kosteneinsparungspotentiale in der Bilanzierung, positive Auswirkungen auf die Unternehmenssteuerung usw. diskutiert, die eine Folge der Umsetzung des Management Approach sein können. Darüber hi-

[1157] Für die Berechnung der statistischen Parameter wurden hier nur diejenigen Unternehmen berücksichtigt, die einen Anteil von mind. 10% Goodwill an der Bilanzsumme aufweisen und über ein M&A-Controlling verfügen (n=11).

naus wurden aber auch zahlreiche potentielle Nachteile des Management Approach wie z.B. zusätzlicher Informationserhebungsaufwand, nachteilige Auswirkungen auf Relevanz oder Verläßlichkeit der Rechnungslegung etc. thematisiert. In den Abschnitten F.2.1 bis F.2.4 wurde bereits an einigen Stellen auf positive sowie negative Auswirkungen einer Umsetzung des Management Approach eingegangen. In diesem Abschnitt werden darüber hinausgehend einige konkrete für die bilanzierenden Unternehmen als vorteilhaft oder nachteilig erscheinende Auswirkungen des Management Approach herausgegriffen und untersucht.

Kosteneinsparungen durch den Management Approach

Eines der Argumente, welches für die Umsetzung des Management Approach angeführt wird, ist die Möglichkeit von Kostensenkungen in der Bilanzierung. Wie aus Tabelle F-35 ersichtlich ist, bietet die Umsetzung des Management Approach in der Praxis jedoch bei allen abgefragten Abschlußbestandteilen offenbar nur mittelmäßiges Kostensenkungspotential.

Antwortmöglichkeiten: „Hohe Einsparung" = 1 bis „Keine Einsparung" = 7

Kosteneinsparungen durch Umsetzung des Management Approach	μ	σ	Median	n
Segmentberichterstattung	3,97	1,92	4	64
Risikomanagementsystem	4,25	1,57	4	65
Verteilung von Goodwill auf ZGEs	4,77	1,66	5	26
Durchführung von Goodwill Impairment Tests	4,73	1,71	4,5	26
Bilanzierung selbsterstellter immaterieller Vermögenswerte	3,95	1,86	3,5	22

Tabelle F-35: Lageparameter der Angaben zu Kosteneinsparungen durch die Umsetzung des Management Approach

Zusätzlicher Aufwand bei der Abschlußerstellung

In Abschnitt D.1 wurde dargelegt, daß eine Umsetzung des Management Approach auch zu zusätzlichem Aufwand bei der Abschlußerstellung führen kann, z.B. da ergänzende Informationen erhoben werden müssen oder Überleitungsrechnungen notwendig werden. Die Unternehmen wurden daher dazu befragt, wie sie den Aufwand einschätzen, der zur Erstellung der für eine Umsetzung des Management Approach geeigneten Abschlußbestandteile nötig ist. Diesbezüglich kann Tabelle F-36entnommen werden, daß der Aufwand, der für die Durchführung von Goodwill Impairment Tests notwendig ist, von den befragten Unternehmen als überdurchschnittlich eingeschätzt wird, während der Aufwand, der zur Durchführung der übrigen Abschlußerstellungstätigkeiten nötig ist, als durchschnittlich eingeschätzt wird.

Antwortmöglichkeiten: „Überdurchschnittlich“ = 1 bis „Unterdurchschnittlich“ = 7

Für die Abschlußerstellung notwendiger Aufwand	μ	σ	Median	n
Erstellung der Segmentberichterstattung	3,48	1,34	4	65
Dokumentation des Risikomanagements	3,43	1,31	4	65
Verteilung von Goodwill auf ZGEs	3,67	1,62	4	27
Durchführung von Goodwill Impairment Tests	2,41	0,93	2	27
Prüfung selbsterstellter immaterieller Vermögenswerte auf Aktivierbarkeit	3,70	1,46	4	23
Bewertung selbsterstellter immaterieller Vermögenswerte	3,39	1,56	3	23

Tabelle F-36: Lageparameter der Angaben zum Erstellungsaufwand von Abschlußbestandteilen

Positive Auswirkungen auf die Unternehmenssteuerung

In Abschnitt D.1 wurde auch dargelegt, daß der für die Umsetzung des Management Approach potentiell erforderliche Zusatzaufwand u.a. dann gerechtfertigt wird, wenn hierdurch gleichzeitig eine Verbesserung der betrieblichen Informationssysteme herbeigeführt wird. Wie in Tabelle F-37 dargestellt ist, nehmen die Unternehmen solche positiven Auswirkungen auf die Unternehmenssteuerung am stärksten bei der Segmentberichterstattung wahr, während sie bei den übrigen abgefragten Abschlußbestandteilen nur mittelmäßig positive Auswirkungen auf die Unternehmenssteuerung sehen.

Antwortmöglichkeiten: „Trifft voll zu“ = 1 bis „Trifft nicht zu“ = 7

Positive Auswirkungen auf die Unternehmenssteuerung	μ	σ	Median	n
Die Segmentberichterstattung verbessert die Beurteilung der Performance von Unternehmensbereichen durch das Top-Management	2,78	1,73	2	65
Die Einrichtung eines Risikomanagementsystems verbessert die Information von Führungsgremien	3,03	1,42	3	66
Die Aufteilung von Goodwill auf ZGEs verbessert die Performancemessung von Unternehmensteileinheiten	3,37	1,57	3	27
Die Durchführung von Goodwill Impairment Tests verbessert die Performancemessung von Unternehmensteileinheiten	3,22	1,63	3	27
Bilanzierungsvorschriften bzgl. selbsterstellter immaterieller Vermögenswerte verbessern das F&E-Controlling	3,87	2,01	4	23

Tabelle F-37: Lageparameter der Angaben zu positiven Auswirkungen des Management Approach auf die Unternehmenssteuerung

Daß die positiven Auswirkungen auf die Unternehmenssteuerung zumindest teilweise durch den Management Approach bewirkt werden, indizieren die in der den Abbildung F-11 dargestellten Zusammenhänge. Demnach scheint mit Ausnahme der Durchführung von Goodwill Impairment Tests jeweils ein positiver Zusammenhang zwischen der Umsetzung des Management Approach und den von den Unternehmen wahrgenommenen positiven Auswirkungen auf die Unternehmenssteuerung durch die entsprechenden Rechnungslegungsvorschriften zu bestehen.[1158]

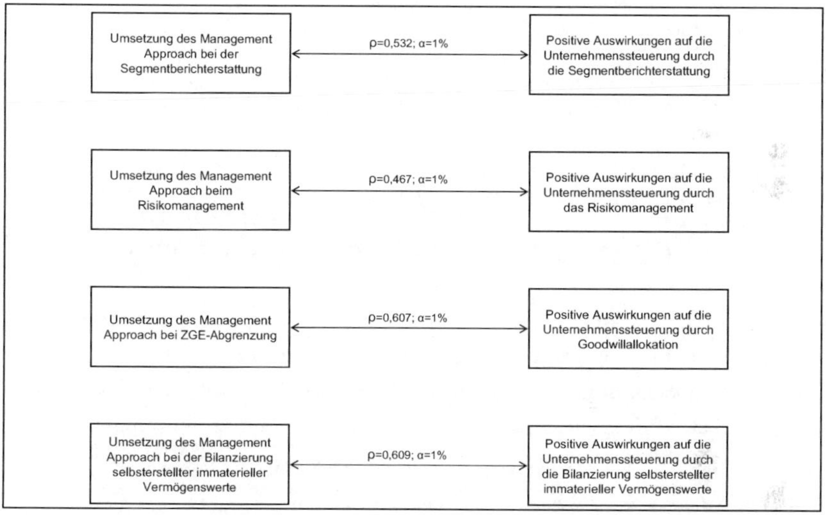

Abbildung F-11: Zusammenhänge der Umsetzung des Management Approach mit der Wahrnehmung positiver Auswirkungen auf die Unternehmenssteuerung

Verbesserung der Kapitalmarktkommunikation

Wie in Abschnitt D.2.1 festgestellt, ist eine der wesentlichen Eigenschaften des Management Approach, daß er die Informationsasymmetrie zwischen Management und Investoren reduzieren und somit zu einer verbesserten Kapitalmarktkommunikation beitragen kann. Wie aus Tabelle F-38 ersichtlich ist, beobachten die befragten Unternehmen eine solche Verbesserung der Kapitalmarktkommunikation durch die Vermittlung von Informationen gemäß dem Management Approach insbesondere durch den Lagebericht sowie durch die Segmentberichterstattung.

[1158] Direkte Zusammenhänge zwischen dem Aufwand, der zur Erstellung der betrachteten Bilanzierungsfelder notwendig ist, und positiven Auswirkungen auf die Unternehmenssteuerung werden weiter unten untersucht.

Antwortmöglichkeiten: „Stimme voll zu“ = 1 bis „Stimme nicht zu“ = 7

Eine Verbesserung der Kapitalmarktkommunikation wird herbeigeführt durch	μ	σ	Median	n
... die Publikation von intern zur Unternehmenssteuerung verwendeten Informationen auf Segmentebene	2,77	1,36	2	65
... die Publikation von intern zur Unternehmenssteuerung verwendeten Informationen im Lagebericht	2,70	1,24	2	66
... die Verwendung interner Steuerungsinformationen bei der Identifikation Goodwill tragender ZGEs	3,70	1,44	4	27
... die Verwendung interner Steuerungsinformationen (z.B. Planungsrechnungen, Diskontierungszinsfuß) bei Goodwill Impairment Tests	3,12	1,13	3	25
... die Verwendung interner Informationen des F&E-Controllings bei der Bilanzierung selbsterstellter immaterieller Vermögenswerte	3,91	1,56	4	23

Tabelle F-38: Lageparameter der Angaben zur Verbesserung der Kapitalmarktkommunikation durch den Management Approach

Auswirkungen des Management Approach auf die Relevanz der Rechnungslegung

In Abschnitt D.2.2 wurde aber auch festgestellt, daß die Umsetzung des Management Approach in bestimmten Fällen die Relevanz der Finanzberichterstattungsinformationen reduzieren kann. Eine Gefahr derartiger Relevanzdefizite sehen die Unternehmen bezüglich allen abgefragten Abschlußbestandteilen jedoch nur in mittlerem Umfang.

Antwortmöglichkeiten: „Hohe Gefahr“ = 1 bis „Keine Gefahr“ = 7

Gefahr, daß durch eine Verwendung von Controllinginformationen in der Bilanzierung Relevanzdefizite erzeugt werden	μ	σ	Median	n
Segmentberichterstattung (z.B. Einfluß des Management Approach in IAS 14 ermöglicht keine transparente Darstellung von Chancen und Risiken)	4,62	1,65	4	65
Lagebericht (z.B. da die Konzernsteuerungskennzahlen verhaltensorientierte Aspekte berücksichtigen)	4,21	1,59	4	66
Risikoberichterstattung im Lagebericht (z.B. durch einseitige Ausrichtung auf Risiken ohne Berücksichtigung von Chancen)	3,82	1,51	4	66
Verteilung von Goodwill auf ZGEs (z.B. da die Verteilung unter Aspekten der Verhaltenssteuerung erfolgt)	4,26	1,77	4	27
Ausgestaltung / Durchführung von Goodwill Impairment Tests (z.B. da Planungsrechnungen unter Aspekten der Verhaltenssteuerung erfolgen)	3,67	1,90	3	27
Bilanzierung selbsterstellter immaterieller Vermögenswerte (z.B. da das F&E-Controlling unter verhaltenssteuernden Gesichtspunkten gestaltet wurde)	4,09	1,73	4	23

Tabelle F-39: Lageparameter der Angaben zu Auswirkungen des Management Approach auf die Relevanz der Finanzberichterstattung

Auswirkungen des Management Approach auf die Reliabilität der Rechnungslegung

Wie in Abschnitt D.3 gesehen, kann der Management Approach sowohl positive als auch negative Auswirkungen auf die Reliabilität der Rechnungslegung haben. Wie aus Tabelle F-40 ersichtlich ist, nehmen die befragten Unternehmen durch die Umsetzung des Management Approach jedoch weder positive noch negative Auswirkungen in wesentlichem Ausmaß auf die Reliabilität der Rechnungslegung wahr.

Antwortmöglichkeiten: „Erhöht sich" = 1 bis „Vermindert sich" = 7

Auswirkungen auf die Reliabilität der Finanzberichterstattung durch …	μ	σ	Median	n
… die Publikation von intern zur Unternehmenssteuerung verwendeten Informationen auf Segmentebene?	3,29	1,49	3	65
… die Publikation von intern zur Unternehmenssteuerung verwendeten Informationen im Lagebericht?	3,24	1,33	3	66
… die Verwendung interner Steuerungsinformationen bei der Identifikation Goodwill tragender ZGEs?	3,59	1,28	4	27
… die Verwendung interner Steuerungsinformationen (z.B. Planungsrechnungen, Diskontierungszinsfuß) bei Goodwill Impairment Tests?	3,15	1,29	3	26
… die Verwendung interner Informationen des F&E-Controllings bei der Bilanzierung selbsterstellter immaterieller Vermögenswerte?	3,61	1,20	4	23

Tabelle F-40: Lageparameter der Angaben zu Auswirkungen des Management Approach auf die Reliabilität der Finanzberichterstattung

Gegenüberstellung von Kosten und Nutzen der Umsetzung des Management Approach

Eine der wesentlichen Fragen im Rahmen dieser Untersuchung ist das Verhältnis von Kosten und Nutzen der Anwendung des Management Approach. Zu Beginn dieses Abschnitts wurde dargestellt, daß die bilanzierenden Unternehmen weitestgehend nur geringe Einsparungspotentiale durch die Umsetzung des Management Approach, allerdings teilweise überdurchschnittlichen Aufwand für dessen Umsetzung wahrnehmen. Um festzustellen, in welchem Verhältnis Kosten und Nutzen der Umsetzung des Management Approach stehen, wurden der von den Unternehmen wahrgenommene Aufwand, der zur Erstellung der entsprechenden Abschlußbestandteile notwenig ist, diversen positiven Auswirkungen des Management Approach gegenübergestellt. Im einzelnen sind dies der jeweilige Harmonisierungsbeitrag der abgefragten Rechnungslegungsvorschriften, die wahrgenommenen positiven Auswirkungen auf die Unternehmenssteuerung, die wahrgenommene Verbesserung der Kapitalmarktkommunikation sowie die Auswirkungen des Management Approach auf Reliabilität und Relevanz der Rechnungslegung.

Während in bezug auf das Risikomanagement und die Segmentberichterstattung keine mindestens mittelstarken Zusammenhänge zwischen dem Aufwand zur Erstellung dieser beiden Abschlußbestandteile sowie den genannten positiven Auswirkungen des Management Approach nachgewiesen werden konnten, bestehen jedoch, wie Abbildung F-12 zeigt, positive Zusammenhänge zwischen dem Aufwand zur Bilanzierung selbsterstellter immaterieller Vermögenswerte und diesbezüglichen positiven Auswirkungen des Management Approach. Es bestehen nämlich offenbar Zusammenhänge zwischen der wahrgenommenen Verbesserung der Kapitalmarktkommunikation durch die Aktivierung selbsterstellter immaterieller Vermögenswerte und dem Aufwand, der für die Aktivierung selbsterstellter immaterieller Vermögenswerte betrieben werden muß (ρ=0,556, α=1%). Gleichzeitig ist festzustellen, daß diejenigen Unternehmen, denen die Aktivierung selbsterstellter immaterieller Vermögenswerte großen Aufwand bereitet, offenbar auch einen Beitrag der Bilanzierung selbsterstellter immaterieller Vermögenswerte zur Harmonisierung von internem und externem Rechnungswesen wahrnehmen (ρ=0,453, α=5%). Einen solchen Beitrag der Bilanzierung selbsterstellter immaterieller Vermögenswerte zur Harmonisierung von internem und externem Rechnungswesen scheinen außerdem auch diejenigen Unternehmen wahrzunehmen, denen die Bewertung selbsterstellter immaterieller Vermögenswerte großen Aufwand verursacht (ρ=0,461, α=5%).

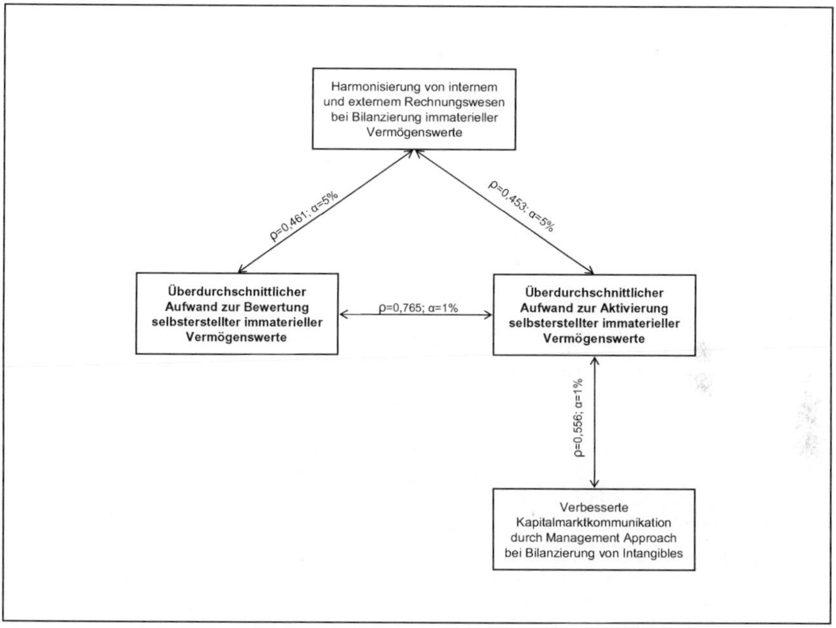

Abbildung F-12: Kosten und Nutzen der Umsetzung des Management Approach in bezug auf die Bilanzierung selbsterstellter immaterieller Vermögenswerte[1159]

Hinsichtlich der Goodwill-Bilanzierung kann zum einen nur festgehalten werden, daß diejenigen Unternehmen, die den Aufwand zur Goodwillallokation auf ZGEs als überdurchschnittlich hoch einschätzen, offenbar gleichzeitig auch einen Nutzen dieser Goodwillallokation in Form einer verbesserten Kapitalmarktkommunikation sehen (ρ=0,424; α=5%). Zum anderen wurden die Unternehmen aufgrund des hohen Aktualitätsgrades des Themas Goodwill-Bilanzierung sowie der hieraus resultierenden weitreichenden Auswirkungen auf das Bilanzbild der Unternehmen mit einigen weiteren, detaillierteren Fragen zur Goodwill-Bilanzierung konfrontiert.

In Abschnitt C.5.2 wurde aufgezeigt, daß die detaillierte Analyse von Übernahmeobjekten u.a. zu einer verbesserten Unternehmenssteuerung führen kann. Wie Tabelle F-41 entnommen werden kann, ist zunächst festzustellen, daß die Frage, ob die separate Aktivierung einzeln identifizierbarer Vermögenswerte im Rahmen von Unterneh-

[1159] Für die Berechnung der statistischen Parameter wurden hier nur forschungsintensive Unternehmen mit bilanzierten selbsterstellten immateriellen Vermögenswerten berücksichtigt (n=23).

menserwerben zu einer Verbesserung der Steuerung der betroffenen Unternehmensteileinheiten führe, nur eine mittelmäßige Zustimmung erhält.[1160] Die Identifikation einzeln aktivierbarer Vermögenswerte stellt jedoch einen der Goodwillallokation vorgelagerten Vorgang dar und ist deshalb in Zusammenhang mit der Goodwillallokation und den in Folgeperioden durchzuführenden Impairment Tests zu sehen. Hierbei ist festzustellen, daß diejenigen Unternehmen, die durch die separate Aktivierung einzeln identifizierbarer Vermögenswerte eine verbesserte Steuerung der betroffenen Unternehmenseinheiten wahrnehmen, gleichzeitig auch generell positive Auswirkungen der Goodwillallokation auf die Performancemessung von ZGEs (ρ=0,404; α=5%) und eine Verbesserung der Performancemessung dieser Unternehmensteileinheiten durch Goodwill Impairment Tests wahrzunehmen scheinen (ρ=0,443; α=1%) sowie eine Ausweitung des Management Approach im Zusammenhang mit der Goodwillallokation zu befürworten scheinen (ρ=0,595; α=1%).

Antwortmöglichkeiten: „Trifft voll zu“ = 1 bis „Trifft nicht zu“ =7

Auswirkungen der bilanziellen Behandlung von Goodwill gemäß IFRS 3 auf die Steuerung von Unternehmensteileinheiten	μ	σ	Median	n
Die separate Aktivierung einzeln identifizierbarer Vermögenswerte führt zu einer verbesserten Steuerung der betroffenen Unternehmensteileinheiten	4,30	2,09	4	27
Die Bewertung von Unternehmensteileinheiten führt zu Konflikten zwischen dem Management der Teileinheiten und übergeordneten Managementebenen	5,00	1,69	5	27
Die Berücksichtigung von Goodwill bei der Performancemessung von Unternehmensteileinheiten führt zu einer Ungleichbehandlung von akquirierten im Vergleich zu gewachsenen Unternehmensteileinheiten	4,81	1,94	4	26
Der Impairment Only Approach führt zu einer Verbesserung des M&A-Controllings (z.B. durch eine intensivere Nachverfolgung von Akquisitionen)	4,37	2,19	4	27

Tabelle F-41: Lageparameter der Angaben zu Auswirkungen der Goodwill-Bilanzierung auf die Unternehmenssteuerung

In Abschnitt D.3.1.2 klang u.a. an, daß die Berücksichtigung von Goodwill-Abschreibungen bei der Performancemessung zu einer Ungleichbehandlung von akquirierten und selbstgegründeten Unternehmensteileinheiten führen kann, da nur die Ergebnisse der akquirierten Unternehmensteileinheiten durch die Abschreibungen auf

[1160] Positive Auswirkungen auf das Controlling waren in Abschnitt D.1.2 insbesondere in Zusammenhang mit der Weiterentwicklung des M&A-Controllings gebracht worden. Es stellt sich jedoch keine Abweichung von dem hier geschilderten Befund ein, wenn man ausschließlich die 11 Unternehmen betrachtet, die über ein M&A-Controlling verfügen.

derivativen Goodwill belastet werden, während es durch das Aktivierungsverbot für originären Goodwill zu keinen Abschreibungseffekten bei den gewachsenen Einheiten kommt. Wie ebenfalls Tabelle F-41 entnommen werden kann, scheint dies in der Praxis jedoch nur bedingt ein Problem darzustellen.

Darüber hinaus wurde in Abschnitt B.2.3 dargestellt, daß die regelmäßige Bewertung von Unternehmensteileinheiten im Rahmen von Goodwill Impairment Tests zu Konflikten zwischen den beteiligten Hierarchieebenen im Unternehmen führen kann, da die bewerteten Managementebenen sich mit einer umfassenden Bewertung ihrer Tätigkeit konfrontiert sehen. Wie wiederum aus Tabelle F-41 ersichtlich ist, scheinen solche Konflikte jedoch ebenfalls nur selten der Fall zu sein.

Nutzenpotential des M&A-Controllings

In Abschnitt D.1.2 wurde die Erwartung formuliert, daß die Vorschriften zur Goodwill-Bilanzierung die Unternehmen zu einem Ausbau bzw. einer Verbesserung ihres M&A-Controllings bewegen dürfte. Erneut kann Tabelle F-41 entnommen werden, daß dies in der Praxis nur sehr eingeschränkt der Fall ist. Dieser Befund ändert sich jedoch, betrachtet man ausschließlich die elf Unternehmen, die über ein M&A-Controlling verfügen und einen Goodwillanteil von mindestens 10% an der Bilanzsumme aufweisen. Hier ergibt sich mit einem arithmetischen Mittel von 3,69, einer Standardabweichung von 2,14 sowie einem Median von 2 eine Zustimmung zu der Annahme, daß die Regelungen des IFRS 3 optimierende Auswirkungen auf das M&A-Controlling haben. Die Unternehmen verspüren durch den Impairment Only Approach also zwar keinen großen Druck zur Einführung eines M&A-Controllings. Diejenigen Unternehmen, die bereits über ein solches Controllingsystem verfügen, nehmen den Impairment Only Approach allerdings durchaus zum Anlaß, dieses System weiterzuentwickeln.

Wie bereits in Abschnitt F.2.3.2 gesehen, nutzen die Unternehmen, die über ein M&A-Controlling verfügen, die dort generierten Informationen in nicht unwesentlichem Umfang in der Bilanzierung. An genannter Stelle wurden bereits zahlreiche Wechselwirkungen zwischen Bilanzierung und dem M&A-Controlling dargestellt. An dieser Stelle soll nun noch zusätzlich der Frage nachgegangen werden, ob die Nutzung von Informationen des M&A-Controllings in der Bilanzierung noch weitere als positiv einzuschätzende Konsequenzen mit sich bringt.

Diesbezüglich kann festgehalten werden, daß der Rückgriff auf Informationen des M&A-Controllings zur Identifikation einzeln aktivierbarer Vermögenswerte einige positive Konsequenzen hat. Diese Verwendung von Informationen des M&A-

Controllings scheint nämlich erstens positiv mit der Verbesserung der Kapitalmarktkommunikation durch die Verwendung von Controllinginformationen bei der ZGE-Identifikation zu korrelieren ($\rho=0{,}745$; $\alpha=1\%$), zweitens mit positiven Auswirkungen auf die Unternehmenssteuerung durch die Prüfung der Goodwillallokation ($\rho=0{,}785$; $\alpha=1\%$) und drittens mit positiven Auswirkungen auf die Akzeptanz der Goodwillallokation durch die Abschlußprüfer, wenn eine Umsetzung des Management Approach belegt wird ($\rho=0{,}609$; $\alpha=5\%$).

Aber auch der Rückgriff auf Informationen des M&A-Controllings zur Identifikation Goodwill tragender ZGEs hängt offenbar positiv zusammen mit der Verbesserung der Kapitalmarktkommunikation durch die Verwendung von Controllinginformationen bei der Identifikation Goodwill tragender ZGEs ($\rho=0{,}790$; $\alpha=1\%$) sowie mit positiven Auswirkungen auf die Unternehmenssteuerung durch die Prüfung der Verteilung von Goodwill auf ZGEs ($\rho=0{,}617$; $\alpha=5\%$).

Zusammenfassend kann daher hier festgehalten werden, daß die Umsetzung des Management Approach mittels Informationen aus dem M&A-Controlling offenbar mit positiven Auswirkungen vor allem auf die Kapitalmarktkommunikation und die Unternehmenssteuerung korreliert zu sein scheint.

Auswirkungen der Verwendung der Konzernspitzenkennzahlen auf nachgelagerten Hierarchieebenen

In Abschnitt C.4.2.3 wurde dargelegt, daß die Unternehmenssteuerung mittels wertorientierter Kennzahlen (bzw. Kennzahlensystemen) und deren Offenlegung dazu beitragen können, die zwischen Management und Investoren bestehende Informationsasymmetrie zu reduzieren und die Interessenkonvergenz dieser beider Parteien zu erhöhen. Unter anderem von der Verwendung der Konzernspitzenkennzahl(en) auch auf hierarchisch untergeordneten Ebenen wie Geschäftsbereichen, Segmenten oder ZGEs werden hierbei nicht nur positive Auswirkungen auf die Aussagekraft der externen Finanzberichterstattung (vgl. z.B. die Ausführungen in den Abschnitten C.4.4 und B.1.4), sondern auch auf die Effizienz des internen Steuerungssystems (z.B. durch bessere Vergleichbarkeit, vereinfachte Kapitalkostenbestimmung) erwartet.

Die Frage, ob die Kennzahl(en), die zur Führung des Gesamtunternehmens genutzt werden, auch zur Steuerung nachgelagerter Hierarchieebenen eingesetzt werden, bejahten 51 bzw. 76% der befragten Unternehmen. Hinsichtlich potentieller Erleichterungen bzw. Kosteneinsparungspotentialen durch diese Verwendung der Spitzenkennzahl(en) auf nachgelagerten Hierarchieebenen äußerten die befragten Unternehmen, wie aus Tabelle F-42ersichtlich ist, für alle Fragen nur eine etwas mehr als mittelmäßige Zustimmung.

Antwortmöglichkeiten: „Große Erleichterung“ = 1 bis „keine Erleichterung“ = 7

Bereiche, in denen es die Bilanzierung erleichtert, wenn die Spitzenkennzahl(en), nach denen der Gesamtkonzern gesteuert wird, auch auf den nachgelagerten Hierarchieebenen verwendet werden	μ	σ	Median	n
Lageberichterstattung (z.B. Veröffentlichung wertorientierter Informationen)	3,27	1,79	3	51
Segmentberichterstattung (z.B. wertorientierte Informationen auf Segmentebene, Zusammenfassung von Segmenten)	3,10	1,92	3	50
Durchführung von Goodwill Impairment Tests (z.B. Kapitalkostenbestimmung, Identifikation von Triggering Events)	3,15	1,60	3	20

Tabelle F-42: Lageparameter der Angaben zur Verwendung von Konzernspitzenkennzahlen

In diesem Zusammenhang fällt auf, daß diejenigen Unternehmen, die im Rahmen der Lageberichterstattung Erleichterungen durch die Verwendung der Spitzenkennzahl(en) auf nachgelagerten Hierarchieebenen wahrnehmen, scheinbar auch diejenigen Unternehmen sind, die sowohl für interne Zwecke über Lageberichtinformationen auf Segmentebene – und damit auf der ersten Hierarchieebene, die der Konzernführung nachgelagert ist – verfügen und diese veröffentlichen (ρ=0,408; α=1%), als auch diejenigen Unternehmen sind, die eine Verbesserung der Relevanz der Lageberichterstattung durch den Management Approach wahrnehmen (ρ=-0,430; α=1%)[1161].

Darüber hinaus geben auch diejenigen Unternehmen, die durch die Verwendung der Konzernspitzenkennzahl(en) zur Steuerung nachgelagerter Hierarchieebenen Erleichterungen in der Erstellung bei der Segmentberichterstattung wahrnehmen, an, daß sie Lageberichtinformationen auf Segmentebene veröffentlichen (ρ=0,478; α=1%).

Außerdem scheint ein Zusammenhang zu bestehen zwischen diesen wahrgenommenen Erleichterungen in der Erstellung der Segmentberichterstattung sowie der Erhöhung der Reliabilität sowohl der Segmentberichterstattung (ρ=0,418; α=1%) als auch der Lageberichterstattung (ρ=0,405; α=1%).

Diese Zusammenhänge zwischen den wahrgenommenen Erleichterungen durch die Verwendung der Konzernspitzenkennzahl(en) auf nachgelagerten Hierarchieebenen

[1161] Es handelt sich um einen negativen Zusammenhang mit der Frage nach negativen Auswirkungen auf die Relevanz der Finanzberichterstattung. Folglich ist dieser Zusammenhang als positive Auswirkung auf die Relevanz zu interpretieren.

bei der Erstellung von Segment- und Lagebericht sowie den Auswirkungen auf diese Berichtsinstrumente veranschaulicht die folgende Abbildung F-13 graphisch.

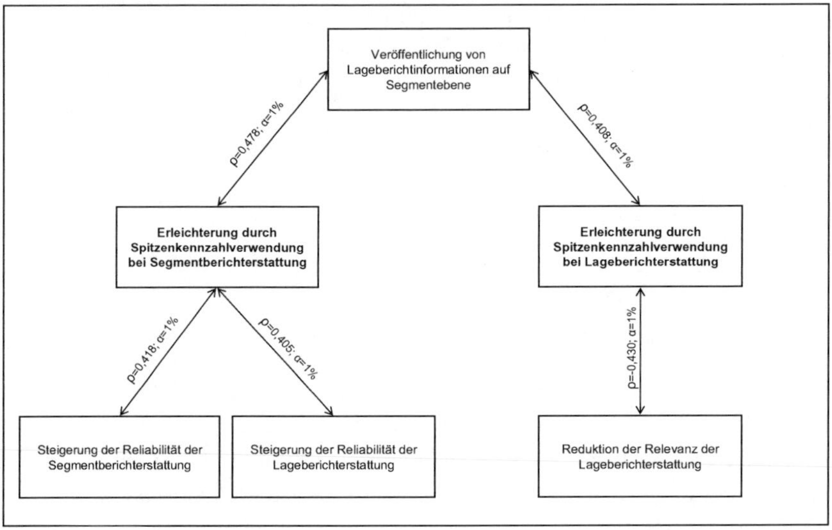

Abbildung F-13: Zusammenhänge von Erleichterungen in der Erstellung der Segmentberichterstattung und des Lageberichtes durch die Verwendung der Konzernspitzenkennzahl(en) in der Steuerung nachgelagerter Hierarchieebenen mit weiteren Auswirkungen auf diese Berichtsinstrumente[1162]

Hinsichtlich Wechselwirkungen zwischen wahrgenommenen Erleichterungen bei der Durchführung von Goodwill Impairment Tests durch die Verwendung der Konzernspitzenkennzahl(en) zur Steuerung der betroffenen Unternehmen und hinsichtlich weiterer Auswirkungen auf Finanzberichterstattung und Unternehmenssteuerung sind die folgenden Befunde anzumerken: Diejenigen Unternehmen, die eine derartige Erleichterung bei der Durchführung von Goodwill Impairment Tests wahrnehmen, nehmen scheinbar auch generell eine Verbesserung der Performancemessung von Unternehmensteileinheiten durch die Durchführung von Goodwill Impairment Tests (ρ=0,683; α=1%) sowie eine Verbesserung der Kapitalmarktkommunikation durch die Verwendung von Controllinginformationen bei der Durchführung von Goodwill Impairment Tests (ρ=0,573; α=5%) wahr. Darüber hinaus scheint die Verwendung einheitlicher

[1162] Für die Berechnung der statistischen Parameter wurden hier nur diejenigen Unternehmen berücksichtigt, die die Konzernspitzenkennzahl(en) auch zur Steuerung nachgelagerter Hierarchieebenen verwenden (n=51).

Performancekennzahlen Kommunikationsprobleme zwischen den Hierarchieebenen im Unternehmen abzubauen. Denn es besteht ein negativer Zusammenhang zwischen den wahrgenommenen Erleichterungen in der Bilanzierung von Goodwill Impairment Tests durch die Verwendung der Konzernspitzenkennzahlen auf nachgelagerten Hierarchieebenen und der Feststellung, daß die Bewertung von Unternehmensteileinheiten bei der Durchführung von Goodwill Impairment Tests zu Konflikten zwischen den Hierarchieebenen führe (ρ=-0,506; α=5%). Diese positiven Auswirkungen einschränkend ist jedoch auch festzustellen, daß die Unternehmen, die Erleichterungen in der Durchführung von Goodwill Impairment Tests durch die Verwendung der Konzernspitzenkennzahlen auf nachgelagerten Hierarchieebenen wahrnehmen, offenbar tendenziell keinen Wunsch nach einer Ausweitung des Management Approach bei der Durchführung von Goodwill Impairment Tests äußern (ρ= -0,555; α=5%).

An dieser Stelle ist abschließend noch ein letzter Beleg für die in Abschnitt F.2.2.4 bereits weitgehend nachgewiesene Integration Goodwill tragender ZGEs in die Segmentstruktur anzuführen. Diejenigen Unternehmen, die als Segmentergebnis eine intern zur Performancemessung verwendete Größe veröffentlichen, scheinen nämlich auch eine Erleichterung in der Bilanzierung von Goodwill Impairment Tests durch die Verwendung der Konzernspitzenkennzahlen auf nachgelagerten Hierarchieebenen wahrzunehmen (ρ=0,505; α=5%).

3 Thesenförmige Zusammenfassung der empirischen Ergebnisse

In den vorangehenden Abschnitten wurden die Ergebnisse der empirischen Untersuchung zu Umfang und Auswirkungen der praktischen Umsetzung des Management Approach ausführlich dargestellt. Die folgenden Thesen fassen diese Ergebnisse noch einmal zusammen und interpretieren sie im Sinne eines Rückschlusses auf die gesamte Bilanzierungs- und Prüfungspraxis.

These 1: Der Management Approach wird in der Bilanzierungspraxis insgesamt in großem Umfang umgesetzt. Hierbei divergiert der Umsetzungsgrad jedoch zwischen den verschiedenen untersuchten Rechnungslegungsbestandteilen.

These 2: Die Umsetzung des Management Approach führt – mit Ausnahme der Durchführung von Goodwill Impairment Tests – grundsätzlich zu keinem wesentlichen Mehraufwand, aber auch zu keinen wesentlichen Kosteneinsparungen in der Bilanzierung.

These 3: Der in bestimmten Fällen durch die Umsetzung des Management Approach herbeigeführte Mehraufwand in der Bilanzierung wird durch positive Effekte für die bilanzierenden Unternehmen gerechtfertigt. Hierunter fallen vor allem eine Verbesserung der Kapitalmarktkommunikation durch die Umsetzung des Management Approach, aber auch positive Auswirkungen auf die betroffenen Controllingfelder im Sinne einer verbesserten Qualität von Controllingsystemen und / oder -informationen.

These 4: Die in der Segmentberichterstattung und im Risikomanagement bestehenden Umsetzungspotentiale für den Management Approach werden in der Praxis umfassend genutzt. Hierbei steigt mit dem Umsetzungsgrad des Management Approach die in Abschnitt C.3.3 geforderte Integration von Unternehmensstrategie, Unternehmensorganisation, Risikomanagement und Segmentabgrenzung.

These 5: Die Regelungen des IFRS 3 führen bezüglich der Goodwillallokation auf ZGEs zu einer Annäherung des externen an das interne Reporting. Hierbei fügen sich ZGEs häufig in die Segmentstruktur ein. Dies ist insbesondere bei Vorliegen der geforderten Integration von Unternehmensstrategie, Unternehmensorganisation, Risikomanagement und Segmentabgrenzung der Fall.

These 6: Der Zirkularitätseffekt des Management Approach spielt für die bilanzierenden Unternehmen bezüglich der meisten Rechnungslegungsbestandteile keine bedeutsame Rolle. Allerdings deuten die in Abbildung F-6 wiedergegebenen Ergebnisse darauf hin, daß diejenigen Unternehmen, die Informationen aus dem M&A-Controlling in der Bilanzierung verwenden, auch in umfangreichem Maße das Auftreten des Zirkularitätseffekts wahrnehmen.

These 7: Der Impairment Only Approach setzt die Unternehmen zwar nicht unter großen Druck, ein M&A-Controlling einzuführen. Diejenigen Unternehmen, die bereits über ein solches Controllingsystem verfügen, nehmen den Impairment Only Approach allerdings durchaus zum Anlaß, dieses System weiterzuentwickeln.

These 8: Nur wenige Unternehmen verfügen über ein aktives Goodwill Controlling. Diese Unternehmen nehmen durch dieses Instrument nicht nur positive Auswirkungen auf die Kapitalmarktkommunikation wahr, sondern sind auch der Meinung, daß sich durch das Goodwill Controlling die Reliabilität der Rechnungslegung und die Steuerung von Unternehmensteileinheiten verbessern würden. Es ist somit davon auszugehen, daß diese Unternehmen sich der möglichen negativen Konsequenzen des aktiven Goodwill Controllings entweder nicht bewußt sind oder diese gezielt in Kauf nehmen, um die Kapitalmarktkommunikation in der von ihnen gewünschten Weise zu beeinflussen.

These 9: Der Management Approach forciert in bezug auf die Bilanzierung selbsterstellter immaterieller Vermögenswerte die Konvergenz von internem und externem Rechnungswesen, indem zum einen Informationen aus dem F&E-Controlling in der Finanzberichterstattung verwendet werden, zum anderen gleichzeitig aber auch externe Vorschriften in das interne Rechnungswesen übernommen werden. Konsequenterweise tritt in diesen Fällen auch der Zirkularitätseffekt auf.

These 10: Die Verwendung der Spitzenkennzahl(en), nach der (denen) der Gesamtkonzern gesteuert wird, auch zur Steuerung nachgelagerter Hierarchieebenen, bewirkt Erleichterungen bei der Erstellung der Segmentberichterstattung sowie der Lageberichterstattung. Darüber hinaus verbessern sich Kapitalmarktkommunikation sowie die Steuerung der betroffenen Unternehmensteileinheiten.

These 11: Die Umsetzung des Management Approach durch die bilanzierenden Unternehmen führt dazu, daß sich die Abschlußprüfer im Rahmen ihrer Prüfungshandlungen zum einen intensiver mit den betroffenen Abschlußbestandteilen auseinandersetzen und zum anderen auch Controllinginformationen sowie -systeme mit in den Prüfungsumfang integrieren.

These 12: Die Abschlußprüfer gewinnen zunehmend Einfluß auf die Ausgestaltung der von ihnen geprüften Controllingsysteme. Gleichzeitig nehmen die Unternehmen in einigen Bereichen positive Auswirkungen der Abschlußprüfung auf die geprüften Controllingsysteme wahr. Es kann also davon ausgegangen werden, daß die Abschlußprüfung durch die prüfungsbegleitende Identifikation von Defiziten in den Controllingsystemen und hieraus abgeleiteten Verbesserungsvorschlägen zu einem Mehrwert für die Unternehmen führt.

These 13: Die Mandanten sind mit den betriebswirtschaftlichen Kenntnissen ihrer Abschlußprüfer im großen und ganzen sehr zufrieden, und es kommt nur selten zu umfangreichen Meinungsverschiedenheiten bezüglich der von den Unternehmen vorgenommenen Bilanzierung. Lediglich in bezug auf die Durchführung von Goodwill Impairment Tests und die Bilanzierung selbsterstellter immaterieller Vermögenswerte machen die Unternehmen betriebswirtschaftliche Mängel der Abschlußprüfer teilweise verantwortlich für Meinungsverschiedenheiten.

G Zusammenfassung und Ausblick

Für eine Harmonisierung von internem und externem Rechnungswesen existieren grundsätzlich zwei Anpassungsrichtungen: die Anpassung des internen an das externe sowie die Anpassung des externen an das interne Rechnungswesen. Bislang wurde die Debatte über die Harmonisierung des Rechnungswesens vornehmlich unter Aspekten der Verwendung externer Größen im internen Rechnungswesen geführt. Erst seit einigen Jahren wird auch der Annäherung des externen an das interne Rechnungswesen zunehmend Beachtung geschenkt.

In diesem Zusammenhang ist vor allem der Management Approach hervorzuheben. Dieser bezeichnet die Zweitverwendung von im Rahmen des Controllings auf formalem Wege für Zwecke der Unternehmensführung generierten und genutzten Informationen in der externen Finanzberichterstattung. In den vergangenen Jahren sind insbesondere im Rahmen des IFRS-Standardsetting Rechnungslegungsvorschriften entstanden, die eine Umsetzung des Management Approach erfordern oder ermöglichen. Darüber hinaus setzt sich Hinwendung des IASB zum Management Approach weiterhin fort, wie u.a. der Ende 2006 verabschiedete IFRS 8 zeigt, der eine noch wesentlich stärkere Bedeutung des Management Approach vorsieht, als dies bei den bislang geltenden Regelungen des IAS 14 der Fall ist.

In dieser Arbeit wurde erstmals eine umfassende Bestandsaufnahme derjenigen Rechnungslegungsvorschriften vorgenommen, die eine weitreichende Umsetzung des Management Approach ermöglichen. Hierbei sind insbesondere die Segmentberichterstattung, die Goodwill-Bilanzierung, die Bilanzierung selbsterstellter immaterieller Vermögenswerte, die Umsatz- und Gewinnrealisation bei Fertigungsaufträgen sowie die Lageberichterstattung als Anwendungsfelder für den Management Approach hervorzuheben. Es zeigte sich, daß die Controllinginformationen, welche für eine Zweitverwendung in der Bilanzierung herangezogen werden können, in vier Informationskategorien einteilbar sind. Dies sind die Organisations- und Berichtsstruktur, Risikomanagementsysteme, Planungs- und Kontrollrechnungen sowie Projektcontrollingsysteme. Wie in Abbildung C-1 dargestellt, eignen sich hierbei Informationen aus diesen vier Kategorien grundsätzlich für jeweils mehrere verschiedene Zweitverwendungsmöglichkeiten in der Finanzberichterstattung.

Wichtig für die Umsetzbarkeit des Management Approach ist, daß die für die Finanzberichterstattung benötigten Informationen in geeigneter Form und in geeignetem Umfang bereits für interne Zwecke vorliegen. Daher wurde in Kapitel C ausführlich untersucht, wie die Controllinginstrumente ausgestaltet sein sollten, um einerseits zu einer möglichst hohen Wertschaffung beizutragen und andererseits gleichzeitig die für die Finanzberichterstattung benötigten Informationen bereitzustellen. In diesem Zusammenhang wurde insbesondere in Abschnitt D.1 aufgezeigt, daß die Umsetzung des Management Approach einen Anreiz für die Unternehmen darstellen kann, die Controllingsysteme zu erweitern oder zu verbessern, auch wenn hierfür entsprechender Aufwand in Kauf genommen werden muß. Einschränkend bleibt allerdings festzuhalten, daß in den Rechnungslegungsvorschriften enthaltene objektivierende Bestimmungen dazu führen können, daß intern vorliegende Informationen nicht oder nur teilweise unmittelbar in der Finanzberichterstattung verwendet werden können.

Während der Management Approach zwar grundsätzlich positive Auswirkungen auf die Unternehmenssteuerung haben kann, indem er Anreize zu Verbesserung und Ausbau der Controllingsysteme schafft, sind mit seiner Umsetzung allerdings auch einige Problemfelder verbunden. So ist in bezug auf die Unternehmenssteuerung der Zirkularitätseffekt des Management Approach anzuführen. Dieser bezeichnet i.d.R. bilanzpolitisch motivierte Rückwirkungen auf die Unternehmenssteuerungssysteme. Denn bei einer Umsetzung des Management Approach in seiner Reinform kann Bilanzpolitik nur durchgeführt werden, indem in die internen Steuerungsinformationen und -systeme eingegriffen wird. Folge eines solchen Eingriffs wird in der Regel eine Verschlechterung der Unternehmenssteuerung sein. Insbesondere bei Vorliegen einer hohen Transparenz der Finanzberichterstattung – welche grundsätzlich ebenfalls durch den Management Approach gefördert wird – werden solche schädlichen Eingriffe allerdings für die Investoren sichtbar, so daß der Zirkularitätseffekt des Management Approach dann auch einen Mechanismus darstellen kann, der die Unternehmensführung möglicherweise von bilanzpolitischen und für das Unternehmen schädlichen Maßnahmen abhält.

Eine Umsetzung des Management Approach kann sich nicht nur auf die Unternehmenssteuerung auswirken, sondern auch auf die beiden wesentlichen Kriterien für die Entscheidungsnützlichkeit von Finanzberichterstattungsinformationen Relevanz und Reliabilität. Hierbei ist sowohl eine Steigerung als auch eine Reduktion der Relevanz infolge einer Umsetzung des Management Approach denkbar. Denn zum einen führt die Umsetzung des Management Approach dazu, daß das Management sein Insiderwissen an die Investoren kommuniziert, so daß Informationsasymmetrien abgebaut werden und die Insiderinformationen am Kapitalmarkt in den Marktpreis der Eigen- und Fremdkapitaltitel des Unternehmens diffundieren. Allerdings muß auch vor einer undifferenzierten Verwendung interner Steuerungsinformationen in der Finanzberichterstattung gewarnt werden. Es ist nämlich grundsätzlich möglich, daß die Steuerungsperspektive der Unternehmenssteuerung bzw. des Controllings nicht den Anforderungen der IFRS bzw. den Informationsbedürfnissen der Investoren entspricht. Mit anderen Worten wird dann für interne Zwecke keine objektive Darstellung der wirtschaftlichen Situation verfolgt, sondern es werden bspw. durch zielgerichtete Eingriffe in die interne Informationsbereitstellung Verhaltensanreize gesetzt. Eine Übernahme derartiger Informationen in die Finanzberichterstattung würde deren Relevanz reduzieren, weshalb bei einer Umsetzung des Management Approach gründlich zu prüfen ist, inwieweit interne Informationen aufgrund von Verhaltenssteuerungsaspekten möglicherweise gar nicht bzw. nur in modifizierter Form in die Finanzberichterstattung übernommen werden können. Gleichzeitig ist – quasi im Sinne einer Argumentation de lege ferenda – das IASB aufgerufen, bei der Anwendung des Management Approach im weiteren Standardsetting diesen Aspekt des Management Approach besser als bisher zu berücksichtigen.

In bezug auf die Reliabilität der Finanzberichterstattung ist festzustellen, daß der Zirkularitätseffekt des Management Approach zwar hinsichtlich der Vornahme bilanzpolitischer Maßnahmen grundsätzlich disziplinierend auf das Management wirken kann. Allerdings nehmen diese disziplinierenden Effekte um so mehr ab, je weniger der Management Approach in seiner Reinform umgesetzt werden kann. Neben dem Zirkularitätseffekt spielt der Manipulationseffekt des Management Approach eine maßgebliche Rolle. Hierbei können zum einen innerbetriebliche Informationsasymmetrien zwischen Unternehmensführung und dezentralen Managern dazu führen, daß verzerrte, d.h. nur wenig reliable Informationen an die Unternehmensführung gemeldet werden. Eine Zweitverwendung derartiger Informationen in der Finanzberichterstattung reduziert konsequenterweise auch deren Reliabilität. Darüber hinaus bestehen für die zentrale Unternehmensführung ebenfalls Anreize zur Vornahme bilanzpolitischer Darstellungsmaßnahmen. Sofern der Management Approach nicht in seiner Reinform umgesetzt wird, sondern die internen Informationen für die Finanzberichterstattung weitergehend aufbereitet werden müssen, sind reliabilitätsreduzierende Eingriffe durch die Unternehmensführung wahrscheinlich. Insgesamt müssen die i.d.R. positiven Auswirkungen des Management Approach auf die Relevanz der Finanzberichterstattungsinformationen also häufig mit einer Reduktion der Reliabilität erkauft werden.

Insbesondere die zu erwartenden negativen Auswirkungen einer Umsetzung des Management Approach auf die Reliabilität der Finanzberichterstattung implizieren eine zunehmende Bedeutung der Abschlußprüfung. Denn deren Aufgabe ist es, die Glaubwürdigkeit der Finanzberichterstattung sicherzustellen. In diesem Zusammenhang führt die Umsetzung des Management Approach dazu, daß zunehmend auch Controllinginformationen und -systeme in den Prüfungsumfang der Abschlußprüfung fallen. Hierbei hängt es von den jeweiligen Prüffeldern ab, ob nur die korrekte Übernahme der internen Informationen in die Finanzberichterstattung zu prüfen ist, oder ob auch Eignung, Funktionsweise und Zweckmäßigkeit der Informationen und Informationssysteme einer Prüfung zu unterziehen sind.

Insgesamt führt die Umsetzung des Management Approach dazu, daß die Anforderungen an die betriebswirtschaftlichen Kenntnisse und Fähigkeiten der Abschlußprüfer deutlich ansteigen, worauf die Wirtschaftsprüferbranche insbesondere mit einer Anpassung ihrer Aus- und Fortbildungsprogramme reagieren muß. Hierbei ist jedoch zu beachten, daß alle denkbaren Anstrengungen der Abschlußprüfer nicht dazu in der Lage sein werden, sämtliche Reliabilitätsdefizite in der Rechnungslegung der Unternehmen zu beseitigen, sondern daß diese nur reduziert werden können. Da der Anspruch der Informationsadressaten, entscheidungsnützliche Informationen zu erhalten, jedoch auch auf die Abschlußprüfung projiziert wird, ist durch die dem Management Approach inhärenten Reliabilitätsdefizite, die insbesondere aus zukunftsorientierten Betrachtungen resultieren, mit einer Ausdehnung der unechten Erwartungslücke der Abschlußprüfung zu rechnen. Darüber hinaus kann sich die echte Erwartungslücke der Abschlußprüfung vergrößern, sofern sich die Wirtschaftsprüferbranche nicht ausreichend oder schnell genug auf die gestiegenen Anforderungen einstellt.

Der Management Approach stellt aber auch eine Chance für die Wirtschaftsprüfer dar, sich in einem von Margendruck und Konfrontation geprägten Umfeld als für die Mandanten nutzenstiftend zu profilieren. Denn die Prüfer können zunehmend Optimierungspotentiale in den betrieblichen Abläufen der Mandanten identifizieren und an diese kommunizieren, so daß die Mandanten einen Mehrwert aus der Abschlußprüfung wahrnehmen. Hierfür ist jedoch erstens eine frühzeitige und permanente Einbindung der Abschlußprüfer in Fragen des Rechnungswesens und zweitens der Aufbau einer kooperativen Arbeitsatmosphäre notwendig. Um eine gemeinsame Kommunikationsbasis herzustellen, müssen hierbei nicht nur die Abschlußprüfer ein tieferes Verständnis der innerbetrieblichen Kommunikationsprozesse und Informationsbedarfe erlangen, sondern auch die Controller müssen sich verstärkt Kenntnisse über die externe Finanzberichterstattung aneignen.

Ein wesentlicher Bestandteil dieser Arbeit war, festzustellen, welche Resonanz der Management Approach in der Bilanzierungspraxis erfährt und welche praktischen Auswirkungen von den bilanzierenden Unternehmen durch die Umsetzung des Management Approach wahrgenommen werden. Die Auswertung der Antworten von 67 Respondenten läßt darauf schließen, daß der Management Approach in der Bilanzierung eine breit angelegte Umsetzung erfährt und von den bilanzierenden Unternehmen offenbar als grundlegende Rechnungslegungskonzeption akzeptiert wird. Hierbei trägt die Umsetzung des Management Approach auf den jeweiligen Bilanzierungsfeldern häufig auch zu einer weiteren Annäherung von internem und externem Rechnungswesen der Unternehmen bei.

In diesem Zusammenhang sind insbesondere die Hinweise darauf hervorzuheben, daß in vielen Unternehmen eine konsequente Umsetzung des Management Approach die in Abschnitt C.3.3 beschriebene Integration von Unternehmensstrategie, Unternehmensorganisation, Risikomanagement sowie Segmentberichterstattung zu unterstützen scheint. Ebenso liegen Hinweise darauf vor, daß die Organisationsstrukturen der bilanzierenden Unternehmen im Regelfall die in Abschnitt B.3.2.1 dargestellte Integration von Segment- und ZGE-Abgrenzung ermöglichen und diese Integration häufig auch umgesetzt wird. In bezug auf Segment- und ZGE-Abgrenzung konnte auch festgestellt werden, daß insbesondere divisional und in Matrixform organisierte Unternehmen oft einen höheren Umsetzungsgrad des Management Approach aufzuweisen scheinen, als dies bei funktional oder regional organisierten Unternehmen der Fall ist.

Die Umsetzung des Management Approach führt offenbar – mit Ausnahme der Durchführung von Goodwill Impairment Tests – grundsätzlich zu keinem wesentlichen Mehraufwand, aber auch zu keinen wesentlichen Kosteneinsparungen in der Bilanzierung. Der in bestimmten Fällen durch die Umsetzung des Management Approach herbeigeführte Mehraufwand in der Bilanzierung wird jedoch durch positive Effekte für die bilanzierenden Unternehmen gerechtfertigt. So scheinen die Unternehmen, die den Management Approach umsetzen, zum einen häufig positive Auswirkungen auf die Unternehmenssteuerung wahrzunehmen und zum anderen eine Verbesserung der Kapitalmarktkommunikation zu beobachten, wobei teilweise unmittelbare Zusammenhänge zwischen dem notwendigen Aufwand zur Umsetzung des Management Approach sowie den wahrgenommenen diversen positiven Auswirkungen zu bestehen scheinen.

Während die Unternehmen im allgemeinen weder wesentliche Auswirkungen auf Relevanz noch auf Reliabilität der Finanzberichterstattung wahrnehmen, führt der Management Approach vor allem bei der Goodwill-Bilanzierung offenbar zum Auftreten des Zirkularitätseffekts, wie er in Abschnitt D.3.1 beschrieben wurde. Hierbei wurde insbesondere konstituiert, daß die Unternehmen, die Informationen des M&A-Controllings in der Bilanzierung nutzen, scheinbar auch häufig feststellen, daß es zum Zirkularitätseffekt des Management Approach kommt. Aufgrund der in Abschnitt D.3.1.2 ermittelten besonderen Relevanz des Zirkularitätseffekts des Management

Approach für die Goodwill-Bilanzierung wurde die Nutzung eines aktiven Goodwill Controllings vertiefend untersucht. Hierbei wurde festgestellt, daß ein solches aktives Goodwill Controlling zwar nicht von vielen, aber dennoch von einigen Unternehmen betrieben wird, wobei insbesondere Finanzholdings stärker auf dieses Instrument zurückzugreifen scheinen als Managementholdings oder Stammhauskonzerne. Die hieraus resultierenden Auswirkungen auf Unternehmenssteuerung und Finanzberichterstattung werden von den Unternehmen entgegen der in Abschnitt D.3.1.2 formulierten Vermutungen als positiv wahrgenommen.

In bezug auf die Prüfung von Management-Approach-Informationen durch unabhängige Abschlußprüfer wurde im wesentlichen festgestellt, daß die Abschlußprüfer durchaus in umfangreichem Maße interne Steuerungsinformationen sowie Informationen über die zugrundeliegenden Steuerungssysteme von den Mandanten verlangen und diese im Rahmen der Prüfung berücksichtigen. Hierbei schätzen die Mandanten die betriebswirtschaftliche Fachkompetenz der Abschlußprüfer zwar grundsätzlich als sehr hoch ein, und es kommt in bezug auf die Bilanzierung von Management-Approach-Informationen nur selten zu größeren Meinungsverschiedenheiten zwischen Mandanten und Prüfern. Allerdings bleibt auch festzuhalten, daß diejenigen Unternehmen, welche hinsichtlich einzelner Bilanzierungsfelder Meinungsverschiedenheiten mit ihren Prüfern haben, diesbezüglich offenbar auch der Auffassung sind, daß die betriebswirtschaftlichen Kenntnisse ihrer Prüfer Defizite aufweisen. Gleichzeitig scheinen die Unternehmen den Eindruck gewonnen zu haben, daß der Nachweis, daß es sich bei den in der Bilanzierung verwendeten Informationen um Informationen handelt, die zuvor in der Unternehmenssteuerung Anwendung fanden, die Akzeptanzbereitschaft der Abschlußprüfer für diese Informationen erhöht. Darüber hinaus räumen die Unternehmen ihren Abschlußprüfern einen gewissen Einfluß auf die Ausgestaltung der Bilanzierung gemäß dem Management Approach ein und nehmen offenbar an zahlreichen Stellen positive Auswirkungen einer Prüfung von Management-Approach-Informationen auf die Unternehmenssteuerung wahr.

Zwar erlauben die in dieser Arbeit erzielten Resultate umfangreiche Rückschlüsse auf die praktische Umsetzung des Management Approach sowie die Auswirkungen dieser Umsetzung auf Unternehmenssteuerung und Bilanzierung. Allerdings unterliegen die Ergebnisse auch einigen Limitationen, die bei der Interpretation der Ergebnisse zu beachten sind:

- So führte zunächst der Umstand, daß es sich um ein sehr breit angelegtes Forschungsfeld handelt, dazu, daß nur eine Auswahl von Anwendungsfeldern des Management Approach untersucht werden konnte. Zwar handelt es sich hierbei um diejenigen Anwendungsfelder, die die größten Umsetzungspotentiale für den Management Approach eröffnen. Grundsätzlich können jedoch auch weitere Rechnungslegungsvorschriften in Abhängigkeit von der unternehmensindividuellen Situation Umsetzungspotentiale für den Management Approach bergen.

- Insbesondere um den im Rahmen der empirischen Erhebung verwendeten Fragebogen in einem für die Respondenten bewältigbaren Umfang zu halten und um möglichst verallgemeinerbare Aussagen und eine breite Ausleuchtung des Forschungsfelds zu erhalten, bewegen sich die in der Untersuchung verwendeten Fragen auf einem relativ hohen Aggregationsgrad. Daher konnten für die hier interessierenden Sachverhalte nur jeweils die wichtigsten Facetten untersucht werden. Eine vollständige empirische Aufarbeitung aller Detailfragen war an dieser Stelle hingegen nicht möglich. Diese Limitationen können jedoch bspw. in weiteren Studien, die sich jeweils mit einem oder wenigen der angesprochenen Sachverhalte im Detail befassen, aufgegriffen werden.
- Die im Rahmen der empirischen Erhebung ausgewerteten Stichproben wiesen teilweise nur geringe Umfänge auf und bilden somit auch nur einen geringen Ausschnitt der Realität ab. Daher sollte eine Verallgemeinerung der in dieser Arbeit erzielten empirischen Ergebnisse nur behutsam erfolgen.
- Eine weitere Limitation für die Interpretationsfähigkeit der Ergebnisse besteht darin, daß diese Ergebnisse ausschließlich die Wahrnehmung der bilanzierenden Unternehmen wiedergeben. Erfahrungen und Ansichten anderer Kapitalmarktakteure wie z.B. Eigen- oder Fremdkapitalinvestoren, Analysten oder Abschlußprüfer werden durch die vorliegende Untersuchung nicht abgedeckt. Die vorliegenden Ergebnisse bilden somit nur einen Ausschnitt der Realität ab. Auch diese noch bestehenden Forschungslücken können durch Folgestudien geschlossen werden, indem auch die weiteren genannten Gruppierungen in entsprechenden Befragungen berücksichtigt werden.

Aus Sicht des Verfassers erscheint es daher sinnvoll, weitere Untersuchungen auf dem Gebiet des Management Approach anzustrengen. Denn dieser gewinnt in Standardsetting, Bilanzierung und Abschlußprüfung zunehmend an Bedeutung und Akzeptanz. Die vorliegende Arbeit kann dabei u.a. als Orientierungshilfe nicht nur für die weitere Forschung, sondern auch für die Arbeit der normensetzenden Institutionen sowie für die praktische Umsetzung in Bilanzierung und Abschlußprüfung verstanden werden.

Anhang I

Anschreiben und Deckblatt des Fragebogens

JUSTUS-LIEBIG-
UNIVERSITÄT
GIESSEN

Dipl.-Kfm. Michael Maier
Doktorand an der Professur für Betriebswirtschaftslehre IV mit
dem Schwerpunkt Industrielles Management und Controlling

Justus-Liebig-Universität, Professur BWL IV, Licher Str. 62, D-35394 Gießen

Max Mustermann
Musterfirma
Musterstr. 1

12345 Musterhausen

Gießen, den 28.7.2005

Der Management Approach in der IAS/IFRS-Rechnungslegung

Sehr geehrter Herr Mustermann,

die Umstellung der externen Rechnungslegung auf IAS/IFRS führt in nahezu allen deutschen Unternehmen dazu, daß die bislang als selbstverständlich geltende Trennung von internem und externem Rechnungswesen in Frage gestellt wird. Die zunehmende Vereinheitlichung der beiden Rechnungssysteme führt häufig zu einer verbesserten Kommunikation innerhalb sowie außerhalb des Unternehmens. Allerdings verändern sich auch Art und Umfang der zu erhebenden Informationen, und Zielkonflikte zwischen den Rechnungszwecken sind nicht auszuschließen.

Wir verfolgen mit diesem Forschungsprojekt das Ziel, ein umfassendes Meinungsbild zu den Vor- und Nachteilen der wichtigsten Schnittstellen zwischen internem und externem Rechnungswesen zu erheben. Hieraus wollen wir ableiten, welche Vorgehensweisen das höchste Nutzenpotential für die bilanzierenden Unternehmen bergen und welche Ansätze als „best-practice" empfohlen werden können. Darüber hinaus wollen wir geeignete Empfehlungen für das zukünftige Standardsetting aus Sicht der Bilanzierungspraxis erarbeiten. Besondere Beachtung schenken wir hierbei dem gegenwärtig in der Bilanzierung immer populärer werdenden „Management Approach". Dieser steht dafür, daß Informationen, die

Licher Str. 62
Fon: +49 (0) 211 - 475 86 44
http://wiwi.uni-giessen.de/controlling/

D-35394 Gießen
Fax: +49 (0) 641 - 99 222 69
michael.maier@wirtschaft.uni-giessen.de

JUSTUS-LIEBIG-UNIVERSITÄT GIESSEN

Dipl.-Kfm. Michael Maier

Doktorand an der Professur für Betriebswirtschaftslehre IV mit dem Schwerpunkt Industrielles Management und Controlling

ursprünglich zu Zwecken der Unternehmenssteuerung generiert wurden, einer Zweitverwendung in der Bilanzierung zugeführt werden können. So sollen gleichzeitig Kosteneinsparungen und eine höhere Qualität der Rechnungslegung erreicht werden.

Als Gegenleistung für die Unterstützung unseres wissenschaftlichen Vorhabens erstellen wir für Ihr Unternehmen nach Auswertung der Daten gerne eine Aufbereitung der Ergebnisse als Benchmarking-Bericht. Sofern Sie hieran Interesse haben, geben Sie diesen Wunsch bitte am Ende des Fragebogens im hierfür vorhandenen Abschnitt an. In jedem Fall werden alle Ihre Angaben selbstverständlich streng vertraulich behandelt und anonym ausgewertet. Eine Numerierung der Fragebögen erfolgt ausschließlich zur Rücklaufkontrolle.

Um Ihre Zeit nicht zu sehr in Anspruch zu nehmen, haben wir den Fragebogen auf 10 Seiten begrenzt, wobei die meisten Fragen eine sehr ähnliche Struktur aufweisen und durch Ankreuzen beantwortet werden können. Der Fragebogen wurde bereits in der Praxis getestet; dabei wurde uns versichert, daß für die Beantwortung nur ca. 30 Minuten benötigt werden.

Bei Rückfragen steht Ihnen Herr Dipl.-Kfm. Michael Maier gerne unter der Telefonnummer 0211 / 475 86 44 zur Verfügung.

Für Ihre Unterstützung danken wir Ihnen bereits im voraus sehr herzlich.

Mit freundlichen Grüßen

Univ.-Prof. Dr. Barbara E. Weißenberger   Dipl.-Kfm. Michael Maier

Licher Str. 62
Fon: +49 (0) 211 - 475 86 44
http://wiwi.uni-giessen.de/controlling/

D-35394 Gießen
Fax: +49 (0) 641 - 99 222 69
michael.maier@wirtschaft.uni-giessen.de

JUSTUS-LIEBIG-
UNIVERSITÄT
GIESSEN

Dipl.-Kfm. Michael Maier
Doktorand an der Professur für Betriebswirtschaftslehre IV mit dem Schwerpunkt Industrielles Management und Controlling

Der Management Approach in der IAS/IFRS-Rechnungslegung

Fragebogen

Wir bitten Sie um ca. 30 Minuten Ihrer Zeit

Dafür bieten wir Ihnen:

Eine individuelle Auswertung der Projektergebnisse
als Benchmarking-Bericht für Ihr Unternehmen

Bitte senden Sie den ausgefüllten Fragebogen bis 19. August 2005 per Fax oder Post zurück an Dipl.-Kfm. Michael Maier, der Ihnen für Fragen jederzeit zur Verfügung steht

Hinweise zum Inhalt und zum Ausfüllen des Fragebogens:

- Dieser Fragebogen dient **rein wissenschaftlichen Zwecken** im Rahmen unserer Forschung. Er befaßt sich mit der Zweitverwendung intern zur Unternehmenssteuerung genutzter Informationen in der externen Rechnungslegung („Management Approach").
- **Selbstverständlich** werden sämtliche Angaben **streng vertraulich** behandelt **und anonym** ausgewertet. Eine Numerierung dient ausschließlich der Organisation des Versands und der Vermeidung von Doppelversendungen.
- Die Fragen beziehen sich jeweils auf den Konzern bzw. die Gruppe. Zur Vereinfachung wird jedoch immer nach dem Unternehmen gefragt. Sind Sie in einem Unternehmen tätig, welches keinem Konzern bzw. keiner Gruppe angehört, beziehen Sie sich bitte auf das einzelne Unternehmen.
- An einigen Stellen wird die **Abkürzung ZGE** für „Zahlungsmittel generierend Einheit" verwendet. Dieser Terminus entstammt den IFRS 3 sowie IAS 36 und bezeichnet diejenigen Unternehmensteileinheiten, denen nach einem Unternehmenserwerb Goodwill zugeordnet wird.
- Es ist wichtig, daß Sie **alle Fragen beantworten**, selbst wenn Sie sich über die genaue Antwort nicht ganz sicher sind. Eine ungefähre Antwort ist wertvoller als ein unvollständig ausgefüllter Fragebogen.
- **Rückfragen** beantwortet Ihnen gerne Herr Dipl.-Kfm. Michael Maier unter 0211 / 475 86 44.

Vielen Dank im voraus für Ihre Zeit und Ihre Unterstützung!

Licher Str. 62
Fon: +49 (0) 211 - 475 86 44
http://wiwi.uni-giessen.de/controlling/

D-35394 Gießen
Fax: +49 (0) 641 - 99 222 69
michael.maier@wirtschaft.uni-giessen.de

Anhang II

Fragebogen mit deskriptiven Lageparametern

1. Fragen zur Harmonisierung des Rechnungswesens

Zwischen internem und externem Rechnungswesen existieren zahlreiche Schnittstellen, die jeweils einen unterschiedlichen Harmonisierungsgrad zulassen und sich hinsichtlich der Vor- und Nachteile, die eine Harmonisierung mit sich bringt, unterscheiden. Die folgenden Angaben stellen die Erfahrungen und Vorgehensweisen Ihres Unternehmens denen der übrigen Befragungsteilnehmer gegenüber.

Antwortmöglichkeiten: „Trägt bei“ = 1 bis „Trägt nicht bei“ = 7

1.1. Welche Rechnungslegungsvorschriften tragen in Ihrem Unternehmen zu einer Annäherung von internem und externem Rechnungswesen bei?	μ	σ	Median	n
Segmentberichterstattung	2,03	1,52	2	64
Risikoberichterstattung	4,02	1,89	4	65
Aufteilung von Goodwill auf ZGEs	2,96	2,16	2	26
Durchführung von Goodwill Impairment Tests	2,62	2,04	2	26
Bilanzierung selbsterstellter immaterieller Vermögenswerte	3,30	1,79	3	23

Antwortmöglichkeiten: „Trifft voll zu“ = 1 bis „Trifft nicht zu“ = 7

1.2. Welche Abschlußbestandteile beinhalten auch in der Unternehmenssteuerung relevante Informationen?	μ	σ	Median	n
Die Segmentberichterstattung gibt Informationen wieder, die von unserem Top-Management genutzt werden	2,18	1,55	2	65
Das Chancen-/Risikomanagementsystem enthält Informationen, die das Management bei Entscheidungen berücksichtigt	2,82	1,55	2	65
Goodwill tragende ZGEs stellen Unternehmensteileinheiten der internen Führungsorganisation dar	2,59	1,95	2	27
Für die Aktivierung selbsterstellter Vermögenswerte im externen Rechnungswesen greifen wir auch auf bereits vorliegende Informationen des F&E-Controllings zurück	2,78	1,86	2	23

Antwortmöglichkeiten: „Trifft voll zu“ = 1 bis „Trifft nicht zu“ = 7

1.3. Welche Rechnungslegungsvorschriften führen in Ihrem Unternehmen zu positiven Auswirkungen auf die Unternehmenssteuerung?	μ	σ	Median	n
Die Segmentberichterstattung verbessert Beurteilung der Performance von Unternehmensbereichen durch das Top-Management	2,78	1,73	2	65
Die Einrichtung eines Risikomanagementsystems verbessert die Information der Führungsgremien	3,03	1,42	3	66
Die Aufteilung von Goodwill auf ZGEs verbessert die Performancemessung von Unternehmensteileinheiten	3,37	1,57	3	27
Die Durchführung von Goodwill Impairment Tests verbessert die Performancemessung von Unternehmensteileinheiten	3,22	1,63	3	27
Bilanzierungsvorschriften bzgl. selbsterstellter immaterieller Vermögenswerte verbessern das F&E-Controlling	3,87	2,01	4	23

Antwortmöglichkeiten: „Überdurchschnittlich“ = 1 bis „Unterdurchschnittlich“ = 7

1.4. Wie schätzen Sie – im Vergleich zu den übrigen Abschlußbestandteilen – den Aufwand ein, der für die folgenden Tätigkeiten der Abschlußerstellung notwendig ist?	μ	σ	Median	n
Erstellung der Segmentberichterstattung	3,48	1,34	4	65
Dokumentation des Risikomanagements	3,43	1,31	4	65
Verteilung von Goodwill auf ZGEs	3,67	1,62	4	27
Durchführung von Goodwill Impairment Tests	2,41	0,93	2	27
Prüfung selbsterstellter immaterieller Vermögenswerte auf Aktivierbarkeit	3,70	1,46	4	23
Bewertung selbsterstellter immaterieller Vermögenswerte	3,39	1,56	3	23

Antwortmöglichkeiten: „Stimme voll zu“ = 1 bis „Stimme nicht zu“ = 7

1.5. Inwiefern stimmen Sie den folgenden Aussagen zu? Eine verbesserte Kapitalmarktkommunikation wird herbeigeführt durch ….	μ	σ	Median	n
… die Publikation von intern zur Unternehmenssteuerung verwendeten Informationen auf Segmentebene	2,77	1,36	2	65
… die Publikation von intern zur Unternehmenssteuerung verwendeten Informationen im Lagebericht	2,70	1,24	2	66
… die Verwendung interner Steuerungsinformationen bei der Identifikation Goodwill tragender ZGEs	3,70	1,44	4	27
… die Verwendung interner Steuerungsinformationen (z.B. Planungsrechnungen, Diskontierungszinsfuß) bei Goodwill Impairment Tests	3,12	1,13	3	25
… die Verwendung interner Informationen des F&E-Controllings bei der Bilanzierung selbsterstellter immaterieller Vermögenswerte	3,91	1,56	4	23

Antwortmöglichkeiten: „Erhöht sich“ = 1 bis „Vermindert sich“ = 7

1.6. Erhöht oder vermindert sich die Verläßlichkeit der externen Rechnungslegung Ihrer Meinung nach durch	μ	σ	Median	n
… die Publikation von intern zur Unternehmenssteuerung verwendeten Informationen auf Segmentebene?	3,29	1,49	3	65
… die Publikation von intern zur Unternehmenssteuerung verwendeten Informationen im Lagebericht?	3,24	1,33	3	66
… die Verwendung interner Steuerungsinformationen bei der Identifikation Goodwill tragender ZGEs?	3,59	1,28	4	27
… die Verwendung interner Steuerungsinformationen (z.B. Planungsrechnungen, Diskontierungszinsfuß) bei Goodwill Impairment Tests?	3,15	1,29	3	26
… die Verwendung interner Informationen des F&E-Controllings bei der Bilanzierung selbsterstellter immaterieller Vermögenswerte?	3,61	1,20	4	23

Antwortmöglichkeiten: „Starke Rückwirkung“ = 1 bis „Keine Rückwirkung“ = 7

1.7. In welchen Bereichen erlangen Überlegungen zur Außendarstellung Einfluß auf die intern zur Unternehmenssteuerung verwendeten Informationen (bilanzpolitische Rückkopplung auf die interne Steuerung durch Verwendung dieser Informationen in der Bilanzierung)?	μ	σ	Median	n
Segmentberichterstattung (z.B. Segmentabgrenzung, Verrechnungspreise)	3,55	1,79	3	65
Risikomanagementsystem (z.B. Wesentlichkeitsgrenzen, Bewertung)	3,76	1,47	4	66
Verteilung von Goodwill auf ZGEs (z.B. Organisationsstruktur)	3,81	1,84	3	27
Durchführung von Goodwill Impairment Tests (z.B. Planungsrechnungen, Kapitalkosten)	3,33	1,92	3	27
Bilanzierung selbsterstellter immaterieller Vermögenswerte (z.B. F&E-Controlling)	4,04	1,46	4	23

Antwortmöglichkeiten: „Hohe Einsparung“ = 1 bis „Keine Einsparung“ = 7

1.8. Von der Zweitverwendung primär für interne Zwecke generierter Informationen in der Bilanzierung (Management Approach) werden häufig Kosteneinsparungen erwartet. Bei welchen Abschlußbestandteilen können Sie solche Einsparungen erzielen?	μ	σ	Median	n
Segmentberichterstattung (z.B. Segmentabgrenzung, Verrechnungspreise)	3,97	1,92	4	64
Risikomanagementsystem (z.B. Wesentlichkeitsgrenzen, Bewertung)	4,25	1,57	4	65
Verteilung von Goodwill auf ZGEs (z.B. Organisationsstruktur)	4,77	1,66	5	26
Durchführung von Goodwill Impairment Tests (z.B. Planungsrechnungen, Kapitalkosten)	4,73	1,71	4,5	26
Bilanzierung selbsterstellter immaterieller Vermögenswerte (z.B. F&E-Controlling)	3,95	1,86	3,5	22

Antwortmöglichkeiten: „Ausweitung gewünscht" = 1 bis „Ausweitung unerwünscht" = 7

1.9. Hinsichtlich welcher Abschlußbestandteile wünschen Sie sich Regelungen, die es über die aktuell gültigen Standards hinausgehend ermöglichen, interne Steuerungsinformationen in der Bilanzierung zu verwenden?	μ	σ	Median	n
Erstellung der Segmentberichterstattung (z.B. reine Umsetzung des Management Approach statt Risk and Reward Approach wie derzeit in IAS 14 enthalten)	4,45	1,92	5	65
Lageberichterstattung [ohne Chancen-/Risikomanagement] (z.B. umfangreichere Offenlegung intern zur Konzernsteuerung genutzter Informationen)	5,38	1,58	6	66
Risikoberichterstattung im Lagebericht (z.B. umfangreichere Offenlegung intern zur Konzernsteuerung genutzter Informationen)	5,39	1,46	5,5	66
Verteilung von Goodwill auf ZGEs (z.B. interne Organisationsstruktur als alleinige Determinante für die Goodwillallokation)	5,11	1,69	5	27
Durchführung von Goodwill Impairment Tests (z.B. geringere Restriktionen bei der Übernahme von Businessplänen, Berücksichtigung von Restrukturierungen, größere Methodenvielfalt bei DCF-Kalkulationen)	4,44	1,97	5	27
Bilanzierung selbsterstellter immaterieller Vermögenswerte (z.B. unmittelbarere Übernahme von Informationen des F&E-Controllings)	4,22	2,00	4	23

Antwortmöglichkeiten: „Vollständige Einschränkung" = 1 bis „keine Einschränkung" = 7

1.10. Bei welchen Abschlußbestandteilen schränken Sie die Verwendung interner Steuerungsinformationen in der Bilanzierung möglichst weit ein, um eine unerwünschte Nutzung dieser Informationen durch externe Dritte zu verhindern?	μ	σ	Median	n
Segmentberichterstattung (z.B. Segmentabgrenzung, Verrechnungspreise)	4,63	1,53	5	65
Lageberichterstattung (z.B. Konzernsteuerungskennzahlen etc.)	4,73	1,49	5	66
Risikoberichterstattung im Lagebericht (z.B. Wesentlichkeitsgrenzen, Bewertung, Chancen)	4,33	1,48	4	66
Verteilung von Goodwill auf ZGEs (z.B. Organisationsstruktur)	4,30	1,75	4	27
Durchführung von Goodwill Impairment Tests (z.B. Planungsrechnungen, Kapitalkosten)	3,78	1,97	4	27
Bilanzierung selbsterstellter immaterieller Vermögenswerte (z.B. F&E-Controlling)	4,22	1,41	4	23

Antwortmöglichkeiten: „Hohe Gefahr“ = 1 bis „Keine Gefahr“ = 7

1.11. In welchen Bereichen besteht die Gefahr, daß durch eine Verwendung interner Steuerungsinformationen in der Bilanzierung Informationen offen gelegt werden, die weder objektive Wertansätze darstellen noch unternehmerische Chancen und Risiken transparent darstellen?	μ	σ	Median	n
Segmentberichterstattung (z.B. Einfluß des Management Approach in IAS 14 ermöglicht keine transparente Darstellung von Chancen und Risiken)	4,62	1,65	4	65
Lagebericht (z.B. da die Konzernsteuerungskennzahlen verhaltensorientierte Aspekte berücksichtigen)	4,21	1,59	4	66
Risikoberichterstattung im Lagebericht (z.B. durch einseitige Ausrichtung auf Risiken ohne Berücksichtigung von Chancen)	3,82	1,51	4	66
Verteilung von Goodwill auf ZGEs (z.B. da die Verteilung unter Aspekten der Verhaltenssteuerung erfolgt)	4,26	1,77	4	27
Ausgestaltung / Durchführung von Goodwill Impairment Tests (z.B. da Planungsrechnungen unter Aspekten der Verhaltenssteuerung erfolgen)	3,67	1,90	3	27
Bilanzierung selbsterstellter immaterieller Vermögenswerte (z.B. da das F&E-Controlling unter verhaltenssteuernden Gesichtspunkten gestaltet wurde)	4,09	1,73	4	23

2. Fragen zur Auswirkung der Unternehmensstruktur auf die Bilanzierung

Nutzen und Probleme einer Harmonisierung von internem und externem Rechnungswesen hängen nicht zuletzt von der Organisationsstruktur des Unternehmens ab. Die folgenden Darstellungen vergleichen Aussagen hinsichtlich der Aufbauorganisation Ihres Unternehmens mit den Aufbauorganisationen der anderen Befragungsteilnehmer.

Antwortmöglichkeiten: „Trifft voll zu" = 1 bis „Trifft nicht zu" = 7

2.1 Die rechtliche sowie die interne Organisationsstruktur wirken sich auch auf Segmentberichterstattung und Goodwillallokation aus. Bitte machen Sie Angaben zu Vorgehensweisen in Ihrem Unternehmen	μ	σ	Median	n
In unserem Unternehmen sind interne Führungsorganisation und juristische Konzernstruktur identisch	3,36	2,21	2	66
Unser Unternehmen wird primär nach Produkten/Geschäftsbereichen oder geographischen Regionen gesteuert	1,86	1,35	1	66
Unsere Segmentabgrenzung basiert auf der juristischen Konzernstruktur	4,47	2,40	6	66
Unsere Segmentabgrenzung basiert auf der internen Führungsstruktur	3,08	2,18	2	66
Die Vorschriften zur Segmentberichterstattung führ(t)en zu organisatorischen Umgestaltungen in unserem Unternehmen	6,02	1,52	7	66
Zur Segmentabgrenzung greifen wir auf Profit Centers, wie sie in der Unternehmenssteuerung eine Rolle spielen, zurück	3,41	2,33	3	66
Goodwill tragende ZGEs stellen ein Segment bzw. einen konkret abgrenzbaren Segmentbestandteil dar	2,77	2,27	2	26
Unsere Segmentabgrenzung entspricht unseren unternehmerischen Chancen und Risiken	3,00	1,98	2	65
Unsere Segmentabgrenzung läßt sich u.a. durch die inhaltliche Kategorisierung von Chancen und Risiken im Risikomanagementsystem stützen	4,03	1,91	4	65

2.2 Verwenden Sie die Spitzenkennzahl(en), nach der der Gesamtkonzern gesteuert wird, auch zur Steuerung nachgelagerter Hierarchieebenen?	Ja	Nein
	51 (76%)[1]	16 (14%)

Antwortmöglichkeiten: „Große Erleichterung“ = 1 bis „keine Erleichterung“ = 7

<u>Nur Ja-Antworten:</u> In welchen Bereichen erleichtert es die Bilanzierung, wenn die Spitzenkennzahl(en), nach der der Gesamtkonzern gesteuert wird, auch auf den nachgelagerten Hierarchieebenen verwendet werden?	μ	σ	Median	n
Lageberichterstattung (z.B. Veröffentlichung wertorientierter Informationen)	3,27	1,79	3	51
Segmentberichterstattung (z.B. Wertorientierte Informationen auf Segmentebene, Zusammenfassung von Segmenten)	3,10	1,92	3	50
Durchführung von Goodwill Impairment Tests (z.B. Kapitalkostenbestimmung, Identifikation von Triggering Events)	3,15	1,60	3	20

2.3 Die Bilanzierung ist häufig auf grundsätzliche Entscheidungen der Unternehmens- und Berichtswesensorganisation angewiesen. Die folgenden Angaben stellen die Vorgehensweisen Ihres Unternehmens denjenigen der übrigen Befragungsteilnehmer gegenüber.

Als Antwortmöglichkeiten standen jeweils zwei konträre Vorgehensweisen zur Verfügung. Sie wurden gebeten, eher der einen oder der anderen Trendaussage zuzustimmen. Für den Fall, dass beide Aussagen nicht auf Ihr Unternehmen zutrafen, gab es die Möglichkeit keiner der Aussagen zuzustimmen. Bei der Auswertung wurden diejenigen Antworten mit „keine der Trendaussagen ist zutreffend“ nicht berücksichtigt.

Antwortmöglichkeiten: Linke Antwort = 1; Rechte Antwort = 7;
Keine der Trendaussagen ist zutreffend

Auf welcher organisatorischen Hierarchieebene versuchen Sie, Goodwill zuzuteilen?			
Auf möglichst hoher Hierarchieebene, um die Anzahl der Bewertungsvorgänge zu reduzieren (Antwort = 1)	μ	3,57	Möglichst verursachungsgerecht, d.h. auf der Hierarchieebene, auf der die zugrundeliegende Kaufentscheidung getroffen wurde (Antwort = 7)
	σ	1,95	
	Median	3	
	n	23 (85%)	

[1] Von den 27 Unternehmen mit einem Goodwillanteil von mindestens 10% an der Bilanzsumme: n=20 (74%).

Führt IFRS 3 zu einer Veränderung Ihrer Goodwillallokationspraxis?			
Nein, wir verteilten Goodwill für interne Zwecke bereits in der Vergangenheit abweichend von den rechtlichen Vorschriften, so daß wir nun unser externes Reporting dem internen annähern können (Antwort = 1)	μ	2,45	Ja, die Aufteilung von Goodwill auf ZGEs (d.h. operative Einheiten) führt in unserem Unternehmen zu deutlichen Unterschieden im Vergleich zur (ehemals praktizierten) Aufteilung auf rechtliche Einheiten (Antwort = 7)
	σ	1,79	
	Median	2	
	n	22 (81%)	
Was ist der Grund für das Vorhandensein eines Risikomanagementsystems?			
Ein formales Risikomanagement wird vorrangig für externe Berichtszwecke unterhalten (Antwort = 1)	μ	5,11	Ein formales Risikomanagement stellt vorrangig einen Bestandteil ordnungsmäßiger Unternehmensführung dar (Antwort = 7)
	σ	1,90	
	Median	6	
	n	66 (98%)	
Welchen Integrationsgrad in andere Berichtssysteme kennzeichnet Ihr Risikomanagementsystem?			
Unser Risikomanagementsystem ist in andere Berichtsinstrumente integriert (Antwort = 1)	μ	4,21	Unser Risikomanagementsystem stellt ein von anderen Berichtswegen unabhängiges Instrument dar (Antwort = 7)
	σ	2,01	
	Median	5	
	n	66 (98%)	
Integrieren Sie die Berichterstattung über Chancen in Ihr Risikomanagementsystem?			
Ja, wir integrieren auch die Chancenberichterstattung in das Risikomanagementsystem (Antwort = 1)	μ	4,87	Nein, Chancen werden bereits auf einem anderen Weg an die Unternehmensführung berichtet, so daß keine formale Aufnahme in das Risikomanagementsystem stattfindet (Antwort = 7)
	σ	2,00	
	Median	6	
	n	63 (94%)	
Wie gehen Sie bei der Erstellung Ihrer Segmentberichterstattung vor			
Top-Down, d.h. durch Disaggregation der Daten des Konzernabschlusses (Antwort = 1)	μ	5,55	Bottom-Up, d.h. durch Konsolidierung von originär in den Segmenten erfaßten Daten (Antwort = 7)
	σ	1,96	
	Median	6	
	n	64 (96%)	

3. Fragen zur Rolle der Abschlußprüfer

Die Harmonisierung von internem und externem Rechnungswesen kann dazu führen, daß Informationen, die intern zur Unternehmenssteuerung verwendet werden, einer Prüfung durch Abschlußprüfer unterliegen. Die folgenden Aufstellungen stellen Ihre Erfahrungen mit Ihren Abschlußprüfern den Erfahrungen der übrigen Befragungsteilnehmer mit deren Abschlußprüfern gegenüber.

Antwortmöglichkeiten: „Trifft voll zu" = 1 bis „Trifft nicht zu" = 7

3.1. In welchen Bereichen fallen interne Steuerungsinformationen in den Prüfungsumfang Ihrer Abschlußprüfer?	μ	σ	Median	n
Die Prüfung der Segmentberichterstattung führt z.B. dazu, daß unsere interne Organisationsstruktur kritisch hinterfragt wird	4,65	2,02	5	66
Die Prüfung des Risikomanagements führt dazu, daß Informationen, die in der Entscheidungsfindung von Führungsgremien eine Rolle spielen, von den Abschlußprüfern geprüft werden	2,97	1,52	3	67
Bei der Verteilung von Goodwill auf ZGEs prüfen unsere Abschlußprüfer z.B. Businesspläne etc., die in Verbindung mit der zugrundeliegenden Akquisition stehen	2,56	1,74	2	27
Bei der Durchführung von Goodwill Impairment Tests unterliegen z.B. interne Planungsinformationen bzw. Performancemaße einer Prüfung durch die Abschlußprüfer	2,19	1,47	2	27
Die Prüfung der Bilanzierung selbsterstellter immaterieller Vermögenswerte berücksichtigt Informationen des F&E-Controllings	2,57	1,38	2	23

Antwortmöglichkeiten: „Großer Einfluß" = 1 bis „Kein Einfluß" = 7

3.2. Unsere Abschlußprüfer haben Einfluß auf …	μ	σ	Median	n
Ausgestaltung unserer Segmentberichterstattung	4,83	1,64	5	66
Ausgestaltung unseres Risikomanagements	4,61	1,67	5	67
Verteilung von Goodwill auf ZGEs	4,04	1,87	4	27
Ausgestaltung von Goodwill Impairment Tests	3,37	2,02	2	27
Bilanzierung selbsterstellter immaterieller Vermögenswerte	4,13	1,66	4	23

Antwortmöglichkeiten: „Starke Verbesserung“ = 1 bis „Kein Einfluß“ = 7

3.3. Bei welchen Abschlußbestandteilen führt die Prüfung durch Ihre Abschlußprüfer zu positiven Impulsen auf die interne Steuerung?	μ	σ	Median	n
Die Qualität der Segmentberichterstattung als Informationsinstrument für das Top-Management steigt	5,08	1,61	5	65
Die Qualität der Risikomanagementinformationen steigt	4,33	1,58	4	66
Die Prüfung der Verteilung von Goodwill auf ZGEs führt z.B. zu einer ökonomisch sinnvolleren Verteilung von Goodwill	4,65	1,72	5	26
Durchführung von Goodwill Impairment Tests: z.B. die Prüfung von Planungsrechnungen führt zu einer höheren Planungsqualität	4,59	1,68	5	27
Bilanzierung selbsterstellter immaterieller Vermögenswerte: Die Qualität des F&E-Controllings steigt	4,09	1,80	4	22

Antwortmöglichkeiten: „Hoher Mangel“ = 1 bis „Kein Mangel“ = 7

3.4. In welchen Bereichen mangelt es Ihren Abschlußprüfern an betriebswirtschaftlichem Verständnis, um Ihre internen Steuerungsinformationen angemessen zu beurteilen?	μ	σ	Median	n
Segmentberichterstattung	5,86	1,23	6	66
Risikomanagement	5,55	1,42	6	67
Verteilung von Goodwill auf ZGEs	5,93	1,33	6	27
Durchführung von Goodwill Impairment Tests	5,63	1,64	6	27
Bilanzierung selbsterstellter immaterieller Vermögenswerte	5,04	1,74	6	23

Antwortmöglichkeiten: „Überdurchschnittlich“ = 1 bis „Unterdurchschnittlich“ = 7

3.5. Welche Abschlußbestandteile werden von Ihren Abschlußprüfern – im Vergleich zu den übrigen Abschlußbestandteilen – überdurchschnittlich umfangreich geprüft?	μ	σ	Median	n
Segmentberichterstattung	4,22	1,33	4	65
Risikomanagement	3,76	1,33	4	66
Verteilung von Goodwill auf ZGEs	3,33	1,54	3	27
Durchführung von Goodwill Impairment Tests	2,30	1,20	2	27
Bilanzierung selbsterstellter immaterieller Vermögenswerte	3,13	0,92	3	23

Antwortmöglichkeiten: „Überdurchschnittlich“ = 1 bis „Unterdurchschnittlich“ = 7

3.6. Bei welchen Abschlußbestandteilen messen Ihre Abschlußprüfer Berichten der internen Revision – im Vergleich zu den übrigen Abschlußbestandteilen – überdurchschnittliche Aufmerksamkeit bei?	μ	σ	Median	N
Segmentberichterstattung	4,67	1,41	4	60
Risikomanagement	3,52	1,52	3	61
Verteilung von Goodwill auf ZGEs	4,24	1,61	4	25
Durchführung von Goodwill Impairment Tests	3,81	1,92	4	26
Bilanzierung selbsterstellter immaterieller Vermögenswerte	4,14	1,77	4	21

Antwortmöglichkeiten: „Viele Differenzen“ = 1 bis „Keine Differenzen“ = 7

3.7. Welche Abschlußbestandteile führ(t)en zu umfangreichen Meinungsverschiedenheiten mit Ihren Abschlußprüfern?	μ	σ	Median	n
Segmentberichterstattung	5,79	1,35	6	66
Risikomanagement	5,18	1,52	6	67
Verteilung von Goodwill auf ZGEs	5,26	1,65	6	27
Durchführung von Goodwill Impairment Tests	4,37	1,55	5	27
Bilanzierung selbsterstellter immaterieller Vermögenswerte	5,09	1,65	6	23

Antwortmöglichkeiten: „Starke Akzeptanzerhöhung" = 1 bis „Keine Akzeptanzerhöhung" = 7

3.8. Auf welchen Gebieten trägt der Nachweis, daß die der Bilanzierung zugrundeliegenden Informationen tatsächlich in der Unternehmenssteuerung verwendet werden, dazu bei, die Akzeptanz der Informationen durch die Abschlußprüfer zu erhöhen?	μ	σ	Median	n
Segmentberichterstattung (z.B. Segmentabgrenzung gemäß der internen Organisationsstruktur)	3,35	1,74	3	66
Risikomanagement (z.B. Berücksichtigung der Risikomanagementinformationen in der Entscheidungsfindung von Führungsgremien)	3,52	1,57	3	67
Verteilung von Goodwill auf ZGEs (z.B. Verteilung gemäß der internen Organisationsstruktur)	3,33	1,62	3	27
Durchführung von Goodwill Impairment Tests (z.B. Einfluß auf interne Performancemessung)	3,19	1,73	2	27
Bilanzierung selbsterstellter immaterieller Vermögenswerte (z.B. Nutzung für Entscheidungen im F&E-Management/Controlling)	3,74	1,76	3	23

4. Vertiefende Fragen zur Anwendung des Management Approach

Einige der von einer Harmonisierung betroffenen Schnittstellen zeichnen sich durch besondere Nutzenpotentiale aus, bergen teilweise aber auch besondere Problemschwerpunkte. Die folgenden Ergebnisse zeigen auf, in welchen Bereichen Ihr bzw. die übrigen befragten Unternehmen Nutzenpotentiale ausschöpfen bzw. wo Probleme bestehen.

Antwortmöglichkeiten: „Trifft voll zu" = 1 bis „Trifft nicht zu" = 7

4.1. Inwiefern treffen die folgenden Aussagen auf Ihre Segmentberichterstattung zu?	μ	σ	Median	n
Als Segmentergebnis haben wir eine intern zur Performancemessung verwendete Größe gewählt	2,98	2,05	2	66
Lageberichtinformationen (z.B. interne Performancekennziffern, planungsrelevante Informationen, Chancen/Risiken) veröffentlichen wir auch auf Segmentebene	3,85	2,16	3	66
Bei der Festlegung von Transferpreisen berücksichtigen wir auch die Auswirkungen auf die Darstellung unserer Segmente im Segmentbericht	5,55	1,42	6	66

Antwortmöglichkeiten: „Trifft voll zu" = 1 bis „Trifft nicht zu" = 7

4.2. Hat das Chancen-/Risikomanagement Auswirkungen auf andere Berichtssysteme?	μ	σ	Median	n
Wir berücksichtigen Informationen des Risikomanagementsystems bei der Bestimmung der Kapitalkosten von Unternehmensteileinheiten (z.B. Segmente, ZGEs)	5,33	1,60	6	66
Die durch das Risikomanagementsystem bedingten Veränderungen der Internen Kontrollsysteme beeinflussen die Qualität der im Rechnungswesen enthaltenen Daten positiv	4,38	1,61	4	66

Antwortmöglichkeiten: „Ja" oder „Nein"

4.3. Verfügen Sie über ein M&A-Controlling?	Ja	Nein
	17 (25%)	50 (75%)

Antwortmöglichkeiten: Trifft voll zu" = 1 bis „Trifft nicht zu" = 7

<u>Nur Ja-Antworten:</u> Können Sie für folgende Zwecke auf bereits vorliegende Informationen des M&A-Controllings zurückgreifen?	μ	σ	Median	n
Identifikation einzeln aktivierbarer Vermögenswerte	3,88	1,93	3	17
Identifikation Goodwill tragender ZGEs	3,29	1,83	3	17
Regelmäßige Bewertung von Unternehmensteileinheiten / Goodwill tragender ZGEs	3,12	2,00	2	17

Antwortmöglichkeiten: „Trifft voll zu" = 1 bis „Trifft nicht zu" = 7

4.4. Greifen Sie für die Durchführung von Goodwill Impairment Tests auf andere interne Berichtssysteme zurück?	μ	σ	Median	n
Wir leiten die zur Bewertung von Unternehmensteileinheiten notwendigen Informationen aus internen Planungsrechnungen ab	1,78	0,80	2	27
Goodwill-Impairmentbedarf anzeigende Ereignisse („Triggering Events") werden u.a. aus dem Risikomanagementsystem abgeleitet	3,26	1,89	3	27
Auch die Begründung, wenn kein Goodwill Impairment Test notwendig ist, leiten wir u.a. aus unserem Risikomanagementsystem ab	4,11	1,91	4	27
Goodwill-Impairmentbedarf anzeigende Ereignisse („Triggering Events") werden u.a. aus der (ggf. wertorientierten) Steuerungsgröße der betroffenen Unternehmensteileinheit abgeleitet	2,59	1,47	2	27
Auch die Begründung, wenn kein Goodwill Impairment Test notwendig ist, leiten wir u.a. aus der (ggf. wertorientierten) Steuerungsgröße der betroffenen Unternehmensteileinheit ab	3,37	1,92	3	27

Antwort: in Monaten

4.5. Wie alt sind die einem Goodwill Impairment Test zugrundeliegenden Planungsrechnungen in der Regel?	μ	σ	Median	n
	3,37	3,15	3	26

Antwortmöglichkeiten: „Trifft voll zu“ = 1 bis „Trifft nicht zu“ =7

4.6. Welche Auswirkungen hat die bilanzielle Behandlung von Goodwill gemäß IFRS 3 auf die Steuerung von Unternehmensteileinheiten?	μ	σ	Median	n
Die separate Aktivierung einzeln identifizierbarer Vermögenswerte führt zu einer verbesserten Steuerung der betroffenen Unternehmensteileinheiten	4,30	2,09	4	27
Die Bewertung von Unternehmensteileinheiten führt zu Konflikten zwischen dem Management der Teileinheiten und übergeordneten Managementebenen	5,00	1,69	5	27
Die Berücksichtigung von Goodwill bei der Performancemessung von Unternehmensteileinheiten führt zu einer Ungleichbehandlung von akquirierten vs. gewachsenen Unternehmensteileinheiten	4,81	1,94	4	26
Der Impairment Only Approach führt zu einer Verbesserung des M&A-Controllings (z.B. durch eine intensivere Nachverfolgung von Akquisitionen)	4,37	2,19	4	27
Zur aktiven Steuerung von Goodwill Impairments berücksichtigen wir künftige Goodwill Impairments bereits in den aktuellen Planungsrechnungen für Unternehmensteileinheiten	4,81	2,04	5	26

Antwortmöglichkeiten: „Trifft voll zu“ = 1 bis „Trifft nicht zu“ = 7

4.7. Was ist Ihre Einschätzung der Rechnungslegungsvorschriften zum Hedge Accounting?	μ	σ	Median	n
Die Vorschriften des IAS 39 zum Hedge Accounting verfälschen die realitätsgetreue Abbildung finanzieller Sicherungsbeziehungen	4,07	1,44	4	27
Wir begrüßen die Fair Value Option als Möglichkeit zur realitätsgetreuen Abbildung finanzieller Sicherungsbeziehungen	4,26	1,85	4	27
Wir würden eine Ausweitung der Möglichkeiten zur Bildung von Makro-Hedges begrüßen	3,11	1,76	3	27

Antwortmöglichkeiten: „Trifft voll zu“ = 1 bis „Trifft nicht zu“ = 7

4.8. Welche Zusammenhänge bestehen zwischen der Bilanzierung selbsterstellter immaterieller Vermögenswerte und Ihrem F&E-Controlling?	μ	σ	Median	n
Die externen Bilanzierungsvorschriften für selbsterstellte immaterielle Vermögenswerte finden Eingang in unser F&E-Controlling	3,41	2,06	2,5	22
Wir verfügen über standardisierte Berichtsprozesse und -formate zur Kontrolle von F&E-Projekten	3,09	2,07	2	22
Eine klare Abgrenzbarkeit von Forschungs- und Entwicklungstätigkeiten ist in unserem Unternehmen gegeben	3,68	1,99	3	22
Die Abgrenzung von Forschungs- und Entwicklungsphase stellt einen wesentlichen Dissenspunkt mit den Abschlußprüfern dar	5,14	1,42	6	22

Anhang III

Fragen zu demographischen Merkmalen der Unternehmen

5. Ergänzende Angaben zu Ihrem Unternehmen

Für die aussagekräftige Auswertung des Fragebogens erbitten wir abschließend einige ergänzende Angaben.

5.1. Inwiefern treffen die beiden folgenden Aussagen auf Ihr Unternehmen zu?	**Trifft voll zu**						**Trifft nicht zu**
Wir führen in umfangreichem Maße Hedging-Transaktionen durch	☐	☐	☐	☐	☐	☐	☐
Wir betrachten uns als forschungsintensives Unternehmen	☐	☐	☐	☐	☐	☐	☐

5.2. In welcher Organisationsform ist Ihr Unternehmen auf oberster Hierarchieebene aufgebaut?		
☐ Stammhauskonzern	☐ Management-Holding	☐ Finanz-Holding
☐ Keine der Formen ist zutreffend		

5.3. In welcher Form sind die Zuständigkeiten in Ihrem Unternehmen auf oberster Hierarchieebene verteilt?		
☐ Regionale Gliederung	☐ Divisionale Gliederung	☐ Funktionale Gliederung
☐ Matrix-Organisation (bitte auch die zugrundeliegenden Kriterien i.d. ersten Zeile ankreuzen)		
☐ Keine der Formen ist zutreffend		

5.4. Bitte machen Sie zwei Angaben zu Ihrer Bilanzstruktur		
Anteil derivativen Goodwills an der Bilanzsumme:	ca.	%
Anteil selbsterstellter immaterieller Vermögenswerte an der Bilanzsumme:	ca.	%

5.5. Bitte machen Sie zwei Angaben zur Segmentberichterstattung
Anzahl der Segmente im primären Berichtsformat:
Anzahl der internen Steuerungseinheiten auf der obersten Hierarchieebene:

5.6. Seit wann bilanzieren Sie nach IAS / IFRS?
Seit dem Geschäftsjahr

5.7. Nach welchem Rechnungslegungssystem bilanzierten Sie, bevor Sie nach IAS/IFRS bilanzierten?	
☐ HGB	☐ US-GAAP

5.8. Bitte machen Sie einige abschließende Angaben zur Größe Ihres Unternehmens		
Umsatz: TEUR	Bilanzsumme: TEUR	Beschäftigte:
Anzahl der Unternehmen im Konsolidierungskreis:		

6. Ihr individueller Benchmarking-Bericht

☐ Ja, ich möchte den Benchmarking-Bericht für mein Unternehmen als Gegenleistung für die Teilnahme an der Befragung erhalten.

Schicken Sie diesen bitte an:

Name:

Position:

Firma:

Postanschrift:

E-Mail:

Vielen Dank für Ihre Teilnahme!

Den Benchmarking-Bericht werden Sie umgehend erhalten, sobald die Untersuchungsergebnisse vorliegen

Literaturverzeichnis

Abteilung Betriebswirtschaft Verband Deutscher Maschinen- und Anlagenbau e.V. (Kalkulation 1990): Vor- und Nachkalkulation aus einem Guß, 4. Auflage, Frankfurt a.M., 1990.

Achleitner, Ann-Kristin/Wahl, Simon (Restrukturierung 2003): Corporate Restructuring in Deutschland, Sternenfels, 2003.

Al-Laham, Andreas (Strategie 2000): Die Implementierung von Strategien in der Unternehmenspraxis, in: Welge, Martin K./Al-Laham, Andreas/Kajüter, Peter (Hrsg.), Praxis des strategischen Managements - Konzepte. Erfahrungen. Perspektiven, Wiesbaden, 2000, S. 261-277.

Albach, Horst (Einführung 2000): Allgemeine Betriebswirtschaftslehre. Einführung, 1. Auflage, Wiesbaden, 2000.

Alt, Arno (Unternehmensführung 2004): Grundzüge der Unternehmensführung, München, 2004.

Alvarez, Manuel (Segmentbericht 2004): Segmentberichterstattung und Segmentanalyse, 1. Auflage, Wiesbaden, 2004.

Alvarez, Manuel (Segmentanalyse 2004): Finanzielle und strategische Segmentanalyse, in: FB 10/2004, S. 649-663.

Alvarez, Manuel/Biberacher, Johannes (Goodwill 2002): Goodwill-Bilanzierung nach US-GAAP - Anforderungen an Unternehmenssteuerung und -berichterstattung, in: BB 7/2002, S. 346-353.

Alvarez, Manuel/Fink, Christian (Qualität 2003): Qualität der Segmentberichterstattung in Deutschland, in: KoR 6/2003, S. 275-288.

Anderson, Ray H./Epstein, Marc J. (Annual Reports 1996): The usefulness of corporate annual reports to shareholders in Australia, New Zealand and the United States: An international comparison, Greenwich / London, 1996.

Andrejewski, Kai C./Böckem, Hanne (Komponentenansatz 2005): Praktische Fragestellungen der Implementierung des Komponentenansatzes nach IAS 16, Sachanlagen (Property, Plant and Equipment), in: KoR 2/2005, S. 75-81.

Arbeitskreis „Externe und Interne Überwachung der Unternehmung" der Schmalenbach-Gesellschaft für Betriebswirtschaft e.V. (Prognoseprüfung 2003): Probleme der Prognoseprüfung, in: DB 3/2003, S. 105-111.

Arbeitskreis „Externe und Interne Überwachung der Unternehmung" der Schmalenbach-Gesellschaft für Betriebswirtschaft e.V. (Interne Revision 2006): Best Practice für die Interne Revision, in: DB 5/2006, S. 225-229.

Arbeitskreis „Immaterielle Werte im Rechnungswesen" der Schmalenbach Gesellschaft für Betriebswirtschaft e.V. (Immaterielle 2004): Erfassung immaterieller Werte in der Unternehmensberichterstattung vor dem Hintergrund handelsrechtlicher Rechnungslegungsnormen, in: Horváth, Peter/Möller, Klaus (Hrsg.), Intangibles in der Unternehmenssteuerung, München, 2004, S. 221-250.

Arbeitskreis „Internes Rechnungswesen" der Schmalenbach-Gesellschaft - Deutsche Gesellschaft für Betriebswirtschaft e.V. (Anlagenbau 1991): Beiträge zur Betriebswirtschaft des Anlagenbaus - zfbf Sonderheft 28/91 hrsg. von Ernst Höffken und Marcell Schweitzer, Düsseldorf, 1991.

Backhaus, Klaus (Gewinnrealisierung 1996): Gewinnrealisierung im Anlagengeschäft vor dem Hintergrund nationaler und internationaler Rechnungslegungsvorschriften, in: Baetge, Jörg (Hrsg.), Rechnungslegung, Prüfung und Beratung, Festschrift zum 70. Geburtstag von Prof. Dr. Rainer Ludewig, Düsseldorf, 1996, S. 21-51.

Backhaus, Klaus (Industriegütermarketing 2003): Industriegütermarketing, 7. Auflage, München, 2003.

Backhaus, Klaus/Schulte Lünzum, Ulrich/Werthschulte, Holger (Projektfinanzierung 2003): Einsatz von Simulationsverfahren zur Bewertung von Projektfinanzierungsvorhaben, in: Backhaus, Klaus/Werthschulte, Holger (Hrsg.), Projektfinanzierung. Wirtschaftliche und rechtliche Aspekte einer Finanzierungsmethode für Großprojekte, 2. Auflage, Stuttgart, 2003, S. 169-191.

Baetge, Jörg/Armeloh, Karl-H./Schulze, Dennis (Anforderungen 1997): Anforderungen an die Geschäftsberichterstattung aus betriebswirtschaftlicher und handelsrechtlicher Sicht, in: DStR 5/1997, S. 176-180.

Baetge, Jörg/Armeloh, Karl-H./Schulze, Dennis (Qualität 1997): Empirische Befunde über die Qualität der Geschäftsberichterstattung börsennotierter deutscher Kapitalgesellschaften, in: DStR 6/1997, S. 212-219.

Baetge, Jörg/Fischer, Thomas R./Paskert, Dierk (Lagebericht 1989): Der Lagebericht - Aufstellung, Prüfung und Offenlegung, Stuttgart, 1989.

Baetge, Jörg/Heumann, Rainer (Berichterstattung 2006): Wertorientierte Berichterstattung, in: DB 7/2006, S. 345-350.

Baetge, Jörg/Kirsch, Hans-Jürgen/Thiele, Stefan (Konzernbilanzen 2000): Konzernbilanzen, 5. Auflage, Düsseldorf, 2000.

Baetge, Jörg/Kirsch, Hans-Jürgen/Thiele, Stefan (Bilanzen 2001): Bilanzen, 5. Auflage, Düsseldorf, 2001.

Baetge, Jörg/Krolak, Thomas/Thiele, Stefan (IAS 36 2002): Kommentierung des IAS 36, in: Baetge, Jörg/Dörner, Dietrich/Kleekämper, Heinz/Wollmert, Peter (Hrsg.), Rechnungslegung nach International Accounting Standards (IAS), 2. Auflage, Stuttgart, 2002.

Baetge, Jörg/Prigge, Cord (Lagebericht 2006): Anforderungen an verpflichtende, empfohlene und freiwillige Angaben des Konzernlageberichts, in: DB 8/2006, S. 401-407.

Baetge, Jörg/Schulze, Dennis (Risikobericht 1998): Möglichkeiten der Objektivierung der Lageberichterstattung über „Risiken der künftigen Entwicklung“, in: DB 19/1998, S. 937-948.

Baetge, Jörg/Siefke, Kirsten/Siefke, Michael (IAS 22 2002): Kommentierung des IAS 22 „Business Combinations“, in: Baetge, Jörg/Dörner, Dietrich/ Kleekämper, Heinz/Wollmert, Peter (Hrsg.), Rechnungslegung nach International Accounting Standards (IAS), 2. Auflage, Stuttgart, 2002.

Baldenius, Tim/Bastian, Nicole/Reichelstein, Stefan (Transfer Pricing 2005): Market-Based Transfer Pricing: A Synthesis of Recent Studies, in: Weber, Jürgen/Meyer, Matthias (Hrsg.), Internationalisierung des Controllings. Standortbestimmung und Optionen, Wiesbaden, 2005, S. 113-127.

Bahr, Andreas (Wirtschaftsprüfer 2003): Vertrauen in Wirtschaftsprüfer - Konzeptioneller Bezugsrahmen für eine realwissenschaftliche Theorie der Erwartungslücke, Wiesbaden, 2003.

Baldenius, Tim/Reichelstein, Stefan (Pricing 2006): External and Internal Pricing in Multidivisional Firms, in: Journal of Accounting Research 1/2006, S. 1-28.

Ballwieser, Wolfgang (Konzernrechnungslegung 2001): Konzernrechnungslegung und Wettbewerb, in: DBW 6/2001, S. 640-657.

Ballwieser, Wolfgang/Küting, Karlheinz/Schildbach, Thomas (Fair Value 2004): Fair Value - Erstrebenswerter Wertansatz im Rahmen einer Reform der handelsrechtlichen Rechnungslegung?, in: BFuP 6/2004, S. 529-549.

Bamberg, Günter/Baur, Franz (Statistik 2001): Statistik, 11. Auflage, München, 2001.

Barckow, Andreas (Sicherungsbeziehungen 2004): Die Bilanzierung von derivativen Finanzinstrumenten und Sicherungsbeziehungen - Eine Gegenüberstellung des deutschen Bilanzrechts mit SFAS 133 und IAS 32/39, Düsseldorf, 2004.

Barckow, Andreas/Glaum, Martin (Finanzinstrumente 2004): Bilanzierung von Finanzinstrumenten nach IAS 39 (rev. 2004) - ein Schritt in Richtung Full Fair Value Model?, in: KoR 5/2004, S. 185-203.

Bark, Cyrus (Unternehmensakquisitionen 2002): Integrationscontrolling bei Unternehmensakquisitionen, Frankfurt a.M., 2002.

Bark, Cyrus/Kötzle, Alfred (Merger 2003): Erfolgsfaktoren der Post-Merger-Integrations-Phase - Ergebnisse einer empirischen Untersuchung, in: FB 3/2003, S. 133-146.

Bärtl, Oliver (Wertorientierung 2001): Wertorientierte Unternehmenssteuerung - Zum Zusammenhang von Kapitalmarkt, externer und interner Rechnungslegung, Frankfurt a.M., 2001.

Bauch, Clea (Integration 2004): Planung und Steuerung von Unternehmensintegrationen, Fribourg, 2004.

Baumeister, Alexander/Freisleben, Norbert (Prüfung 2003): Prüfung des Risikomanagements und Risikolageberichts - Ziele und Umsetzung von Prüfkonzepten, in: Richter, Martin (Hrsg.), Entwicklungen in der Wirtschaftsprüfung, Bielefeld, 2003, S. 17-93.

Baur, Heinz/Kuhnert, Marcus (Rechnungswesen 2003): Ansätze zur Anpassung des betrieblichen Rechnungswesens bei Unternehmensbeteiligungen, in: Wurl, Hans-Jürgen (Hrsg.), Industrielles Beteiligungscontrolling, Stuttgart, 2003, S. 393-425.

Bayer AG (Geschäftsbericht 2004): Geschäftsbericht 2003, Leverkusen, 2004.

Bea, Franz Xaver/Haas, Jürgen (Management 2005): Strategisches Management, 4. Auflage, Stuttgart, 2005.

Beck, Martin (Investment Properties 2004): Bilanzierung von Investment Properties nach IAS 40, in: KoR 12/2004, S. 498-505.

Becker, Dieter/Steiner, Armin (Immaterielle 2005): Immaterielles Vermögen erfolgreich managen - Status Quo und Entwicklung, in: ZfCM Sonderheft 3/2005, S. 20-28.

Becker, Fred G./Fallgatter, Michael J. (Unternehmensführung 2002): Unternehmensführung: Einführung in das strategische Management, Bielefeld, 2002.

Beiersdorf, Kati (IFRS 2006): IFRS für kleine und mittelgroße Unternehmen: Veröffentlichung des Arbeitsentwurfs, in: BB 35/2006, S. 1898-1900.

Beiersdorf, Kati/Buchheim, Regine (Lagebericht 2006): IASB-Diskussionspapier „Management Commentary" - Export des deutschen Lageberichts als Managementbericht?, in: BB 2/2006, S. 96-100.

Bellgardt, Egon (Statistik 2004): Statistik mit SPSS, 2. Auflage, München, 2004

Benecke, Birka (Management Approach 2000): Internationale Rechnungslegung und Management Approach, Wiesbaden, 2000.

Berens, Wolfgang/Strauch, Joachim (Due Diligence 2003): Unternehmensbewertungen und Due-Diligence-Analysen im Rahmen strategisch motivierter Akquisitionsprozesse, in: Wurl, Hans-Jürgen (Hrsg.), Industrielles Beteiligungscontrolling, Stuttgart, 2003, S. 151-176.

Berens, Wolfgang/Strauch, Joachim (Due Diligence 2006): Financial Due Diligence, in: Wirtz, Bernd W. (Hrsg.), Handbuch Mergers & Acquisitions Management, 1. Auflage, Wiesbaden, 2006, S. 533-555.

Berger, Axel (Zusammenarbeit 2005): IFRS hat Folgen für die Zusammenarbeit mit Abschlussprüfern, in: Börsen-Zeitung 2/2005, S. 11-11.

Berndlmaier, Alexander F./Klein, Georg A. (Comprehensive Report 1997): Kundenorientierung in der US-amerikanischen Rechnungslegung: Der Comprehensive Report des Special Committee on Financial Reporting des AICPA, in: DB 22/1997, S. 1089-1095.

Bernhardt, Wolfgang/Witt, Peter (Unternehmensleitung 1999): Unternehmensleitung im Spannungsfeld zwischen Ressortverteilung und Gesamtverantwortung, in: ZfB 8/1999, S. 825-845.

Beyhs, Oliver (Impairment 2002): Impairment of Assets nach International Accounting Standards - Anwendungshinweise und Zweckmäßigkeitsanalyse, Frankfurt a.M., 2002.

Biberacher, Johannes (Synergie 2003): Synergiemanagement und Synergiecontrolling, München, 2003.

Bieker, Marcus/Esser, Maik (Business Combinations 2003): Goodwill-Bilanzierung nach ED 3 „Business Combinations“, in: KoR 2/2003, S. 75-84.

Bierbrauer, Bernd (Projektcontrolling 2002): Einführung von Projektcontrolling in Bauunternehmen, Wuppertal, 2002.

Biggs, Stanley F./Mock, Theodore J./Quick, Reiner (Prüfung 2000): Das Prüfungsurteil bei analytischen Prüfungshandlungen, in: WPg 4/2000, S. 169-178.

Bischof, Stefan (Gewinnrealisierung 1997): Gewinnrealisierung im industriellen Anlagengeschäft, München, 1997.

Bischof, Stefan (Percentage of Completion 1998): Anwendbarkeit der percentage of completion-Methode nach IAS und US-GAAP im internen Rechnungswesen, in: Kostenrechnungspraxis 1/1998, S. 8-15.

Bitz, Horst (Risikomanagement 2000): Risikomanagement nach KonTraG, Stuttgart, 2000.

Böckem, Hanne/Schurbohm, Anne (Immobilienbilanzierung 2002): Die Bilanzierung von Immobilien nach den International Accounting Standards, in: KoR 1/2002, S. 38-51.

Böckem, Hanne/Schurbohm-Ebneth, Anne (Immobilien 2003): Praktische Fragestellungen der Implementierung von IAS 40 - Als Finanzanlagen gehaltene Immobilien (investment properties), in: KoR 7-8/2003, S. 335-343.

Böcking, Hans-Joachim (Lagebericht 2005): Zum Verhältnis von neuem Lagebericht, Anhang und IFRS, in: BB Beilage 3/2003, S. 5-8.

Böcking, Hans-Joachim/Benecke, Birka (Segmentbericht 1998): Neue Vorschrift zur Segmentberichterstattung nach IAS und US-GAAP unter dem Aspekt des Business Reporting, in: WPg 3/1998, S. 92-107.

Böcking, Hans-Joachim/Benecke, Birka (Segmentberichterstattung 1999): Der Entwurf des DRSC zur Segmentberichterstattung „E-DRS 3“ - Eine Orientierung an dem Standard SFAS 131 des FASB und/oder an dem Standard IAS 14 revised des IASC?, in: WPg/1999, S. 839-845.

Böcking, Hans-Joachim/Müßig, Anke (Lagebericht 2003): Neue Herausforderungen für den Konzernlagebericht durch das Transparenz- und Publizitätsgesetz sowie den Deutschen Corporate Governance Kodex?, in: Der Konzern 1/2003, S. 38-50.

Böcking, Hans-Joachim/Orth, Christian (KonTraG 1998): Kann das „Gesetz zur Kontrolle und Transparenz im Unternehmensbereich (KonTraG)" einen Beitrag zur Verringerung der Erwartungslücke leisten? - Eine Würdigung auf Basis von Rechnungslegung und Kapitalmarkt, in: WPg 8/1998, S. 351-364.

Boersema, John B./van Weelden, Susan J. (Segmentreporting 1992): Financial Reporting for Segments, Toronto, 1992.

Böger, Torsten R./Boll, Philip (Projektfinanzierung 2003): Die Rolle des Financial Advisers in der Projektfinanzierung, in: Backhaus, Klaus/Werthschulte, Holger (Hrsg.), Projektfinanzierung. Wirtschaftliche und rechtliche Aspekte einer Finanzierungsmethode für Großprojekte, 2. Auflage, Stuttgart, 2003, S. 37-60.

Bortz, Jürgen/Döring, Nicola (Forschung 2002): Forschungsmethoden und Evaluation für Human- und Sozialwissenschaftler, 3. Auflage, Berlin et al., 2002.

Boutellier, Roman/Gassmann, Oliver (Entwicklungsprojekte 2001): Flexibles Management von Entwicklungsprojekten, in: Gassmann, Oliver/Kobe, Carmen/Voit, Eugen (Hrsg.), High-Risk-Projekte. Quantensprünge in der Entwicklung erfolgreich managen, Berlin et al., 2001, S. 27-44.

Bramsemann, Urs (Zielplanung 2004): Kapitalmarktorientierte Zielplanung mit Hilfe des Economic Value Added, in: Bramsemann, Rainer (Hrsg.), Kennzahlengestütztes Controlling, Münster, 2004, S. 59-89.

Braun, Dieter (Synergie 2002): Synergiepotenziale und deren Ausschöpfung bei Unternehmenszusammenschlüssen, Hamburg, 2002.

Brauner, Hans U./Grillo, Ulrich (Due Diligence 1998): Due Diligence aus strategischer Sicht, in: Berens, Wolfgang/Brauner, Hans U. (Hrsg.), Due Diligence bei Unternehmensakquisitionen, Stuttgart, 1998, S. 173-192.

Brebeck, Frank (Zusammenarbeit 2001): Zusammenarbeit von Interner Revision und Wirtschaftsprüfer, in: Lück, Wolfgang (Hrsg.), Lexikon der Internen Revision, Wien, 2001, S. 380-383.

Breker, Norbert/Gebhardt, Günther/Pape, Jochen (Fair Value 2000): Das Fair-Value-Projekt für Finanzinstrumente - Stand der Erörterungen der Joint Working Group of Standard Setters im Juli 2000 -, in: WPg 16/2000, S. 729-744.

Brinkmann, Ralph/Spieß, Alexander (Prüfung 2006): Abschlussprüfung nach International Standards on Auditing, in: KoR 6/2006, S. 395-409.

Brockhoff, Klaus (Lagebericht 1982): Forschung und Entwicklung im Lagebericht, in: WPg 9/1982, S. 237-247.

Brockhoff, Klaus (Produktpolitik 1999): Produktpolitik, 4. Auflage, Stuttgart, 1999.

Brockhoff, Klaus (Geschichte 2002): Geschichte der Betriebswirtschaftslehre, 2. Auflage, Wiesbaden, 2002.

Bröker, Erich (Anlagengeschäft 1991): Erfolgsplanung und -überwachung im industriellen Anlagengeschäft - Entwicklung eines zahlungsorientierten Ansatzes unter Anwendung finanzmathematischer Verfahren und Vergleich zur herkömmlichen Kosten- und Erlösrechnung, in: Arbeitskreis „Internes Rechnungswesen" der Schmalenbach-Gesellschaft - Deutsche Gesellschaft für Betriebswirtschaft e.V. (Hrsg.), Beiträge zur Betriebswirtschaft des Anlagenbaus- zfbf Sonderheft 28/91 hrsg. von Ernst Höffken und Marcell Schweitzer, Düsseldorf, 1991, S. 192-236.

Brosius, Felix (SPSS 2002): SPSS 11, 1. Auflage, Bonn, 2002.

Brosius, Felix (SPSS 2006): SPSS 14, 1. Auflage, Bonn, 2006.

Brosius, Gerhard/Brosius, Felix (SPSS 1995): SPSS, 1. Auflage, Bonn et al., 1995.

Brötzmann, Ingo (Hedge Accounting 2004): Bilanzierung von güterwirtschaftlichen Sicherungsbeziehungen nach IAS 39 zum Hedge Accounting, Düsseldorf, 2004.

Brücks, Michael/Wiederhold, Philipp (Business Combinations 2004): IFRS 3 Business Combinations, in: KoR 5/2004, S. 177-185.

Bruns, Hans-Georg/Zeimes, Markus/Thuy, Michael G. (Intangibles 2004): Die Bilanzierung von immateriellen Vermögenswerten in der nationalen und internationalen Rechnungslegung, in: Horváth, Peter/Möller, Klaus (Hrsg.), Intangibles in der Unternehmenssteuerung, 2004, S. 251-268.

Buchheim, Regine (Lagebericht 2005): Im Lagebericht wird jetzt mehr nach vorne geschaut, in: FAZ 55/2005, S. 22-22.

Buchheim, Regine/Knorr, Liesel (Lagebericht 2006): Der Lagebericht nach DRS 15 und internationale Entwicklungen, in: WPg 7/2006, S. 413-425.

Bückle, Karin/Wicisk, Miriam (Konzern 2000): Der Konzernabschluss im Zeitalter der Globalisierung, Ulm, 2000.

Budde, Thomas (Impairment 2005): Wertminderungstests nach IAS 36: komplexe Rechenwerke nicht nur für die Bewertung des Goodwill, in: BB 47/2005, S. 2567-2573.

Buderath, Hubertus (Revision 2003): Interne Revision im Spannungsfeld von Rationalisierungszwängen und neuen Herausforderungen der Unternehmenssteuerung, in: Richter, Martin (Hrsg.), Entwicklungen in der Wirtschaftsprüfung, Bielefeld, 2003, S. 159-183.

Buderath, Hubertus/Amling, Thomas (Risikomanagement 2000): Das Interne Überwachungssystem als Teil des Risikomanagements, in: Dörner, Dietrich/Horváth, Peter/Kagermann, Henning (Hrsg.), Praxis des Risikomanagements, Stuttgart, 2000, S. 127-152.

Bühl, Achim (SPSS 2006): SPSS 14, München, 2006.

Bühl, Achim/Zöfel, Peter (SPSS 2002): SPSS 11, 8. Auflage, München, 2002.

Bühler, Wolfgang (Risikocontrolling 1998): Risikocontrolling in Industrieunternehmen, in: Börsig, Clemens/Coenenberg, Adolf G. (Hrsg.), Controlling und Rechnungswesen im internationalen Wettbewerb, Stuttgart, 1998, S. 205-233.

Bühner, Markus (Einführung 2004): Einführung in die Test- und Fragebogenkonstruktion, München, 2004.

Bühner, Rolf (Organisation 1999): Betriebswirtschaftliche Organisationslehre, 9. Auflage, München, 1999.

Bühner, Rolf (Organisation 2004): Betriebswirtschaftliche Organisationslehre, 10. Auflage, München / Wien, 2004.

Bungartz, Oliver (Risk Reporting 2003): Risk Reporting - Anspruch, Wirklichkeit und Systematik einer umfassenden Risikoberichterstattung deutscher Unternehmen, Sternenfels, 2003.

Bürgel, Hans Dietmar (Projektcontrolling 1989): Projektcontrolling, in: Controlling 1/1989, S. 4-9.

Bürgel, Hans Dietmar/Hess, Steffen/Kleinert, Sibylle (Projektcontrolling 2001): Modernes F&E-Projektcontrolling, in: Gassmann, Oliver/Kobe, Carmen/Voit, Eugen (Hrsg.), High-Risk-Projekte. Quantensprünge in der Entwicklung erfolgreich managen, Berlin et al., 2001, S. 135-167.

Burger, Anton/Buchhart, Anton (Integration 2001): Integration des Rechnungswesens im Shareholder Value-Ansatz, in: DB 11/2001, S. 549-554.

Busse von Colbe, Walther (Konzernabschlüsse 1998): Geprüfte Konzernabschlüsse als Grundlage des Controllings und der externen Überwachung von Konzernen, in: Möller, Hans-Peter/Schmidt, Franz (Hrsg.), Rechnungswesen als Instrument für Führungsentscheidungen - Festschrift für Professor Dr. Dr. h.c. Adolf G. Coenenberg zum 60. Geburtstag, Stuttgart, 1998, S. 133-152.

Busse von Colbe, Walther (Bilanzrichtlinien 2002): Vorschlag der EG-Kommission zur Anpassung der Bilanzrichtlinien an die IAS - Abschied von der Harmonisierung?, in: BB 30/2002, S. 1530-1536.

Caspari, Ingo/Maier, Andreas/Caspari, Holger (SOX 2005): Neuausrichtung von internen Kontrollsystemen nach dem Sarbanes-Oxley Act, in: Controlling 12/2005, S. 719-725.

Castadello, Marc (Impairment 2006): Methodische Basis des neuen IDW ERS HFA 16 zum Impairment Test, in: Baetge, Jörg/Kirsch, Hans-Jürgen (Hrsg.), Besonderheiten der Bewertung von Unternehmensteilen sowie von kleinen und mittleren Unternehmen, Düsseldorf, 2006, S. 133-145.

Castadello, Marc/Klingbeil, Christian/Schröder, Jakob (Bewertung 2006): IDW RS HFA 16: Bewertungen bei der Abbildung von Unternehmenserwerben und bei Werthaltigkeitsprüfungen nach IFRS, in: WPg 16/2006, S. 1028-1036.

Chandler, Alfred D. Jr. (Strategy and Structure 1995): Strategy and Structure - Chapters in the History of the American Industrial Enterprise, 19. Auflage, Cambridge et al., 1995.

Charifzadeh, Michel (Restructuring 2002): Corporate Restructuring - Ein wertorientiertes Entscheidungsmodell, Lohmar / Köln, 2002.

Coelen, Lutz/Schlecht, Michael (Prognoseprüfungen 2004): Anforderungen an Prognoseprüfungen nach ISA 810 am Beispiel von Due Diligence-Prüfungen sowie Sanierungsprüfungen, in: KoR 2/2004, S. 60-66.

Coenenberg, Adolf G. (Rechnung 2003): Kostenrechnung und Kostenanalyse, 5. Auflage, Stuttgart, 2003.

Coenenberg, Adolf G./Hille, Klaus (Rechnungswesen 1989): Rechnungswesen und Planung, in: Szyperski, Norbert (Hrsg.), Enzyklopädie der Betriebswirtschaftslehre Band IX - Handwörterbuch der Planung, Stuttgart, 1989, S. 1714-1743.

Coffee, John C. Jr. (Corporate Scandals 2005): A Theory of Corporate Scandals: Why the U.S. and Europe Differ, 2005, http://ssrn.com/abstract=694581.

Collins, Denton/Henning, Steven (Segment Divestiture 2004): Write-Down Timeliness, Line-of-Business Disclosures and Investors' Interpretations of Segment Divestiture Announcements, in: Journal of Business Finance and Accounting 9 und 10/2004, S. 1261-1299.

COSO (Risk Management 2004): Enterprise Risk Management - Integrated Framework. Executive Summary, 2004.

D'Arcy, Anne (Controlling 2006): Berichtspflichten nach IFRS und Anforderungen an das Controlling, in: Wagenhofer, Alfred (Hrsg.), Controlling und IFRS-Rechnungslegung, Berlin, 2006, S. 203-224.

Daum, Jürgen H. (Intangibles 2005): Intangible Asset Management: Wettbewerbskraft stärken und den Unternehmenswert nachhaltig steigern - Ansätze für das Controlling, in: ZfCM Sonderheft 3/2005, S. 4-18.

Dawo, Sascha (Immaterielle 2003): Immaterielle Güter in der Rechnungslegung nach HGB, IAS/IFRS und US-GAAP, Herne / Berlin, 2003.

Dawo, Sascha/Heiden, Matthias (Berichterstattung 2001): Aktuelle Entwicklungen zur Erfassung immaterieller Werte in der externen Berichterstattung, in: DStR 40/2001, S. 1716-1724.

Deloitte Consulting (Goodwill 2005): Goodwill bilanzieren und steuern. Anwendung der neuen IFRS-Regeln in der Praxis, 2005.

Demougin, Dominique/Jost, Peter J. (Prinzipal-Agent 2001): Theoretische Grundlagen der Prinzipal-Agenten-Theorie, in: Jost, Peter J. (Hrsg.), Die Prinzipal-Agenten-Theorie in der Betriebswirtschaftslehre, Stuttgart, 2001, S. 45-81.

Derfuß, Klaus (Budgetierung 2005): Kulturspezifische Budgetierung: Ein metaanalytischer Ansatz, in: Weber, Jürgen/Meyer, Matthias (Hrsg.), Internationalisierung des Controllings. Standortbestimmung und Optionen, Wiesbaden, 2005, S. 213-227.

Derfuß, Klaus/Littkemann, Jörn (Innovationsprojekte 2005): Zielbildung bei Innovationsprojekten, in: Littkemann, Jörn (Hrsg.), Innovationscontrolling, München, 2005, S. 155-177.

Desai, Hemang/Hogan, Chris E./Wilkins, Michael S. (Accounting 2006): The Reputational Penalty for Aggressive Accounting: Earnings Restatements and Management Turnover, in: The Accounting Review 1/2006, S. 83-112.

Diederichs, Marc/Form, Stephan/Reichmann, Thomas (Risikomanagement 2004): Standard zum Risikomanagement, in: Controlling 4 und 5/2004, S. 189-198.

Diehl, Carl-Ulrich (Abschlußprüfung 1993): Risikoorientierte Abschlußprüfung - Gedanken zur Umsetzung in der Praxis, in: DStR 30/1993, S. 1114-1121.

Dißars, Ulf-Christian (Lagebericht 2005): Neue Anforderungen an den Lagebericht und Auswirkungen auf die Abschlussprüfung, in: INF 16/2005, S. 633-640.

Dolny, Oliver (Controlling 2003): Controlling von Beteiligungen auf Basis einer integrierten Unternehmenswertrechnung, Büren, 2003.

Donle, Christian (Unternehmenskauf 1997): Gewerbliche Schutzrechte im Unternehmenskauf, in: DStR 3/1997, S. 74-80.

Dörner, Dietrich (Prognosebericht 1996): Der Prognosebericht nach § 289 Abs. 2 Nr. 2 HGB - Überlegungen zur Verminderung der Diskrepanz zwischen Publizitätsanforderungen und Publizitätspraxis, in: Baetge, Jörg/Börner, Dietrich/Forster, Karl-Heinz/Schruff, Lothar (Hrsg.), Rechnungslegung Prüfung und Beratung - Herausforderungen für den Wirtschaftsprüfer - Festschrift für Rainer Ludewig zum 70. Geburtstag, Düsseldorf, 1996, S. 217-251.

Dörner, Dietrich (Wirtschaftsprüfung 1998): Von der Wirtschaftsprüfung zur Unternehmensberatung, in: WPg 7/1998, S. 302-318.

Dörner, Dietrich (Zusammenarbeit 2000): Zusammenarbeit von Aufsichtsrat und Wirtschaftsprüfer im Lichte des KonTraG, in: DB 3/2000, S. 101-105.

Dörner, Dietrich/Doleczik, Günter (Risikomanagement 2000): Prüfung des Risikomanagements, in: Dörner, Dietrich/Horváth, Peter/Kagermann, Henning (Hrsg.), Praxis des Risikomanagements, Stuttgart, 2000, S. 193-222.

Dörner, Dietrich/Wollmert, Peter/Bischof, Stefan (Risikobericht 2003): Risikoberichterstattung im Konzernlagebericht, in: Wollmert, Peter/Schönbrunn, Norbert/Jung, Udo/Siebert, Hilmar/Henke, Michael (Hrsg.), Wirtschaftsprüfung und Unternehmensüberwachung - Festschrift für Prof. Dr. Dr. h.c. Wolfgang Lück, Düsseldorf, 2003, S. 305-333.

Dyckerhoff, Christian/Lüdenbach, Norbert/Schulz, Roland (Impairment 2003): Praktische Probleme bei der Durchführung von Impairment-Tests im Sachanlagevermögen, in: Werder, Axel von/Wiedmann, Harald (Hrsg.), Internationalisierung der Rechnungslegung und Corporate Governance, Stuttgart, 2003, S. 33-59.

Eggemann, Gerd/Konradt, Thomas (Risikomanagement 2000): Risikomanagement nach KonTraG aus dem Blickwinkel des Wirtschaftsprüfers, in: BB 10/2000, S. 503-509.

Egger, Anton/Winterheller, Manfred (Unternehmensplanung 1996): Kurzfristige Unternehmensplanung, 9. Auflage, Wien, 1996.

Epstein, Marc J./Pava, Moses L. (Annual Reports 1993): The shareholder's use of corporate annual reports, Greenwich/London, 1993.

Ernst, Edgar (Wandel 2000): Anforderungen an das Controlling beim Wandel vom nationalen zum internationalen Unternehmen, in: Berens, Wolfgang/Born, Axel/Hoffjan, Andreas (Hrsg.), Controlling international tätiger Unternehmen, Stuttgart, 2000, S. 123-141.

Ernst, Edgar (Harmonisierung 2002): Internationale Harmonisierung der Rechnungslegung - Anforderungen an börsennotierte Großkonzerne in Deutschland, in: ZfbF 3/2002, S. 181-190.

Ernst, Edgar (Controllingorganisation 2004): Finanz- und Controllingorganisation am Beispiel der Deutsche Post World Net, in: ZfCM 5/2004, S. 340-344.

Esser, Maik/Hackenberger, Jens (Immaterielle 2004): Bilanzierung immaterieller Vermögenswerte des Anlagevermögens nach IFRS und US-GAAP, in: KoR 10/2004, S. 402-414.

Esser, Maik/Hackenberger, Jens (Vermögenswerte 2005): Immaterielle Vermögenswerte des Anlagevermögens und Goodwill in der IFRS-Rechnungslegung, in: DStR 16/2005, S. 708-713.

Eßig, Michael (Integration 2006): Integration des Beschaffungsmanagements bei Mergers & Acquisitions, in: Wirtz, Bernd W. (Hrsg.), Handbuch Mergers & Acquisitions Management, 1. Auflage, Wiesbaden, 2006, S. 983-1009.

Eversheim, Walter/Koch, Rainer (Angebotsplanung 1984): Systematische Angebotsplanung in der Investitionsgüterindustrie, in: Backhaus, Klaus (Hrsg.), Planung im industriellen Anlagengeschäft, Düsseldorf, 1984, S. 113-151.

Ewert, Ralf (Bewertung 2006): Fair Value-Bewertung und Performancemessung, in: Börsig, Clemens/Wagenhofer, Alfred (Hrsg.), IFRS in Rechnungswesen und Controlling, Stuttgart, 2006, S. 179-207.

Ewert, Ralf (Fair Value 2006): Fair Values und deren Verwendung im Controlling, in: Wagenhofer, Alfred (Hrsg.), Controlling und IFRS-Rechnungslegung, Berlin, 2006, S. 21-47.

Ewert, Ralf/Stefani, Ulrike (Prinzipal-Agent 2001): Wirtschaftsprüfung, in: Jost, Peter J. (Hrsg.), Die Prinzipal-Agenten-Theorie in der Betriebswirtschaftslehre, Stuttgart, 2001, S. 147-182.

Ewert, Ralf/Wagenhofer, Alfred (Rechnungslegung 2000): Neuere Ansätze zur theoretischen Fundierung von Rechnungslegung und Prüfung, in: Lachnit, Laurenz/Freidank, Carl-Christian (Hrsg.), Investororientierte Unternehmenspublizität. Neue Entwicklungen von Rechnungslegung, Prüfung und Jahresabschlußanalyse, 1. Auflage, Wiesbaden, 2000, S. 31-60.

Ewert, Ralf/Wagenhofer, Alfred (Unternehmensrechnung 2003): Interne Unternehmensrechnung, 5. Auflage, Berlin, 2003.

Ewert, Ralf/Wagenhofer, Alfred (Earnings Management 2005): Economic Effects of Tightening Accounting Standards to Restrict Earnings Management, in: The Accounting Review 4/2005, S. 1101-1124.

Färber, Nikolaus/Wagner, Thomas M. (SOX 2005): Adaption des internen Kontrollsystems an die Anforderungen des Sarbanes-Oxley Act, in: Controlling 3/2005, S. 155-161.

Feuerbaum, Ernst (Controlling 1979): Controlling in einem projektorientierten Unternehmen, in: Solaro, Dietrich/Bürgel, Hans Dietmar/Feuerbaum, Ernst/Funk, Joachim/Gerke, Willi F./Kunkowsky, Hans Rolf/Wiederstein, Arno (Hrsg.), Projektcontrolling. Planungs-, Steuerungs- und Kontrollverfahren für Anlagen- und Systemprojekte, Stuttgart, 1979, S. 1-47.

Fey, Gerd/Mujkanovic, Robert (Segmentbericht 1999): Segmentberichterstattung im internationalen Umfeld, in: DBW 2/1999, S. 261-275.

Fiedler, Rudolf (Projektcontrolling 2003): Controlling von Projekten - Projektplanung, Projektsteuerung und Risikomanagement, 2. Auflage, Wiesbaden, 2003.

Fink, Christian/Keck, Barbara (Lagebericht 2004): Lageberichterstattung nach E-DRS 20 - Kritische Würdigung aus Sicht der Unternehmensanalyse -, in: WPg 19/2004, S. 1077-1091.

Fink, Christian/Ulbrich, Philipp (Segmentbericht 2006): Segmentberichterstattung nach ED 8 - Operating Segments, in: KoR 4/2006, S. 233-243.

Fink, Christian/Ulbrich, Philipp (Segmentberichterstattung 2007): IFRS 8: Paradigmenwechsel in der Segmentberichterstattung, in: BB 18/2007, S. 981-985.

Fischer, Karsten/Gleiter, Hermann (Intellectual Property 2003): Bedeutung und Bewertung von Intellectual Property, in: Balz, Ulrich/Arlinghaus, Olaf (Hrsg.), Das Praxisbuch Mergers & Acquisitions. Von der strategischen Überlegung zur erfolgreichen Integration, München, 2003, S. 267-303.

Fischer, Thomas M./Becker, Sabrina (Publizität 2005): Wissensorientierte Unternehmenspublizität - Ergebnisse einer empirischen Studie in deutschen börsennotierten Unternehmen, in: ZfCM Sonderheft 3/2005, S. 121-132.

Fischer, Thomas M./Rödl, Karin (Unternehmenspublizität 2003): Strategische und wertorientierte Managementkonzepte in der Unternehmenspublizität, in: KoR 10/2003, S. 424-432.

Fischer, Thomas M./Vielmeyer, Uwe (Risikocontrolling 2004): Informationsversorgung im Risikocontrolling durch risikoorientierte Unternehmenspublizität - Ergebnisse einer empirischen Studie, in: ZfCM Sonderheft 3/2004, S. 120-132.

Fischer, Thomas M./Wenzel, Julia/Kühn, Christian (Value Reporting 2001): Value Reporting, in: DB 23/2001, S. 1209-1216.

Fleischer, Werner (Reporting 2005): Rolle des Controllings im Spannungsfeld internes und externes Reporting, in: Horváth, Peter (Hrsg.), Organisationsstrukturen und Geschäftsprozesse wirkungsvoll steuern, Stuttgart, 2005, S. 189-200.

Focken, Elke/Schaefer, Wiebke (Sachanlagevermögen 2004): Umstellung der Bilanzierung des Sachanlagevermögens auf IAS/IFRS - ein Praxisbeispiel, in: BB 43/2004, S. 2343-2349.

Förschle, Gerhart/Glaum, Martin/Mandler, Udo (Rechnungslegung 1995): US-GAAP, IAS und HGB: Ergebnisse einer Umfrage unter deutschen Rechnungslegungsexperten, in: BFuP 4/1995, S. 392-413.

Förschle, Gerhart/Holland, Bettina/Kroner, Matthias (Internationale Rechnungslegung 2003): Internationale Rechnungslegung, 6. Auflage, Frankfurt a.M., 2003.

Franke, Armin (Projektcontrolling 2001): Projekt-Controlling und Risikomanagement in einem Unternehmen des Stahl- und Anlagenbaus, in: Griesche, Detlef/Meyer, Helga/Dörrenberg, Florian (Hrsg.), Innovative Managementaufgaben in der nationalen und internationalen Praxis - Anforderung, Methoden, Lösungen, Transfer, 1. Auflage, Wiesbaden, 2001, S. 419-435.

Franz, Klaus-Peter/Winkler, Carsten (Steuerung 2006): Unternehmenssteuerung und IFRS, München, 2006.

Freidank, Carl-Christian (Langfristfertigung 1989): Erfolgsrealisierung bei langfristigen Fertigungsprozessen, in: DB 23/1989, S. 1197-1204.

Freidank, Carl-Christian (Wertsteigerung 2000): Internationale Rechnungslegungspolitik und Unternehmenswertsteigerung, in: Lachnit, Laurenz/Freidank, Carl-Christian (Hrsg.), Investororientierte Unternehmenspublizität. Neue Entwicklungen von Rechnungslegung, Prüfung und Jahresabschlußanalyse, 1. Auflage, Wiesbaden, 2000, S. 3-29.

Freidank, Carl-Christian/Paetzmann, Karsten (Controlling 2003): Bedeutung des Controlling im Rahmen der Reformbestrebungen zur Verbesserung der Corporate Governance, in: ZP 14/2003, S. 303-325.

Freidank, Carl-Christian/Steinmeyer, Volker (Lagebericht 2005): Fortentwicklung der Lageberichterstattung nach dem BilReG aus betriebswirtschaftlicher Sicht, in: BB 46/2005, S. 2512-2517.

Freiling, Claus/Lück, Wolfgang (Planungsprüfung 1994): Unternehmungsinterne Planungen und handelsrechtliche Jahresabschlußprüfung, in: DB 25/1994, S. 1249-1252.

Freisleben, Norbert/Leibfried, Peter (Vergleichbarkeit 2004): Warum IAS/IFRS-Abschlüsse nicht (miteinander) vergleichbar sind, in: KoR 3/2004, S. 101-109.

Frese, Erich (Organisation 1995): Grundlagen der Organisation, 6. Auflage, Wiesbaden, 1995.

Frings, Michael (Prüfer 2006): Pflichtverletzungen des Abschlussprüfers - Ein Grund zur Besorgnis der Befangenheit?, in: WPg 13/2006, S. 821-830.

Fröhlich, Christoph (Beschaffungsgeschäfte 2004): Bilanzierung von Beschaffungsgeschäften unter der Zielsetzung des Hedge Accounting nach IAS 39, in: BB 25/2004, S. 1381-1385.

Fröhling, Oliver (KonTraG 2000): KonTraG und Controlling, München, 2000.

Frowein, Nils/Lüdenbach, Norbert (Impairment 2003): Das Sum-of-the-parts-Problem beim Goodwill-Impairment-Test - Marktbewertung als Programm oder Ideologie?, in: KoR 6/2003, S. 261-266.

Frowein, Nils/Lüdenbach, Norbert (Impairmentpraxis 2003): Der Goodwill-Impairment-Test aus Sicht der Bewertungspraxis, in: FB 2/2003, S. 65-72.

Fuhr, Annette (Prüfung 2003): Die Prüfung der Unternehmensplanung - Ein Instrument zur Überwachung der Unternehmensleitung in Kapitalgesellschaften, Düsseldorf, 2003.

Fülbier, Rolf Uwe/Hirsch, Bernhard/Meyer, Matthias (Zusammenarbeit 2006): Wirtschaftsprüfung und Controlling - Verstärkte Zusammenarbeit zwischen zwei zentralen Institutionen des Rechnungswesens, in: ZfCM 4/2006, S. 235-241.

Funke, Stephan (Angebotskalkulation 1995): Angebotskalkulation bei Einzelfertigung, in: Controlling 2/1995, S. 82-89.

Gassmann, Oliver (Projekte 2001): High-Risk-Projekte als Erfolgsfaktor in dynamischen Industrien, in: Gassmann, Oliver/Kobe, Carmen/Voit, Eugen (Hrsg.), High-Risk-Projekte. Quantensprünge in der Entwicklung erfolgreich managen, Berlin et al., 2001, S. 3-23.

Gebhardt, Günther/Naumann, Thomas K. (Financial Instruments 1999): Grundzüge der Bilanzierung von Financial Instruments und von Absicherungszusammenhängen nach IAS 39, in: DB 29/1999, S. 1461-1469.

Geiger, Oliver (Entwicklungscontrolling 2000): Kennzahlenorientiertes Entwicklungscontrolling, Aachen, 2000.

Geiger, Thomas (Segmentberichterstattung 2001): Shareholderorientierte Segmentberichterstattung, München, 2001.

Geiger, Thomas (Prüfung 2002): Ansatzpunkte zur Prüfung der Segmentberichterstattung nach SFAS 131, IAS 14 und DRS 3, in: BB 37/2002, S. 1903-1909.

Gentz, Manfred/Kauffmann, Herbert (Impairment 2003): Impairment-Only-Approach - Die neuen internationalen Rechnungslegungsstandards zur Bewertung von Firmenwerten, in: Werder, Axel von/Wiedmann, Harald (Hrsg.), Internationalisierung der Rechnungslegung und Corporate Governance, Stuttgart, 2003, S. 61-102.

Giese, Rolf (Risikomanagement 1998): Die Prüfung des Risikomanagementsystems einer Unternehmung durch den Abschlußprüfer gemäß KonTraG, in: WPg 10/1998, S. 451-458.

Ginevicius, Romualdas/Hausmann, Thomas/Schafir, Schlomo (Projektmanagement 2005): Projektmanagement, Gernsbach, 2005.

Glaum, Martin (Finanzinstrumente 1997): Die Bilanzierung von Finanzinstrumenten nach HGB, US-GAAP, IAS: Neuere Entwicklungen, in: DB 33/1997, S. 1625-1632.

Glaum, Martin (Risk Management 2000): Foreign Exchange Risk Management in German Non-Financial Corporations: An Empirical Analysis, in: Frenkel, Michael/Hommel, Ulrich/Rudolf, Markus (Hrsg.), Risk-Management - Challenge and Opportunity, Berlin, 2000, S. 373-393.

Glaum, Martin (Internationalisierung 2001): Die Internationalisierung der deutschen Rechnungslegung, in: KoR 3/2001, S. 124-134.

Glaum, Martin/Förschle, Gerhart (Risikomanagement 2000): Finanzwirtschaftliches Risikomanagement in deutschen Industrie- und Handelsunternehmungen, in: DB 12/2000, S. 581-585.

Glaum, Martin/Förschle, Gerhart (Finanzinstrumente 2000): Rechnungslegung für Finanzinstrumente und Risikomanagement: Ergebnisse einer empirischen Untersuchung, in: DB 31/2000, S. 1525-1534.

Glaum, Martin/Street, Donna (Rechnungslegung 2002): Rechnungslegung der Unternehmen am Neuen Markt, in: KoR 3/2002, S. 122-138.

Glaum, Martin/Thomaschewski, Dieter/Weber, Silke (IKS 2006): Die Vorschriften zur Einrichtung und Dokumentation eines internen Kontrollsystems nach Section 404 Sarbanes-Oxley Act: Umsetzung durch deutsche Unternehmen, in: KoR 3/2006, S. 206-219.

Glaum, Martin/Wirth, Andrea (Risikomanagement 1998): Finanzinstrumente und Risikomanagement - Publizitätspflichten und Anforderungen an Treasury-Informationssysteme, in: Albach, Horst (Hrsg.), ZfB Ergänzungsheft 2/1998 - Finanzierungen, Wiesbaden, 1998, S. 201-227.

Gleich, Ronald/Sasse, Alexander/Gräf, Jens/Kogler, Sabine (Reporting 2002): Corporate Reporting, in: Controlling 6/2002, S. 337-345.

Gleißner, Werner/Berger, Thomas/Rinne, Matthias/Schmidt, Michael (Risikoberichterstattung 2005): Risikoberichterstattung und Risikoprofile von HDAX-Unternehmen 2000 bis 2003, in: FB 5/2005, S. 343-353.

Göckeritz, Britta (IKS 1999): Vorläufige Beurteilung des Internen Kontrollsystems im Rahmen der Jahresabschlußprüfung, Frankfurt a.M., 1999.

Göttgens, Michael/Wolfgarten, Wilhelm (Prüfung 2006): Die Prüfung des internen Kontrollsystems von Kreditinstituten im Rahmen der Abschlussprüfung, in: WPg 24/2005, S. 1364-1371.

Grau, Andreas (Gewinnrealisierung 2002): Gewinnrealisierung nach International Accounting Standards, Wiesbaden, 2002.

Groß, Paul J. (Going Concern 2004): Die Wahrung, Einschätzung und Beurteilung des „Going-Concern" in den Pflichten- und Verantwortungsrahmen von Unternehmensführung und Abschlussprüfung, in: WPg 23 und 24/2004, S. 1357-1374, 1433-1450.

Groß, Paul J./Amen, Matthias (Planung 2003): Rechtspflicht zur Unternehmensplanung?, in: WPg 21/2003, S. 1161-1180.

Grote, Rainer (Due Diligence 2003): Financial Due Diligence, in: Balz, Ulrich/Arlinghaus, Olaf (Hrsg.), Das Praxisbuch Mergers & Acquisitions. Von der strategischen Überlegung zur erfolgreichen Integration, München, 2003, S. 105-148.

Grünberger, David/Grünberger, Herbert (IAS und US-GAAP 2002): IAS und US-GAAP 2002/2003, Herne / Berlin, 2002.

Guckelsberger, Ulli/Unger, Fritz (Statistik 1999): Statistik in der Betriebswirtschaftslehre, Wiesbaden, 1999.

Günter, Bernd (Projektmanagement 1984): Aktuelle Planungsprobleme des Projektmanagements im industriellen Anlagengeschäft, in: Backhaus, Klaus

(Hrsg.), Planung im industriellen Anlagengeschäft, Düsseldorf, 1984, S. 239-263.

Günther, Thomas/Plaschke, Frank J. (Management Incentives 2004): Gestaltung unternehmensinterner wertorientierter Management-Incentive-Systeme, in: BB 22/2004, S. 1211-1219.

Haaker, Andreas (Controlling 2005): IFRS und wertorientiertes Controlling, in: KoR 9/2005, S. 351-357.

Haaker, Andreas (Steuerung 2006): Da capo: Zur Eignung des value in use einer cash generating unit gemäß IAS 36 als Basis einer wertorientierten Bereichssteuerung, in: KoR 11/2006, S. 687-695.

Haaker, Andreas/Paarz, Michael (Segmentinformation 2005): Die Segmentberichterstattung als Informationsinstrument, in: KoR 5/2005, S. 194-199.

Hachmeister, Dirk (Controllingprüfung 2003): Das Controlling als Objekt der handelsrechtlichen Abschlussprüfung, in: ZP 14/2003, S. 437-456.

Hachmeister, Dirk (Zahlungsströme 2006): Diskontierung unsicherer Zahlungsströme: Methodische Anmerkungen zur Bestimmung risikoangepasster Kapitalkosten, in: ZfCM 3/2006, S. 143-149.

Hacker, Bernd (Segmentberichterstattung 2002): Segmentberichterstattung - Eine ökonomische Analyse, Frankfurt a.M., 2002.

Hacker, Bernd/Dobler, Michael (Segmentpublizität 2000): Empirische Untersuchung der Segmentpublizität in Deutschland, in: WPg 17/2000, S. 811-819.

Haeger, Bernd (Harmonisierung 2006): Harmonisierung von Rechnungswesen und Controlling bei E.ON, in: Wagenhofer, Alfred (Hrsg.), Controlling und IFRS-Rechnungslegung, Berlin, 2006, S. 243-266.

Hahn, Dietger (Unternehmensführung 1999): Strategische Unternehmensführung - Grundkonzept, in: Hahn, Dietger/Taylor, Bernard (Hrsg.), Strategische Unternehmensplanung. Strategische Unternehmensführung - Stand und Entwicklungstendenzen, 8. Auflage, Heidelberg, 1999, S. 28-50.

Hahn, Dietger/Hungenberg, Harald (PuK 2001): PuK. Planung und Kontrolle. Planungs- und Kontrollsysteme. Planungs- und Kontrollrechnung. Controllingkonzepte, 6. Auflage, Wiesbaden, 2001.

Hahn, Dietger/Oppenländer, Karl Heinrich (Unternehmensführung 1999): Stand und Entwicklungstendenzen der strategischen Unternehmensplanung und Unternehmensführung in der Bundesrepublik Deutschland - Ergebnisse eines empirischen Forschungsprojektes, in: Hahn, Dietger/Taylor, Bernard (Hrsg.), Strategische Unternehmensplanung. Strategische Unternehmensführung - Stand und Entwicklungstendenzen, 8. Auflage, Heidelberg, 1999, S. 1095-1136.

Hahn, Dietger/Simanek, Astrid (Strategie 2000): Entwicklung strategischen Denkens im angloamerikanischen und deutschsprachigen Raum, in: Welge, Martin K./Al-Laham, Andreas/Kajüter, Peter (Hrsg.), Praxis des strategischen Managements - Konzepte.Erfahrungen.Perspektiven, Wiesbaden, 2000, S. 17-38.

Hahn, Klaus (Segmentberichterstattung 2000): Ausgestaltung und Aussage der Segmentberichterstattung nach § 297 Abs. 1 HGB, in: Lachnit, Laurenz/ Freidank, Carl-Christian (Hrsg.), Investororientierte Unternehmenspublizität. Neue Entwicklungen von Rechnungslegung, Prüfung und Jahresabschlußanalyse, Wiesbaden, 2000, S. 667-697.

Hall, David J./Saias, Maurice A. (Structure 1980): Strategy Follows Structure!, in: Strategic Management Journal 2/1980, S. 149-163.

Haller, Axel (Bilanzpolitik 1994): Positive Accounting Theory. Die Erforschung der Beweggründe bilanzpolitischen Verhaltens, in: DBW 5/1994, S. 597-612.

Haller, Axel (Eignung 1997): Zur Eignung der US-GAAP für Zwecke des internen Rechnungswesens, in: Controlling 4/1997, S. 270-276.

Haller, Axel (Vermögenswerte 1998): Immaterielle Vermögenswerte - Wesentliche Herausforderung für die Zukunft der Unternehmensrechnung, in: Möller, Hans-Peter/Schmidt, Franz (Hrsg.), Rechnungswesen als Instrument für Führungsentscheidungen - Festschrift für Prof. Dr. Dr. h. c. Adolf G. Coenenberg zum 60. Geburtstag, Stuttgart, 1998, S. 561-596.

Haller, Axel (Segmentbericht 2000): Segmentberichterstattung, in: Haller, Axel/Raffournier, Bernard/Walton, Peter (Hrsg.), Unternehmenspublizität im internationalen Wettbewerb, Stuttgart, 2000, S. 755-805.

Haller, Axel/Dietrich, Ralph (Berichterstattung 2001): Freiwillige Unternehmensberichterstattung in den USA, in: KoR 5/2001, S. 206-211.

Haller, Axel/Park, Peter (Segmentberichterstattung 1994): Grundsätze ordnungsmäßiger Segmentberichterstattung, in: ZfbF 46/1994, S. 499-524.

Haller, Axel/Park, Peter (Segmentberichterstattung 1999): Segmentberichterstattung auf Basis des „Management Approach" - Inhalt und Konsequenzen, in: Kostenrechnungspraxis Sonderheft 3/1999, S. 59-66.

Haller, Birgit/Holzer, H. Peter (Verrechnungspreise 2003): 100 Jahre Verrechnungspreise, in: Wollmert, Peter/Schönbrunn, Norbert/Jung, Udo/Siebert, Hilmar/Henke, Michael (Hrsg.), Wirtschaftsprüfung und Unternehmensüberwachung - Festschrift für Prof. Dr. Dr. h.c. Wolfgang Lück, Düsseldorf, 2003, S. 557-572.

Hampel, Volker/Lueger, Marcus/Roth, Ute (Risikocontrolling 2004): Risikocontrolling aus Sicht des Abschlussprüfers, in: ZfCM Sonderheft 3/2004, S. 108-119.

Harenberg, Georg/Wlecke, Ulrich (Management 2004): Businessplan und Maßnahmenmanagement, in: Buth, Andrea K./Hermanns, Michael (Hrsg.), Restrukturierung, Sanierung, Insolvenz, München, 2004, S. 347-377.

Hartmann, Frank/Finck, Wolfram M. (Jahresabschluss 2004): Messung der Leistungsfähigkeit des Jahresabschlussprozesses, in: DB 14/2004, S. 717-719.

Hauschildt, Jürgen (Innovation 1994): Innovationsstrategien und ihre organisatorischen Konsequenzen, in: Riekhof, Hans-Christian (Hrsg.), Praxis der Strategieentwicklung. Konzepte - Erfahrungen - Fallstudien, 2. Auflage, Stuttgart, 1994, S. 211-226.

Hayn, Sven (IAS 1994): Die International Accounting Standards, in: WPg 21 und 22/1994, S. 713-721, 749-755.

Hebeler, Christian (Measurement 2004): Performance Measurement bei Beteiligungen - Ansätze des Accounting und Praxis in den USA, in: Littkemann, Jörn/Zündorf, Horst (Hrsg.), Beteiligungscontrolling - Ein Handbuch für die Unternehmens- und Beratungspraxis, Herne / Berlin, 2004, S. 211-237.

Hebeler, Christian/Wurl, Hans-Jürgen (Performance Reporting 2002): „Performance-Reporting" als Zuständigkeitsbereich für das Controlling, in: Weber, Jürgen/Hirsch, Bernhard (Hrsg.), Controlling als akademische Disziplin, Wiesbaden, 2002, S. 207-219.

Heering, Dirk (Prüfung 2000): Die Prüfung IAS-konformer Konzernabschlüsse, Frankfurt a.M., 2000.

Heidemann, Christian (Kaufpreisallokation 2005): Die Kaufpreisallokation bei einem Unternehmenszusammenschluss nach IFRS 3, Düsseldorf, 2005.

Heine, Andreas (Kostenmanagement 1995): Entwicklungsbegleitendes Produktkostenmanagement, Wiesbaden, 1995.

Heintges, Sebastian (Rechnungslegung 2006): Entwicklung der Rechnungslegung nach internationalen Vorschriften - Konsequenzen für deutsche Unternehmen, in: DB 30/2006, S. 1569-1576.

Heldt, Philipp (Innovationen 2004): Bilanzierung von Innovationen nach IAS, in: Littkemann, Jörn/Zündorf, Horst (Hrsg.), Beteiligungscontrolling - Ein Handbuch für die Unternehmens- und Beratungspraxis, Herne / Berlin, 2004, S. 687-705.

Herstatt, Cornelius/Lettl, Christopher (Entwicklungsprojekte 2001): Management von technologiegetriebenen Entwicklungsprojekten, in: Gassmann, Oliver/ Kobe, Carmen/Voit, Eugen (Hrsg.), High-Risk-Projekte. Quantensprünge in der Entwicklung erfolgreich managen, Berlin et al., 2001, S. 109-131.

Heumann, Rainer (Value Reporting 2005): Value Reporting in IFRS-Abschlüssen und Lageberichten, Düsseldorf, 2005.

Heuser, Paul J./Theile, Carsten (IFRS 2005): IAS/IFRS Handbuch, 2. Auflage, Köln, 2005.

Heyd, Reinhard (Fair-Value 2004): Fair-Value-Bewertung von Intangibles sowie die bilanzielle Behandlung des Goodwill im Rahmen von Business Combinations, in: Horváth, Peter/Möller, Klaus (Hrsg.), Intangibles in der Unternehmenssteuerung, München, 2004, S. 269-291.

Heyd, Reinhard/Lutz-Ingold, Martin (Immaterielle 2005): Immaterielle Vermögenswerte und Goodwill nach IFRS, München, 2005.

Heyd, Reinhard/Lutz-Ingold, Martin (Intangibles 2005): Intangible Assets im Jahresabschluss nach IFRS - Ansatz und Bewertungsvorschriften sowie bilanzpolitische Implikationen, in: ZfCM Sonderheft 3/2005, S. 95-106.

Hillmer, Hans-Jürgen (Controlling 2005): IFRS in Rechnungswesen und Controlling - Tagungsbericht zum 59. Deutschen Betriebswirtschafter-Tag, in: KoR 12/2005, S. 567-574.

Himmel, Holger (Konvergenz 2004): Konvergenz von interner und externer Unternehmensrechnung am Beispiel der Segmentberichterstattung, Aachen, 2004.

Hinterhuber, Hans H. (Unternehmensführung 1999): Struktur und Dynamik der strategischen Unternehmensführung, in: Hahn, Dietger/Taylor, Bernard (Hrsg.), Strategische Unternehmensplanung. Strategische Unternehmensführung - Stand und Entwicklungstendenzen, 8. Auflage, Heidelberg, 1999, S. 51-74.

Hirsch, Bernhard/Sorg, Mascha (Controller 2006): Controller und Investor Relations: Konzeptionelle und empirische Untersuchung der Schnittstellen, in: FB 7-8/2006, S. 428-434.

Hitz, Jörg-Markus (Fair Value 2005): Fair value in der IFRS-Rechnungslegung - Konzeption, Inhalt und Zweckmäßigkeit, in: WPg 18/2005, S. 1013-1027.

Hitz, Jörg-Markus/Kuhner, Christoph (Goodwill 2002): Die Neuregelung zur Bilanzierung des derivativen Goodwill nach SFAS 141 und 142 auf dem Prüfstand, in: WPg 6/2002, S. 273-287.

Hoffmann, Wolf-Dieter (Bestätigungsvermerk 1994): Das abschließende Beurteilungsvermögen des Abschlußprüfers und der Bestätigungsvermerk, in: BB 25/1994, S. 1743-1749.

Hoffmann, Wolf-Dieter/Lüdenbach, Norbert (Abschreibung 2004): Abschreibung von Sachanlagen nach dem Komponentenansatz von IAS 16, in: BB 7/2004, S. 375-377.

Hofmann, Christian (Projektsteuerung 2005): Gestaltung von Erfolgsrechnungen zur Steuerung langfristiger Projekte, in: ZfbF 12/2005, S. 689-716.

Hoitsch, Hans-Jörg/Winter, Peter (Risikomanagement 2004): Ansätze zur ökonomischen Begründung der Vorteilhaftigkeit eines unternehmensgetragenen Risikomanagements in Industrieunternehmen, in: ZP 2/2004, S. 115-139.

Hoke, Michaela (Konzernsteuerung 2001): Konzernsteuerung auf Basis eines intern und extern vereinheitlichten Rechnungswesens, Bamberg, 2001.

Holtrup, Michael/Littkemann, Jörn (Innovationsprojekte 2005): Probleme der Erfolgsevaluierung von Innovationsprojekten, in: Littkemann, Jörn (Hrsg.), Innovationscontrolling, München, 2005, S. 253-284.

Hommel, Michael/Benkel, Muriel/Wich, Stefan (IFRS 3 2004): IFRS 3 Business Combinations: Neue Unwägbarkeiten im Jahresabschluss, in: BB 23/2004, S. 1267-1273.

Hommel, Michael/Hermann, Olga (Hedge Accounting 2003): Hedge-Accounting und Full-Fair-Value-Approach Hedge in der internationalen Rechnungslegung, in: DB 47/2003, S. 2501-2506.

Hommelhoff, Peter/Mattheus, Daniela (Risikomanagement 2000): Gesetzliche Grundlagen: Deutschland und international, in: Dörner, Dietrich/Horváth, Peter/Kagermann, Henning (Hrsg.), Praxis des Risikomanagements, Stuttgart, 2000, S. 5-40.

Horváth, Peter (Controlling 1998): Controlling, 7. Auflage, München, 1998.

Horváth, Peter (Controlling 2001): Controlling, 8. Auflage, München, 2001.

Horváth, Peter (Controlling 2003): Controlling, 9. Auflage, München, 2003.

Horváth, Peter/Arnaout, Ali (Einheit 1997): Internationale Rechnungslegung und Einheit des Rechnungswesens, in: Controlling 4/1997, S. 254-268.

Horváth, Peter/Minning, Frank (Wertorientierung 2001): Wertorientierte Managementkonzepte in Deutschland, Großbritannien, Italien und Frankreich, in: Controlling 6/2001, S. 273-281.

Hülse, Günther (Unternehmensplanung 2001): Unternehmensplanung und Führungssystem bei Haniel, in: Hahn, Dietger/Hungenberg, Harald (Hrsg.), PuK. Planung und Kontrolle. Planungs- und Kontrollsysteme. Planungs- und Kontrollrechnung. Controllingkonzepte, 6. Auflage, Wiesbaden, 2001, S. 1103-1153.

Hungenberg, Harald/Wulf, Torsten (Unternehmensführung 2004): Grundlagen der Unternehmensführung, Berlin et al., 2004.

Hunton, James E./Libby, Robert/Mazza, Cheri L. (Transparancy 2006): Financial Reporting Transparancy and Earnings Management, in: The Accounting Review 1/2006, S. 135-157.

Husmann, Rainer (Management Approach 1998): Würdigung der Segmentberichterstattung nach dem Management Approach auf der Basis der deutschen Bilanzierungspraxis, in: WPg 18/1998, S. 816-823.

Hüttche, Tobias (Bilanzanalyse 2005): Typologische Bilanzanalyse: Qualitative Auswertung von IFRS-Abschlüssen, in: KoR 7-8/2005, S. 318-323.

Hüttche, Tobias (Mittelstand 2003): IAS für den Mittelstand: light, little oder gar nicht?, in: BB 35/2002, S. 1804-1806.

Hütten, Christoph/Lorson, Peter (Goodwill 2002): Überlegungen zur neuen Goodwillbilanzierung nach SFAS 142 aus Controlling-Perspektive, in: KoR 1/2002, S. 25-33.

IDW (IAS 1995): Rechnungslegung nach International Accounting Standards, Düsseldorf, 1995.

IDW (Prüfung 2002): Wirtschaftsprüfung und Corporate Governance, Düsseldorf, 2002.

IDW (Handbuch 2006): WP Handbuch 2006, Düsseldorf, 2006.

IDW (Stellungnahme ED 8 2006): IDW Stellungnahme: ED 8 - Operating Segments, in: WPg 12/2006, S. 812-814.

IGC/Weißenberger, Barbara E. (IFRS 2006): Controller und IFRS. Konsequenzen für die Controlleraufgaben durch die Finanzberichterstattung nach IFRS, Freiburg im Breisgau, 2006.

Jamin, Wolfgang/Krankowsky, Matthias (Hedge Accounting 2003): Die Hedge Accounting-Regeln des IAS 39, in: KoR 11/2003, S. 502-515.

Jansen, Stephan A. (M&A 2001): Mergers & Acquisitions. Unternehmensakquisitionen und -kooperationen, 4. Auflage, Wiesbaden, 2001.

Jerzembek, Lothar/Große, Jan-Velten (Fair Value-Option 2005): Die Fair Value-Option nach IAS 39, in: KoR 6/2005, S. 221-228.

Jost, Peter J. (Organisation 2000): Organisation und Koordination, Wiesbaden, 2000.

Jost, Peter J. (Prinzipal-Agenten 2001): Die Prinzipal-Agenten-Theorie im Unternehmenskontext, in: Jost, Peter J. (Hrsg.), Die Prinzipal-Agenten-Theorie in der Betriebswirtschaftslehre, Stuttgart, 2001, S. 11-43.

Jost, Peter J. (Prinzipal-Agent 2001): Die Prinzipal-Agenten-Theorie in der Betriebswirtschaftslehre, Stuttgart, 2001.

Jostarndt, Philipp/Rudolph, Bernd/Thierauf, Michael (Management 2006): Unternehmenskontrolle und Management-Disziplinierung in Deutschland, in:

Wirtz, Bernd W. (Hrsg.), Handbuch Mergers & Acquisitions Management, 1. Auflage, Wiesbaden, 2006, S. 203-227.

Kahle, Holger (Steuerung 2003): Unternehmenssteuerung auf Basis internationaler Rechnungslegungsstandards?, in: ZfbF 55/2003, S. 773-789.

Kahre, Burkhard/Schwetje, Jan-Norbert (Immaterielle Ressourcen 2003): Unternehmensexterne Kommunikation immaterieller Ressourcen, in: KoR 3/2003, S. 123-134.

Kaiser, Karin (Lageberichterstattung 2005): Auswirkungen des Bilanzrechtsreformgesetzes auf die zukunftsorientierte Lageberichterstattung, in: WPg 8/2005, S. 405-418.

Kaiser, Karin (Lagebericht 2005): Erweiterung der zukunftsorientierten Lageberichterstattung: Folgen des Bilanzrechtsreformgesetzes für Unternhemen, in: DB 7/2005, S. 345-353.

Kaiser, Karin (Prüfung 2005): Jahresabschlussprüfung und prüfungsnahe Beratung bei zukunftsorientierter Lageberichterstattung gemäß dem Bilanzrechtsreformgesetz, in: DB 43/2005, S. 2309-2314.

Kajüter, Peter (DRS 5 2001): Risikoberichterstattung: Empirische Befunde und der Entwurf des DRS 5, in: DB 3/2001, S. 105-111.

Kajüter, Peter (Risikoberichterstattung 2002): Prüfung der Risikoberichterstattung im Lagebericht, in: BB 5/2002, S. 243-249.

Kajüter, Peter (Lagebericht 2004): Der Lagebericht als Instrument einer kapitalmarktorientierten Rechnungslegung, in: DB 5/2004, S. 197-203.

Kajüter, Peter/Barth, Daniela (Segmentberichterstattung 2007): Segmentberichterstattung in diversifizierten Konzernen, in: KoR 2/2007, S. 110-116.

Kajüter, Peter/Barth, Daniela (Segmentbericht 2007): Segmentberichterstattung nach IFRS 8 - Übernahme des Management Approach, in: BB 8/2007, S. 428-434.

Kajüter, Peter/Winkler, Carsten (Risikoberichterstattung 2003): Die Risikoberichterstattung der DAX100-Unternehmen im Zeitvergleich, in: KoR 5/2003, S. 217-228.

Kajüter, Peter/Winkler, Carsten (Risikoberichterstattung 2004): Praxis der Risikoberichterstattung deutscher Konzerne, in: WPg 6/2004, S. 249-261.

Kehm, Patrick/Lauinger, Rolf/Rave, Hermann (Hedge Accounting 2003): Umsetzung der Anforderungen des IAS 39 im Commerzbank Konzern: ein Projektbericht, in: ZgK 14/2003, S. 799-808.

Keim, Gesche/Littkemann, Jörn (Projektmanagement 2005): Methoden des Projektmanagements und -controlling, in: Littkemann, Jörn (Hrsg.), Innovationscontrolling, München, 2005, S. 57-151.

Keitz, Isabel von (Immaterielle 1997): Immaterielle Güter in der internationalen Rechnungslegung, Düsseldorf, 1997.

Keitz, Isabel von (IAS-Praxis 2003): Praxis der IASB-Rechnungslegung, 1. Auflage. Auflage, Stuttgart, 2003.

Keitz, Isabel von (IAS-Praxis 2005): Praxis der IASB-Rechnungslegung, 2. Auflage. Auflage, Stuttgart, 2005.

Kerkhoff, Guido/Diehm, Sven (Performance Reporting 2005): Performance Reporting: Konzepte und Tendenzen im kommenden FASB-/IASB-Standard, in: KoR 9/2005, S. 342-350.

Kieninger, Michael/Mayer, Thomas Ludwig (Controlling 2002): Informationssysteme für das Controlling der Zukunft, in: Gleich, Ronald/Möller, Klaus/ Seidenschwarz, Werner/Stoi, Roman (Hrsg.), Controllingfortschritte: Prof. Dr. Péter Horváth zum 65. Geb., München, 2002, S. 223-243.

Kind, Alexander (Segmentrechnung 2000): Segment-Rechnung und -Bewertung, Bern, 2000.

Kirsch, Hanno (Segmentberichterstattung 2001): Segmentberichterstattung nach IAS 14 als Basis eines kennzahlengestützten Unternehmenscontrolling, in: DB 29/2001, S. 1513-1518.

Kirsch, Hanno (Kostenrechnung 2002): Tendenzen in der Kostenrechnung durch Internationalisierung des externen Rechnungswesens, in: Kostenrechnungspraxis 4/2002, S. 207-212.

Kirsch, Hanno (Anforderungen 2003): Anforderungen der Asset Impairment Tests nach Exposure Draft zu IAS 36 an das interne Rechnungswesen, in: UM 3/2003, S. 92-99.

Kirsch, Hanno (Controlling 2003): Anforderungen an das Controlling durch internationale Rechnungslegungsstandards, in: Controlling 1/2003, S. 11-17.

Kirsch, Hanno (Impairment 2003): Cashflow-Planungen zur Durchführung des Asset Impairment Test nach US-GAAP, in: BB 34/2003, S. 1775-1781.

Kirsch, Hanno (GuV 2003): Erfolgsstrukturanalyse auf Basis der Gliederungs- und Angabevorschriften zur IAS/IFRS-Gewinn- und Verlustrechnung, in: DB 46/2003, S. 2449-2455.

Kirsch, Hanno (Bilanzierungswahlrechte 2003): Gestaltungspotential durch verdeckte Bilanzierungswahlrechte nach IAS / IFRS, in: Betriebs-Berater 21/2003, S. 1111-1116.

Kirsch, Hanno (Wahlrechte 2003): Gestaltungspotenzial durch verdeckte Bilanzierungswahlrechte nach IAS/IFRS, in: BB 21/2003, S. 1111-1116.

Kirsch, Hanno (IFRS 2004): Finanz- und erfolgswirtschaftliche Jahresabschlussanalyse nach IFRS, München, 2004.

Kirsch, Hanno (IFRS 2005): Ausgestaltung des Informationsmanagements zur Erstellung des IFRS-Abschlusses, in: BB 21/2005, S. 1155-1160.

Kirsch, Hanno (Informationsmanagement 2005): Informationsmanagement für den IFRS-Abschluss, München, 2005.

Kirsch, Hans-Jürgen/Dohrn, Matthias/Wirth, Jörn (Praxis 2002): Rechnungslegungs- und Prüfungspraxis der DAX-100-Unternehmen, in: WPg 22/2002, S. 1217-1231.

Kirsch, Hans-Jürgen/Scheele, Alexander (Lagebericht 2003): E-DRS 20: Ausweitung der Lageberichterstattung zum Value-Reporting?, in: BB 51 und 52/2003, S. 2733-2739.

Kirsch, Hans-Jürgen/Scheele, Alexander (Lagebericht 2005): Neugestaltung von Prognose- und Risikoberichterstattung im Lagebericht durch das Bilanzrechtsreformgesetz, in: WPg 21/2005, S. 1149-1154.

Kirsch, Hans-Jürgen/Scheele, Alexander (Commentary 2006): Diskussionspapier des IASB zum „Management Commentary", in: WPg 3/2006, S. 89-91.

Kirsch, Hans-Jürgen/Steinhauer, Leif (Controlling 2003): Zum Einfluss der internationalen Rechnungslegung auf das Controlling, in: ZP 14/2003, S. 415-435.

Kitschler, Roland (Prüfung 2005): Abschlussprüfung, Interessenkonflikt und Reputation. Eine ökonomische Analyse, Wiesbaden, 2005.

Klein, Birte (Rechnungslegung 2000): Rechnungslegung in der internationalen Unternehmung nach HGB, IAS und US-GAAP, in: Berens, Wolfgang/Born, Axel/Hoffjan, Andreas (Hrsg.), Controlling international tätiger Unternehmen, Stuttgart, 2000, S. 143-175.

Klein, Georg A. (Unternehmenssteuerung 1999): Unternehmenssteuerung auf Basis der International Accounting Standards, München, 1999.

Kley, Karl-Ludwig (IAS 2001): Die Fair-Value-Bilanzierung in der Rechnungslegung nach den International Accounting Standards (IAS), in: DB 43/2001, S. 2257-2262.

Kley, Karl-Ludwig (Konvergenz 2006): IFRS - Möglichkeiten und Grenzen ihrer Abbildung im Controlling, in: ZfCM 3/2006, S. 150-157.

Klingelhöfer, Heinz Eckart (Wertorientierung 2006): Wertorientiertes Controlling auf der Grundlage von Werten nach IAS 36?, in: KoR 10/2006, S. 590-597.

Korndörfer, Wolfgang (Unternehmensführung 1995): Unternehmensführungslehre - Einführung. Entscheidungslogik. soziale Komponenten, 8. Auflage, Wiesbaden, 1995.

Köster, Harald (Vereinheitlichung 2005): Vereinheitlichung der Finance & Accounting Prozesse bei Henkel, in: Horváth, Peter (Hrsg.), Organisationsstrukturen und Geschäftsprozesse wirkungsvoll steuern, Stuttgart, 2005, S. 117-129.

KPMG (Risikomanagement 1998): Integriertes Risikomanagement, Berlin, 1998.

KPMG (Risikomanagement 2000): Integriertes Risikomanagement - Stand der Umsetzung in der betrieblichen Praxis, Frankfurt a.M., 2000.

KPMG (IFRS aktuell 2004): IFRS aktuell - Neuregelungen 2004: IFRS 1 bis 5, Improvements Project, Amendmends IAS 32 und 39, Stuttgart, 2004.

KPMG (Chancenmanagement 2005): Erfolgreiches Chancenmanagement in mittelständischen Unternehmen, 2005.

Krawitz, Norbert (Auftragsfertigung 1997): Die bilanzielle Behandlung der langfristigen Auftragsfertigung und Reformüberlegungen unter Berücksichtigung internationaler Entwicklungen, in: DStR 22-23/1997, S. 886-894.

Krawitz, Norbert/Hartmann, Christina (Lagebericht 2003): Internationalisierung der Lageberichterstattung, in: Wollmert, Peter/Schönbrunn, Norbert/Jung, Udo/Siebert, Hilmar/Henke, Michael (Hrsg.), Wirtschaftsprüfung und Unternehmensüberwachung - Festschrift für Prof. Dr. Dr. h.c. Wolfgang Lück, Düsseldorf, 2003, S. 287-303.

Krawitz, Norbert/Hartmann, Christina (Lagebericht 2006): Aktueller handelsrechtlicher Lage- und Konzernlagebericht im Rahmen eines IAS/IFRS-Abschlusses, in: WPg 20/2006, S. 1262-1270.

Krey, Sandra (Revision 2001): Qualitätssicherung in der Internen Revision, in: DB 47/2001, S. 2460-2464.

Kriete, Thomas/Werner, Thomas (Segmentberichterstattung 2003): Das Unbundling als ein Standardisierungsinstrument für die Segmentberichterstattung in der Energieversorgungsindustrie, in: KoR 5/2003, S. 248-258.

Kropp, Matthias/Gillenkirch, Robert M. (Finanzrisiken 2004): Controlling von Finanzrisiken in Industrieunternehmen, in: ZfCM Sonderheft 3/2004, S. 86-96.

Kropp, Matthias/Klotzbach, Daniela (Makro Hedge 2003): Der Vorschlag des IASB zum Makro Hedge Accounting, in: WPg 21/2003, S. 1180-1192.

Krumnow, Jürgen (Risikosteuerung 1995): Risikosteuerung im derivativen Geschäft, in: Lanfermann, Josef (Hrsg.), Internationale Wirtschaftsprüfung: Festschrift zum 65. Geburtstag von Professor Dr. Dr. h. c. Hans Havermann, Düsseldorf, 1995, S. 343-371.

Kruschwitz, Lutz (Investitionsrechnung 2000): Investitionsrechnung, 8. Auflage, München, 2000.

Kuhn, Steffen (Finanzinstrumente 2005): Finanzinstrumente: Fair Value-Option in IAS 39 überarbeitet, in: DB 25/2005, S. 1341-1348.

Külpmann, Bernd (Controlling 2005): Grundlagen Controlling, Berlin, 2005.

Kühnberger, Manfred (Firmenwerte 2005): Firmenwerte in Bilanz, GuV und Kapitalflussrechnung nach HGB, IFRS und US-GAAP, in: DB 13/2005, S. 677-683.

Kümpel, Thomas (Wertminderungen 2002): Bilanzielle Behandlung von Wertminderungen bei Vermögenswerten nach IAS 36, in: BB 19/2002, S. 983-988.

Kümpel, Thomas (Fertigungsaufträge 2002): Integration von internem und externem Rechnungswesen bei der Bewertung erfolgversprechender langfristiger Fertigungsaufträge, in: DB 18/2002, S. 905-910.

Kümpel, Thomas (Gewinn 2002): Gewinnrealisierung bei langfristigen Fertigungsaufträgen im Konzernabschluss im Zuge der Internationalisierung der Rechnungslegung - eine informationsökonomische Betrachtung, in: ZfB 10/2002, S. 1007-1024.

Kümpel, Thomas (Sachanlagen 2003): Bilanzierung und Bewertung von Sachanlagen nach International Financial Reporting Standards, in: Bilanz & Buchhaltung 10/2003, S. 378-392.

Kümpel, Thomas (Wertminderungen 2003): Geplante Änderungen der bilanziellen Behandlung von Wertminderungen bei Vermögensgegenständen nach ED-IAS 36, in: BB 28/29/2003, S. 1491-1494.

Küpper, Hans-Ulrich (Integration 1999): Zweckmäßigkeit, Grenzen und Ansatzpunkte einer Integration der Unternehmensrechnung, in: Kostenrechnungspraxis Sonderheft 3/1999, S. 5-11.

Küpper, Hans-Ulrich (Controlling 2001): Controlling, 3. Auflage, Stuttgart, 2001.

Küting, Karlheinz (Neuer Markt 2001): Bilanzierung und Bilanzanalyse am Neuen Markt, Stuttgart, 2001.

Küting, Karlheinz/Dawo, Sascha/Wirth, Johannes (Abschreibung 2003): Konzeption der außerplanmäßigen Abschreibung im Reformprojekt des IASB, in: KoR 4/2003, S. 177-190.

Küting, Karlheinz/Hayn, Marc (Bewertung 2006): Anwendungsgrenzen des Gesamtbewerungskonzepts in der IFRS-Rechnungslegung, in: BB 22/2006, S. 1211-1217.

Küting, Karlheinz/Heiden, Matthias (Kennzahlen 2003): Zur Systematisierung von Pro-forma Kennzahlen, in: DStR 36/2003, S. 1544-1552.

Küting, Karlheinz/Hütten, Christoph (Konzernlagebericht 1999): Der befreiende Konzernlagebericht nach internationalen Vorschriften, in: WPg 1/1999, S. 12-19.

Küting, Karlheinz/Lorson, Peter (Steuerung 1998): Anmerkungen zum Spannungsfeld zwischen externen Zielgrößen und internen Steuerungsinstrumenten, in: BB 9/1998, S. 469-476.

Küting, Karlheinz/Pilhofer, Jochen (Segmentbericht 1999): Die neuen Vorschriften zur Segmentberichterstattung nach US-GAAP - Schließung der Regelungslücke in § 279 Abs. 1 HGB durch Adaption internationaler Standards?, in: DStR 13 und 14/1999, S. 559-564, 603-608.

Küting, Karlheinz/Reuter, Michael (Bilanzanalyse 2005): Werden stille Reserven in Zukunft (noch) stiller? - Machen die IFRS die Bilanzanalyse überflüssig oder weitgehend unmöglich?, in: BB 13/2005, S. 706-713.

Küting, Karlheinz/Weber, Claus-Peter/Boecker, Corinna (Fast Close 2004): Fast Close - Beschleunigung der Jahresabschlusserstellung: (zu) schnell am Ziel?!, in: StuB 1/2004, S. 1-10.

Küting, Karlheinz/Weber, Claus-Peter/Wirth, Johannes (Goodwill 2001): Die neue Goodwillbilanzierung nach SFAS 142, in: KoR 5/2001, S. 185-198.

Küting, Karlheinz/Wirth, Johannes (IFRS 3 2004): Bilanzierung von Unternehmenszusammenschlüssen nach IFRS 3, in: KoR 5/2004, S. 167-177.

Küting, Karlheinz/Wirth, Johannes (Geschäftswerte 2005): Die Berücksichtigung von Geschäfts- oder Firmenwerten bei der Endkonsolidierung von Tochterunternehmen unter Geltung von IAS 36 (rev. 2004), in: WPg 13/2005, S. 704-713.

Küting, Karlheinz/Wirth, Johannes (Firmenwert 2005): Firmenwertbilanzierung nach IAS 36 (rev. 2004) unter Berücksichtigung von Minderheitenanteilen an erworbenen Tochterunternehmen, in: KoR 5/2005, S. 199-206.

Laas, Tim (Werthaltigkeit 2006): Werthaltigkeitsprüfung für Unternehmensanteile in der Rechnungslegung, in: DB 9/2006, S. 457-464.

Lachnit, Laurenz (Projektleistung 1994): Controllingkonzeption für Unternehmen mit Projektleistungstätigkeit, München, 1994.

Lachnit, Laurenz/Müller, Stefan (Firmenwert 2003): Bilanzanalytische Behandlung von Geschäfts- oder Firmenwerten, in: KoR 12/2003, S. 540-550.

Langer, Klaus (Prüfung 1995): Die Zusammenarbeit des Konzernabschlußprüfers mit den Prüfern ausländischer Tochtergesellschaften im Rahmen der Prüfung deutscher Konzernabschlüsse, in: Peemöller, Volker/Uecker, Peter (Hrsg.), Standort Deutschland: Grundsatzfragen und aktuelle Perspektiven für die Besteuerung, die Prüfung und das Controlling - Anton Heigl zum 65. Geburtstag, Berlin, 1995, S. 399-420.

Langguth, Heike/Brunschön, Florian (Segmentberichterstattung 2006): Segmentberichterstattung am deutschen Kapitalmarkt, in: DB 12/2006, S. 625-632.

Langguth, Heike/Engelmann, Andreas (Segmentberichterstattung 2005): Empirische Untersuchung zur Segmentberichterstattung am deutschen Kapitalmarkt, in: DB 12/2005, S. 621-628.

Larson, Robert K./Brown, Karen L. (Long-Term Contracts 2004): Where Are We with Long-Term Contract Accounting?, in: Accounting Horizons 3/2004, S. 207-219.

Laux, Helmut/Liermann, Felix (Organisation 2003): Grundlagen der Organisation, 5. Auflage, Berlin et al., 2003.

Layer, Manfred (Software 2001): Interdependenzen zwischen betriebswirtschaftlicher Standardsoftware und Controlling, in: Freidank, Carl-Christian (Hrsg.), Die deutsche Rechnungslegung und Wirtschaftsprüfung im Umbruch: FS für Wilhelm Theodor Strobel zum 70. Geb., München, 2001, S. 527-554.

Lazanowski, Markus/Huther, Heiko (Integration 2003): Ansätze zur Integration der Planungs- und Kontrollsysteme bei industriellen Beteiligungen, in: Wurl, Hans-Jürgen (Hrsg.), Industrielles Beteiligungscontrolling, Stuttgart, 2003, S. 365-392.

Leffson, Ulrich (Wirtschaftsprüfung 1980): Wirtschaftsprüfung, 2. Auflage, Wiesbaden, 1980.

Lehn, Jürgen/Müller-Gronbach, Thomas/Rettig, Stefan (Statistik 2000): Einführung in die deskriptive Statistik, Stuttgart / Leipzig, 2000.

Lehner, Ulrich/Schmidt, Matthias (Akquisition 2000): Akquisitionsmanagement: Integration von Rechnungswesen und Controlling, in: Picot, Arnold/ Nordmeyer, Andreas/Pribilla, Peter (Hrsg.), Management von Akquisitionen, Stuttgart, 2000, S. 181-193.

Leibfried, Peter/Pfanzelt, Peter (F&E-Kosten 2004): Praxis der Bilanzierung von Forschungs- und Entwicklungskosten gemäß IAS/IFRS, in: KoR 12/2004, S. 491-497.

Lengsfeld, Stephan (Verrechnungspreise 2006): Anreizwirkungen kostenbasierter Verrechnungspreise und die Vergabe von Verfügungsrechten für Investitionen, in: ZfbF 6/2006, S. 477-505.

Lenz, Hansrudi/Focken, Elke (Segmentberichterstattung 2002): Die Prüfung der Segmentberichterstattung, in: WPg 16/2002, S. 853-863.

Lev, Baruch (Intangibles 2001): Intangibles - Management, Measurement and Reporting, Washington D.C., 2001.

Liebl, Franz (Risikomanagement 2001): Auf dem Weg zu einem strategischen Risiko-Management, in: Lange, Knut Werner/Wall, Friederike (Hrsg.), Risikomanagement nach dem KonTraG, München, 2001, S. 504-528.

Lindstädt, Hagen (Organisation 2003): Neuausrichtung der Organisation nach M&A-Aktivitäten, in: Balz, Ulrich/Arlinghaus, Olaf (Hrsg.), Das Praxisbuch Mergers & Acquisitions. Von der strategischen Überlegung zur erfolgreichen Integration, München, 2003, S. 337-366.

Link, Jörg (Strategie 1994): Strategie und Organisation, in: Riekhof, Hans-Christian (Hrsg.), Praxis der Strategieentwicklung. Konzepte - Erfahrungen - Fallstudien, 2. Auflage, Stuttgart, 1994, S. 309-322.

Littkemann, Jörn (Controlling 2001): Beteiligungscontrolling: Organisation und Effizienz, in: ZfB 11/2001, S. 1283-1304.

Littkemann, Jörn (Controllingsysteme 2002): Zur Gestaltungsproblematik von Controllingsystemen in multinationalen Unternehmen, in: Weber, Jürgen/Hirsch, Bernhard (Hrsg.), Controlling als akademische Disziplin, Wiesbaden, 2002, S. 329-341.

Littkemann, Jörn (Beteiligungscontrolling 2004): Managementorientierte Ausrichtung des Beteiligungscontrollings, in: Littkemann, Jörn/Zündorf, Horst (Hrsg.), Beteiligungscontrolling - Ein Handbuch für die Unternehmens- und Beratungspraxis, Herne / Berlin, 2004, S. 47-110.

Littkemann, Jörn (Controlling 2004): Operatives Beteiligungscontrolling in der Unternehmenspraxis, in: Littkemann, Jörn/Zündorf, Horst (Hrsg.), Beteiligungscontrolling - Ein Handbuch für die Unternehmens- und Beratungspraxis, Herne / Berlin, 2004, S. 169-209.

Littkemann, Jörn (Innovation 2005): Einführung in das Innovationscontrolling, in: Littkemann, Jörn (Hrsg.), Innovationscontrolling, München, 2005, S. 3-55.

Littkemann, Jörn/Holtrup, Michael/Schrader, Claudia (Akquisitionscontrolling 2005): Besonderheiten der Bewertung hochinnovativer Unternehmen im Rahmen des Akquisitionscontrollings, in: ZfCM Sonderheft 3/2005, S. 40-57.

Littkemann, Jörn/Michalik, Claudia (Beteiligungscontrolling 2004): Instrumente des operativen Beteiligungscontrollings, in: Littkemann, Jörn/Zündorf, Horst

(Hrsg.), Beteiligungscontrolling - Ein Handbuch für die Unternehmens- und Beratungspraxis, Herne / Berlin, 2004, S. 145-167.

Litz, Hans Peter (Statistik 2003): Statistische Methoden in den Wirtschafts- und Sozialwissenschaften, 3. Auflage, München, 2003.

Lorson, Peter (Shareholder Value 1999): Shareholder Value-Ansätze, in: DB 26/27/1999, S. 1329-1339.

Löw, Edgar (Bilanzrecht 2004): Antizipative Sicherungsgeschäfte und Fortentwicklung des deutschen Bilanzrechts, in: Lange, Thomas A./Löw, Edgar (Hrsg.), Rechnungslegung, Steuerung und Aufsicht von Banken. Kapitalmarktorientierung und Internationalisierung - Festschrift zum 60. Geburtstag von Jürgen Krumnow, 1. Auflage, Wiesbaden, 2004, S. 241-275.

Löw, Edgar (Risikocontrolling 2004): Bilanzierung von Finanzinstrumenten und Risikocontrolling, in: ZfCM Sonderheft 2/2004, S. 32-41.

Löw, Edgar (Finanzinstrumente 2005): Neue Offenlegungsanforderungen zu Finanzinstrumenten und Risikoberichterstattung nach IFRS 7, in: BB 40/2005, S. 2175-2184.

Löw, Edgar/Blaschke, Silke (Fair Value Option 2005): Verabschiedung des Amendment zu IAS 39 Financial Instruments: Recognition and Measurement - The Fair Value Option, in: BB 32/2005, S. 1727-1736.

Löw, Edgar/Lorenz, Karsten (Risikoberichterstattung 2001): Risikoberichterstattung nach den Standards des DRSC und im internationalen Vergleich, in: KoR 5/2001, S. 211-222.

Löw, Edgar/Lorenz, Karsten (Devisenbilanzierung 2002): Bilanzielle Behandlung von Fremdwährungsgeschäften nach deutschem Recht und nach den Vorschriften des IASB, in: KoR 5/2002, S. 234-243.

Löw, Edgar/Schildbach, Stephan (Financial Instruments 2004): Financial Instruments - Änderungen von IAS 39 aufgrund des Amendments Project des IASB, in: BB 16/2004, S. 875-882.

Lück, Wolfgang (Risikomanagement 1998): Der Umgang mit unternehmerischen Risiken durch ein Risikomanagementsystem und durch ein Überwachungssystem, in: DB 39/1998, S. 1925-1930.

Lück, Wolfgang (Risikomanagementsystem 1998): Elemente eines Risiko-Managementsystems, in: DB 1/2/1998, S. 8-14.

Lück, Wolfgang (Zusammenarbeit 2003): Zusammenarbeit von Interner Revision und Abschlußprüfer, Berlin, 2003.

Lüdenbach, Norbert/Freiberg, Jens (Schwebende Geschäfte 2005): Günstige und ungünstige Verträge - Bilanzierung schwebender Geschäfte nach IFRS 3, in: KoR 5/2005, S. 188-194.

Lüdenbach, Norbert/Frowein, Nils (Goodwill Impairment 2003): Der Goodwill-Impairment-Test aus Sicht der Rechnungslegungspraxis, in: DB 5/2003, S. 217-223.

Lüdenbach, Norbert/Hoffmann, Wolf-Dieter (Goodwill 2004): Strukturelle Probleme bei der Implementierung des Goodwill-Impairment-Tests, in: WPg 19/2004, S. 1068-1077.

Lüdenbach, Norbert/Hoffmann, Wolf-Dieter (Mindestgliederung 2004): Verbindliches Mindestgliederungsschema für die IFRS-Bilanz, in: KoR 3/2004, S. 89-94.

Lüdenbach, Norbert/Prusaczyk, Peter (Development 2004): Bilanzierung von „In-Process Research and Development“ beim Unternehmenserwerb nach IFRS und US-GAAP, in: KoR 10/2004, S. 415-422.

Lüdenbach, Norbert/Schulz, Roland (Impairment 2002): Unternehmensbewertung für Bilanzierungszwecke - Neue Herausforderungen für den Berufsstand durch den impairment-Ansatz von FAS 142?, in: WPg 10/2002, S. 489-499.

Luttermann, Claus (Bilanzierung 2006): Unternehmenskontrolle und Bilanzmanipulation nach anglo-amerikanischen Mustern (IAS/IFRS und U.S. „GAAP"), in: WPg 12/2006, S. 778-786.

Lutzner, Peter (Projektcontrolling 1999): Strategisches Projektcontrolling im industriellen Anlagengeschäft, Erlangen / Nürnberg, 1999.

Macharzina, Klaus (Unternehmensführung 2003): Unternehmensführung - Das internationale Managementwissen - Konzepte.Methoden.Praxis, Wiesbaden, 2003.

Mackenstedt, Andreas/Fladung, Hans-Dieter/Himmel, Holger (Zeitwerte 2006): Ausgewählte Aspekte bei der Bestimmung beizulegender Zeitwerte nach IFRS 3, in: WPg 16/2006, S. 1037-1048.

Maier, Michael (Rating 2004): Basel II, Rating und IFRS - Reaktionen von Banken und Unternehmen, in: ZfCM 6/2004, S. 406-411.

Mandler, Udo (IFRS 2003): IAS/IFRS für mittelständische Unternehmen: Ergebnisse einer Unternehmensbefragung, in: KoR 3/2003, S. 143-149.

Mansch, Helmut (Auftragsfertigung 2006): Bilanzierung und Controlling im Rahmen der langfristigen Auftragsfertigung, in: Wagenhofer, Alfred (Hrsg.), Controlling und IFRS-Rechnungslegung, Berlin, 2006, S. 105-122.

Marten, Kai-Uwe (Qualität 1999): Qualität von Wirtschaftsprüferleistungen, Düsseldorf, 1999.

Marten, Kai-Uwe (Stichproben 2003): Stichproben im Rahmen der Jahresabschlussprüfung, in: KoR 10/2003, S. 444-448.

Marten, Kai-Uwe/Quick, Reiner/Ruhnke, Klaus (Wirtschaftsprüfung 2001): Wirtschaftsprüfung, 1. Auflage, Stuttgart, 2001.

Marten, Kai-Uwe/Quick, Reiner/Ruhnke, Klaus (Wirtschaftsprüfung 2003): Wirtschaftsprüfung, 2. Auflage, Stuttgart, 2003.

Marten, Kai-Uwe/Schlereth, Dieter/Crampton, Adrian/Köhler, Annette (Rechnungslegung 2002): Rechnungslegung nach IAS - Nutzeneffekte aus Sicht von Eigenkapitalgebern, in: BB 39/2002, S. 2007-2013.

Martin, Peter (Management Approach 1997): The management approach, in: CA magazine November/1997, S. 29-30.

Melcher, Winfried (Umstellung 2005): Grundlegende Auswirkungen der Umstellung der Rechnungslegung von HGB auf IFRS auf die Kennzahlenanalyse, in: Jander, Heidrun/Krey, Antje (Hrsg.), Betriebliches Rechnungswesen und Controlling im Spannungsfeld von Theorie und Praxis, 2005, S. 69-91.

Menn, Bernd-Joachim (Rechnungswesen 2000): Internationale Rechnungslegung als Chance zur Annäherung von externem und internem Rechnungswesen, in: Lachnit, Laurenz/Freidank, Carl-Christian (Hrsg.), Investororientierte Unternehmenspublizität. Neue Entwicklungen von Rechnungslegung, Prüfung und Jahresabschlußanalyse, 1. Auflage, Wiesbaden, 2000, S. 195-213.

Menzies, Christof (SOX 2004): Sarbanes-Oxley Act. Professionelles Management interner Kontrollen, Stuttgart, 2004.

Metz, Matthias (Controlling 2002): Controlling des Integrationsprozesses bei Mergers & Acquisitions, 1. Auflage, Wiesbaden, 2002.

Meyer, Claus/Meisenbacher, Michaela (Bilanzpolitik 2004): Bilanzpolitik auf der Basis von IAS/IFRS, insbesondere in Zeiten der Krise, in: DStR 13/2004, S. 567-572.

Meyer, Marco (Bilanzpolitik 2005): Unternehmenswertorientierte Berichterstattung auf Basis der IAS/IFRS. Eine bilanztheoretische und bilanzpolitische Betrachtung aus deutscher Sicht, Wiesbaden, 2005.

Middelmann, Ulrich (Akquisition 2000): Organisation von Akquisitionsprojekten, in: Picot, Arnold/Nordmeyer, Andreas/Pribilla, Peter (Hrsg.), Management von Akquisitionen, Stuttgart, 2000, S. 105-120.

Mohd, Emad (Information Asymmetry 2005): Accounting for Software Development Costs and Information Asymmetry, in: The Accounting Review 4/2005, S. 1211-1231.

Möhrle, Martin/Kreusch, Grit (Patentportfolios 2001): Patent-Portfolios als Hilfsmittel zur Steuerung unternehmerischer FuE-Aktivitäten - Ein kritischer Vergleich zwischen vier Ansätzen, in: Griesche, Detlef/Meyer, Helga/Dörrenberg, Florian (Hrsg.), Innovative Managementaufgaben in der nationalen und internationalen Praxis - Anforderung, Methoden, Lösungen, Transfer, 1. Auflage, Wiesbaden, 2001, S. 194-208.

Mölls, Sascha H./Strauß, Michael (Informationswirkung 2007): Zur Informationswirkung der Rechnungslegung, in: KoR 2/2007, S. 79-92.

Moritz, Katja/Gesse, Marco (SOX 2005): Die Auswirkungen des Sarbanes-Oxley Acts auf deutsche Unternehmen, Halle (Saale), 2005.

Muff, Marc (SOX 2005): Sarbanes-Oxley-Act und internes Kontrollsystem, in: Brecht, Ulrich (Hrsg.), Neue Entwicklungen im Rechnungswesen, 1. Auflage, Wiesbaden, 2005, S. 253-271.

Müller, Armin (Intangibles 2004): Controlling von Intangible Assets, in: ZfCM 6/2004, S. 396-402.

Müller, David (Innovation 2005): Bewertung von Handlungssequenzen im Rahmen eines Innovationsprojekts, in: FB 3/2005, S. 176-185.

Müller, Stefan/Ordemann, Tammo/Pampel, Jochen R. (Controlling 2005): Handlungsempfehlungen für die Anwendung der IFRS im Controlling mittelständischer Unternehmen, in: BB 39/2005, S. 2119-2125.

Müller, Stefan/Peskes, Markus (Segmentberichterstattung 2006): Konsequenzen der geplanten Änderungen der Segmentberichterstattung nach IFRS für Abschlusserstellung und Unternehmenssteuerung, in: BB 15/2006, S. 819-825.

Nailor, Hans (Write-Downs 1999): Reasons for write-downs, in: Accountancy International December/1999, S. 80-81.

Nardmann, Hendrik (Segmentberichterstattung 2003): Segmentberichterstattung: Anforderungen bei der Umstellung der Bilanzierung auf IAS/IFRS, in: BB 37/2003, S. 1947-1950.

Naumann, Klaus-Peter (Wirtschaftsprüfer 2003): Positionierung des Berufsstands der Wirtschaftsprüfer zu aktuellen Entwicklungen, in: Backhaus, Klaus (Hrsg.), Der Berufsstand der Wirtschaftsprüfer vor neuen Herausforderungen, Düsseldorf, 2003, S. 65-89.

Naumann, Klaus-Peter/Feld, Klaus-Peter (Prüfer 2006): Die Transformation der neuen Abschlussprüferrichtlinie, in: WPg 14/2006, S. 873-885.

Naumann, Thomas K. (Harmonisierung 2004): Harmonisierung von Financial und Management Accounting im Bankenbereich, in: Lange, Thomas A./Löw, Edgar (Hrsg.), Rechnungslegung, Steuerung und Aufsicht von Banken. Kapitalmarktorientierung und Internationalisierung - Festschrift zum 60. Geburtstag von Jürgen Krumnow, 1. Auflage, Wiesbaden, 2004, S. 185-205.

Neely, Andy/Marr, Bernard/Roos, Göran/Pike, Stephen (Measure 2004): The Evolution of Measuring Intangible Assets - Past, Present and Future, in: Horváth, Peter/Möller, Klaus (Hrsg.), Intangibles in der Unternehmenssteuerung, München, 2004, S. 31-43.

Nestler, Anke/Thuy, Michael (Goodwill 2002): Verfahren zur Bewertung von Reporting Units im Rahmen des Goodwill-Impairmenttests nach SFAS 142, in: KoR 4/2002, S. 169-179.

Neubeck, Guido (Prüfung 2003): Prüfung von Risikomanagementsystemen, Düsseldorf, 2003.

Neubürger, Heinz-Joachim/Sen, Michael (Unternehmensführung 2000): Wertorientierte Unternehmens- und Geschäftsführung im Siemens Konzern, in: Hahn, Dietger/Hungenberg, Harald (Hrsg.), PuK. Planung und Kontrolle. Planungs- und Kontrollsysteme. Planungs- und Kontrollrechnung. Controllingkonzepte, Wiesbaden, 2000, S. 1035-1102.

Niehus, Rudolf J./Thyll, Alfred (US-GAAP 2000): Konzernabschluß nach U.S.GAAP - Grundlagen und Gegenüberstellung mit den deutschen Vorschriften, 2. Auflage, Stuttgart, 2000.

OECD (Segmentinformation 1990): Segmented Financial Information, Paris, 1990.

Oechsle, Eberhard/Wirth, Michael (Prüfung 1999): Gegenstand und Umfang der Prüfung, in: Dörner, Dietrich/Menold, Dieter/Pfitzer, Norbert (Hrsg.), Reform des Aktienrechts, der Rechnungslegung und der Prüfung, 1. Auflage, Stuttgart, 1999, S. 539-591.

Oehler, Karsten (IFRS 2004): IAS/IFRS, Controlling und IT - worauf geachtet werden sollte, in: controller magazin 3/2004, S. 209-214.

Oepen, Ralf-Peter (Controlling 2003): Phasenorientiertes Bauprojekt-Controlling, Düsseldorf, 2003.

Olbrich, Michael (Controlling 2006): Nochmals: Zur Fragwürdigkeit eines wertorientierten Controllings auf Basis des IAS 36, in: KoR 11/2006, S. 685-687.

Ossadnik, Wolfgang/Barklage, David (Wertorientierung 2003): Anspruch und Wirklichkeit der Wertorientierung von Unternehmen des Neuen Markts, in: DB 24/2003, S. 1285-1290.

Ossadnik, Wolfgang/Dorenkamp, Axel/Wilmsmann, Dirk (Risikomanagement 2004): Diversifikation und Risikomanagement: Auswirkungen auf die relative Rendite-Risiko-Position, in: DB 22/2004, S. 1165-1168.

Pack, Heinrich (Due Diligence 2002): Due Diligence, in: Picot, Gerhard (Hrsg.), Handbuch Mergers & Acquisitions - Planung. Durchführung. Integration, 2. Auflage, Stuttgart, 2002, S. 267-299.

Pape, Ulrich (Wertorientierung 2000): Theoretische Grundlagen und praktische Umsetzung wertorientierter Unternehmensführung, in: BB 14/2000, S. 711-717.

Paul, Walter (Unternehmenskultur 2005): Die Bedeutung der Unternehmenskultur für den Erfolg eines Unternehmens und ihre Bestimmungsfaktoren, in: DB 30/2005, S. 1581-1587.

Peemöller, Volker/Richter, Martin (Revision 2000): Entwicklungstendenzen der Internen Revision, Berlin, 2000.

Pejic, Philip (Segmentberichterstattung 1998): Segmentberichterstattung im externen Jahresabschluß, Wiesbaden, 1998.

Pejic, Philip/Buschhüter, Michael (Goodwill 2001): Ende der planmäßigen Goodwill-Abschreibung?, in: KoR 3/2001, S. 107-112.

Pellens, Bernhard/Basche, Kerstin/Sellhorn, Thorsten (Goodwill 2003): Full Goodwill Method, in: KoR 1/2003, S. 1-4.

Pellens, Bernhard/Crasselt, Nils/Schremper, Ralf (Goodwill 2002): Berücksichtigung von Geschäftsbereichs-Goodwills bei der wertorientierten Unternehmensführung, in: Böhler, Heymo (Hrsg.), Marketing-Management und Unternehmensführung - Festschrift für Professor Dr. Richard Köhler zum 65. Geburtstag, Stuttgart, 2002, S. 121-135.

Pellens, Bernhard/Crasselt, Nils/Sellhorn, Thorsten (Goodwill 2002): Bedeutung der neuen Goodwill-Bilanzierung nach US-GAAP für die wertorientierte Unternehmensführung, in: Horváth, Peter (Hrsg.), Performance Controlling. Strategie, Leistung und Anreizsystem effektiv verbinden, Stuttgart, 2002, S. 131-152.

Pellens, Bernhard/Epstein, Rolf/Barth, Daniela/Ruhwedel, Peter/Sellhorn, Thorsten (Impairment 2005): Goodwill Impairment Test - ein empirischer Vergleich der IFRS- und US-GAAP-Bilanzierer im deutschen Prime-Standard, in: BB Special 10/2005, S. 10-18.

Pellens, Bernhard/Fülbier, Rolf Uwe (Immaterielle 2000): Ansätze zur Erfassung immaterieller Werte in der kapitalmarktorientierten Rechnungslegung, in: Baetge, Jörg (Hrsg.), Zur Rechnungslegung nach International Accounting Standards (IAS), Düsseldorf, 2000, S. 35-77.

Pellens, Bernhard/Fülbier, Rolf Uwe/Gassen, Joachim (Internationale Rechnungslegung 2004): Internationale Rechnungslegung, 5. Auflage, Stuttgart, 2004.

Pellens, Bernhard/Rockholtz, Carsten/Stienemann, Marc (Konzerncontrolling 1997): Marktwertorientiertes Konzerncontrolling in Deutschland, in: DB 39/1997, S. 1933-1939.

Pellens, Bernhard/Sellhorn, Thorsten (Goodwill 2001): Goodwill-Bilanzierung nach SFAS 141 und 142 für deutsche Unternehmen, in: DB 32/2001, S. 1681-1689.

Pellens, Bernhard/Tomaszewski, Claude/Weber, Nicolas (Unternehmensführung 2000): Wertorientierte Unternehmensführung in Deutschland, in: DB 37/2000, S. 1825-1833.

Pfaff, Dieter (Wertorientierung 1998): Wertorientierte Unternehmenssteuerung, Investitionsentscheidungen und Anreizprobleme, in: BFuP 5/1998, S. 491-516.

Pfaff, Dieter/Bärtl, Oliver (Rechnungslegung 1998): Externe Rechnungslegung, internes Rechnungswesen und Kapitalmarkt, in: ZfbF 9/1998, S. 757-777.

Pfaff, Dieter/Pfeiffer, Thomas (Prinzipal-Agent 2001): Controlling, in: Jost, Peter J. (Hrsg.), Die Prinzipal-Agenten-Theorie in der Betriebswirtschaftslehre, Stuttgart, 2001, S. 359-394.

Pfaff, Dieter/Schultze, Wolfgang (Beteiligungscontrolling 2006): Beteiligungscontrolling, in: Wagenhofer, Alfred (Hrsg.), Controlling und IFRS-Rechnungslegung, Berlin, 2006, S. 123-142.

Pfeil, Oliver P./Vater, Hendrik J. (Goodwill-Bilanzierung 2002): „Die kleine Unternehmensbewertung" oder die neuen Vorschriften zur Goodwill- und Intangible-Bilanzierung nach SFAS No. 141 und SFAS No. 142, in: KoR 2/2002, S. 66-81.

Pfitzer, Norbert/Oser, Peter/Orth, Christian (BilReG 2004): Offene Fragen und Systemwidrigkeiten des Bilanzrechtsreformgesetzes (BilReG), in: DB 49/2004, S. 2593-2602.

Picot, Gerhard (Mergers 2000): Gestaltung von Mergers & Acquisitions, in: BFuP 4/2000, S. 345-357.

Picot, Gerhard (Unternehmenskauf 2003): Die Aktiengesellschaft bei Unternehmenskauf und Restrukturierung, in: Picot, Gerhard/Mentz, Alexander/Seydel, Eberhard (Hrsg.), Die Aktiengesellschaft bei Unternehmenskauf und Restrukturierung, München, 2003.

Pilhofer, Jochen (Gewinnrealisierung 2002): Umsatz- und Gewinnrealisierung im internationalen Vergleich, Herne/Berlin, 2002.

Plagens, Peter W./Brunow, Mario (Planungsrechnung 2004): Integrierte Planungsrechnung - Bestandteil des betrieblichen Rechnungswesens, in: DStR 3 und 4/2004, S. 102-108, 151-156.

Plock, Markus (Ertragsrealisation 2004): Ertragsrealisation nach International Financial Reporting Standards (IFRS), Dusseldorf, 2004.

Pottgießer, Gaby (Standards 2006): Einflüsse internationaler Standards auf die handelsrechtliche Rechnungslegung und die steuerrechtliche Gewinnermittlung, Wiesbaden, 2006.

Pottgießer, Gaby/Velte, Patrick/Weber, Stefan C. (Impairment 2005): Ermessensspielräume im Rahmen des Impairment-Only-Approach, in: DStR 41/2005, S. 1748-1752.

Prahl, Reinhard (Financial Instruments 2004): Bilanzierung von Financial Instruments - quo vadis?, in: Lange, Thomas A./Löw, Edgar (Hrsg.), Rechnungslegung, Steuerung und Aufsicht von Banken. Kapitalmarktorientierung und Internationalisierung - Festschrift zum 60. Geburtstag von Jürgen Krumnow, 1. Auflage, Wiesbaden, 2004, S. 207-239.

Prahl, Reinhard/Naumann, Thomas K. (Bewertungseinheit 1994): Die Bewertungseinheit am Bilanzstichtag - und was dann?, in: Zeitschrift für Bankrecht und Bankwirtschaft 1/1994, S. 1-10.

Probst, Gilbert/Raisch, Sebastian (Merger 2006): Can Knowledge be Merged, in: Wirtz, Bernd W. (Hrsg.), Handbuch Mergers & Acquisitions Management, 1. Auflage, Wiesbaden, 2006, S. 1039-1061.

Protzek, Heribert (Impairment 2003): Der Impairment Only-Ansatz - Wider der Vernunft, in: KoR 11/2003, S. 495-502.

Pütz, Torsten (Prüfung 2007): Die Prüfung von Performance-Measurement-Systemen, Düsseldorf, 2007.

PwC/Institut der Niedersächsischen Wirtschaft e.V. (Risikomanagement 2000): Entwicklungstrends des Risikomanagements von Aktiengesellschaften in Deutschland, Hannover, 2000.

Quadt, Ralf/Tiskens, Christoph/Vits, Jürgen (Konzeption 2005): Zur Konzeption eines IFRS-nahen Controllings, in: ZgK 20/2005, S. 1082-1088.

Radke, Magnus (Budgetierung 1989): Handbuch der Budgetierung, Landsberg / Lech, 1989.

Rahn, Horst-Joachim (Unternehmensführung 2002): Unternehmensführung, 5. Auflage, Ludwigshafen (Rhein), 2002.

Raschke, Jens/Vogel, Johannes (Fast Close 2002): Fast Close - Verkürzung der Abschlusszeiten, in: KoR 6/2002, S. 277-288.

Rechberg, Ulrich von (Kostenschätzung 1997): Systemgestützte Kostenschätzung, Wiesbaden, 1997.

Reichmann, Thomas (Chance and Risk 2001): Die Balanced Chance- and Risk-Card. Eine Erweiterung der Balanced Scorecard, in: Lange, Knut Werner/Wall, Friederike (Hrsg.), Risikomanagement nach dem KonTraG, München, 2001, S. 282-303.

Reinhart, Alexander (Erfolgswirtschaftliche Abschlussanalyse 1998): Die Auswirkungen der Rechnungslegung nach International Accounting Standards auf die erfolgswirtschaftliche Abschlußanalyse von deutschen Jahresabschlüssen, Frankfurt a.M., 1998.

Richter, Frank (Praxisprobleme 2005): Praxisprobleme und Lösungen bei der Umsetzung von IAS/IFRS und US-GAAP, in: Brecht, Ulrich (Hrsg.), Neue Entwicklungen im Rechnungswesen, 1. Auflage, Wiesbaden, 2005, S. 135-152.

Richter, Hermann J. (Rechnungswesen 2002): Controlling integrierendes Rechnungswesen, Stuttgart, 2002.

Richter, Martin (Wirtschaftsprüfung 2003): Entwicklungen in der Wirtschaftsprüfung, Bielefeld, 2003.

Riedel, Alexander/Rau, Thilo/Tsanaclidis, Ilias (Umstellung 2004): Auswirkungen einer IFRS-Rechnungslegungsumstellung auf die IT-Systeme am Beispiel von SAP R/3, in: KoR 12/2004, S. 505-520.

Riekhof, Hans-Christian (Innovationsmanagement 1994): Das Management des Innovationsprozesses, in: Riekhof, Hans-Christian (Hrsg.), Praxis der Strategieentwicklung. Konzepte - Erfahrungen - Fallstudien, 2. Auflage, Stuttgart, 1994, S. 195-210.

Rinne, Horst (Statistik 1997): Taschenbuch der Statistik, 2. Auflage, Frankfurt a.M., 1997.

Rodgers, Paul (Tale 2000): A Cautionary Tale, in: Accountancy International January/2000, S. 83-85.

Rolfes, Bernd/Kirmße, Stefan (Risikomanagement 2000): Risikomanagement in Banken, in: Dörner, Dietrich/Horváth, Peter/Kagermann, Henning (Hrsg.), Praxis des Risikomanagements, Stuttgart, 2000, S. 623-668.

Rollberg, Roland (Planung 2002): Integrierte Unternehmensplanung auf unvollkommenen Märkten, in: BFuP 1/2002, S. 1-20.

Röver, Jan-Hendrik (Projektfinanzierung 2003): Covenants und Eigenkapitalersatz - ein Hemmnis für Projektfinanzierungen nach deutschem Recht?, in: Backhaus, Klaus/Werthschulte, Holger (Hrsg.), Projektfinanzierung. Wirtschaftliche und rechtliche Aspekte einer Finanzierungsmethode für Großprojekte, 2. Auflage, Stuttgart, 2003, S. 77-98.

Rückle, Dieter (Prognosen 1984): Externe Prognosen und Prognoseprüfung, in: DB 2/1984, S. 57-69.

Rudolf, Andreas (Langfristfertigung 1996): Rechnungslegung der langfristigen Fertigung, Zürich, 1996.

Ruhnke, Klaus (Prüfung 2000): Normierung der Abschlussprüfung, Stuttgart, 2000.

Ruhnke, Klaus (Prüfung 2002): Geschäftsrisikoorientierte Abschlussprüfung - Revolution im Prüfungswesen oder Weiterentwicklung des risikoorientierten Prüfungsansatzes?, in: DB 9/2002, S. 437-443.

Ruhnke, Klaus (Prüfung 2006): Prüfung von Jahresabschlüssen nach internationalen Prüfungsnormen, in: DB 22/2006, S. 1169-1175.

Ruhnke, Klaus/Lubitzsch, Kay (Prüfung 2006): Abchlussprüfung und das neue Aussagen-Konzept der IFAC: Darstellung, Beweggründe und Beurteilung, in: WPg 6/2006, S. 366-375.

Ruhnke, Klaus/Schmidt, Martin (Prüfung 2003): Überlegungen zur Prüfung von beizulegenden Zeitwerten, in: WPg 19/2003, S. 1037-1051.

Ruhwedel, Franca/Schultze, Wolfgang (Value Reporting 2002): Value Reporting: Theoretische Konzeption und Umsetzung bei den DAX 100-Unternehmen, in: ZfbF 54/2002, S. 602-632.

Schäffer, Utz (Opportunismus 2002): Strategien zur Vermeidung opportunistischen Verhaltens, in: BFuP 1/2002, S. 86-99.

Schäffer, Utz/Steiners, Daniel (Controlling 2004): Zur Nutzung von Controllinginformationen, in: ZP 4/2004, S. 377-404.

Scharpf, Paul (Hedge Accounting 2004): Hedge Accounting nach IAS 39: Ermittlung und bilanzielle Behandlung der Hedge (In)-Effektivität, in: KoR Beilage 1/2004, S. 3-22.

Scheffler, Eberhard (Risikomanagement 2000): Aufsichtsrat und Beirat als Teil des Risiko- und Überwachungsmanagements eines Unternehmens, in: Dörner,

Dietrich/Horváth, Peter/Kagermann, Henning (Hrsg.), Praxis des Risikomanagements, Stuttgart, 2000, S. 837-859.

Schewe, Gerhard (Organisation 1999): Unternehmensstrategie und Organisationsstruktur, in: DBW 1/1999, S. 61-75.

Schiller, Michaela (Restrukturierung 2004): Restrukturierungsrückstellungen nach HGB, IAS und US-GAAP, München, 2004.

Schindlbeck, Konrad (Langfristfertigung 1988): Bilanzierung und Prüfung bei langfristiger Fertigung, Frankfurt a.M. et al., 1988.

Schindler, Joachim/Rabenhorst, Dirk (Prüfung 2001): Prüfung des Risikofrüherkennungssystems im Rahmen der Abschlußprüfung, in: Lange, Knut Werner/Wall, Friederike (Hrsg.), Risikomanagement nach dem KonTraG, München, 2001, S. 160-175.

Schlüchtermann, Jörg/Wolf, Klaus (Risikomanagement 2004): Risikomanagement im Kontext der wertorientierten Unternehmensführung, in: UM 2/2004, S. 46-52.

Schmelzer, Hermann J. (Entwicklungsprojekte 2001): Methoden der Risikoanalyse und -überwachung in Entwicklungsprojekten, in: Gassmann, Oliver/Kobe, Carmen/Voit, Eugen (Hrsg.), High-Risk-Projekte. Quantensprünge in der Entwicklung erfolgreich managen, Berlin et al., 2001, S. 169-190.

Schmidbauer, Rainer (Immaterielle 2004): Immaterielle Vermögenswerte in der Unternehmensrechnung: Abbildung im Jahresabschluss und Ansätze zur Steuerung, in: DStR 34/2004, S. 1442-1448.

Schmidt, Martin (Prüfung 2004): Überlegungen zur Prüfung von Finanzinstrumenten nach internationalen Normen, in: WPg 1-2/2004, S. 12-29.

Schmidt, Martin (Fair Value-Option 2005): Neue Amendments zu IAS 39 im Juni 2005: Die revidierte Fair Value-Option, in: KoR 7-8/2005, S. 269-275.

Schmidt, Stefan (Prüfung 2005): Geschäftsverständnis, Risikobeurteilungen und Prüfungshandlungen des Abschlussprüfers als Reaktion auf beurteilte Risiken, in: WPg 16/2005, S. 873-887.

Schmidt, Stefan (Prüfung 2006): Risikomanagement und Qualitätssicherung in der Wirtschaftsprüferpraxis, in: WPg 5/2006, S. 265-274.

Schneider, Jörg (Akquisitionsplanung 1994): Strategische Unternehmensbewertung als Teil der Akquisitionsplanung, in: Riekhof, Hans-Christian (Hrsg.), Praxis der Strategieentwicklung. Konzepte - Erfahrungen - Fallstudien, 2. Auflage, Stuttgart, 1994, S. 151-173.

Schneider, Thomas (Zusammenarbeit 2004): Zusammenarbeit von Controlling und Wirtschaftsprüfung, in: Der Controlling-Berater 4/2004, S. 561-574.

Schönbrunn, Norbert (IFRS 2005): IFRS und HGB - Unterschiede, Gemeinsamkeiten, in: Brecht, Ulrich (Hrsg.), Neue Entwicklungen im Rechnungswesen, 1. Auflage, Wiesbaden, 2005, S. 87-112.

Schoppek, Wolfgang/Putz-Osterloh, Wiebke (Information 2004): Informationsverhalten, in: Schreyögg, Georg/Werder, Axel von (Hrsg.), Handwörterbuch Unternehmensführung und Organisation, 4. Auflage, Stuttgart, 2004, S. 489-497.

Schorb, Manfred (F&E-Controlling 1994): Verhaltensorientiertes FuE-Controlling, München, 1994.

Schreiber, Stefan M. (Informationsverhalten 2000): Das Informationsverhalten von Wirtschaftsprüfern - Eine Prozeßanalyse aus verhaltenswissenschaftlicher Perspektive, Wiesbaden, 2000.

Schreyögg, Georg (Struktur 2002): Strategie folgt Struktur - Lektion aus einem empirischen Befund für eine neue Theorie der Unternehmensführung, in: Böhler, Heymo (Hrsg.), Marketing-Management und Unternehmensführung - Festschrift für Professor Dr. Richard Köhler zum 65. Geburtstag, Stuttgart, 2002, S. 35-50.

Schruff, Wienand (Wirtschaftsprüfung 2002): Strategische Herausforderungen für die Wirtschaftsprüfung, in: Baetge, Jörg (Hrsg.), Der Berufsstand der Wirtschaftsprüfer vor neuen Herausforderungen, Düsseldorf, 2002, S. 91-101.

Schruff, Wienand (Wirtschaftsprüfung 2003): Strategische Herausforderungen für die Wirtschaftsprüfung, in: Backhaus, Klaus (Hrsg.), Der Berufsstand der Wirtschaftsprüfer vor neuen Herausforderungen, Düsseldorf, 2003, S. 91-101.

Schultze, Wolfgang (Goodwill 2005): The information content of Goodwill-Impairments under FAS 142: Implications for external analysis and internal control, in: Schmalenbach Business Review 3/2005, S. 276-297.

Schultze, Wolfgang/Hirsch, Cathrin (Wertorientierung 2005): Unternehmenswertsteigerung durch wertorientiertes Controlling, München, 2005.

Schulze, Peter (Statistik 1998): Beschreibende Statistik, 3. Auflage, München / Wien, 1998.

Schween, Carsten (Segmentberichterstattung 2006): Standardentwurf des IASB zur Segmentberichterstattung: ED IFRS 8 - Operating Segments, in: WPg 8/2006, S. 516-517.

Seidel, Eberhard/Redel, Wolfgang (Organisation 1987): Führungsorganisation, München, 1987.

Selch, Barbara (Lagebericht 2003): Der Lagebericht - Risikoberichterstattung und Aufstellung nach IDW RS HFA 1, Wiesbaden, 2003.

Siebenmorgen, Markus (Presse 2004): Der Wirtschaftsprüfer im Spiegel der Presse, in: WPg 8/2004, S. 394-403.

Siebert, Hilmar/Suermann, Jan (Immaterielle 2003): Konzepte von HGB, US-GAAP und IAS zum Ausweis eigenerstellter immaterieller Güter am Beispiel der Bilanzierung von Software, in: Wollmert, Peter/Schönbrunn, Norbert/Jung, Udo/Siebert, Hilmar/Henke, Michael (Hrsg.), Wirtschaftsprüfung und Unternehmensüberwachung - Festschrift für Prof. Dr. Dr. h.c. Wolfgang Lück, Düsseldorf, 2003, S. 403-425.

Siefke, Michael (Unternehmenssteuerung 1999): Externes Rechnungswesen als Datenbasis der Unternehmenssteuerung, Wiesbaden, 1999.

Siegler, Oliver (Organisation 1999): Die dynamische Organisation, Wiesbaden, 1999.

Soll, Reiner/Labes, Hubertus W. (Revision 1999): Der Einfluß des KonTraG auf das Wechselspiel zwischen Interner Revision und Abschlußprüfer, in: Saitz, Bernd/Braun, Frank (Hrsg.), Das Kontroll- und Transparenzgesetz, 1. Auflage, Wiesbaden, 1999, S. 195-205.

Sommerlatte, Tom (Technologiestrategie 2000): Technologiestrategien, in: Welge, Martin K./Al-Laham, Andreas/Kajüter, Peter (Hrsg.), Praxis des strategischen Managements - Konzepte.Erfahrungen.Perspektiven, Wiesbaden, 2000, S. 223-238.

Speckbacher, Gerhard/Güldenberg, Stefan/Ruthner, Raoul (Immaterielle 2004): Externes Reporting über immaterielle Vermögenswerte, in: Horváth, Peter/Möller, Klaus (Hrsg.), Intangibles in der Unternehmenssteuerung, München, 2004, S. 435-453.

Spitzenpfeil, Thomas (Transferpreise 2005): Centersteuerung und Management Transfer Preise in der Zumtobel Lighting Group, in: Horváth, Peter (Hrsg.), Organisationsstrukturen und Geschäftsprozesse wirkungsvoll steuern, Stuttgart, 2005, S. 81-93.

Spitzenpfeil, Thomas/Lingscheid, Andreas/Renner, Andreas (Controlling 1999): Controlling in dezentralen Organisationen, in: Controlling 1/1999, S. 29-34.

Steiner, Manfred/Wallmeier, Martin (Finanzinstrumente 1998): Die Bilanzierung von Finanzinstrumenten in Deutschland und den USA unter Berücksichtigung von Absicherungszusammenhängen - Vom Hedge Accounting zur Marktwertbilanzierung?, in: Möller, Hans-Peter/Schmidt, Franz (Hrsg.), Rechnungswesen als Instrument für Führungsentscheidungen - Festschrift für Prof. Dr. Dr. h. c. Adolf G. Coenenberg zum 60. Geburtstag, Stuttgart, 1998, S. 305-335.

Steinle, Claus/Thiem, Henning/Krüger, Sven (Berichtssysteme 2001): Informations- und Berichtssysteme im Rahmen wertorientierter Beteiligungscontrollingkonzeptionen - Realtypen und Gestaltungshinweise, in: BFuP 5/2001, S. 489-501.

Stelter, Daniel/Roos, Alexander (M&A 2006): Organisation strategiegetriebener M&As, in: Wirtz, Bernd W. (Hrsg.), Handbuch Mergers & Acquisitions Management, 1. Auflage, Wiesbaden, 2006, S. 339-358.

Stippel, Nicola (Innovationscontrolling 1999): Innovations-Controlling, München, 1999.

Störk, Ulrich Viktor (Erwartungslücke 1998): Die Erwartungslücke und Ansätze zu ihrer Reduktion, München, 1998.

Strauch, Joachim (Harmonisierung 2000): Harmonisierung von Controlling und Rechnungslegung in der internationalen Unternehmung, in: Berens, Wolfgang/Born, Axel/Hoffjan, Andreas (Hrsg.), Controlling international tätiger Unternehmen, Stuttgart, 2000, S. 177-205.

Strauch, Joachim (Due Diligence 2004): Unternehmensbewertung und Grundsätze ordnungsmäßiger Due Diligence, Münster, 2004.

Streim, Hannes (Entscheidungsnützlichkeit 2000): Die Vermittlung von entscheidungsnützlichen Informationen durch Bilanz und GuV - Ein nicht einlösbares Versprechen der internationalen Standardsetter, in: BFuP 2/2000, S. 111-131.

Streim, Hannes/Bieker, Marcus/Esser, Maik (Fair Value 2003): Vermittlung entscheidungsnützlicher Informationen durch Fair Values? - Sackgasse oder Licht am Horizont?, in: BFuP 4/2003, S. 457-479.

Tanski, Joachim S. (Sachanlagen 2005): Sachanlagen nach IFRS. Bewertung, Bilanzierung und Berichterstattung, München, 2005.

Tanski, Joachim S./Zeretzke, Ralf (Fair Value 2006): Die Fair-Value-Fiktion, in: DStR 1-2/2006, S. 53-58.

Teichert, Thorsten/Wartburg, Iwan von (Management 2004): Managementphilosophien und -trends, in: Schreyögg, Georg/Werder, Axel von (Hrsg.), Handwörterbuch Unternehmensführung und Organisation, 4. Auflage, Stuttgart, 2004, S. 798-804.

Tendeloo, Brenda van/Vanstraelen, Ann (Earnings Management 2005): Earnings Management under German GAAP versus IFRS, in: European Accounting Review 1/2005, S. 155-180.

Tewald, Claudia (Risikomanagement 2004): Risikomanagement aus der Isolation im Unternehmen herausführen, in: Controlling 4/5/2004, S. 261-264.

Theurl, Theresia/Meyer, Eric Christian (Verrechnungspreise 2004): Kooperationscontrolling und Verrechnungspreise, in: Bensberg, Frank/vom Brocke, Jan/Schultz, Martin B. (Hrsg.), Trendberichte zum Controlling - Festschrift für Heinz Lothar Grob, Heidelberg, 2004, S. 147-180.

Thiele, Konstanze (Finanzinstrumente 2004): Partielles Endorsment von IAS 39: Europäischer Sonderweg bei der Bilanzierung von Finanzinstrumenten, in: DStR 50/2004, S. 2162-2168.

Toutenburg, Helge (Statistik 2000): Induktive Statistik, Berlin et al., 2000.

Trauzettel, Volker (Koordination 1999): Dynamische Koordinationsmechanismen für das Controlling, Berlin, 1999.

Tröller, Lars (Erwartungslücke 2000): Möglichkeiten zur Schließung der Erwartungslücke bei der Prüfung deutscher Konzernabschlüsse, Frankfurt a.M., 2000.

Trützschler, Klaus/David, Ulrich/Strauch, Joachim/Tomaszewski, Claude (Akquisitionen 2005): Unternehmensbewertung und Rechnungslegung von Akquisitionen: Die Vorschriften nach IFRS und HGB vs. betriebswirtschaftliche Rationalität, in: ZP 4/2005, S. 383-406.

Tyrell, Burkhard (Planbilanz 2000): Die Planbilanz als Bestandteil eines unternehmenswertorientierten Rechnungswesens, Lohmar, 2000.

Tytko, Dagmar (Projektfinanzierung 2003): Grundlagen der Projektfinanzierung, in: Backhaus, Klaus/Werthschulte, Holger (Hrsg.), Projektfinanzierung. Wirtschaftliche und rechtliche Aspekte einer Finanzierungsmethode für Großprojekte, 2. Auflage, Stuttgart, 2003, S. 11-36.

Ungerath, Michael/Hoyningen-Huene, Joachim von (Integration 2006): Erfolgsfaktoren im Integrationsmanagement, in: Wirtz, Bernd W. (Hrsg.), Handbuch Mergers & Acquisitions Management, 1. Auflage, Wiesbaden, 2006, S. 863-881.

van Hulle, Karel/Lanfermann, Georg (Abschlußprüfung 2003): Mitteilung der Europäischen Kommission zur Stärkung der Abschlussprüfung, in: BB 25/2003, S. 1323-1328.

Veil, Tim (Rechnungswesen 2001): Internes Rechnungswesen zur Unterstützung der Führung in Unternehmensnetzwerken, Göttingen, 2001.

Veit, Klaus-Rüdiger (Bilanzpolitik 2002): Bilanzpolitik, München, 2002.

Velthuis, Louis J./Wesner, Peter/Schabel, Matthias M. (Fair-Value 2006): Eignung des Fair-Value-Ansatzes für die Verhaltenssteuerung im Unternehmen, in: BB 16/2006, S. 875-878.

Völker, Rainer (Entwicklungsprojekte 2001): Planung und Steuerung von Entwicklungsprojekten in der Pharmabranche, in: Gassmann, Oliver/Kobe, Carmen/Voit, Eugen (Hrsg.), High-Risk-Projekte. Quantensprünge in der Entwicklung erfolgreich managen, Berlin et al., 2001, S. 231-247.

Wagenhofer, Alfred (Rechnungslegung 2001): Rechnungslegung, in: Jost, Peter J. (Hrsg.), Die Prinzipal-Agenten-Theorie in der Betriebswirtschaftslehre, Stuttgart, 2001, S. 439-486.

Wagenhofer, Alfred (Zusammenwirken 2006): Zusammenwirken von Controlling und Rechnungslegung nach IFRS, in: Wagenhofer, Alfred (Hrsg.), Controlling und IFRS-Rechnungslegung, Berlin, 2006, S. 1-20.

Wagenhofer, Alfred/Ewert, Ralf (Unternehmensrechnung 2003): Externe Unternehmensrechnung, Berlin et al., 2003.

Wagner, Antonius (Baurisiken 1989): Risiken im Jahresabschluß von Bauunternehmen, Düsseldorf, 1989.

Wall, Friederike (Risikomanagement 2001): Betriebswirtschaftliches Risikomanagement im Lichte des KonTraG, in: Lange, Knut Werner/Wall, Friederike (Hrsg.), Risikomanagement nach dem KonTraG, München, 2001, S. 207-235.

Wall, Friederike/Langner, Henriette (Integration 2006): Post-Merger-Integration des Controllings, in: Wirtz, Bernd W. (Hrsg.), Handbuch Mergers & Acquisitions Management, 1. Auflage, Wiesbaden, 2006, S. 1085-1111.

Walter, Martin (Entwicklung 1989): Strategische Kontrolle von Forschungs- und Entwicklungsprojekten - Konzeption und Implementierung eines Projekt-Controllings für Neuentwicklungen und angewandte Forschung im Unternehmen, Berlin, 1989.

Walz, Hartmut/Gramlich, Dieter (Investition 2004): Investitions- und Finanzplanung, 6. Auflage, Heidelberg, 2004.

Wasley, Charles E./Wu, Joanna S. (Forecasts 2006): Why Do Managers Voluntarily Issue Cash Flow Forecasts?, in: Journal of Accounting Research 2/2006, S. 389-429.

Watrin, Christoph/Strohm, Christiane/Struffert, Ralf (Zusammenschlüsse 2004): Aktuelle Entwicklungen der Bilanzierung von Unternehmenszusammenschlüssen nach IFRS, in: WPg 24/2004, S. 1450-1461.

Watterott, Richard (Steuerung 2006): Auswirkungen von IFRS auf die Unternehmenssteuerung von Bosch, in: Franz, Klaus-Peter/Winkler, Carsten (Hrsg.), Unternehmenssteuerung und IFRS, München, 2006, S. 133-165.

Weber, Claus-Peter (Intangibles 2002): Intangibles und Steuerung, in: Küting, Karlheinz/Weber, Claus-Peter (Hrsg.), Vom Financial Accounting zum Business Reporting, Stuttgart, 2002, S. 319-339.

Weber, Hajo/Königstein, Ute/Töpsch, Karin (Organisation 1999): Hochleistungsorganisation - Wettbewerbsfähigkeit und Restrukturierung, München, 1999.

Weber, Jürgen (Kostenrechnung 1997): Einführung in das Rechnungswesen II - Kostenrechnung, 5. Auflage, Stuttgart, 1997.

Weber, Jürgen (Controlling 1999): Einführung in das Controlling, 8. Auflage, Stuttgart, 1999.

Weber, Jürgen (Controller 2006): Brauchen Controller Theorie?, Weinheim, 2006.

Weber, Jürgen/Bramsemann, Urs/Heineke, Carsten/Hirsch, Bernhard (Management 2002): Value Based Management erfolgreich umsetzen, Vallendar, 2002.

Weber, Jürgen/Hirsch, Bernhard/Linder, Stefan/Zayer, Eric (Verhaltensorientierung 2003): Verhaltensorientiertes Controlling, Vallendar, 2003.

Weber, Jürgen/Hunold, Claus/Prenzler, Carsten/Thust, Solveig (Organisation 2001): Controllerorganisation in deutschen Unternehmen, Vallendar, 2001.

Weber, Jürgen/Kaufmann, Lutz/Schneider, Yvonne (Intangibles 2006): Controlling von Intangibles. Nicht-monetäre Unternhemenswerte aktiv steuern, Weinheim, 2006.

Weber, Jürgen/Weißenberger, Barbara E./Liekweg, Arnim (Risk Tracking 1999): Risk Tracking and Reporting, Vallendar, 1999.

Weiser, Felix M. (Due Diligence 2003): Vendor Due Diligence: Ein Instrument zur Verbesserung der Verhandlungsposition des Verkäufers im Rahmen von Unternehmenstransaktionen, in: FB 10/2003, S. 593-601.

Weißenberger, Barbara E. (Erfolgsrechnung 2003): Anreizkompatible Erfolgsrechnung im Konzern - Grundmuster und Gestaltungsalternativen, Wiesbaden, 2003.

Weißenberger, Barbara E. (Prüferwechsel 2003): Ökonomische Analyse des Prüferwechsels - Eine Untersuchung des § 319 Abs. 3 Nr. 6 HGB, in: Dörner, Dietrich/Menold, Dieter/Pfitzer, Norbert/Oser, Peter (Hrsg.), Reform des Aktienrechts, der Rechnungslegung und der Prüfung, 2. Auflage, Stuttgart, 2003, S. 923-956.

Weißenberger, Barbara E. (Unternehmensrechnung 2003): Integrierte Erfolgsrechnung: Ein neues Theorie-Praxis-Paradoxon der internen Unternehmensrechnung?, in: Controller News 6/2003, S. 199-203.

Weißenberger, Barbara E. (Erfolgsmessung 2004): Theoretische Grundlagen der Erfolgsmessung im Controlling, in: Scherm, Ewald/Pietsch, Gotthard (Hrsg.), Controlling. Theorien und Konzeptionen, München, 2004, S. 289-314.

Weißenberger, Barbara E. (Integration 2005): Controlling unter IFRS: Möglichkeiten und Grenzen einer integrierten Erfolgsrechnung, in: Weber, Jürgen/Meyer, Matthias (Hrsg.), Internationalisierung des Controllings. Standortbestimmung und Optionen, 2005, S. 185-212.

Weißenberger, Barbara E. (Performance 2006): Ergebnisrechnung nach IFRS und interne Performancemessung, in: Wagenhofer, Alfred (Hrsg.), Controlling und IFRS-Rechnungslegung, Berlin, 2006, S. 49-79.

Weißenberger, Barbara E. (IFRS 2007): IFRS für Controller, Freiburg et al., 2007.

Weißenberger, Barbara E./Arbeitskreis „Controller und IFRS" der IGC (Controller 2006): Controller und IFRS: Konsequenzen der IFRS-Finanzberichterstattung für die Controlleraufgaben, in: KoR 10/2006, S. 613-622.

Weißenberger, Barbara E./Liekweg, Arnim (Segmentberichterstattung 1999): Vorschriften zur Segmentberichterstattung im Konzern - Schnittstelle zwischen interner und externer Rechnungslegung, in: Kostenrechnungspraxis 3/1999, S. 165-173.

Weißenberger, Barbara E./Weber, Jürgen/Löbig, Michael/Haas, Cornelia A. J. (Unternehmensrechnung 2003): IAS/IFRS: Quo vadis Unternehmensrechnung?, Vallendar, 2003.

Wendlandt, Klaus/Vogler, Gerlinde (Impairment 2003): Bilanzierung von immateriellen Vermögenswerten und Impairment-Test nach Überarbeitung von IAS 36 und IAS 38, in: KoR 2/2003, S. 66-74.

Wiedmann, Harald (Prüfungsansatz 1993): Der risikoorientierte Prüfungsansatz, in: WPg 1-2/1993, S. 13-25.

Wiedmann, Harald (Abschlußprüfung 1998): Ansätze zur Fortentwicklung der Abschlußprüfung, in: WPg 7/1998, S. 338-350.

Winnefeld, Robert (Bilanzhandbuch 2002): Bilanzhandbuch - Handels- und Steuerbilanz, Rechtsformspezifisches Bilanzrecht, Bilanzielle Sonderfragen, Sonderbilanzen, IAS/US-GAAP, 3. Auflage, München, 2002.

Wirth, Johannes (Firmenwert 2005): Firmenwertbilanzierung nach IFRS - Unternehmenszusammenschlüsse.Werthaltigkeitstest.Endkonsolidierung, Stuttgart, 2005.

Wirtz, Bernd W. (M&A 2003): Mergers & Acquisitions Management - Strategie und Organisation von Unternehmenszusammenschlüssen, 1. Auflage, Wiesbaden, 2003.

Wirtz, Bernd W./Schilke, Oliver (Akquisitionsmanagement 2006): Struktur und Ablauf des Akquisitionsmanagements, in: Wirtz, Bernd W. (Hrsg.), Handbuch

Mergers & Acquisitions Management, 1. Auflage, Wiesbaden, 2006, S. 317-337.

Wirtz, Bernd W./Wecker, Roman M. (Merger 2006): Struktur und Ablauf des Post Merger Integrationsmanagements, in: Wirtz, Bernd W. (Hrsg.), Handbuch Mergers & Acquisitions Management, 1. Auflage, Wiesbaden, 2006, S. 707-731.

Wisskirchen, Cornel (Due Diligence 2006): Strategische Due Diligence, in: Wirtz, Bernd W. (Hrsg.), Handbuch Mergers & Acquisitions Management, 1. Auflage, Wiesbaden, 2006, S. 359-375.

Wisskirchen, Cornel/Naujoks, Henrik/Matouschek, Gero (Merger 2003): Post-Merger-Integration, in: Balz, Ulrich/Arlinghaus, Olaf (Hrsg.), Das Praxisbuch Mergers & Acquisitions. Von der strategischen Überlegung zur erfolgreichen Integration, München, 2003, S. 305-336.

Witten, Volker (Lagebericht 2001): Zur Erstellung und Prüfung des Lageberichts, in: Freidank, Carl-Christian (Hrsg.), Die deutsche Rechnungslegung und Wirtschaftsprüfung im Umbruch: Festschrift für Wilhelm Theodor Strobel zum 70. Geburtstag, München, 2001, S. 341-361.

Wittmann, Edgar (Risikomanagement 2001): Risikomanagement als Bestandteil des Planungs- und Kontrollsystems, in: Lange, Knut Werner/Wall, Friederike (Hrsg.), Risikomanagement nach dem KonTraG, München, 2001, S. 259-281.

Wöhe, Günter (Betriebswirtschaftslehre 2000): Einführung in die allgemeine Betriebswirtschaftslehre, 20. Auflage, München, 2000.

Wöhe, Günter/Döring, Ulrich (Betriebswirtschaftslehre 2000): Einführung in die allgemeine Betriebswirtschaftslehre, 20. Auflage, München, 2000.

Wolf, Joachim (Struktur 2000): Strategie und Struktur 1955 - 1995. Ein Kapitel der Geschichte deutscher nationaler und internationaler Unternehmen, Wiesbaden, 2000.

Wolf, Klaus (Risikomanagement 2003): Risikomanagement im Kontext der wertorientierten Unternehmensführung, Wiesbaden, 2003.

Wolf, Klaus (Risikomanagement 2004): Risikomanagement gemäß den Anforderungen des KonTraG bei DaimlerChrysler, in: Controlling 4/5/2004, S. 211-216.

Wolf, Klaus (Lagebericht 2005): Neuerungen im (Konzern-)Lagebericht durch das Bilanzrechtsreformgesetz (BilReG) - Anforderungen und ihre praktische Umsetzung, in: DStR 10/2005, S. 438-442.

Wolf, Klaus/Runzheimer, Bodo (Risikomanagement 2001): Risikomanagement und KonTraG, 3. Auflage. Auflage, Wiesbaden, 2001.

Wurl, Hans-Jürgen (Integration 2003): Integrationsplanung bei industriellen Beteiligungen nach dem Konzept der Balanced Scorecard, in: Wurl, Hans-Jürgen (Hrsg.), Industrielles Beteiligungscontrolling, Stuttgart, 2003, S. 217-240.

Wurl, Hans-Jürgen/Mayer, Jörg H. (Holding 1999): Ansätze zur Gestaltung effizienter Führungsinformationssysteme für die internationale Management-Holding, in: Controlling 1/1999, S. 13-21.

Zieger, Martin (Langfristfertigung 1990): Gewinnrealisierung bei langfristiger Fertigung, Wiesbaden, 1990.

Ziegler, Hasso (Siemens 1994): Neuorientierung des internen Rechnungswesens für das Unternehmens-Controlling im Hause Siemens, in: ZfbF 2/1994, S. 175-188.

Ziesemer, Stefan (Rechnungslegungspolitik 2002): Rechnungslegungspolitik in IAS-Abschlüssen und Möglichkeiten ihrer Neutralisierung, Düsseldorf, 2002.

Zimmermann, Andreas (Siemens 1996): Planung und Kontrolle im Führunssystem des Hauses Siemens, in: Hahn, Dietger (Hrsg.), PuK. Planung und Kontrolle. Planungs- und Kontrollsysteme. Planungs- und Kontrollrechnung. Controllingkonzepte, 5. Auflage, Wiesbaden, 1996, S. 991-1109.

Zunk, Dieter (Treasury 2005): Cash- und Treasury-Managementsysteme für Unternehmen: Trends und Überblick, in: FB 7-8/2005, S. 461-464.

Wurl, Hans-Jürgen/Mayer, Jörg H. (Holding 1999): Ansätze zur Gestaltung effizienter Führungsinformationssysteme für die internationale Management-Holding, in: Controlling 1/1999, S. 13-21.

Zieger, Martin (Langfristfertigung 1990): Gewinnrealisierung bei langfristiger Fertigung, Wiesbaden, 1990.

Ziegler, Hasso (Siemens 1994): Neuorientierung des internen Rechnungswesens für das Unternehmens-Controlling im Hause Siemens, in: ZfbF 2/1994, S. 175-188.

Ziesemer, Stefan (Rechnungslegungspolitik 2002): Rechnungslegungspolitik in IAS-Abschlüssen und Möglichkeiten ihrer Neutralisierung, Düsseldorf, 2002.

Zimmermann, Andreas (Siemens 1996): Planung und Kontrolle im Führunssystem des Hauses Siemens, in: Hahn, Dietger (Hrsg.), PuK. Planung und Kontrolle. Planungs- und Kontrollsysteme. Planungs- und Kontrollrechnung. Controllingkonzepte, 5. Auflage, Wiesbaden, 1996, S. 991-1109.

Zunk, Dieter (Treasury 2005): Cash- und Treasury-Managementsysteme für Unternehmen: Trends und Überblick, in: FB 7-8/2005, S. 461-464.

Controlling & Business Accounting

Herausgegeben von Prof. Dr. Barbara E. Weißenberger

Band 1 Michael Thomas Maier: Der Management Approach. Herausforderungen für Controller und Abschlußprüfer im Kontext der IFRS-Finanzberichterstattung. 2009.

Band 2 Christoph Gehrig: Anwendungssystemgestütztes strategisches Controlling. Konzeption und empirische Erkenntnisse. 2009.

www.peterlang.de

Peter Lang · Internationaler Verlag der Wissenschaften

Rolf Uwe Fülbier

Konzernbesteuerung nach IFRS

IFRS-Konsolidierungsregeln als Ausgangspunkt einer konsolidierten steuerlichen Gewinnermittlung in der EU?

Frankfurt am Main, Berlin, Bern, Bruxelles, New York, Oxford, Wien, 2006.
XXI, 448 S., zahlr. Tab. und Graf.
Bochumer Beiträge zur Unternehmensführung. Herausgegeben vom Direktorium des Instituts für Unternehmensführung der Ruhr-Universität Bochum. Bd. 73
ISBN 978-3-631-55626-9 · br. € 72.20*

Die Schaffung einer konsolidierten Körperschaftsteuerbemessungsgrundlage für die grenzüberschreitende Unternehmenstätigkeit innerhalb der EU steht seit dem Jahr 2001 auf der Agenda der EU-Kommission. Dieses ehrgeizige Ziel ist in unterschiedlichen Ausgestaltungsvarianten denkbar und geht mit vielen ungelösten Fragen einher. Eine davon steht im Vordergrund dieser Arbeit: Können die IFRS-Konsolidierungsvorschriften für die Ermittlung dieser Bemessungsgrundlage herangezogen werden? Diese Frage ist von erheblicher Relevanz, weil die Kommission in den eigentlich für völlig andere Zwecke konzipierten IFRS „den einzigen verfügbaren neutralen Ausgangspunkt" für eine konsolidierte steuerliche Gewinnermittlung erkennt. Zudem zählt sie die Ausgestaltung von Konsolidierungsregeln „zu den schwierigsten Aspekten". Aufbauend auf einem theoretischen Beurteilungsrahmen und unter Berücksichtigung der deutschen und europäischen Rechtssituation wird vor diesem Hintergrund die steuerliche Eignung der IFRS-Konsolidierungsregeln analysiert, um letztlich Ausgestaltungsempfehlungen für den Regulierer zu entwickeln und einen Beitrag zur Steuerrechtsgestaltungslehre zu leisten.

Aus dem Inhalt: Entwicklung ökonomischer sowie verfassungsrechtlich-ethischer Anforderungen an eine konsolidierte steuerliche Gewinnermittlung · Spannungsfeld von Trennungsprinzip und Einheitstheorie · Rechtstatsächliche Nebenbedingungen am Beispiel der deutschen Steuerrechtsordnung · Gruppenbesteuerung in den EU-Mitgliedstaaten · EU-Strategie einer künftigen Unternehmensbesteuerung · Ausführliche Eignungsanalyse der IFRS zur Ausgestaltung der steuerlichen Konsolidierung auf EU-Ebene · Ergebnis · Anpassungsvorschläge

FSC
www.fsc.org
MIX
Papier | Fördert gute Waldnutzung
FSC® C083411

Kolibri 360 GmbH
Ferdinand-Jühlke-Straße 7
99095 Erfurt, Deutschland
produktsicherheit@kolibri360.de

Druck:
CPI Druckdienstleistungen GmbH
im Auftrag der
Kolibri 360 GmbH
Ferdinand-Jühlke-Str. 7
99095 Erfurt